РУССКО-АНГЛИЙСКИЙ
МЕДИЦИНСКИЙ
СЛОВАРЬ-РАЗГОВОРНИК

*Russian-English
Medical
Dictionary
Phrase-Book*

V. I. Petrov,
V. S. Chupyatova,
S. I. Corn

Russian-English
Medical
Dictionary
Phrase-Book

Second edition,
revised
and enlarged

RUSSKY YAZYK PUBLISHERS
MOSCOW
1987

В. И. Петров,
В. С. Чупятова,
С. И. Корн

РУССКО-АНГЛИЙСКИЙ
МЕДИЦИНСКИЙ
СЛОВАРЬ-РАЗГОВОРНИК

*Издание второе,
исправленное
и дополненное*

МОСКВА
«РУССКИЙ ЯЗЫК»
1987

ББК 5
П 30

Рецензенты: Пугаев А. В., Приходько И. В., Розенбаум Л. Д., Дмитриева И. С., Волосова Р. М.

Петров В. И., Чупятова В. С., Корн С. И.
П 30   Русско-английский медицинский словарь-разговорник.— 2-е изд., испр. и доп.— М.: Рус. яз., 1987.— 596 с.

Включает около 40 000 слов и словосочетаний с речевыми единицами по основным медицинским специальностям.
Построен по тематическому принципу. Каждая из 30 глав состоит из терминологических гнезд в алфавитном порядке.
Книга входит в серию русско-иностранных словарей-разговорников для специалистов. Рассчитана на врачей, медицинских научных работников, студентов и преподавателей.
Область использования книги — изучение языка, языковая коммуникация при деловых контактах, практика перевода и реферирования литературы по медицине.

П $\frac{4602030000-268}{015(01)-87}$ КБ—18—21—87

ББК 5 + 81.2 Анг
61 + 4И (Анг)

© Издательство «Русский язык», 1983
© Издательство «Русский язык», 1987, с изменениями

СОДЕРЖАНИЕ

CONTENTS

Предисловие		8
Введение		10
Больница	Hospital	19
Общее обследование больного. История болезни	General Examination of a Patient. History of the Case	29
Общая часть	General	30
История болезни, карта стационарного больного	Case Report, Medical Card	39
Общее обследование больного	General Examination of a Patient	45
Лабораторные исследования	Laboratory Investigations	51
Общая часть	General	52
Специальная часть	Special	59
Рентгенологическое исследование	Roentgenological Investigation	69
Обезболивание. Реанимация	Anesthesia. Resuscitation	86
Общая часть	General	87
Обезболивание, анестезия	Analgesia, Anesthesia	91
Реанимация. Интенсивная терапия	Resuscitation. Intensive Therapy	97
Кровотечение	Bleeding	102
Переливание крови, гемотрансфузия	Transfusion of Blood, Blood Transfusion	110
Основной хирургический инструментарий и оборудование операционного блока	Major Surgical Instruments and Equipment of Surgical Block	120
Общая часть	General	122
Общий инструментарий	General Instruments	123
Специальный хирургический инструментарий	Special Surgical Instruments	127
Оборудование операционной	Operating Room Equipment	133
Операция	Operation	137
Общая часть	General	138
Специальная часть	Special	144
Лечение больного. Общий уход за больным	Management of the Patient. General Care of the Patient	159

Лечение больного	Management of the Patient	160
Общий уход за больным	General Care of the Patient	173
Гипербарическая оксигенация (ГБО)	Hyperbaric Oxygenation (HBO)	188
Десмургия	Dressings	194
Травматология	Traumatology	198
Общая травматология	General Traumatology	199
Основные методы лечения	Basic Methods of Treatment	208
Частная травматология	Specific Traumatology	215
Ортопедия	Orthopedics	225
Опухоли	Tumours	233
Заболевание грудной клетки и органов грудной полости	Disorder of the Thorax and Thoracic Organs	244
Грудная клетка. Молочная железа	Thorax. Mammary Gland	246
Бронхи. Легкие. Плевра. Трахея	Bronchi. Lungs. Pleura. Trachea	250
Общая часть	General	250
Специальная часть	Special	253
Сердце. Крупные (магистральные) сосуды. Перикард	Heart. Major Vessels. Pericardium	264
Общая часть	General	264
Специальная часть	Special	268
Заболевание брюшины и органов брюшной полости	Disorder of Peritoneum and Abdominal Cavity	285
Диспептические расстройства	Dispeptic Disturbances	287
Общая часть	General	289
Специальная часть	Special	293
Грыжи	Hernias	316
Кожные и венерические болезни	Skin and Venereal Diseases	321
Дерматология	Dermatology	322
Общая часть	General	322
Специальная часть	Special	328
Венерология	Venereology	337
Тропическая дерматовенерология	Tropical Dermato-Venereology	341
Болезни уха, горла, носа	Disorders of the Ear, Nose, Throat	351
Заболевание верхних дыхательных путей	Disorder of the Upper Respiratory Tract	352
Болезни уха	Disorders of the Ear	361
Специальные методы исследования. Пробы	Special Methods of Investigation. Tests.	364
Глазные болезни	Eye Diseases	367
Общая офтальмология	General Ophthalmology	368
Частная офтальмология	Specific Ophthalmology	374
Урология	Urology	392

Общая часть	General	393
Частная урология	Specific Urology	397
Акушерство	Obstetrics	418
Оперативное акушерство	Operative Obstetrics	428
Гинекология	Gynecology	433
Общая часть	General	433
Специальная часть	Special	437
Нервные болезни	Nervous Diseases	446
Общая невропатология	General Neuropathology	447
Частная невропатология	Specific Neuropathology	456
Психиатрия	Psychiatry	466
Общая психопатология	General Psychopathology	467
Частная психопатология	Specific Psychopathology	478
Инфекционные болезни	Infectious Diseases	487
Общая часть	General	488
Специальная часть	Special	493
Стоматология	Stomatology	511
Общая часть	General	512
Специальная часть	Special	515
Ортодонтические и ортопедические методы лечения	Orthodontic and Orthopedic [Methods of] Treatment	530
Эндокринология	Endocrinology	539
Общая часть	General	540
Частная эндокринология	Specific Endocrinology	543
Приложение	Appendix	565
Иллюстрации	Illustrations	565
Указатель на русском языке	Russian Index	583

ПРЕДИСЛОВИЕ

Настоящий словарь-разговорник входит в серию русско-иностранных словарей-разговорников для специалистов. Он рассчитан в основном на врачей, медицинских научных работников, студентов-медиков, преподавателей иностранного языка в медицинских вузах. Область использования словаря-разговорника — изучение языка, языковая коммуникация при деловых контактах, практика перевода и реферирования литературы по медицине.

В словаре-разговорнике представлены основные медицинские специальности: хирургия, терапия, акушерство и гинекология, травматология и ортопедия, кожные и венерические болезни, болезни уха, горла, носа, глазные болезни, заболевания мочеполовой системы, инфекционные заболевания, нервные болезни, стоматология и эндокринология, психиатрия, а также разделы: «Гипербарическая оксигенация» и «Тропическая дерматовенерология».

Материалы словаря-разговорника отобраны с учетом современных трудов в области медицины.

Каждая глава включает словарь и фразы, в которых активизируется основная терминология словаря.

В предлагаемом словаре-разговорнике не ставилась задача классификации понятий или значений медицинских терминов, а сделана попытка представить материал по схеме, достаточно удобной для читателя и не противоречащей современным классификациям.

Анатомические термины даны согласно Русской номенклатуре (1980 г.), соответствующей Парижской международной номенклатуре.

СТРУКТУРА СЛОВАРЯ-РАЗГОВОРНИКА

В основу построения словаря-разговорника положены тематический и инвентаризующий принципы. Словарь-разговорник включает 30 глав по определенным разделам медицины.

В основу представления материала в главах положен алфавитный принцип, а не строгая научная последовательность расположения материала, соблюдаемая в медицинских учебниках. Это позволяет пользоваться словарем не только узким специалистам, но и специалистам смежных специальностей.

В словаре синонимы даются через запятую, а в сочетаниях они даны через косую черту, это показывает, что любое из слов, между которыми поставлен этот знак, может быть употреблено в данном сочетании. В английской части словаря заменяемые слова или группы слов выделены полужирным шрифтом. Вариантность вопросов и ответов достигается путем подстановки слов, приведенных в круглых скобках. Факультативная часть фразы заключена в квадратные скобки.

Если заглавное слово представляет собой словосочетание, в нем, как правило, сохраняется прямой порядок слов. Во избежание повторений иногда терминологическое гнездо озаглавлено не одним термином, а двумя или несколькими, являющимися синонимами, например, «Рентгеновский снимок, рентгенограмма», «Мочеиспускательный канал, уретра», «Остановка кровотечения, гемостаз».

Терминологические гнезда во всех главах строятся по единой системе:

I. Сочетание заглавного слова с прилагательным или причастием;

II. Сочетание заглавного слова с существительным;

III. Сочетание заглавного слова с глаголом или свободные глаголы, которые по смыслу относятся к заглавному слову;

С. (в английской части обозначено буквой S). Это слова, которые по смыслу относятся к заглавному слову. В терминологическом гнезде может отсутствовать один, два или даже три подраздела, стройность структуры словаря в целом от этого не нарушается. Ряд терминов, входящих в гнездо, если они дополнительно раскрываются, помещаются самостоятельно за гнездом в алфавитном порядке, например:

ЛЕЧЕБНАЯ ФИЗКУЛЬТУРА
I. активная (пассивная) лечебная физкультура
II. кабинет лечебной физкультуры
С. гимнастика
 дозированный бег
 массаж
 подвижные игры

ГИМНАСТИКА
I. корригирующая гимнастика
 лечебная гимнастика

МАССАЖ
I. аппаратный массаж
 вакуумный массаж
II. вибрация при массаже
С. массажист(ка)
III. делать массаж, массировать

Большие по объему материала главы имеют свои подразделы. Эти подразделы могут следовать не в алфавитном порядке, а согласно логике изложения материала. Фразы располагаются или в конце разделов, или в конце главы, под буквой А (врач — больной), под буквой Б (врач — врач, врач — медицинский персонал).

К каждой главе дается содержание, которое отражает соподчиненность разделов и гнезд. Рисунки иллюстрируют терминологию глав и анатомические термины. Английская реалия отмечена звездочкой.

Все критические замечания и пожелания просим направлять по адресу: 103012, Москва, Старопанский пер., 1/5. Издательство «Русский язык».

ВВЕДЕНИЕ

Выходящий вторым изданием Русско-английский медицинский словарь-разговорник (С.-Р.) можно рассматривать как существенный фрагмент наиболее употребительной и практически актуальной части языковых средств, необходимых профессиональной медицинской устной разговорной речи на английском языке. По своим содержательным характеристикам словарная часть (dictionary) относится к типу отраслевых словарей. Вместе с тем ее нельзя считать в полной мере терминологической. Наряду с терминами она содержит также, в соответствии с целевой разговорной установкой всего издания, профессионально-ориентированные слова и словосочетания разного рода, не являющиеся терминами в строгом смысле этого слова.

Словарь адресован прежде всего и в основном врачу, который поставил перед собой задачу подготовиться к общению на английском языке в англоязычной среде за рубежом.

Эффективность профессиональной языковой коммуникации зависит от владения, по крайней мере, тремя базовыми компонентами:
— терминологическим фондом соответствующей специальности и относящейся к ней остальной профессионально-ориентированной лексикой;
— профессионально-ориентированными языковыми структурами разного рода (от словосочетаний, фразеологических единиц до предложений), исключающими сленг (профессиональный жаргон) и профессиональное просторечие;
— функционально-стилевыми и жанровыми вариантами профессиональной речи в связи с ролями коммуникантов, обстоятельствами и обстановкой.

Совмещение этих трех компонентов в одном издании составляет оригинальную жанровую особенность данного лексикографического произведения, каким является С.-Р. Его «синтетический» характер вполне отвечает специфике функциональных языков вообще и научно-производственному подъязыку медицины в частности.

Являясь как в русском, так и в английском литературном языке одной из специальных ветвей, принадлежащих к так называемым функциональным языкам, или функциональным стилям, обслуживающим сферы науки, производства, делопроизводства и т. д., подъязык медицины отличается от других профессиональных подъязыков прежде всего своим планом содержания. Он же предопределен объектом деятельности медицинских работников, т. е. всем тем, что входит в огромное комплексное понятие — ЗДРАВООХРАНЕНИЕ. Через план содержания специфика профессионального подъязыка медицины опосредованно отражается в его плане выражения — в выборе языковых средств из всей их наличности в языке.

Трудности, стоявшие перед авторами, и успешность их преодоления — очевидны. Ведь массив современной медицинской терминологии огромен. Количественная и качественная специфичность наполнения языковыми средствами текстов у представителей разных медицинских специальностей на обоих языках весьма велика. В сфере реального функционирования в каждом из мировых языков обращается несколько сот тысяч терминов. Установить полное словесное богатство медицины не представляется возможным, так как крайне трудно с достаточной четкостью определить границы ее областей, разделов, подразделов, не говоря уже о «стыковых», пограничных с медициной областях знаний. Особенно велик прирост названий для новых методов инструментального обследования больных, способов диагностики и лечения, вариантов оперативных доступов, хирургических операций. Ежегодно арсенал медицинской лексики пополняется сотнями новых наименований. При этом используются различные языковые источники, в том числе активно медицинская литература на английском языке. Более 60% медицинской информации публикуется на английском языке. Поэтому в сфере фиксации, т. е. в словарях и в справочниках, не удается отразить в полной мере словесное богатство медицины. Однако то, что имеется в современных медицинских словарях, поражает весьма внушительными цифрами даже по сравнению со словарями литературного языка. Так, напр., в словаре английского языка Вебстера содержится около 600 000 слов, а в проспекте нового издания того же словаря (1980 г.) на термины приходится около 50%. Наиболее авторитетный английский медицинский словарь Стедмана включает около 90 000 заголовочных терминов. В немецком Real Lexikon der Medizin u. ihrer Grenzgebiete (München, 1966-1977) насчитывается около 250 000 заголовочных терминов; французский словарь — Manuila A. Dictionnaire français de médecine et de biologie en 4 vol. (Paris, 1970-1972) охватывает лексический массив в 200 000 единиц. Словарь современного русского литературного языка в 17 томах содержит около 120 000 слов. В советском Энциклопедическом словаре медицинских терминов (1982-1984 гг.) число заголовочных слов около 60 000. В русско-английском медицинском словаре (1975 г.) зафиксировано около 50 000 слов, представляющих основную терминологию по всем разделам медицины.

Пожалуй, ни один отраслевой словарь не отличается таким богатством многообразия именуемых объектов и понятий профессиональной деятельности, как словарь медицины.

В плане содержания медицинской терминологии представлены: морфологические образования и процессы, характерные для организма человека в норме и патологии на различных стадиях его развития; болезни и патологические состояния человека, формы их течения и признаки (симптомы, синдромы), возбудители и переносчики болезней; факторы окружающей среды, влияющие благотворно или отрицательно на человеческий организм; показатели их гигиенического нормирования и оценки; методы диагностики, профилактики и терапевтического лечения болезней; оперативные доступы и хирургические операции; организационные формы оказания лечебно-профилактической помощи населению и санитарно-эпидемиологической службы; аппараты, приборы, инструменты и другие технические устройства, оборудование, мебель медицинского назначения; лекарственные средства, сгруппированные по принципу их фармакологического действия или терапевтического эффекта; отдельные лекарственные средства, лекарственные растения и т. д.

Большинство из вышеперечисленных объектов номинации, хотя и в минимизированном объеме, нашли отражение в С.-Р., в его тематических рубриках и подрубриках.

Следует также принимать во внимание разнообразие категорий понятий, в рамках которых реализуются десятки и сотни тысяч отдельных научных понятий. Среди таких категорий можно назвать, напр., следующие: вещь, процесс, сущность, явление, признак, свойство, качество, количество, отношение, взаимодействие, причинность и т. д.

В зависимости от характера именуемых отдельных понятий в терминоведении обычно различают термины и номенклатурные наименования, соответственно — терминологию и номенклатуру. Согласно распространенной точке зрения, термины служат выражению потребностей теоретического мышления, тяготеют, т. с., к области теории, номенклатурные же наименования не имеют прямого отношения к запросам теории. Их функция весьма ограничена: они как бы этикетируют конкретные объекты-вещи. К номенклатурным наименованиям обычно относят марки отдельных приборов, инструментов, технических устройств, фирменные, товарные знаки лекарственных средств и т. д.

Продолжительность жизни научного термина при всей возможной эволюции и даже радикальном изменении его значения в среднем более длительная; термины, как правило,— долгожители. Номенклатурные наименования (в их узкотерминоведческом смысле) быстрее заменяются другими, исключаются из практики, поскольку быстро устаревают в современную эпоху НТР обозначаемые ими конкретные предметы. В этом сказывается также действенная роль международной торговли.

Поэтому в двуязычных изданиях типа С.-Р. преимущество отдается терминам, а не номенклатурным наименованиям. Берущий в руки словарь-разговорник должен это иметь в виду. Для более широкого знакомства с арсеналом номенклатурных наименований в профессиональном подъязыке современной медицины придется обращаться к материалам экспресс-информации на английском языке, соответствующим справочникам.

Наряду с терминоведческим подходом к различию между терминологией и номенклатурой, в медицине и биологии издавна имеет место другое осмысление, не противопоставляющее их, а объединяющее в одно единое целое — медицинскую или биологическую терминологию. В медицине и биологии номенклатурами (анатомической, гистологической, эмбриологической, ботанической, микробиологической, паразитологической и т. д.) принято называть сгруппированные по определенной схеме и оформленные единым списком в рамках научной классификации перечни соответствующих объектов.

В профессиональной среде принято также говорить о номенклатуре болезней, о номенклатуре симптомов, о номенклатуре лекарственных средств и т. д. Таким образом, номенклатурами называют как совокупности конкретно-вещественных объектов, так и смоделированные на основе теории абстрактные понятия болезней, патологических процессов и состояний.

Наименования из некоторых медицинских номенклатур, в особенности из международной анатомической номенклатуры, нашли определенное отражение в словнике.

Лексическое значение термина, как известно, совпадает с дефиницией, т. е. кратким определением существенных признаков научного понятия, приводимым в толковых и энциклопедических словарях. Что же касается номенклатурных наименований (в их суженном терминоведческом смысле), то они обычно не нуждаются в дефиниции. Их значение как бы целиком покрывается своеобразием конкретной частной предметности, внешним видом, формой самого объекта. Поэтому для семантизации значений номенклатурных наименований нередко прибегают к помощи наглядного изображения. Этим же воспользовались авторы С.-Р. Они поместили в приложении рисунки, иллюстрирующие названия анатомических структур, некоторых хирургических инструментов и повязок.

Хотя терминология носит по преимуществу именной характер, так как в большинстве своем термины являются именами существительными или словосочетаниями с именем существительным в качестве стержневого слова, глаголы также могут быть терминами. Ведь термины-глаголы называют различные важные для той или иной специальности процессы и имеют параллели в других лексических слоях, напр., пальпировать — пальпация, протезировать — протезирование и т. д. Авторы поступили очень разумно, включив большое число глаголов, свободных или вместе с существительными, в словник словаря. Каждый из таких глаголов соотносится по смыслу с соответствующим заглавным словом — рубрикой.

Поскольку основная функция С.-Р.— пропедевтическая, учебная, а не справочная, авторам предстояло найти такую его структуру, которая наилучшим образом соответствовала бы особенностям профессионального подъязыка медицины, и в первую очередь специальной лексики, ядро которой составляют термины. Эта структура должна способствовать также быстрому нахождению и эффективному усвоению лексики и языковых образований.

В целом авторы сумели справиться с подобной задачей.

Если рассматривать весь огромный массив медицинских терминов как макросистему, то в ней можно выделить отдельные (частные) микротерминосистемы, обслуживающие узкие медицинские специальности и области знаний. Их лексиконы разрослись до весьма внушительных размеров. Так, напр., анатомическая и гистологическая номенклатуры насчитывают вместе около 10 000 наименований. Имеется около 20 000 названий функций органов, около 40 000 названий способов обследования, лечения и оперативных вмешательств. Существует свыше 10 300 названий болезней (нозологических единиц). Общее число диагнозов достигло 30 000. Встречается несколько десятков тысяч названий симптомов и т. д.

За последние десятилетия заметно увеличилось число частных микротерминосистем, выражающих научные понятия, связанные с диагностикой, лечением и профилактикой болезней, поражающих преимущественно отдельные органы и системы организма (пульмонология, нефрология, артрология, кардиология и ангиология, кардиоваскулярная хирургия, абдоминальная хирургия, нейрохирургия и т. д.). Отмечается тенденция быстрого роста узкоспециальных лексиконов рентгенологии и радиологии, иммунологии, реаниматологии и другие. Состав онкологической терминологии достиг к настоящему времени 35 000.

Конечно, узкие специальности опираются на общий для них всех, общеспециальный словарный фонд подъязыка медицины. Некоторая практически актуальная часть его вошла в словник. Однако прежде всего и в основном развиваются узкоспециальные лексиконы. В соответствии с этой ведущей тенденцией в развитии специальной медицинской лексики авторы С.-Р. распределили весь отобранный лексический материал по 30 главам, почти все из которых относятся к основным медицинским специальностям. Это само по себе было нелегким делом. К концу 70-х годов насчитывалось свыше 170 специальностей. Авторы отдали предпочтение тем из них, которые наиболее актуальны в повседневной врачебной деятельности.

Принцип организации языковых средств по узкоспециализированным главам дал возможность зафиксировать материал, необходимый и достаточный для эффективной профессиональной коммуникации на английском языке. Можно сказать, что С.-Р. состоит как бы из многочисленных частных, узкоспециализированных лексиконов-разговорников. Специалист, обратившийся к услугам С.-Р., найдет в интересующей его главе то, что ему необходимо. В то же время в случае надобности он может использовать любую другую главу при установлении речевых контактов с представителями иных узких специальностей. Правда, не следует переоценивать подобные возможности, поскольку по мере углубления узкой специализации все больше расширяются площади «невзаимопонимания» между представителями разных медицинских специальностей. Последнее обстоятельство также свидетельствует в пользу правильности избранного авторами общего структурного решения.

Не менее сложно предпочесть тот или иной способ распределения словарных единиц внутри глав. Авторы избрали способ гнездового расположения словарных единиц как наиболее практически целесообразный, повышающий эффективность обучающей функции С.-Р. Гнездовому способу было отдано предпочтение как перед алфавитным, так и перед строго логизированным системнотерминологическим подходом. Алфавитный порядок удобен в поисково-справочном пособии. Что же касается последовательного системнотерминологического упорядочения в соответствии с классификацией понятий, то это едва ли вообще возможно в лексикографическом жанре С.-Р. не только в силу его коммуникационно-разговорного назначения, но и из-за значительной неполноты, выборочности представления каждой отдельной микросистемы. Кроме того, как уже упоминалось, в словарном составе наряду с терминами имеется много тематически важных для профессионального общения слов и свободных словосочетаний нетерминологического характера. В каждой главе отдельно сгруппированы словарные единицы общей части, отдельно — специальной части, а также под буквой С. (семантика) семантически связанные с темой слова и словосочетания, в составе которых отсутствует стержневое слово гнезда.

В этих установленных для себя рамках авторы старались расположить словарный материал так, чтобы сохранялись определенные смысловые взаимоотношения, градации соподчинения между словарными единицами, объединенными в лексико-тематические группы, снабженные предметными заголовками и подзаголовками. Столь же последовательно размещены синонимы. Следует особо подчеркнуть, что сопряжение логических и ассоциативных линий, вдоль которых распределяются словарные единицы, с синонимией и гипонимией (соподчинением) соответствует объективному механизму поиска нужных терминов в памяти и повышает тем самым коэффициент полезного действия словаря. Так, словарные единицы, обозначающие болезни, патологические состояния, способы обследования, лечения и т. д., группируются в связи с соответствующей системой организма или анатомической структурой. В известном смысле подобная организация словарного материала сближает С.-Р. с тематическими и идеографическими словарями учебного типа, лексика которых располагается на основании критерия «смысловой близости», принадлежности единому семантическому полю.

При организации словарного материала внутри каждой главы нашли определенное отражение отношения между терминами каждой микротерминосистемы, конечно, в допустимо возможных пределах. Именно это последнее обстоятельство необходимо учитывать при использовании С.-Р.

«Синтетический» характер жанра С.-Р., как он был охарактеризован выше, требует в силу этого известных ограничений. Каждая микротерминосистема базируется на определенной классификации понятий. Термин, занимая соответствующее место в микросистеме, находится в фиксированных соподчинительных, родовидовых связях с другими терминами данной микросистемы. Причем градации гипонимии могут быть первой, второй и т. д. ступени. В главах С.-Р. отражены, естественно, не все градации. Родовидовые отношения лучше всего раскрываются составными терминами, представляющими собой именные словосочетания, т. е. такие, в которых в качестве компонентов участвуют имена существительные, или атрибутивно-именные, где некоторые из компонентов являются прилагательными или причастиями. При объединении составных терминов в гнезда лексической основой служит родовой термин-слово. Преобладающая масса составных терминов — двусловные сочетания. Имеются и несколькословные составные термины. Постоянная часть составного термина, стержневое слово — имя существительное — выражает родовое понятие, а изменяемые части как в русском, так и в английском языках — прилагательные или существительные — обладают определяющей, уточняющей, ограничивающей функцией, т. е. выражают видовые понятия, вариативные признаки. Напр.: асептический перитонит, геморрагический перитонит, желчный перитонит, каловый перитонит и т. д.; артериальная гипертензия, гемодинамическая артериальная гипертензия, застойная артериальная гипертензия, неврогенная симпатическая артериальная гипертензия.

Номинативная терминизирующая функция подобных словосочетаний не вызывает сомнения.

Наряду с составными терминами, фактически смыкаясь с ними, важную роль играют сложные и производные слова, составленные из интернациональных корневых и аффиксальных морфем древнегреческого и латинского языков. Эти терминообразовательные средства принято называть терминоэлементами (гастр-, гастро-, мио-, кардио-, ангио-, -ома и т. д.). Англичане называют терминоэлементы типа гастро- (корневая морфема + соединительный гласный -о-) combining forms. Терминоэлементы участвуют в образовании терминов самых различных микросистем. В английском медицинском словаре их доля исключительно велика.

Общность арсеналов греко-латинских интернационализмов, как слов, так и терминоэлементов, в обоих языках создает солидную базу для терминологического взаимопонимания. Интернациональными являются также многие важнейшие словообразовательные модели, по которым строятся термины; напр.: модели названий заболеваний воспалительного характера в русском языке с суффиксом -ит, в английском — -itis, названий опухолей в русском языке с суффиксом -ома, в английском — -oma. Как правило, формальное различие между русскими и английскими аналогами терминов-интернационализмов минимально; напр., инфаркт — infarction, аневризма — aneurysm, тромбоэмболия — thromboembolism, пульмональный — pulmonary, бронхогенная киста — bronchogenic cyst и т. д.

Особую остроту для медицинской терминологии приобрела проблема синонимов. До сих пор в терминоведении нет полной теоретической ясности в отношении того, что следует считать синонимами в терминологии. Не вдаваясь в суть дискуссий по этому поводу, целесообразно признавать синонимами только такие языковые образования, своеязычные и иноязычные слова и словосочетания, которые, различаясь своими звуковыми комплексами, выражают в рамках соответствующей микросистемы тождественное понятие. Для специалиста, тем более в условиях иноязычной коммуникации, крайне важно получить верные ориентиры в синонимических отношениях. В медицинской терминологии синонимы занимают весьма заметные площади. Так, в Энциклопедическом словаре медицинских терминов на их долю из 60 000 заголовочных словарных единиц приходится 15 000. В некоторых областях медицины их число колеблется от 25% до 40%. Иногда одно и то же понятие выражается десятком и более синонимов. Даже некоторые важнейшие медицинские понятия имеют по нескольку синонимов; напр., понятие «опухоль» обозначается терминами tumour, mass, growth, swelling, neoplasm, formation, blastoma. Целым рядом синонимов выражается понятие «болезнь» disease, illness, sickness, ailment, disorder, trouble, distress, disturbance, condition.

Учитывая подобную «синонимную гипертрофию», в С.-Р. были отобраны только самые жизнестойкие, т. е. имеющие достаточное практическое применение английские синонимы, с которыми были гармонизированы столь же жизнестойкие русские синонимы.

Особо следует обратить внимание на синонимы — названия анатомических структур. В обоих языках анатомические наименования имеют своеязычное происхождение; напр., легкое — lung, сердце — heart, печень — liver, желчный пузырь — gallbladder и т. д. Вместе с тем в английской анатомической терминологии нередко одна и та же структура обозначается словами греко-латинского и английского происхождения; напр., пищевод — esophagus (греч.), gullet (англ.); живот — abdomen (лат.), belly (англ.) и т. д.; или имеется только грецизм (латинизм) без английского эквивалента; напр., pylorus — привратник, stomach — желудок, peritoneum — брюшина, mesentery — брыжейка кишки и т. д. Следует подчеркнуть, что даже при наличии только одного английского слова или двух — английского и греко-латинского синонимов (правильней их называть дублетами), в качестве производящей основы, напр., при образовании названий болезней, патологических состояний, оперативных вмешательств, а также при образовании прилагательных с анатомическими значениями, применяются терминоэлементы греко-латинского происхождения; напр.: печень — liver (англ.), но hepatitis — воспаление печени, гепатит; легкое — lung (англ.), но pulmonary — легочный, пульмональный; живот — abdomen (лат.), belly (англ.), но abdominal — брюшной, абдоминальный. В значении «желудок» употребляется только слово stomach греческого происхождения и прилагательное тоже греческого происхождения gastric, напр., gastric tuberculosis. Возможно дублирование терминов за счет использования в качестве производящих основ двух разных терминоэлементов-дублетов, греческого и латинского происхождения; напр., colpitis и vaginitis — воспаление влагалища, кольпит, вагинит; от греч. colpos и лат. vagina — влагалище; phlebographia и venographia — флебография и венография; от греч. phlebs, phlebos и лат. vena — вена и т. д.

Нередко в синонимическом ряду одно из наименований совпадает с краткой дефиницией; напр., пересечение блуждающего нерва и его ветвей/ваготомия transection of the vagus nerve and its branches, vagotomy; пункция брюшной полости/лапароцентез puncture of the abdominal cavity, laparocentesis.

Во всех вышеприведенных примерах речь шла об абсолютных синонимах, или дублетах. Взаимозаменяемость членов в подобных рядах не представляет никаких трудностей для участников коммуникации. Сложнее ориентироваться в синонимах, имеющих различные мотивирующие признаки, т. е. различающихся своей внутренней формой. В С.-Р. синонимы такого типа даны с достаточной полнотой; напр.: врожденная ахалазия пищевода, врожденный кардиоспазм congenital achalasia of the esophagus, congenital cardiospasm; эмпиема плевры, гнойный плеврит pleural empyema, suppurative pleurisy.

Ряд синонимов-глаголов в английской части в среднем длиннее эквивалентного русского ряда; напр.: вздуваться (о животе) to distend, to bloat, to swell [up]; срастаться (о переломе) to unite, to consolidate, to knit, to join (of fracture).

В русской и английской медицинской терминологии для обозначения многих понятий употребляются эпонимы, т. е. наименования, образованные от собственных имен врачей, ученых, литературных персонажей и т. д.; напр.: жгут Эсмарха Esmarch's tourniquet, зажим Кохера Kocher's clamp, болезнь Педжета Paget's disease и т. д. Очень часто эпонимы включены в синонимические ряды, напр., миеломная болезнь, плазмоцитома, болезнь Калера, миеломатоз, множественная миелома myeloid disease, plasmocytoma, Kahler's disease, myelomatosis, multiple myeloma.

Следует обратить внимание на такую закономерность: если какая-либо анатомическая структура обозначается синонимичными терминами, среди которых имеется и традиционный эпоним, то именно он используется в качестве производящей основы в названиях болезней, поражающих эту структуру; напр.: слуховая/евстахиева труба; воспаление слуховой трубы, евстахеит auditory/Eustachian tube; inflammation of the auditory tube, eustachitis; большая железа преддверия влагалища, бартолиниева железа;

воспаление бартолиниевой железы, бартолинит greater/Bartholin's gland; inflammation of Bartholin's gland, bartholinitis.

Разумеется, фиксируемые как равноценные в С.-Р. члены того или иного ряда синонимов могут в конкретных условиях англоязычного коллектива применяться не все. Речевая практика предпочтет какой-то один из членов ряда. Но так или иначе, С.-Р. дает вполне достаточный материал для правильной ориентации. Ведь научные термины-синонимы, как правило, известны узкому специалисту в силу их максимальной интернационализации. Иначе обстоит дело с синонимами общелитературного английского языка, в особенности со словами профессионально сниженного характера. Так, напр., при общении врача с больным вероятность использования терминов «тимпанит», «метеоризм» крайне мала по сравнению со словами и словосочетаниями «пучение, вздутие живота». Врач спросит у больного «есть ли у него боль под ложечкой», а не «в области эпигастрия»; «есть ли у него запор или задержка стула», а не «обстипация».

Целевая разговорная установка С.-Р. предопределила включение в него большого числа свободных словосочетаний общелитературного языка, хотя и имеющих профессионально-ориентированный характер; напр.: излечимая болезнь, невыносимая боль, серьезное заболевание, редкий случай болезни, внезапно начавшаяся сильная боль и др. Среди речевых «заготовок» немало выражений с глаголами; напр.: бороться с болезнью, кричать от боли, завоевывать доверие больного (о враче), состоять на учете в диспансере, договориться с врачом о приеме на определенный час, уметь подойти к больному и многое другое в подобном же роде. Вместе с тем С.-Р. щедро снабжает потенциального коммуниканта сугубо профессиональными английскими речевыми оборотами, которые трудно построить самостоятельно, оперируя знанием только «правильного» литературного английского языка, поскольку они отличаются сильной специфичностью словесного наполнения, отбора слов или использования их значения; напр.: сдача крови blood donation, внебольничный аборт back-street abortion, провал памяти spoty memory, defect memory, опоясывающие боли pains all round your middle, пеленать ребенка to dress a child, зажать нос больному to keep the patients nostrils closed, затампонировать рану to pack the wound, снять мышечный спазм to control a muscle spasm, запрокиньте голову throw the head back, анамнез собрать не удалось there is no history и т. д.

Профессиональный разговорный язык медицины в огромной степени стереотипен, идиоматичен, обладает статичностью синтаксических моделей, речевыми штампами (клише); напр.: наркоз по открытому контуру open anaestesia, шум трения плевры pleural friction rub, ритм «галопа» "gallop" rhythm, ритм «перепела» "quail" rhythm, «сухое» сердце "dry" heart, «бычье» сердце "cor bovinum", операция по поводу operation for... , операция по жизненным показаниям life-saving operation, выйти из наркоза come out from anaestesie, в легких патологии не обнаружено the lungs are clear, купировать приступ болезни to control/check/arrest/stop an attack of a disease, накладывать пневмоторакс to apply/use pneumothorax, вправлять грыжу to reduce a hernia, сдвиг лейкоцитарной формулы влево deviation of the differential count to the left, фиксируйте шину бинтом fix the splint with a roller.

Эти и многие подобные речевые «заготовки» и целые предложения воспроизводятся в речи по мере надобности, как отдельные слова. Это готовые, воспроизводимые, стандартизированные единицы. Без оперативного владения ими коммуникация в англоязычной среде представляется малоуспешной. Речевые единицы предельно конкретны и лаконичны, в особенности в языке хирургов, что объясняется спецификой их деятельности. Обращает на себя внимание отсутствие сложных грамматических конструкций, столь характерных для письменной речи.

Вообще научно-производственная речь в высокой степени нормированна, что и демонстрирует С.-Р. Данный словарь-разговорник имеет установку на официальный характер общения. В лексике С.-Р. практически отсутствуют народные названия болезней. Потенциальный коммуникант, русскоязычный врач, готовящийся к практической работе в англоязычной среде, может эффективно овладеть нормативными закономерностями профессионального медицинского английского языка, т. е. отработанными и отобранными языковыми средствами.

Тексты, как в диалогическом, так и в утвердительном, констатирующем стиле, собранные в конце раздела каждой главы, составлены с учетом типовой социально-производственной ситуации. В них представлен разнообразный речевой материал практически актуальный для трех ролевых взаимодействий: врач — больной, врач — врач, врач — медперсонал. Смена ролей, естественно, сказывается на выборе языковых средств. Ближе всего к разговорному общелитературному языку стоит материал под буквой А (врач — больной). Особым жанровым стилем обладает история болезни (официально-деловой стиль).

В эпоху НТР неизмеримо усилилась роль, престиж отраслевых профессионально-ориентированных словарей, энциклопедических, толковых одноязычных, двуязычных и многоязычных. Они являются неотъемлемым средством научно-технического прогресса, обеспечения необходимого уровня профессиональной языковой коммуникации в таких сферах социальной деятельности, как производство, наука, образование и т. д. Данный русско-английский медицинский словарь-разговорник занимает среди них свое определенное место.

профессор **М. Н. Чернявский**

БОЛЬНИЦА

HOSPITAL

АМБУЛАТОРИЯ	19	AMBULATORY
БОЛЬНИЦА	19	HOSPITAL
ГОСПИТАЛИЗАЦИЯ [БОЛЬНОГО]	20	ADMISSION [OF A PATIENT]
ОСНАЩЕНИЕ БОЛЬНИЦЫ ОБОРУДОВАНИЕМ	20	HOSPITAL FACILITIES
ОТДЕЛЕНИЕ [БОЛЬНИЦЫ]	20	[HOSPITAL] DEPARTMENT
ПРИЕМНОЕ ОТДЕЛЕНИЕ [БОЛЬНИЦЫ]	22	ADMITTING OFFICE
ПЕРСОНАЛ БОЛЬНИЦЫ	22	PERSONNEL OF HOSPITAL
ВРАЧ	22	DOCTOR
МЕДИЦИНСКАЯ СЕСТРА, МЕДСЕСТРА	24	SISTER
ГОСПИТАЛЬ	24	HOSPITAL
ДИСПАНСЕР	24	DISPENSARY
ПОЛИКЛИНИКА	24	OUT-PATIENT DEPARTMENT
РОДИЛЬНЫЙ ДОМ	25	MATERNITY HOME
ФЕЛЬДШЕРСКИЙ ПУНКТ	25	FELDSHER'S STATION

БОЛЬНИЦА

HOSPITAL

АМБУЛАТОРИЯ

1. передвижная амбулатория

AMBULATORY

1. mobile ambulatory

БОЛЬНИЦА

1. гериатрическая больница
   генекологическая больница
   городская больница
   детская больница
   инфекционная больница
   клиническая больница
   многопрофильная больница
   областная больница
   общесоматическая больница *
   однопрофильная больница
   онкологическая больница
   отоларингологическая больница
   офтальмологическая больница
   психиатрическая больница

HOSPITAL

1. geriatric hospital
   gynecologic hospital
   city/municipal hospital
   children's hospital
   infectious diseases hospital
   hospital
   multi-field/multi-type hospital
   district hospital
   general hospital *
   one-field/one-type hospital
   oncologic hospital
   otorhinolaryngologic hospital
   ophthalmology hospital
   mental hospital

психоневрологическая больница	**psychoneurological/psychoneurology** hospital
районная больница	regional hospital
[сельская] участковая больница	rural hospital
туберкулезная больница	**tuberculosis/TB** hospital
физиотерапевтическая больница	physiotherapeutic hospital
II. больница медицинской реабилитации	II. hospital of medical rehabilitation
больница скорой медицинской помощи	emergency hospital
оснащение больницы	hospital facilities
отделение больницы	hospital **department/unit**
персонал/штат больницы	**personnel/staff** of hospital
C. госпитализация [больного]	S. **admission/hospitalization** [of a patient]
III. выписывать из больницы	III. to discharge smb. from a hospital
выписываться из больницы	to be discharged from a hospital
лежать в больнице	to **be/stay** in hospital
направлять в больницу	to **direct/refer** smb. to a hospital
положить в больницу, госпитализировать	to **admit/take** smb. to a hospital
поступать в больницу	to enter a hospital, to be admitted to a hospital, to be hospitalized

ГОСПИТАЛИЗАЦИЯ [БОЛЬНОГО]

ADMISSION, HOSPITALIZATION [OF A PATIENT]

I. децентрализованная госпитализация	I. decentralized hospitalization
плановая госпитализация	planned hospitalization
централизованная госпитализация	centralized hospitalization
экстренная /срочная/ неотложная госпитализация	**urgent/emergency** hospitalization
II. госпитализация для лечения	II. admission for treatment
госпитализация с целью активного динамического наблюдения/ с целью установления диагноза	admission for active and dynamic observation, admission for making a diagnosis
III. госпитализировать	III. to admit smb. to a hospital, to place a patient in a hospital
повторно госпитализировать	to rehospitalize smb.

ОСНАЩЕНИЕ БОЛЬНИЦЫ ОБОРУДОВАНИЕМ

HOSPITAL FACILITIES, HOSPITAL EQUIPMENT

C. плохо (хорошо) оснащенная больница	S. poorly (well) equipped hospital
III. оснащать больницу оборудованием	III. to equip a hospital

ОТДЕЛЕНИЕ [БОЛЬНИЦЫ]

[HOSPITAL] DEPARTMENT, [HOSPITAL] UNIT

I. беспокойное отделение [психиатрической больницы]	I. violent patients department [of a mental hospital]
гастроэнтерологическое отделение	gastroenterology department

гематологическое отделение	hematological department, hematology unit
гинекологическое отделение	gynecology department
глазное отделение	**eye/ophthalmology** department
детское отделение	children's department
кардиологическое отделение	cardiological department
кардиохирургическое отделение	cardiac surgery **department/unit**
неврологическое отделение	neurology unit
нейрохирургическое отделение	neurosurgery department
нефрологическое отделение	nephrological department, nephrology unit
ожоговое отделение	burns unit
онкологическое отделение	oncology department
оториноларингологическое отделение	otorhinolaryngologic[al] department
патологоанатомическое отделение	department of morbid anatomy
поликлиническое отделение	Out-Patient Department (OPD), polyclinic department
полубеспокойное отделение [психиатрической больницы]	semi-violent patients department [of a mental hospital]
приемное отделение	**admitting/admissions** office, Reception Ward, Admission Room, Emergency Department
проктологическое отделение	proctologic department, proctology unit
психосоматическое отделение	psychosomatic **department/unit**
радиологическое отделение	radiologic[al] department
реанимационное отделение	resuscitation department
родовое отделение	**obstetric/maternity** department
спокойное отделение [психиатрической больницы]	quiet mental patients department [of a mental hospital]
стационарное отделение	**in-patient/hospital** department
терапевтическое отделение	**medical/therapeutics** department
торакальное отделение	thoracic department
травматологическое отделение	traumatology department
урологическое отделение	urology department
хирургическое отделение	department of surgery, surgical unit
эндокринологическое отделение	endocrinology department
II. отделение гнойной хирургии	II. department of purulent surgery
отделение на ... коек	... bedded **department/unit**
отделение неотложной помощи*	emergency room (ER)*
отделение неотложной хирургии	department of urgent surgery
отделение медицинской реабилитации	rehabilitation department
отделение первой помощи *	casualty department *
отделение хирургии легких	department of lung surgery
отделение хирургии печени и желчевыводящих путей	surgical department of liver and bile-excreting ducts
отделение хирургии сосудов	department of vascular surgery

ПРИЕМНОЕ ОТДЕЛЕНИЕ [БОЛЬНИЦЫ]

I. децентрализованное приемное отделение
централизованное приемное отделение
C. бокс
вестибюль для ожидания
выписная комната
диагностическая палата
операционный блок

перевязочная
процедурный кабинет

регистратура
рентгеновский кабинет
санитарный пропускник
смотровой кабинет

справочная
экспресс-лаборатория

ADMITTING OFFICE, ADMISSIONS OFFICE

I. decentralized **admitting office/admissions office**
centralized **admitting office/admissions office**
S. box receptacle, isolation ward
entrance-hall for waiting
room to discharge patients
ward for diagnostics
surgical premises, surgery **block/suite**
dressing room
room for medical procedures, medical treatment room
registration office
X-ray room
sanitary inspection room
room for seeing **patients/patients'** examination
inquiry office
express laboratory

ПЕРСОНАЛ/ШТАТ БОЛЬНИЦЫ

I. вспомогательный персонал [больницы]
медицинский персонал [больницы]
младший медицинский персонал [больницы]
руководящий медицинский персонал [больницы]
средний медицинский персонал [больницы]
II. штат врачей [больницы]
штат медсестер [больницы]
C. больница, плохо (хорошо) укомплектованная штатами
врач

директор больницы *
консультант больницы
лаборант
медбрат
медицинская сестра, медсестра
санитар(ка)
сиделка
фельдшер

PERSONNEL OF HOSPITAL, STAFF OF HOSPITAL

I. **ancillary/auxiliary** personnel [of hospital]
medical personnel [of hospital]
junior medical personnel [of hospital]
head medical personnel [of hospital]
paramedical personnel [of hospital]
II. medical staff [of hospital]
nursing staff [of hospital]
S. poorly (well) staffed hospital
doctor, physician, medical man, medical doctor (MD)
medical director *
visiting medical doctor (MD)
laboratory assistant
[medical] brother
sister, nurse

aid-man (aid-woman), orderly
approved nurse
feldsher, doctor's assistant

ВРАЧ

I. военный врач
высококвалифицированный врач
главный врач
дежурный врач

DOCTOR

I. military doctor
highly **experienced/skilled** doctor
head **physician/doctor**
doctor on duty, duty doctor, physician on call

22

домашний врач *	family **physician/doctor** *
лечащий врач, врач-ординатор, палатный врач	attending medical doctor (MD), doctor in charge, hospital physician
местный врач *	local doctor *
участковый врач	doctor in charge of a sector in a city area, district doctor
II. врач первой (второй) категории	II. doctor of the first (second) category, first (second) category doctor
врач высшей категории	doctor of the highest category, highest category doctor
врач по диетпитанию, диетолог	dietitian, dietarian
врач по лечебной физкультуре и спорту	doctor in exercise therapy and sports medicine
врач санитарно-противоэпидемической группы	doctor belonging to a sanitary-antiepidemic group
C. акушер-гинеколог (гинеколог, акушер)	S. obstetrician-gynecologist (gynecologist, obstetrician)
анестезиолог	anesthesiologist
дерматовенеролог (дерматолог, венеролог)	dermatovenereologist (dermatologist, skin specialist)
невропатолог	neuropathologist
онколог	oncologist
ортопед	orthopedist
отоларинголог, врач уха, горла, носа	otorhinolaryngologist, ENT specialist
офтальмолог, окулист, глазной врач	ophthalmologist, oculist, eye doctor
патологоанатом	morbid anatomist
педиатр, детский врач	pediatrician, children's doctor
микропедиатр	micropediatrician
проктолог	proctologist
психиатр	psychiatrist, alienist
радиолог	radiologist
реаниматолог	expert in resuscitation
рентгенолог	roentgenologist, X-ray specialist
стоматолог, зубной врач	stomatologist, dentist
терапевт	therapeutist, medical doctor, internist, therapist
травматолог	traumatologist
уролог	urologist
физиотерапевт	physiatrist, physical therapist
фтизиатр	TB doctor
хирург	surgeon
эндокринолог	endocrinologist
III. завоевать доверие больного (*о враче*)	III. to gain the patient's confidence (*of a doctor*)
иметь врачебную практику по хирургии (терапии, акушерству и гинекологии)	to **practise/be engaged in** surgery (therapy, obstetrics and gynecology)
уметь подойти к больному (*о враче*)	to have a good bedside manner (*of a doctor*)

| МЕДИЦИНСКАЯ СЕСТРА, МЕДСЕСТРА | [MEDICAL] SISTER, [MEDICAL] NURSE |

I. дежурная медсестра
дипломированная медсестра *
младшая медсестра, сестра по уходу
процедурная медсестра

старшая медсестра

II. медсестра стационара, палатная/постовая медсестра

I. nurse on duty
registered nurse (RN) *
junior sister, sister for patient's care
sister in charge of injections and other medical procedures
departmental/head/senior sister

II. **charge/ward** nurse

ГОСПИТАЛЬ / HOSPITAL

I. авиационный госпиталь
военно-морской госпиталь
военный госпиталь
нейрохирургический госпиталь
II. госпиталь для инвалидов
госпиталь для легкораненых

III. см. больница

I. aviation hospital
naval hospital
military hospital
neurosurgical hospital
II. hospital for invalids
hospital for the lightly wounded

III. see hospital

ДИСПАНСЕР / DISPENSARY

I. врачебно-физкультурный диспансер
кардио [ревмато] логический диспансер
кожно-венерологический диспансер
наркологический диспансер
онкологический диспансер
противозобный диспансер
противотуберкулезный диспансер
психоневрологический диспансер
трахоматозный диспансер
C. диспансеризация

наблюдение врачом
диспансерное наблюдение
III. проводить диспансеризацию

проходить диспансеризацию

состоять на учете в диспансере

I. medical exercises dispensary

cardio [rheumato] logic [al] dispensary
dermatovenereologic dispensary
narcotics dispensary
oncologic dispensary
antithyroid dispensary
TB dispensary

psychoneurologic dispensary

trachomatous dispensary
S. prophylactic medical examination
medical supervision
dispensary observation
III. to carry out prophylactic medical examination
to undergo prophylactic medical examination
to be registered in a dispensary

ПОЛИКЛИНИКА / OUT-PATIENT DEPARTMENT, POLYCLINIC

I. детская поликлиника

I. children's out-patient department

II. поликлиника для взрослых
С. больничный лист, листок нетрудоспособности
врач на приеме
вызов врача на дом
индивидуальная амбулаторная карта больного
кабинет врача
кабинет доврачебного осмотра

консультация врача
направление на приём
приём больных
талон на приём
III. быть у врача на приёме
вызывать врача [на дом]
выписывать больничный лист
договориться с врачом о приёме на определенный час*
записаться к врачу на приём
заполнять карту больного
идти к врачу на приём
обратиться к врачу

продлить больничный лист

РОДИЛЬНЫЙ ДОМ см. стр. 419

III. см. больница

ФЕЛЬДШЕРСКИЙ ПУНКТ

■ Вы лежали в туберкулезной (инфекционной, районной) больнице?

Вы лечились в хирургическом (терапевтическом, гинекологическом) отделении?

Вы наблюдаетесь (лись) у невропатолога (онколога, психиатра, фтизиатра)?

Вы состоите на учете в кожновенерологическом (кардио-[ревмато]логическом, онкологическом) диспансере?

Вы прошли диспансеризацию?

Вы консультировались по поводу этого заболевания у своего врача?

Кто ваш лечащий врач?

II. adult polyclinic
S. [medical] certificate

doctor on duty
calling a doctor [in]
patient's card

doctor's consulting room
before-doctor examination room
doctor's advice
appointment card
reception of patients
slip
III. to be at the doctor's
to call in a doctor
to write out a certificate
to make an appointment with the doctor at a certain time*
to arrange to see a doctor
to fill in a patient's card
to go to the doctor
to come to see a doctor, to consult a doctor
to extend a certificate

MATERNITY HOME, MATERNITY HOSPITAL see p. 419

III. see hospital

FELDSHER'S STATION

■ Have you been treated in a TB (infectious diseases, district) hospital?

Have you been treated in a surgical (therapeutic, gynecology) department?

Are you being (were you) followed up by a neuropathologist (oncologist, psychiatrist, TB doctor)?

Are you registered in a dermatovenereologic (cardio[rheumato]logic, oncologic) dispensary?

Have you undergone prophylactic medical examination?

Have you consulted your own doctor about this illness?

What is the name of your own doctor?

25

Ваше состояние требует срочной госпитализации	You need [urgent] admission to [a] hospital
Вы согласны лечь в больницу (госпиталь)?	Are you willing to be admitted to hospital?
Я вас госпитализирую, как только будет свободное место (если вам станет хуже)	I'll admit you to the hospital as soon as we have a vacant bed (if you get worse)
Я вас выпишу после того, как вы пройдете курс лечения (как только вам станет лучше)	I'll discharge you after you have undergone the course of treatment (as soon as you are better)

■ Войдите, пожалуйста! — ■ Come in, please

Что вас беспокоит?	What can I do for you?
Я осмотрю вас! Я вас должен осмотреть	I'll examine you. I must examine you
Вытяните руку, ногу!	Extend your arm, leg
Дайте руку!	Give me your hand
Ложитесь на живот!	Lie down flat on your stomach
Ложитесь на кушетку!	Lie down on the couch
Ложитесь на левый (правый) бок!	Lie down on your left (right) side
Ложитесь на спину, я хочу осмотреть ваш живот!	Lie down on your back, I want to examine your abdomen
Не двигайтесь!	Keep still
Откройте рот! Скажите «а»!	Open your mouth. Say "Ah"
Одевайтесь! Можете одеваться!	Put your clothes on. You may put your clothes on
Подойдите, пожалуйста, сюда!	Please come over here
Поверните голову!	Turn your head, please
Поднимите рукав!	Roll your sleeve up
Разденьтесь!	Take your clothes off. Remove your clothes
Разденьтесь до пояса, пожалуйста!	Will you strip to the waist, please?
Разденьтесь совсем!	Take everything off
Расслабьтесь! Постарайтесь расслабиться!	Relax, please. Try to relax
Сделайте глотательное движение!	Swallow, please
Следите за моим пальцем!	Watch my finger
Садитесь, пожалуйста! Сядьте!	Sit down, please. Sit down
Сядьте [из положения лежа]!	Sit up

Согните, выпрямите ногу в коленном (тазобедренном) суставе!	Bend, straighten your leg at the knee (hip) joint
Сидите спокойно!	Sit still
Наклонитесь!	Bend your body forward
Стойте спокойно!	Stand still
Посмотрите вверх (вниз)!	Look up (down)
Я вам выпишу больничный лист	I'll write out a certificate for you
Я освобожу вас от работы на 3 (5) дня(ей)	I'll excuse you from work for 3 (5) days
Не волнуйтесь, ничего серьезного!	Don't worry, nothing serious
Вот больничный лист!	Here is your certificate
Следуйте моим советам	Do as I have advised you
Вот талон (направление) на понедельник (вторник, среду)	Here is the slip (appointment card) for Monday (Tuesday, Wednesday)
Я вам продлю больничный лист	I'll extend your certificate
Я (не) принимаю сегодня (вечером, утром)	I (don't) receive patients today (in the evening, in the morning)
Приходите на прием в назначенное время (в определенный час)	Call again at the appointed time (at a certain hour)
Это не по моей специальности (моему профилю)	That is not in my field
Я вас направлю к врачу-специалисту (онкологу, дерматологу, хирургу)	I'll refer you to a specialist (oncologist, dermatologist, surgeon)
Вы обращались к невропатологу (окулисту, травматологу)?	Have you consulted a neuropathologist (an ophthalmologist, a traumatologist)?
Вас следует проконсультировать у терапевта (инфекциониста, дерматолога)	You should consult an internist (an infectious diseases specialist, a dermatologist)
Я вас направлю в лабораторию (в рентгеновский кабинет, в кабинет функциональной диагностики, на физиотерапевтическое лечение, на лечебную физкультуру)	I'll refer you to the laboratory (to the X-ray room, to the functional diagnostics room, for physiotherapy treatment, for exercise [therapy])

▲ Вы давно работаете хирургом (терапевтом, гинекологом)?

▲ Have you been working as a surgeon (therapeutist, gynecologist) for a long time?

Больной(ая) поступил(а) в приемное отделение самостоятельно [без направления] (с направлением из поликлиники)?	Has the patient come to the admissions office of his (her) own accord [without a referral] (with a referral from the out-patient department)?
Больной(ая) доставлен(а) в приемное отделение (отделение неотложной помощи) * машиной скорой помощи	The patient has been brought to the admissions office (the Emergency Room [ER] *) by ambulance
Когда поступил(а) больной (ая)?	When was the patient admitted?
В каком состоянии больной(ая) был(а) выписан(а) из больницы?	In what condition was the patient discharged from the hospital?
Больной(ая) выписан(а) из больницы (на ... день после операции) в удовлетворительном состоянии	The patient was discharged from the hospital (on the ... day after surgery) in a satisfactory condition
Больной(ая) госпитализирован(а)?	Has the patient been admitted to the hospital?
Больной(ая) госпитализирован(а) по поводу острого аппендицита (острого панкреатита, острого холецистита)	The patient has been admitted to the hospital with acute appendicitis (acute pancreatitis, acute cholecystitis)
Я его (её) госпитализирую, если ему (ей) станет хуже	I'll admit him (her) to the hospital if he (she) gets worse
Этот (эта) больной(ая) должен(а) быть госпитализирован(а)	This patient must be hospitalized
Больной(ая) нуждается в госпитализации	The patient needs to be admitted
Больной(ая) (не) подлежит госпитализации	For admission (Not for admission) (*of a patient*)
Больному(ой) отказано в госпитализации	Admission is refused

ОБЩЕЕ ОБСЛЕДОВАНИЕ БОЛЬНОГО. ИСТОРИЯ БОЛЕЗНИ

GENERAL EXAMINATION OF A PATIENT. HISTORY OF THE CASE

ОБЩАЯ ЧАСТЬ — 30 — GENERAL

БОЛЕЗНЬ(И)	30	DISEASE(S)
ДИАГНОЗ	33	DIAGNOSIS
СИМПТОМ(Ы) БОЛЕЗНИ	34	SYMPTOM(S) OF A DISEASE
СИНДРОМ	34	SYNDROME
БОЛЬ(И)	34	PAIN(S)
БОЛЕЗНЕННОСТЬ	36	TENDERNESS

ИСТОРИЯ БОЛЕЗНИ, КАРТА СТАЦИОНАРНОГО БОЛЬНОГО — 39 — CASE REPORT, MEDICAL CARD

ИСТОРИЯ БОЛЕЗНИ	39	CASE REPORT
АНАМНЕЗ	39	HISTORY
АНАМНЕЗ ЖИЗНИ	40	LIFE HISTORY
Привычки больного	40	Patient's habits
Трудовая жизнь больного	40	Patient's labour activities
СЕМЕЙНЫЙ АНАМНЕЗ	40	FAMILY HISTORY (FH)
СОЦИАЛЬНЫЙ АНАМНЕЗ	40	SOCIAL HISTORY (SH)
ЖАЛОБА(Ы) [БОЛЬНОГО]	40	[PATIENT'S] COMPLAINT(S)
ПАСПОРТНЫЕ ДАННЫЕ [БОЛЬНОГО]. ОБЩИЕ АНКЕТНЫЕ СВЕДЕНИЯ [О БОЛЬНОМ]	41	[PATIENT'S] PASSPORT DATA. GENERAL BIOGRAPHICAL PARTICULARS [CONCERNING A PATIENT]
ИНВАЛИДНОСТЬ	41	DISABILITY
ОБРАЗОВАНИЕ	41	EDUCATION
ПЕНСИЯ	41	PENSION
ПРОФЕССИЯ	41	OCCUPATION
СЕМЕЙНОЕ ПОЛОЖЕНИЕ	41	MARITAL STATUS

ОБЩЕЕ ОБСЛЕДОВАНИЕ БОЛЬНОГО — 45 — GENERAL EXAMINATION OF A PATIENT

МЕТОДЫ ОБЪЕКТИВНОГО ОБСЛЕДОВАНИЯ БОЛЬНОГО	45	METHODS OF PATIENT'S OBJECTIVE INVESTIGATION

АУСКУЛЬТАЦИЯ	45	AUSCULTATION
ПАЛЬПАЦИЯ	45	PALPATION
ПЕРКУССИЯ	46	PERCUSSION
ОБЛАСТЬ ПРИТУПЛЕНИЯ	46	AREA OF DULLNESS
ПЕРКУТОРНЫЙ ЗВУК	46	PERCUSSION SOUND
ОБСЛЕДОВАНИЕ ПО СИСТЕМАМ	46	**SYSTEMS REVIEW**
ЛИМФАТИЧЕСКАЯ СИСТЕМА	46	LYMPHATIC SYSTEM
ЛИМФАТИЧЕСКИЙ(ИЕ) УЗЕЛ(Ы)	46	LYMPH NODE(S)
ПОДКОЖНАЯ ЖИРОВАЯ КЛЕТЧАТКА	47	SUBCUTANEOUS FAT
ОТЕК(И)	47	EDEMA
СОСТОЯНИЕ БОЛЬНОГО	47	**PATIENT'S STATE**
ВЕС	48	WEIGHT
КОНСТИТУЦИЯ	48	CONSTITUTION
ПОЛОЖЕНИЕ БОЛЬНОГО	48	PATIENT'S POSITION
ТЕЛОСЛОЖЕНИЕ	48	BODY BUILD

ОБЩЕЕ ОБСЛЕДОВАНИЕ БОЛЬНОГО. ИСТОРИЯ БОЛЕЗНИ

GENERAL EXAMINATION OF A PATIENT. HISTORY OF THE CASE

ОБЩАЯ ЧАСТЬ

GENERAL

БОЛЕЗНЬ(И), ЗАБОЛЕВАНИЕ(Я)

DISEASE(S), ILLNESS(ES), SICKNESS(ES), AILMENT(S), DISORDER(S), TROUBLE(S), DISTRESS(ES), DISTURBANCE(S), CONDITION(S)

I. аддисонова/бронзовая болезнь
бронхоэктатическая болезнь

венерическая болезнь

вибрационная болезнь
вторичная/гомологичная болезнь
высотная болезнь
гипертоническая болезнь, первичная/эссенциальная артериальная гипертензия
детская болезнь

желчнокаменная болезнь, холелитиаз
излечимая болезнь
интеркуррентное заболевание
инфекционная болезнь

I. **Addison's/bronze** disease
bronchiectatic disease, bronchiectasis
venereal disease (V.D.), bad blood
vibration disease
secondary/homologous disease

high altitude sickness
hypertensive disease, **primary/essential** arterial hypertension
child disease, disease of childhood
cholelithiasis

curable disease
intercurrent disease
infectious/contagious disease

ишемическая болезнь конечностей, облитерирующий эндартериит/тромбангиоз, болезнь Винивартера	ischemic disease of **limbs/extremities,** obliterating **endarteritis/endoarteritis/ thrombangiosis,** Winiwarter's disease
кессонная болезнь	caisson disease, decompression **illness/sickness**
кишечное заболевание	intestinal **disease/disturbance**
коронарная болезнь, ишемическая болезнь сердца	coronary disease, ischemic heart disease
конкурирующее заболевание	**competitive/rival** disease
лекарственная болезнь	drug-induced disease
лучевая болезнь	radial **sickness/illness**
наследственное заболевание	hereditary disease
неизлечимая болезнь	incurable disease
нераспознанное заболевание	unrecognized disease
миеломная болезнь, болезнь Калера	multiple myeloma
мочекаменная болезнь	urolithiasis
основное заболевание	basic disease
ожоговая болезнь	burn disease
острое заболевание	acute disease
периодическая болезнь, пароксизмальный перитонит	paroxysmal peritonitis
повторное заболевание	**repeat/recurrent** disease
приобретенная болезнь	acquired disease
природно-очаговая болезнь	natural focal disease
прогрессирующее заболевание	progressive disorder
неуклонно прогрессирующее заболевание	relentlessly progressive disorder
почечнокаменная болезнь, нефролитиаз, уролитиаз	nephrolithiasis, urolithiasis
профессиональное заболевание	**occupational/industrial** disease
распознаваемое заболевание	recognized condition
ремиттирующее заболевание	remittent disease
семейное заболевание	familial disease
серьезное заболевание	**grave/serious** disease
системное заболевание	systemic disease
сопутствующее заболевание	**associated/concomitant** disease
сосудистое заболевание	vascular disease
спаечная болезнь	adhesive disease, peritoneal adhesions
сывороточная болезнь	serum sickness
тропические болезни, болезни жарких стран	tropical diseases
тяжёлая болезнь	**severe/grave** disease
фоновое заболевание	background disease
хроническое заболевание	chronic disease
язвенная болезнь	peptic ulcer, ulcerative disease
ятрогенное заболевание, ятрогения	iatrogenic disease, iatrogeny
II. болезнь, которая проходит без лечения	II. self-limited disease

31

возврат/рецидив болезни	**recurrence/relapse** of a disease
временное ослабление болезни, ремиссия	temporary remission of a disease, remission
длительность заболевания	duration of a disease
заболевание в запущенной стадии	advanced case
заболевание в начальной стадии	early case
заболевание неизвестной этиологии	disease of unknown etiology
источник заболевания	source of trouble
исход болезни	outcome of a disease
клиническая картина болезни	clinical characteristics of a disease
кризис болезни	turning point in the course of a disease
начало болезни	onset of a disease
острое начало болезни	acute onset of a disease
неясное начало болезни	**vague/indefinite** onset of a disease
невосприимчивость к болезни	immunity against a disease
обострение болезни	exacerbation, acute condition
подверженность заболеванию	susceptibility to a disease
последствия болезни	after-effects of a disease
тяжелые последствия болезни	bad after-effects of a disease
признаки/симптомы болезни	**signs/symptoms** of a disease
приступ болезни	**attack/episode** of a disease
патогенез болезни	**pathogeny/pathogenesis** of a disease
предвестники болезни	precursors of a disease
профилактика/предупреждение болезни	**prophylaxis/prevention** of a disease
прогноз болезни	prognosis for a disease
благоприятный (неблагоприятный, сомнительный, смертельный) прогноз болезни	favourable (unfavourable, doubtful, fatal) prognosis for a disease
проявления болезни	manifestations of a disease
распознание болезни и её определение, диагноз	**recognition/identification** of a disease and its definition, diagnosis
развитие болезни	course of a disease
случай болезни	case
запущенный случай болезни	**advanced/neglected** case
редкий случай болезни	rare case
форма болезни	form of a disease
легкая(тяжелая) форма болезни	mild (severe) form of a disease
острая (хроническая) форма болезни	acute (chronic) form of a disease
этиология болезни	etiology of a disease
C. заболеваемость	S. **morbidity/sick** rate
III. бороться с болезнью	III. to fight against a disease, to combat a disease

болеть	to be **ill/sick**
заболеть	to **fall/become** ill, to develop a disease, to take sick
заразиться болезнью	to **catch/contract** a disease
купировать приступ болезни	to **control/check/arrest/stop** an attack of a disease
лечить кого-нибудь по поводу болезни	to treat somebody for a disease
лечиться от болезни	to be treated for a disease
определять/диагностировать болезнь	to identify a disease, to diagnose a case
переносить болезнь	to have an illness
поражать (*о болезни*)	to affect, to afflict (*of a disease*)
предупреждать болезнь	to prevent a disease
приостановить развитие болезни	to check a disease
проявляться вновь, рецидивировать (*о болезни*)	to recur, to reappear (*of a disease*)
развиваться, прогрессировать (*о болезни*)	to progress (*of a disease*)
симулировать болезнь	to malinger
унаследовать болезнь	to inherit a disease

ДИАГНОЗ

DIAGNOSIS

I.
гистологический диагноз	histologic[al] diagnosis
дифференциальный диагноз	differential diagnosis
клинический диагноз	clinical diagnosis
неопределенный/неясный диагноз	uncertain diagnosis
неправильный/ошибочный диагноз	wrong diagnosis, misdiagnosis
нозологический диагноз	nosologic diagnosis
окончательный диагноз	final diagnosis
основной диагноз	basic diagnosis
патогенетический диагноз	pathogenic diagnosis
патолого-анатомический/посмертный/анатомический диагноз	**pathologic/postmortem** diagnosis
первоначальный диагноз	initial diagnosis
послеоперационный диагноз	postoperative diagnosis
правильный диагноз	**right/correct** diagnosis
предварительный/предположительный/рабочий/гипотетический диагноз	**provisional/tentative/suggested/working/hypothetic** diagnosis
прежний диагноз	the former diagnosis
ретроспективный диагноз	retrospective diagnosis
симптоматический диагноз	symptomatic diagnosis
синдромный диагноз	syndromic diagnosis
сомнительный диагноз	doubtful diagnosis
спорный диагноз	disputable diagnosis
судебно-медицинский диагноз	legal [medicine] diagnosis
точный диагноз	**precise/accurate/exact** diagnosis
функциональный диагноз	functional diagnosis
этиологический диагноз	etiologic diagnosis

II. диагноз при выписке больного — II. diagnosis on discharge

диагноз при поступлении больного
обоснование диагноза
расхождение диагноза

диагноз, основанный на оценке результатов проведенного лечения
C. диагностическая ошибка
онкологическая настороженность
III. допустить ошибку в диагнозе

подтвердить диагноз
поставить диагноз

admission diagnosis

substantiation of a diagnosis
divergence/difference in diagnosis
diagnosis founded on the assessed data of given treatment
S. diagnostic **mistake/error**
oncologic alarm
III. to misdiagnose, to overlook a diagnosis
to confirm a diagnosis
to make a diagnosis, to diagnose [a case]

СИМПТОМ(Ы) БОЛЕЗНИ

SYMPTOM(S) OF A DISEASE

I. клинический симптом болезни
настораживающий симптом болезни
общие симптомы болезни

очаговый симптом болезни
патогномоничный симптом болезни

превалирующий симптом болезни

II. нарастание симптомов болезни

C. симптомокомплекс болезни, синдром

I. clinical symptom of a disease
alarming symptom of a disease
generalized symptoms of a disease
focal symptom of a disease
pathognomonic symptom of a disease

predominating/prevailing symptom of a disease

II. augmentation of symptoms of a disease

S. symptom-complex, symptom-group, set of symptoms, syndrome

СИНДРОМ

SYNDROME

II. синдром дискомфорта
синдром «малых признаков»

II. syndrome of discomfort
syndrome of minor signs

БОЛЬ(И)

PAIN(S)

I. ангинозная боль
внезапная боль
выраженная боль
генерализованная боль
головная боль, цефалгия

голодная боль
грызущая боль
давящая боль
жгучая боль
загрудинная боль
зубная боль

I. anginal pain
sudden pain
marked/pronounced pain
generalized pain
headache, cephalalgia, cerebralgia
fasting pain
gnawing pain
pressing pain
burning pain
retrosternal pain
toothache

иррадиирующая боль	**radiating/referred/extending** pain
кинжальная боль	knife-like pain
коликообразная боль	colicky pain
колющая боль	**piercing/stabbing** pain
лицевая боль, прозопалгия	prosopalgia
ломящая боль	**aching/rheumatic** pain
межменструальная боль	intermenstrual pain
мучительная боль	**troublesome/excruciating** pain
мышечная боль	**muscle/muscular** pain
невралгическая боль	neuralgic pain
невыносимая боль	unbearable pain
ночные боли	**night/nocturnal** pains
опоясывающая боль	girdle pain
острая боль	acute pain
внезапная острая боль	sudden acute pain
отраженная боль	reflected pain
постоянная/непрерывная боль	**constant/persistent/continuous** pain
предменструальная боль	premenstrual pain
приступообразная/периодически возникающая боль	**paroxysmal/periodical** pain
продолжительная боль	long-standing pain
проекционная боль	projectional pain
проходящая боль	transient pain
пульсирующая боль	throbbing pain
распирающая боль	arching pain
режущая боль	cutting pain
резкая боль	sharp pain
внезапная резкая боль	pang [of pain], sudden sharp pain
сжимающая боль	**tightening/pressing** pain
сильная боль	**severe/intense/violent/bad** pain
внезапно начавшаяся сильная боль	sudden severe pain, severe pain of sudden onset
слабая боль	slight pain
стойкая боль	**steady/lasting** pain
стреляющая боль	shooting pain
схваткообразная боль	**cramping/cramp-like/spasmodic** pain
таламическая боль	thalamic pain
тупая боль	dull pain
продолжительная тупая боль	long-standing dull pain
фантомная боль	phantom limb pain
II. боли неясного происхождения	II. pains of unknown origin
боли, похожие на боли при стенокардии	angina like pains, stenocardia like pains
боли при дефекации	pain on defecation
боли при менструации	menstrual **colic/pains**
боли при мочеиспускании	pains on urination
боли сжимающего характера	**compressing/pressing** pains
боли с иррадиацией в...	pain with **extension/radiation** into...
боль в груди	chest pain

боль в молочной железе, масталгия, мастодиния	pain in the mammary gland, mastalgia, mastodynia
боль в желудке	stomach ache
боль в животе	abdominal pain
боль во время дыхания	painful breathing
боль в пояснице	back pain
боль в состоянии покоя	rest pain
боль в суставах	joint pain, arthralgia
начало боли	onset of pain
внезапное (постепенное) начало боли	sudden (gradual) onset of pain
обострение/усиление боли	exacerbation of pain, increased pain
приступ боли	**episode/attack** of pain, occurance of pain
на высоте приступа боли	at the height of the pains
характер боли	character of pain
чувствительность к боли	sensitivity to pain
C. болезненность	S. tenderness, painfulness
III. болеть, иметь боль	III. to hurt, to have pain, to be painful
быть связанной с... (*о боли*)	to be related to smth. (*of pain*)
вызывать боль	to **induce/cause** pain, to bring pain on
кричать от боли	to cry with pain
локализоваться (*о боли*)	to locate in, to settle in, to be limited to (*of pain*)
мучиться от боли	to suffer from pain, to have excruciating pain
начинаться (*о боли*)	to start, to occur, to come on (*of pain*)
облегчать боль	to **relieve/allay/alleviate/mitigate** pain
отдавать, распространяться, иррадиировать (*о боли*)	to radiate, to extend to (into) (*of pain*)
переносить боль	to **bear/indure/stand** pain
прекращаться, проходить (*о боли*)	to cease, to pass (*of pain*)
приглушить/притупить боль	to deaden the pain
снять боль	to **eliminate/kill/control/relieve** pain
стихать, уменьшаться (*о боли*)	to subside, to remit (*of pain*)
терпеть боль	to **endure/bear/stand/tolerate** pain
усиливаться (*о боли*)	to increase, to worsen, to precipitate (*of pain*)
чувствовать боль	to **feel/have/experience** pain

БОЛЕЗНЕННОСТЬ

TENDERNESS, PAINFULNESS

I. выраженная болезненность	I. **marked/pronounced/demonstrable/expressed** tenderness
местная/локальная болезненность	local tenderness
легкая болезненность	slight tenderness
разлитая болезненность	diffuse tenderness

III. определять болезненность

III. to localize tenderness

🔲 Что обычно вызывает боль?

🔲 What usually causes the pain?

После чего возникает боль?

After what does the pain occur?

Какая у вас боль? Постоянная (приступообразная, сильная, слабая, острая, тупая)?

What kind of pain do you have? Is it constant (paroxysmal, severe, slight, sharp, dull)?

Куда отдает боль? В какую сторону, в какой бок, вверх, вниз, в руку (ногу, плечо)?

Where does the pain radiate to? To which side, flank, upwards, downwards, into the arm (leg, shoulder)?

Это первый приступ боли?

Is this the first occurrence of pain?

Боль прошла (не проходит, стала меньше (больше), усилилась, уменьшилась)?

Has the pain gone? (Does the pain persist? Has the pain become less intense (more intense) worsened, decreased)?

С чем вы связываете эти боли?

What do you attribute these pains to?

Боль обычно сосредоточивается в...(отдает в...)?

Is the pain usually confined to... (does the pain extend into...)?

Покажите, где вы чувствуете боль сейчас. В каком положении вы чувствуете боль сильнее?

Will you show me where it hurts now? In what body position do you feel pain the most?

Боль началась внезапно (постепенно)?

Was the onset of pain sudden (gradual)?

Что облегчает боль?

What relieves the pain?

Чем облегчается боль? Покоем, лекарствами, особой пищей, голоданием?

What is the pain relieved by? By rest, drugs, particular food, fasting?

Чувствуете ли вы боль при...?

Do you feel pain when...?

Больно? (Болит?)

Is it painful? (Does it hurt?)

Болит внутри (только в одном месте)?

Does it hurt inside (only in one place)?

Вы тяжело больны

You are seriously ill

Болезнь ослабила ваш организм

The illness has weakened your body

Полагаю, что у вас...

I believe you have...

🔺 Течение болезни обострилось

🔺 The disease has worsened

Болезнь находится в активной фазе

The disease is in an active phase

Болезнь имеет (не)типичное течение

The disease is (not) taking a normal course

37

Больной(ая) недавно перенес(ла) тяжелую болезнь	There may be a recent history of serious illness here
Это проявление другой болезни	It is manifestation of another illness
Исход этой болезни, как правило, (не)благоприятный	The outcome of this disease is as a rule (un)favourable
Эта болезнь обычно поражает детей	This disease affects mostly children
Это неизлечимое (заразное, наследственное) заболевание	This is an incurable (a contagious, a hereditary) disease
Это заболевание неизвестной этиологии	This disease is of unknown etiology
У больного(ой) перитонит в запущенной стадии	It is an advanced case of peritonitis
Какой диагноз?	What is the diagnosis?
Этот диагноз исключается	This diagnosis is ruled out
Какой диагноз вы поставили (считаете правильным)?	What diagnosis have you made (do you consider right)?
Мой диагноз — острый аппендицит (ущемленная паховая грыжа, прободная язва желудка)	My diagnosis is acute appendicitis (strangulated inguinal hernia, perforating ulcer of the stomach)
Я полагаю, что это единственно правильный диагноз	I think this is the only correct diagnosis
Диагноз должен опираться на результаты полного клинического обследования больного(ой)	Diagnosis must be based on a complete clinical examination of the patient
Ваш диагноз (не) совпадает с моим	Your diagnosis agrees (does not agree) with mine
Диагноз был полностью подтвержден рентгенологическими исследованиями	The diagnosis has been fully confirmed by X-ray examinations
Я настаиваю на своем первоначальном диагнозе	I stand by my first diagnosis
По анамнезу и характеру болей можно предположить...	The history and character of the pain suggest...
Диагноз следует ставить исходя из...	The diagnosis must be made from...
Диагноз ясен даже при беглом осмотре	The diagnosis is obvious even from gross inspection
Вы согласны с диагнозом?	Do you agree with the diagnosis?
Диагноз спорный (сомнительный)	The diagnosis is disputable (doubtful)
Это похоже на прободную язву желудка	It sounds like perforating ulcer of the stomach

Каковы клинические симптомы этой болезни? (Каковы симптомы?)	What are the clinical symptoms of this disease? (What are the symptoms?)
Клинические симптомы этой болезни обманчивы (довольно необычны)	The clinical symptoms of this disease are misleading (rather unusual)
Это сочетание симптомов поставило меня в тупик (в затруднительное положение)	This combination of symptoms baffles me
У больного(ой) нет необычных (настораживающих) симптомов [болезни]	The patient has no unusual (alarming) symptoms

ИСТОРИЯ БОЛЕЗНИ, КАРТА СТАЦИОНАРНОГО БОЛЬНОГО

CASE REPORT, MEDICAL CARD

ИСТОРИЯ БОЛЕЗНИ. КАРТА СТАЦИОНАРНОГО БОЛЬНОГО

CASE REPORT, PATIENT'S HISTORY, CASE RECORD, MEDICAL HISTORY. MEDICAL CARD, IN-PATIENT CARD, IN-PATIENT CHART

I. тщательно составленная история болезни
II. запись в истории болезни
заполнение истории болезни
S. жалобы больного
паспортные данные больного

совокупность сведений о больном и развитии болезни, анамнез
III. заполнять историю болезни

I. careful history
II. record in a case report
filling in a patient's card
S. patient's complaints
patient's **passport/identification** data
history

III. to fill in a history case

АНАМНЕЗ

HISTORY

I. акушерский анамнез
аллергологический анамнез
гинекологический анамнез
семейный/наследственный анамнез
социальный анамнез
урологический анамнез
фармакологический анамнез
хирургический анамнез
эпидемиологический анамнез
II. анамнез болезни, история настоящего заболевания
анамнез жизни, история жизни
анамнез перенесенных заболеваний, история перенесенных заболеваний
собирание анамнеза

I. obstetric [al] history
allergological history
gynecological history
family history (FH), hereditary history
social history (SH)
urological history
pharmacologic history
surgical history
epidemiological history
II. present history, history of present illness
life history, past history (PH)
past medical history

history taking

АНАМНЕЗ ЖИЗНИ, ИСТОРИЯ ЖИЗНИ	LIFE HISTORY, PAST HISTORY (PH)
С. привычки больного трудовая жизнь/деятельность больного	S. patient's habits patient's labour activity

Привычки больного / Patient's habits

I. вредная привычка
III. иметь пристрастие к...

I. harmful habit
III. to be addicted to...; to have a... habit

Трудовая жизнь/деятельность больного / Patient's labour activities

С. перемена профессии	S. change of **profession/occupation**
продолжительность рабочего дня	working hours
профессиональные вредности	**occupational/industrial** hazards
профессиональный стаж	professional record of service
режим труда	regime of work, work regime

СЕМЕЙНЫЙ/НАСЛЕДСТВЕННЫЙ АНАМНЕЗ	FAMILY HISTORY (FH), HEREDITARY HISTORY
С. бабка со стороны матери (отца)	S. grandmother on the mother's (father's) side
дед со стороны матери (отца)	grandfather on the mother's (father's) side

дети:
  дочь
  сын
	children:
	  daughter
	  son

наследственность	heredity, hereditary characteristics
родители	parents

родственники
  ближайшие родственники
	relatives, relations
	  close relatives

III. передаваться по наследству (*о болезни*)	III. to be inherited (*of illness*)

СОЦИАЛЬНЫЙ АНАМНЕЗ	SOCIAL HISTORY (SH)
С. водопровод	S. **running/main** water
дом	house
жилищные условия	housing conditions
канализация	sewerage
квартира	flat
материально-бытовые условия	living conditions

отопление
  центральное отопление
	heating
	  central heating

ЖАЛОБА (Ы) [БОЛЬНОГО] / [PATIENT'S] COMPLAINT(S)

I. настоящая жалоба
  основная жалоба
  типичная жалоба
II. жалоба на...
III. жаловаться на...

I. present complaint
  chief complaint (CC)
  typical complaint
II. complaint of smth.
III. to complain of smth.

ПАСПОРТНЫЕ ДАННЫЕ [БОЛЬНОГО]. ОБЩИЕ АНКЕТНЫЕ СВЕДЕНИЯ [О БОЛЬНОМ]

C. адрес
　　домашний адрес
　　рабочий адрес
　возраст
　имя
　имя и фамилия
　инвалидность
　национальность
　образование
　пенсия
　пол
　　женский (мужской) пол
　профессия
　семейное положение
　фамилия

ИНВАЛИДНОСТЬ, СТОЙКАЯ НЕТРУДОСПОСОБНОСТЬ

I. полная инвалидность
　профессиональная инвалидность
C. инвалид
　инвалид войны
　инвалид по заболеванию
　инвалид труда

ОБРАЗОВАНИЕ

I. высшее образование
　начальное образование
　среднее образование
C. неграмотный

ПЕНСИЯ

I. пенсия по нетрудоспособности/инвалидности
　пенсия по возрасту
III. получать пенсию
　уйти на пенсию

ПРОФЕССИЯ

C. место работы
　общий стаж работы

СЕМЕЙНОЕ ПОЛОЖЕНИЕ

C. женат
　замужем
　не замужем
　холост(ой)
III. быть в разводе

[PATIENT'S] PASSPORT, [PATIENT] IDENTIFICATION DATA. GENERAL BIOGRAPHICAL PARTICULARS [CONCERNING A PATIENT]

S. address
　　home address
　　business address
　age
　name
　full name
　disability, disablement
　nationality
　education
　pension
　sex
　　female (male) sex
　occupation, profession
　marital status
　family name, surname, second name, name

DISABILITY, DISABLEMENT

I. total disability
　occupational/industrial disability
S. invalid, disabled person
　invalid as a result of war
　invalid because of a disease
　invalid from work

EDUCATION

I. higher education
　primary education
　secondary education
S. illiterate person

PENSION

I. disability pension

　old-age pension
III. to get a pension
　to retire on a pension

OCCUPATION, PROFESSION

S. place of employment
　total years of service

MARITAL STATUS

S. married
　got married
　single
　single
III. to be divorced [from...]

■ Вы говорите на английском (немецком, французском, испанском) языке?

Фамилия, имя? Напишите, пожалуйста

Сколько вам лет? (Ваш возраст?) Напишите цифрой

Ваша национальность?

Вы холост (не замужем), женаты (замужем)?

Образование?

Кто вы по профессии?

Где вы работаете?

Чем вы занимаетесь?

Вы на пенсии?

Вы на пенсии по возрасту или по состоянию здоровья?

Вы инвалид?

Вы инвалид какой группы?

Ваш домашний адрес?

Адрес вашей работы?

Дата рождения?

Место рождения?

Ваш домашний (рабочий) телефон?

На что жалуетесь?

Что случилось с вами?

Что [еще] беспокоит?

Что вас привело в больницу?

Как вы себя чувствуете?

Есть еще какие-нибудь жалобы?

Жалоб нет? Никаких жалоб?

Когда появились первые признаки заболевания?

Как давно вы болеете?

Вы лечились по поводу своей болезни?

■ Do you speak English (German, French, Spanish)?

[What is] your full name? Will you write it here, please?

How old are you? (Your age?) Put down the figures

[What's] your nationality?

Are you single, married?

[What's] your education?

What do you do? (What is your occupation?)

Where do you work?

What work are you engaged on?

Are you on a pension?

Are you on a pension because of your age or your health?

Are you an invalid?

What type of invalid are you?

Your home address, please?

Your business address?

[What's] your date of birth?

[Your] Place of birth?

Your home (business) telephone number?

What is your complaint?

What is the matter?

What [else] is wrong with you?

What's brought you to the hospital?

How do you feel?

Any other problems?

No complaints whatever? No complaints?

When did the first symptoms appear?

How long have you been ill?

Were you treated for your illness?

В чем состояло лечение?	What was the treatment?
Какими болезнями вы болели в прошлом?	What diseases have you had in the past?
Какие болезни вы перенесли в детстве (в детском возрасте)?	What diseases did you have as a child?
Какими детскими болезнями вы болели?	What childhood diseases did you have?
Вы болели скарлатиной (корью, ветряной оспой, краснухой, коклюшем, инфекционным паротитом)?	Have you ever had scarlet fever (measles, chickenpox, rubella, whooping cough, mumps)?
Вы болели венерическими заболеваниями (малярией, сахарным диабетом)?	Have you ever had a venereal disease (malaria, diabetes mellitus)?
У вас не было инфекционных заболеваний (туберкулеза, сифилиса, сердечных приступов, припадков)?	Have you ever had an infectious disease (tuberculosis, syphilis, heart attacks, fits)?
Вы болели какими-нибудь серьезными заболеваниями прежде?	Have you been seriously ill before?
Вы лежали когда-нибудь в больнице, если да, то по поводу чего?	Have you ever been in hospital, if yes, for what reason?
У вас есть повышенная чувствительность к каким-нибудь лекарствам?	Are you allergic to any drugs?
У вас была (есть) необычная реакция на лекарства, сыворотки?	Have you had (have you) any unusual reaction to any drug, serum?
Вы курите? Сколько сигарет в течение дня вы выкуриваете?	Do you smoke? How many cigarettes a day do you smoke?
У вас есть пристрастие к наркотикам (спиртным напиткам, какому-нибудь лекарству)?	Have you a narcotic habit (an excessive drinking habit, some drug habit)?
Какое количество наркотиков вы употребляете в течение суток?	What amount of narcotics do you take daily?
Какие производственные вредности на вашем предприятии?	What industrial hazards are there at your place of work?
С какого возраста начали работать?	At what age did you begin working?
Где и кем?	Where and what?
Сколько лет вы работаете на данном предприятии (по данной профессии)?	For how many years have you been working at this place (in this profession)?

Почему поменяли работу?	Why have you changed your work?
Какие санитарные условия у вас на работе?	What are the sanitary conditions at your work?
Работа ночная (дневная, сменная)?	Are you on nightshift (dayshift)? (Are you a shift-worker?)
Какая у вас квартира?	What kind of flat do you live in?
На каком этаже? Сколько комнат?	On what floor? How many rooms do you have?
Сколько человек проживает на данной площади вместе с вами?	How many people share the flat with you?
Какие санитарные условия у вас дома?	What are your home [sanitary] conditions?
Помещение сухое (сырое, теплое), хорошо (плохо) проветриваемое?	Is the dwelling dry (damp, warm), well (poorly) ventilated?
Каковы материальные условия в вашей семье? (Как вы обеспечены материально?)	How is your family situated financially? (What's your financial state?)
Сколько человек в семье?	How many of you are there in your family?
У вас есть дети? Сколько?	Have you got children? How many?
Дети здоровы?	Are your children well?
Ваши родители живы, умерли?	Are your parents living or dead?
От чего они умерли? В каком возрасте?	What caused their death? At what age?
У вас есть братья, сестры?	Do you have brothers, sisters?
Они здоровы?	Are they healthy?
В вашей семье кто-нибудь (был) серьезно болен?	Is anyone in your family seriously ill? (Has anyone in your family been seriously ill?)
В вашей семье были (есть) больные туберкулезом (сифилисом, раком, сахарным диабетом, заболеваниями почек, сердца, желудка, бронхиальной астмой, сенной лихорадкой, эпилепсией, гипертонией, алкоголизмом)?	Is there any history of tuberculosis (syphilis, cancer, diabetes mellitus, kidney disorders, heart diseases, stomach disorders, bronchial asthma, hay fever, epilepsy, hypertension, alcoholism) in your family?
У вас в семье есть (были) душевнобольные или покончившие жизнь самоубийством?	Has there been anyone in your family who is (was) insane or committed suicide?

В вашей семье еще кто-нибудь имеет подобные жалобы?

Is there anybody in your family who has similar complaints?

ОБЩЕЕ ОБСЛЕДОВАНИЕ БОЛЬНОГО

GENERAL EXAMINATION OF A PATIENT

МЕТОДЫ ОБЪЕКТИВНОГО ОБСЛЕДОВАНИЯ БОЛЬНОГО

METHODS OF PATIENT'S OBJECTIVE INVESTIGATION

C. аускультация, выслушивание
пальпация, ощупывание
перкуссия, выстукивание

S. auscultation
palpation
percussion

АУСКУЛЬТАЦИЯ, ВЫСЛУШИВАНИЕ

AUSCULTATION

I. непрямая аускультация
сравнительная аускультация
C. бронхофония
стетоскоп
   акушерский стетоскоп

   складной стетоскоп
фонендоскоп

I. mediate auscultation
comparative auscultation
S. bronchophony
stethoscope
   fetoscope, obstetrical stethoscope
   collapsible stethoscope
phonendoscope

III. выслушивать кишечные шумы
выслушивать легкие
выслушивать сердце
выслушивать стетоскопом (фонендоскопом, непосредственно ухом)

выслушивать шум трения плевры
выслушивать шум трения перикарда

III. to listen to intestinal tones
to listen to the lungs
to listen to the heart
to listen to/sound/examine with a stethoscope (phonendoscope, applying the ear to ...)
to listen to pleural murmur

to listen to pericardial murmur

ПАЛЬПАЦИЯ

PALPATION

I. баллотирующая пальпация
бимануальная пальпация
глубокая пальпация
легкая пальпация
методическая пальпация, пальпация по Образцову-Стражеско
осторожная пальпация
поверхностная скользящая/ориентировочная пальпация
сравнительная пальпация
C. голосовое дрожание
   определение голосового дрожания
пальпировать осторожно (тщательно)
реагировать на пальпацию [при надавливании]

I. balloting palpation
bimanual palpation
deep palpation
light palpation
methodical palpation

gentle palpation
superficial sliding palpation

comparative palpation
S. vocal fremitus
   vocal fremitus palpation

to palpate gently (thoroughly)

to feel pain [on pressure]

ПЕРКУССИЯ	PERCUSSION

I. аускультаторная перкуссия
   непосредственная перкуссия
   опосредованная перкуссия
   сравнительная перкуссия
   топографическая перкуссия
C. границы абсолютной (относительной) тупости
   область притупления
   перкуторный звук

I. auscultatory percussion
   immediate percussion
   mediate percussion
   comparative percussion
   topographic percussion
S. borders of absolute (relative) dullness
   area of dullness
   percussion sound

ОБЛАСТЬ ПРИТУПЛЕНИЯ / AREA OF DULLNESS

II. изменение области притупления

II. change in area of dullness

ПЕРКУТОРНЫЙ ЗВУК / PERCUSSION SOUND

C. коробочный звук
   металлический звук
   приглушенный/притупленный звук
   тимпанический звук
   тупой/бедренный звук
   ясный/легочный звук

S. **wooden/bandbox** sound
   metallic ringing
   muffled/blunted sound

   tympanic sound
   dull/thigh sound
   clear/pulmonary sound

ОБСЛЕДОВАНИЕ ПО СИСТЕМАМ / SYSTEMS REVIEW

C. видимые слизистые оболочки
   кожные покровы
   костно-суставная система

   лимфатическая система
   мышечная система
   мочеполовая система

   нервная система
   подкожная жировая клетчатка
   сердечно-сосудистая система
   система органов дыхания
   система органов пищеварения

S. visible mucous membranes
   skin integument
   osteal-articular system,
   osseous-articular system
   lymphatic system
   muscular system
   urogenital/genitourinary system
   nervous system
   subcutaneous fat
   cardiovascular system
   respiratory system
   digestive/alimentary system

ЛИМФАТИЧЕСКАЯ СИСТЕМА / LYMPHATIC SYSTEM

C. лимфатический узел

S. lymph **node/gland**

ЛИМФАТИЧЕСКИЙ(ИЕ) УЗЕЛ(Ы) / LYMPH NODE(S), LYMPH GLAND(S)

I. болезненный (безболезненный) лимфатический узел
   гладкий лимфатический узел
   надключичные лимфатические узлы
   околоушные лимфатические узлы

I. tender (non-tender) lymph node
   smooth lymph gland
   supraclavicular lymph nodes

   parotid lymph nodes

паховые лимфатические узлы	inguinal lymph nodes
плотный лимфатический узел	**firm/hard** lymph node
подвижный (неподвижный) лимфатический узел	movable (**immovable/immobile**) lymph node
подключичные лимфатические узлы	**subclavicular/subclavian** lymph nodes
подмышечные лимфатические узлы	axillary lymph nodes
подчелюстные лимфатические узлы	submandibular lymph nodes
регионарные лимфатические узлы	regional lymph nodes
шейные лимфатические узлы	cervical lymph nodes
II. конгломерат лимфатических узлов	II. lymph nodes conglomerate
консистенция лимфатического узла	lymph node consistency
размеры лимфатического узла	lymph node size
цвет лимфатического узла	lymph node colour
цепочка лимфатических узлов	lymph node chain

ПОДКОЖНАЯ ЖИРОВАЯ/ПОДКОЖНАЯ КЛЕТЧАТКА　　　**SUBCUTANEOUS FAT**

I. нормально выраженная подкожная жировая клетчатка
   слабо выраженная подкожная жировая клетчатка
   чрезмерно выраженная подкожная жировая клетчатка
C. отек(и)
   ОТЕК(И)

I. normally developed subcutaneous **fat/fatty tissue**
   poorly developed subcutaneous **fat/fatty tissue**
   excessively developed [subcutaneous] **fat/fatty tissue**
S. edema, dropsy
   EDEMA, DROPSY, SWELLING

I. выраженные отеки
   застойные отеки
   местные отеки
   незначительные отеки, пастозность
   общие отеки, распространенный отек подкожной жировой клетчатки, анасарка
II. отек Квинке, ангионевротический отек
   отеки почечного происхождения
   отеки сердечного происхождения
C. вдавление при отеке

I. marked edema
   congestive edema
   local edema
   slight edema, puffiness

   general edema, anasarca

II. Quincke's edema, angioneurotic edema
   renal edema

   cardiac edema

S. pitting edema

СОСТОЯНИЕ БОЛЬНОГО

PATIENT'S STATE, PATIENT'S CONDITION

I. настоящее состояние больного
   общее состояние больного
   удовлетворительное (тяжелое) состояние больного

I. present state of the patient
   general state of the patient
   satisfactory (grave) condition of the patient

II. состояние здоровья
состояние средней тяжести

состояние психики
состояние сознания
C. вес
конституция
общий вид
положение больного
рост
телосложение
температура тела

ВЕС

II. потеря в весе
большая (малая) потеря в весе
C. степень упитанности
пониженная (умеренная, хорошая) степень упитанности
резкое истощение, кахексия
III. прибавить в весе
потерять в весе

КОНСТИТУЦИЯ

I. астеническая конституция
атлетическая/нормостеническая конституция
генетическая конституция, генотип
гиперстеническая/пикническая конституция
гипопараноическая конституция
кушингоидная конституция, кушингоид
невротическая конституция
психастеническая конституция
психопатическая конституция
циклотимическая конституция
шизоидная конституция
эпилептическая конституция

ПОЛОЖЕНИЕ БОЛЬНОГО

I. активное положение больного
вынужденное положение больного
пассивное положение больного

ТЕЛОСЛОЖЕНИЕ

I. астеническое/лептосомное телосложение

II. state of health
state of moderate severity, moderately grave condition

mental state
state of consciousness
S. weight
constitution
appearance habitus
patient's position
height
body build
body temperature

WEIGHT

II. weight loss
heavy (slight) weight loss
S. degree of nourishment
reduced (moderate, good) degree of nourishment
severe emaciation, cachexia
III. to gain weight
to **reduce/lose** one's weight

CONSTITUTION

I. asthenic constitution
athletic/normosthenic constitution
genetic constitution, genotype
hypersthenic/picnic constitution
hypoparanoiac constitution

cushingoid constitution, cushingoid
neurotic constitution
psychoasthenic constitution
psychopathic constitution
cyclothymic constitution
schizoid constitution
epileptic constitution

PATIENT'S POSITION, PATIENT'S ATTITUDE

I. active patient's position
forced patient's **attitude/position**
passive patient's position

BODY BUILD, PHYSIQUE

I. asthenic [body] build/physique

атлетическое телосложение	athletic **build/physique**
диспластическое телосложение	dysplastic **build/physique**
неправильное телосложение	irregular **build/physique**
пикническое телосложение	picnic **build/physique**
правильное телосложение	regular **build/physique**

■ У вас отекает(ют) лицо (веки)?

■ Does your face get swollen? (Do your eyelids get swollen?)

У вас появляются отеки ног к вечеру вокруг лодыжек (на тыле стопы)?

Do your legs and feet get swollen by the evening round the ankles (at the back of the foot)?

Утром отеки исчезают?

Does the swelling disappear in the morning?

После длительной ходьбы или сидения вы замечали, что обувь становится тесной?

Have you noticed that your shoes become tight after walking or sitting for a long time?

У вас остаются следы вдавления от обуви после того, как вы ее снимете?

Do your shoes leave marks on your feet after you take them off?

Какой ваш нормальный вес?

What is your normal weight?

За последнее время вы прибавили (потеряли) в весе?

Have you gained (lost) weight recently?

▲ Лимфатические узлы (не) пальпируются, (не) увеличены, (без)болезненные, (не)подвижные

▲ Lymph nodes are (not) palpated, (not) enlarged, (non) tender, (im)movable

Лимфатические узлы небольших размеров (эластической консистенции)

Lymph nodes are small in size (soft)

Подкожная жировая клетчатка развита слабо (умеренно, чрезмерно)

The patient is poorly (moderately, excessively) nourished

Отек не спадает

Edema is persistent

Отек явно (не) выражен
Отеков нет

Edema is (not) apparent
[There is] no edema

Больной(ая) правильного телосложения

The patient is of regular [body] build

Больной(ая) пониженного (повышенного) питания

The patient is poorly (excessively) nourished

Общее состояние больного(ой) крайне тяжелое (тяжелое, средней тяжести, удовлетворительное, хорошее)

The patient's general condition is extremely grave (grave, moderately grave, satisfactory, good)

Изменений в весе нет

The patient maintains his weight

Сознание сохранено (спутано, утрачено)

Consciousness is retained (confused, lost)

Больной(ая) возбужден(а) (безразличен(на), в приподнятом настроении, эйфоричен(на)	The patient is excited (indifferent, in high spirits, euphoric)
У больного(ой) отмечается цианоз лица (симптом Либермейстера, пневмоторакс, кровохарканье)	The patient has facial cyanosis (Liebermeister's sign, pneumothorax, hemoptysis)
Пульс нитевидный (едва прощупываемый, с перебоями, полный, напряженный, частый, мягкий, с выпадениями)	The pulse is thready (barely palpable, with dropped beats, full, tense, rapid, soft, intermittent)

ЛАБОРАТОРНЫЕ ИССЛЕДОВАНИЯ

LABORATORY INVESTIGATIONS

ОБЩАЯ ЧАСТЬ	52	**GENERAL**
АНАЛИЗ(Ы)	52	**ANALYSIS (ANALYSES)**
ИССЛЕДОВАНИЕ(Я)	53	**INVESTIGATION(S)**
КЛЕТКА(И)	53	**CELL(S)**
КУЛЬТУРА	54	**CULTURE**
ЛАБОРАТОРИЯ	54	**LABORATORY**
ОСНАЩЕНИЕ ЛАБОРАТОРИИ	54	LABORATORY FACILITIES
МИКРОСКОП	55	MICROSCOPE
ПЕРСОНАЛ ЛАБОРАТОРИИ	55	LABORATORY PERSONNEL
МАЗОК	55	**SMEAR**
ПОСЕВ	56	**CULTURE**
ПРОБА	56	**TEST**
РЕАКЦИЯ	56	**REACTION**
СПЕЦИАЛЬНАЯ ЧАСТЬ	59	**SPECIAL**
ИССЛЕДОВАНИЕ ДУОДЕНАЛЬНОГО СОДЕРЖИМОГО	59	**INVESTIGATION OF DUODENAL CONTENTS**
ЖЕЛЧЬ	59	BILE
ИССЛЕДОВАНИЕ ЖЕЛУДОЧНОГО СОДЕРЖИМОГО	59	**EXAMINATION OF GASTRIC JUICE CONTENTS**
ЖЕЛУДОЧНЫЙ СОК	60	GASTRIC JUICE
КИСЛОТНОСТЬ ЖЕЛУДОЧНОГО СОКА	60	GASTRIC JUICE ACIDITY
ИССЛЕДОВАНИЕ КАЛА	60	**EXAMINATION OF FECES**
КИШЕЧНЫЕ ПАРАЗИТЫ В КАЛЕ	60	INTESTINAL PARASITES IN FECES
КОНСИСТЕНЦИЯ КАЛА	61	CONSISTENCY OF FECES
ПАТОЛОГИЧЕСКИЕ ПРИМЕСИ В КАЛЕ	61	PATHOLOGICAL ADMIXTURES IN FECES
ФОРМА КАЛА	61	FORM OF FECES
ЦВЕТ КАЛА	61	COLOUR OF FECES
ИССЛЕДОВАНИЕ КРОВИ	61	**BLOOD EXAMINATION**
БЕЛОК СЫВОРОТКИ КРОВИ	63	[BLOOD] SERUM PROTEIN
БИЛИРУБИН СЫВОРОТКИ КРОВИ	63	[BLOOD] SERUM BILIRUBIN
ЛЕЙКОЦИТАРНАЯ ФОРМУЛА	63	DIFFERENTIAL BLOOD COUNT

САХАР КРОВИ; ГЛЮКОЗА КРОВИ	63	BLOOD SUGAR; BLOOD GLUCOSE
ФЕРМЕНТЫ КРОВИ	63	BLOOD FERMENTS
ФОРМЕННЫЕ ЭЛЕМЕНТЫ КРОВИ	64	FORMED ELEMENTS OF BLOOD
ЭЛЕКТРОЛИТЫ КРОВИ	64	BLOOD ELECTROLYTES
ИССЛЕДОВАНИЕ МОКРОТЫ	64	SPUTUM EXAMINATION
МОКРОТА	64	SPUTUM
ПРИМЕСИ В МОКРОТЕ	64	SPUTUM ADMIXTURES
ИССЛЕДОВАНИЕ МОЧИ	65	EXAMINATION OF URINE
МОЧА	65	URINE
ОСАДОК МОЧИ	66	URINARY SEDIMENT
Цилиндры	66	Casts

ЛАБОРАТОРНЫЕ ИССЛЕДОВАНИЯ

LABORATORY INVESTIGATIONS

ОБЩАЯ ЧАСТЬ

АНАЛИЗ(Ы)

GENERAL

ANALYSIS (ANALYSES), STUDY (STUDIES), TEST(S), EXAMINATION(S)

I. лабораторные анализы
   клинические лабораторные анализы
   общеклинические лабораторные анализы
II. анализ желудочного сока
   анализ желчи
   анализ кала

   анализ крови

   общий клинический анализ крови
   анализ крови (мочи, желчи) на наличие паразитов
   анализ мокроты
   анализ мочи

   направление на анализ

   результаты анализов
C. бланк на анализ
III. делать анализ

   заполнять направление на анализ

I. laboratory analyses
   clinical laboratory analyses

   routine laboratory studies

II. gastric juice analysis
   examination of bile
   stool **test/study**, examination of feces
   blood **analysis/examination/ test/count**
   general blood analysis

   examination of blood (urine, bile) for parasites
   sputum examination
   urinalysis, analysis of urine
   appointment for **examination/ analysis**
   laboratory **reports/results**
S. blank analysis form, form
III. to **make/do/perform** an analysis, to have an analysis made
   to fill in an analysis form

ИССЛЕДОВАНИЕ(Я)

INVESTIGATION(S), STUDY (STUDIES), EXAMINATION(S), TEST(S), RESEARCH(ES)

I. бактериологические исследования
биохимические исследования
гематологические исследования
гистологические исследования
иммунологические исследования
лабораторные исследования

повторные исследования

серологические исследования
II. данные исследований
данные клинического исследования крови
исследования аспирата из пищевода
исследование промывных вод желудка
исследование рвотных масс
III. проводить исследование

I. bacteriologic **tests/researches**
biochemical examination
hematologic study

histological identification
immunologic study

laboratory **investigations/ studies**
re-examination, repeat[ed] examinations
serologic study
II. examination **data/findings**
clinical blood examination **data/findings**
blood count examination of esophageal aspirate
examination of stomach washings
examination of vomitus
III. to carry out **investigation/ research,** to investigate, to do research

КЛЕТКА(И)

CELL(S)

I. бокаловидная клетка

гигантская клетка
живая клетка
жировая клетка
злокачественная клетка
лимфоидная клетка
мезотелиальная клетка
мононуклеарная клетка
мышечная клетка
нервная клетка
плазматическая клетка
пигментная клетка
раковая клетка
серповидная клетка
тучная клетка
фолликулярная клетка
II. клетка крови
клетка соединительной ткани
цитоплазма клетки
ядро клетки
ядрышко клетки
III. подсчитать клетки
C. митохондрия

органелла
рибосома

I. **goblet/beaker** cell, caliciform cell
giant cell
living cell
fat[ty] cell, adipose cell
malignant cell
lymphoid cell
mesothelial cell
mononuclear cell
muscular/muscle cell
nerve cell
plasma cell
pigment cell
cancer cell
sickle cell
mast cell
follicular cell
II. blood cell
connective tissue cell
cellular cytoplasm
nucleus of a cell
nucleolus of a cell
III. to count cells
S. mitochondrion (*pl.* mitochondria)
organella
ribosome

КУЛЬТУРА

I. бактериальная культура
II. культура клеток
культура тканей

ЛАБОРАТОРИЯ

I. бактериологическая лаборатория
биохимическая лаборатория
вирусологическая лаборатория
клинико-диагностическая лаборатория
паразитологическая лаборатория
S. оснащение лаборатории
персонал лаборатории

ОСНАЩЕНИЕ ЛАБОРАТОРИИ

S. автоматический анализатор крови, техникон
весы
   аналитические весы
   технические весы
аппарат Ван-Слайка для количественного определения газов крови
аппарат Варбурга
аппарат для встряхивания колб и пробирок
аппарат микро-Аструп
бюретка
вискозиметр
водяная баня
вытяжной шкаф
воронка
   воронка с фильтром
газовая горелка
гемокоагулограф
гемометр Сали
градуированный цилиндр
дистиллятор
игла скарификатор [со съемным копьем]
капилляр Панченкова
колориметр
колба
лакмусовая бумажка
мензурка

микроанализатор кислотно-щелочного состояния
микроскоп
микротитратор
перо-скарификатор
пипетка

CULTURE

I. bacterial culture
II. cellular culture
tissue culture

LABORATORY

I. bacteriological laboratory

biochemical laboratory
virologic laboratory
clinicodiagnostic laboratory

parasitologic laboratory

S. laboratory facilities
laboratory personnel

LABORATORY FACILITIES

S. automatic tester of blood, technicon
scales, balance
   analytical **scales/balance**
   scales
Van Slyke blood gas apparatus

Warburg's apparatus
apparatus for shaking [of] flasks and test-tubes
micro-Astrup apparatus
buret[te]
rheometer
water-bath
fuming board
funnel
   filter funnel
gas burner
hemocoagulograph
Sahli hemoglobinometer
graduated glass
distillator
blood lancet

Panchenkov's capillary
colorimeter
flask
litmus paper
measuring-glass, graduated glass
blood mirco equipment, acid-base balance microanalyser
microscope
microtitrator
arrow-shaped blade
pipette

покровное стекло	coverslide, cover-slip
предметное стекло	microscope slide
пробирка	test-tube
реактив(ы)	reagent(s)
смеситель, меланжер	mixer
спектроскоп	spectroscope
спектрофотометр	spectrophotometer
сушильный шкаф	drying chamber
счетная камера	counting chamber
термостат	thermostat
тигли	crucibles
тромбоэластометр	thromboelastometer
фарфоровая ступка	porcelain mortar
фильтровальная бумага	**blotting/filter** paper
фотометр	photometer
фото [электро] колориметр	photo [electro] colorimeter
холодильник	refrigerator
центрифуга	centrifuge
центрифужная пробирка	centrifugal test-tube
чашка Петри	Pétri dish
штатив	support, tripod
эксикатор	disiccator
электронный счетчик кровяных клеток	electronic blood cell counter

МИКРОСКОП

MICROSCOPE

I. бинокулярный микроскоп
голографический микроскоп
люминесцентный микроскоп
поляризационный микроскоп
стереоскопический микроскоп
телевизионный микроскоп
фазово-контрастный микроскоп
цветовой микроскоп
электронный микроскоп
II. исследование под микроскопом

объектив микроскопа
окуляр микроскопа
C. предметный столик
фазово-контрастное устройство

III. взять материал для исследования под микроскопом

I. binocular microscope
holographic microscope
luminescent microscope
polarizing microscope
stereoscopic microscope
television microscope
phase-contrast microscope
colour microscope
electron microscope
II. examination under a microscope
microscope objective
microscope eye-piece
S. objective stage
phase-contrast viewing attachment

III. to take material for microscopic examination

ПЕРСОНАЛ ЛАБОРАТОРИИ

LABORATORY PERSONNEL

C. врач-лаборант
лаборант
техник-лаборант

S. doctor-laboratory assistant
laboratory-assistant
laboratory technician

МАЗОК

SMEAR, SWAB

I. свежевзятый мазок
II. мазок гноя
мазок из влагалища
мазок из зева

I. newly taken **smear/swab**
II. pus smear
vaginal smear
throat swab

55

мазок из шейки матки	cervical smear
мазок крови	blood smear
мазок со слизистой щеки на половой хроматин	buccal smear for sex chromatin
III. брать мазок	III. to take a swab
высушивать мазок	to dry a smear
делать мазок	to **make/prepare** a smear
окрашивать мазок	to stain a smear
фиксировать мазок	to fix a smear

ПОСЕВ

CULTURE

II. посев из носа
посев из раны на флору и на чувствительность к антибиотикам
посев из ротовой полости
посев испражнений
посев/культура крови

II. nasal culture
culture of a wound for flora and for sensitivity to antibiotics
culture from the oral cavity
fecal culture
blood culture

ПРОБА

TEST, TRIAL, ASSAY, SAMPLE

I. аллергическая проба
бензидиновая проба
внутрикожная проба
кожная проба
тимоловая проба
туберкулиновая проба
   кожная туберкулиновая проба
функциональные пробы печени

I. allergy test
benzidine test
intracutaneous test
skin/cutaneous test
thymol turbidity test
tuberculin test
   skin tuberculin test
liver function tests

II. проба Зимницкого
проба Манту
проба на белок
проба на наличие беременности
проба на сахар
проба на скрытую кровь
проба Пирке
проба с атропином
проба с сахарной нагрузкой

II. Zymnitsky's test
Mantoux **reaction/test**
albumin test
pregnancy/Bercovitz test

test for sugar
occult blood test
Pirquet's **request/test**
atropine test
glucose tolerance test

III. провести/сделать пробу на чувствительность к...

III. to do sensitivity test to smth.

РЕАКЦИЯ

REACTION, RESPONSE, TEST

I. серологическая реакция
серологическая реакция на сифилис

I. serologic[al] test
serological test for syphilis

II. реакция агглютинации
реакция Ашгейм-Цондека
реакция Борде-Жангу, реакция связывания комплемента
реакция Вассермана
реакция Видаля

II. agglutination test
Aschheim-Zondek test
Bordet-Gengou test, reaction of binding complement
Wassermann **reaction/test**
Widal's reaction

реакция на групповую совмес- | cross-match test
тимость крови
реакция преципитации | precipitation test
реакция псевдоагглютинации | pseudoagglutination **test/reaction**

III. поставить реакцию | III. to **do/carry** out a reaction

▌ Вам сделали анализ крови (мочи, кала)? | ▌ Have you had your blood count (urinalysis, examination of feces)?

У вас есть результаты [ваших] анализов? | Do you have the results of [your] analyses? (Do you have the analysis reports?)

От какого числа ваши анализы? | On what date did you have [your] tests?

Это старый анализ. Нужен новый | This is an old analysis. We want a new one

Я вам дам направление на повторный анализ крови (мочи, кала) | I'll give you an analysis form for another blood count (urinalysis, stool test)

Вы (вам) [раньше] делали анализ мазков на выявление гонококка (анализ крови на выявление малярийного плазмодия)? | Have your smears been tested [previously] for gonococci? (Has your blood been tested for malaria plasmodium?)

Я предполагаю у вас венерическое заболевание. Вам необходимо немедленно сделать анализ крови на реакцию Вассермана | I suspect you have a venereal disease. You must have the Wassermann test immediately

Вам делали анализы крови на реакцию Борде-Жангу (Вассермана)? | Have you had the Bordet-Gengou test (Wassermann reaction test)?

Сколько раз вам исследовали кровь на реакцию Вассермана? | How many times has your blood been tested for the Wassermann reaction?

▲ Вы отправили кал (кровь, мочу) в лабораторию на анализ (исследование)? | ▲ Have you sent feces (blood, urine) to the laboratory for testing?

Эти анализы надо сделать немедленно! | These analyses should be made immediately

Готовы результаты анализов больного(ой)? Принесите их мне, пожалуйста | Are the laboratory reports of the patient ready? Bring them to me, please

Какие результаты анализов мочи (кала, желудочного сока)? | What are the results of the urinalysis (feces, gastric juice) examination?

Лабораторные анализы нормальные (плохие, без изменений, стали лучше, хуже) | The laboratory analyses are normal (bad, unchanged, have become better, worse)

57

Больному(ой) следует ежедневно делать анализ крови на гемоглобин и лейкоциты (анализ мочи на белок)	The patient should have his (her) blood tested daily for hemoglobin and leucocytes (urine tested daily for albumin)
После лечения повторить все анализы	After treatment have all the analyses repeated
Продолжайте делать анализы! Возьмите мазок у больного(ой) из зева	Go on with analyses Take a throat swab from the patient
Сделайте мазки из шейки матки и влагалища для цитологического исследования	Prepare cervical and vaginal smears for cytological examination
Обратите внимание на наличие злокачественных клеток	Pay attention to presence of cancer cells
В мазках (культуре) обнаружена нормальная флора, (не)специфическая смешанная флора	In the smears (culture) there has been found normal flora, (non)specific mixed flora
Во взятых мазках (не) обнаружены патологические элементы: паразиты, опухолевые клетки	The smears taken have (not) revealed [any] pathology: parasites, tumour cells
Рост культуры идет медленно (быстро)	Culture growth is slow (rapid)
Посев не дал роста. Посев дал выраженный рост бета-гемолитического стрептококка (золотистого стафилококка)	The culture showed no growth. The culture showed a heavy growth of beta-hemolytic streptococcus (staphylococcus aureus)
Сделайте больному(ой) пробу Пирке (Манту)	Do Pirquet's (Mantoux) test on the patient
Поставьте туберкулиновую пробу	Carry out tuberculin test
Наберите кровь в смеситель до метки 0,5	Collect blood into the mixer to the mark of 0,5
Поставьте капилляр в строго вертикальное положение	Place the capillary tube into the strictly vertical position
Набранную кровь выдуйте в пробирку с лимоннокислым натрием	Blow out the blood collected into the test-tube containing sodium citrate
Зажмите верхнее отверстие капилляра указательным пальцем	Keep the upper orifice of the capillary tube closed with the forefinger
Притрите покровное стекло в камере	Press the coverslip on the chamber
Включите центрифугу на 200 оборотов в минуту	Switch the centrifuge on at a speed of 200 revolutions per minute

СПЕЦИАЛЬНАЯ ЧАСТЬ

ИССЛЕДОВАНИЕ ДУОДЕНАЛЬНОГО СОДЕРЖИМОГО

C. дуоденальное зондирование
    многофракционное дуоденальное зондирование
    желчь

ЖЕЛЧЬ

II. белок желчи
    билирубин желчи
    дуоденальная/холедоходуоденальная желчь, желчь А, порция А
    печеночная желчь, желчь С, порция С
    пузырная желчь, желчь В, порция В
    реакция желчи
    удельный вес желчи
    холестерин желчи
C. желчные кислоты
    желчные пигменты
    лямблии
    лейкоциты

    микролиты

ИССЛЕДОВАНИЕ ЖЕЛУДОЧНОГО СОДЕРЖИМОГО

C. гастромукопротеины
    дрожжевые грибы(ки)
    желудочный сок
    крахмальные зерна
    наличие скрытой крови
    молочная кислота
    палочка молочнокислого брожения
    пепсин
    пепсиноген
    растительная клетчатка
    непереваримая клетчатка
    переваримая клетчатка
    слизь
    соляная кислота
        свободная соляная кислота

        связанная соляная кислота

    цилиндрический эпителий

SPECIAL

INVESTIGATION OF DUODENAL CONTENTS

S. duodenal intubation
    multifractional duodenal intubation
    bile

BILE

II **biliary/bile** protein
   biliary/bile bilirubin
   duodenal bile, A-bile

   hepatic bile, C-bile

   cystic bile, B-bile

   bile reaction
   specific gravity of bile
   bile cholesterol
S. bile acids
   bile pigments
   Lamblia
   leucocytes, white [blood] cells
   microliths

EXAMINATION OF GASTRIC JUICE CONTENTS

S. gastromucoproteins
   yeast fungi
   gastric juice
   starch grains
   presence of occult blood
   lactic acid
   lactobacillus

   pepsin
   pepsinogen
   cellulose
   non-digestable cellulose
   digestable cellulose
   mucus
   hydrochloric acid
     free hydrochloric acid

     combined/fixed hydrochloric acid
   cylindrical/columnar epithelium

ЖЕЛУДОЧНЫЙ СОК	GASTRIC JUICE
II. исследование желудочного сока фракционным методом исследование желудочного сока после пробного завтрака	II. gastric juice examination by a fractional method gastric juice examination after having test meal
кислотность желудочного сока	gastric juice acidity

КИСЛОТНОСТЬ ЖЕЛУДОЧНОГО СОКА	GASTRIC JUICE ACIDITY
I. общая кислотность желудочного сока повышенная кислотность желудочного сока пониженная кислотность желудочного сока	II. gastric juice total acidity gastric juice hyperacidity gastric juice hypoacidity

ИССЛЕДОВАНИЕ КАЛА/ИСПРАЖНЕНИЙ/ФЕКАЛИЙ/ЭКСКРЕМЕНТОВ	EXAMINATION OF FECES, EXAMINATION OF EXCRETA

C. запах кала
    зловонный запах кала
    кисловатый запах кала
кишечные паразиты в кале
консистенция кала
кристаллы Шарко-Лейдена
непереваренные мышечные волокна
остатки непереваренной пищи в кале, лиентерия
патологические примеси в кале
повышенное содержание жира, жирных кислот и мыл в кале, стеаторея
форма кала
цвет кала
	S. odour of feces
	    foul, smelly odour of feces
	    sourish odour of feces
	intestinal parasites in feces
	consistency of feces
	Charcot-Leyden crystals
	indigested muscular fibers
	
	remnants of undigested food in feces, lientery
	pathological admixtures in feces
	excessive fat, fatty acids and soaps in feces, stea[to]rrhea
	form of feces
	colour of feces

КИШЕЧНЫЕ ПАРАЗИТЫ В КАЛЕ	INTESTINAL PARASITES IN FECES
C. аскарида(ы) бычий солитер, невооруженный цепень власоглав острица(ы) рыбий солитер, широкий лентец свиной солитер, вооруженный цепень цисты лямблий членики ленточных гельминтов/глистов яйца гельминтов/глистов	S. ascaride(s) beef tapeworm, nonarmed tapeworm Trichuris trichiura pinworm(s) fish tapeworm, broad tapeworm pork tapeworm, armed tapeworm lamblia cysts segments of tapeworms eggs of worms, worm ova

КОНСИСТЕНЦИЯ КАЛА

I. водянистая консистенция кала, водянистый кал
  желеобразная консистенция кала, желеобразный кал
  жидкая консистенция кала, жидкий кал
  кашицеобразная консистенция кала, кашицеобразный кал
  мазеобразная консистенция кала, мазеобразный кал
  плотная консистенция кала, плотный кал

ПАТОЛОГИЧЕСКИЕ ПРИМЕСИ В КАЛЕ

C. гной
  желчные камни
  кровь в кале
    скрытая кровь в кале
  слизь
  частицы опухоли

ФОРМА КАЛА

I. колбасовидная/цилиндрическая форма кала, колбасовидный кал
  комковидная форма кала, овечий/комковидный кал
  лентовидная форма кала, лентовидный кал
C. (не)оформленный стул

ЦВЕТ КАЛА

I. глинистый/ахолический цвет кала, ахолический кал

  буро-коричневый цвет кала, буро-коричневый кал
  дегтеобразный цвет кала, дегтеобразный кал/стул, мелена
  светло-желтый цвет кала, светло-желтый кал

ИССЛЕДОВАНИЕ КРОВИ

II. данные клинического исследования крови
C. аммиак крови
  аминокислоты плазмы крови
  белок сыворотки крови
  билирубин сыворотки крови
  витамины крови
  вязкость крови

CONSISTENCY OF FECES

I. watery consistency of feces, watery feces
  jelly-like consistency of feces, jelly-like feces
  loose consistency of feces, liquid feces
  chyme-like consistency of feces, semi-liquid feces
  ointment-like consistency of feces, ointment-like feces
  solid/hard consistency of feces, solid feces

PATHOLOGICAL ADMIXTURES IN FECES

S. pus
  gallstones
  blood in feces
    occult blood in feces
  mucus
  tumour particles

FORM OF FECES

I. **sausage-like/cylindrical** form of feces, sausage-like feces
  bolus-like feces

  tape-like feces
S. (non-)formed stool

COLOUR OF FECES

I. clay-coloured feces, acholic colour of feces, acholic feces
  red-brown colour of feces, red-brown feces
  tarry colour of feces, tarry **feces/stool**, melena

  light-yellow colour of feces, light-yellow feces

BLOOD EXAMINATION

II. clinical blood examination **data/findings,** blood count
S. blood ammonia
  blood [plasma] amino acids
  [blood] serum protein
  [blood] serum bilirubin
  blood **vitamins/factors**
  blood viscosity

гематокритное число, гематокритная величина, гематокрит	hematocrit (Hct)
гемоглобин крови	[blood] hemoglobin (Hb)
гормоны крови	blood hormones
изменение состава крови	change in blood composition
картина крови	blood picture
кетоновые тела сыворотки крови	serum ketonic bodies
желчные кислоты сыворотки крови	serum bile acids
кислотно-щелочное состояние	acid-base balance
креатинин плазмы крови	blood plasma creatinine
липиды сыворотки крови	[blood] serum lipids
мочевая кислота крови	blood uric acid
мочевина сыворотки крови	[blood] serum urea
нарушение кислотно-щелочного состояния в организме в сторону увеличения анионов кислот, ацидоз	blood hyperacidity, acidosis
нарушение кислотно-щелочного состояния в организме в сторону увеличения катионов оснований, алкалоз	alkalosis
остаточный азот сыворотки крови	blood serum urea nitrogen
протромбин крови	blood prothrombin
сахар крови; глюкоза крови	blood sugar; blood glucose
свертываемость крови	blood **clotting/coagulation**
время свертываемости крови	**clotting/coagulation** time
сгущение крови, гемоконцентрация	hemoconcentration
скорость оседания эритроцитов, СОЭ	erythrocyte sedimentation rate, ESR
значительное (незначительное) повышение скорости оседания эритроцитов	considerable (slight) elevation of the erythrocyte sedimentation rate
триглицериды сыворотки крови	serum triglycerides
ферменты крови	blood **ferments/enzymes**
форменные элементы крови	formed elements of blood
формула крови	blood count
общая формула крови	Complete Blood Count (CBC)
формула белой крови, лейкоцитарная формула	White Blood Count (WBC)
фосфолипиды сыворотки крови	phospholipids, phosphatides
общий холестерин	total cholesterol (TC)
холестерин сыворотки крови	serum cholesterol
цветной показатель	colour index (CI)
электролиты крови	blood electrolytes
III. брать/взять кровь	III. to take blood, to draw a blood sample
брать кровь из пальца (вены)	to take blood from a finger (vein)
исследовать кровь на...	to **test/examine** blood for smth.
определять в крови...	to **estimate/determine** smth. in blood

БЕЛОК СЫВОРОТКИ КРОВИ

I. общий белок крови
C-реактивный белок крови

II. повышенное содержание белка сыворотки крови, гиперпротеинемия
пониженное содержание белка сыворотки крови, гипопротеинемия

C. альбумины сыворотки крови
пониженное содержание альбуминов, гипоальбуминемия
глобулины сыворотки крови

БИЛИРУБИН СЫВОРОТКИ КРОВИ

I. непрямой/свободный/неконъюгированный билирубин крови

прямой/связанный/конъюгированный билирубин крови
общий билирубин крови

II. повышение содержания билирубина в сыворотке крови, гипербилирубинемия

ЛЕЙКОЦИТАРНАЯ ФОРМУЛА

II. сдвиг лейкоцитарной формулы влево (вправо)
C. базофилы
лимфоциты
моноциты
нейтрофилы
палочкоядерные нейтрофилы
сегментоядерные нейтрофилы
юные нейтрофилы
эозинофилы

III. подсчитать лейкоцитарную формулу

САХАР КРОВИ; ГЛЮКОЗА

II. повышенное содержание сахара в крови, гипергликемия
пониженное содержание сахара в крови, гипогликемия
сахар крови натощак

ФЕРМЕНТЫ КРОВИ

C. аланиновая трансаминаза
амилаза сыворотки крови
аспарагиновая трансаминаза
кислая фосфатаза

[BLOOD] SERUM PROTEIN

I. total [blood] protein [TP]
C-reactive [blood] protein (C-RP)

II. hyperproteinemia

hypoproteinemia

S. serum albumins (SA)
hypoalbuminemia

serum globulins (SG)

[BLOOD] SERUM BILIRUBIN

I. indirect bilirubin (IB),
free/non-conjugated blood bilirubin
direct bilirubin (DB), **combined/conjugated** blood bilirubin
total blood bilirubin (TB)

II. hyperbilirubinemia

DIFFERENTIAL BLOOD COUNT

II. deviation of the differential count to the left (right)
S. basophils
lymphocytes
monocytes
neutrophils
stab/band neutrophils
segmented neutrophils
juvenile neutrophils
eosinophils

III. to **estimate/determine** differential blood count [ing]

BLOOD SUGAR; BLOOD GLUCOSE

II. high blood sugar, hyperglycemia
low blood sugar, hypoglycemia
fasting blood sugar (FBS)

BLOOD FERMENTS, BLOOD ENZYMES

S. alanine transaminase
serum amylase
asparagine transaminase
acid phosphatase

холинэстераза	cholinesterase
щелочная фосфатаза	alkaline phosphatase

ФОРМЕННЫЕ ЭЛЕМЕНТЫ КРОВИ

FORMED ELEMENTS OF BLOOD

II. количество форменных элементов крови
  повышенное (пониженное) количество форменных элементов крови
C. лейкоцит(ы)

  ретикулоцит(ы)
  тромбоцит(ы)

  эритроцит(ы)

II. number of formed elements of blood
  raised (low) number of formed elements of blood

S. leucocyte(s), white [blood] cell(s), pus cell(s)
  reticulocyte(s)
  thrombocyte(s), [blood] platelet(s)
  erythrocyte(s)

ЭЛЕКТРОЛИТЫ КРОВИ

BLOOD ELECTROLYTES

C. железо сыворотки крови
  калий сыворотки крови
  кальций сыворотки крови
  нарушение водно-электролитного баланса
  натрий сыворотки крови

S. [blood] serum iron
  serum potassium
  serum calcium
  electrolyte imbalance

  [blood] serum sodium

ИССЛЕДОВАНИЕ МОКРОТЫ

SPUTUM EXAMINATION

C. мокрота

S. sputum

МОКРОТА

SPUTUM, PHLEGM

I. бесцветная мокрота
  вязкая мокрота
  гнойная мокрота
  желто-зеленая мокрота
  жемчужная мокрота
  пенистая мокрота
  ржавая мокрота
  серозная мокрота
  слизистая мокрота
II. количество мокроты
  количество мокроты, выделенное за сутки
  мокрота в виде малинового желе
  мокрота с прожилками крови
  примеси в мокроте
  слоистость мокроты

I. **colourless/clear** sputum
  viscid/viscous sputum
  purulent sputum
  yellow-green sputum
  pearl sputum
  foamy sputum
  rusty sputum
  serous sputum
  mucous sputum
II. amount of sputum
  daily amount of sputum

  sputum in the form of raspberry jelly
  blood-streaked sputum
  sputum admixtures
  stratified sputum

ПРИМЕСИ В МОКРОТЕ

SPUTUM ADMIXTURES

C. альвеолярные макрофаги
  желчь
  клетки альвеолярного эпителия
  «клетки сердечных пороков»

S. alveolar macrophages
  bile
  alveolar epithelium cells

  heart failure cells

кристаллы Шарко-Лейдена	Charcot-Leyden crystals
кровь	blood
опухолевые клетки	tumour cells
пробки Диттриха	Dittrich's plugs
спирали Куршмана	Curschmann's spirals
цилиндрический мерцательный эпителий	columnar ciliated epithelium
элементы эхинококка	echinococcus elements
эластические волокна	elastic fibers

ИССЛЕДОВАНИЕ МОЧИ

EXAMINATION OF URINE, URINARY TESTS

C. моча

S. urine

МОЧА

URINE

I. гноесодержащая моча	I. pyuria
кислая моча	acid urine, aciduria, oxyuria
красная моча	red urine
мутная моча	cloudy urine
отстоявшаяся моча	stagnant residual urine
остаточная моча	residual urine
черная моча	black urine
щелочная моча	alkaline urine, alkalinuria
II. амилаза/диастаза мочи	II. urinary **amylase/diastase**
выделение белка с мочой, протеинурия	albuminuria, proteinuria
выделение кетоновых тел с мочой, кетонурия	ketonuria
выделение сахара с мочой, глюкозурия	glucosuria
количество выделенной мочи, диурез	amount of excreted urine, diuresis
креатинин мочи	urinary creatinine
кровь и эритроциты в моче, гематурия	blood and erythrocytes in urine, hematuria
моча, собранная в течение суток, суточный диурез	24 hour urine collection, daily urine
моча с запахом ацетона	acetone-odour urine
моча цвета пива	beer-coloured urine
осадок мочи	urinary sediment
увеличение мочевины в моче, гиперазотурия, азотурия	hyperazoturia, azoturia
удельный вес мочи	specific gravity of urine
уробилин мочи	urinary urobilin
уробилиноген мочи	urinary urobilinogen
цвет мочи	colour of urine

C. желчные кислоты

S. bile acids

III. брать мочу катетером	III. to take urine by way of catheter
измерять диурез	to measure diuresis
собирать мочу	to collect urine

ОСАДОК МОЧИ	URINARY SEDIMENT
II. анализ осадка мочи по Каковскому-Аддису	II. urinary sediment examination according to Kakovsky-Addis, Kakovsky-Addis urine sediment count
C. жирные кислоты скопление лейкоцитов в моче кристаллы ксантина кристаллы лейцина кристаллы мочевой кислоты кристаллы фосфорнокислого кальция соли мочевой кислоты, ураты соли щавелевой кислоты, оксалаты цилиндры	S. fatty acids clump of pus cells in urine xanthine crystals leucine crystals uric acid crystals calcium phosphate crystals salts of uric acid, urates salts of oxalic acid, oxalates casts

Цилиндры	**Casts**
I. восковидные цилиндры гемоглобиновые цилиндры гиалиновые цилиндры зернистые цилиндры кровяные цилиндры лейкоцитарные цилиндры эпителиальные цилиндры	I. waxy casts hemoglobin casts hyaline casts granular casts blood casts leukocytic casts epithelial casts
◼ Приходите утром [натощак] для анализа крови	◼ Come in the morning [on an empty stomach] for your blood to be tested
Вам нужно собрать немного кала и принести для [повторного] исследования (собрать мочу в чистую посуду и принести на исследование в лабораторию)	You have to collect some feces and take them for [another] examination (collect urine in a clean vessel and bring it to the laboratory for examination)
Примите пробный завтрак натощак в течение 10 минут	Have your test meal on an empty stomach for 10 minutes
▲ Необходимо сделать клинический анализ крови	▲ Routine blood examination is necessary
Попросите лаборанта прийти в палату и взять кровь для исследования у больного(ой)	Ask a laboratory-assistant to come to the ward and take blood for examination from the patient
Вот анализ крови больного (ой)	Here is the blood analysis report of the patient
Скорость оседания эритроцитов в два раза выше нормы (очень высокая, ... мм в час)	Erythrocyte sedimentation rate is twice normal (very rapid, ... mm per hour)
Какое содержание сахара крови (белка, холестерина, липидов сыворотки крови)?	What is the [blood] sugar (protein, cholesterol, serum lipid) content?

Концентрация сахара в крови низкая (очень высокая, нормальная)	[Blood] Sugar content is low (very high, normal)
Белок (холестерин, липиды) незначительно повышен(ы) (понижен(ы)	Protein (cholesterol, lipids) is (are) slightly raised (low)
Гематокрит[ная величина] составляет ... %	The hematocrit (Hct) is... %
Гемоглобин повысился (снизился) до...	Hemoglobin (Hb) rose (fell) to...
Концентрация холестерина...	The cholesterol concentration is ...
Уровень калия (натрия, кальция) сыворотки крови восстановился до нормы (снизился, повысился)	The serum potassium (sodium, calcium) level returned to normal (fell, rose)
Формула крови у больного(ой) нормальная	The patient's complete blood count is normal
Время кровотечения, свертываемость крови и протромбиновое время в пределах нормы	Bleeding time, clotting time, prothrombin time is normal
Срочно подсчитайте количество лейкоцитов	Count WBC urgently
Сдвига лейкоцитарной формулы нет	Differential is normal
Сделайте исследование суточного количества мочи по Зимницкому (на сахар), мокроты на раковые клетки (на туберкулезную палочку)	Examine daily amount of urine according to Zymnitsky (for sugar), sputum for cancer cells (for tubercle bacillus)
Определите суточное выделение мокроты (мочи)	Measure daily excretion of sputum (urine)
В моче постоянно определяется повышенное количество эритроцитов (лейкоцитов, клеток почечного эпителия, цилиндров)	Urine contains constantly raised amount of red cells (white cells, renal epithelial cells, casts)
Какого цвета моча?	What colour is the urine?
Моча соломенного цвета (цвета мясных помоев, бурого цвета, янтарного цвета)	The urine is straw (brown-red, brown, amber) coloured
Моча [совершенно] прозрачная (мутная)	The urine is [quite] clear (turbid)
Удельный вес мочи 1017	The specific gravity of the urine is 1017 (one thousand and seventeen)
В моче нет ни сахара, ни белка	The urine is free from sugar and albumin

Анализ мочи нормальный	The urine is clear
В моче есть (нет) следы(ов) белка	There are (no) traces of protein in the urine
Эритроциты вновь обнаружены в осадке мочи	Red cells have been found in the urinary sediment again
Кал мягкой (плотной, мазеобразной, кашицеобразной) консистенции	The feces are of soft (solid, ointment-like, chime-like) consistency
Кал (не)оформленный. Кал коричневого (белого, серовато-белого) цвета	The feces are (non-)formed (of brown colour, of white colour, of greyish-white colour)
Кал маслянистый (щелочной, кислой реакции)	The feces are oily (of alkaline (acid) reaction)
В кале (не) обнаружены яйца гельминтов (членики гельминтов, дизентерийные бациллы)	Ova (worm segments, dysenteric bacilli) are (not) found in the feces
В кале большое количество слизи с примесью свежей крови	The feces contain much mucus with bright red blood admixture
Промойте больному(ой) желудок	Wash the patient's stomach
Предупредите его (ее), чтобы он (она) ничего не ел(а) до приема пробного завтрака	Warn him (her) not to eat anything before having the test meal
Желудочная секреция в пределах нормы?	Is gastric secretion within normal limits?
Содержание соляной кислоты в желудочном соке повышено (понижено)	The amount of hydrochloric acid in gastric juice is above (below) normal

РЕНТГЕНОЛОГИ-ЧЕСКОЕ ИССЛЕДО-ВАНИЕ

ROENTGENOLOGI-CAL INVESTI-GATION

РЕНТГЕНОЛОГИЧЕСКОЕ ИС-СЛЕДОВАНИЕ	70	**ROENTGENOLOGICAL STUDY**
МЕТОДЫ РЕНТГЕНОЛО-ГИЧЕСКОГО ИССЛЕДОВАНИЯ	71	**METHODS OF X-RAY EXAMINATION**
ИСКУССТВЕННОЕ КОНТРАСТИРОВАНИЕ ОРГАНОВ И СИСТЕМ	71	ARTIFICIAL CONTRAST STUDY OF ORGANS AND SYSTEMS
Ангиография	73	**Angiography**
Ангиопульмонография	73	**Angiopneumography**
Аортография	73	**Aortography**
Артериография	73	**Arteriography**
Уретрография	73	**Urethrography**
Урография	73	**Urography**
Холангиография	74	**Cholangiography**
Холеграфия	74	**Cholegraphy**
Холецистография	74	**Cholecystography**
РЕНТГЕНОЛОГИЧЕСКОЕ ОТ-ДЕЛЕНИЕ	74	**X-RAY DEPARTMENT**
РЕНТГЕНОКОНТРАСТНОЕ ВЕЩЕСТВО	75	**X-RAY CONTRAST SUBSTANCE**
ВЗВЕСЬ СУЛЬФАТА БАРИЯ	76	BARIUM MEAL
РЕНТГЕНОВСКИЙ СНИМОК	76	**X-RAY FILM**
РЕНТГЕНОЛОГИЧЕСКАЯ КАРТИНА [В НОРМЕ И ПРИ ПАТОЛОГИИ] ДИАФРАГМЫ	76	**ROENTGENOLOGICAL PIC-TURE [AS NORMAL AND IN PATHOLOGY] OF THE DIA-PHRAGM**
РЕНТГЕНОЛОГИЧЕСКАЯ КАРТИНА [В НОРМЕ И ПРИ ПАТОЛОГИИ] ЖЕЛУДКА (КИШЕЧНИКА, ПИЩЕВОДА)	77	**ROENTGENOLOGICAL PICTU-RE [AS NORMAL AND IN PA-THOLOGY] OF THE STOMACH (INTESTINE[S], ESOPHAGUS)**
СКЛАДКИ СЛИЗИСТОЙ ОБОЛОЧКИ	77	MUCOSAL FOLDS

РЕНТГЕНОЛОГИЧЕСКАЯ КАРТИНА [В НОРМЕ И ПРИ ПАТОЛОГИИ] КОСТЕЙ (СУСТАВОВ)	78	ROENTGENOLOGICAL PICTURE [AS NORMAL AND IN PATHOLOGY] OF BONES (JOINTS)	
РЕНТГЕНОЛОГИЧЕСКАЯ КАРТИНА [В НОРМЕ И ПРИ ПАТОЛОГИИ] ЛЕГКИХ	78	ROENTGENOLOGICAL PICTURE [AS NORMAL AND IN PATHOLOGY] OF THE LUNGS	
КОРЕНЬ ЛЕГКОГО	78	ROOT OF THE LUNG	
ЛЕГОЧНАЯ ДИССЕМИНАЦИЯ	78	LUNG DISSEMINATION	
ЛЕГОЧНОЕ ПОЛЕ	79	LUNG FIELD	
ЛЕГОЧНЫЙ РИСУНОК	79	LUNG PATTERN	
РЕНТГЕНОЛОГИЧЕСКАЯ КАРТИНА [В НОРМЕ И ПРИ ПАТОЛОГИИ] СЕРДЦА	79	ROENTGENOLOGICAL PICTURE [AS NORMAL AND IN PATHOLOGY] OF THE HEART	
ФОРМА СЕРДЦА	79	CONFIGURATION OF THE HEART	
РЕНТГЕНОЛОГИЧЕСКАЯ КАРТИНА [В НОРМЕ И ПРИ ПАТОЛОГИИ] ТЕНИ (ЗАТЕМНЕНИЯ)	79	ROENTGENOLOGICAL PICTURE [AS NORMAL AND IN PATHOLOGY] OF SHADOW (SHADOWING)	
КОНТУР ТЕНИ	80	OUTLINE OF SHADOW	
ФОРМА ТЕНИ	80	SHAPE OF SHADOW	

РЕНТГЕНОЛОГИЧЕСКОЕ ИССЛЕДОВАНИЕ

ROENTGENOLOGICAL INVESTIGATION

РЕНТГЕНОЛОГИЧЕСКОЕ/РЕНТГЕНОВСКОЕ ИССЛЕДОВАНИЕ

ROENTGENOLOGICAL STUDY, X-RAY EXAMINATION

I. контрольное рентгеновское исследование
   повторное рентгеновское исследование
II. рентгеновское исследование брюшной полости
   рентгеновское исследование органов грудной клетки
   методы рентгенологического исследования
   направление на рентгенологическое исследование
III. исследовать/просвечивать мягкими (жесткими) рентгеновскими лучами
   направить больного(ую) на рентгеновское исследование
   подготовить больного(ую) к рентгеновскому исследованию
   проводить/делать рентгеновское исследование

I. control X-ray examination

   repeated X-ray examination

II. abdominal X-ray

   chest X-ray

   methods of X-ray examination

   X-ray examination **form/slip**

III. to **X-ray/examine** with soft (hard) X-rays

   to refer a patient for X-ray, to refer a patient to be X-rayed
   to prepare a patient for X-rays
   to X-ray, to do X-rays

МЕТОДЫ РЕНТГЕНОЛОГИЧЕСКОГО ИССЛЕДОВАНИЯ

С. искусственное контрастирование органов и систем
рентгенография
рентгенокимография
рентгенокинематография
рентгеноскопия
телерентгенография
томография
флюорография

    крупнокадровая флюорография
    мелкокадровая флюорография
электрокимография
электрорентгенография

ИСКУССТВЕННОЕ КОНТРАСТИРОВАНИЕ ОРГАНОВ И СИСТЕМ

С. азигография
ангиография, вазография
ангиокардиография
ангиокардиопневмография
ангиопульмонография
аортография
артериография
артрография
бронхография
везикулография
венография, флебография
    венография конечностей
    селективная венография почки
венокавография
вентрикулография
гепатовенография
гистеросальпингография
дакриоцистография
двойное контрастирование
    двойное контрастирование желудка (мочевого пузыря, пищевода, толстой кишки)
диагностический пневмоперитонеум
диагностический пневмоторакс
дискография
дуоденография
    релаксационная дуоденография
контрастирование желудка (пищевода)
контрастирование толстой кишки

METHODS OF X-RAY EXAMINATION

S. artificial contrast study of organs and systems
roentgenography
roentgenokymography
roentgenocinematography
roentgenoscopy
teleroentgenography
tomography
photoroentgenography, roentgenophotography

    large picture frame photoroentgenography
    small picture frame photoroentgenography
electrokymography
electroroentgenography

ARTIFICIAL CONTRAST STUDY OF ORGANS AND SYSTEMS

S. azygography
angiography, vasography
angiocardiography
angiocardiopneumography
angiopneumography
aortography
arteriography
arthrography
bronchography
vesiculography
venography, phlebography
    venography of limbs
    selective renal venography
venocavography
ventriculography
hepatovenography
hysterosalpingography
dacryocystography
double contrast study
    double contrast study of stomach (urinary bladder, esophagus, colon)
diagnostic pneumoperitoneum

diagnostic pneumothorax
discography
duodenography
    hypotonic/relaxative duodenography
contrast study of stomach (esophagus)
contrast study of colon

пероральное контрастирование толстой кишки	peroral contrast study of colon
ретроградное контрастирование толстой кишки, ирригоскопия	retrograde contrast study of colon, irrigoscopy
контрастирование тонкой кишки	contrast study of small intestine
пероральное контрастирование тонкой кишки	peroral contrast study of small intestine
чреззондовое контрастирование тонкой кишки, энтероклизма	contrast study of small intestine by enema, enteroenema
коронарография	coronary arteriography
лиенография	lienography
лимфаденоангиография	lymphadenoangiography
лимфография	lymphography
лимфография забрюшинного пространства	lymphography of retroperitoneal space
лимфография конечностей и таза	lymphography of **limbs/extremities** and pelvis
мезентерикография	mesentericography
миелография	myelography
орбитография	orbitography
панкреат[ик]ография	pancreat[ic]ography
париетография (желудка, мочевого пузыря, пищевода, прямой кишки, толстой кишки)	parietography of (stomach, urinary bladder, esophagus, rectum, colon)
пиелография	pyelography
антеградная пиелография	antegrade pyelography
восходящая/ретроградная пиелография	**ascending/retrograde** pyelography
пневмомиелография	pneumomyelography
пневмомиография	pneumomyography
пневмопельвиография	pneumopelviography
биконтрастная пневмопельвиография	bicontrast pneumopelviography
пневмопиелография	pneumopyelography
пневморен	pneumoren
пневморетроперитонеум	pneumoretroperitoneum
пневмоцистография	pneumocystography
осадочная пневмоцистография	sedimentary pneumocystography
простатография	prostatography
сиалография	sialography
спленопортография	splenoportography
трансумбиликальная портография	transumbilical portography
уретрография	urethrography
урография	urography
урокинематография	urocinematography
фистулография	fistulography
фистулоплеврография	fistulopleurography
холангиография	cholangiography
холеграфия, холангио[цисто]графия	cholegraphy, cholengio[cysto]graphy

холецистография
целиакография
цистография
эпидидимография
III. наложить диагностический пневмоперитонеум

Ангиография

I. вертебральная ангиография
газовая ангиография, пневмоангиография, капоангиография
каротидная ангиография
почечная ангиография
тазовая ангиография

Ангиопульмонография

I. концевая ангиопульмонография

общая ангиопульмонография
селективная ангиопульмонография

Аортография

I. абдоминальная аортография
венозная аортография
катетеризационная аортография
паралюмбальная/транслюмбальная аортография
пункционная аортография
торакальная аортография

Артериография

I. бронхиальная артериография
лицевая артериография
селективная артериография почки
церебральная артериография
артериография таза

Уретрография

восходящая (нисходящая) уретрография

Урография

I. восходящая/ретроградная урография
комбинированная урография
нисходящая урография
экскреторная/выделительная урография
внутривенная урография
инфузионная урография

cholecystography
celiacography
cystography
epididymography
III. to inflate gas into peritoneum for diagnostics

Angiography

I. vertebral angiography
gas[eous] angiography, pneumoangiography
carotid angiography
renal angiography
pelvic angiography

Angiopneumography

I. **end/terminal** angiopneumography
general angiopneumography
selective angiopneumography

Aortography

I. abdominal aortography
venous aortography
catheterizing aortography
paralumbal/translumbal aortography
puncture aortography
thoracic aortography

Arteriography

I. bronchial arteriography
facial arteriography
selective renal arteriography

cerebral arteriography
arteriography of pelvis

Urethrography

ascending (descending) urethrography

Urography

I. **ascending/retrograde** urography
combined urography
descending urography
excretory urography

intravenous urography
infusion urography

Холангиография

I. интраоперационная холангиография
лапароскопическая холангиография
трансдуоденальная эндоскопическая холангиография
транспариетальная холангиография
чрескожная чреспеченочная холангиография
холангиография на операционном столе
холангиография через дренажную трубку

Холеграфия

I. внутривенная холеграфия, внутривенная холецистохолангиография
инфузионная холеграфия
пероральная холеграфия

Холецистография

I. лапароскопическая холецистография
пероральная/оральная холецистография
серийная холецистография

РЕНТГЕНОЛОГИЧЕСКОЕ ОТДЕЛЕНИЕ

C. высоковольтный генератор
закрепитель, фиксаж
индивидуальный дозиметр для учета суммарной дозы рентгеновского излучения
кассета
   пустая/незаряженная кассета
   кассета с пленкой, заряженная кассета
комната управления
негатоскоп
просвинцованная резиновая пластинка
процедурная для рентгеноскопии
проявитель
проявочный бак

промывочный бак

рентгеновский аппарат

Cholangiography

I. intraoperation cholangiography
laparoscopic cholangiography

transduodenal endoscopic cholangiography
transparietal cholangiography
transdermal transhepatic cholangiography
operative cholangiography

trans-drainage tube cholangiography

Cholegraphy

I. intravenous cholegraphy, intravenous cholecystocholangiography
infusion cholegraphy
peroral cholegraphy

Cholecystography

I. laparoscopic cholecystography
peroral/oral cholecystography
serial cholecystography

X-RAY DEPARTMENT, ROENTGENOLOGICAL DEPARTMENT

S. high-voltage generator
fixing agent
individual X-ray radiation dosimeter to determine total dose of X-ray radiation
X-ray cassette
   free/empty cassette
   cassette charged with an X-ray film
control room
X-ray film **viewer/viewing box**
lead-impregnated rubber plate
treatment room for roentgenoscopy
developer
tank for development of X-ray films
tank for washing out [of] X-ray films
X-ray apparatus

передвижной рентгеновский аппарат	mobile X-ray apparatus
рентгеновский/рентгенодиагностический кабинет	X-ray roentgenodiagnostic room
рентгеновская пленка	X-ray film
рамка для рентгеновской пленки	frame for a film
рентгенозащитные перчатки	X-ray protective gloves
рентгенозащитный фартук	X-ray protective apron
рентгенозащитный экран	X-ray **screen/protective** shield
рентгеноконтрастное вещество	X-ray contrast **substance/material/medium/dye**
рентгенолог	roentgenologist
рентгенооперационная	X-ray operation room
рентгенотехник, рентгенолаборант	X-ray technician, X-ray **laborant-assistant/laboratory assistant**
санитар	assistant
светозащитная шторка	light-protective blind
танк для проявления пленки	tank to develop a film
фотолаборатория	photolaboratory
электрорентгенографическая лаборатория	electroroentgenographic laboratory
III. зарядить кассету	III. to charge a cassette
затемнять кабинет	to darken the room
проявлять пленку	to develop a film

РЕНТГЕНОКОНТРАСТНОЕ ВЕЩЕСТВО

X-RAY CONTRAST SUBSTANCE, X-RAY CONTRAST MATERIAL, X-RAY CONTRAST MEDIUM, X-RAY CONTRAST DYE

I. йодсодержащее рентгеноконтрастное вещество	I. contrast substance containing iodine
S. билигност	S. adipiodone, Bilignostum
билитраст	pheniodol, Bilitrastum
верографин, урографин	Sodium amidotrizoate, verografin, urotrast, urografin
газ	gas
йодолипол	Iodolipol, iodized oil, Iodolipolum, Lipiodol
кардиотраст	Cardiotrastum, Diiodonum, Urograf
сульфат бария	barium sulphate
взвесь сульфата бария	barium meal
холевид	Cholevid, Iopanoic acid, Teletrast
III. вводить контрастное вещество	III. to introduce a contrast substance
катетеризовать мочеточник (артерию, вену)	to catheterize ureter (artery, vein)
наполнять газом	to **inflate/fill** with gas
поступать в... (*о контрастном веществе*)	to pass into smth., to enter smth. (*of a contrast substance*)
пунктировать диск (плевру, перидуральное пространство)	to puncture disk (pleura, peridural space)

ВЗВЕСЬ СУЛЬФАТА БАРИЯ — BARIUM MEAL

I. водная взвесь сульфата бария
II. введение бариевой взвеси в кишку через зонд (через свищ, через шеечный канал в матку)

исследование с помощью бариевой взвеси
прием внутрь бариевой взвеси

I. barium **solution/suspension**
II. introducing barium meal into bowel through a probe (via a fistula, via the uterine neck into uterus)
barium swallow **study/examination**
barium swallow

РЕНТГЕНОВСКИЙ СНИМОК, РЕНТГЕНОГРАММА

X-RAY FILM, X-RAY PICTURE, X-RAY ROENTGENOGRAM

I. контрольный рентгеновский снимок
обзорный рентгеновский снимок
   обзорный рентгеновский снимок брюшной полости
   обзорный рентгеновский снимок брюшной полости в положении лежа (стоя)
повторный рентгеновский снимок
прицельный рентгеновский снимок

II. рентгеновский снимок в боковой проекции
рентгеновский снимок в косой проекции
рентгеновский снимок в прямой проекции
рентгеновский снимок органов грудной клетки
рентгеновский снимок черепа
серия рентгенограмм желчного пузыря

III. делать рентгеновский снимок

зарисовать границы сердца (легких)
засветить рентгеновский снимок
описывать рентгеновский снимок
проявлять рентгеновский снимок

I. control X-ray [film]

plain film

   plain film of the abdomen

supine/flat (erect/straight/upright) abdominal X-ray film
repeat X-ray film

target X-ray, localized film

II. lateral **film/view**

oblique view of the film

straight X-ray

chest X-ray

X-ray of the skull
series of gallbladder X-rays

III. to make an X-ray film, to have an X-ray taken
to sketch out the borders of the heart (lungs)
to light up **a film/an X-ray**, spoil **a film/an X-ray**
to report a film, interpret **a film/an X-ray**
to develop **a film/an X-ray**

РЕНТГЕНОЛОГИЧЕСКАЯ КАРТИНА [В НОРМЕ И ПРИ ПАТОЛОГИИ] ДИАФРАГМЫ

ROENTGENOLOGICAL PICTURE, ROENTGENOLOGICAL APPEARANCE [AS NORMAL AND IN PATHOLOGY] OF THE DIAPHRAGM

II. купол диафрагмы

II. dome of the diaphragm

высокое стояние правого (левого) купола диафрагмы

смещение диафрагмы

high [er] position of the right (left) dome of the diaphragm
displacement of the diaphragm

РЕНТГЕНОЛОГИЧЕСКАЯ КАРТИНА [В НОРМЕ И ПРИ ПАТОЛОГИИ] ЖЕЛУДКА (КИШЕЧНИКА, ПИЩЕВОДА)

ROENTGENOLOGICAL PICTURE, ROENTGENOLOGICAL APPEARANCE [AS NORMAL AND IN PATHOLOGY] OF THE STOMACH (INTESTINE[S], ESOPHAGUS)

I. извитой/четкообразный/штопорообразный пищевод
каскадный желудок
раздраженный/гипермоторный желудок
улиткообразный желудок
II. воздушный пузырь желудка

желудок в виде «песочных часов»
расширение желудка (кишечника)
расширение (сужение) пищевода
складки слизистой оболочки (желудка, кишечника, пищевода)
перистальтика (желудка, кишечника, пищевода)

C. газо-жидкостные уровни, чаши Клойбера
дефект наполнения
  ограниченный дефект наполнения
симптом «ниши»

I. **meandering/beeded, moniliform/ corkscrew-like** esophagus
cascade stomach
irritated/hypermotor stomach

cochlea-like stomach
II. air in the stomach, gas on the bottom of the stomach
hourglass/bilocular stomach

gastric **(intestinal/bowel)** distension
dilation (narrowing) of the esophagus
mucosal folds (of the stomach, of the intestine, of the esophagus)
peristalsis (of the stomach, of the intestine, of the esophagus)

S. air-fluid levels, Kloiber's cups
filling defect
  pad sign

"niche" sign, Haudek's "niche"

СКЛАДКИ СЛИЗИСТОЙ ОБОЛОЧКИ

MUCOSAL FOLDS

II. выпрямление складок
извилистость складок
истончение складок

неподвижность складок

обрыв складок

расхождение/дивергенция складок
схождение/конвергенция складок
утолщение складок

II. **straightened/spread** folds
waviness of folds
faded folds, thinness of folds
stillness/rigidity/immobility of folds
attenuation/annihilation of folds
spreading of folds

convergence of folds

thickened folds

РЕНТГЕНОЛОГИЧЕСКАЯ КАРТИНА [В НОРМЕ И ПРИ ПАТОЛОГИИ] КОСТЕЙ (СУСТАВОВ)

II. деструкция кости

дефект кости
разрежение кости, остеопороз

склероз кости, остеосклероз

C. костная мозоль
   избыточное образование костной мозоли
   костные трабекулы
   костный фрагмент
   линия перелома
   ось конечности
   периостальное утолщение
   полное (неполное) соответствие суставных поверхностей

   расширение суставной щели

   секвестр
   сужение суставной щели

РЕНТГЕНОЛОГИЧЕСКАЯ КАРТИНА [В НОРМЕ И ПРИ ПАТОЛОГИИ] ЛЕГКИХ

C. корень легкого
   легочная диссеминация
   легочное поле
   легочный рисунок
   участок уплотнения в легком

КОРЕНЬ ЛЕГКОГО

II. деформация корня легкого

   инфильтрация корня легкого
   увеличение корня легкого
C. обызвествление лимфатических узлов
   увеличение лимфатических узлов

ЛЕГОЧНАЯ ДИССЕМИНАЦИЯ

I. крупноочаговая (мелкоочаговая) легочная диссеминация
   милиарная легочная диссеминация

ROENTGENOLOGICAL PICTURE [AS NORMAL AND IN PATHOLOGY] OF BONES (JOINTS)

II. destruction of bone, bone destruction
   osseous/osteal defect
   rarefaction of the bone, osteoporosis
   osteosclerosis

S. callus
   extra formation of callus

   osteal trabeculae
   osseous fragment
   fracture line
   extremity axis
   periosteal thickening
   complete (incomplete) **congruence/fitness** of joint surfaces
   widening of an articular space
   sequestrum
   narrowing of an articular space

ROENTGENOLOGICAL PICTURE, ROENTGENOLOGIC APPEARANCE [AS NORMAL AND IN PATHOLOGY] OF THE LUNGS

S. root of the lung
   lung/pulmonary dissemination
   lung field
   lung pattern
   patch of consolidation in the lung

ROOT OF THE LUNG

II. deformation of the root of the lung
   infiltration of the lung root
   enlarged root of the lung
S. calcification of lymphatic glands
   enlargement of lymphatic glands

LUNG DISSEMINATION

I. gross-focal (microfocal) pulmonary dissemination
   miliary pulmonary dissemination

среднеочаговая легочная диссеминация

ЛЕГОЧНОЕ ПОЛЕ

II. затемнение легочного поля
ограниченное затемнение легочного поля
субтотальное затемнение легочного поля
тотальное затемнение легочного поля
прозрачность легочного поля
повышенная прозрачность легочного поля
тень в легочном поле
кольцевидная тень в легочном поле
круглая тень в легочном поле

ЛЕГОЧНЫЙ РИСУНОК

II. деформация легочного рисунка
обеднение легочного рисунка
ослабление легочного рисунка
усиление легочного рисунка

РЕНТГЕНОЛОГИЧЕСКАЯ КАРТИНА [В НОРМЕ И ПРИ ПАТОЛОГИИ] СЕРДЦА

I. вертикально расположенное сердце
горизонтально расположенное сердце
косо расположенное сердце
II. талия сердца
форма/конфигурация сердца

C. атрио-вазальный угол
симптом «коромысла»

ФОРМА/КОНФИГУРАЦИЯ СЕРДЦА

I. аортальная форма сердца
митральная форма сердца
шаровидная форма сердца

РЕНТГЕНОЛОГИЧЕСКАЯ КАРТИНА [В НОРМЕ И ПРИ ПАТОЛОГИИ] ТЕНИ (ЗАТЕМНЕНИЯ)

II. интенсивность тени
контур тени

median-focal pulmonary dissemination

LUNG FIELD

II. lung field shadow[ing]
limited shadow[ing] of the lung field
subtotal lung field shadow[ing]
total lung field shadow[ing]

clear lung field
particularly clear lung field

shadow in the lung field
ring-shaped shadow in the lung field
rounded shadow in the lung field

LUNG PATTERN

II. deformation of lung pattern
scanty lung pattern
decreased lung pattern
increased lung pattern

ROENTGENOLOGICAL PICTURE, ROENTGENOLOGICAL APPEARANCE [AS NORMAL AND IN PATHOLOGY] OF THE HEART

I. vertical heart

horizontal heart

oblique heart
II. waist of the heart
shape/configuration of the heart
S. atrio-vasal angle
"yoke" sign

CONFIGURATION OF THE HEART

I. aortic configurated heart
mitral configurated heart
spherical configurated heart

ROENTGENOLOGICAL PICTURE, ROENTGENOLOGICAL APPEARANCE [AS NORMAL AND IN PATHOLOGY] OF SHADOW/ SILHOUETTE (SHADOWING)

II. intensity of shadow
outline of shadow

положение тени	position of shadow
размер тени	size of shadow
структура тени	structure of shadow
неоднородный (однородный) рисунок тени	nonhomogeneous (homogeneous) shadow
смещение тени	displacement of shadow
тень аорты	aortic shadow
тень сердца	cardiac silhouette
форма тени	shape of shadow

КОНТУР ТЕНИ — **OUTLINE OF SHADOW**

I. верхний (нижний) контур тени — I. upper (lower) outline of shadow
неровный контур тени — uneven outline of shadow
размытый контур тени — **poorly defined/indistinct** outline of shadow
четкий/резкий контур тени — well defined outline of shadow

ФОРМА ТЕНИ — SHAPE OF SHADOW

I. круглая форма тени — I. rounded shape of shadow
овальная форма тени — oval shape of shadow
правильная форма тени — regular shape of shadow
C. узловатая тень — S. nodular shadow

■ Вот, пожалуйста, направление на рентгеновское исследование — ■ Here is the slip for X-ray[s]

В день рентгеновского исследования ничего не ешьте — Eat nothing on the day of the X-ray examination

Вы должны проходить рентгеновское исследование грудной клетки каждый год — You must come for chest X-ray[s] every year

Вам нужно сделать рентгеновское исследование грудной клетки (желчного пузыря, почек) — Your chest (gallbladder, kidneys) will have to be X-rayed

Где ваши рентгеновские снимки? — Where are your X-ray pictures?

Давайте посмотрим снимки — Let's have a look at the pictures

На этом снимке нет изменений — This picture shows no pathology

С какой целью делали рентгеновские снимки? — Why were X-ray pictures taken?

На вашем снимке определяется язва двенадцатиперстной кишки (расширение желудка) — The X-ray reveals duodenal ulcer (gastrodistension)

Вам нужно срочно сделать снимок легких (черепа) — You need your lungs (skull) to be X-rayed urgently

У вас есть (была) повышенная чувствительность к йоду (йодистым препаратам)? — Are you (have you been) sensitive to iodine (iodine preparations)?

Встаньте за экран (на подставку, ближе к экрану, спиной к экрану)	Stand behind the screen (on the platform, closer to the screen, with your back to the screen)
Положите руки на пояс (на затылок)	Hands on the waist (to the back of the head)
Отведите локти (больше) вперед	Elbows forward (further forward)
Повернитесь левым (правым) боком	Turn your left (right) side
Дышите глубже	Breathe more deeply
Задержите дыхание. Не дышать!	Hold your breath. Don't breathe
Сделайте небольшой глоток бария (бариевой взвеси)	Swallow a bit of barium (barium meal)
Можете выходить из-за экрана. Осторожно, ступенька	You may come from behind the screen. Mind the step

▲ Разъясните больному(ой) необходимость рентгенологического исследования

▲ Will you explain to the patient the necessity of his (her) being X-rayed

Дайте больному(ой) рекомендации по режиму дня и порядку приема рентгеноконтрастного вещества	Give recommendations to the patient concerning his (her) daily regimen and the way he (she) has to take a contrast substance
Больной(ая) подготовлен(а) к рентгеновскому исследованию?	Has the patient been prepared for X-ray?
Проведите пробу на чувствительность к йоду	Do an iodine test
Перед рентгеновским исследованием сделайте больному(ой) очистительную клизму	Before X-rays give the patient a cleansing enema
Предупредите больного(ую), чтобы перед рентгеновским исследованием он (она) ничего не ел(а)	Warn the patient not to eat anything before X-ray examination
Отвезите (отведите) больного(ую) в рентгеновский кабинет (рентгенологическое отделение)	Take (bring) the patient to the X-ray room (X-ray department)
Кассета заряжена?	Has the cassette been charged?
Затемните кабинет. Я еще не адаптировался(лась) к темноте	Darken the room. I have not adapted myself to darkness
Включите рентгеновский аппарат	Switch on the X-ray apparatus

Поставьте снимки в негатоскоп	Put the films on the viewing box
Мне понадобится контрастное вещество. Приготовьте его, пожалуйста	I'll need a contrast substance. Be ready with it, please
Сделайте бариевую взвесь гуще, чем молоко	Make barium meal thicker than milk
Введите контрастное вещество в бронхи (свищ, артерию)	Introduce the contrast substance into bronchi (fistula, artery)
У больного(ой) не было реакции на введение контрастного вещества?	Has the patient reacted against introduction of a contrast substance?
Больной(ая) мог(ла) проглотить только небольшое количество бариевой взвеси	The patient was able to swallow only a little barium solution
Контрастное вещество прошло по желудочно-кишечному тракту удовлетворительно, не задержалось дольше обычного	The dye has passed through the gastrointestinal tract satisfactorily, has passed no longer than usual
Повторите исследование с двойной дозой контрастного вещества	Repeat the study with a double dose of dye
Снимки следует делать одновременно с введением контрастного вещества	Pictures should be taken while the injection is still in progress
Очень плохая подготовка к рентгеновскому исследованию	Very bad preparation for X-rays
В толстом кишечнике отмечается большое количество каловых масс	In the large bowel there is a large amount of feces
Извините за двойное изображение... на снимке	Sorry for double exposure of... on the film
Рекомендуется сделать снимок в боковой (прямой, косой) проекции, если это возможно	Recommend lateral (straight, oblique) view if possible
При необходимости рекомендуется провести томографию (повторное рентгенологическое исследование через несколько дней)	If necessary tomography (repeated X-ray examination in a few days) is recommended
Вот рентгеновский снимок в боковой проекции после приема взвеси бария (контрольный рентгеновский снимок после репозиции отломков и наложения гипса)	Here is the lateral view after barium swallow (the control X-ray film after reposition of the fragments and plaster bandage)
По сравнению с предыдущими рентгенограммами никакой динамики не отмечается	No changes to the previous X-rays

Вы сделали обзорный снимок брюшной полости?	Is a plain abdominal film made?
Снимки, которые вы заказывали, готовы	The films you requested are ready
Рентгеновские снимки еще не описаны?	Are the X-rays not yet reported?
Давайте посмотрим описание снимков	Let's see the roentgenologist's reports
Зачитайте описание снимка, пожалуйста	Read the report, please
Что показала предоперационная рентгенограмма органов грудной клетки?	What did the preoperative chest roentgenogram show?
На рентгенограмме патологических изменений не обнаружено	The X-ray did not reveal any pathology
На снимках органов грудной клетки обнаружен(а) ателектаз (большая полость в верхней доле правого легкого, значительный выпот в правой плевральной полости)	Chest X-rays show atelectasis (large cavity in the right upper lobe, a large amount of pleural effusion in the right side)
Легочные поля без очаговых и инфильтративных теней	The lung fields are without focal and infiltrative shadows
Легочный рисунок усилен	The lung pattern is increased
Корни легкого уплотнены	The roots of the lung are consolidated
Сердце обычных размеров и конфигурации (митральной конфигурации)	The cardiac silhouette is normal in size and shape (of mitral configuration)
Отмечается застой в легких (выраженное отклонение пищевода по дуге малого радиуса, гипертрофия левого желудочка и увеличение аорты)	There is noted pulmonary congestion (large impression of the esophagus by the left atrium, hypertrophy of the left heart and enlarged aorta)
Снимок плохого качества. Сделайте новый	The X-ray is of bad quality. Have another film made
На обзорной рентгенограмме брюшной полости свободного газа под правым куполом диафрагмы не обнаружено	The plain abdominal X-ray has not revealed peritoneal free gas under the right dome of the diaphragm
Обзорный снимок брюшной полости показал повышенное количество газов в тонкой и толстой кишках (свободный газ под правым куполом диафрагмы, чаши Клойбера)	The plain film of the abdomen revealed an increased amount of gas in the small bowel and colon (free air under the right dome of the diaphragm, Kloiber's cups)

Границы луковицы двенадцатиперстной кишки не изменены?	Is duodenal bulb normal?
На рентгенограмме обнаружен дефект наполнения в луковице двенадцатиперстной кишки. Подозрение на рак (пролабирующий полип)	The X-ray shows filling defect in the duodenal bulb. Suggestion for cancer (prolapsing polyp)
Рекомендуется гастроскопия	Recommend gastroscopy
Нижняя часть пищевода сужена	The lower part of the esophagus is narrowed
Стеноз незначителен по сравнению с функциональными изменениями	Stenosis is less pronounced than functional changes
Червеобразный отросток хорошо (плохо) контрастируется?	Does the vermiform appendix fill well (poorly)?
Терминальная часть подвздошной кишки не контрастируется	The terminal ileum does not fill
В описании снимков отмечается вялая перистальтика пищевода (плохая подвижность пищевода, деформация луковицы двенадцатиперстной кишки)	The reports reveal esophageal peristalsis diminished in strength (poor mobility of the esophagus, duodenal bulb deformation)
Вы сделали повторную холецистографию?	Have you repeated the cholecystogram?
Да, дважды, но желчный пузырь не контрастируется	Yes, twice, but the gallbladder does not fill
При внутривенной холангиографии патологических изменений в общем желчном протоке не обнаружено	In obtaining an intravenous cholangiogram no pathological changes have been found in the common bile duct (CBD)
Камней, стриктур и расширений нет	[There are] No stones, strictures and dilatations
На рентгенограмме черепа обнаружена умеренная деминерализация (черепных) костей	The skull film showed moderate demineralization of (cranial) bones
Вы сделали снимки других костей?	Have you X-rayed other bones?
Отмечается деструкция костной ткани наряду с ее избыточным обызвествлением (периостальное утолщение костей с избыточным обызвествлением)	There is bone destruction along with extracalcification (periosteal thickening of bone with extracalcification)
Повреждение костей и суставов не отмечается	There is no bone or articular destruction
Смещение отломков практически отсутствует	Displacement of bone fragments is practically absent
Костные отломки образуют угол открытый кзади	Osseous fragments make a corner opened dorsally

На рентгенограмме определяется косой уровень затемнения	The X-ray reveals an oblique level of shadow
Вот полоска обызвествления по границе сердца (опухоли)	Here is the streak of calcification along the borders of the heart (tumour)
Я вижу обызвествление опухоли	I see calcification in the mass
Ее границы ровные	Its borders are smooth
Контуры тени вырисовываются четко (нечетко)?	Is the outline of the shadow well (poorly) defined?
Контуры сердца нормальные	The cardiac silhouette is normal
Тень средостения смещена в непораженную сторону	The mediastinal shadow is displaced towards the unaffected side
Я полагаю, что тень средостения слегка расширена	I believe the mediastinal shadow is a bit widened
Тень сердца обычной формы и размеров	The cardiac silhouette is normal in size and shape
Эта тень распространяется на (в)...	This shadow spreads out onto (into)...
Верхний (нижний) контур этой тени ровный	The upper (lower) outline of this shadow is smooth
При рентгенографии выявлено несколько узелковых теней в легких	The chest film has revealed a few nodular shadows in the lungs
На основании проведенного рентгенологического исследования можно предположить наличие полипа (язвы малой кривизны желудка, частичной непроходимости нижней трети пищевода)	On the basis of the X-ray examination done one can suggest the presence of a polyp (ulcer of the lesser curvature of the stomach, partial obstruction of the lower third of the esophagus)
На основании рентгенологических данных профессор рекомендовал исследовать прямую кишку методом ректороманоскопии (произвести гастроскопию, бронхоскопию)	On the basis of roentgenological findings the professor recommended rectal examination by colonoscopy method (gastroscopy, bronchoscopy)

ОБЕЗБОЛИВАНИЕ. РЕАНИМАЦИЯ

ANESTHESIA. RESUSCITATION

ОБЩАЯ ЧАСТЬ — 87
АППАРАТУРА. ИНСТРУМЕНТАРИЙ — 87
- БРОНХОБЛОКАТОР — 88
- МАСКА ДЛЯ НАРКОЗА — 88
- НАРКОЗНЫЙ АППАРАТ — 88
- ЭНДОТРАХЕАЛЬНАЯ ТРУБКА — 88

ОСНОВНЫЕ ПРЕПАРАТЫ, ПРИМЕНЯЕМЫЕ ПРИ ОБЕЗБОЛИВАНИИ И РЕАНИМАЦИИ — 89
- АНТИДОТ(Ы) — 89
- МЕСТНОАНЕСТЕЗИРУЮЩЕЕ(ИЕ) СРЕДСТВО(А) — 89
- МИОРЕЛАКСАНТ(Ы) — 89
- НАРКОТИЧЕСКИЕ АНАЛЬГЕТИКИ — 90

ОБЕЗБОЛИВАНИЕ. АНЕСТЕЗИЯ — 91
ИСКУССТВЕННАЯ ГИБЕРНАЦИЯ — 91
ИСКУССТВЕННАЯ ГИПОТЕРМИЯ — 91
ИСКУССТВЕННАЯ УПРАВЛЯЕМАЯ ГИПОТОНИЯ — 91

ОБЕЗБОЛИВАНИЕ — 91
- МЕСТНОЕ ОБЕЗБОЛИВАНИЕ — 91
- НАРКОЗ — 92
- ОСЛОЖНЕНИЕ(Я) НАРКОЗА — 93
- СТАДИЯ(И) НАРКОЗА — 93

РЕАНИМАЦИЯ. ИНТЕНСИВНАЯ ТЕРАПИЯ — 97
КРИТИЧЕСКОЕ СОСТОЯНИЕ — 97
КОЛЛАПС — 97

GENERAL — 87
APPARATUS. INSTRUMENTS — 87
- BRONCHUS BLOCKER — 88
- MASK FOR NARCOSIS — 88
- ANESTHETIC APPARATUS — 88
- ENDOTRACHEAL TUBE — 88

MAIN PREPARATIONS USED IN ANESTHESIA AND RESUSCITATION — 89
- ANTIDOTE(S) — 89
- LOCAL ANESTHETIC(S) — 89
- MYORELAXANT(S) — 89
- NARCOTIC ANALGESICS — 90

ANALGESIA. ANESTHESIA — 91
ARTIFICIAL HIBERNATION — 91
ARTIFICIAL HYPOTHERMIA — 91
ARTIFICIAL CONTROLLED HYPOTENSION — 91

ANALGESIA — 91
- LOCAL ANESTHESIA — 91
- NARCOSIS — 92
- COMPLICATION(S) IN ANESTHESIA — 93
- STAGE(S) OF ANESTHESIA — 93

RESUSCITATION. INTENSIVE THERAPY — 97
CRITICAL CONDITION — 97
COLLAPSE — 97

КОМА	97	COMA	
ОТРАВЛЕНИЕ	98	POISONING	
ШОК	98	SHOCK	
ОСНОВНЫЕ МЕТОДЫ РЕАНИМАЦИИ	98	**PRINCIPAL METHODS OF RESUSCITATION**	
ИСКУССТВЕННАЯ ВЕНТИЛЯЦИЯ ЛЕГКИХ	99	ARTIFICIAL PULMONARY VENTILATION	
МАССАЖ СЕРДЦА	99	CARDIAC MASSAGE	
ТЕРМИНАЛЬНОЕ СОСТОЯНИЕ	99	**TERMINAL STATE**	

ОБЕЗБОЛИВАНИЕ. РЕАНИМАЦИЯ

ОБЩАЯ ЧАСТЬ

АППАРАТУРА. ИНСТРУМЕНТАРИЙ

C. анестезиологические щипцы
аппарат для искусственной вентиляции легких:
  РО-5
  Энгстрем-300
баллон с кислородом (закисью азота, циклопропаном)

бронхоблокатор
воздуховод
желудочный зонд
зубная распорка
дефибриллятор
интубационные щипцы
ларингоскоп
  ларингоскоп с изогнутым клинком
  ларингоскоп с прямым клинком
мандрен, проводник для интубационной трубки
  металлический мандрен
  пластмассовый мандрен
маска для наркоза

монитор-компьютер
наркозный аппарат
отсос
  ножной отсос
  электроотсос
переходник, коннектор
распылитель для местных анестетиков
роторасширитель
трахеальный катетер
трахеостомическая трубка

ANESTHESIA. RESUSCITATION

GENERAL

APPARATUS. INSTRUMENTS

S. anesthesiology forceps
apparatus for artificial ventilation of the lungs:
  Ro-5 apparatus
  Engström-300 apparatus
oxygen cylinder (nitrous oxide cylinder, cyclopropane cylinder)
bronchus blocker
air-way
gastric tube (GT)
teeth spreader
defibrillator
intubation forceps
laryngoscope
  indirect laryngoscope

  direct laryngoscope

stylet, intubation tube guide

  metal stylet
  plastic stylet
mask for narcosis, anesthesia mask
monitor-computer
anesthesia apparatus
suction-machine
  suction-machine driven by foot
  electro-suction machine
connector
spray for local anesthetics

mouth dilator
tracheal catheter
tracheostomy tube

тройник с клапаном	Siamese connection with a valve, Y-connector
эндотрахеальная/интубационная трубка	**endotracheal/intubation** tube
языкодержатель	tongue-holding forceps, tongue depressor

БРОНХОБЛОКАТОР / ENDOTRACHEAL TUBE

II. бронхоблокатор Макинтоша-Литорделла — bronchus blocker of Macintosh-Litordell
бронхоблокатор Мэгилла — bronchus blocker of Magill
бронхоблокатор Томпсона — bronchus blocker of Thompson
бронхоблокатор Штюрцбехера — bronchus blocker of Sturtzbecher

МАСКА ДЛЯ НАРКОЗА / MASK FOR NARCOSIS, ANESTHESIA MASK

S. застежка для крепления маски — fastening to fix a mask
маска Ванкувера — Vancouver mask
маска Эсмарха — Esmarch mask

НАРКОЗНЫЙ АППАРАТ / ANESTHETIC APPARATUS

I. универсальный наркозный аппарат — universal anesthetic apparatus

S. адаптер — adapter
адсорбер — adsorber
дозиметр газов — gas flow meter
дыхательный контур — respiratory contour
дыхательный мешок — respiratory sac
дыхательный шланг — respiratory **hose/tube**
испаритель летучих наркотических веществ — vaporizer of volatile narcotic **agents/substances/remedies**
редукционное устройство — reducing **gear/device**
  редукционное устройство с двумя манометрами для кислорода — reducing gear with two manometers for oxygen
эфирница — ether cup

ЭНДОТРАХЕАЛЬНАЯ/ИНТУБАЦИОННАЯ ТРУБКА / ENDOTRACHEAL TUBE, INTUBATION TUBE

II. эндотрахеальная трубка Гебауэра — endotracheal tube of Hebauer
эндотрахеальная трубка Гордона-Грина — endotracheal tube of Gordon-Green
эндотрахеальная трубка Карленса — endotracheal tube of Karlens
эндотрахеальная трубка Кипренского — endotracheal tube of Kiprensky
эндотрахеальная трубка Коула — endotracheal tube of Koul
эндотрахеальная трубка Кубрякова — endotracheal tube of Kubriakov
эндотрахеальная трубка Прайса-Смита — endotracheal tube of Price-Smith
эндотрахеальная трубка с манжеткой — endotracheal tube with a cuff
эндотрахеальная трубка Уайта — endotracheal tube of White

ОСНОВНЫЕ ПРЕПАРАТЫ, ПРИМЕНЯЕМЫЕ ПРИ ОБЕЗБОЛИВАНИИ И РЕАНИМАЦИИ

MAIN PREPARATIONS USED IN ANESTHESIA AND RESUSCITATION

C. антигистаминные препараты
антидот(ы)
антихолинэстеразные препараты

ганглиоблокаторы
галоперидол
гексенал
гормональные препараты
дроперидол
закись азота
ингаляционные анестетики, средства для ингаляционного наркоза
местноанестезирующие средства, местные анестетики
миорелаксант(ы), мышечные релаксанты
наркотические анальгетики
неингаляционные анестетики, средства для неингаляционного наркоза
препараты для нейролептанальгезии
седативные препараты

сердечно-сосудистые препараты
снотворные препараты
тиопентал натрия
холинолитики

S. antihistamine preparations
antidote(s)
anticholinesterase preparations
ganglionblockers
haloperidol
hexenal
hormonal preparations
droperidol
nitrous oxide
inhalation anesthetics, preparations for inhalation narcosis
local anesthetics

muscular relaxants, myorelaxant(s)
narcotic analgesics
non-inhalation anesthetics, preparations for non-inhalation narcosis
neuroleptics

sedatives, sedative preparations
cardio-vascular preparations

hypnotics
sodium thiopental
cholinolytic preparations

АНТИДОТ(Ы)

ANTIDOTE(S)

C. бемегрид, этимид, мегимид
налорфин, анторфин
прозерин

S. bemegride, etimide, megimide
nalorphine hydrochloride
proserin

МЕСТНОАНЕСТЕЗИРУЮЩЕЕ(ИЕ) СРЕДСТВО(А), МЕСТНЫЙ(Е) АНЕСТЕТИК(И)

LOCAL ANESTHETIC(S)

C. дикаин

лидокаин
новокаин

тримекаин

S. tetracaine hydrochloride, amethocaine hydrochloride
lidocaine hydrochloride
novocain, procaine hydrochloride
trimecaine hydrochloride

МИОРЕЛАКСАНТ(Ы), МЫШЕЧНЫЕ РЕЛАКСАНТЫ

MYORELAXANT(S), MUSCULAR RELAXANTS

I. деполяризующие миорелаксанты
недеполяризующие/антидеполяризующие миорелаксанты

I. depolarizing myorelaxants
non**depolarizing/antidepola**rizing myorelaxants

НАРКОТИЧЕСКИЕ АНАЛЬГЕ-ТИКИ	NARCOTIC ANALGESICS
C. морфий(ин) омнопон промедол фентанил	S. morphia, morphine hydro-chloride omnopon, pantopon promedol, trimeperidine hydrochloride phentanyl
▲ Проверьте в баллонах количество (давление) кислорода и закиси азота (герметичность наркозной системы, заземление наркозного аппарата)	▲ Check the amount (pressure) of oxygen and nitrous oxide in cylinders (whether the whole system is sealed well, and if the anesthetic apparatus is grounded)
Проверьте режим работы испарителя анестетика (экстренную подачу газов, дыхательные шланги)	Check the working of the anesthetic vaporizer (urgent gas supply, respiratory hoses)
Заполните адсорбер свежим химическим поглотителем (эфирницу — эфиром)	Fill the adsorber with a newly obtained chemical adsorber (the ether cup with ether)
Подключите баллоны с кислородом (закисью азота) к соответствующему дозиметру аппарата	Connect the oxygen cylinders (nitrous oxide cylinders) with an appropriate apparatus flow meter
Неправильное подключение аппарата может привести к смерти больного(ой)	Wrong connection of cylinders may lead to the patient's death
После проверки аппарата заполните систему кислородом и провентилируйте ее	After the apparatus' check inflate the system with oxygen and ventilate it
Внимательно следите за показателями дозиметра	Watch closely the readings on the flow meter
Открывайте вентили баллонов только специальным ключом или рукой	Open the cylinders valves only with a special wrench or by hand
Введите воздуховод через нос (рот)	Pass an airway via the nose (mouth)
Проверьте, подходит ли к адаптеру маска (переходник для эндотрахеальной трубки)	Check if the mask fits the adapter (if the connector fits for the endotracheal tube)
Перед началом наркоза подышите [сами] через маску аппарата	Before you administer anesthesia take a breath yourself through the apparatus mask
Не стучите по вентилям	Don't hit the valves
Установите на дозиметрах подачу кислорода (азота)... л/мин	Adjust the reading to... litre per min. on the flow meters for oxygen (nitrogen) supply

Включите подачу эфира	Connect the ether supply
Уменьшите (увеличьте) подачу кислорода	Reduce (increase) the oxygen supply
Произведите интубацию трахеи у больного	Pass the endotracheal tube into the patient
Заинтубируйте больного при помощи ларингоскопа или по пальцу	Use a laryngoscope or the finger for control on intubation

ОБЕЗБОЛИВАНИЕ. АНЕСТЕЗИЯ

ANALGESIA. ANESTHESIA

ИСКУССТВЕННАЯ ГИБЕРНАЦИЯ

ARTIFICIAL HIBERNATION

C. литический коктейль

S. lytic cocktail

ИСКУССТВЕННАЯ ГИПОТЕРМИЯ

ARTIFICIAL HYPOTHERMIA

I. глубокая искусственная гипотермия
умеренная искусственная гипотермия
поверхностная/легкая искусственная гипотермия
C. автогипотерм(ы)
искусственное кровообращение охлажденной кровью

I. deep artificial hypothermia
moderate artificial hypothermia
superficial/light artificial hypothermia
S. autohypotherm(s)
artificial circulation by cooled blood

ИСКУССТВЕННАЯ УПРАВЛЯЕМАЯ ГИПОТОНИЯ
ОБЕЗБОЛИВАНИЕ, АНЕСТЕЗИЯ

ARTIFICIAL CONTROLLED HYPOTENSION
ANALGESIA, ANESTHESIA

I. временное обезболивание, временная анестезия
длительное обезболивание, длительная анестезия
кратковременное обезболивание, кратковременная анестезия
местное обезболивание, местная анестезия
общее обезболивание, общая анестезия, наркоз
III. делать обезболивание/анестезию, обезболивать, анестезировать

I. temporary anesthesia

continuous/prolonged anesthesia
short-term anesthesia

local anesthesia

general anesthesia, narcosis
III. to anesthetize, to **give/induce/introduce/administer** anesthesia

МЕСТНОЕ ОБЕЗБОЛИВАНИЕ, МЕСТНАЯ АНЕСТЕЗИЯ

LOCAL ANESTHESIA, TOPICAL ANESTHESIA

C. анестезия орошением
анестезия смазыванием
внутрикостная анестезия
инфильтрационная/послойная анестезия

S. anesthesia by irrigation
anesthesia by coating
intracostal anesthesia
infiltration anesthesia

«лимонная корочка»	"intradermal bleb of local anesthesia"
паравертебральная анестезия	paravertebral anesthesia
перидуральная/эпидуральная анестезия	**peridural/epidural** anesthesia
пресакральная/парасакральная анестезия	**presacral/parasacral** anesthesia
проводниковая анестезия	conductive anesthesia
регионарная анестезия	regional anesthesia
межреберная анестезия	intercostal anesthesia
спинномозговая/спинальная/ субарахноидальная анестезия	**spinal/subarachnoid [al]** anesthesia
эндоневральная/интраневральная анестезия	**endoneural/intraneural** anesthesia

НАРКОЗ — NARCOSIS, ANESTHESIA

I. балансированный наркоз — I. balanced **narcosis/anesthesia**
   вводный наркоз — initial narcosis
   внутрибрюшинный наркоз — intraperitoneal **narcosis/anesthesia**
   внутривенный наркоз — intravenous anesthesia
   внутрикостный наркоз — intraosseous anesthesia
   внутримышечный наркоз — intra-muscular anesthesia
   газовый наркоз — **gas/vapor** anesthesia
   глубокий наркоз — deep anesthesia
   дополнительный наркоз — additional anesthesia
   ингаляционный наркоз — inhalation anesthesia
   интубационный наркоз — intubation anesthesia
   капельный наркоз — drip narcosis
   комбинированный наркоз — combined anesthesia
   масочный наркоз — mask narcosis
   многокомпонентный наркоз — multicomponent anesthesia
   назофарингеальный наркоз — nasopharyngeal narcosis
   неингаляционный наркоз — noninhalation anesthesia
   оглушающий наркоз, рауш-наркоз — **torpor/Rausch** narcosis
   однолегочный наркоз — one-lung **narcosis/anesthesia**
   пероральный наркоз — peroral **narcosis/anesthesia**
   поверхностный наркоз — superficial anesthesia
   подкожный наркоз — subcutaneous anesthesia
   потенцированный наркоз — potentialized narcosis
   прямокишечный/ректальный наркоз — rectal anesthesia
   смешанный наркоз — mixed anesthesia
   стероидный наркоз — steroid anesthesia
   эндотрахеальный/интратрахеальный наркоз — **endotracheal/intratracheal** narcosis
   эфирно-кислородный наркоз — ether-oxygen anesthesia

II. базис-наркоз — II. basal narcosis
    глубина наркоза — depth of anesthesia
    наркоз закисью азота — nitrous oxide anesthesia
    наркоз по закрытому контуру — closed anesthesia
    наркоз по открытому контуру — open anesthesia
    наркоз по полузакрытому контуру — semi-closed anesthesia
    наркоз по полуоткрытому контуру — semi-open anesthesia

наркоз фторотаном
наркоз хлороформом
наркоз циклопропаном
осложнение наркоза
стадия наркоза
C. нейролептаналгезия

III. выйти из наркоза, пробуждаться после наркоза
наркотизировать, проводить наркоз

ОСЛОЖНЕНИЕ(Я) НАРКОЗА

C. аспирация желудочного содержимого
асфиксия, удушье
бронхоспазм, бронхиолоспазм
гиповентиляция
западение языка
кислородная недостаточность, гипоксия
ларингоспазм
нарушение ритма сердечных сокращений, аритмия сердца
остановка дыхания
   временная остановка дыхания, апноэ
первичная/эссенциальная артериальная гипотензия
рвота
повышение содержания двуокиси углерода в крови (тканях), гиперкапния
регургитация
угнетение дыхания

СТАДИЯ(И) НАРКОЗА

I. хирургическая стадия наркоза
C. стадия аналгезии/оглушения/привыкания/усыпления

стадия возбуждения/расторможенности
стадия пробуждения

Вас оперировали под общим или местным обезболиванием?

Как вы перенесли наркоз?

Были ли осложнения после наркоза?

У вас есть съемные зубные протезы?

halothane/fluothane anesthesia
chloroform anesthesia
cyclopropane anesthesia
complication in anesthesia
stage of anesthesia
S. neuroleptanalgesia

III. to **recover/wake/come out** from anesthesia
to **give/induce/administer** anesthesia

COMPLICATION(S) IN ANESTHESIA

S. aspiration of stomach contents
asphyxia, suffocation, choking
bronchospasm, bronchiolospasm
hypoventilation
tongue **retraction/falling back**
oxygen insufficiency, hypoxia

laryngospasm
cardiac rhythm disturbance, cardiac arrhythmia
respiratory **standstill/arrest**
   temporary arrest of respiration, apnea
primary/essential arterial hypotension
vomiting
increase of carbon dioxide content in the blood (tissues), hypercapnia
regurgitation
respiratory depression

STAGE(S) OF ANESTHESIA

I. surgical stage of anesthesia
S. analgesia stage, stage of **torpor/adaptation/putting to sleep**
excitement stage, stage of disinhibition
stage of recovery

Were you operated on under general or local anesthesia?

How did you tolerate anesthesia?

Were there any complications as a result of anesthesia?

Do you have removable dentures?

Сегодня вечером ничего не ешьте	Eat nothing this evening
На ночь вам сделают очистительную клизму	You will be given a cleansing enema at bedtime
Перед операцией вы должны помочиться	Before the operation you must empty your bladder
▲ Определите вид обезболивания и назначьте премедикацию	▲ Determine the type of anesthesia and order premedication
Мочу следует выпустить мягким катетером	Urine should be led out by a soft catheter
Опорожните желудок с помощью зонда	Empty the stomach with the aid of a stomach tube
Дайте больному(ой) на ночь таблетку снотворного (успокоительную таблетку)	Before the night give the patient a sleeping (sedative) pill
За 40—60 минут до операции введите подкожно пипольфен (супрастин, дипразин, промедол, атропин)	40-60 minutes before operation give subcutaneously pipolphen (suprastin, diprazin, promedol, atropine)
Больному(ой) проведена премедикация	The patient has been given [proper] premedication
Он (она) не должен(а) вставать с постели	He (she) must not leave his (her) bed
Больной(ая) должен(а) быть доставлен(а) в операционную на каталке	The patient should be taken to the operating room in a wheel-chair
Уложите больного(ую) на операционный стол в принятом (необходимом) для данной операции положении	Place the patient on the operating table in the position assumed for the operation
Сосчитайте пульс	Count the pulse
Наложите манжетку сфигмоманометра	Apply the sphygmomanometer cuff
Измерьте артериальное давление	Take the arterial pressure
Укрепите датчики приборов	Fasten apparatus sensors
Сделайте венепункцию (венесекцию)	Do venepuncture (venesection)
Наладьте систему для внутривенного вливания	Adjust the system for intravenous infusion
Можно начинать наркоз	Anesthesia may be started
Дайте больному(ой) ингаляционный наркоз закисью азота (вводный наркоз барбитуратами)	Give the patient nitrous oxide anesthesia (barbiturate initial narcosis)
Соотношение закиси азота с кислородом должно быть два к одному	The ratio of nitrous oxide to oxygen must be two to one

Введите медленно внутривенно гексенал (в прямую кишку через катетер свежеприготовленный раствор авертина)	Administer slowly intravenously hexenal (newly prepared solution of avertin rectally through a catheter)
Углубите наркоз эфиром (барбитуратами)	Intensify anesthesia by ether (barbiturates)
Занесите в карту течения обезболивания дозу введенного морфия	Record the given dosage of morphia in the anesthesia chart
Зафиксируйте динамику кровопотери (объем перелитых растворов, почасовой диурез)	Record the bloodloss dynamics (volume of given solutions, hourly diuresis)
Определите центральное венозное давление (ЦВД) (кислотно-щелочное состояние (КЩС), содержание электролитов крови, газовый состав крови)	Determine central venous pressure (acid-base balance, electrolyte content of blood, gas composition of blood)
Появились признаки накопления углекислоты Уменьшите подачу эфира (закиси азота) Увеличьте подачу кислорода до...л/мин.	There have appeared signs of accumulating carbon dioxide Diminish the supply of ether (nitrous oxide) Increase the oxygen supply to ... litre per min.
Расслабление мышц недостаточно	Muscular relaxation is insufficient
Дополнительно введите мышечные релаксанты	Give muscular relaxants additionally
У больного(ой) восстановилось спонтанное дыхание. Введите антидеполяризующие миорелаксанты	The patient's spontaneous breathing has returned. Administer antidepolarizing myorelaxants
Сочетайте управляемую гипотензию с гипотермией (поверхностную гибернацию с потенцированным наркозом, поверхностный наркоз с мышечными релаксантами)	Combine controlled hypotension with hypothermia (superficial hibernation with potentialized narcosis, superficial narcosis with muscular relaxants)
Наступила хирургическая стадия наркоза	Surgical stage of anesthesia has been reached
Поддерживайте наркоз на III$_1$—III$_2$ стадии	Maintain anesthesia at the III$_1$—III$_2$ stage
У больного(ой) ларингоспазм	The patient has laryngospasm
Увеличьте концентрацию кислорода во вдыхаемой смеси	Increase the concentration of oxygen in the inspired mixture
Приготовьте все для экстренной трахеотомии	Get ready for urgent tracheotomy
Введите деполяризующие миорелаксанты	Administer depolarizing myorelaxants

Интубируйте трахею через рот (нос) под контролем ларингоскопа	Intubate the trachea via the mouth (nose) using a laryngoscope
Уложите голову больного(ой) в [классическое] положение «Джексона»	Place the patient's head in the "Jackson" [classical] position
Запрокиньте голову назад. Приподнимите подбородок вверх. Выдвиньте нижнюю челюсть вперед	Throw the head back. Raise the chin up. Pull the lower jaw forward
Зафиксируйте трубку	Fix the tube
Больной(ая) заинтубирован(а) правильно	The patient has been intubated in the right way
Грудная клетка приподнимается синхронно нажатию на дыхательный мешок	The chest is being inflated synchronously to compressing a breathing bag
При аускультации над легкими определяются дыхательные шумы	On auscultation there are noted respiratory noises over the lungs
В фазе вдоха воздух [струей] выходит из интубационной трубки	On inspiration air leaves the intubation tube [in a jet stream]
Произошло(шел) смещение (перегиб, сдавление) эндотрахеальной трубки	There is displacement (twist, compression) of the endotracheal tube
Какой вид обезболивания будет применен?	What type of anesthesia will be employed?
Это новокаин?	Is it novocain?
Покажите надпись на флаконе (ампуле)	Show me the inscription on the bottle's (ampoule's) label
Сначала сделайте «лимонную корочку»	[At] First inject "intradermal bleb of local anesthesia"
Проведите иглу в подкожно-жировую клетчатку	Pass the needle into the subcutaneous fat
Инфильтрируйте клетчатку на всем протяжении разреза	Infiltrate the fat along the course of the incision
Введите новокаин в боковые отделы операционного поля	Administer novocain into the sides of the operative field
У больного(ой) развился коллапс. Появилась(лись) одышка, тахикардия, клонико-тонические судороги	The patient developed vascular collapse. There was dyspnea, tachycardia, tonoclonic cramps
У больного(ой) отравление новокаином (кокаином)	The patient has novocain (cocaine) poisoning
Переведите больного(ую) в положение Тренделенбурга	Transfer the patient into the Trendelenburg position

Дайте ему(ей) вдохнуть 2—3 капли амилнитрита	Let him (her) inhale 2—3 drops of amyl nitrite
Промойте слизистые оболочки носоглотки изотоническим раствором хлористого натрия	Wash nasopharyngeal mucous membranes with an isotonic solution of sodium chloride

РЕАНИМАЦИЯ. ИНТЕНСИВНАЯ ТЕРАПИЯ

КРИТИЧЕСКОЕ СОСТОЯНИЕ

RESUSCITATION. INTENSIVE THERAPY

CRITICAL CONDITION

C. коллапс
   кома
   обморок
   отравление
   шок

S. collapse
   coma
   fainting, syncope
   poisoning
   shock

КОЛЛАПС

COLLAPSE

I. геморрагический коллапс
   гипоксемический/гипоксический коллапс
   инфекционный коллапс
   кардиогенный коллапс/шок
   ортостатический коллапс
   панкреатический коллапс
   пароксизмальный коллапс Семерау-Семяновского
   токсический коллапс
   циркуляторный коллапс

I. hemorrhagic collapse
   hypoxemic/hypoxic collapse

   septicaemic shock
   cardiogenic **collapse/shock**
   orthostatic collapse
   pancreatic collapse
   Semerau-Siemianowski's paroxysmal collapse
   toxic collapse
   circulatory collapse

КОМА

COMA

I. апоплектическая кома
   астматическая кома
   гемолитическая кома
   гипертермическая кома
   гипогликемическая кома
   гипокортикоидная/надпочечниковая кома
   гипоксическая/аноксическая кома
   гипотиреоидная кома
   голодная/алиментарно-дистрофическая кома
   диабетическая кома
   печеночная кома
   респираторная/гипоксическая кома
   тиреотоксическая кома
   токсическая кома
   травматическая кома
   угарная кома
   уремическая кома
   экламптическая кома

I. apoplectic coma
   asthmatic coma
   hemolytic coma
   hyperthermal coma
   hypoglycemic coma
   hypocorticoid/adrenal coma
   hypoxic/anoxic coma

   hypothyroidal coma
   fasting/alimentary-distrophic coma
   diabetic coma
   hepatic coma
   respiratory/hypoxic coma

   thyrotoxic coma
   toxic coma
   traumatic coma
   polluted coma
   uremic coma
   eclamptic coma

эпилептическая кома
III. впасть в состояние комы

epileptic coma
III. to go into coma, to be comatose

ОТРАВЛЕНИЕ

POISONING

II. отравление антифризом
отравление барбитуратами
отравление медным купоросом
отравление наркотиками
отравление сулемой
отравление тиофосом
отравление углекислым газом
отравление уксусной кислотой
отравление хлороформом
отравление хлорофосом
отравление четыреххлористым углеродом

II. antifreeze poisoning
barbiturate poisoning
copper sulfate poisoning
narcotic poisoning
sublimate poisoning
thiophos poisoning
carbon dioxide poisoning
acetic acid poisoning
chloroform poisoning
chlorophos poisoning
carbon tetrachloride poisoning

ШОК

SHOCK

I. абдоминальный шок
адреналовый шок
анафилактический шок
бактериемический шок
болевой шок
гемолитический шок
геморрагический/гиповолемический шок
гемотрансфузионный/посттрансфузионный шок
инфекционно-токсический шок
кардиогенный шок
компрессионный шок
нефрогенный шок
ожоговый шок
операционный шок
токсико-инфекционный шок
травматический шок
холодовый шок
электрический шок
II. фаза шока
торпидная фаза шока
эректильная фаза шока
III. бороться с шоком
впадать в шок
вызывать шок

I. abdominal shock
adrenal shock
anaphylactic shock
bacteriemic shock
pain shock
hemolytic shock
hemorrhagic/hypovolemic shock
hemotransfusion [al] /posttransfusion shock
infective toxic shock
cardiogenic shock
compression shock
nephrogenic shock
burn shock
operative shock
toxico-infective shock
traumatic shock
cold shock
electroshock
II. phase of shock
torpid phase of shock
erectile phase of shock
III. to combat shock
to go into shock
to **produce/cause** shock

ОСНОВНЫЕ МЕТОДЫ РЕАНИМАЦИИ

PRINCIPAL METHODS OF RESUSCITATION

С. искусственная вентиляция легких, искусственное дыхание
массаж сердца

S. artificial ventilation of the lungs, artificial respiration
cardiac massage

ИСКУССТВЕННАЯ ВЕНТИ-ЛЯЦИЯ ЛЕГКИХ, ИСКУССТ-ВЕННОЕ ДЫХАНИЕ

I. искусственная автоматическая вентиляция легких
II. искусственная вентиляция легких по способу изо рта в рот
искусственная вентиляция легких изо рта в нос

искусственная вентиляция легких с помощью мешка Амбу
искусственная вентиляция легких с помощью эндотрахеальной трубки

МАССАЖ СЕРДЦА

I. наружный/непрямой массаж сердца
открытый/прямой массаж сердца

ТЕРМИНАЛЬНОЕ СОСТОЯНИЕ

C. агональное состояние
клиническая смерть
преагональное состояние

▲ Больной(ая) в коматозном (прекоматозном состоянии, в шоке)

Коллапс вызван острой адренокортикальной недостаточностью (массивной кровопотерей)

У больного(ой) отравление наркотиками (уксусной кислотой, окисью углерода, метиловым спиртом)

У больного(ой) обморок

Положите больного(ую)

Расстегните одежду

Травмы черепа нет?

Опустите голову ниже остальных частей тела

Дайте ему (ей) подышать нашатырным спиртом (крепкий чай, кофе)

ARTIFICIAL PULMONARY VENTILATION, ARTIFICIAL RESPIRATION

I. artificial automatic pulmonary ventilation
II. artificial pulmonary ventilation by mouth to mouth breathing
artificial pulmonary ventilation by mouth to nose breathing
artificial pulmonary ventilation with the aid of Ambou breathing bag
artificial pulmonary ventilation by way of endotracheal tube

CARDIAC MASSAGE

I. **external**/**indirect** cardiac massage
open/**direct** cardiac massage

TERMINAL STATE

S. agonal state
clinical death
preagonal state

▲ The patient is in comatose state (precomatose state, in shock)

The collapse has been caused by acute adrenocortical failure (massive blood loss)

The patient has narcotic (acetic acid, carbon oxide, methyl alcohol) poisoning

The patient has fainted

Lay the patient down

Unbutton the clothes

Is there any injury to the skull?

Place the patient's head lower than the rest of the body

Let him (her) inhale ammonia spirit (give him (her) strong tea, coffee)

Перелейте цельную кровь (плазму)	Transfuse whole blood (plasma)
Интубируйте трахею трубкой с манжеткой	Intubate the trachea with a cuffed tube
Введите осторожно мягкий неспадающийся зонд через нос (рот)	Gently insert a soft non-collapsible tube via the nose (mouth)
Промойте желудок через зонд	Wash the stomach by way of a stomach tube
Введите бемегрид (внутривенно метиленовую синьку, через зонд 100 мл антидота Стрижевского, 2—3 столовых ложки активированного угля)	Administer bemegride (methylene blue intravenously, 100 ml of Stryzhevsky antidote, 2—3 tablespoons of activated charcoal)
Показан(о) экстракорпоральный диализ (внутриперитонеальный диализ, обменное переливание крови)	There indicated extracorporeal dialysis (intraperitoneal dialysis, exchange blood transfusion)
Проведите сеанс гипербарической оксигенации	Give the patient a session of hyperbaric oxygen therapy
Поддерживайте в помещении достаточный воздухообмен	Maintain an adequate airway in the room
Снимите боль	Control the pain
Больной(ая) без сознания	The patient is unconscious
Ургентный случай. Анамнеза собрать не удалось	It's an urgent case. There is no history
У больного(ой) угнетение дыхания (черепно-мозговая травма). Морфий противопоказан	The patient has depressed respiration (cranial injury). Morphia is contraindicated
Избегайте передозировки морфия	Avoid overdosage with morphia
Введите катетер для постоянного выведения мочи	Insert a catheter to monitor urine flow
Поддерживайте диурез на уровне (свыше) 50—60 мл/час.	Keep urine flow (above) 50—60 ml per hour
Проведите противошоковые мероприятия	Give [the patient] antishock therapy
Пульс на сонных и бедренных артериях не определяется	Pulse in carotid and femoral arteries is not felt
Зрачки расширены. Реакция на свет отсутствует	Pupils are dilated. No reaction to light
Необходимо срочно провести искусственное дыхание (непрямой массаж сердца, дефибрилляцию сердца)	It is necessary to perform urgent artificial respiration (external chest massage, cardiac defibrillation)
Не теряйте времени. Следует восстановить проходимость дыхательных путей	Don't waist time. It is necessary to establish an adequate airway

Положите пострадавшего (больного) на спину на твердую поверхность	Place the injured into the spinal position on some firm surface
Положите валик под плечи больного(ой)	Place a bolster under the patient's shoulder
Это выпрямит его (ее) дыхательные пути	This will straighten his (her) respiratory tract
Выдвиньте вперед нижнюю челюсть и откройте рот больного(ой)	Pull the lower jaw forward and open the patient's mouth
Вытяните язык. Выньте изо рта зубные протезы (искусственные зубы)	Pull the tongue out. Remove dentures (false teeth)
Очистите нос и глотку от слизи	Remove mucus from the nose and pharynx
Дыхание очень ослаблено	Breathing is very poor
Встаньте [на колени] у изголовья больного (пострадавшего)	Kneel at the head of the patient (the injured)
Максимально запрокиньте ему (ей) голову назад	Throw his (her) head back as far as possible
Зажмите нос больному(ой). Сделайте резкий выдох в рот больному (ой)	Keep the patient's nostrils closed. Exhale sharply into the patient's mouth
Пропальпируйте мечевидный отросток	Feel for the xiphoid process
Положите кисть ладонной поверхностью на два пальца выше мечевидного отростка	Put your palm two fingers above the xiphoid process
Положите вторую руку сверху	Place the second hand on top
Пальцы не должны касаться грудной клетки	Fingers should not touch the chest
Сделайте толчкообразные сдавления грудины	Press the sternum in pushing movements
Расслабьте руки, не отрывая от грудины	Relax your hands without taking them away from the sternum
Повторяйте толчкообразные движения 60—80 раз в течение минуты	Repeat pushing movements 60—80 times per minute
Сочетайте наружный массаж сердца с искусственной вентиляцией легких	Do external cardiac massage in combination with artificial ventilation of the lungs

КРОВОТЕЧЕНИЕ　　BLEEDING

КРОВОТЕЧЕНИЕ	102	**BLEEDING**	
КРОВОИЗЛИЯНИЕ(Я)	104	**HEMORRHAGE**	
ГЕМАТОМА	104	**HEMATOMA**	
ОСТАНОВКА КРОВОТЕЧЕНИЯ	105	**CONTROL OF BLEEDING**	
[КРОВООСТАНАВЛИВАЮЩИЙ] ЖГУТ	105	[ARRESTING BLEEDING] TOURNIQUET	
КРОВООСТАНАВЛИВАЮЩЕЕ(ИЕ) СРЕДСТВО(А)	106	HEMOSTATIC(S)	

КРОВОТЕЧЕНИЕ　　BLEEDING

КРОВОТЕЧЕНИЕ　　BLEEDING, HEMORRHAGE

I. аррозионное кровотечение
артериальное кровотечение
атоническое кровотечение
венозное кровотечение
викарное кровотечение

внутреннее кровотечение
внутрираневое кровотечение
вторичное кровотечение
выраженное/обильное/сильное/профузное кровотечение

геморроидальное кровотечение
диапедезное кровотечение
диффузное кровотечение
желудочное кровотечение, гастроррагия
интерстициальное/внутритканевое кровотечение
менструальное кровотечение

капиллярное кровотечение
кишечное кровотечение
легочное кровотечение
маточное кровотечение, метроррагия
многократное кровотечение

наружное кровотечение
носовое кровотечение
паренхиматозное кровотечение

I. arrosive hemorrhage
arterial hemorrhage
atonic hemorrhage
venous hemorrhage
vicarious **bleeding/hemorrhage**
internal hemorrhage
wound bleeding
secondary hemorrhage
gross/pronounced/marked/profuse/severe/heavy hemorrhage
hemorrhoidal hemorrhage
diapedetic hemorrhage
diffuse bleeding
gastric bleeding, gastrorrhagia
interstitial/tissue hemorrhage
menstrual **hemorrhage/bleeding**
capillary hemorrhage
intestinal bleeding
pulmonary bleeding
uterine bleeding, metrorrhagia
recurrent/multiple hemorrhage
external **hemorrhage/bleeding**
nasal bleeding, epistaxis
parenchymatous hemorrhage

первичное кровотечение	**primary/associated** hemorrhage
повторное/рецидивирующее/вторичное кровотечение	**repeated/relapsing/secondary** hemorrhage
послеоперационное кровотечение	postoperative hemorrhage
продолжающееся кровотечение	persistent hemorrhage
профузное кровотечение	profuse hemorrhage
самопроизвольное/спонтанное кровотечение	spontaneous **hemorrhage/bleeding**
сигнальное кровотечение	signal hemorrhage
скрытое кровотечение	occult bleeding
смешанное кровотечение	mixed **bleeding/hemorrhage**
сопутствующее кровотечение	**associated/attendant** bleeding, concomitant hemorrhage
фибринолитическое кровотечение	fibrinolytic **bleeding/hemorrhage**
холемическое кровотечение	cholemic **hemorrhage/bleeding**
экспульсивное кровотечение	expulsive **bleeding/hemorrhage**
язвенное кровотечение	ulcerative **bleeding/hemorrhage**
II. больной с кровотечением	II. patient with hemorrhage
кровотечение в брюшную полость	**intraperitoneal/intraabdominal** hemorrhage, bleeding into the abdomen
кровотечение в грудную полость	bleeding into the thoracic cavity
кровотечение из прямой кишки, проктoррагия	rectal bleeding, proctorrhagia
место кровотечения	site of bleeding
остановка кровотечения, гемостаз	control of bleeding, hemostasis
C. геморрагическая пурпура, геморрагический токсикоз капилляров	S. purpura hemorrhagica, hemorrhagic toxicosis of capillaries
гемофилия	hemophilia
больной гемофилией	hemophiliac
кровавая рвота, гематемезис	hematemesis
кровоизлияние, геморрагия, экстравазат	hemorrhage, hematoma, bleeding, extravasate
кровохарканье	pneumorrhagia, hemoptysis
скопление крови в полости брюшины, гемоперитонеум, лапарогеморрагия	accumulation of blood in the abdominal cavity, hemoperitoneum, laparohemorrhage
потеря крови	blood loss
скопление крови в плевральной полости, гемоторакс	accumulation of blood in the thoracic cavity, hemothorax
скопление крови в полости перикарда, гемоперикард	accumulation of blood in the pericardium, hemopericardium
тампонада сердца	cardiac tamponade
III. вызывать кровотечение	III. to cause **bleeding/hemorrhage**
кровоточить	to bleed
остановить кровотечение	to **stop/control/check/arrest** bleeding
предупредить кровотечение	to prevent bleeding
просачиваться (*о крови в результате кровотечения*)	to ooze (*of blood as a result of bleeding*)

КРОВОИЗЛИЯНИЕ(Я), ГЕМОРРАГИЯ(И), ЭКСТРАВАЗАТ(Ы)

I. аррозионное кровоизлияние
внутримозговое кровоизлияние
внутричерепное кровоизлияние

диапедезное кровоизлияние

желудочковое кровоизлияние
интрадуральное кровоизлияние
интрамуральное кровоизлияние
массивное кровоизлияние
множественные кровоизлияния
петехиальное/точечное кровоизлияние, петехия
подкожное кровоизлияние
полостное кровоизлияние
ретинальное кровоизлияние
субарахноидальное кровоизлияние
субдуральное кровоизлияние
эпидуральное кровоизлияние

C. гематома

HEMORRHAGE, HEMATOMA, BLEEDING, EXTRAVASATE

I. arrosion hemorrhage
intracerebral bleeding
intracraneal **hemorrhage/hematoma**
diapedetic/diapedesis hemorrhage
ventricular hemorrhage
intradural hemorrhage
intramural hemorrhage
massive hemorrhage
multiple hemorrhage
petechial/punctate hemorrhage, petechia
subcutaneous hemorrhage
cavity hemorrhage
retinal hemorrhage
subarachnoidal hemorrhage

subdural hemorrhage
epidural hemorrhage

S. hematoma

ГЕМАТОМА

I. асептическая гематома
внутрижелудочковая гематома
внутримозговая гематома
внутримышечная гематома
внутристеночная гематома кишки
внутричерепная гематома
забрюшинная гематома
околопочечная гематома
оссифицированная гематома
поверхностная гематома
подкапсулярная гематома
поднадкостничная гематома
предбрюшинная гематома
пульсирующая (непульсирующая) гематома
распирающая гематома
родовая гематома
свернувшаяся гематома
субарахноидальная гематома
субдуральная гематома
тазовая гематома
экстраплевральная гематома
эпидуральная/экстрадуральная гематома

II. гематома печени
гематома почки
рассасывание гематомы

HEMATOMA

I. aseptic hematoma
intraventricular hematoma
intracerebral hematoma
intramuscular hematoma
intraparietal hematoma of the bowel
intracranial hematoma
retroperitoneal hematoma
perirenal hematoma
ossified hematoma
superficial hematoma
subcapsular hematoma
subperiosteal hematoma
anteperitoneal hematoma
pulsatile (nonpulsatile) hematoma
arching hematoma
labor hematoma
coagulated hematoma
subarachnoid hematoma
subdural hematoma
pelvic hematoma
extrapleural hematoma
epidural/extradural hematoma

II. hematoma of the liver
hematoma of the kidney
resolution/resolving of a hematoma, hematoma **resolution/resolving**

C. симптом флюктуации/зыбления

ОСТАНОВКА КРОВОТЕЧЕНИЯ, ГЕМОСТАЗ

I. временная остановка кровотечения
   окончательная остановка кровотечения
II. метод остановки кровотечения
C. закручивание конца сосуда (артерии)
   клипирование сосуда (клипса, клипсодержатель)
   кровоостанавливающий жгут
   кровоостанавливающее/гемостатическое средство
   перевязка сосуда
     перевязка сосуда на протяжении
   прижатие артерии
     точка для прижатия артерии

   приподнятое положение кровоточащей области (конечности)
   тампонада раны (полости)
   электрокоагуляция
III. коагулировать сосуд

   оставить на сосуде зажим на длительное время до его отпадения

   пережать кровоточащий сосуд

   прошить кровоточащий сосуд
   тампонировать рану (полость)

[КРОВООСТАНАВЛИВАЮЩИЙ] ЖГУТ

I. импровизированный жгут (*кусок материи, веревка, шарф, платок, ремень*)
   матерчатый жгут-закрутка
   провизорный жгут
   резиновый ленточный жгут
II. жгут Винера
    жгут Кидде
    жгут Эсмарха
II[1] затягивание жгута
    наложение жгута
    ослабление жгута

S. fluctuation sign

CONTROL OF BLEEDING, CONTROL OF HEMORRHAGE, HEMOSTASIS

I. temporary hemostasis

   final/permanent hemostasis

II. method to control bleeding, method to gain hemostasis
S. vasoversion (arterioversion)

   clipping of a vessel (clip, clipholder)
   arresting bleeding tourniquet
   hemostatic

   ligating/tying a vessel
     ligating a vessel at a distance
   compression of artery
     pressure point, point of application of pressure to artery

   elevated position of the bleeding area (extremity)

   tamponade of a wound (cavity)
   electrocoagulation
III. to coagulate a vessel, to make a vessel coagulated
   to leave a clamp on a vessel
   à demeure/for a long time
   till it **drops/falls off** by itself
   to clamp a bleeding vessel

   to under-run a bleeding vessel
   to pack a wound (cavity)

[ARRESTING BLEEDING] TOURNIQUET

I. improvised tourniquet (*a piece of cloth, rope, scarf, kerchief, strap*)
   cloth tourniquet
   provisional tourniquet
   rubber band tourniquet
II. Viner's tourniquet
    Kidde's tourniquet
    Esmarch's tourniquet
II[1] **tying/tightening** a tourniquet
    applying a tourniquet
    loosening a tourniquet

C. турникет
турникетный шок
III. затянуть жгут
наложить жгут
ослабить жгут

снять жгут

**КРОВООСТАНАВЛИВАЮЩЕЕ(ИЕ)/
ГЕМОСТАТИЧЕСКОЕ(ИЕ)
СРЕДСТВО(А)**

C. амбен
викасол
гемостатическая губка
гемостатическая коллагеновая губка
гемофобин
желатиновая губка

инипрол
конакион
контрикал
протамина сульфат
протромбиновый комплекс
трасилол
тромбин
тромбопластин
фибриноген
эпсилон-аминокапроновая кислота

Имеется ли в вашей семье повышенная кровоточивость у мужчин по линии матери?

У вас обычно быстро останавливается кровотечение из раны?

Вызывает ли у вас незначительная травма появление обширных кровоподтеков [в области суставов]?

▲ Кровотечение было сильным? Сколько крови потерял больной(ая)?

Потеря крови [во время операции] составила...

Потеря крови замещена?

Рана начала кровоточить

Кровь продолжает просачиваться через повязку

S. tourniquet
tourniquet shock
III. to tie a tourniquet
to apply a tourniquet
to **loosen/slacken/release** a tourniquet
to **remove/put off** a tourniquet

HEMOSTATIC(S)

S. Ambenum, Pamba
Vikasolum
hemostatic sponge
hemostatic collagenous sponge
Haemophobin
gelatinous sponge, Spongia gelatinosa
Iniprol
Konakion
Contrykal
Protamine sulfate
prothrombin complex
Trasylol
Thrombin
Thromboplastin
Fibrinogen
E-Aminocaproic acid, Aminocapron, Amicar

Is there in your family enhanced bleeding in men on your mother's side?

Does bleeding from a wound usually stop quickly?

Does a slight trauma cause in you extensive ecchymoses [in the regions of the joints]?

▲ Was bleeding profuse? How much blood has the patient lost?

The [operative] blood loss was calculated as...

Has the [estimated] surgical blood loss been replaced?

The wound has started bleeding

Blood oozing persists through the bandage

Снова началось сильное кровотечение	Severe hemorrhage recurred
Кровотечение остановлено (остановилось)?	Has bleeding been controlled? (Has bleeding stopped?)
Я не могу остановить кровотечение!	I can't stop the bleeding!
Для остановки кровотечения приготовьте горячий физиологический раствор	To stop bleeding prepare a hot saline solution
Для быстрой остановки кровотечения мне нужен электрокоагулятор	To control blood quickly I need an electrocoagulator
Электрокоагулятор, пожалуйста!	Electrocoagulator, please!
Дайте мне, пожалуйста, кусок гемостатической губки	Give me a hemostatic sponge, please
Для остановки кровотечения произведите перевязку плечевой (бедренной) артерии на протяжении	To control bleeding ligate the brachial (femoral) artery at a distance
Прошейте кровоточащий сосуд вместе с мягкими (окружающими) тканями. Затампонируйте полость марлей с порошком гемостатической губки (протромбином)	Grasp by stitches the bleeding vessel together with the soft tissues (en masse). Pack the wound by gauze with hemostatic sponge powder (with prothrombin)
Стенки полости обильно кровоточат. Произведите тугую тампонаду раны (полости)	The walls of the cavity bleed severely. Do firm packing of the wound (cavity)
Произошло соскальзывание (прорезывание) лигатуры, наложенной на сосуд	There is displacement (coming out) of the ligature applied to the vessel
Крупные сосуды перевязаны, мелкие коагулированы	Larger vessels have been tied, smaller ones coagulated
Кровотечение остановлено тугой тампонадой раны	The bleeding has been controlled by firm packing of the wound
Наложите на место кровотечения давящую повязку (пузырь со льдом)	Will you apply a pressure bandage (an ice-bag) to the site of bleeding
Кровотечение остановлено при помощи зажимов	Bleeding has been controlled with clamps
Произведена полная остановка кровотечения	Bleeding is stopped completely
Произошла самопроизвольная остановка кровотечения	The bleeding has stopped spontaneously
На кровоточащую поверхность наложите стерильную салфетку, пропитанную тромбином (гемостатическую губку)	Cover the bleeding surface [of the wound] with a sterile towel soaked with thrombin (with a hemostatic sponge)

У больной кровотечение из влагалища или из прямой кишки?	Is bleeding vaginal or rectal?
У больной наблюдается кровотечение из прямой кишки	The patient has rectal bleeding
Проведите проктосигмоскопию, ирригоскопию	Do proctosigmoidoscopic examination, irrigoscopy
Обнаружено значительное количество крови в брюшной (грудной) полости (забрюшинном пространстве)	There has been found considerable blood in the abdominal cavity (in the thoracic cavity, throughout the retroperitoneal area)
У больного началось кровотечение в брюшную (грудную) полость	The patient is bleeding into the abdomen (thoracic cavity)
У больного(ой) послеоперационное кровотечение в брюшную полость	The patient is bleeding into the abdomen after the operation
Отмечается нарастание острого малокровия	There is noted progressive acute anemia
Наблюдается падение гематокрита (числа эритроцитов, гемоглобина)	There is fall in Hct (erythrocyte count, Hb (hemoglobin) content)
Произведите лапаротомию (ревизию органов брюшной полости для выявления источника кровотечения). Остановите кровотечение. Восполните кровопотерю	Perform laparotomy (inspect the abdominal viscera to detect the source of bleeding). Stop bleeding. Replace the bloodloss
У больного(ой) отмечается рвота цвета кофейной гущи (дегтеобразный стул)	The patient has coffee grounds vomiting (tarry stool)
У больного(ой) желудочное кровотечение	The patient has stomach bleeding
Введите внутривенно капельно 100 мл стерильного 5% раствора эпсилон-аминокапроновой кислоты	Inject intravenously in the drip 100 ml of sterile 5% E-Aminocaproic acid solution
При необходимости инъекцию повторите с интервалом в 4 часа	If necessary repeat the injection at 4 hour interval
Проведите активную гемостатическую терапию: полный покой, холод на живот, хлористый кальций внутривенно, викасол внутримышечно, переливание крови	Carry out active hemostatic therapy: complete rest, cold on the abdomen, calcium chloride intravenously (i/v), Vikasolum intramuscularly (i/m), transfusion of blood
Признаков внутреннего кровотечения нет	There are no signs of internal bleeding

Произведите первичную хирургическую обработку огнестрельной раны с ревизией [соответствующих] крупных сосудов	Debride the shot wound revising [appropriate] larger vessels
Наложите на конечность жгут	Apply a tourniquet to the extremity
Наложите жгут на плечо (бедро, голень, предплечье)	Apply a tourniquet to the shoulder (thigh, **shin/shank**, forearm)
Наложите жгут выше раны (ближе к ране)	Apply a tourniquet above the wound (closer to the wound)
Растяните резиновую ленту жгута Оберните ее вокруг конечности	Spread the rubber band of the tourniquet Loop it around the extremity
Затяните жгут	Tie the tourniquet
Затяните жгут потуже	Tie the tourniquet tighter
Затяните жгут как можно туже	Tie the tourniquet as tight as possible
Затяните жгут до прекращения кровотечения из раны (исчезновения пульса ниже места наложения жгута)	Tie the tourniquet before bleeding from the wound stops (before pulse fails to be detected below the site of applying the tourniquet)
Напишите в сопроводительной записке (на карточке больного(ой) по экстренным мерам*) слово «жгут», время наложения жгута, фамилию и имя больного(ой), свою фамилию	Write down "tourniquet", time of applying a tourniquet, patient's full name, your name on a note which is pushed in under a tourniquet (on the patient's emergency medical tag*)
Когда наложен жгут?	When was the tourniquet put on?
Жгут наложен час назад (более, чем два часа назад)	The tourniquet was applied an hour ago (more than two hours ago)
Ослабьте жгут Ослабляйте жгут каждые два часа, иначе наступит гангрена	Loosen the tourniquet Loosen the tourniquet every two hours, or gangrene will result
Переложите жгут выше	Reapply the tourniquet to a site above this one
Снимите жгут, пожалуйста	Will you remove the tourniquet, please?

ПЕРЕЛИВАНИЕ КРОВИ, ГЕМОТРАНСФУЗИЯ

TRANSFUSION OF BLOOD, BLOOD TRANSFUSION

АППАРАТУРА ДЛЯ ПЕРЕЛИВАНИЯ КРОВИ	110	**APPARATUS FOR BLOOD TRANSFUSION**
СИСТЕМА ДЛЯ ПЕРЕЛИВАНИЯ КРОВИ	111	BLOOD TRANSFUSION SET
ГРУППА КРОВИ	111	**BLOOD GROUP**
ОПРЕДЕЛЕНИЕ ГРУППЫ КРОВИ	111	BLOOD GROUPING
АГГЛЮТИНАЦИЯ	111	AGGLUTINATION
ДОНОРСТВО	112	**DONORSHIP**
ВЗЯТИЕ КРОВИ	112	TAKING THE BLOOD
ДОНОР	112	DONOR
КОНСЕРВАЦИЯ КРОВИ	112	**CONSERVING OF THE BLOOD**
КРОВЬ	112	BLOOD
ПЕРЕЛИВАНИЕ КРОВИ	113	**BLOOD TRANSFUSION**
ОСЛОЖНЕНИЕ НА ПЕРЕЛИВАНИЕ КРОВИ	113	COMPLICATION IN BLOOD TRANSFUSION
ПОКАЗАНИЯ ДЛЯ ПЕРЕЛИВАНИЯ КРОВИ	114	INDICATIONS FOR BLOOD TRANSFUSION
АНЕМИЯ	114	ANEMIA
ПЛАЗМОЗАМЕНИТЕЛИ	114	**PLASMA SUBSTITUTES**
ПРЕПАРАТЫ КРОВИ	114	**BLOOD PREPARATIONS**
ПЛАЗМА	114	PLASMA
СЛУЖБА КРОВИ	115	**BLOOD SUPPLY SERVICE**

ПЕРЕЛИВАНИЕ КРОВИ, ГЕМОТРАНСФУЗИЯ

АППАРАТУРА ДЛЯ ПЕРЕЛИВАНИЯ КРОВИ

S. ампула для струйного переливания крови
   аппарат Боброва
   аппарат для переливания крови
   аппарат для прямого переливания крови

TRANSFUSION OF BLOOD, BLOOD TRANSFUSION

APPARATUS FOR BLOOD TRANSFUSION

S. blood transfusion bottle

   Bobrov's apparatus
   blood transfusion **apparatus/set**
   apparatus for direct blood transfusion

система для переливания крови
III. наладить больному капельное переливание крови

СИСТЕМА ДЛЯ ПЕРЕЛИВАНИЯ КРОВИ

I. пластиковая система для переливания крови
система для внутриартериального переливания крови
система для капельного внутривенного переливания крови
система однократного применения для переливания крови, кровезаменителей и инфузионных растворов
фильтр в системе для переливания крови

C. капельница

ГРУППА КРОВИ

II. определение группы крови

C. резус-фактор

ОПРЕДЕЛЕНИЕ ГРУППЫ КРОВИ

II. определение группы крови перекрестным способом
стандартные сыворотки для определения группы крови
техника определения группы крови перекрестным способом
C. агглютинация
II. определять группу крови

определять группу крови перекрестным способом

АГГЛЮТИНАЦИЯ

I. неспецифическая агглютинация
перекрестная агглютинация
псевдоагглютинация
специфическая агглютинация
холодовая агглютинация, агглютинация на холоду

blood transfusion **set/tubing/system**
III. to adjust drip intravenous blood transfusion for the patient

BLOOD TRANSFUSION SET, BLOOD TRANSFUSION TUBING, BLOOD TRANSFUSION SYSTEM

I. plastic blood transfusion **tubing/set**
system for intra-arterial blood transfusion
system for drip intravenous blood transfusion, drip stand
disposable system for blood transfusion, for transfusion of substitutes of blood and infusion solutions
filter in the drip chamber, filter in the blood transfusion **set/system**

S. dropper, drop-counter, dropping tube

BLOOD GROUP

II. determining of the blood group, blood **grouping/typing**
S. rhesus (Rh) blood factor

BLOOD GROUPING, BLOOD TYPING, DETERMINING OF THE BLOOD GROUP

II. blood cross-match

standard sera for blood typing
cross-matching **technique/procedures**
S. agglutination
II. to determine blood group, to type blood
to cross-match blood, to get blood cross-matched

AGGLUTINATION

I. nonspecific agglutination

cross agglutination
pseudo-agglutination
specific agglutination
cold agglutination

ДОНОРСТВО

I. безвозмездное донорство
кадровое донорство
II. донорство родственников

C. взятие крови

донор
сдача крови
III. давать/дать/сдавать кровь
сдать кровь для больного, нуждающегося в переливании

ВЗЯТИЕ КРОВИ

II. дата взятия крови
игла для взятия крови

ДОНОР

I. активный донор
безвозмездный донор
кадровый донор
резервный донор
резус-отрицательный донор
резус-положительный донор
универсальный донор
　«опасный» универсальный донор
II. донор иммунной плазмы
донор костного мозга
донор крови
донор стандартных эритроцитов
C. дополнительное питание для донора

КОНСЕРВАЦИЯ КРОВИ

C. вещество, задерживающее свертываемость крови, антикоагулянт
консервант крови
контейнер для перевозки и хранения крови
кровь
стабилизатор крови

хранение крови

КРОВЬ

I. консервированная кровь

DONORSHIP

I. unpaid donorship
donorship of cadre
II. donorship of **relations/relatives**

S. taking the blood, blood **taking/collection,** withdrawal of blood
donor
blood donation
III. to **give/contribute** blood
to give blood for the patient who needs blood transfusion

TAKING THE BLOOD, BLOOD TAKING, BLOOD COLLECTION, WITHDRAWAL OF BLOOD

II. date the blood was taken
needle for blood taking, blood collecting needle

DONOR

I. active donor
unpaid donor
donor of cadre
reserve donor
Rh-negative donor
Rh-positive donor
universal donor
　"dangerous" universal donor
II. immune plasma donor
bone marrow donor
blood donor
standard erythrocyte donor

S. extra **nutrition/food** for a donor

CONSERVING OF THE BLOOD

S. anticoagulant

preserving medium
container for transportation and preservation of blood
blood
blood stabilizer, stabilizing solution
keeping the blood

BLOOD

I. **conserved/banked** blood

оксигенированная кровь	oxygenated blood
свежезамороженная кровь	freshly frozen blood
свежеконсервированная кровь	freshly conserved blood
трупная кровь	cadaveric blood
цитратная кровь	citrated blood
III. консервировать кровь	III. to conserve blood
хранить кровь	to keep blood

ПЕРЕЛИВАНИЕ КРОВИ, ГЕМОТРАНСФУЗИЯ

BLOOD TRANSFUSION, TRANSFUSION OF BLOOD

I. внутриартериальное переливание крови	I. intra-arterial blood transfusion
внутрикостное переливание крови	intraosseous blood transfusion
внутривенное переливание крови	intravenous blood transfusion
внутриматочное переливание крови	[intra]uterine blood transfusion
внутрисердечное переливание крови	[intra]cardiac blood transfusion
непрямое переливание крови	indirect blood transfusion
обменное переливание крови, кровезамена	[total] exchange blood transfusion, blood substitution
массивное переливание крови	massive blood transfusion
повторное переливание крови	repeated blood transfusion
прямое переливание крови	direct blood transfusion
струйное переливание крови	stream blood transfusion
II. кровь пригодная (непригодная) для переливания	II. blood fit (unfit) for **transfusion/being transfused**
осложнение на переливание крови	complication in blood transfusion
переливание больному собственной крови, излившейся в полость, аутореинфузия	autoreinfusion
переливание крови капельным способом, капельное переливание крови	drip transfusion, transfusion in the drip, drop by drop administration of blood
переливание небольших количеств крови	transfusion of small amounts of blood
переливание собственной крови, аутогемотрансфузия	autohemotransfusion of the blood
показания для переливания крови	indications for blood transfusion
противопоказания для переливания крови	contraindications for blood transfusion
реакция на переливание крови	reaction in blood transfusion

ОСЛОЖНЕНИЕ НА ПЕРЕЛИВАНИЕ КРОВИ

COMPLICATION IN BLOOD TRANSFUSION

С. анафилактический шок	S. anaphylactic shock
воздушная эмболия	air embolism
гемотрансфузионная реакция	hemolytic transfusion reaction

гемотрансфузионная реакция с осложнениями на почки | hemolytic transfusion reaction with complications of renal function

острое расширение сердца | acute cardiac dilatation
цитратный шок | citrate shock

ПОКАЗАНИЯ ДЛЯ ПЕРЕЛИВАНИЯ КРОВИ / INDICATIONS FOR BLOOD TRANSFUSION

C. анемия | S. anemia
   кровопотеря | blood loss, loss of blood
   предоперационная подготовка | preoperative preparation
   шок | shock
      послеоперационный шок | postoperative shock
      посттравматический шок | post-traumatic shock
III. возместить кровопотерю | III. to replace blood loss

АНЕМИЯ / ANEMIA

I. вторичная анемия | I. secondary anemia
   выраженная анемия | **severe/marked/pronounced** anemia
   гемолитическая анемия | hemolytic anemia
   острая анемия | acute anemia
   постгеморрагическая анемия | posthemorrhagic anemia
III. бороться с анемией | III. to combat anemia
   устранять анемию | to correct anemia

ПЛАЗМОЗАМЕНИТЕЛИ, КРОВЕЗАМЕНИТЕЛИ, КРОВЕЗАМЕЩАЮЩИЕ РАСТВОРЫ, ГЕМОКОРРЕКТОРЫ, КРОВЕЗАМЕЩАЮЩИЕ ЖИДКОСТИ / PLASMA SUBSTITUTES, BLOOD SUBSTITUTES, BLOOD SUBSTITUTE SOLUTIONS, HEMOCORRECTORS, BLOOD SUBSTITUTE LIQUIDS

C. аминокровин | S. aminokrovin
   гемодез | hemodez
   изотонический раствор хлорида натрия | isotonic solution of sodium chloride
   маннитол | mannitol
   полиглюкин | polyglucin
   раствор Рингера-Локка | Ringer-Locke's solution

ПРЕПАРАТЫ КРОВИ / BLOOD PREPARATIONS

C. альбумин | S. albumin
   лейкоцитарная масса | packed white cells
   плазма | plasma
   протеин | protein
   тромбоцитарная масса | platelet concentrate
   эритроцитарная масса | packed red cells

ПЛАЗМА / PLASMA

I. лиофилизированная плазма | I. lyophilized plasma
   нативная плазма | native plasma
   сухая плазма | dried plasma

СЛУЖБА КРОВИ

С. банк крови
институт переливания крови
кабинет переливания крови
отделение переливания крови
станция переливания крови

■ Какая у вас группа крови, какой резус-фактор?

Вы знаете какая у вас группа крови?

Группа крови I (II, III, IV), резус-отрицательная (резус-положительная)

У вас рождались мертвые дети (дети с желтухой)?

▲ Определите групповую совместимость (индивидуальную совместимость, биологическую совместимость, резус-фактор)

Возьмите стандартные резус-отрицательные (резус-положительные) сыворотки

Возьмите кровь для определения группы крови перекрестным способом

Обозначьте на пластине группы крови

Накапайте по 0,1 мл стандартной сыворотки каждого образца

Каждую сыворотку берите строго определенной пипеткой

Нанесите рядом с сыворотками маленькие капли крови

Смешайте каплю крови с каплей сыворотки

Прибавьте к капле физиологический раствор

Осторожно покачайте пластину в течение 5 минут

В капле агглютинация отсутствует

Кровь резус-отрицательная
Наступила агглютинация с сыворотками I, II, III группы. У больного(-ой) IV группа крови

BLOOD SUPPLY SERVICE

S. Blood Bank
blood transfusion institute
blood transfusion room
blood transfusion department
blood transfusion station

■ What is your blood group number, Rhesus factor?

Do you know the blood group you belong to?

Group I (II, III, IV), Rh-negative (Rh-positive)

Did you ever give birth to still-born children (icteric children)?

▲ Determine group compatibility (individual compatibility, biological compatibility, Rhesus blood factor)

Take standard Rh-negative (Rh-positive) sera

Take blood for cross-matching

Mark the blood groups on the slide

Place dropwise standard sera, 0,1 ml of each specimen

Collect each serum with a separate pipette

Place small drops of blood near drops of sera

Mix the blood drop with the serum drop

Add physiological saline solution to the drop

Shake the slide gently for five minutes

Agglutination is absent in the drop

The blood is Rh-negative
The blood has agglutinated with the sera of the first, second and third groups. The patient's blood belongs to the fourth group

Агглютинации с сыворотками нет	No agglutination occurs with the sera
У больного(ой) первая группа крови	The patient's blood belongs to the first group
Реакция агглютинации сомнительная (нечеткая)	The agglutination reaction is doubtful (not distinct)
Повторите определение группы крови	Repeat blood typing
После определения группы крови начните переливание двух единиц * (250 мл) цельной крови	Blood cross-match done, start transfusion of two units * (250 ml) of whole blood
Подготовьте систему для переливания крови	Get the system for blood transfusion ready
Больному(ой) налажено капельное переливание крови?	Is the patient on a drip for blood?
Немедленно поставьте систему для капельного внутривенного вливания	Get the drip stand immediately
Проверьте, нет ли воздуха в системе для переливания крови	Check the blood transfusion system for absence of air
Присоедините систему для переливания крови к игле	Get the system for blood transfusion connected with the needle
Возьмите кровь у донора Н.	Take blood from donor N.
■ У вас есть направление на сдачу крови?	■ Have you got a permit for blood donation?
▲ Исследуйте взятую порцию крови на стерильность (реакцию Вассермана)	▲ Examine the blood taken for sterility (Wassermann's test)
Строго соблюдая правила асептики, закупорьте флакон с кровью	Strictly observing the rules of asepsis, plug the phial with blood
Напишите на этикетке фамилию донора, группу крови, дозу и дату взятия крови	On the label put down the donor's name, blood group, amount of blood taken and the date the blood was taken
А. Вы (не) можете быть донором	A. You may be a donor (You must not be a donor)
Вы болели вирусным гепатитом (малярией, сифилисом)	You had virus hepatitis (malaria, syphilis)
Б. Сделайте венепункцию	B. Do venepuncture
Подготовьте все для аутореинфузии	Get ready for autoreinfusion
Возьмите ампулу с консервированной кровью. Определите	Take an ampoule with conserved blood. Determine if the

годность крови для переливания.	blood is fit for transfusion
Кровь имеет сгустки. Плазма мутная (с хлопьями, пленками)	There are clots in the blood. The plasma is turbid (with flakes, films)
Кровь непригодна для переливания	The blood is not fit for transfusion
Проверьте кровь на гемолиз	Examine the blood for signs of hemolysis
Когда истекает срок годности этой единицы крови* (ампулы крови)?	What is the expiring date for this blood unit* (ampoule of blood)?
Обработайте конец (пробку) ампулы спиртом	Wipe the glass nipple (the plug) of the ampoule with alcohol
Введите иглу [до упора] в пробку флакона	Insert the needle [moving it up] to the ampoule stopper
Пережмите резиновую трубку	Clamp the rubber tube
Снимите зажим с трубки	Remove the clamp
Отрегулируйте число капель до... в минуту	Make the number of drops... per minute
Увеличьте (уменьшите) число капель	Increase (reduce) the number of drops
Сколько крови было перелито во время операции?	How much blood was replaced during the operation?
Во время операции было перелито две единицы крови* (250 мл) крови	During the operation two units of blood* (250 ml) were transfused
Перелейте струйно (капельно) 300 мл крови	Transfuse 300 ml of blood in a stream (drop by drop)
Перелейте внутривенно медленно 250 мл крови	Infuse 250 ml of blood slowly intravenously
■ Вам когда-нибудь делали переливание крови?	■ Have you ever been given blood transfusion?
У вас был(а, и) озноб (судороги, желтуха) после переливания крови?	Did you have chills (cramps, jaundice) after blood transfusion?
▲ Какая реакция больного(ой) на переливание крови?	▲ What is the patient's reaction to blood transfusion?
Как больной(ая) перенес(ла) переливание крови?	How did the patient stand blood transfusion?
После переливания крови у больного(ой) появился(лась) зуд, крапивница, поднялась температура	After blood transfusion the patient developed pruritus, urticaria, high temperature
Больной(ая) жалуется на стеснение в груди (резкие боли в	The patient complains of compression in the chest (sharp

117

поясничной области, резкие боли внизу живота, тошноту)	pains in the lumbar region, sharp pains in the lower abdomen, nausea)
У больного(ой) появились(лся, лось) признаки беспокойства (судороги, цианоз, учащение пульса, снижение артериального давление)	The patient has shown some signs of disturbance (cramps, cyanosis, rapid pulse, drop in the arterial pressure)
Немедленно прекратите переливание крови	Stop blood transfusion immediately
Сделайте двухстороннюю паранефральную блокаду	Do bilateral paranephric block
Проведите форсированный диурез Подключите искусственную почку для проведения гемодиализа	Carry out forced diuresis Use an artificial kidney to perform hemodialysis
Капельно перелейте 500-700 мл одногруппной индивидуально и биологически совместимой крови	Transfuse drop by drop 500-700 ml of blood which is identical to that of the patient in group, individual and biological compatibility
Дайте больному(ой) антигистаминные препараты	Give the patient antihistaminic preparations
Проведите обменное замещающее переливание крови	Perform exchange blood transfusion
У больного(ой) развилась острая анемия	The patient has developed severe anemia
У больного(ой) все признаки постгеморрагической анемии	The patient has all the signs of posthemorrhagic anemia
Больной(ая) в шоке (в агональном состоянии)	The patient is in shock (in agony)
Показано переливание крови Немедленно начните внутриартериальное переливание крови под давлением 200-250 мм рт. ст.	Blood transfusion is indicated Start immediately intra-arterial transfusion under pressure of 200-250 mm Hg.
Больному(ой) требуется переливание крови	The patient needs blood transfusion
Переливание крови противопоказано	Blood transfusion is contraindicated
У больного(ой) острый гепатит с нарушением функции почек (амилоидоз, активный туберкулез, декомпенсация сердечной деятельности с явлениями отеков нижних конечностей)	The patient has acute hepatitis with disturbance of renal function (amyloidosis, active tuberculosis, cardiac decompensation with edematous lower extremities)
В случае необходимости делайте переливание крови	If necessary give blood transfusion
Сколько у вас запасных единиц крови * (ампул крови)?	How many reserve blood units * (ampoules with blood) have you?

Закажите четыре единицы * (литр крови) в банке крови (на станции переливания крови)	Will you request four blood units * (one litre of blood) from the Blood Bank (from the blood transfusion station)
Храните кровь в холодильнике при температуре 4 °C	Keep blood in a refrigerator at a temperature of 4 °C
Консервированная кровь должна храниться в прохладном месте	Conserved blood must be kept in a cool place
Дайте мне ампулу сухой плазмы и ампулу бидистиллированной воды	Will you give me an ampoule with dried plasma and an ampoule with double-distilled water?
У больного(ой) выраженная лейкопения (апластическая анемия, болезнь Верльгофа)	The patient has pronounced leucopenia (aplastic anemia, Werlhof's disease)
Перелейте 250 мл лейкоцитарной (эритроцитарной, тромбоцитарной) массы	Transfuse 250 ml of white cell (red cell, platelet) concentrate

ОСНОВНОЙ ХИРУРГИЧЕСКИЙ ИНСТРУМЕНТАРИЙ И ОБОРУДОВАНИЕ ОПЕРАЦИОННОГО БЛОКА

MAJOR SURGICAL INSTRUMENTS AND EQUIPMENT OF SURGICAL BLOCK

ОБЩАЯ ЧАСТЬ	122	**GENERAL**
АППАРАТУРА	122	APPARATUS
ПРИБОР	122	SET
ИНСТРУМЕНТ	122	INSTRUMENT
ОБЩИЙ ИНСТРУМЕНТАРИЙ	123	**GENERAL INSTRUMENTS**
ИНСТРУМЕНТ(Ы) ДЛЯ ОСТАНОВКИ КРОВОТЕЧЕНИЯ	123	INSTRUMENT(S) TO ARREST BLEEDING
ЗАЖИМ	123	FORCEPS
ИНСТРУМЕНТ(Ы) ДЛЯ РАЗЪЕДИНЕНИЯ ТКАНЕЙ	123	INSTRUMENT(S) FOR PARTING TISSUE
НОЖНИЦЫ	124	SCISSORS
СКАЛЬПЕЛЬ	124	KNIFE
ИНСТРУМЕНТ(Ы) ДЛЯ СОЕДИНЕНИЯ ТКАНЕЙ	124	INSTRUMENT(S) FOR SUTURING TISSUE
ИГЛА	124	NEEDLE
ХИРУРГИЧЕСКАЯ ИГЛА	125	SURGEON'S NEEDLE
ИГЛОДЕРЖАТЕЛЬ	125	NEEDLE-HOLDER
СКОБКА(И) МИШЕЛЯ	125	MICHEL CLIP(S)
ФИКСАЦИОННЫЙ ИНСТРУМЕНТ. ВСПОМОГАТЕЛЬНЫЙ ИНСТРУМЕНТ.	125	**FIXATION INSTRUMENT. ACCESSORY INSTRUMENT**
ЗОНД	126	CATHETER
КОРНЦАНГ	126	PACKER
КРЮЧОК	126	RETRACTOR
ХИРУРГИЧЕСКИЙ КРЮЧОК	126	SURGICAL HOOK
ПИНЦЕТ	126	FORCEPS
ШПРИЦ	126	SYRINGE
СПЕЦИАЛЬНЫЙ ХИРУРГИЧЕСКИЙ ИНСТРУМЕНТАРИЙ	127	**SPECIAL SURGICAL INSTRUMENTS**
ИНСТРУМЕНТ(Ы) ДЛЯ АМПУТАЦИИ КОНЕЧНОСТИ	127	INSTRUMENT(S) FOR AMPUTATION OF AN EXTREMITY
КОСТНЫЕ КУСАЧКИ	127	BONE-CUTTING FORCEPS
НОЖ	127	KNIFE

ПИЛА	127	SAW	
РАСПАТОР	127	RASPATORY	
ИНСТРУМЕНТ(ы) ДЛЯ ГИНЕКОЛОГИЧЕСКИХ И АКУШЕРСКИХ ОПЕРАЦИЙ	127	INSTRUMENT(S) EMPLOYED IN [PERFORMING] GYNECOLOGICAL AND OBSTETRICAL OPERATIONS	
ЩИПЦЫ	128	FORCEPS	
ИНСТРУМЕНТ(ы) ДЛЯ НЕЙРОХИРУРГИЧЕСКОЙ ОПЕРАЦИИ	128	INSTRUMENT(S) FOR [PERFORMING] NEUROSURGERY OPERATIONS	
ТРЕПАН	129	TREPAN	
ИНСТРУМЕНТ(ы) ДЛЯ ОПЕРАЦИИ НА ГРУДНОЙ СТЕНКЕ И ОРГАНАХ ГРУДНОЙ ПОЛОСТИ	129	INSTRUMENT(S) FOR OPERATIONS ON THE THORACIC WALL AND THORACIC ORGANS	
БУЖ	129	BOUGIE	
ДИЛАТАТОР	129	DILATOR	
ИНСТРУМЕНТ(ы) ДЛЯ ОПЕРАЦИИ НА КОСТЯХ	129	INSTRUMENT(S) FOR [PERFORMING] OPERATIONS ON BONES	
МОЛОТОК	130	HAMMER	
ИНСТРУМЕНТ(ы) ДЛЯ ОПЕРАЦИЙ НА ОРГАНАХ БРЮШНОЙ ПОЛОСТИ	130	INSTRUMENT(S) FOR OPERATIONS ON ABDOMINAL CAVITY ORGANS	
АППАРАТ ДЛЯ УШИВАНИЯ КУЛЬТИ ЖЕЛУДКА	130	APPARATUS FOR CLOSURE OF A STOMACH STUMP	
КИШЕЧНЫЙ ЗАЖИМ	130	INTESTINAL CLAMP	
РАНОРАСШИРИТЕЛЬ	131	RETRACTOR, DILATOR	
ТРОАКАР	131	TROC[H]AR	
ИНСТРУМЕНТ(ы) ДЛЯ ОПЕРАЦИЙ НА ПОЧКАХ И МОЧЕВЫВОДЯЩИХ ПУТЯХ	131	INSTRUMENT(S) FOR [PERFORMING] OPERATIONS ON KIDNEYS AND URINOEXCRETORY WAYS	
БУЖ	131	BOUGIE	
КАТЕТЕР	132	CATHETER	
ЦИСТОСКОП	132	CYSTOSCOPE	
ЭКСТРАКТОР ДЛЯ УДАЛЕНИЯ КАМНЕЙ ИЗ МОЧЕТОЧНИКА	132	EXTRACTOR FOR REMOVAL OF STONES FROM THE URETER	
ИНСТРУМЕНТ(ы) ДЛЯ ОПЕРАЦИЙ НА ПРЯМОЙ КИШКЕ	132	INSTRUMENT(S) USED IN OPERATIONS ON RECTUM	
ИНСТРУМЕНТ(ы) ДЛЯ ТРАХЕОСТОМИИ	133	INSTRUMENT(S) FOR PERFORMING TRACHEOSTOMY	

ОБОРУДОВАНИЕ ОПЕРАЦИОННОЙ — 133 — OPERATING ROOM EQUIPMENT

ОБОРУДОВАНИЕ ОПЕРАЦИОННОЙ	133	OPERATING ROOM EQUIPMENT	
ОПЕРАЦИОННЫЙ СТОЛ	133	OPERATING TABLE	
СТОЛ ДЛЯ ИНСТРУМЕНТОВ	134	INSTRUMENT TABLE	
ЭЛЕКТРООБОРУДОВАНИЕ	134	ELECTRIC[AL] EQUIPMENT	

ОСНОВНОЙ ХИРУРГИЧЕСКИЙ ИНСТРУМЕНТАРИЙ И ОБОРУДОВАНИЕ ОПЕРАЦИОННОГО БЛОКА

MAJOR SURGICAL INSTRUMENTS AND EQUIPMENT OF SURGICAL BLOCK

ОБЩАЯ ЧАСТЬ

GENERAL

АППАРАТУРА

APPARATUS, EQUIPMENT

I. регистрационная аппаратура

C. прибор

III. включать аппаратуру/прибор

выключать аппаратуру/прибор
настраивать аппаратуру/прибор

I. recording apparatus, data acquisition equipment
S. set, apparatus, instrument, device, gear
III. to switch on **apparatus/device**
to switch off **apparatus/device**
to adjust **apparatus/device**

ПРИБОР

SET, DEVICE, APPARATUS, INSTRUMENT, GEAR

II. настройка прибора
показатели прибора
стрелка прибора
шкала прибора
нулевая точка [шкалы прибора]

II. adjustment of an instrument
reading(s)
finger of a device
scale of an apparatus
zero [of an apparatus scale]

ИНСТРУМЕНТ

INSTRUMENT

I. колющий инструмент
окончатый инструмент
остроконечный инструмент
острый инструмент
режущий инструмент
тупой инструмент
тупоконечный инструмент
хирургический инструмент
II. задержка продвижения инструмента
замок инструмента
зубцы замка инструмента
кончик инструмента
тонкий кончик инструмента
набор инструментов
наконечник инструмента
прорезь в инструменте
рабочая часть рассекающего инструмента
ручка инструмента
III. передавать инструмент
подготовить инструмент

I. piercing/pricking instrument
fenestrated instrument
pointed instrument
sharp instrument
cutting instrument
blunt instrument
blunt-ended instrument
surgical instrument
II. hold up of an instrument

lock of an instrument
teeth of the lock
tip of an instrument
fine tip of an instrument
set of instruments
nozzle of an instrument
slit of an instrument
blade of an instrument

handle of an instrument
III. to hand an instrument
to be ready with an instrument, to get an instrument prepared

ОБЩИЙ ИНСТРУМЕНТАРИЙ

ИНСТРУМЕНТ(Ы) ДЛЯ ОСТАНОВКИ КРОВОТЕЧЕНИЯ

C. зажим
    сосудистая клемма Блелока, зажим Блелока
    электрокоагулятор

ЗАЖИМ

I. кровоостанавливающий зажим

    изогнутый кровоостанавливающий зажим
    прямой кровоостанавливающий зажим

II. зажим Бильрота

    изогнутый зажим Бильрота

    прямой зажим Бильрота

    зажим Гепфнера
    зажим Кохера
        изогнутый зажим Кохера
        прямой зажим Кохера
    зажим Люэра
    зажим Микулича
    зажим типа «москит»

        изогнутый зажим «москит»

        прямой зажим «москит»

    зажим Пеана
    зажим Хартманна
    зажим Холстеда

III. накладывать зажим [на сосуд]
    снимать зажим [с сосуда]

    соскакивать (*о зажиме*)

ИНСТРУМЕНТ(Ы) ДЛЯ РАЗЪЕДИНЕНИЯ ТКАНЕЙ

C. ножницы
    скальпель

GENERAL INSTRUMENTS

INSTRUMENT(S) TO ARREST BLEEDING

S. forceps, clamp
    Blalock's clamp

    electrocoagulator

FORCEPS, CLAMP

I. hemostatic clamp, artery forceps
    curved hemostatic forceps

    straight hemostatic forceps

II. Bilroth's hemostatic forceps
    curved Bilroth's hemostatic forceps
    straight Bilroth's hemostatic forceps
    Höpfner's forceps
    Kocher's clamp
        curved Kocher's clamp
        straight Kocher's clamp
    Luer's forceps
    Miculicz clamp
    hemostatic "mosquito" forceps
        curved hemostatic "mosquito" forceps
        straight hemostatic "mosquito" forceps
    Péan's forceps
    Hartmann's forceps
    Halstead's forceps

III. to clamp a vessel, to **apply/place** a clamp [on a vessel]
    to **take/remove** a clamp off [a vessel]
    to slip off (*of a clamp*)

INSTRUMENT(S) FOR PARTING TISSUE, INSTRUMENT(S) FOR DIVIDING TISSUE, INSTRUMENT(S) FOR SEPARATING TISSUE

S. scissors, shears, clippers
    knife, scalpel, lancet

НОЖНИЦЫ

I. анатомические ножницы
  глазные ножницы
    глазные изогнутые ножницы
  изогнутые ножницы
  остроконечные ножницы
  прямые ножницы
  сосудистые ножницы
  тупоконечные ножницы
  хирургические ножницы
II. ножницы для рассечения мягких тканей в глубине
  ножницы изогнутые по плоскости, ножницы Купера
  ножницы изогнутые по ребру, ножницы Рихтера
III. рассекать ножницами

SCISSORS, SHEARS, CLIPPERS

I. rib-cutting forceps
  eye/ophthalmic scissors
    eye curved scissors
  curved scissors
  pointed scissors
  straight scissors
  blood vessel scissors
  blunt scissors
  surgical scissors
II. dissecting scissors for deep work
  Cooper's scissors

  Richter's scissors

III. to cut with scissors

СКАЛЬПЕЛЬ

I. брюшистый скальпель

  глазной скальпель
  криоскальпель
  лазерный скальпель
  остроконечный скальпель
  резекционный скальпель/нож
  стоматологический скальпель
II. брюшко скальпеля, рабочая часть скальпеля
  лезвие скальпеля
  лезвие скальпеля разового использования
  скальпель в положении кухонного ножа
  скальпель в положении писчего пера
  скальпель в положении смычка
  скальпель со съемным лезвием
III. рассекать скальпелем
  точить скальпель

KNIFE, SCALPEL, LANCET

I. bellied scalpel, general operating knife
  ophthalmic scalpel
  cryoscalpel
  laser scalpel
  sharp-pointed scalpel
  resection **scalpel/knife**
  dental scalpel
II. belly of a scalpel

  scalpel blade
  scalpel blade for single use
  "kitchen-knife" position of a scalpel
  "pen-grip" position of a scalpel
  "fiddlestick" position of a scalpel
  scalpel with a removable blade
III. to cut with a scalpel
  to sharpen a knife

ИНСТРУМЕНТ(Ы) ДЛЯ СОЕДИНЕНИЯ ТКАНЕЙ

C. игла
  иглодержатель
  скобка(и) Мишеля

INSTRUMENT(S) FOR SUTURING TISSUE

S. needle
  needle-holder, needle carrier
  Michel clip(s)

ИГЛА

I. атравматическая игла
  большая (маленькая) игла
  колющая игла

NEEDLE

I. atraumatic needle
  large (small) needle
  pricking needle

круглая колющая игла	round pricking needle
лигатурная игла	ligature needle
лигатурная игла Дешана	Dechamp's needle
прямая игла	straight needle
режущая игла	cutting needle
изогнутая режущая игла	curved cutting needle
тонкая игла	**fine/narrow** needle
хирургическая игла	**surgeon's/suture** needle
II. игла для наложения шва	II. suture needle
ушко иглы	needle's eye
III. вдеть нитку в иглу, зарядить иглу	III. to thread a needle
прокалывать кожу (ткани) иглой	to pierce the skin (tissue), to needle the skin (tissue), to insert needle through the skin (tissue)

ХИРУРГИЧЕСКАЯ ИГЛА

SURGEON'S NEEDLE, SUTURE NEEDLE

I. атравматическая хирургическая игла	I. **atraumatic/swagged** needle, noninjuring suture needle
изогнутая хирургическая игла	surgeon's circle needle
кишечная хирургическая игла	intestinal suture needle
кожная хирургическая игла	skin suture needle

ИГЛОДЕРЖАТЕЛЬ

NEEDLE-HOLDER, NEEDLE CARRIER

I. гинекологический иглодержатель, иглодержатель Гегара	I. **gynecological/Hégar's** needle-holder
глазной иглодержатель	ophthalmic needle-holder
иглодержатель для глубоких полостей	deep-cavity needle-holder
иглодержатель Матье	Mathieu's needle-holder
иглодержатель Троянова	Troyanov's needle-holder

СКОБКА(И) МИШЕЛЯ

MICHEL CLIP(S)

II. пинцет для снятия скобок Мишеля	II. Michel clips remover
C. скобочник Мишеля	S. Michel clips box

ФИКСАЦИОННЫЙ ИНСТРУМЕНТ. ВСПОМОГАТЕЛЬНЫЙ ИНСТРУМЕНТ

FIXATION INSTRUMENT. ACCESSORY INSTRUMENT

C. зажим для операционного белья, цапка	S. towel clip
зажим Микулича	Miculicz clamp
зонд	catheter, director, probe, tube
корнцанг	packer, dressing forceps
крючок(чки)	retractor(s), hook(s)
лопаточки Буяльского	Buiallsky's spatula
пинцет	forceps

ЗОНД

I. желобоватый зонд
пуговчатый зонд
II. зонд Кохера

КОРНЦАНГ

I. изогнутый корнцанг
прямой корнцанг

КРЮЧОК

I. острый (тупой) крючок
острый однозубый крючок

хирургический крючок

ХИРУРГИЧЕСКИЙ КРЮЧОК

I. зубчатый хирургический крючок
острый (тупой) хирургический крючок
пластинчатый хирургический крючок Фарабефа

ПИНЦЕТ

I. анатомический пинцет
глазной пинцет
зубчато-лапчатый пинцет, пинцет Отта
изогнутый пинцет
кровоостанавливающий пинцет
окончатый пинцет
прямой пинцет
хирургический пинцет

ШПРИЦ

I. комбинированный шприц

неразборный/одноразовый шприц, шприц одноразового применения
разборный шприц
стеклянный шприц типа Люэра
II. игла для шприца
поршень шприца
шприц-автомат, сиретта
шприц Жане
шприц непрерывного действия
шприц с тройным переключением
шприц типа «Рекорд»
III. разбирать шприц

CATHETER, DIRECTOR, PROBE, TUBE

I. grooved probe
bulbous-end probe
II. Kocher's probe

PACKER, DRESSING FORCEPS

I. curved packer
straight packer

RETRACTOR, HOOK

I. sharp (blunt) retractor
sharp single-toothed retractor

surgical **hook/retractor**

SURGICAL HOOK, SURGICAL RETRACTOR

I. pronged surgical retractor

sharp (blunt) pronged surgical retractor
S-shaped laminar surgical hook by Farabeuf, plate surgical retractor

FORCEPS

I. surgical forceps
ophthalmic forceps
pronged-tenaculum forceps

curved forceps
hemostatic forceps
fenestrated forceps
straight forceps
[dressing] thumb forceps

SYRINGE

I. **combined/glass-and-metal** syringe
disposable/one piece syringe

sectional/non-disposable syringe
glass Luer's syringe
II. syringe needle
plunger of a syringe
automatic syringe
Janet's syringe
continuous-action syringe
syringe with a three way tap

"Record" type syringe
III. to take a syringe apart

СПЕЦИАЛЬНЫЙ ХИРУР-ГИЧЕСКИЙ ИНСТРУ-МЕНТАРИЙ

SPECIAL SURGICAL INSTRUMENTS

ИНСТРУМЕНТ(Ы) ДЛЯ АМПУТАЦИИ КОНЕЧНОСТИ

INSTRUMENT(S) FOR AMPUTATION OF AN EXTREMITY

C. костные кусачки/щипцы
костодержатель, фиксационные щипцы
нож
пила
распатор
ретрактор

S. bone-cutting forceps
bone-holding forceps

knife
saw
raspatory
retractor

КОСТНЫЕ КУСАЧКИ/ЩИПЦЫ

BONE-CUTTING FORCEPS

II. костные кусачки Листона

костные кусачки Люэра

II. Liston's bone cutting forceps
Luer's forceps

НОЖ

KNIFE

I. ампутационный нож
большой (малый, средний) ампутационный нож

брюшистый резекционный нож
хирургический нож

I. amputating knife
large (small) amputating knife (amputating knife of middle size)
bellied excision knife
surgery/operating knife

ПИЛА

SAW

I. листовая пила

проволочная пила
рамочная пила
II. рама пилы
III. пилить

I. hand type bone saw, dissecting blade saw
thread saw
bow-type bone saw
II. frame of a saw
III. to saw

РАСПАТОР

RASPATORY, RASP

I. изогнутый распатор Фарабефа
прямой распатор Фарабефа

I. curved rasp of Farabeuf
straight rasp of Farabeuf

ИНСТРУМЕНТ(Ы) ДЛЯ ГИНЕКОЛОГИЧЕСКИХ И АКУШЕРСКИХ ОПЕРАЦИЙ

INSTRUMENT(S) EMPLOYED IN [PERFORMING] GYNECOLOGICAL AND OBSTETRICAL OPERATIONS

C. вакуум-экстрактор
влагалищное зеркало
двустворчатое влагалищное зеркало
ложкообразное влагалищное зеркало
декапитационный крючок Брауна

S. vacuum extractor
vaginal speculum
bivalve vaginal speculum

spoon-shaped vaginal speculum
Braun's decapitation hook

копьевидный перфоратор Бло	Blot's lanceolated perforator
краниокласт Брауна	Braun's cranioclast
кюретка для выскабливания [полости] матки	curette for uterine scraping
маточный зонд	uterine probe
метрейринтер	metreurynter, cervical dilator
нож для пересечения пуповины	umbilical cord knife, knife for umbilical cord dissection
ножницы для рассечения плода	embryotomy scissors
расширитель шейки матки Гегара	uterine dilator by Hégar
щипцы	forceps

ЩИПЦЫ

FORCEPS

I. абортные щипцы — I. abortion forceps
акушерские щипцы — obstetrical forceps
акушерские щипцы Лазаревича — Lazarevitch's forceps
акушерские щипцы Негеле — Negel's forceps
акушерские щипцы Пальфина — Palfyn's forceps
акушерские щипцы Симпсона-Феноменова — Simpson-Fenomenov's forceps
акушерские щипцы Чемберлена — Chamberlain's forceps
кожно-головные щипцы — craniodermal forceps
костные акушерские щипцы, краниокласт — bone obstetrical forceps, cranioclast
овариальные щипцы — ovarian forceps
окончатые щипцы, абортцанг — **fenestrated/ovum** forceps
полостные щипцы — cavity forceps
пулевые щипцы — bullet forceps

ИНСТРУМЕНТ(Ы) ДЛЯ НЕЙРОХИРУРГИЧЕСКИХ ОПЕРАЦИЙ

INSTRUMENT(S) FOR [PERFORMING] NEUROSURGERY OPERATIONS

S. автоматический ранорасширитель Адсона — S. automatic **dilator/retractor** by Adson
автоматический ранорасширитель Янсена — automatic **dilator/retractor** by Jansen
диссектор — dissector
канюля для пункции мозга — cannula for brain puncture
кусачки Дальгрена — Dahlgren's forceps
костные кусачки Люэра — Luer's forceps
мозговой шпатель — neurosurgical spatula
нейрохирургические клипсы — neurosurgical clips
нейрохирургические ножницы — neurosurgical scissors
нейрохирургический пинцет — brain forceps
ножницы для рассечения твердой мозговой оболочки — scissors for dissecting dura mater encephali
окончатые пинцеты для удаления опухоли — fenestrated forceps for removal of **tumour/mass**
проволочная пилка Джильи — wire **file/chain** saw by Gigli
проволочная пилка Оливекруны — wire **file/chain** saw by Olivecrona
трепан — trepan

ТРЕПАН
I. ручной трепан
   электротрепан
C. копьевидная фреза
   шаровидная фреза

ИНСТРУМЕНТ(Ы) ДЛЯ ОПЕРАЦИИ НА ГРУДНОЙ СТЕНКЕ И ОРГАНАХ ГРУДНОЙ ПОЛОСТИ

C. аппарат для ушивания корня легкого (УКЛ)
   аппарат для ушивания крупных сосудов (УКС)
   аппарат для ушивания культи бронха (УКБ)
   аппарат для ушивания легочной ткани (УТЛ)
   аппарат искусственного кровообращения (АИК)
   бронходержатель
   буж
   дилататор
   зажим Люэра
   кусачки типа Листона с двойной передачей
   проволочное зеркало
   распатор для первого ребра
   реберные ножницы Дуайена
   реберный распатор Дуайена
   стимулятор сердца
   торакальный ранорасширитель

БУЖ
I. полый буж
   рентгеноконтрастный буж
   эластический буж
II. вводить буж, бужировать (*пищевод*)

ДИЛАТАТОР
I. аортальный дилататор
   двухлопастный дилататор
   митральный дилататор
   трехлопастный дилататор
II. дилататор типа Брока
    дилататор типа Дюбо
    дилататор типа Логана
    дилататор типа Тюбса

ИНСТРУМЕНТ(Ы) ДЛЯ ОПЕРАЦИИ НА КОСТЯХ

C. долото

TREPAN
I. **manual/hand** trepan
   electrotrepan
S. lancet-shaped cutter
   circular-shaped cutter

INSTRUMENT(S) FOR OPERATION ON THE THORACIC WALL AND THORACIC ORGANS/VISCERA

S. apparatus for suturing the root of the lung
   apparatus for suturing major vessels
   apparatus for **suturing/closure** of a bronchial stump
   apparatus for suturing **lung/pulmonary** tissue
   heart-lung apparatus

   broncho-retractor
   bougie
   dilator
   Luer's **clamp/forceps**
   Liston's type cutting forceps with double mechanism
   wire speculum
   first-rib rasp
   Doyen's rib-cutting shears
   Doyen's rib rasp
   pace-maker
   thoracic **dilator/retractor**

BOUGIE
I. hollow bougie
   X-ray-contrast bougie
   elastic bougie
II. to **introduce/pass in** a bougie (*into the esophagus*)

DILATOR
I. aortic dilator
   two-paddle dilator
   mitral dilator
   three-paddle dilator
II. dilator of Brock's type
    dilator of Dubost's type
    dilator of Logan's type
    dilator of Tubes's type

INSTRUMENT(S) FOR [PERFORMING] OPERATIONS ON BONES

S. chisel, scoop, gouge

[костное] желобоватое долото	[bone] gouge
[костное] плоское долото	chisel
дрель для просверливания костей	drill for bone-drilling
коловорот	brace
ложечка Фолькмана	Volkmann's small spoon
металлические пластинки для остеосинтеза	metal plates for osteosynthesis
металлические шурупы для остеосинтеза	metal screws for osteosynthesis
молоток	hammer, mallet
секвестральные щипцы	sequestral forceps
трехлопастный гвоздь для остеосинтеза	three-flange nail for osteosynthesis
штифт для остеосинтеза	**[joint-] pin/sprig** for osteosynthesis

МОЛОТОК

HAMMER, MALLET

I. деревянный молоток
металлический молоток
хирургический молоток

I. wooden hammer
metal mallet
surgical mallet

ИНСТРУМЕНТ(Ы) ДЛЯ ОПЕРАЦИЙ НА ОРГАНАХ БРЮШНОЙ ПОЛОСТИ

INSTRUMENT(S) FOR OPERATIONS ON ABDOMINAL CAVITY ORGANS

C. аппарат для наложения желудочно-кишечного анастомоза (НКЖ)
аппарат для наложения пищеводно-кишечного желудочного анастомоза (ПКС)
аппарат для ушивания культи желудка (УКЖ)
зажим Микулича
зеркало для брюшной стенки
зеркало для отведения печени
кишечный зажим
металлический печеночный буж
ранорасширитель
троакар
хирургический шпатель Revердена

S. apparatus for applying gastrointestinal anastomosis

apparatus for applying esophagogointestinal gastric anastomosis

apparatus for closure of a stomach stump
Miculicz clamp
abdominal retractor
liver retractor
intestinal clamp
metal hepatic bougie
retractor, dilator
troc[h]ar
surgical spatula by Réverdin

АППАРАТ ДЛЯ УШИВАНИЯ КУЛЬТИ ЖЕЛУДКА

APPARATUS FOR CLOSURE OF A STOMACH STUMP

II. скрепки аппарата
толкатель скрепок в аппарате
III. заряжать аппарат скрепками

II. staples, clips
pusher of clips in the apparatus
III. to **fill in/set in/load** a suturing apparatus with clips

КИШЕЧНЫЙ ЗАЖИМ

INTESTINAL CLAMP

I. безбраншевый кишечный зажим
эластический кишечный зажим

I. handleless intestinal clamp
non-crushing/spring clamp

C. раздавливающий кишечный жом, жом Пайра	S. crushing forceps, constrictor, Payr clamp
III. накладывать кишечный зажим (жом)	III. to apply an intestinal clamp (constrictor), to place [an intestinal] clamp (constrictor)
снимать кишечный зажим (жом)	to remove [an intestinal] clamp (constrictor), to take off [an intestinal] clamp (constrictor)

РАНОРАСШИРИТЕЛЬ — **RETRACTOR, DILATOR**

I. брюшной гинекологический ранорасширитель	I. gynecological abdominal [wound] retractor
винтовой ранорасширитель	screw-type retractor
замковый ранорасширитель	lock retractor
рамочный ранорасширитель	frame retractor
реечный ранорасширитель	yard retractor
II. ранорасширитель [типа] Микулича	II. self-retaining retractor of Miculicz [type]
III. разводить ранорасширитель	III. to pull a retractor apart

ТРОАКАР — **TROC[H]AR**

I. изогнутый троакар	I. curved troc[h]ar
прямой троакар	straight troc[h]ar
II. стилет троакара	II. stylet of a troc[h]ar

ИНСТРУМЕНТ(Ы) ДЛЯ ОПЕРАЦИЙ НА ПОЧКАХ И МОЧЕВЫВОДЯЩИХ ПУТЯХ — **INSTRUMENT(S) FOR [PERFORMING] OPERATIONS ON KIDNEYS AND URINOEXCRETORY WAYS**

C. буж	S. bougie
зажим Федорова, зажим для почечной ножки	Fyodorov's forceps
изогнутые щипцы Левковича	Levkovitch curved forceps
катетер	catheter
камнедробитель, литотриптор	lithotriptor
ложечные щипцы	spoon-shaped forceps
ложка(и) для извлечения камней из мочевого пузыря	scoop(s) for extraction of stones from the [urinary] bladder
почечное зеркало	kidney retractor
проводник для ретроградного введения катетера	guide for retrograde insertion of a catheter
пузырное зеркало	urinary bladder speculum
ранорасширитель для мочевого пузыря	urinary bladder retractor
резектоскоп	resectoscope
цистоскоп	cystoscope
экстрактор для удаления камней из мочеточника	extractor for removal of stones from the ureter

БУЖ — **BOUGIE**

I. головчатый буж, буж Гюйона	I. **bulbous/capitate** bougie, Guyon's bougie

женский прямой уретральный буж	female straight urethral bougie
конический буж	tapered bougie
металлический буж	metal bougie
мужской изогнутый уретральный буж	male curved urethral bougie
нитевидный буж Лефора	threadlike bougie by Le Fort
нитевидный/филиформный буж	threadlike bougie
уретральный буж	urethral bougie
уретральный буж-щуп, камнеискатель	urethral bougie-probe, stone searcher

КАТЕТЕР

CATHETER

I. временный катетер

    головчатый катетер
    женский уретральный катетер
    металлический катетер
    мочеточниковый катетер
    мужской уретральный катетер
    петлевидный катетер Цейса, петля-катетер
    постоянный катетер
    резиновый катетер

II. катетер Нелатона
    катетер Малеко
    катетер Пеццера
    катетер Померанцева-Фолея
    катетер с двойным током
    катетер Тиманна

I. **temporary/non-indwelling** catheter
    bulbous catheter
    female urethral catheter

    metal catheter
    urethral catheter
    male urethral catheter
    loop-shaped/ansiform Zeiss catheter, loop-catheter

    permanent/indwelling catheter
    rubber catheter
II. Nélaton's catheter
    Malécot's catheter
    Pezzer's catheter
    Pomerantsev-Foley's catheter
    two-way catheter
    Thiemann's catheter

ЦИСТОСКОП

CYSTOSCOPE

I. операционный цистоскоп
промывной/эвакуационный/ирригационный цистоскоп
смотровой цистоскоп
цистоскоп, работающий на батареях

II. лампа цистоскопа
цистоскоп-литотриптор, цистолитотриптор

I. operation cystoscope
washing/evacuation/irrigation cystoscope
observation cystoscope
battery operated cystoscope

II. cystoscopic lamp
cystoscope-lithotriptor, cystolithotriptor

ЭКСТРАКТОР ДЛЯ УДАЛЕНИЯ КАМНЕЙ ИЗ МОЧЕТОЧНИКА

EXTRACTOR FOR REMOVAL OF STONES FROM THE URETER

I. корзиночный экстрактор, экстрактор Дормиа
петлевидный экстрактор, экстрактор Цейса

I. **basket/Dormia's** extractor

    loop-like/Zeiss extractor

ИНСТРУМЕНТ(Ы) ДЛЯ ОПЕРАЦИЙ НА ПРЯМОЙ КИШКЕ

INSTRUMENT(S) USED IN OPERATIONS ON RECTUM

C. окончатые геморроидальные щипцы

S. fenestrated hemorrhoidal forceps

окончатый зажим Люэра	fenestrated Luer's forceps
ректальное зеркало	rectal speculum
ректоскоп	proctoscope

ИНСТРУМЕНТ(Ы) ДЛЯ ТРАХЕОСТОМИИ / INSTRUMENT(S) FOR PERFORMING TRACHEOSTOMY

C. однозубый острый крючок	S. single-toothed sharp **tenaculum/retractor/hook**
расширитель трахеи Лаборда	tracheal dilator of Laborde
расширитель трахеи Труссо	tracheal dilator of Trousseau
трахеостомическая трубка	tracheostomy tube
внутренняя (наружная) канюля трахеостомической трубки	internal (external) cannula of the tracheostomy tube
трахеостомическая трубка с надувной манжеткой	tracheostomy tube with an inflated cuff

ОБОРУДОВАНИЕ ОПЕРАЦИОННОЙ / OPERATING ROOM EQUIPMENT

ОБОРУДОВАНИЕ ОПЕРАЦИОННОЙ / OPERATING ROOM EQUIPMENT, OPERATING ROOM FACILITIES

C. бестеневая стационарная лампа	S. shadowless lamp
бикс, стерилизационная коробка	drum
подставка для бикса	drum stand
винтовой табурет	adjustable-height stool
кондиционер(ы)	conditioner(s)
наркозный аппарат	anesthetic apparatus
операционный микроскоп	operative microscope
операционный стол	operating table
передвижной рентгеновский аппарат	portable X-ray apparatus
переносная лампа-рефлектор	portable lamp-reflector
рентгенотелевизионная установка	X-ray screen televisual apparatus
стол для инструментов	instrument table, table for instruments
стол для медикаментов	table for medicaments
таз для использованного материала и инструментов	basin for used instruments and dressing material
электрооборудование	electric[al] equipment

ОПЕРАЦИОННЫЙ СТОЛ / OPERATING TABLE

I. универсальный операционный стол	I. universal operating table
универсальный операционный стол с дистанционным управлением	universal operating table with distance steering
II. операционный стол с ручным подъемом	II. operating table lifted by hand
C. валик	S. bolster
дуга	arch
подставка для головы, подголовник	head support

подставка для рук больного	arm support
секция стола	**end/section** of the table
ножная (головная, средняя) секция стола	foot end (head end, middle part) of the table
съемная подставка для ног больного	separate removable leg support
упоры для фиксации тела больного	**stops/rests** for fastening the patient's body [to the table], **stops/rests** to secure the patient on the table

СТОЛ ДЛЯ ИНСТРУМЕНТОВ / INSTRUMENT TABLE, TABLE FOR INSTRUMENTS

I. большой (малый) стол для инструментов
переносной стол для инструментов
III. «накрывать» инструментальный стол

I. large (small) table for instruments
portable table for instruments
III. to place instruments on the instrument table

ЭЛЕКТРООБОРУДОВАНИЕ / ELECTRIC[AL] EQUIPMENT

C. волновод
дефибриллятор
кардиоскоп
нож-электрокаутер
ультразвуковой генератор
электрокоагулятор
электронож
электроотсос

S. waveguide
defibrillator
cardioscope
cautery knife
supersonic generator
electrocoagulator
electric knife
electric suction machine

▲ Положите больного(ую) на операционный стол

▲ Place the patient on the operating table

Положите больного(ую) на спину (на правый (левый) бок, на край стола, в промежностное [гинекологическое] положение, в положение Тренделенбурга)

Place the patient in a dorsal position (on the right (left) side, on the edge of the table, in a perineal position, in the Trendelenbourg position)

Придайте больному(ой) сидячее положение с опущенным ножным концом стола

Put the patient in a sitting position with the foot end of the [operating] table lowered

Положите валик под поясницу (под плечи) больного(ой)

Place a bolster under the patient's small of the back (shoulders)

Наклоните стол на бок!
Поднимите (опустите) операционный стол. Закрепите его в этом положении

Tilt the table laterally
Turn the wheel up (down).
Fix the table in this position

Опустите (поднимите) головной (ножной) конец стола

Lower (raise) the head (foot) of the table

Приподнимите среднюю секцию стола

Raise the middle of the table

Зафиксируйте ноги больного(ой) в приподнятом положении на подставках	Fix the patient's legs on foot supports in an elevated position
Согните левую ногу больного(ой) в коленном и тазобедренном суставах. Правую ногу выпрямите	Bend the patient's left leg at the knee and hip joints. Extend his (her) right leg
Зафиксируйте больного(ую) на столе	Fix the patient to the table
Подготовьте и проверьте электрооборудование	Prepare and check the electrical equipment
Вы научились обращаться с электрооборудованием?	Have you learned to operate the electrical equipment?
Убедитесь, что электрооборудование заземлено	Make sure that the electric equipment is grounded
Включите электроотсос (ультразвуковой генератор)	Switch on the electric suction machine (supersonic generator)
Установите прибор на ноль!	Adjust to zero
Включите (выключите) прибор!	Switch on (switch off) the device
Что показывает прибор?	What is the reading?
Какие инструменты вам подготовить?	What instruments are to be prepared? (What instruments are you going to use?)
Вы подготовили инструменты для операции на легких (желудке, прямой кишке)?	Are you ready with the instruments for the operation on lungs (stomach, rectum)?
Вы зарядили аппарат для ушивания корня легкого (бронха, культи желудка)?	Have you loaded the apparatus for suturing the root of the lung (suturing of a bronchial) stump, closure of a stomach stump) with staples?
Выньте скрепки из кассеты!	Take the clips out of the cassette
Зарядите аппарат танталовыми скрепками при помощи анатомического пинцета	Load the apparatus with tantalic staples with the aid of thumb forceps
Нажмите осторожно толкатель скрепок	Press the button gently
Возьмите катетер пинцетом	Handle the catheter with forceps
Смажьте катетер стерильным вазелиновым маслом	Coat the catheter with sterile vaseline oil
Введите [мягкий резиновый] катетер в мочеиспускательный канал и закрепите его	Introduce a [soft rubber] catheter into urethra and fasten it
Моча (не) выделяется по катетеру?	Is urine (not) running in the catheter?

Продолжайте вводить катетер	Go on passing the catheter
Дайте глазной (брюшистый, остроконечный) скальпель	[Will you] get me an ophthalmic (bellied, sharp-pointed) scalpel
Возьмите скальпель в положение «писчего пера» («смычка», «кухонного ножа»)	Take the scalpel in the position of a "pen" ("fiddlestick", "kitchen-knife")
Скальпель (ножницы) затупился(лись)	The scalpel (scissors) has (have) become blunt
Смените инструмент	Change the instrument
Прикрепите цапками операционное белье к краям раны	Fasten towels to the wound margins with towel clips
Разведите края раны крючками	Pull apart the edges of the wound with retractors
Зарядите иглу Дешана (иглодержатель для глубоких полостей) и передайте мне	Thread a Dechamp's needle (deep-cavity needle-holder) and hand it to me
Подавайте мне инструменты так, чтобы я мог свободно взяться за ручку	Hand me the instruments in such a way that the handle is clear for me to grasp (Hold the instruments in a way easy for me to take)
Захватите иглу кончиком иглодержателя (ближе к ушку)	Grip the needle with the needle-holder (at the site closer to the needle's eye)
Наложите [кровоостанавливающий] зажим на сосуд	Control the vessel with a clamp
Захватите сосуд вместе с тканями изогнутым зажимом Бильрота	Grip the vessel together with the tissues by a curved Bilroth's hemostatic forceps
Подведите иглу Дешана (диссектор, изогнутый зажим «москит») с длинной лигатурой под сосуд	Bring the Dechamp's needle (dissector, curved hemostatic "mosquito" forceps) with a long ligature under the vessel
Возьмите правильно пинцет	Hold the forceps properly
Сдвиньте надкостницу распатором Фарабефа (реберным распатором)	Move aside the periosteum with Farabef's rasp (rib rasp)
Просверлите трепаном (коловоротом, дрелью) отверстие в кости	Drill a hole in the bone with a trepan (brace, drill)
Возьмите ручку ампутационного ножа в кулак	Take the amputating knife handle in the fist
Рассеките мышцы ампутационным ножом по краю оттянутой кожи	Dissect muscles with the amputating knife along the margin of retracted skin
Оттяните ретрактором мягкие ткани проксимально	Pull soft tissues proximally with the retractor

ОПЕРАЦИЯ — OPERATION

ОБЩАЯ ЧАСТЬ	138	**GENERAL**
ДРЕНИРОВАНИЕ	138	**DRAINAGE**
ДРЕНАЖ (*ПРОЦЕСС*)	138	DRAINAGE (*PROCESS*)
ДРЕНАЖ	139	DRAIN
ОПЕРАЦИЯ(И)	139	**OPERATION(S)**
ОПЕРАТИВНЫЙ ДОСТУП	140	OPERATIVE ACCESS
РАЗДЕЛЕНИЕ ТКАНИ(ЕЙ). РАССЕЧЕНИЕ ТКАНИ(ЕЙ)	140	**PARTING OF TISSUE. DISSECTION OF TISSUE**
ВСКРЫТИЕ АБСЦЕССА	141	OPENING OF AN ABSCESS
ВЫДЕЛЕНИЕ ТКАНИ(ЕЙ)	141	EXPOSURE OF TISSUE
ИССЕЧЕНИЕ ТКАНИ(ЕЙ)	141	EXCISION OF TISSUE
РАЗДЕЛЕНИЕ ТКАНИ(ЕЙ)	141	PARTING OF TISSUE
РАССЕЧЕНИЕ ТКАНИ(ЕЙ)	142	DISSECTION OF TISSUE
РАЗРЕЗ	142	CUT
СОЕДИНЕНИЕ ТКАНИ(ЕЙ)	142	**SUTURING OF TISSUE**
АНАСТОМОЗ	142	ANASTOMOSIS
УЗЕЛ	143	KNOT
ШОВ (ШВЫ)	143	SUTURE(S)
КИШЕЧНЫЙ ШОВ	144	INTESTINAL SUTURE
СПЕЦИАЛЬНАЯ ЧАСТЬ	144	**SPECIAL**
ВЕНЕПУНКЦИЯ	144	**VENEPUNCTURE**
ВЕНЕСЕКЦИЯ	144	**VENESECTION**
ОПЕРАЦИЯ НА ГОЛОВЕ	145	**OPERATION ON THE HEAD**
ТРЕПАНАЦИЯ ЧЕРЕПА	145	CRANIAL TREPANATION
ОПЕРАЦИЯ НА ГРУДНОЙ КЛЕТКЕ И ОРГАНАХ ГРУДНОЙ ПОЛОСТИ	145	**OPERATION ON THE THORAX AND THORACIC ORGANS**
МАСТЭКТОМИЯ	145	MASTECTOMY
ОПЕРАЦИЯ НА КОНЕЧНОСТИ	145	**OPERATION ON AN EXTREMITY**
АМПУТАЦИЯ	146	AMPUTATION
ОПЕРАЦИЯ НА МОЧЕПОЛОВЫХ ОРГАНАХ	146	**OPERATION ON GENITOURINARY ORGANS**

ОПЕРАЦИЯ НА ПЕРЕДНЕЙ БРЮШНОЙ СТЕНКЕ И ОРГАНАХ БРЮШНОЙ ПОЛОСТИ	**OPERATION ON THE ANTERIOR ABDOMINAL WALL AND ABDOMINAL ORGANS** 147
АППЕНДЭКТОМИЯ	148 APPEND[IC[ECTOMY
ВАГОТОМИЯ	149 VAGOTOMY
ГАСТРОСТОМИЯ	149 GASTROSTOMY
ГЕМИКОЛЭКТОМИЯ	149 HEMICOLECTOMY
ЛАПАРОТОМИЯ	149 LAPAROTOMY
ПИЛОРОПЛАСТИКА	150 PYLOROPLASTY
РЕЗЕКЦИЯ ЖЕЛУДКА	150 STOMACH RESECTION
РЕЗЕКЦИЯ ПЕЧЕНИ	151 LIVER RESECTION
ХОЛЕЦИСТЭКТОМИЯ	151 CHOLECYSTECTOMY
ЦЕКОСТОМИЯ	151 CECOSTOMY
ОПЕРАЦИЯ НА ПРЯМОЙ КИШКЕ	**OPERATION ON THE RECTUM** 151
ПЕРЕСАДКА ОРГАНА(ОВ)	151 **GRAFTING OF ORGAN(S)**
ПЕРЕСАДКА КОЖИ, КОЖНАЯ ПЛАСТИКА	151 SKIN TRANSPLANTATION
ТРАНСПЛАНТАТ	152 TRANSPLANT

ОПЕРАЦИЯ

ОБЩАЯ ЧАСТЬ

ДРЕНИРОВАНИЕ

I. аспирационное дренирование
аспирационное дренирование аппаратом отрицательного давления
закрытое дренирование
интралюминарное дренирование
постоперационное дренирование
экстралюминарное дренирование
C. водоструйный насос

дренаж
III. дренировать полость (рану)
ДРЕНАЖ (*ПРОЦЕСС*)

I. активный/аспирационный дренаж
внутренний дренаж
временный дренаж
декомпрессивный/разгрузочный дренаж
наружный дренаж
постоянный дренаж
страхующий/страховочный дренаж

OPERATION

GENERAL

DRAINAGE

I. aspiration drainage
aspiration drainage with negative pressure apparatus

closed drainage
intraluminal drainage
postoperative drainage

extraluminal drainage

S. water-jet, water-suction pump
drain
III. to drain cavity (wound)
DRAINAGE (*PROCESS*)

I. aspiration drainage

internal drainage
transient drainage
decompression drainage

external drainage
permanent/constant drainage
insuring/spare drain

II. дренаж по Бюлау
ДРЕНАЖ, ДРЕНАЖНАЯ СИСТЕМА

I. капиллярный дренаж
клапанный дренаж
пластинчатый дренаж, тонкая полоска резины
сигар[ет]ный дренаж
скрытый/забытый/потерянный дренаж
сифонный дренаж
Т-образный дренаж, дренаж Дивера
трубчатый дренаж
Y-образный дренаж, дренаж Кера

C. марлевый дренаж/тампон
марлевая полоска
полиэтиленовая трубка
резиновая полоска
резиновая трубка
силиконовая трубка

II. drainage according to Bülau
DRAIN, DRAINAGE SYSTEM

I. capillary drain
valvular drain
rubber strap

cigarette drain
left/forgotten drain

siphon drainage
T-drain, Deaver's drain

tube drain
Y-drain, Kehr's drain

S. gauze **drain/tampon**
gauze strap
polyethylene tube
rubber **band/strap**
rubber tube
silicon drainage tube

ОПЕРАЦИЯ(И), ОПЕРАТИВНОЕ ВМЕШАТЕЛЬСТВО

I. акушерская операция
бескровная операция
большая операция
восстановительная операция
гинекологическая операция
гнойная операция
двухмоментная операция
диагностическая/эксплоративная операция
дренирующая операция
косметическая операция
кровавая операция
малая операция
многомоментная операция
одномоментная операция
паллиативная операция
плановая/несрочная операция
пластическая операция
пробная операция
радикальная операция
реконструктивная операция
сложная операция
срочная операция
экстренная операция

II. боязнь смерти у больного перед операцией
исход операции
благоприятный (неблагоприятный) исход операции
летальный исход операции

OPERATION(S), OPERATIVE INTERVENTION

I. obstetrical operation
bloodless operation
major operation
restorative operation
gynecological operation
purulent operation
double-stage operation
diagnostic/explorative operation
drainage operation
cosmetic operation
bloody operation
minor operation
multi-stage operation
one-stage operation
palliative operation
planned/non-urgent operation
plastic operation
test operation
radical operation
reconstructive operation
difficult operation
emergency operation
urgent operation

II. blue funk

operation **outcome/issue**
successful (fatal) **outcome/issue** of the operation
lethal outcome of the operation

методика операции	operation **technique/procedure**
операция выбора	operation of choice
операция по жизненным показаниям	life-saving operation
операция по поводу...	operation for...
отказ от операции	refusal of operation
показания к операции	indications for operation
противопоказания для операции	contraindications for operation
результаты операции	results of the operation
ближайшие (отдаленные) результаты операции	immediate (late) results of the operation
согласие больного на операцию	patient's consent to the operation
отсутствие[письменного] согласия больного на операцию	absence of [signed] consent [of the patient] to the operation
С. оперативное вмешательство, операция	S. operative intervention, operation
оперативный доступ	operative access/**approach**
III. делать операцию, оперировать	III. to **perform/do/make/carry out** operation, to operate
оперироваться	to be operated on (upon)
определить срок оперативного вмешательства	to time operative intervention
отменить операцию	to cancel operation
перенести/отложить/операцию [на другой срок]	to postpone operation [till another **date/day**]
перенести операцию (о больном(ой)	to **undergo/withstand** operation (of a patient)
подготовить больного к операции	to get the patient fit for the operation
получить [письменное]* согласие больного на операцию	to **get/obtain** [signed]* patient's consent to the operation
согласиться на операцию	to agree to the operation

ОПЕРАТИВНЫЙ ДОСТУП

OPERATIVE ACCESS, OPERATIVE APPROACH

С. достаточный доступ	S. adequate access
ограниченный доступ	limited access
торакоабдоминальный доступ	thoracoabdominal access
косой торакоабдоминальный доступ	oblique thoracoabdominal access
трансторакальный доступ	transthoracic approach
чрезбрюшинный доступ	transperitoneal approach
широкий доступ	wide access

РАЗДЕЛЕНИЕ ТКАНИ(ЕЙ). РАССЕЧЕНИЕ ТКАНИ(ЕЙ).

PARTING OF TISSUE, SEPARATION OF TISSUE. DISSECTION OF TISSUE, SECTION OF TISSUE

С. ампутация [конечности, органа]	S. amputation [of an extremity, organ]
вскрытие [абсцесса, полости]	opening [of an abscess, cavity]

выделение ткани(ей)	**exposure/freeing** of tissue
вылущивание [опухоли]	enucleation [of tumour]
выскабливание полости	scraping of [the] cavity
иссечение ткани(ей)	excision of tissue
отсечение [конечности, органа, тканей]	**cutting off/dissecting away** [extremity, organ, tissue]
пересечение тканей	**division/dissecting/crossing** of tissue
разделение ткани(ей)	**parting/separation** of tissue
рассечение ткани(ей)	**dissection/section** of tissue
резекция ткани (органа)	resection of tissue (an organ)
III. вылущивать [опухоль]	III. to enucleate [tumour]
выскабливать [полость]	to scrape [cavity]
делать ампутацию	to amputate, to **do/perform** amputation
отсекать конечность (орган, ткань)	to **cut off/dissect away** extremity (organ, tissue)
пересекать ткани	to **divide/dissect/cross** tissue
резецировать ткань (орган)	to resect tissue (an organ)

ВСКРЫТИЕ АБСЦЕССА (ПОЛОСТИ)

OPENING OF AN ABSCESS (A CAVITY)

III. вскрывать абсцесс
вскрывать брюшную (грудную) полость

III. to open an abscess
to open the abdominal (**chest/thoracic**) cavity

ВЫДЕЛЕНИЕ ТКАНИ(ЕЙ)

EXPOSURE OF TISSUE, FREEING OF TISSUE

C. выделение опухоли (органа, сосуда)
III. выделять опухоль (орган, сосуд)

S. **exposure/freeing** of tumour (organ, vessel)
III. to **expose/free** tumour (organ, vessel)

ИССЕЧЕНИЕ ТКАНИ(ЕЙ)

EXCISION OF TISSUE

I. полное иссечение ткани
частичное иссечение ткани
III. иссекать ткань

I. complete excision of tissue
partial excision of tissue
III. to excise tissue

РАЗДЕЛЕНИЕ ТКАНИ(ЕЙ)

PARTING OF TISSUE, SEPARATION OF TISSUE, DISSECTION OF TISSUE

II. разделение тканей острым путем
разделение ткани тупым способом
разделение тканей тупым способом при помощи марлевого шарика (инструмента)
III. разделять мышечные волокна

разделять сращения

II. sharp dissection of tissue

blunt dissection of tissue

blunt dissection of tissue by means of a gauze ball (an instrument)
III. to **part/separate** muscular fibers
to divide adhesions

РАССЕЧЕНИЕ ТКАНИ(ЕЙ)

C. поперечное рассечение прямых мышц живота

рассечение спаек
разрез
III. рассекать ткани

РАЗРЕЗ

I. арбалетный разрез
вертикальный разрез
дугообразный разрез

кожный разрез
комбинированный разрез
косой разрез
  косой переменный разрез
крестообразный разрез
лампасный разрез
маленький разрез
парамедиальный разрез
параректальный разрез
полукружный разрез
поперечный разрез

послабляющий разрез
продольный разрез
радиальный разрез
срединный разрез
Т-образный разрез
торакоабдоминальный разрез
трансректальный разрез
II. разрез брюшной (грудной) стенки
III. делать разрез скальпелем (ножницами)
расширять разрез
углублять разрез
удлинять разрез

СОЕДИНЕНИЕ ТКАНИ(ЕЙ)

C. анастомоз
узел
шов

АНАСТОМОЗ

I. обходной анастомоз
II. анастомоз «бок в бок»
анастомоз «конец в бок»
анастомоз «конец в конец»
III. накладывать анастомоз

DISSECTION OF TISSUE, SECTION OF TISSUE

S. transverse section of **muscles recti abdominis/straight abdominal muscles**
division of adhesions
cut, section, incision
III. to dissect tissue

CUT, SECTION, INCISION

I. arbalest incision
vertical incision
arched/curved/semilunar incision
skin incision
combined incision
oblique incision
  oblique alternating incision
crucial incision
stripe incision
small incision
paramedian incision
pararectal incision
semicircular incision
transection, transverse incision
relief incision
longitudinal incision
radial incision
median incision
T-shaped incision
thoracoabdominal incision
transrectal incision
II. abdominal (thoracic) section

III. to incise with a **knife/scalpel** (scissors)
to expand the incision
to deepen the incision
to extend the incision

SUTURING OF TISSUE, UNITING OF TISSUE

S. anastomosis
knot
suture, stitch

ANASTOMOSIS

I. collateral anastomosis
II. side-to-side anastomosis
end-to-side anastomosis
end-to-end anastomosis
III. to anastomose

УЗЕЛ

I. «бабий»/женский узел
двойной узел
затянутый узел
 туго (нетуго) затянутый узел
морской узел
простой узел
скользящий узел
хирургический узел

III. завязывать узел
затягивать узел
развязывать узел
развязываться (*об узле*)

ШОВ (ШВЫ)

I. блоковый/полиспастный шов
боковой шов
внутрикожный шов
восьмиобразный шов
вторичный шов
выворачивающий шов
вворачивающий непрерывный шов, шов Шмидена
гемостатический шов
двухрядный шов
захлестывающий шов
инвагинирующий/погружающий шов
кетгутовый шов
кисетный шов
кишечный шов
круговой [хирургический] шов
матрасный шов
непрерывный шов
обвивной непрерывный захлестывающий шов
однорядный/одноэтажный шов
отсроченный шов
вторично (первично) отсроченный шов
поздний шов
провизорный шов
ранний шов
рассасывающийся (нерассасывающийся) шов
ручной шов
сближающий шов

скобочный/механический шов
скорняжный шов
сосудистый шов
сухожильный шов
трехрядный шов

KNOT

I. Granny knot
double/square knot
tight knot
 tight (**lightly/loosely**) tied knot
sea knot
simple knot
slip/running knot
surgical/friction knot

III. to tie a knot
to tie a knot tight
to untie a knot
to slip (*of a knot*)

SUTURE(S), STITCH(ES)

I. **block/polyspast** suture
lateral suture
subcuticular suture
figure-of-8/twist suture
secondary suture
turning [inside out] suture
screwing in continuous suture, Schmieden's suture
hemostatic suture
two-row suture
winding round suture
invaginating/plunging suture

catgut suture
purse-string suture
intestinal suture
circular suture

mattress suture
continuous **suture/thread**
blanket suture

one-row suture

delayed suture
secondarily (primarily) delayed suture
late suture
relaxation suture
early suture
absorbable (non-absorbable) suture
hand **sewing/suture**
apposition/approximating suture

staple/clip/mechanical suture
glover's suture
vascular suture
tendon suture
three-row suture

143

узловатый шов	interrupted suture
Z-образный шов	Z-suture
II. длина шва	II. extent of suture
линия шва	suture line
натяжение линии шва	tension at the suture line
наложение шва	placing [of] a suture
расхождение шва	parting of a suture
следы от шва	stitch tracks
стежок шва	stitch
швы-держалки	guy sutures
шов нерва	nerve suture
шов сосуда	vessel suture
III. накладывать шов, шить	III. to place a suture, to sew, to suture
расходиться (*о шве*)	to part (*of a suture*)
сделать стежок	to thread a stitch
снимать швы	to remove sutures, to take out stitches
снимать швы через один	to remove alternate **sutures/stitches**

КИШЕЧНЫЙ ШОВ

INTESTINAL SUTURE

I. кишечный шов через все слои, «грязный» шов
непрерывный кишечный шов
серозно-мышечный кишечный шов
серо-серозный кишечный шов
«чистый»/асептический кишечный шов

II. кишечный шов Альберта
кишечный шов Вольфлера
кишечный шов Черни
кишечный шов Шмидена

C. петля Revердена

I. **"danger"**/**"dirty"** intestinal suture **through**/**via** all layers
continuous intestinal suture
sero-muscular intestinal suture
sero-serous intestinal suture
"safe"/**aseptic** intestinal suture

II. Albert's suture
Wölfler's suture
Czerny's suture
Schmieden's intestinal suture

S. lock stitch

СПЕЦИАЛЬНАЯ ЧАСТЬ

SPECIAL

ВЕНЕПУНКЦИЯ

VENEPUNCTURE, VEIN PUNCTURE

C. жгут, турникет
игла для венепункции
неправильное положение иглы в вене
срединная локтевая вена
III. провести катетер в вену

прокалывать/пунктировать вену

S. tourniquet
needle for vein puncture
incorrect position of the needle in the vein
median cubital vein
III. to insert a catheter into the vein
to pierce the vein

ВЕНЕСЕКЦИЯ

VENESECTION

II. набор для венесекции
III. выделить вену при венесекции

II. **cut-down**/**venesection** set
III. to **bare**/**expose**/**isolate** the vein in venesection

ОПЕРАЦИЯ НА ГОЛОВЕ

C. трепанация сосцевидного отростка
трепанация черепа

ТРЕПАНАЦИЯ ЧЕРЕПА

I. декомпрессивная трепанация черепа
костнопластическая трепанация черепа

ОПЕРАЦИЯ НА ГРУДНОЙ КЛЕТКЕ И ОРГАНАХ ГРУДНОЙ ПОЛОСТИ

C. митральная комиссуротомия
операция наложения искусственного пневмоторакса
операция наложения экстраплеврального пневмоторакса
операция удаления ребер для спадения легкого, торакопластика
перевязка незаращенного артериального протока
пункция плевральной полости, торакоцентез
пункция перикарда
резекция молочной железы
резекция ребра
    поднадкостичная резекция ребра
удаление доли легкого, лобэктомия
удаление легкого, пневмонэктомия
удаление молочной железы, мастэктомия
ушивание дефекта межжелудочковой перегородки
ушивание раны сердца

МАСТЭКТОМИЯ

I. простая мастэктомия
радикальная мастэктомия
расширенная мастэктомия

ОПЕРАЦИЯ НА КОНЕЧНОСТИ

C. ампутация конечности
вычленение, экзартикуляция

OPERATION ON THE HEAD

S. mastoidotomy

cranial trepanation

CRANIAL TREPANATION, CRANIOTOMY

I. decompressive trepanation of the skull
osteoplastic trepanation of the skull

OPERATION ON THE THORAX AND THORACIC ORGANS

S. mitral commissurotomy
operation of applying artificial pneumothorax
operation of applying extrapleural pneumothorax
rib resection for the lung to collapse, thoracoplasty

ligation of the patent ductus arteriosus
puncture of the pleural cavity, thoracocentesis
puncture of the pericardium
mammary gland resection
rib resection
    subperiosteal rib resection

excision of a lobe of the lung, lobectomy
removal of a lung, pneumonectomy
excision of the **breast/mammary gland**, mastectomy
closure/repair of ventricular septal defect
repair/closure of the heart wound

MASTECTOMY

I. **plain/simple** mastectomy
radical mastectomy
extensive mastectomy

OPERATION ON AN EXTREMITY

S. amputation of an extremity
exarticulation

АМПУТАЦИЯ

I. апериостальная/безнадкостничная ампутация, ампутация Бунге
   вторичная ампутация
   гильотинная ампутация
   двухлоскутная ампутация
   костно-пластическая ампутация
   лоскутная ампутация
   первичная ампутация
   повторная ампутация, реампутация
   поднадкостничная/субпериостальная ампутация
   циркулярная/круговая ампутация
II. ампутация Берже
    ампутация Бира
    ампутация верхней (нижней) конечности
    ампутация фаланг пальцев кисти (стопы)
С. сдвигать надкостницу
III. делать ампутацию

AMPUTATION

I. aperiosteal amputation, Bunge's amputation
   secondary amputation
   guillotine amputation
   double flap amputation
   osteoplastic amputation

   flap amputation
   primary amputation
   reamputation

   subperiosteal amputation

   circular amputation

II. Berger's amputation
    Bier's amputation
    amputation of the upper (lower) extremity
    amputation of the hand (foot) phalanges
S. to **shift/displace** periosteum
III. to amputate, to **do/perform** amputation

ОПЕРАЦИЯ НА МОЧЕПОЛОВЫХ ОРГАНАХ

С. вскрытие лоханки почки и удаление конкремента(ов), пиело[нефро]литотомия

   вскрытие мочевого пузыря с наложением свища, цистостомия
   высокое сечение мочевого пузыря, эпицистотомия
   декапсуляция почки
   дренирование почки
   низведение яичка

   операция наложения свища почки, нефростомия
   операция Винкельмана-Бергмана
   операция при водянке оболочек яичка
   операция при крипторхизме/неспустившемся яичке
   операция при фимозе
   операция удаления аденомы предстательной железы, аденомэктомия простаты

OPERATION ON GENITOURINARY ORGANS

S. incision of the renal pelvis and removal of calculus (calculi), pyelo[nephro]lithotomy

   incision of the bladder with drainage, cystostomy

   high section of the [urinary] bladder, epicystotomia
   renal decapsulation
   renal drainage
   bringing the **testicle/testis** downwards
   incision of the kidney with drainage, nephrostomy
   Winkelmann-Bergmann's operation
   operation for hydrocele

   operation for **cryptorchism/undescended testis**
   operation for phimosis
   operation for removal of prostatic adenoma, prostatectomy

операция удаления почки, нефрэктомия
пластика мочеточника, уретеропластика
пластика уретры, уретропластика
рассечение почки, нефротомия
резекция мочевого пузыря
фиксация почки, нефропексия

фиксация яичка, орхипексия

operation for **excision/removal** of a kidney, nephrectomy
ureteroplasty

urethroplasty

incision of a kidney, nephrotomy
resection of the bladder
surgical fixation of a kidney, nephropexy
surgical fixation of a testis, orchi[do]pexy

ОПЕРАЦИЯ НА ПЕРЕДНЕЙ БРЮШНОЙ СТЕНКЕ И ОРГАНАХ БРЮШНОЙ ПОЛОСТИ

OPERATION ON THE ANTERIOR ABDOMINAL WALL AND ABDOMINAL ORGANS

C. вскрытие брюшной полости, лапаротомия, чревосечение
вскрытие общего желчного протока, холедохотомия
вскрытие общего желчного протока (и удаление конкремента(ов), холедохо-[лито]томия
вскрытие просвета желчного пузыря, холецистотомия
вскрытие просвета тонкой кишки, энтеротомия
наложение желудочно-кишечного анастомоза
наложение противоестественного/искусственного заднего прохода
наложение соустья между желчным пузырем и двенадцатиперстной кишкой, холецистодуоденостомия
наложение соустья между общим желчным протоком и двенадцатиперстной кишкой, холедоходуоденостомия
наложение соустья между общим желчным протоком и тощей кишкой, холедохоеюностомия
наружное дренирование желчного пузыря, холецистостомия
наружное дренирование общего желчного протока, холедохостомия
наружное дренирование печеночного протока, гепатикостомия
операция наложения калового свища, колостомия

S. opening of the abdominal cavity, laparotomy
incision/opening of the common bile duct, choledochotomy
incision/opening of the common bile duct (and removal of stone(s), choledocho[litho]tomy
incision/opening of the gallbladder, cholecystotomy
incision/opening of the small intestine, enterotomy
applying of gastroenteroanastomosis
formation of artificial anus

formation of an opening between gallbladder and duodenum, cholecystoduodenostomy

anastomosis of common bile duct to duodenum, choledochoduodenostomy

anastomosis of common bile duct to jejunum, choledochojejunostomy
external drainage of the gallbladder, cholecystostomy
external drainage of the common bile duct, choledochostomy
external drainage of the hepatic duct, hepaticostomy

operation of fecal fistulization of the colon, colostomy

147

операция наложения свища слепой кишки, цекостомия	fistulization of the cecum, cecostomy
операция наложения свища тощей кишки, еюностомия	fistulization of the jejunum, jejunostomy
операция наложения тонкокишечного свища, энтеростомия	fistulization of the small intestine, enterostomy
операция наложения искусственного наружного свища желудка, гастростомия	operation of establishing an artificial fistula of the stomach, gastrostomy
пересечение блуждающего нерва и его ветвей, ваготомия	transection of the vagus nerve and its branches, vagotomy
пластика привратника желудка, пилоропластика	plastic surgery of the pylorus, pyloroplasty
пункция брюшной полости, лапароцентез	puncture of the abdominal cavity, laparocentesis
рассечение большого дуоденального сосочка и сфинктера Одди, папиллосфинктеротомия	papillosphyncterotomy
рассечение привратника желудка, пилоротомия	incision of the pylorus, pylorotomy
рассечение стенки желудка, гастротомия	incision of the stomach wall, gastrotomy
резекция желудка	stomach resection
резекция кишки	bowel resection
резекция печени	liver resection, resection of the liver
удаление [всего] желудка, гастрэктомия	**removal/excision** of the [total] stomach, gastrectomy
удаление желчного пузыря, холецистэктомия	**excision/removal** of the gallbladder, cholecystectomy
удаление половины ободочной кишки, гемиколэктомия	excision of the half of the colon, hemicolectomy
удаление селезенки, спленэктомия	**removal/excision** of the spleen, splenectomy
удаление червеобразного отростка, аппендэктомия	**removal/excision** of the **appendix/vermiform appendix**, append[ic]ectomy
ушивание отверстия в желудке при прободной язве	closure of stomach opening in perforating ulcer
трансумбиликальная/чрезпупочная катетеризация пупочной вены	transumbilical catheterization of the umbilical vein
фиксация желудка к передней брюшной стенке, гастропексия	surgical fixation of the stomach to the anterior abdominal wall, gastropexy

АППЕНДЭКТОМИЯ

APPEND[IC]ECTOMY

I. антеградная/типичная аппендэктомия, удаление червеобразного отростка от верхушки
ретроградная аппендэктомия, удаление червеобразного отростка от основания

I. antegrade appendectomy, excision of the vermiform appendix from the apex
retrograde appendectomy, apendectomy done from the base

III. вывести/извлечь слепую кишку (червеобразный отросток) в рану
наложить кисетный шов на купол слепой кишки
прошить брыжеечку червеобразного отростка
перевязать червеобразный отросток
пересекать брыжеечку червеобразного отростка
погружать культю червеобразного отростка
раздавить основание червеобразного отростка
удалить червеобразный отросток

III. to **draw out/deliver** the cecum (appendix) into the wound

to apply a purse-string suture on the cecum cupola
to suture the appendicular mesentery
to ligate the appendix

to transect the appendicular mesentery
to plunge the appendicular stump
to crush the appendix

to **remove/excise** the appendix

ВАГОТОМИЯ

I. избирательная/селективная ваготомия
селективная проксимальная ваготомия
стволовая/трункулярная ваготомия

VAGOTOMY

I. selective vagotomy

selective proximal vagotomy

stem/trunkular vagotomy

ГАСТРОСТОМИЯ

II. гастростомия по Витцелю

гастростомия по Кадеру

гастростомия по Топроверу

С. губовидный свищ желудка

каналовидный/трубчатый свищ желудка

GASTROSTOMY

II. gastrostomy according to Witzel
gastrostomy according to Kader
gastrostomy according to Toprover

S. lip-form fistula of the stomach
tubal fistula of the stomach

ГЕМИКОЛЭКТОМИЯ

I. левосторонняя гемиколэктомия
правосторонняя гемиколэктомия

HEMICOLECTOMY

I. left-sided hemicolectomy
right-sided hemicolectomy

ЛАПАРОТОМИЯ

I. абдоминоторакальная лапаротомия, тораколапаротомия
боковая трансмускулярная лапаротомия
внебрюшинная лапаротомия
диагностическая/эксплоративная лапаротомия
герниолапаротомия
косая лапаротомия
микролапаротомия

LAPAROTOMY

I. abdominothoracic laparotomy, thoracolaparotomy
lateral transmuscular laparotomy
extraperitoneal laparotomy
diagnostic/exploratory laparotomy
herniolaparotomy
oblique laparotomy
microlaparotomy

парамедиальная лапаротомия	paramedian laparotomy
параректальная лапаротомия	pararectal laparotomy
подреберная лапаротомия	subcostal laparotomy
продольная лапаротомия	longitudinal laparotomy
повторная лапаротомия, релапаротомия	repeat[ed] laparotomy
срединная лапаротомия	median laparotomy
верхняя (нижняя) срединная лапаротомия	superior (inferior) median laparotomy
стерномедиастинолапаротомия	sternomediastinolaparotomy
тораколапаротомия	thoracolaparotomy
трансдиафрагмальная трансторакальная лапаротомия	transdiaphragmal transthoracic laparotomy
трансректальная/парамедианная лапаротомия	**transrectal/paramedian** laparotomy
C. ревизия органов брюшной полости	S. **revision/inspection** of abdominal organs
III. делать/производить лапаротомию	III. to **do/perform** laparotomy

ПИЛОРОПЛАСТИКА / PYLOROPLASTY

II. пилоропластика по Гейнеке-Микуличу	II. pyloroplasty according to Heineke-Mikulicz
пилоропластика по Финнею	pyloroplasty according to Finney
C. гастродуоденостомия по Джабулею	S. gastroduodenostomy by Jaboulay

РЕЗЕКЦИЯ ЖЕЛУДКА / STOMACH RESECTION

I. паллиативная резекция желудка, резекция желудка на выключение	I. palliative stomach resection
пилороантральная резекция желудка	pyloroantral stomach resection
проксимальная резекция желудка	proximal stomach resection
ступенчатая резекция желудка	stepped stomach resection
субтотальная резекция желудка	subtotal resection of the stomach
II. резекция желудка по Бильрот I (II)	II. stomach resection according to Bilroth I (II)
резекция желудка по Гофмейстер-Финстереру	stomach resection according to Hofmeister-Finsterer
резекция желудка по Келлингу-Мадленеру	stomach resection by Kelling-Madleder
резекция желудка по Микуличу	stomach resection by Mikulicz
резекция желудка по Мойнихему	stomach resection by Moyniham
резекция желудка по Полиа-Райхель	stomach resection according to Polya-Reichel
резекция желудка по Ру, гастроэнтеростомия по Ру	stomach resection according to Roux, gastroenterostomy by Roux
резекция желудка по Спасокукоцкому-Вильмсу	stomach resection by Spasokukotsky-Wilms

РЕЗЕКЦИЯ ПЕЧЕНИ

I. атипичная резекция печени

клиновидная резекция печени

краевая резекция печени

поперечная резекция печени

типичная резекция печени

ХОЛЕЦИСТЭКТОМИЯ

II. холецистэктомия от дна, ретроградная холецистэктомия

холецистэктомия от шейки, антеградная холецистэктомия

ЦЕКОСТОМИЯ, ТИФЛОСТОМИЯ

I. разгрузочная цекостомия

ОПЕРАЦИЯ НА ПРЯМОЙ КИШКЕ

С. перевязка геморроидальных узлов
радикальное удаление прямой кишки, экстирпация прямой кишки

ПЕРЕСАДКА/ТРАНСПЛАНТАЦИЯ ОРГАНА(ОВ) (ТКАНИ(ЕЙ)

II. пересадка кожи
пересадка почки
пересадка сердца
С. донор
несовместимость тканей
реципиент
трансплантат

ПЕРЕСАДКА КОЖИ, КОЖНАЯ ПЛАСТИКА

II. пересадка всей толщи кожи

пересадка кожи гофрированным лоскутом
пластика кожи по Блейру-Брауну

пластика кожи по Дугласу

LIVER RESECTION, RESECTION OF THE LIVER

I. atypical resection of the liver
wedge-like resection of the liver
marginal resection of the liver
transverse resection of the liver
typical resection of the liver

CHOLECYSTECTOMY

II. cholecystectomy from the bottom, retrograde cholecystectomy
cholecystectomy from the neck, antegrade cholecystectomy

CECOSTOMY, TYPHLOSTOMY

I. **unloading/suspension** cecostomy

OPERATION ON THE RECTUM

S. ligation of hemorrhoids

radical removal of rectum, extirpation of the rectum

GRAFTING OF ORGAN(S) (TISSUE), TRANSPLANTATION OF ORGAN(S) (TISSUE)

II. skin transplantation
transplantation of kidney
heart transplantation
S. donor
incompatibility of tissue
recipient
transplant, graft

SKIN TRANSPLANTATION, SKIN PLASTIC SURGERY

II. full-thickness skin transplantation
accordion graft

skin plastic surgery by Blair-Brown
skin plastic surgery by Douglas

пластика кожи по Ревердену
пластика кожи по Тиршу
пластика кожи трубчатым лоскутом
C. лоскут кожи без подкожно-жировой клетчатки

лоскут кожи с подкожно-жировой клетчаткой
решетчатый лоскут кожи
свободный лоскут кожи
III. выкраивать кожный лоскут
накладывать кожный лоскут

ТРАНСПЛАНТАТ

I. аллотрансплантат
аутотрансплантат
кожный трансплантат
костный трансплантат
II. отторжение трансплантата
криз отторжения трансплантата
приживление трансплантата
III. купировать криз отторжения трансплантата
отторгаться (*о трансплантате*)

приживаться (*о трансплантате*)

▲ Сделайте больному(ой) венесекцию (венепункцию)

Наложите на верхнюю конечность жгут (манжетку сфигмоманометра)

Затяните жгут

В анамнезе нет аллергий?

Обработайте кожу антисептиком

■ Сожмите и разожмите кулак!

▲ Продвиньте немного иглу в вену

Проведите через иглу катетер

Поправьте иглу

Оставьте иглу в вене с мандреном

Выньте иглу

Reverdin's graft
Tiersch's graft
tube graft

S. skin flap without subcutaneous **fat/fatty tissue**, Wolfe's graft
whole thickness graft

sieve graft
skin **graft/flap**
III. to raise a skin **graft/flap**
to apply a skin **graft/flap**

TRANSPLANT, GRAFT

I. allotransplant
autograft
skin **graft/flap**
bone graft
II. rejection of a transplant
crisis of transplant rejection
transplant taking [root]
III. to control the crisis of transplant rejection
to reject (*of a transplant*)

to take root (*of a transplant*)

▲ Do venesection (vein puncture) to the patient

Apply a tourniquet (sphygmomanometer cuff) to the upper extremity

Tie the tourniquet

Is there any history of allergy?

Treat the skin with an antiseptic

■ Close and open your fist

▲ Advance the needle a short way into the vein

Advance the catheter through the needle

Change the position of the needle

Leave the needle in the vein with mandrin

Withdraw the needle

Игла затромбировалась	The needle has been blocked with a clot
Снимите жгут	Remove the tourniquet
Подведите под вену две лигатуры	Bring two ligatures under the vein
Рассеките вену сосудистыми ножницами на половину ее диаметра	Dissect the vein along half of its diameter using vascular scissors
Вставьте в вену канюлю (иглу Дюфо, катетер)	Insert cannula (Dyufaut needle, catheter) into the vein
Закрепите ее (его) лигатурой	Fasten it with a ligature
■ Вы согласны оперироваться? (Вы даете согласие на операцию?)	■ Are you willing to be operated on? (Do you give your consent for the operation?)
Подпишите, пожалуйста, документ о вашем (не)согласии на операцию	Sign your form of consent for (refusal of) the operation, please
Вас оперировали прежде? По поводу чего?	Have you been operated on before? For what reason?
▲ Встает вопрос об операции	▲ We should consider surgery here (Surgery should be considered)
Больной(ая) нуждается в срочной операции (в операции по жизненным показаниям)	The patient needs an urgent operation (a life-saving operation)
Необходима резекция легкого (пластика привратника, селективная ваготомия)	Lung resection (pyloric plastic repair, selective vagotomy) is imperative
Показана ампутация бедра в нижней трети (радикальная мастэктомия, экстирпация прямой кишки)	There is indicated amputation of the femur in the lower third (radical mastectomy, extirpation of the rectum)
Операция довольно сложная	The operation is rather difficult
Может больной(ая) перенести такую длительную (тяжелую) операцию?	Can the patient withstand such a long (major) operation?
Только немедленная операция может спасти жизнь больному(ой)	Only immediate operation may be life-saving
В этом случае об операции не может быть и речи	The patient is in no condition for operation
Мало шансов на успех	There are few chances
Исход этой операции благоприятный (может быть неблагоприятным)	Operation outcome is successful (may be unfavourable)

Больной(ая) подготовлен(а) к операции?	Is the patient fit for operation?
Я оперировал(а) этого (эту) больного(ую) по поводу аппендицита (грыжи, прободной язвы желудка)	I operated on the patient for appendicitis (hernia, perforating ulcer of the stomach)
Я начну оперировать через... минут	I'll begin operating in... minutes
Больного(ую) в операционную немедленно!	Rush the patient to the operating room!
Пора оперировать!	It's time to operate
Все готово?	Is everything ready?
Какая премедикация была сделана больному(ой)?	What kind of premedication has been given to the patient?
Кто сегодня мне ассистирует?	Who is assisting me today?
Кто первый (второй) ассистент?	Who is the first (second) assistant?
Анестезиолог на месте?	Is the anesthesiologist ready?
Как чувствует себя больной(ая)?	How does the patient feel now?
Какой пульс, давление, дыхание?	What is the pulse, pressure, respiration?
Что показывает электрокардиограмма?	What does the ECG show?
Завяжите маску, пожалуйста	Tie the mask up, please
Какой у вас номер перчаток?	What is the number of your gloves?
Номер семь, пожалуйста!	Number 7, please
Помогите мне надеть халат и перчатки	Will you help me with the gown and gloves?
Я готов(а) оперировать!	I'm ready to operate
Наведите свет на операционное поле!	Concentrate the light on the operative field
Обработайте операционное поле антисептиком (йодонатом)	Paint the operative field with an antiseptic (iodonatum)
Сегодня мне понадобится(ятся) шелк № 1 (отсос, кетгут 00 для непрерывного шва, хромированный кетгут, лавсан, нейлон, капрон, атравматические иглы)	Today I'll need silk No 1 (the suction machine, catgut 00 for continuous suture, chromic catgut, lavsan, nylon, capron, atraumatic needles)
Сестра, шприц и иглу, пожалуйста!	Sister, get me syringe and needle, please

Что вы собираетесь делать?	What are you going to do?
Я буду удалять червеобразный отросток (опухоль, инородное тело прямой кишки)	I'll remove appendix (tumour, rectal foreign body)
Я буду делать ревизию брюшной полости (грудной полости, вскрывать абсцесс передней брюшной стенки)	I'll inspect the abdominal cavity (thoracic cavity, open the abscess of the anterior abdominal wall)
Наметьте линию разреза	Mark the skin
Сделайте разрез по белой линии живота (разрез до глубокой фасции, парамедиальный разрез справа)	Take the dissection down the linea alba (the dissection to the deep fascia. Make a paramedian incision on the right)
Разрез недостаточно глубокий	The incision is not deep enough
Углубите разрез	Deepen the incision
Прикрепите цапками операционное белье к краям раны	Fasten operative linen to the margins of the wound with towel clips
Изолируйте разрез двойными салфетками сверху и снизу	Use double thickness drapes above and below the incision
Подшейте салфетки к краям раны	Stitch the towels to the wound margins
Дайте салфетку с отверстием	Get me a towel with a hole
Разведите края раны	Retract the wound edges
Разведите [шире] ранорасширитель	Retract the dilator [further]
Приподнимите брюшину кровоостанавливающим зажимом и пинцетом	Elevate peritoneum with hemostatic forceps and pincers
Приподнимите кончик зажима	Elevate the tip of the forceps
Снимите зажим	Withdraw the clamp
Осушите рану	Dry the wound
Возьмите иглодержатель Гегара. Он удобен для наложения швов в глубине раны	Take Hegar's needle-holder. It fits for placing sutures in the depth of the wound
Вот опухоль (червеобразный отросток)	Here is the tumour (appendix)
Возьмите	Here you are
Будьте осторожны	Be careful
Я сделаю все остальное	I'll do the rest
Приготовьте влажные салфетки	Have wet pads ready
Не хватает марли (стерильного материала)	There is shortage of gauze (sterile material)

Откройте бикс	Open the drum
Пожалуйста, вытрите мне лоб	Please wipe my forehead
Мне необходимо проконсультироваться с главным хирургом * (ответственным хирургом)	I have to consult our chief surgeon * (our surgeon in charge)
Попросите (пригласите), пожалуйста, ответственного хирурга (главного хирурга) * в операционную	Please ask the surgeon in charge (the chief surgeon *) to come into the operating room
Отведите желудок в сторону (вверх)	Push the stomach aside (up)
Заправьте остальные внутренности (желудок) в брюшную полость	Pack off unwanted viscera (stomach) into abdominal cavity
Наложите швы (второй ряд швов) атравматической иглой	Place sutures (the second row of sutures) with an atraumatic needle
Ушейте культю желудка непрерывным гемостатическим швом	Sew the stump of the stomach by means of continuous hemostatic stitch
Наложите на переднюю губу анастомоза сквозные кетгутовые швы	Place anterior through catgut sutures to the entire wall
Подшейте апоневроз наружной косой мышцы к паховой связке (желудок к брыжейке поперечно-ободной кишки)	Stitch the aponeurosis of the external oblique muscle to the inguinal ligament (stomach to the mesentery of the transverse colon)
Затяните кисетный шов	Tighten the purse-string suture
Прошейте под зажимом	Stitch under the clamp
Пораженный участок необходимо полностью иссечь (иссечь до жизнеспособных тканей, иссечь на достаточную глубину)	The involved area is to be excised completely (excised to obtain a viable base, excised at a sufficient depth)
Перевяжите сосуды	Ligate the vessels
Прошейте и перевяжите геморроидальные узлы. Иссеките геморроидальные узлы. Наложите швы	Suture and ligate the hemorrhoids. Excise the hemorrhoids. Place sutures
Наложите кожный трансплантат «край в край»	Apply the skin graft edge to edge
Прошейте брыжеечку и перевяжите	Stitch and ligate the mesentery
Подведите лигатуру под основание отростка	Bring the ligature under the base of the process
Наложите на основание отростка зажим	Clamp the base of the appendix

Держите лигатуру, я буду погружать культю отростка (культю кишки)	Hold the ligature, I'll be burying the stump of the appendix (the stump of the bowel)
Яичко низведено в мошонку (удалено, фиксировано)	The testis has been brought to the scrotum (removed, fixed)
Выделите желчный пузырь из его ложа (почку из окружающих тканей)	Expose the gallbladder in its bed (the kidney from the surrounding tissue)
Сделайте пункцию плевральной полости (брюшной полости, перикарда)	Tap the pleural cavity (the abdomen, the pericardium)
Сдвиньте надкостницу дистально (проксимально)	Shift the periosteum distally (proximally)
Ушейте рану кишки в поперечном направлении	Suture the intestinal wound transversely
Мобилизуйте желудок по большой (малой) кривизне	Mobilize the stomach along the greater (lesser) curvature
Выведите начальную петлю тощей кишки (слепую кишку с червеобразным отростком) в рану	Deliver the initial loop of the jejunum (the cecum with the vermiform appendix) into the wound
Вскройте желчный пузырь (мочевой пузырь)	Open the gallbladder (urinary bladder)
Фиксируйте желудок к передней брюшной стенке (культю двенадцатиперстной кишки к капсуле поджелудочной железы)	Fix the stomach to the anterior abdominal wall (duodenal stump to the sheath of the pancreas)
«Грязный» этап операции окончен	The "danger" stage of the operation is over
Смените перчатки, дайте чистый инструмент и салфетки	Change gloves, get us aseptic instruments and towels
Закройте рану стерильными салфетками	Cover the wound with sterile towels
Удалите (введите, оставьте) дренаж (тампон)	Remove (insert, leave) a drain (tampon)
Ушейте рану передней брюшной стенки наглухо (послойно)	Close the abdominal cavity solidly (in layers)
Выверните кожные края раны	Invert the skin margins of the wound
На сегодня все. Спасибо	That's all for today. Thank you
Отвезите больного(ую) на каталке из операционной в палату	Take the patient on a trolley from the operating room to the ward

Дренаж следует удалить на... день (как только по нему перестанет выделяться желчь)	The drain should be removed on... day (as soon as bile ceases to be discharged by it)
Швы следует снять через один на... день, а остальные на... день после операции	Alternate sutures should be removed on the... day, and the remainder on the... day after operation
Произведена кожная пластика полнослойным лоскутом (диагностическая лапаротомия, резекция 3/4 желудка)	There has been performed skin plastic repair by full layer graft (explorative laparotomy, stomach resection by 3/4 of its bulk)

ЛЕЧЕНИЕ БОЛЬНОГО. ОБЩИЙ УХОД ЗА БОЛЬНЫМ

MANAGEMENT OF THE PATIENT. GENERAL CARE OF THE PATIENT

ЛЕЧЕНИЕ БОЛЬНОГО	160	**MANAGEMENT OF THE PATIENT**
ЛЕЧЕБНАЯ ФИЗКУЛЬТУРА	161	**EXERCISE [THERAPY]**
ГИМНАСТИКА	161	GYMNASTICS
МАССАЖ	161	MASSAGE
ЛЕЧЕНИЕ	162	**TREATMENT**
ВЫЗДОРОВЛЕНИЕ [БОЛЬНОГО]	163	RECOVERY
КУРС ЛЕЧЕНИЯ	163	COURSE OF TREATMENT
НАБЛЮДЕНИЕ ЗА БОЛЬНЫМ	163	OBSERVATION OF THE PATIENT
ОБХОД [БОЛЬНЫХ ВРАЧОМ]	163	DOCTOR'S ROUND
ТЕРАПИЯ	163	**THERAPY**
ДИЕТОТЕРАПИЯ	164	DIET THERAPY
ДИЕТА	164	DIET
Диетический стол	165	Dietary menu
ЛЕКАРСТВЕННАЯ ТЕРАПИЯ	166	DRUG THERAPY
АПТЕКА	166	PHARMACY
Рецепт	166	Prescription
Фармацевтический справочник	166	Pharmaceutical directory
ЛЕКАРСТВО(А)	167	DRUG(S)
Доза лекарственного средства	169	Drug dose
Лекарственная форма	170	Medicinal form
ФИЗИОТЕРАПИЯ	170	PHYSICAL THERAPY
ВОДОЛЕЧЕНИЕ	171	BALNEOTHERAPEUTICS
Ванна(ы)	171	Bath(s)
Водные процедуры	171	Hydrotherapeutic procedures
Душ	171	Douche
СВЕТОЛЕЧЕНИЕ	171	LIGHT TREATMENT
ТЕПЛОЛЕЧЕНИЕ	171	THERMOTHERAPY
Грязелечение	172	Fangotherapy

[*Лечебные*] грязи	172	*Mud*
Озокеритолечение	172	Ozokeritotherapy
Парафинолечение	172	Paraffin therapy
ЭЛЕКТРОЛЕЧЕНИЕ	172	ELECTROTHERAPY
Импульсные токи низкого напряжения и низкой частоты	172	Pulsed current of low tension and frequency
[Лекарственный] электрофорез	172	Electrophoresis
Токи высокой частоты	173	High frequency current

ОБЩИЙ УХОД ЗА БОЛЬНЫМ	173	**GENERAL CARE OF THE PATIENT**
ГИГИЕНИЧЕСКАЯ ПРОЦЕДУРА	173	HYGIENIC PROCEDURE
ВАННА	173	BATH
ТУАЛЕТНАЯ КОМНАТА	173	TOILET ROOM
СУДНО	173	BEDPAN
КОРМЛЕНИЕ БОЛЬНОГО	174	FEEDING A PATIENT
ПИТАНИЕ	174	DIET
ПИЩА	174	FOOD
ЛЕЧЕБНАЯ МАНИПУЛЯЦИЯ	174	THERAPY MANIPULATION
ГРЕЛКА	175	HEATER
ИНЪЕКЦИЯ	175	INJECTION
КЛИЗМА	175	ENEMA
КОМПРЕСС	176	COMPRESS
ОКСИГЕНОТЕРАПИЯ	176	OXYGENOTHERAPY
ТЕРМОМЕТРИЯ	176	THERMOMETRY
ТЕМПЕРАТУРА	176	TEMPERATURE
ПАЛАТА	177	**WARD**
ОСНАЩЕНИЕ ПАЛАТЫ	177	WARD FACILITIES
КРОВАТЬ	177	BED
ПОСТЕЛЬ	177	BED
РЕЖИМ	178	**REGIME**
ПОЛОЖЕНИЕ БОЛЬНОГО В ПОСТЕЛИ	178	PATIENT'S POSITION IN BED
УХОД [ЗА БОЛЬНЫМ]	178	CARE [OF A PATIENT]

ЛЕЧЕНИЕ БОЛЬНОГО. ОБЩИЙ УХОД ЗА БОЛЬНЫМ

MANAGEMENT OF THE PATIENT. GENERAL CARE OF THE PATIENT

ЛЕЧЕНИЕ БОЛЬНОГО

MANAGEMENT OF THE PATIENT

ЛЕЧЕБНАЯ ФИЗКУЛЬТУРА (ЛФК)

I. активная (пассивная) лечебная физкультура
II. кабинет лечебной физкультуры
S. гимнастика
    дозированный бег
    дозированная гребля
    дозированная ходьба
    дозированное хождение на лыжах
    массаж
    подвижные игры
    спортивные игры
    физические упражнения
        общие (специальные) физические упражнения

ГИМНАСТИКА

I. корригирующая гимнастика
    лечебная гимнастика

    утренняя гигиеническая гимнастика, зарядка

МАССАЖ

I. аппаратный массаж
    вакуумный массаж, пневмомассаж
    вибромассаж

    гигиенический массаж
    глубокий массаж
    гидромассаж
    классический массаж
    лечебный массаж
    местный массаж
    поверхностный массаж
    подводный массаж
    ручной массаж
    сегментарно-рефлекторный массаж
    спортивный массаж
    точечный массаж
II. вибрация при массаже

    поглаживание при массаже
    поколачивание при массаже
    разминание при массаже
    растирание при массаже
S. массажист(ка)
III. делать массаж, массировать
    прекратить массаж
    проводить массаж

EXERCISE [THERAPY], REMEDIAL GYMNASTICS, REMEDIAL EXERCISES

I. active (passive) exercise
II. exercise [therapy] room
S. gymnastics
    dosaged running
    dosaged rowing
    dosaged walking
    dosaged skiing

    massage
    outdoor games
    sports
    physical exercise[s]
        general (special) physical exercise[s]

GYMNASTICS

I. correcting gymnastics
    medical/therapeutic gymnastics
    morning hygienic gymnastics, morning exercise

MASSAGE

I. mechanical massage
    vacuum massage, pneumomassage
    vibromassage, vibratory massage
    hygienic massage
    deep massage
    hydromassage
    classical massage
    therapeutic/medical massage
    local massage
    superficial massage
    underwater massage
    manual massage
    segmentary-reflex massage

    sport[ing] massage
    nerve-point massage
II. vibration while doing massage
    stroking massage
    tapping massage
    petrissage/kneading massage
    rubbing massage
S. masseur (masseuse)
III. to massage, to do massage
    to discontinue massage
    to do massage

ЛЕЧЕНИЕ, ТЕРАПИЯ

TREATMENT, MANAGEMENT, THERAPY

I. амбулаторное лечение
консервативное лечение
курортное/санаторно-курортное/санаторное лечение
оперативное лечение
патогномоничное/надлежащее/соответствующее лечение
последующее повторное лечение
правильное лечение
принудительное лечение
профилактическое лечение
радикальное лечение
самолечение
симптоматическое лечение

стационарное лечение

терапевтическое лечение
хирургическое лечение
эффективное лечение
II. вид лечения
курс лечения

лечение выбора
метод лечения
отмена лечения
показания для лечения
реакция/ответ на лечение

режим лечения
С. выздоровление
долечивание
наблюдение за больным

обход [больных] врачом
III. вылечить, излечить
добиться окончательного излечения
лечить
  лечить консервативно (оперативно)

лечиться

  лечиться в домашних условиях
  лечиться по поводу...
  лечиться самому
назначить лечение
  назначить соответствующее лечение

I. out-patient treatment
conservative treatment
resort/sanatorium-resort/sanatorium therapy
operative treatment
pathognomonic/due/appropriate treatment
aftertreatment, subsequent treatment
adequate treatment
forced/compulsory therapy
preventive treatment
radical treatment
selftreatment
symptomatic/expected treatment
hospital/institutional treatment
medical **treatment/therapy**
surgical treatment
effective treatment
II. **form/kind** of treatment
course of treatment, period of treatment, treatment
treatment of choice
method of treatment
withdrawal of treatment
indications for treatment
reaction/response to treatment
regime [n] of treatment
S. recovery, convalescence
after-care
observation of the patient, supervision over the patient
doctor's **round/visit**
III. to get a patient cured, to cure
to make a complete cure,
to secure a lasting cure
to treat, to manage
  to treat conservatively (surgically), to give conservative (surgical) treatment
to be treated, to be on treatment, to receive treatment
  to be on home treatment

  to be treated for...
  to medicate oneself
to **order/prescribe** treatment
  to order an appropriate treatment

162

отвечать/реагировать на лечение	to respond to treatment
переносить плохо (хорошо) лечение	to tolerate treatment badly (well)
подкреплять лечение	to **supplement/support** treatment
проводить лечение	to administer therapy
соблюдать режим лечения	to follow regime[n] of treatment

ВЫЗДОРОВЛЕНИЕ [БОЛЬНОГО] / RECOVERY, CONVALESCENCE

I. неполное (полное) выздоровление	I. incomplete (complete) recovery
С. выздоравливающий [больной]	S. convalescent patient
III. выздоравливать	III. to recover
выздороветь, поправиться	to be well again, to get well, to recover
ускорить выздоровление	to hasten recovery

КУРС ЛЕЧЕНИЯ / COURSE OF TREATMENT, PERIOD OF TREATMENT

I. полный курс лечения	I. complete course of treatment
III. предписать курс лечения	III. to prescribe a course of treatment
прервать курс лечения	to interrupt the course of treatment
провести курс лечения	to give a course of treatment
пройти курс лечения	to undergo a course of treatment

НАБЛЮДЕНИЕ ЗА БОЛЬНЫМ / OBSERVATION OF THE PATIENT, SUPERVISION OVER THE PATIENT

I. врачебное наблюдение	I. medical **supervision/observation**
повседневное наблюдение	daily observation
II. наблюдение за больным после выписки из больницы	II. follow-up of a patient
III. находиться под наблюдением больницы (врача)	III. to be under hospital (doctor's) supervision

ОБХОД [БОЛЬНЫХ ВРАЧОМ] / DOCTOR'S ROUND, DOCTOR'S VISIT

I. дневной обход	I. day round
ночной обход	night round
утренний обход	morning round
II. обход палат	II. ward round
на обходе	on round
III. идти на обход	III. to go on a round

ТЕРАПИЯ / THERAPY

I. антибиотикотерапия	I. antibiotic treatment
интенсивная антибиотикотерапия	intensive antibiotic treatment

гормональная терапия	hormone therapy, hormonotherapy
дезинтоксикационная терапия	**disintoxication/detoxication** therapy
десенсибилизирующая терапия	desensitizing therapy
диетотерапия, лечебное питание	diet therapy
заместительная терапия	**substitution/replacement** therapy
иглотерапия, иглоукалывание, акупунктура	acupuncture
иммунодепрессивная терапия	immunodepressive therapy
инсулинотерапия	insulin therapy
интенсивная терапия	intensive therapy
кислородная терапия, оксигенотерапия	oxygenotherapy
консервативная терапия	conservative therapy
лекарственная терапия	**medicinal/drug** therapy
лучевая терапия	radiotherapy
неотложная/ургентная терапия	urgent therapy
парафинотерапия	paraffin therapy
патогенетическая терапия	pathogenetic therapy
общеукрепляющая терапия	general improving health therapy
пенициллинотерапия	penicillin therapy
поддерживающая терапия	**maintenance/supportive** therapy
противовоспалительная терапия	antiinflammatory therapy
радиотерапия, лучевая терапия	radiotherapy
рациональная терапия	rational therapy
рентгенотерапия	X-ray therapy
рефлексотерапия, рефлекторная терапия	reflex therapy
стероидная терапия	steroid therapy
стимулирующая терапия	stimulating therapy
судорожная терапия	convulsive therapy
физиотерапия	physical therapy, physiotherapy
химиотерапия	chemotherapy
цитостатическая терапия	cytostatic therapy
этиотропная терапия	etiotropic therapy
II. терапия сном	II. treatment by sleep, sleep therapy

ДИЕТОТЕРАПИЯ, ЛЕЧЕБНОЕ ПИТАНИЕ

DIET THERAPY

C. диета
   диетический стол, стол лечебного питания

S. diet
   dietary menu

ДИЕТА

DIET

I. безбелковая диета
   белковая диета
   бессахарная диета

I. protein-free diet
   protein diet
   sugar-free diet

бессолевая диета	salt-free diet
высокобелковая диета	high-protein diet
высококалорийная диета	high-calorie diet
гипоаллергенная диета	hypoallergic diet
гипонатриевая диета	low-sodium diet
голодная диета	fasting diet
диабетическая диета	diabetic diet
жидкая диета	liquid diet
жировая диета	fatty diet
калиевая диета	potassium diet
контрастная/зигзагообразная диета	**contrast/zigzag** diet
легкая диета	**light/soft** diet
магниевая диета	magnesium diet
молочная диета	milk diet
молочно-кислая диета	sour-milk diet
низкокалорийная диета	low-calorie diet
овощная диета	vegetable diet
окисляющая диета	oxidizing diet
ощелачивающая диета	alkalizing diet
разгрузочная диета	fasting diet
редуцированная диета	reduced diet
сбалансированная диета	balanced diet
строгая диета	**strict/rigid** diet
углеводистая диета	carbohydrate diet
высокоуглеводистая диета	high-carbohydrate diet
с низким содержанием белка	with low protein content
щадящая диета	sparing diet
элиминационная диета	elimination diet

II. диета Балинта — II. Balint's diet
диета Джованетти — Giovanetti's diet
диета Мейленграхта — Meulengracht's diet
диета с большим содержанием белка — high-protein diet

диета со строгим учетом воды — water balance diet

C. врач по диетпитанию, диетолог — S. dietarian, dietician

голодание — starvation, fasting
голодные/разгрузочные дни — fasting days
разгрузочные полуголодные дни — **fasting/semi-fasting** days

   белковые (мясные, рыбные, фруктовые) разгрузочные дни —   protein (meat, fish, fruit) fasting days

сестра по диетпитанию — dietary sister

III. находиться на диете — III. to be on a diet
назначать диету — to **order/administer** a diet
подобрать диету — to **choose/select** a diet
прописать диету — to prescribe a diet
соблюдать диету — to follow a diet, to keep to a diet

ДИЕТИЧЕСКИЙ СТОЛ, СТОЛ ЛЕЧЕБНОГО ПИТАНИЯ

DIETARY MENU

I. белково-жировой диетический стол — I. protein-fatty dietary menu

общий рациональный диетический стол	general rational dietary menu
разнообразный диетический стол без ограничений	variable diet without restriction
смешанный диетический стол с ограничениями	mixed diet with restriction
щадящий диетический стол	sparing dietary menu

ЛЕКАРСТВЕННАЯ ТЕРАПИЯ / DRUG THERAPY

C. аптека
   лекарство(а), лекарственное(ый,ые) средство(а)/препарат(ы)

S. pharmacy, chemist's [shop]
   drug(s), medicine(s), medicinal **remedy (remedies)/substance(s)/preparation(s)**

АПТЕКА / PHARMACY, CHEMIST'S [SHOP]

I. дежурная аптека
C. агент по распространению лекарств*
   аптекоуправление
   отдел ручной продажи
   провизор
   рецепт
   рецептурный отдел
   фармацевт

   фармацевтический справочник

III. отпускать лекарство

   приготавливать (фасовать) лекарство(а)

I. pharmacy on duty
S. agent to distribute drugs*

   Board of Pharmacy
   chemist's department
   pharmacist
   prescription
   prescription department
   pharmacist, chemist, dispenser
   pharmaceutical directory

III. to dispense **drugs/medicines**, to deliver prescriptions
   to prepare (dispense) medicine(s)

Рецепт / Prescription

I. взрослый (детский) рецепт

C. инструкция для больного
   личная печать врача

   подпись врача
   рецепт (*пропись*)
     возьми
   рецептурный бланк, рецепт

   указания фармацевту (*дай, смешай поровну, сколько необходимо*)

III. выписать рецепт
   подписывать рецепт

I. adult (ad.) (infant (inf.) prescription
S. instruction for a patient
   doctor's **private/personal** seal
   doctor's signature
   formula (f)
     R., Rx recipe, take
   prescription **form/blank**, prescription
   direction to a pharmacist (*send, mix ana(aa), sufficient quantity/quantum sufficit (Q.S.)*)

III. to write out a prescription
   to sign a prescription

Фармацевтический справочник / Pharmaceutical directory

C. Британская национальная рецептурная книга

S. British National Formulary (B.N.F.)

Британская фармакопея	British Pharmacopoeia (B.P.) (B.Ph.)
Британский фармацевтический сборник	British Pharmaceutical Codex (B.P.C.)
Государственная фармакопея СССР	State Pharmacopoeia of the Union of Soviet Socialist Republics (S.Ph. of the USSR)
Фармакопея США	United States Pharmacopoeia (U.S.P.)

ЛЕКАРСТВО(А), ЛЕКАРСТВЕННОЕ(ЫЙ, ЫЕ) СРЕДСТВО(А)/ ПРЕПАРАТ(Ы)

DRUG(S), MEDICINE(S), MEDICINAL REMEDY (REMEDIES), MEDICINAL SUBSTANCE(S), MEDICINAL PREPARATION(S)

I. антиаритмическое лекарственное средство	I. antiarrhythmic remedy
анорексигенное лекарственное средство	anorexigenic remedy
болеутоляющее лекарственное средство	pain **reliever/killer**, analgesic
вяжущее лекарственное средство	astringent
гипотензивное лекарственное средство	hypotensive remedy
готовое лекарственное средство	ready-to-use remedy
дегидратационное лекарственное средство	dehydration remedy
домашнее лекарственное средство	**home/domestic** remedy
жаропонижающее лекарственное средство, антипиретик	antipyretic
желчегонное лекарственное средство	cholagogue
мочегонное/диуретическое лекарственное средство, диуретик	diuretic
отхаркивающее лекарственное средство	expectorant
патентованное лекарственное средство	patent medicine, proprietory remedy
противовоспалительное лекарственное средство	anti-inflammatory agent
противоглистное лекарственное средство	vermifuge
противозачаточное лекарственное средство	contraceptive
противомалярийное лекарственное средство	antimalarial remedy
противорвотное лекарственное средство	antiemetic
противосудорожное лекарственное средство	anticonvulsant remedy
противотуберкулезное лекарственное средство	antituberculous remedy
седативное лекарственное средство	sedative

сердечно-сосудистое лекарственное средство	cardiovascular medicine
сильнодействующее лекарственное средство	potent medicine
слабительное лекарственное средство	purgative
легкое слабительное лекарственное средство	laxative, aperient
снотворное лекарственное средство	hypnotic, sleeping pill
сосудорасширяющее лекарственное средство	vasodilator
спазмолитическое лекарственное средство	antispasmodic
тонизирующее лекарственное средство	tonic
успокаивающее лекарственное средство	tranquilizer
ядовитое лекарственное средство, яд	poison
II. действие лекарственного средства	II. action of a drug, drug **action/effect**
побочное действие лекарственного средства	adverse effect of a drug
терапевтическое действие лекарственного средства	therapeutic action of a drug
доза лекарственного средства	dose of a drug, drug dose
лекарственное средство для внутреннего (наружного) применения	drug for internal (external) use
лекарственное средство, понижающее содержание сахара в крови	hypoglycemic agent
лекарственное средство, стимулирующее центральную нервную систему	agent stimulating CNS
противопоказания к применению лекарственного средства	contraindications for intake of a drug
скорость введения лекарственного средства	rate of administering a drug, infusion rate
толерантность к лекарственному средству, способность переносить лекарственное средство	tolerance to a drug
отсутствие толерантности к лекарственному средству	intolerance to a drug, absence of tolerance to a drug
широко применяемое лекарственное средство	widely used drug
C. лекарственная форма	S. medicinal form
III. быть противопоказанным (*о лекарственном средстве*)	III. to be contraindicated (*of a drug*)
вводить лекарство внутривенно	to administer a drug intravenously (I/V)
вводить лекарство внутримышечно	to administer a drug intramuscularly (I/M)
вводить лекарство местно	to administer a drug **locally/topically**

вводить лекарство подкожно	to administer a drug subcutaneously (sub. Q)
взбалтывать лекарство	to shake a **drug/medicine**
втирать лекарство в...	to rub a drug into...
достать/купить лекарство	to **get/buy** a **drug/medicine**
назначить лекарство	to **order/administer/prescribe** a drug
переносить лекарство плохо (хорошо)	to tolerate a **medicine/drug** badly (well)
помогать (*о лекарстве*)	to help, to be of **help/value** (*of a drug*)
применять лекарство местно	to use a **drug/medicine locally/topically**
принимать лекарство во время еды	to take a drug with **food/meals**, to ingest a medicine with **food/meals**
принимать лекарство до (после) 12 часов дня	to take a drug ante (post) meridiem
принимать лекарство каждый час	to take a drug **every hour/hourly**
принимать лекарство натощак	to take a drug on an empty stomach
принимать лекарство перед едой	to take a drug before meals (a.c.)
принимать лекарство перорально/внутрь	to take a drug **orally/per os**
принимать лекарство по одной столовой ложке раз (два, три, четыре раза) в день	to take a drug a tablespoonful once a day (twice a day, three times a day (t.i.d), four times a day (q.i.d.)
принимать лекарство после еды	to take a drug after meals

Доза лекарственного средства

Drug dose, dosage, dose

I. безопасная доза
    большая доза
    возрастающая доза
    возрастная доза
    высшая доза
    допустимая доза
        максимально допустимая доза
    курсовая доза

    летальная/смертельная доза
    маленькая доза
    начальная доза
    низкая доза
    переносимая доза
        максимальная переносимая доза

    подпороговая доза
    полная доза
    пороговая/минимальная действующая доза

I. safe dose
    large/heavy dose
    incremental dose
    age-dependent dose
    maximum dose
    permissible dose
        maximum permissible dose
    dose for the course of treatment
    lethal dose (LD)
    small dose
    initial dose
    low dose
    tolerance dose
        maximum tolerance dose

    subliminal dose
    full dose
    threshold dose

169

разовая доза	single dose
высшая разовая доза	maximum single dose
рекомендуемая доза	recommended dose
средняя доза	**median/average** dose
суммарная доза	total dose
суточная доза	daily dose
высшая суточная доза	maximum daily dose
терапевтическая/лечебная доза	**therapeutic/medical** dose
токсическая доза	toxic dose
эффективная доза	effective dose

C. дозировка лекарства
  грамм
  единица
    международная единица
  кубический сантиметр
  литр
  миллиграмм
  микрограмм
  передозировка лекарства
  унция

III. дозировать лекарственное вещество
  передозировать лекарство
  повышать (понижать) дозу

S. drug dosage
  gram [me] (gr)
  unit
    International Unit
  cubic centimetre (cc)
  liter, litre (l)
  milligram [me] (mg)
  microgram [me]
  overdosage of **medicine/drug**
  ounce

III. to dose [out] a medicinal substance
  to overdose a drug
  to increase (to **lower/reduce**) a dose

Лекарственная форма

C. капли
  линимент
  мазь
  микстура
  настойка
  отвар
  пилюля
    обезболивающая пилюля
  порошок
    сложный порошок
  присыпка
  раствор
  свеча
  сироп
  суспензия
  таблетка
  комбинированная таблетка
  таблетка, покрытая оболочкой
  упаковка лекарства (*ампула, капсула, флакон*)

III. растирать лекарство в порошок

Medicinal form

S. drops
  liniment
  ointment, embrocation
  mixture
  tincture
  decoction
  pill
    pain-relieving pill
  powder
    compound powder
  dust, powder
  solution
  suppository
  syrup
  suspension
  tablet (tab.)
  combined tablet
  coated tablet

  drug package (*ampoule/ampul, capsule, phial/bottle/vial*)

III. to triturate a drug into powder, to powder drug

ФИЗИОТЕРАПИЯ

C. водолечение

PHYSICAL THERAPY

S. balneotherapeutics, hydrotherapy

светолечение	light treatment, heliotherapy
теплолечение	thermotherapy
ультразвук	ultrasound, ultrasonics
ультразвуковой вибратор	ultrasonic vibrator
электролечение	electrotherapy

ВОДОЛЕЧЕНИЕ	BALNEOTHERAPEUTICS, HYDROTHERAPY
C. ванна(ы)	S. bath(s)
водные процедуры	hydrotherapeutic procedures
душ	douche

Ванна(ы) / Bath(s)

I. газовые углекислые ванны	I. carbon dioxide baths
грязевые ванны	**mud/moor** baths
жемчужные ванны	pearl baths
контрастные ванны	contrast baths
общие ванны	general baths
радоновые/радиоактивные ванны	**radon/radioactive** baths
рапные ванны	salt-water baths
сероводородные ванны	sulfurated hydrogen baths
соляные ванны	salty baths
хвойные ванны	pine baths
щелочные ванны	alkaline baths

Водные процедуры / Hydrotherapeutic procedures

I. закаливающие водные процедуры	I. tempering hydrotherapeutic procedures
C. обливание	S. sponging down
обтирание	wiping

Душ / Douche

I. веерный душ	I. fan douche
игольчатый душ	needle-shaped douche
восходящий/промежностный душ	**ascending/perineum douche/shower**
струевой душ, душ Шарко	Charcot's douche
циркулярный/круговой душ	circular douche
шотландский душ	scotch douche

СВЕТОЛЕЧЕНИЕ	LIGHT TREATMENT, HELIOTHERAPY
C. инфракрасное облучение	S. infra-red radiation
лампа накаливания	**glow/filament** lamp
лампа соллюкс	solar lamp
ртутно-кварцевая лампа	quartz-mercury lamp
ультрафиолетовое облучение	ultraviolet radiation

ТЕПЛОЛЕЧЕНИЕ	THERMOTHERAPY
C. грязелечение	S. fangotherapy, mudtherapy

озокеритолечение
парафинолечение

Грязелечение, пелоидолечение

C. [лечебные] грязи, пелоиды
грязевые аппликации
грязелечебница

[Лечебные] грязи, пелоиды

I. иловые [лечебные] грязи
радоновые [лечебные] грязи, радиоактивные [лечебные] грязи
торфяные [лечебные] грязи

Озокеритолечение

C. лепёшка озокерита
озокерит

Парафинолечение

C. парафин
парафиновая аппликация
парафиновая ванна

ЭЛЕКТРОЛЕЧЕНИЕ

C. гальванизация
импульсные токи низкого напряжения и низкой частоты
[лекарственный] электрофорез
токи высокой частоты

Импульсные токи низкого напряжения и низкой частоты

C. диадинамические токи, токи Бернара
тетанизирующий ток
экспоненциальный ток
электростимуляция

[Лекарственный] электрофорез, ионогальванизация

I. общий [лекарственный] электрофорез по Вермелю
II. электрофорез витамина B₁ эндоназально
C. гальванический воротник
электрод
матерчатая прокладка электрода

ozokeritotherapy
paraffin therapy

Fangotherapy, mudtherapy, pelotherapy

S. mud, fango
mud poultice applications
mud-baths

Mud, fango

I. silt mud
radon mud, radioactive mud

peat mud

Ozokeritotherapy

S. ozokerite **pastil/tablet**
ozokerite

Paraffin therapy

S. paraffin
paraffin wax application
paraffin bath

ELECTROTHERAPY

S. galvanization
pulsed current of low tension and frequency
[drug] electrophoresis
high frequency current

Pulsed current of low tension and frequency

S. diadynamic current by Bernard

tetanizing current
exponential current
electrostimulation

Electrophoresis, ion-galvanization

I. general [drug] electrophoresis by Wermel
II. vitamin B₁ electrophoresis endonasally
S. galvanic collar
electrode
electrode cloth padding

Токи высокой частоты

C. дарсонвализация
    общая дарсонвализация,
    индуктотерапия
  диатермия, термопенетрация, электропенетрация, электротранстермия, эндотермия
  индуктометрия
  микроволновая терапия
  УВЧ-терапия
  франклинизация, статистический душ, общий электростатический душ

ОБЩИЙ УХОД ЗА БОЛЬНЫМ

ГИГИЕНИЧЕСКАЯ ПРОЦЕДУРА

C. ванна
  душ
    гигиенический душ
  ножницы для стрижки волос (ногтей)
  плевательница
  поильник
  предметы ухода
  туалетная комната

III. мыть ноги (голову)
  подстригать волосы (ногти)
  принимать ванну (душ)
  подмывать больного(ую)
  протирать кожу [дезинфицирующим раствором]

ВАННА

I. гигиеническая ванна
   сидячая ванна

ТУАЛЕТНАЯ КОМНАТА

C. биде
   писсуар
   судно
   умывальник
   унитаз

СУДНО

I. надувное резиновое судно
   подкладное судно
   судно «утка», мочеприемник для мужчин

Hing frequency current

S. darsonvalization
    inductotherapy

  diathermy, thermopenetration, electropenetration, endothermy

  inductometry
  microwave therapy
  U.H.F.-therapy
  franklinization, static shower

GENERAL CARE OF THE PATIENT

HYGIENIC PROCEDURE

S. bath
  shower
    hygienic shower
  hair (nail) clippers

  spittoon
  drinking bowl
  articles/items of care
  toilet room, water-closet (W.C.)

III. to wash **legs/feet** (head)
  to clip hair (nails)
  to take a bath (shower)
  to wash a patient intimately
  to **wipe/rub** down skin [with a disinfecting solution]

BATH

I. hygienic bath
   sitting bath

TOILET ROOM, WATER-CLOSET (W.C.)

S. bidet
   urinal
   bedpan
   washstand
   lavatory pan

BEDPAN

I. inflated rubber bedpan
   bed-slipper
   bedpan [for male patients]

КОРМЛЕНИЕ БОЛЬНОГО

C. питание
пища
III. кормить больного [с ложечки]

ПИТАНИЕ

I. витаминизированное питание
дополнительное питание

искусственное питание
искусственное питание через зонд (операционный свищ, питательную клизму)
лечебное питание, диетотерапия
парентеральное питание
полноценное питание
рациональное питание
сбалансированное питание
трех (четырех)разовое питание
усиленное питание
II. продукты питания
режим питания, диета

ПИЩА

I. горячая (холодная) пища
калорийная пища
качественная пища
свежая пища
«тяжелая» пища
II. прием пищи
форма приготовления пищи
C. порционник-меню
суточный рацион
калорийность суточного рациона

ЛЕЧЕБНАЯ МАНИПУЛЯЦИЯ

C. антропометрия, измерение человеческого тела
бужирование
бужирование мочеиспускательного канала
бужирование пищевода
венепункция
взвешивание
медицинские весы
отрегулировать весы
газоотведение
газоотводная трубка

FEEDING A PATIENT

S. diet, nutrition
food
III. to feed a patient [from a spoon]

DIET, NUTRITION

I. high-vitamin diet
supplemental feeding, dietary supplement, extra food, supplementary feeding
artificial **feeding/nutrition**
artificial feeding through a tube (via operative fistula, by nourishing enema)
dietetics, dietetic **therapy/treatment**
parenteral **feeding/nutrition**
full value diet
rational diet
balanced diet
three (four) times a day diet
intensified nutrition
II. foodstuffs, food products
dietary regime[n], diet

FOOD

I. hot (cold) food
high-calorie food
high quality/good food
fresh/newly cooked food
"heavy" food
II. food taking
mode of cooking food
S. calculator's list
daily ration
caloric **value/content** of the daily ration

THERAPY MANIPULATION, MEDICAL MANIPULATION

S. anthropometry

bougienage
bougienage of the urethral canal
dilation of the esophagus
venepuncture
weighing
medical **spring/balance**
to adjust balance
conducting gas away
flatus/gas-conducting tube

грелка	heater
горчичники	mustard plasters
горчичные ванны	mustard baths
дуоденальное зондирование	duodenal **intubation/probing**
дуоденальный зонд	duodenal **tube/probe**
олива	[probing] olive
измерение артериального давления	taking arterial pressure, determination of arterial pressure
измерение жизненной емкости легких, спирометрия	spirometry
спирометр	spirometer
измерение окружности грудной клетки	measuring the circumference of the thorax
инъекция, впрыскивание, «укол»	injection, "shot"
катетеризация мочевого пузыря	catheterization of the urinary bladder
катетер	catheter
клизма	enema, clyster
компресс	compress
медицинские банки	cups, cupping glasses
медицинские пиявки	medicinal leeches
оксигенотерапия	oxygenotherapy
промывание желудка	gastric lavage, stomach wash out
желудочный зонд	gastric tube (GT)
пузырь для льда	ice-bag
термометрия	thermometry
III. промывать желудок	III. to give somebody a stomach wash out
ставить банки (горчичники)	to apply cupping glasses (mustard plasters)
ставить газоотводную трубку	to **introduce/pass** a flatus tube

ГРЕЛКА

HEATER

I. водяная грелка
   резиновая грелка
   электрическая грелка

I. hot water **bottle/bag**
   rubber heater
   electric pad

ИНЪЕКЦИЯ, ВПРЫСКИВАНИЕ, УКОЛ

INJECTION, "SHOT"

I. внутривенная инъекция
   внутрикожная инъекция
   внутримышечная инъекция
   подкожная инъекция
C. шприц
III. делать инъекцию

I. intravenous (I/V) injection
   intradermal injection
   intramuscular (I/M) injection
   subcutaneous injection
S. syringe
III. to give an injection

КЛИЗМА

ENEMA, CLYSTER

I. гипертоническая/солевая клизма
   капельная клизма

I. **hypertonic/salt** enema
   rectal enema

контрастная клизма
  лекарственная клизма

  масляная клизма
  микроклизма
  очистительная клизма
  питательная клизма
  послабляющая клизма
  сифонная клизма
II. наконечник для клизмы
C. кружка Эсмарха
III. делать/ставить клизму

КОМПРЕСС

I. влажный компресс
  горячий компресс
  масляный компресс
  полуспиртовой компресс
  согревающий компресс
  сухой компресс
  холодный компресс

ОКСИГЕНОТЕРАПИЯ

C. кислород
  кислородная подушка
III. давать кислород непрерывно

  давать кислород через носовой катетер (в палатку)
  наполнять кислородную подушку

ТЕРМОМЕТРИЯ

C. температура
  температурная кривая
  температурный листок
  термометр
    показания термометра
III. поставить термометр под мышку (в ротовую полость, в прямую кишку)
  просматривать температурный листок

ТЕМПЕРАТУРА

I. высокая температура
  гектическая температура/лихорадка
  низкая температура
  нормальная температура
  пиретическая температура

  ремиттирующая температура
  субнормальная температура

  contrast enema
  drug/medicinal/medicamentous enema
  oil enema
  small enema
  cleansing enema
  nutrient enema
  aperient enema
  siphon enema
II. cannula for enema
S. Esmarch's irrigator
III. to **give/administer** an enema

COMPRESS

I. wet compress
  hot compress
  oily compress
  semi-spirituous compress
  applying heat compress
  dry compress
  cold compress

OXYGENOTHERAPY

S. oxygen
  oxygen cushion
III. to administer oxygen continuously
  to administer oxygen by a nasal tube (into a tent)
  to inflate an oxygen cushion

THERMOMETRY

S. temperature, fever
  temperature curve
  temperature chart
  thermometer
    thermometer readings
III. to insert a thermometer **under**/in the arm-pit (into the oral cavity, into the rectum)
  to **look through**/**review** the temperature chart

TEMPERATURE, FEVER

I. high temperature
  hectic **temperature**/**fever**

  low temperature
  normal temperature
  pyre[**c**]**tic**/**pyrexial**/**feverish** temperature
  remittent temperature
  subnormal temperature

субфебрильная температура	subfebrile temperature
фебрильная/гиперпиретическая температура	**febrile/hyperpyretic** temperature
II. падение температуры	II. fall in temperature
критическое падение температуры	crisis
постепенное падение температуры	lysis
повышение температуры	temperature **rise/elevation**, rise in temperature
температура тела	body temperature
III. измерять температуру	III. to **take/register** temperature
«сбить» температуру	to **bring/keep** the fever down

ПАЛАТА

WARD, ROOM

I. больничная палата
послеоперационная палата

послеродовая палата
предродовая палата
терапевтическая палата
хирургическая палата
II. оснащение палаты
палата первого (второго, третьего) класса *
палата интенсивной терапии
III. переводить больного из палаты в палату
проветривать палату
убирать палату

I. [hospital] **ward/room**
postoperative ward, recovery room (RR)
postnatal ward
prenatal ward
medical/therapeutic ward
surgical ward
II. ward facilities
first (second, third) class ward *
Intensive Care Unit (ICU)
III. to transfer a patient from ward to ward
to air a ward
to clean a ward

ОСНАЩЕНИЕ ПАЛАТЫ

WARD FACILITIES

C. кровать
постель
прикроватный столик
передвижной прикроватный столик
тумбочка

S. bed
bed
bedside table
mobile bedside table

night-table, bed-table

КРОВАТЬ

BED

I. универсальная кровать для рожениц
функциональная кровать
II. изголовье кровати
ножной (головной) конец кровати
ролики для передвижения кровати
сетка на кровати
C. подголовник

I. universal labor bed

functional bed
II. bed-head
foot (head) end of the bed, bed-foot (bed-head)
bed castors

bed-spring
S. head **support/rest**

ПОСТЕЛЬ

BED

C. комплект чистого белья

S. clean linen supply

матрац	mattress
наволочка	pillow-case
наматрасник	mattress-case
одеяло	blanket
пододеяльник	blanket **cover/slip**
подушка	pillow
полотенце	towel
постельное бельё	bedclothes
постельные принадлежности	bedding, bedclothes
простыня	sheet
нижняя простыня	bottom sheet
III. перестелить постель, сменить постельное бельё	III. to make the bed over, to change bedclothes, to lay new bedclothes, to give clean linen [to a patient]

РЕЖИМ

REGIME

I. амбулаторный режим	I. **ambulant/ambulatory** regime
полупостельный режим	semi-strict bed rest
постельный режим	bed **rest/regime**, rest in bed
строгий постельный режим	strict bed regime
санаторный режим	sanatorium regime
II. режим дня	II. daily **regime/routine**
режим питания	diétary regime, diet
C. лежачий больной	S. recumbent patient
положение больного в постели	patient's position in bed
ходячий больной	**walking/ambulant** patient
III. держать больного на постельном режиме	III. to keep a patient at rest
отменить больному постельный режим	to get a patient out of bed
сажать больного в кровати	to help a patient to sit [down] in bed
сесть в кровати, опираясь на подушки (*о больном*)	to sit in bed leaning upon pillows (*of a patient*)
соблюдать [постельный] режим	to follow [bed] regime, to observe bed rest, to keep to bed, to keep one's bed

ПОЛОЖЕНИЕ БОЛЬНОГО В ПОСТЕЛИ

PATIENT'S POSITION IN BED

I. активное положение больного в постели	I. active patient's position in bed
вынужденное положение больного в постели	forced patient's position in bed
пассивное положение больного в постели	passive patient's position in bed
C. положение лёжа	S. recumbent position, recumbency
положение полусидя	semi-sitting position

УХОД [ЗА БОЛЬНЫМ]

CARE [OF A PATIENT], NURSING A PATIENT

I. надлежащий уход	I. due care

особый уход
послеоперационный уход
плохой (хороший) уход
предоперационный уход
II. уход за больным, находящимся на постельном режиме

C. дежурство у постели больного
круглосуточное дежурство у постели больного
индивидуальный сестринский пост
III. навещать больного

ухаживать за больным

special care
postoperative care
poor (good) nursing
preoperative care
II. bedside nursing

S. duty at a patient's bedside
round-the-clock duty at a patient's bedside
individual sister's post
III. to **visit/come to see** a patient
to **attend/give care to** a patient, to **sit/watch** at a patient's bedside

Какая у вас сегодня температура?

Когда вам измеряли температуру?

Температура стала нормальной (немного повышена, не снижается)?

Температура... 36,6° Цельсия, 103° по Фаренгейту

Вы выполняете все мои указания?

Скоро вам станет лучше

Всё будет хорошо

Вам сейчас не следует курить

Старайтесь больше спать

Много не ходите

Вам нельзя вставать с постели

Вам полезны прогулки на свежем воздухе

Вам лучше лечь в постель

Выздоравливайте

Не сидите в постели

Не вставайте с постели, не ходите [много]

Старайтесь периодически поворачиваться в постели

Делайте дыхательную гимнастику

What's your temperature today?

When was your temperature taken?

Has your temperature returned to normal (is it up a bit, is it not down)?

The temperature is 36,6 °C (on the Centigrade scale), 103 °F (on the Fahrenheit scale)

Are you following all my instructions?

You will feel better soon

Everything will be all right

You should not smoke at present

Try to sleep more

Don't walk much

You must stay in bed

Out-of-door walking is good for you

You'd better get to bed

Get well soon

Don't sit up in bed

Don't get out of bed, don't walk [much]

Try to turn over in bed periodically

Do breathing exercises

Вы должны соблюдать постельный режим (диету)	You have to stay in bed (follow a diet)
Для нормализации работы кишечника вам нужно придерживаться правильной диеты	You must keep to a regular diet so that your bowels will act normally
Вы должны употреблять легкоусвояемую, высококалорийную пищу с ограничением жидкости и соли	You must eat easily digestible, high-calorie food with limited liquid and salt
Потребляйте пищу богатую витаминами	Eat food rich in vitamins
Ваша диета должна быть обычной	You must eat normally
Ограничьте потребление мучных изделий, картофеля, сахара	Restrict your intake of farinaceous foods, potatoes, sugar
Вам назначили новую диету	You have been given a new diet
Я назначу вам диету с низким содержанием жиров и углеводов	I'll prescribe a low-fat and low-carbohydrate diet for you
Сегодня вы на легкой диете	Today you stay on a light diet
Придерживайтесь строгой диеты	Maintain a strict diet
Жирное мясо вам вредно	Fatty meat is not good for you
Не добавляйте соль в пищу. Вам соли нельзя	Don't add salt to your food. No salt
Потерпите, вам сделают укол. Это совсем не страшно. Не волнуйтесь	Bear up, we are getting an injection for you. There is nothing to be afraid of. Don't worry
Вам нельзя поднимать тяжести, выполнять тяжелую работу	You must not lift heavy weights, do heavy work
Не принимайте лекарства без назначения врача (без врачебного контроля)	Don't take drugs without a doctor's advice (except under medical supervision)
Передозировка этого лекарства вызывает неблагоприятный эффект	The overdosage of this drug is causing an untoward effect
Вы хорошо переносите новокаин?	Are you sensitive to novocain?
Это лекарство понижает кровяное давление (снимает зубную боль, уменьшает насморк)	This drug reduces blood pressure (relieves toothache, clears the nose)
Я вам выпишу анальгин (бутадион, супрастин)	I'll prescribe analginum (butadionum, suprastin) for you

Вам помогло это лекарство?	Has the drug done you good?
Какое лекарство вы принимаете?	What drug are you taking?
Продолжайте принимать то же лекарство	Go on taking the same drug
Принимаемая доза указана в рецепте	The dose to be taken is indicated in the prescription
Закажите (купите) это лекарство (мазь, капли) в аптеке [при больнице]	Order (buy) this drug (ointment, these drops) in the [hospital] pharmacy
Храните это лекарство в прохладном месте	Keep the drug in a cool place
Взбалтывайте лекарство перед употреблением	Shake the drug before use
Смажьте кожу этой мазью	Cover the skin with the ointment
В этом случае это лекарство мало чем может помочь	This drug is of limited value here
Я вам выпишу откашливающее (болеутоляющее, жаропонижающее) лекарство	I'll prescribe an expectorant (an analgesic, something to bring your temperature down)
Принимайте это лекарство по чайной (столовой) ложке два (три) раза в день до еды (после еды)	Take this drug a teaspoonful (tablespoonful) twice (three times) a day before meals (after meals)
Принимайте эти таблетки по одной каждые три (четыре) часа	Take these tablets one every three (four) hours
Запивайте это лекарство молоком	Take the drug with milk
▲ В палате душно. Проветривайте палату не менее трех раз в сутки	▲ It's stuffy in the ward. Have the ward aired not less than three times every 24 hours
Откройте фрамугу (форточку)	Open the fixed frame (small hinged window-pane)
В палатах необходима ежедневная двукратная уборка	Wards need cleaning twice a day
Допустима только влажная уборка палат	Only cleaning with water is permissible
Проветривание палат можно сочетать с уборкой	Airing of wards may be done along with ward cleaning
Следите за тем, чтобы не было сквозняка	See to it that there are no draughts
Вытрите пыль влажной тряпкой	Wipe away dust with a wet rag
Осмотрите тумбочку, холо-	Inspect the night-table, re-

дильник для выявления испорченных продуктов	frigerator to empty it of spoiled food
Вымойте пол с добавлением дезинфицирующего вещества (хлорамина)	Wash the floor adding a disinfectant (chloramine)
Положите к ногам больного поверх одеяла грелку	Put a hot water bottle on the patient's feet on top of the blanket
Хорошо укройте больного одеялом	Cover the patient with the blanket properly
Положите под ноги больного(ой) валик	Put a bolster under the patient's feet
Уложите больного(ую) в постели в положении на спине (без подушки, в положении на животе)	Place the patient in bed in a supine position (without a pillow, in a flat position on his (her) stomach)
Придайте больному(ой) возвышенное (полусидячее) положение в постели	Put the patient in an elevated (semi-sitting) position in bed
Усадите больного(ую) в постели	Make the patient sit in bed
Поверните больного(ую) в постели	Turn the patient in bed
Перестелите постель, взбейте подушку, расправьте простыню	Make the bed, shake up the pillow, spread the sheet
Смените больному(ой) рубашку	Change the patient's shirt
Опустите (приподнимите) ножной (головной) конец кровати	Lower (raise) the foot (head) end of the bed
Измерьте больному(ой) температуру	Take the patient's temperature
Дайте больному плевательницу (судно, грелку)	Will you get the patient a spittoon (bedpan, hot water bottle)?
Положите больному(ой) на голову холодный компресс	Will you apply a cold compress on the patient's head?
Поставьте горчичники на спину больного(ой)	Will you apply mustard plasters to the patient's back?
Сделайте больному(ой) сифонную клизму (клизму с ромашкой, с глицерином, с вазелиновым маслом)	Give a siphon enema (chamomile enema, enema with glycerine, enema with vaseline oil) to the patient
Дайте больному(ой) увлажненный кислород	Administer humid oxygen to the patient
Выпустите [больному] мочу катетером	Make [the patient's] urine pass away by catheter
Это тяжелый хирургический	This is a serious surgical

(терапевтический, урологический) больной	(medical, urological) case
Он (она) не может самостоятельно делать гигиенические процедуры	He (she) can't do hygienic procedures by himself (herself)
Вы должны ежедневно по утрам мыть руки и лицо больного(ой) водой комнатной температуры с мылом при помощи губки (марлевого тампона)	Every morning you must wash the patient's face and hands with water of room temperature and soap using a sponge (a gauze tampon)
Тщательно производите гигиеническую обработку кожи у этого(ой) (истощенного(ой), пожилого(ой), тучного(ой) больного(ой)	Cleanse thoroughly the skin of this (emaciated, elderly, obese) patient
Для предупреждения образования пролежней чаще поворачивайте больного(ую) в постели. Подложите под крестец (пятки) слабо надутые резиновые круги	To avoid bedsores turn the patient in bed more frequently. Put lightly inflated air rings under the sacrum (heels)
Подложите под ягодицы больного(ой) клеенку, судно	Place oil-skin, a bedpan under the patient's buttocks
Подмойте больную	Wash the patient intimately
У больного(ой) метеоризм. Дайте больному(ой) таблетку карболена. Введите в прямую кишку газоотводную трубку	The patient has meteorism. Give the patient a tablet of carbolene. Introduce a flatus tube into the rectum
Обеспечьте больному(ой) полный покой	Secure complete rest for the patient
Накормите больного(ую) с ложечки	Feed the patient from a spoon
Начните искусственное кормление больного(ой) с помощью зонда	Start feeding the patient artificially via a tube
Перед введением зонда обследуйте полость рта больного(ой)	Before introducing a tube, inspect the patient's oral cavity
Удалите зубные съемные протезы	Take out removable dentures
Причешите больную	Comb the patient's hair
Протрите кожу камфорным спиртом в области ягодиц, спины, подмышечной впадины	Rub the skin with camphor spirit in the area of the buttocks, back, arm-pits
Сестра, не спускайте глаз с этого больного(ой)	Sister, watch the patient closely
У постели этого больного(ой)	A nurse must be constantly

должен быть индивидуальный сестринский пост	at the bedside of this patient
Больному(ой) можно давать отварное мясо, куриный бульон, фруктовый сок, слизистый суп, протертую кашу, паровые котлеты	The patient may be given boiled meat, chicken soup, fruit juice, thick soup, rubbed gruel, steamed cutlets
В питании недостаточно витаминов А и Д	The diet is deficient in vitamin A and D
Больному(ой) разрешается вставать с постели (гулять только час, гулять на свежем воздухе два часа)	The patient is allowed to stand out of bed (to walk for one hour only, to walk outdoors for two hours)
Больному(ой) лучше оставаться в этом положении (лежать в постели)	The patient had better stay in this position (remain in bed)
Усиленный массаж может быть вредным для этого(ой) больного(ой)	Intensive massage can be harmful to the patient
Врач на обходе	The doctor is on his round
Этот больной(ая) должен(а) находиться под постоянным наблюдением	The patient should be under constant watch
Переведите его(ее) в палату интенсивной терапии	Transfer him (her) into ICU (Intensive Care Unit)
Направьте его (ее) в хирургическую палату «А»*	Direct him (her) to the ward Surgical "A"*
Не беспокоить! (*надпись на палате*)	Not to be disturbed! (*sign on the door of the ward*)
Результаты лечения не такие хорошие, как можно было ожидать	Response to the treatment is not as good as might be expected
После проведенного лечения у больного(ой) (не) наступило заметного(ое) улучшения(е)	After this course of treatment the patient showed (did not show) much improvement
Больной(ая) поправился (лась)	The patient has recovered
Прошу выполнять все мои назначения	I ask you to carry out all my prescriptions
Больной(ая) получает пенициллин (промедол, нистатин)?	Is the patient receiving penicillin (promedol, nystatin)?
Я рекомендую антибиотики в больших дозах (гормональные препараты)	I recommend the use of massive doses of antibiotics (hormonal preparations)
Продолжайте внутривенное введение антибиотиков широкого спектра действия	Go on [with] intravenous broad-spectrum antibiotic therapy

Можно [попытаться] применить стероидные препараты	Steroid preparations may be given
Если возникнет выраженная побочная реакция, прекратите давать это лекарство	If marked adverse reaction occurs discontinue the drug
Лечение идет медленно (успешно)	Response to therapy is slow (fast)
Больной(ая) получает надлежащее лечение	The patient receives due treatment
Больному(ой) стало лучше (хуже)	The patient got better (worse)
Больной(ая) чувствует себя хорошо (плохо)	The patient feels well (bad)
Улучшения не наступило	No improvement
Больной(ая) находится на лечении по поводу...	The patient is treated for...
Больной(ая) прошел(а) курс физиотерапии (иглотерапии, витаминотерапии)	The patient underwent a course of physiotherapy (acupuncture, vitamin therapy)
Ему(ей) стало лучше после трех курсов лечения	He (she) got better after three periods of treatment
Продолжительность курса лечения (длится) варьирует от ... дней до... недель (месяцев)	Duration of treatment varies from... days to... weeks (months)
Я полагаю, что в этом случае мы имеем дело с повышенной чувствительностью к лекарству	I think of a possible sensitivity to a drug here
В анамнезе нет сведений о приеме препаратов наперстянки?	Is there a history of receiving digitalis preparations?
Показано проведение консервативного лечения	Conservative treatment is indicated
Следует перейти на витаминотерапию	We should switch vitamin therapy
Результаты от терапии витамином B_{12} отличные	Response to vitamin B_{12} therapy is excellent
Симптомы замаскированы антибиотикотерапией	The symptoms are masked by antibiotic therapy
Состояние больного(ой) удовлетворительное	The patient's state of health is satisfacfory
Послеоперационный период протекает гладко (удовлетворительно)	The postoperative course is smooth (satisfactory)
Больной(ая) нуждается в хорошо сбалансированной диете	The patient needs a well-balanced diet

Какое лечение вы рекомендуете? Самое обычное	What treatment do you recommend? Perfectly ordinary
Я отменил(а) (назначил(а) больному(ой) постельный режим (гипотензивные средства, массаж, лечебную физкультуру)	I discontinued (ordered) bed rest (hypotensive remedies, massage, exercise therapy) for the patient
Какие лекарства принимает больной(ая)?	What drugs does the patient take?
Продолжайте те же назначения!	Go on with the same treatment!
Объясните больному(ой), как он (она) должен(а) принимать это лекарство	Explain to the patient how he (she) has to take the medicine
Для снятия болей введите подкожно 1 мл 2% раствора промедола	To relieve the pains administer subcutaneously 1 ml of 2% promedol solution
Я назначил(а) тепловые процедуры: грелку (мешочек с подогретым песком, соллюкс, аппликации озокерита, парафин)	I have ordered thermotherapeutic procedures: hot water bottle (a sack with heated sand, sollux, ozokerite applications, paraffin applications)
Препарат [обычно] хорошо переносится	The preparation is [usually] well tolerated
Препарат противопоказан при язвенной болезни желудка (бронхиальной астме)	The preparation is contraindicated in ulcerative disease of the stomach (bronchial asthma)
Предупредите этого больного(ую) о возможности появления головокружения, сыпи при приеме этого препарата	Warn the patient that on taking this preparation dizziness, skin rash is possible
Этот препарат оказывает жаропонижающее (успокаивающее, болеутоляющее) действие	The drug has antipyretic (tranquilizing, analgesic) effect
Возможны побочные явления	Adverse effects are possible
Препарат быстро всасывается	The preparation is absorbed rapidly
Вводить очень медленно!	Administer it very slowly!
При применении этого препарата могут наблюдаться аллергические реакции	On using this preparation allergic reactions may be noted
При повторном применении кодеина могут наблюдаться явления пристрастия	On repeated use of codeine there may be noted the phenomena of addiction
Уменьшите (увеличьте) дозу препарата	Reduce (increase) the dose of the preparation

При необходимости курс лечения повторить	If necessary the course of treatment is to be repeated
Препарат эффективен в весьма малых дозах	The preparation is effective in very small doses
Суточная доза препарата составляет...	The daily dose of the preparation is...
Препарат не следует назначать вместе с антидепрессантами (большими дозами нейролептиков)	The preparation should not be ordered together with antidepressants (large doses of neuroleptics)
Увеличивайте (уменьшайте) дозу постепенно, учитывая реакцию больного(ой) на предыдущие дозы	Increase (lower) the dose gradually considering the patient's reaction to previous doses
При повышенной чувствительности к препарату возможно(а) покраснение лица (чувство прилива крови к голове, легкое головокружение, парестезия, крапивница)	If there is hypersensitivity to a preparation there may be reddenning of the face (a sense of rush of blood to the head, slight giddiness, paresthesia, urticaria)
Препарат (не) токсичен (усиливает сосудосуживающий (сосудорасширяющий) эффект)	The preparation is (non-) toxic (enhances vasoconstricting (vasodilating) effect)
Прекратить дальнейший прием препарата	Stop further intake of the preparation
Препарат выпускается в виде порошка (таблеток, микстуры)	The preparation is produced in the form of powder (tablets, mixture)

ГИПЕРБАРИЧЕС- КАЯ ОКСИГЕНА- ЦИЯ (ГБО)

HYPERBARIC OXYGENATION (HBO)

БАРОЦЕНТР — 188 — **HYPERBARIC OXYGENA- TION CENTRE**

АППАРАТУРА БАРОЦЕНТРА — 188 — APPARATUS OF A HYPER- BARIC OXYGENATION CEN- TRE

БАРОКАМЕРА — 189 — PRESSURE CHAMBER

ПОДСОБНЫЕ ПОМЕЩЕНИЯ БАРОЦЕНТРА — 189 — SUBSIDIARY ROOMS OF A HYPERBARIC OXYGENA- TION CENTRE

ОСНОВНЫЕ ПОКАЗАНИЯ ДЛЯ ГБО — 189 — **BASIC INDICATIONS FOR HBO**

ПАТОЛОГИЧЕСКИЕ РЕАК- ЦИИ И ОСЛОЖНЕНИЯ ПРИ ГБО — 190 — **PATHOLOGIC REACTIONS AND COMPLICATIONS IN HBO**

РЕЖИМЫ ГБО — 190 — **REGIMES OF HBO**

ГИПЕРБАРИЧЕСКАЯ ОКСИГЕНАЦИЯ (ГБО)

HYPERBARIC OXY- GENATION (HBO)

БАРОЦЕНТР

HYPERBARIC OXYGENATION CENTRE

II. аппаратура/оснащение баро- центра
персонал бароцентра

подсобные помещения баро- центра
C. врач-барофизиолог
оператор

II. **apparatus/facilities** of the hyperbaric oxygenation centre
personnel of the hyperbaric oxygenation centre
subsidiary rooms of the hy- perbaric oxygenation centre
S. doctor-barophysiologist
operator

АППАРАТУРА/ОСНАЩЕНИЕ БАРОЦЕНТРА

APPARATUS OF HYPERBARIC OXYGENATION CENTRE, FACILITIES OF HYPERBARIC OXYGENATION CENTRE

C. барокамера
барометр
вариометр
высотомер
иллюминатор
контур заземления

S. **pressure/altitude** chamber
barometer
variometer
altitude gauge, altimeter
illuminator
contour of grounding

приборный щит	apparatus shield
пульт управления	control board
ртутный манометр	mercury manometer
световая (звуковая) сигнализация	light (sound) signalling
телефонно-телевизионная система связи	telephonic-televisual system of communication
часы-хронометр	chronometer

БАРОКАМЕРА	PRESSURE CHAMBER, ALTITUDE CHAMBER
I. декомпрессионная/вакуумная/гипобарическая барокамера	I. **decompression/vacuum/hypobaric** pressure chamber
исследовательская барокамера	research pressure chamber
компрессионная барокамера	compression chamber
многоместная барокамера	multy-seater pressure chamber
одноместная барокамера	single-seater pressure chamber
операционная/хирургическая барокамера	surgical pressure chamber
передвижная барокамера	mobile pressure chamber
портативная барокамера	portable pressure chamber
предоперационная барокамера	preoperative pressure chamber
стационарная барокамера	stationary pressure chamber
терапевтическая/лечебная барокамера	therapeutic pressure chamber
II. барокамера типа «гипербарическая кровать»	II. pressure chamber of a "hyperbaric bed" type
отсек барокамеры	pressure chamber compartment
разгерметизация барокамеры	depressurization of a pressure chamber
шлюз барокамеры	lock chamber

ПОДСОБНЫЕ ПОМЕЩЕНИЯ БАРОЦЕНТРА	SUBSIDIARY ROOMS OF A HYPERBARIC OXYGENATION CENTRE
С. вентиляционная камера	S. ventilation chamber
вентиляция по открытому (полузакрытому) контуру	ventilation by open (semi-closed) contour
газобаллонная камера	gasballoon chamber
компрессорная установка	compressor set
приточно-вытяжная вентиляция	positive-pressure ventilation
холодильная установка	refrigerator set

ОСНОВНЫЕ ПОКАЗАНИЯ ДЛЯ ГБО

BASIC INDICATIONS FOR HBO

С. анаэробная газовая инфекция	S. anaerobic gas infection
анемия	anemia
асфиксия новорожденных	infantile asphyxia
ателектаз	atelectasis

воспаление легких	pneumonia
отек легких	pulmonary edema
отравление	poisoning
отравление барбитуратами	poisoning with barbiturates
отравление угарным газом	poisoning with carbon monoxide
отравление цианидами	poisoning with cyanides
пред- и послеоперационная подготовка больных с пороками сердца	pre- and postoperative preparation of patients with **cardiac/heart** failure
хирургическая инфекция	surgical infection
шок	shock
медикаментозный шок	drug-induced shock
септический шок	septic shock
травматический шок	traumatic shock
эмболия легочной артерии	pulmonary arterial embolism
эмболия сосудов	vascular embolism
эмболия сосудов конечности	vascular embolism of an **extremity/limb**
эмболия сосудов мозга	vascular embolism of the brain
эмболия сосудов сердца	vascular embolism of the heart

ПАТОЛОГИЧЕСКИЕ РЕАКЦИИ И ОСЛОЖНЕНИЯ ПРИ ГБО

PATHOLOGIC REACTIONS AND COMPLICATIONS IN HBO

С. азотная интоксикация, азотное опьянение, азотный наркоз, глубинный восторг	S. **nitrous/nitrogen** intoxication, nitrous narcosis, euphoria
бароотит	baro-otitis
баротравма легкого, кессоноподобное заболевание, травматическая газовая эмболия	barotrauma of the lung, caisson disease, traumatic gas embolism
барофронтит	barofrontitis
декомпрессионная болезнь	decompression disease
кислородная интоксикация	oxygen intoxication
острая (хроническая) кислородная интоксикация	acute (chronic) oxygen intoxication
клаустрофобия	claustrophobia
отравление углекислым газом	carbon dioxide poisoning

РЕЖИМЫ ГБО

REGIMES OF HBO

С. длительность экспозиции	S. duration of exposure
доза гипербарического кислорода	**dose/dosage** of hyperbaric oxygen
минимальная действующая доза кислорода	minimum effective dose of oxygen
минимальная токсическая доза кислорода	minimum toxic dose of oxygen
парциальное давление кислорода	partial oxygen pressure
режим декомпрессии	regime of decompression
режим компрессии	regime of compression
режим рабочего давления	regime of working pressure

Кто ответственный врач за сеанс ГБО?	What doctor is responsible for carrying out the hyperbaric oxygenation session?
Кто дежурный оператор?	Who is the operator?
Какое давление в сети газоснабжения?	What is the pressure in the gas-supply system?
Проверьте заземление корпуса барокамеры (связь и сигнализацию, предохранительные клапаны, устройство экстренной декомпрессии)	Check if the pressure chamber frame is grounded (communication and signalling system, safety valves, urgent decompression device)
Проконтролируйте правильность закрытия дверей	Check up whether the doors close properly
После пребывания в барокамере не подходите в течение 30-40 минут к открытому огню (не курите, не пользуйтесь спичками, зажигалками)	After your stay in the pressure chamber don't approach an open fire for 30-40 minutes (don't smoke, don't use matches, lighters)
Подозрение на аэробную инфекцию	There is a suggestion of an aerobic infection
Немедленно начните гипербарическую оксигенацию	Start hyperbaric oxygenation immediately
Вы испытываете чувство, сходное с легкой степенью алкогольного опьянения (снижение самоконтроля, эйфорию)?	Do you experience a feeling which resembles light alcohol intoxication (diminished self control, euphoria)?
У вас повышается чувствительность к наркотическому действию азота	You are hypersensitive to narcotic nitrous effects
Ограничьте компрессию азота в воздушной смеси	Get nitrogen compression in the air mixture limited
Переходите на дыхание воздушной смесью с гелием	Switch to respiration with air mixture containing helium
У больного(ой) отмечается учащение пульса (интенсивность медленных волн на ЭЭГ, симптом Хвостека)	The patient has rapid pulse (intensity in slow waves on the EEG, Chvostek's sign)
Приступите к декомпрессии У больного(ой) появились судороги	Start decompression The patient has developed cramps
Приостановите декомпрессию	Discontinue decompression
Подложите под голову больного(ой) мягкую подушку	Place a soft pillow under the patient's head
Расстегните ворот, затянутый пояс	Undo the collar, loosen the belt
Вставьте в ротовую полость ложку, обернутую тканью (резиновый клинок)	Put into the oral cavity a spoon wrapped in cloth (rubber wedge)

Приступ судорог купирован. Восстановилось ритмичное дыхание	The attack of cramps has been controlled. Rhythmic respiration has been restored
Возобновите декомпрессию	Resume decompression
У вас есть сухость во рту (сухой кашель, слезотечение, боли за грудиной)?	Do you have dryness in the mouth (a dry cough, lacrimation, substernal pains)?
У вас признаки хронической кислородной недостаточности	You have all the signs of cronic hypoxia
Работа в барокамере противопоказана	Work in the pressure chamber is contraindicated
У больного(ой) появились острые боли в ушах	The patient has developed acute otic pains
■ Проведите самопродувание ушей	■ Do self-inflation of the ears
Сделайте несколько глотательных (жевательных) движений. Напрягите передние мышцы шеи	Do some swallowing (masticating) motions. Strain the anterior neck muscles
Неприятные ощущения в ушах не проходят?	Do you still have unpleasant sensations in the ears?
Зажмите нос и сделайте несколько глотательных движений	Keep your nostrils closed and swallow several times
▲ У больного(ой) полная непроходимость слуховых труб	▲ The patient's Eustachian tubes are completely blocked
Проведение ГБО жизненно необходимо	Carrying out HBO is vital
Требуется парацентез барабанной перепонки	Paracenthesis of the eardrum is imperative
После первого сеанса ГБО рекомендуется провести отоскопическое исследование	Otoscopic investigation is recommended after carrying out the first HBO session
Для профилактики бароотита закапайте в нос эфедрин (адреналин)	For baro-otitis prophylaxis instil ephedrine (adrenaline) into the nose
Перед началом ГБО необходимо провести рентгенологическое исследование легких для выявления воздушных кист (каверн, абсцессов)	Before HBO session starts it is imperative to obtain X-rays of the lungs to detect air cysts (cavities, abscesses)
Это является противопоказанием к проведению ГБО	These are contraindications for HBO
■ Дышите ровно. Не задерживайте дыхание	■ Breathe regularly. Don't hold your breath
▲ Для устранения ателектазов проводите периодическую глу-	▲ To eliminate atelectasis perform regular deep ventila-

бокую вентиляцию легких. Увеличьте положительное давление на вдохе	tion of the lungs. Increase positive pressure on inspiration
У больного(ой) отмечается цианоз лица (симптом Либермейстера, пневмоторакс, кровохарканье)	The patient has facial cyanosis (Liebermeister's sign, pneumothorax, hemoptysis)
Начните немедленно рекомпрессию	Start urgently recompression
Уложите больного(ую) на живот с опущенной ниже туловища и повернутой на бок головой	Place the patient flat on the abdomen with the head below the trunk and turned to one side
Начните медикаментозную терапию легочного кровотечения. Сделайте торакоцентез	Begin drug therapy for pulmonary hemorrhage. Do thoracocentesis
Патологические симптомы не исчезли	Pathologic symptoms have not disappeared
Повысьте давление в камере	Increase the chamber pressure
Явления баротравмы легкого прошли	The phenomena of pulmonary barotrauma have disappeared
Приступите к длительной декомпрессии	Start prolonged decompression
Проведите пробный сеанс перед началом курса ГБО	Carry out an exploratory session before starting the course of HBO
Давление не должно превышать 1,3-1,5 атмосфер, экспозиция — 30 минут	Pressure must not exceed 1,3-1,5 atmospheres, exposure — 30 minutes

ДЕСМУРГИЯ / DRESSINGS

ПОВЯЗКА	194	DRESSING
БИНТ	196	BANDAGE
ПРАЩЕВИДНАЯ ПОВЯЗКА	196	FOUR-TAILED BANDAGE
ТРИКОТАЖНАЯ СЕТЧАТАЯ ПОВЯЗКА	196	KNITTED NET DRESSING

ДЕСМУРГИЯ / DRESSINGS

ПОВЯЗКА / DRESSING, BANDAGE

I. асептическая повязка
бактерицидная/антисептическая повязка
безбинтовая повязка
бинокулярная повязка
бинтовая повязка
влажная повязка
временная повязка
гемостатическая повязка
герметическая повязка
гипертоническая повязка

гипсовая повязка
давящая повязка
жесткая повязка
иммобилизирующая повязка
клеоловая повязка
коллодийная повязка
колосовидная повязка
косыночная повязка

крестовидная/крестообразная/восьмиобразная повязка
круговая повязка
лейкопластырная/липкопластырная повязка
мазевая повязка
марлевая повязка
масляно-бальзамическая повязка
неаполитанская повязка
неподвижная повязка
повязка, поддерживающая нижнюю челюсть, недоуздок

I. aseptic **dressing/bandage**
bactericidal/antiseptic dressing, Lister's dressing
non-roller **dressing/bandage**
binocular **bandage/dressing**
roller **dressing/bandage**
water bandage
temporary bandage
hemostatic **bandage/dressing**
occlusive bandage
hypertonic [salt solution] **bandage/dressing**
plaster [of Paris] bandage
compression/pressure bandage
firm bandage
immovable bandage
cleol bandage
colloid bandage
spica [bandage]
arm sling, **scarf/triangular** bandage
cross/figure-of-eight bandage
circular bandage
adhesive/plaster bandage

salve dressing
gauze bandage
oily-balsamic/butyrobalsamic bandage
Neapolitan bandage
fixed bandage
Barton's bandage, bandage to support the lower jaw, halter

окклюзивная повязка	occlusive **dressing/bandage**
подвешивающая повязка	suspensory bandage
ползучая/змеевидная повязка	creeping bandage
пращевидная повязка	four-tailed bandage
свежая повязка	fresh dressing
спиральная повязка, долабра	spiral bandage, dolabra
стерильная повязка	sterile bandage
сухая повязка	dry dressing
Т-образная повязка	T-shaped bandage
Т-образная повязка на промежность	T-shaped bandage for perineum
трикотажная сетчатая повязка	knitted net dressing
трубчатая/чулочная повязка	**tubular/stocking** dressing
тугая повязка	**firm/tight** bandage
укрепляющая повязка	recurrent bandage
фиксирующая повязка	fixed dressing
цинк-желатиновая повязка	zinc gelatinous dressing
черепашья/черепицеобразная повязка	**turtle/imbricated** bandage, dressing
расходящаяся черепашья повязка	diverging turtle bandage
сходящаяся черепашья повязка	converging turtle bandage
эластическая повязка	elastic **bandage/dressing**
II. врач (сестра), накладывающий(ая) повязку	II. dresser, doctor (sister) applying dressing
повязка Вельпо	Velpeau's bandage
повязка Гертля	Härtel's **dressing/bandage**
повязка-шап[оч]ка Гиппократа, «митра» Гиппократа	Hippocrates' bandage
повязка головы	bandage for head
возвращающаяся/простая повязка головы	recurrent bandage for head
повязка Дезо	Desault's bandage
повязка на верхнюю конечность	bandage for the upper extremity
повязка на все пальцы, рыцарская перчатка	gauntlet [bandage]
повязка на грудную клетку	chest bandage, sling around the ribs
повязка на кисть	bandage for wrist
повязка на нижнюю конечность	bandage for a lower extremity
повязка на один глаз	bandage for one eye
повязка на стопу	bandage for foot
повязка на шею	bandage for neck
повязка с гипертоническим раствором	hypertonic salt solution dressing
повязка с перегибами	bandage with bents
повязка с пленкообразующим веществом, повязка с защитной пленкой	bandage with a film-producing substance, bandage with a protective film
повязка-чепец	**capeline/head** bandage
C. бактерицидный лейкопластырь бинт	S. bactericidal adhesive plaster bandage, roller
полоска лейкопластыря	adhesive tape strip
III. делать повязку	III. to do a dressing

наложить повязку	to **apply**/**do** a dressing, to **put on**/**apply** a bandage, to dress a wound, to wrap dressing around
подвесить руку косыночной повязкой	to place the arm in a sling
прилипать (*о повязке*)	to adhere to (*of a bandage*)
сменить повязку	to change a dressing
снять повязку	to **remove**/**take off** a bandage

БИНТ

BANDAGE, ROLLER

I. бумажный бинт	I. paper bandage
ватный бинт	**pad**/**cotton-wool** bandage
гипсовый бинт	plaster bandage, bandage impregnated with plaster, bandage with plaster impregnation
крахмальный бинт	starch bandage, bandage with starch impregnation
ленточный бинт	tape bandage
марлевый бинт	gauze bandage
резиновый бинт	rubber bandage
сетчатый бинт	net roller
тканый [эластический] бинт с эластомерными нитями	woven [elastic] bandage with elastomeric threads
трикотажный бинт	**knitted**/**stockinet** roller
трикотажный сетчатый бинт	knitted net roller
трубчатый бинт	tubular roller
трубчатый трикотажный бинт	tubular knitted roller
эластический бинт	elastic roller
II. конец бинта	II. **end**/**tail** of a bandage
свободный конец бинта	free end of a bandage
скатывание бинта	rolling a bandage
машинка для скатывания бинтов	bandage roller
тур/ход бинта	turn of a bandage
циркулярный тур бинта	circular turn of a bandage
III. бинтовать	III. to dress, to bandage, to bind
скатывать бинт	to roll a bandage

ПРАЩЕВИДНАЯ ПОВЯЗКА

FOUR-TAILED BANDAGE

I. пращевидная повязка затылка	I. four-tailed bandage for occiput
пращевидная повязка носа	four-tailed bandage for nose
пращевидная повязка темени	four-tailed bandage for vertex

ТРИКОТАЖНАЯ СЕТЧАТАЯ ПОВЯЗКА

KNITTED NET DRESSING

I. трикотажная сетчатая повязка на голень	I. knitted net dressing for **shin**/**shank**
трикотажная сетчатая повязка на грудную клетку	knitted net dressing for thorax
трикотажная сетчатая повязка на плечо	knitted net dressing for shoulder

трикотажная сетчатая повязка на предплечье	knitted net dressing for forearm
◼ Повязка не давит?	◼ Is the bandage firm?
Фиксирующую повязку нужно носить в течение 7 дней	Fixed dressing must be on during 7 days
▲ Наложите тугую повязку на голеностопный сустав (лучезапястный сустав)	▲ Will you apply a tight bandage to the ankle joint (wrist joint)?
Иммобилизуйте руку косыночной повязкой в физиологически выгодном положении	Immobilize the arm in a sling in the position of physiological rest
Сделайте повязку в виде чепца (шап[оч]ки Гиппократа, недоуздка)	Put on a head bandage (Hippocrates' bandage, Barton's bandage)
Наложите восьмиобразную повязку на промежность (колосовидную повязку на область плечевого сустава, трикотажную сетчатую повязку на грудную клетку)	Apply figure-of-eight bandage to the perineum (a spica [bandage] to the shoulder joint region, knitted net dressing to the thorax)
Будьте осторожны, не повредите (не снимите) лейкопластырную наклейку	Be careful, don't rip (take) the tape off
Наложите швы и повязку на рану	Stitch and dress the wound
Переложите повязку	Reapply the bandage
Начните повязку с двух (трех) туров вокруг головы (лучезапястного сустава, голеностопного сустава)	Start the bandage with two (three) turns about the head (the wrist joint, the ankle joint)
Повязка пропиталась гноем (кровью)	The bandage has been soaked with pus (blood)
Смените повязку, пожалуйста	Will you change dressing, please?
Повязка отходит легко (с трудом)?	Does the dressing come off easily (with difficulty)?
Повязка прилипла к ране. Отмочите ее перекисью водорода	The dressing has firmly adhered to the wound. Moisten it with hydrogen peroxide
Повязка должна быть снята через сутки	The dressing should be taken off in a day
Повязка должна меняться каждые...дня	Dressing must be changed every...days
Сблизьте края раны лейкопластырной повязкой (полосками лейкопластыря)	Approximate the wound's margins with an adhesive bandage (with adhesive tape strips)
Укрепите повязку на голове (грудной клетке, шее) трубчатым трикотажным бинтом	Fasten the bandage round the head (chest, neck) by a tubular knitted roller

ТРАВМАТОЛОГИЯ | TRAUMATOLOGY

ОБЩАЯ ТРАВМАТОЛОГИЯ | GENERAL TRAUMATOLOGY — 199

ТРАВМА	199	TRAUMA
ВЫВИХ	200	DISLOCATION
ВПРАВЛЕНИЕ ВЫВИХА	201	REDUCTION OF DISLOCATION
ОЖОГ(И)	201	BURN(S)
ОТМОРОЖЕНИЕ	201	FROSTBITE
ПЕРЕЛОМ(Ы)	201	FRACTURE(S)
ПОВРЕЖДЕНИЕ	203	INJURY
РАЗРЫВ	203	RUPTURE
РАНА	203	WOUND
РАНЕНИЕ	204	INJURY
РАСТЯЖЕНИЕ	204	PULL
УДАР	204	BLOW
УКУС	204	BITE
УШИБ(Ы)	205	CONTUSION(S)

ОСНОВНЫЕ МЕТОДЫ ЛЕЧЕНИЯ | BASIC METHODS OF TREATMENT — 208

ОСНОВНЫЕ МЕТОДЫ ЛЕЧЕНИЯ	208	BASIC METHODS OF TREATMENT
ВЫТЯЖЕНИЕ	208	TRACTION
ГИПСОВАЯ ПОВЯЗКА	209	PLASTER BANDAGE
ИММОБИЛИЗАЦИЯ	210	IMMOBILIZATION
КИНЕЗОТЕРАПИЯ	210	KINESITHERAPY
ОСТЕОСИНТЕЗ	211	OSTEOSYNTHESIS
ПРОТЕЗИРОВАНИЕ	211	PROSTHETICS
ПРОТЕЗ	211	PROSTHESIS
ШИНИРОВАНИЕ	211	SPLINTAGE
ШИНА	211	SPLINT

ЧАСТНАЯ ТРАВМАТОЛОГИЯ | SPECIFIC TRAUMATOLOGY — 215

ПОВРЕЖДЕНИЕ ВЕРХНЕЙ КОНЕЧНОСТИ	215	INJURY OF THE UPPER EXTREMITY

ПОВРЕЖДЕНИЕ КИСТИ	215	INJURY OF THE HAND
ПОВРЕЖДЕНИЕ ПЛЕЧА	216	INJURY OF THE SHOULDER
ПОВРЕЖДЕНИЕ ПРЕДПЛЕЧЬЯ	217	INJURY OF THE FOREARM
ПОВРЕЖДЕНИЕ ГРУДНОЙ КЛЕТКИ	217	**THORACIC CAGE INJURY**
ПОВРЕЖДЕНИЕ ЖИВОТА	218	**ABDOMINAL INJURY**
ПОВРЕЖДЕНИЕ КОСТЕЙ ТАЗА	218	**INJURY OF PELVIC BONES**
ПОВРЕЖДЕНИЕ НАДПЛЕЧЬЯ	218	**INJURY OF THE SHOULDER GIRDLE**
ПОВРЕЖДЕНИЕ НИЖНЕЙ КОНЕЧНОСТИ	219	**INJURY OF THE LOWER EXTREMITY**
ПОВРЕЖДЕНИЕ БЕДРА	219	INJURY OF THE HIP
ПЕРЕЛОМ БЕДРА	219	FRACTURE OF THE FEMUR
ПОВРЕЖДЕНИЕ ГОЛЕНИ	220	INJURY OF THE SHIN
ПОВРЕЖДЕНИЕ ГОЛЕНОСТОПНОГО СУСТАВА	220	INJURY OF THE ANKLE JOINT
ПОВРЕЖДЕНИЕ КОЛЕННОГО СУСТАВА	220	INJURY OF THE KNEE JOINT
ПОВРЕЖДЕНИЕ СТОПЫ	221	INJURY OF FOOT
ПОВРЕЖДЕНИЕ ПЕРИФЕРИЧЕСКИХ НЕРВОВ	221	**INJURY OF PERIPHERAL NERVES**
ПОВРЕЖДЕНИЕ ПОЗВОНОЧНИКА	221	**INJURY OF THE VERTEBRAL COLUMN**
ЧЕРЕПНО-МОЗГОВАЯ ТРАВМА	222	SKULL INJURY

ТРАВМАТОЛОГИЯ

TRAUMATOLOGY

ОБЩАЯ ТРАВМАТОЛОГИЯ

GENERAL TRAUMATOLOGY

ТРАВМА

TRAUMA

I. автомобильная травма
 боевая травма, боевое поражение
 бытовая травма
 дорожная травма
 железнодорожная травма
 закрытая травма
 микротравма
 множественная травма
 незначительная травма
 непрямая травма
 одиночная травма
 острая травма
 открытая травма
 производственная/промышленная травма
 прямая травма
 родовая травма

I. car injury
 battle **trauma/casualty,**
 battle injury
 life trauma
 road trauma
 railway trauma
 closed injury
 microtrauma
 multiple trauma
 slight/minor injury
 indirect trauma
 single trauma
 acute trauma
 open **injury/wound**
 industrial/on-the-job accident
 direct trauma
 birth injury

сельскохозяйственная травма	agricultural trauma
сочетанная травма	combined trauma
спортивная травма	sports trauma
тяжелая травма	**major/severe** trauma
уличная травма	street trauma
умышленная травма	intentional trauma
хроническая травма	chronic trauma
черепно-мозговая травма	craniocerebral injury
электротравма	electric trauma
II. степень тяжести травмы	II. severity of **trauma/injury**
травма военной обстановки	war-time trauma
травма мирного времени	peace-time trauma
травма, несовместимая с жизнью	trauma incompatible with life
травма от взрыва	blast injury
C. вывих	S. dislocation
кровоизлияние	hematoma, hemorrhage, bleeding
кровоподтек	black and blue spot, bruise, ecchymosis
ожог	burn
отморожение	frostbite
перелом	fracture
повреждение	injury, damage
разрыв	rupture, tear, break
рана	wound
ранение	injury
растяжение	pull, distension, strain, sprain
травматизм	traumatism
профилактика травматизма	prophylaxis of traumatism
травматологический пункт	traumatology **station/centre/center**
удар	blow, hit, stroke, strike
укус	bite
ушиб	contusion
III. получить травму	III. to sustain trauma, to be injured
травмировать/причинять травму	to cause trauma

ВЫВИХ

DISLOCATION, [COMPLETE] DISLOCATION

I. вправленный вывих	I. reduced dislocation
врожденный вывих	congenital dislocation
задний вывих	posterior dislocation
закрытый вывих	**closed/simple** dislocation
застарелый вывих	neglected dislocation
невправимый вывих	irreducible dislocation
неполный вывих, подвывих	**partial/incomplete** dislocation, subluxation
открытый вывих	**open/compound** dislocation
паралитический вывих	paralytic dislocation
патологический вывих	pathologic dislocation
переломовывих	dislocation-fracture
полный вывих	complete dislocation
привычный вывих	habitual dislocation

повторный вывих	recurrent dislocation
свежий вывих	**recent/new/fresh** dislocation
травматический вывих	traumatic dislocation
II. вправление вывиха	II. reduction of dislocation
III. вправлять вывих	III. to reduce dislocation, to set a bone

ВПРАВЛЕНИЕ ВЫВИХА

REDUCTION OF DISLOCATION

I. закрытое вправление вывиха	I. closed reduction of dislocation
открытое вправление вывиха	open reduction of dislocation
ручное вправление вывиха	manual reduction of dislocation
II. вправление вывиха по способу...	II. reduction of dislocation by... method

ОЖОГ(И)

BURN(S)

I. лучевой ожог	I. radiation burn
обширный ожог	**extensive/wide-spread** burn
рентгеновский ожог	X-ray burn
световой ожог	flash burn
солнечный ожог	solar burn
термический ожог	thermal burn
фосфорный ожог	phosphorus burn
химический ожог	chemical burn
электрический ожог	electric burn
II. глубина ожога	II. burn depth
инфицирование ожога	infected burn
лечение ожога	management of a burn
открытый способ лечения ожогов	open method of treating burns, open treatment of burns
ожог кислотой	acid burn
ожог лица	burn on the face
ожог первой (второй, третьей, четвёртой) степени	first- (second-, third-, fourth-) degree burn
ожог щелочью	alkali burn
S. обезвоживание	S. dehydration
ожоговая палатка	[burn] bed-cradle
ожоговая поверхность	surface of the burn
ожоговый пузырь	burn blister
ожоговый центр	burn **center/centre**
III. быть обожжённым	III. to be **burned/burnt**
обжигаться	to burn oneself

ОТМОРОЖЕНИЕ

FROSTBITE

II. отморожение конечности (лица)	II. frostbite of an extremity (face)
отморожение первой (второй, третьей, четвёртой) степени	first- (second-, third-, fourth-) degree frostbite
S. отмороженный	S. frostbitten
III. отморозить...	III. to get... frostbitten

ПЕРЕЛОМ(Ы)

FRACTURE(S)

I. акушерский/родовой перелом	I. obstetrical/labor fracture
вдавленный перелом	depressed fracture

винтообразный/спиральный перелом	spiral fracture
вколоченный перелом	impacted fracture
внутрисуставной перелом	[intra]articular fracture
диафизарный перелом	**diaphysial/diaphyseal** fracture
дырчатый перелом	perforating fracture
закрытый перелом	closed fracture
звездчатый перелом	**stellate/V-shaped** fracture
изолированный перелом	isolated fracture
классический/типичный перелом	classical/typical fracture
косой перелом	oblique fracture
маршевый перелом, маршевая болезнь, перелом новобранцев, болезнь Дейчлендера	march fracture, Deutschländer's disease
межвертельный перелом	intertrochanteric fracture
метафизарный перелом	**metaphysial/metaphyseal** fracture
множественные переломы	multiple fractures
неполный перелом, трещина	incomplete fracture, crack
непрямой перелом	indirect fracture
огнестрельный перелом	gunshot fracture
оскольчатый перелом	comminuted fracture
патологический перелом	pathologic fracture
поднадкостничный перелом	subperiosteal fracture
полный перелом	complete fracture
раздробленный перелом	comminuted fracture
сгибательный/флексионный перелом	flexion fracture
сколоченный перелом	knocked up fracture
сочетанный перелом	combined fracture
сросшийся (несросшийся) перелом	**united/consolidated** (non-united) fracture
неправильно сросшийся перелом	imperfectly united fracture
II. несрастание перелома	II. non-united fracture
стойкое несрастание перелома	stubborn non-united fracture
срастание/консолидация перелома	**union/consolidation** of fracture
замедленное срастание перелома	slow consolidation of fracture
C. место перелома	S. site of fracture
крепитация в месте перелома	**crepitation/crepitus** at the site of fracture
патологическая подвижность в месте перелома	pathologic mobility at the site of fracture
отломки кости (*при переломе*)	bone **fragments/splinters** (*on fracture*)
боковое смещение отломков кости	lateral displacement of fragments
смещение отломков кости по длине (под углом)	displacement of fragments longitudinally/along length (at an angle)
сопоставление/репозиция отломков кости	reposition of bone splinters
III. сопоставить/репонировать	III. to **reset/replace** bone frag-

отломки кости
срастаться (*о переломе*)

ments in normal position
to unite, to consolidate,
to knit, to join (*of fracture*)

ПОВРЕЖДЕНИЕ

I. закрытое повреждение
открытое повреждение
поверхностное повреждение
сопутствующее повреждение
телесные повреждения
II. повреждение внутренних органов
повреждение с размозжением тканей
III. повреждать, вызывать повреждение

INJURY(IES), DAMAGE

I. closed injury
open injury
superficial injury
associated injury
bodily injuries
II. visceral injury

crush injury

III. to injure, to cause **injury/damage**

РАЗРЫВ/РУПТУРА

I. полный разрыв
спонтанный разрыв
травматический разрыв
II. разрыв внутренних органов

разрыв матки
разрыв мышцы

RUPTURE, TEAR, BREAK

I. complete rupture
spontaneous rupture
traumatic rupture
II. rupture of **visceral/inner** organs
uterine rupture
muscle rupture

РАНА

асептическая рана
глубокая рана
гнойная рана
гранулирующая рана
колотая рана
огнестрельная рана
отравленная рана
поверхностная рана
размозженная рана
рваная рана
рвано-ушибленная рана
резаная рана
рубленая рана
скальпированная рана
укушенная рана
ушибленная рана
хирургическая/операционная рана
C. входное (выходное) раневое отверстие
входное раневое отверстие с булавочную головку
раневая поверхность
раневая полость
раневой процесс
III. наносить рану, ранить

получать рану

WOUND

aseptic wound
deep wound
purulent/suppurating wound
granulating wound
stab/pierce wound
gunshot wound
poisoned wound
superficial/flesh wound
crushed wound
lacerated wound
lacerated-contused wound
cut/incised wound
sabre/slash wound
scalped wound
bite wound
contused wound, bruise
surgical/operative wound

S. entrance (exit) wound

pin-point inlet of the wound

wound surface
wound cavity
wound process
III. to **make/inflict** a wound, to wound, to injure, to hurt
to **get/sustain** a wound

РАНЕНИЕ

I. касательное ранение
   множественное ранение
   непроникающее ранение
   ножевое ранение
   огнестрельное ранение
   осколочное ранение

   проникающее ранение
   пулевое ранение
   сквозное ранение
   слепое ранение
   сочетанное ранение
   торакоабдоминальное ранение
C. раненый
   легко(тяжело)раненый

   раневой канал
III. разместить раненых

РАСТЯЖЕНИЕ

II. растяжение капсулы сустава

   растяжение мышцы

   растяжение сухожилия
III. растянуть мышцу (сухожилие)

УДАР

II. удар в спину (лицо, грудь, живот)
   удар копытом
   удар кулаком
   удар ногой
   удар острым (тупым) предметом
   удар плетью
   удар рогом
III. наносить удар
   ударить *кого-нибудь*
   удариться *обо что-то*

УКУС

II. укус животного
   укус змеи
   укус насекомого
C. действие яда [после укуса змеи]
   отечная зона кровоизлияния с уплотнением [после укуса змеи]

INJURY, WOUND

I. tangential wound
   multiple injury
   nonpenetrating wound
   knife injury
   gunshot injury
   splinter injury, fragmentation effect

   penetrating wound
   bullet injury
   perforating wound
   blind injury
   combined injury
   thoracoabdominal injury
S. wounded
   lightly **(heavily/severely)** wounded

   wound/injury canal
III. to accomodate the wounded

PULL, DISTENTION, STRAIN, SPRAIN

II. distention of the joint capsule
   strained muscle, muscular strain
   tendon strain
III. to strain a muscle (to pull a tendon)

BLOW, HIT, STROKE, STRIKE

II. stab in the back (blow on the face, chest, abdomen)
   cuff
   punch
   kick
   stab/blow/stroke/hit with a sharp (dull) object
   [s]lash
   horn strike
III. to **strike/deliver** a blow
   to **strike/hit** somebody
   to **hit/strike** oneself against something

BITE

II. animal bite
   snake bite
   sting
S. poisoning [following snake bite]
   zone of hemorrhage with induration [following snake bite]

следы ядовитых зубов змеи [после укуса]

струп [после укуса змеи]

умеренная кратковременная боль от укола жалом [при укусе насекомого]

III. обезвредить от яда после укуса змеи

отсосать яд после укуса змеи

fang marks [following snake bite]

eschar [following snake bite]

mild transitory stinging [in an insect bite]

III. to detoxicate following snake bite

to suck venom following snake bite

УШИБ(Ы)

I. множественные ушибы

сильный ушиб

II. ушиб головы (спины, живота)

ушиб мягких тканей

III. ушибаться

CONTUSION(S)

I. multiple contusions

severe contusion

II. contusion of the head (back, abdomen)

contusion/injury of soft tissues

III. to hurt oneself

■ При каких обстоятельствах произошла травма (вы получили травму)?

Как вы получили травму?

Вы упали на вытянутую руку (на спину)?

Вы упали (ударились, поскользнулись и подвернули ногу)?

Где была оказана первая помощь?

Вы сразу обратились к врачу за медицинской помощью (в травматологический пункт, в отделение первой помощи*)?

Сколько времени прошло с момента травмы?

Вы могли сразу после травмы наступать на поврежденную ногу?

У вас была рвота, потеря сознания сразу после падения?

Вы помните, как произошла травма?

Вы упали, потому что потеряли сознание?

Вы потеряли сознание при ударе головой (в момент получения травмы)?

■ How did the injury occur (How were you injured)?

How were you injured?

Did you fall on your extended arm (onto your back)?

Did you have a fall (get hit by something, lose your step and sprain your ankle)?

Where were you given first aid?

Did you go at once to a doctor (a first-aid post, casualty department*)?

How long is it since the injury occurred?

Could you stand on your injured leg immediately following injury?

Did you vomit, lose consciousness immediately after your fall?

Do you remember how the injury occurred?

Did you fall because you lost consciousness?

Did you lose consciousness through hitting your head (at the moment you were injured)?

205

Сколько времени длилась потеря сознания?	For how long were you unconscious?
Вы помните все, что с вами произошло?	Do you remember all the details of what happened to you?
Вы мочились после травмы?	Did you pass urine following injury?
У вас было двоение в глазах, понижение слуха после травмы?	Did you see double, have diminished hearing following the injury?
Раньше у вас были серьезные травмы (переломы)?	Have you had serious injuries (fractures) before?
Вы были ранены или контужены?	Were you wounded or bruised?
Вы упали или ударились?	Have you had a fall or hurt yourself in any way?
Обо что вы ударились?	What have you hit yourself against?
Вы ударились головой (рукой, спиной)?	Have you hit your head (arm, back)?
Чем вас ударили?	What was it that hit you?
У вас может наступить повторный вывих	The dislocation may recur
Вам нельзя заниматься тяжелым физическим трудом в течение 3 месяцев	You must not engage in hard physical labour for 3 months

▲ Пострадавший(ая) доставлен(а) с места работы (с улицы, со стадиона)? ▲ Has the injured [person] been brought from place of work (a street, a stadium)?

Пострадавший(ая) доставлен(а) случайным (санитарным) транспортом? — Has the injured been delivered by accidental (sanitary) transport?

Каков механизм травмы? — What is the mechanism of trauma?

Больной(ая) получил(а) какие-нибудь повреждения? — Has the patient sustained any injuries?

Серьезных повреждений нет. Имеются только поверхностные повреждения — There are no serious injuries. Only superficial ones

Больной(ая) получил(а) тяжелую (производственную) травму — The patient has sustained a major (industrial) trauma

У больного(ой) открытый вывих (перелом) — The patient has an open dislocation (fracture)

Больной(ая) прооперирован(а) по поводу привычного (застарелого) вывиха — The patient has been operated for a recurrent (neglected) dislocation

Поврежденная конечность со- — The injured extremity is

гнута (вытянута, приведена, отведена, ротирована внутрь (кнаружи), укорочена, удлинена)	bent (extended, adducted, abducted, pronated (supinated), shortened, lengthened)
Отмечается резкая болезненность по длиннику кости (патологическая подвижность, крепитация в месте перелома)	There is severe tenderness along the axis of the bone (pathologic mobility, crepitation at the site of the fracture)
Установлено(а) значительное смещение костных отломков (интерпозиция мягких тканей, образование ложного сустава)	There is considerable displacement of bone fragments (interposition of soft tissues, formation of a false joint)
Образование костной мозоли замедлено	Formation of callus is slow
Наблюдается деформация сустава (симптом пружинящей фиксации, расширение суставной щели, несоответствие суставных поверхностей)	There is noted articular deformation (springy resistance in the joint, expansion of the joint fissure, incongruence of articular surfaces)
Активные движения отсутствуют (резко затруднены)	Active movements are absent (markedly difficult)
Пассивные движения болезненны (ограничены в объеме)	Passive movements are painful (limited in extent)
Боль усиливается при нагрузке по оси конечности	The pain increases when the load is distributed along the axis of the extremity
Произведено ручное вправление вывиха (сопоставление отломков кости)	Manual reduction of dislocation (reposition of bone fragments) has been performed
Вывих вправлен. Костные повреждения отсутствуют	The dislocation has been reduced. There are no bony injuries
Больной тяжело (легко) ранен?	Is the patient wounded severely (slightly)?
Он ранен или контужен?	Is he wounded or contused?
Больной весь в кровоподтеках (ссадинах)	The patient is all black and blue (excoriated)
У больного(ой) ожог II (III—IV) степени. Показано хирургическое вмешательство	The patient has second (third-fourth) degree burn. Surgical intervention is indicated
Ожог (не) инфицирован	The burn is (not) infected
У больного(ой) обширный (ое) ожог (отморожение) II—III степени туловища (конечностей)	The patient has an extensive second-third degree burn (frostbite) of the trunk (extremities)

Поместите пострадавшего(ую) (обожженного(ую) в ванну с теплым слабым раствором марганцовокислого калия

Сделайте массаж (растирание) пораженных (отмороженных) участков тела

Сделайте орошение ожоговой поверхности 0,5% раствором новокаина (поясничную новокаиновую блокаду, футлярную новокаиновую блокаду выше места ожога)

Обработайте ожоговую поверхность и прилегающие ткани слабым мыльным раствором и теплой стерильной водой

Промойте ее осторожно марлевыми шариками. Удалите жир эфиром (бензином) Протрите кожу вокруг ожога спиртом

Удалите свободно лежащие (отделившиеся) и некротические ткани

Удалите обрывки эпидермиса. Вскройте большие пузыри

Ожоговый пузырь лопнул. Его содержимое излилось

У больного(ой) множественные ушибы мягких тканей

Place the injured (burnt) patient into a warm bath of weak potassium permanganate solution

Massage the affected (frostbitten) parts of the body

Irrigate the burnt surface with 0,5% novocaine solution (do lumber novocaine block, do case-like novocaine blockade above the site of burn)

Cleanse the burnt surface and adherent tissues with bland soap solution and warm sterile water

Wash it gently with gauze sponges. Remove grease with ether (benzene)
Wipe the skin around the burn with alcohol

Remove loose (separated) and necrotic tissue

Remove scraps of epidermis. Open large blisters

The burn blister has broken. Its contents have poured out

The patient has multiple soft tissue bruises

ОСНОВНЫЕ МЕТОДЫ ЛЕЧЕНИЯ

BASIC METHODS OF TREATMENT

ОСНОВНЫЕ МЕТОДЫ ЛЕЧЕНИЯ

BASIC METHODS OF TREATMENT

C. вытяжение
гипсовая повязка
иммобилизация
кинезотерапия
остеосинтез
протезирование
шинирование

S. traction, extention, pulling
plaster bandage
immobilization
kinesitherapy
osteosynthesis
prosthetics
splintage

ВЫТЯЖЕНИЕ

TRACTION, EXTENSION, PULLING

I. длительное/постоянное вытяжение
клеевое вытяжение

I. **prolonged/protracted/continuous/constant** traction
glue traction

кожное вытяжение, вытяжение за кожу	dermal traction
кратковременное/одномоментное вытяжение	**short-time/one-moment** extension
лейкопластырное/липкопластырное вытяжение	adhesive plaster traction
подводное вытяжение	underwater traction
скелетное вытяжение	skeletal traction
II. вытяжение грузом	II. gravity traction
вытяжение на щите	board traction
вытяжение по оси	axis traction
C. балканская рама	S. Balkan frame
блок [в системе вытяжения]	pulley [in the system of traction]
груз [для вытяжения]	weight [for traction]
дрель [для проведения спицы]	drill [for passing a **wire/pin**]
ключ [для зажима и натяжения спицы]	wrench [to press and tighten a pin]
скоба [для скелетного вытяжения]	stirrup [for skeletal traction]
спица [для скелетного вытяжения]	**wire/pin** [for skeletal traction]
III. наложить скелетное вытяжение	III. to **apply/put** skeletal traction
находиться/лежать на вытяжении	to lie under traction
снять вытяжение	to **release/discontinue** traction

ГИПСОВАЯ ПОВЯЗКА / PLASTER BANDAGE

I. бесподкладочная гипсовая лонгетно-круговая тазобедренная повязка с вгипсованным стременем	I. Witman-Turner's bandage with a stirrup plastered in
бесподкладочная гипсовая повязка	plaster bandage without padding
глухая гипсовая повязка	solid plaster bandage
лонгетная гипсовая повязка, гипсовая лонгета	plaster bar
мостовидная гипсовая повязка	bridged plaster bandage
окончатая гипсовая повязка	fenestrated plaster bandage
открытая гипсовая повязка, гипсовая шина	open plaster bandage, plaster splint
подкладочная гипсовая повязка	plaster bandage for padding
съемная гипсовая повязка	removable plaster bandage
тазобедренная гипсовая повязка, кокситная повязка	hip plaster bandage
торакобрахильная гипсовая повязка	thoracobrachial plaster bandage
циркулярная/глухая гипсовая повязка	**circular/solid** plaster bandage
шарнирная гипсовая повязка	hinged plaster bandage
шинная гипсовая повязка, гипсовая шина	plaster **cast/splint** bandage, plaster cast

шинная открытая гипсовая повязка	open plaster splint bandage
этапная гипсовая повязка	**one-step/stage** plaster bandage
II. гипсовая повязка головодержатель	II. plaster bandage for head support
гипсовая повязка Брунна-Виттека	Brunn-Wittek plaster bandage
гипсовая повязка Лоренца	Lorenz plaster bandage
гипсовая повязка Уитмена	Whitman's plaster bandage
гипсовая повязка на всю длину руки (ноги)	full-length plaster cast on a hand (leg)
гипсовая повязка-портупея	waist-belt plaster bandage
моделирование гипсовой повязки	moulding of a plaster bandage
C. гипсовая кроватка, гипсовый полукорсет	S. plaster bed
гипсовый корсет	plaster jacket
гипсовый корсет без плечиков	shoulderless plaster jacket
гипсовый сапожок, повязка-сапожок	plaster **boot/shoe**
гипсорасширитель Кнорре	Knorre's plaster spreading **forceps/dilator**
нож для разрезания гипсовых повязок	plaster knife
ножницы Штилля	Still's **shears/scissors**
пила круглая (полукруглая) для разрезания гипсовой повязки	circular (semi-circular) plaster saw
щипцы для отгибания краев гипсовой повязки	plaster bending forceps
щипцы-клюв Вольфа	Wolff's beak forceps
III. застывать, затвердевать (*о гипсе*)	III. to harden (*of plaster*)
наложить гипсовую повязку	to put a plaster [of Paris] bandage on
сменить гипсовую повязку	to change a plaster bandage
снять гипсовую повязку	to remove a plaster bandage

ИММОБИЛИЗАЦИЯ

IMMOBILIZATION

I. транспортная иммобилизация	I. transport immobilization
III. иммобилизировать	III. to immobilize
иммобилизировать конечность в функционально выгодном положении	to immobilize **a limb/an extremity** in a functional position

КИНЕЗОТЕРАПИЯ

KINESITHERAPY

C. костыли	S. crutches
костыли с регуляцией длины, изменяющей нагрузку на ногу	crutches with graduated weight bearing
лечебная гимнастика	therapeutic gymnastics
массаж	massage
механотерапия	mechanotherapy
трудотерапия	occupational therapy
III. разрабатывать конечность	III. to train the **extremity/limb**
ходить на костылях	to go on crutches

ОСТЕОСИНТЕЗ

I. внеочаговый остеосинтез
внутрикостный остеосинтез
закрытый (открытый) внутрикостный остеосинтез
компрессионный остеосинтез
чрезкостный остеосинтез
II. остеосинтез костной пластинкой (металлическими спицами, гвоздями)

остеосинтез по Кюнчеру
остеосинтез по Олби-Дельбе

C. дистракционно-компрессионный аппарат
металлический стержень для остеосинтеза
трехлопастный гвоздь для остеосинтеза
III. делать/выполнять/производить остеосинтез

OSTEOSYNTHESIS

I. extrafocal osteosynthesis
intraosseous osteosynthesis
closed (opened) intraosseous osteosynthesis
compression osteosynthesis
transosseous osteosynthesis
II. osteosynthesis with a bone plate, osteosynthesis with an osseous lamina (with metal pins, nails)
osteosynthesis by Küntscher
osteosynthesis by Albee-Delbet

S. distraction-compression apparatus
metal rod for osteosynthesis

three flange nail for osteosynthesis
III. to **perform**/**do** osteosynthesis

ПРОТЕЗИРОВАНИЕ

C. протез

ПРОТЕЗ

I. биоэлектрический протез
деревянный протез
косметический протез
функционально-косметический протез
металлический протез
пластмассовый протез
шинно-кожаный протез
II. протез бедра
протез голени
протез предплечья
протез стопы
C. протезная мастерская
III. подобрать протез

протезировать

PROSTHETICS

S. prosthesis

PROSTHESIS

I. bioelectric prosthesis
wooden prosthesis
cosmetic prosthesis
cosmetic-functional prosthesis
metal prosthesis
plastic prosthesis
leather splint prosthesis
II. prosthesis of **hip**/**thigh**
prosthesis of **shin**/**shank**
prosthesis of forearm
prosthesis of foot
S. orthopedic workshop
III. to fit a prosthesis, to make a prosthesis fit
to make prosthetic appliance(s)

ШИНИРОВАНИЕ

II. шинирование гипсованием
C. шина

ШИНА

I. абдукционная/отводящая шина
деревянная/фанерная шина
отводящая шина

SPLINTAGE, SPLINTING

II. plaster of Paris splinting
S. splint, frame

SPLINT, FRAME

I. abduction splint
wooden/**plywood** splint
abduction splint

ручная отводящая шина
плотно прилегающая шина
пневматическая шина
проволочная/лестничная шина
самодельная/импровизированная шина
секторальная шина
транспортная шина
функциональная шина
II. шина Белера
шина Брауна
шина Дитерихса

шина из гипса
шина из кокосового ореха
шина из легкого металла
III. держать конечность на шине
накладывать шину
носить шину

abduction arm splint
tight splint
pneumatic splint
wire/Cramer's splint
improvised splint

sectoral splint
transportation splint
functional splint
II. Böhler's splint
Braune splint
Dieterichs transportation splint
plaster **splint/cast**
coconut splint
light metal splint
III. to hold a limb in a splint
to splint, to apply a splint
to wear a splint

■ Вы пользуетесь костылями?

Начните немного ходить на костылях

Ходите на костылях, приступая на больную ногу

Не давайте полную нагрузку на больную ногу

Ходите с полной нагрузкой на больную ногу

Старайтесь опираться на здоровую ногу

Делайте гимнастику, массаж больной ноги (руки), легкие упражнения пальцев

Сгибайте (разгибайте) ногу (руку)

Вы должны постепенно разрабатывать поврежденную конечность (движения в плечевом, коленном, локтевом суставах)

Размах движений в суставе увеличивайте постепенно (чрезмерно не форсируйте)

Будьте осторожны, не сломайте гипсовую повязку

▲ Гипс застыл?

Гипсовая повязка слишком тугая и вызывает боль

Повязка не должна быть слишком тугой (свободной)

■ Do you use crutches?

Try walking on crutches a little

Walk with crutches and put some weight on the injured leg

Don't put all your weight on the injured leg

Put your full weight on the injured leg

Try to support yourself on the sound leg

Do gymnastics, massage your injured leg (arm), train your fingers with a little exercise

Bend (straighten) your leg (arm)

You must exercise the injured extremity (begin movements in the shoulder, knee, elbow joint) gradually

Increase the range of movements in the joint gradually (don't overdo it)

Be careful not to break the plaster bandage

▲ Has the plaster hardened?

The plaster bandage is too tight and painful

The bandage must not be too tight (loose)

Срочно разрежьте повязку по всей длине	Cut the cast along its length immediately
Отогните края в сторону	Turn back the edges to both sides
Закрепите повязку круговым гипсовым бинтом	Fasten the bandage by a circular plaster roller
Снимите повязку. Наложите новую	Remove the bandage. Apply a new one
Сделайте окно в повязке	Cut out a window in the bandage
Наложите гипсовую повязку (клеевое вытяжение)	Apply a plaster bandage (glue extension)
Оставьте окно на уровне раны	Leave a window over the wound
Наложите гипсовую повязку поверх ваты. Оставьте пальцы свободными для наблюдения	Apply a plaster bandage over cotton wool padding. Leave the fingers open for observation
Придайте конечности среднефизиологическое положение	Put the extremity in a median physiological position
Нанесите на повязку схему повреждений костей (дату травмы, дату наложения гипса, дату снятия гипса, фамилию врача (свою фамилию)	Attach to the [plaster] bandage the scheme of bony damage (the date of trauma, the date when the plaster was applied, the date when the plaster is to be removed, doctor's name (your name)
Проследите, чтобы гипсовая повязка не сдвинулась	See that the bandage does not move
Закрепите лонгету мягким бинтом	Fasten the solid plaster bar with a soft roller
Вгипсуйте каблук (стремя) для ходьбы	Plaster a heel (stirrup) in for walking
Для иммобилизации поврежденной конечности наложите шину поверх повязки	To immobilize the affected extremity apply a splint on top of the bandage
Зафиксируйте место перелома	Make the limb immobile at the point of fracture
Шина должна охватывать два (три) сустава	The splint must cover two (three) joints
Фиксируйте шину бинтом	Fix the splint with a roller
Конечность шинирована в функционально выгодном положении	The exremity has been splinted in the functional position
У больного(ой) перелом предплечья	The patient has a fractured forearm
Наложите шину от середины плеча до пястно-фалангового сочленения	Apply the splint from elbow to knuckles

Иммобилизация гипсовой повязкой недостаточна	Immobilization by the plaster bandage is insufficient
Нужно наложить клеевое вытяжение (сделать остеосинтез)	It is necessary to put glue traction (perform osteosynthesis)
Больной(ая) находится на вытяжении	The patient is under traction
Наложите скелетное вытяжение за пяточную кость	Apply calcaneus skeletal traction
Проведите спицу через бугристость большеберцовой кости (большой вертел, пяточную кость, локтевой отросток)	Pass the pin through the tuberosity of the tibia (greater trochanter, calcaneus bone, elbow process)
Натяните спицу! Спица должна быть удалена с соблюдением всех правил асептики	Pull the pin straight The pin should be removed observing all the rules of asepsis
Диаметр гвоздя соответствует диаметру костно-мозгового канала?	Does the diameter of the nail correspond to the bone-marrow cavity diameter?
Выберите металлический стержень, соответствующий длине конечности (диаметру костно-мозгового канала)	Choose a metal rod which corresponds in its length to that of the extremity (to the diameter of the bone-marrow cavity)
Произведен внутрикостный открытый (закрытый) остеосинтез шейки бедра	Open (closed) intraosseous osteosynthesis of the femur neck has been done
Отломки надмыщелка фиксированы небольшими костными пластинками	Epicondyle fragments have been fixed by small osseous laminae
Произведено оперативное вправление отломков	Operative reduction of fragments has been done
В костномозговой канал обоих отломков введен костный штифт	An osseous sprig has been introduced into the bone-marrow cavity of both fragments
Нужно создать противотягу	It's necessary to establish countertraction
Добавьте (уменьшите) груз	Add (reduce) weight
Создайте (введите) дополнительные боковые (фронтальные) тяги	Establish additional lateral (front) countertraction
Приподнимите ножной (головной) конец кровати	Raise the foot (head) end of the bed
Поставьте упор для здоровой ноги	Place a foot-rest under the sound leg
Сколько времени прошло с	How much time has passed

момента наложения вытяжения?	since traction has been applied?
Сделайте контрольную рентгенограмму в 2-х проекциях на постели больного(ой) в палате	Have a control X-ray film made on the patient's bed in two views in the ward
Стояние отломков удовлетворительное (правильное)?	Is reposition of fragments satisfactory (right)?
Костная мозоль хорошая (сформировалась)?	Is callus good (Has it developed)?
Образование костной мозоли замедлено?	Is callus formation slowed down?
Удалите стержень	Remove the rod
Снимите гипс (скелетное вытяжение)	Remove plaster (skeletal extension)
Может произойти вторичное смещение отломков. Наложите гипсовою повязку	There may occur secondary displacement of fragments. Apply a plaster bandage
Больного(ую) можно лечить амбулаторно	The patient may be treated in the out-patient department
Необходимо научить больного(ую) пользоваться протезом	It's necessary to teach the patient to use his (her) prosthesis

ЧАСТНАЯ ТРАВМАТОЛОГИЯ

SPECIFIC TRAUMATOLOGY

ПОВРЕЖДЕНИЕ ВЕРХНЕЙ КОНЕЧНОСТИ

INJURY OF THE UPPER EXTREMITY

C. повреждение кисти
повреждение плеча
повреждение плечевого сустава

повреждение предплечья

S. injury of the **hand/wrist**
injury of the shoulder
injury of the shoulder joint
injury of the forearm

ПОВРЕЖДЕНИЕ КИСТИ

INJURY OF THE HAND, INJURY OF THE WRIST

II. вывих кисти
C. внутрисуставной перелом основания первой пястной кости с подвывихом тела пястной кости в тыльно-лучевую сторону, перелом Беннета
вывих гороховидной кости

вывих дистального конца локтевой кости
вывих ладьевидной кости

II. dislocation of the wrist
S. a longitudinal fracture of the first metacarpal bone, complicated by subluxation, Bennett's fracture

dislocation of the pisiform bone

dislocation of the distal end of the **ulna/elbow** bone
dislocation of the scaphoid bone

215

вывих ногтевой фаланги	dislocation of the distal phalanx
вывих первого пальца	dislocation of the **first finger/thumb**
вывих полулунной кости	dislocation of the semilunar bone
вывих средней фаланги	dislocation of the middle phalanx
отрыв сухожилия разгибателя пальцев	abruption of the tendon of the fingers extensor
перелом ладьевидной кости	fracture of the scaphoid bone
перелом основания первой пястной кости	fracture of the base of the first metacarpal bone
перелом пальца(ев)	digital fracture
перелом полулунной кости	fracture of the semilunar bone
перелом пястной кости	fracture of the metacarpal bone
перелом фаланги пальцев	fracture of the digital phalanx

ПОВРЕЖДЕНИЕ ПЛЕЧА

INJURY OF THE SHOULDER

C. вывих плеча	S. shoulder dislocation
передний (нижний, задний) вывих плеча	anterior (lower, posterior) dislocation of the shoulder
ишемическая контрактура Фолькмана	Volkmann's ischemic contracture
надбугорковый перелом плечевой кости	supratubercular fracture of the shoulder bone
надмыщелковый перелом плечевой кости	epicondylar fracture of the shoulder bone
отрыв большого (малого) бугорка плечевой кости	abruption of the greater (smaller) tubercle of the humerus
перелом анатомической шейки плечевой кости	fracture of the anatomical neck of the humerus
перелом большого бугорка плечевой кости	fracture of the greater tubercle of the humerus
перелом головки плечевой кости	fracture of the head of the humerus
перелом диафиза плечевой кости	fracture of the diaphysis of the humerus
перелом малого бугорка плечевой кости	fracture of the smaller tubercle of the humerus
перелом мыщелков плечевой кости	fracture of humerus condyles
перелом наружного (внутреннего) мыщелка плечевой кости)	fracture of the lateral (medial) condyle of humerus
перелом надмыщелка плечевой кости	fracture of the humerus epicondyle
перелом хирургической шейки плечевой кости	fracture of the surgical neck of the humerus
абдукционный перелом хирургической шейки плечевой кости	abducent fracture of the surgical neck of the humerus

аддукционный перелом хирургической шейки плечевой кости
разрыв сухожилия двуглавой мышцы плеча
чрезбугорковый перелом плечевой кости

adducent fracture of the surgical neck of the humerus
rupture of the biceps muscle tendon
transtubercular fracture of the shoulder

ПОВРЕЖДЕНИЕ ПРЕДПЛЕЧЬЯ

INJURY OF THE FOREARM

C. вывих головки лучевой кости

вывих костей предплечья

расходящийся вывих костей предплечья
вывих локтевой кости
вывих локтевой кости с переломом головки лучевой кости
вывих лучевой кости
перелом венечного отростка локтевой кости
перелом головки и шейки лучевой кости
перелом диафиза локтевой (лучевой) кости
перелом локтевого отростка

перелом локтевой кости с вывихом головки лучевой кости, перелом Монтеджи
перелом лучевой кости в типичном месте, перелом Коллиса
перелом Смита
перелом (отрыв) шиловидного отростка локтевой (лучевой) кости
подвывих головки лучевой кости

S. dislocation of the head of the radius
dislocation of the forearm bones
disjuncting dislocation of the forearm bones
dislocation of the elbow bone
dislocation of the ulna with fracture of the radius head
dislocation of the radius
fracture of the coronoid process of the ulna
fracture of radius head and neck
fracture of diaphysis of the elbow (radius) bone
fracture of the tip of the elbow
fracture of the elbow bone with dislocation of radius head, Monteggia's fracture
typical fracture of the radius, Colles' fracture

Smith's fracture
fracture (abruption) of the styloid process of the elbow (radial) bone
subluxation of the radius head

ПОВРЕЖДЕНИЕ ГРУДНОЙ КЛЕТКИ

THORACIC CAGE INJURY

C. перелом грудины

перелом ребра (ребер)
проникающее ранение грудной клетки
ранение желудочка(ов) сердца
ранение легких
ранение предсердия(ий)
ранение сердца

S. fracture of the **sternum/breast bone**
fracture of a rib (ribs)
penetrating thoracic **injury/wound**
injury of [cardiac] ventricle(s)
injury of the lungs
injury of the auricle(s)
injury of the heart

ПОВРЕЖДЕНИЕ ЖИВОТА

I. закрытое (открытое) повреждение живота
C. закрытое повреждение брюшной стенки
отрыв кишечной петли от брыжейки
проникающее (непроникающее) ранение брюшной полости
разрыв желудка
разрыв мочевого пузыря

    внебрюшинный (внутрибрюшинный) разрыв мочевого пузыря
разрыв печени
разрыв прямой мышцы живота

разрыв селезенки
разрыв толстой кишки

    звездчатый разрыв толстой кишки
разрыв тонкой кишки

тупая травма живота

ПОВРЕЖДЕНИЕ КОСТЕЙ ТАЗА

C. отрыв передневерхней (передненижней) ости

перелом вертлужной впадины
перелом копчика

перелом крестца
перелом крыла подвздошной кости
перелом лобковой кости
перелом седалищной кости
перелом таза
перелом таза Мальгеня

разрыв симфиза

ПОВРЕЖДЕНИЕ НАДПЛЕЧЬЯ

C. вывих акромиального конца ключицы

вывих грудинного конца ключицы

ABDOMINAL INJURY

I. closed (open) abdominal injury

S. closed injury of the abdominal wall
abruption of abdominal loop from the mesentery
penetrating (non-penetrating) abdominal injury
rupture of the stomach
rupture of the urinary bladder

    extraabdominal (intraabdominal) rupture of the urinary bladder
rupture of the liver
rupture of the straight abdominal muscle
rupture of the spleen
rupture of the **colon/large intestine**

    stellate rupture of the **colon/large intestine**
rupture of the small intestine
dull abdominal trauma

INJURY OF PELVIC BONES

S. abruption of an anterosuperior (anteroinferior) spinal process
fracture of the acetabulum
fracture of the **coccyx/coccygeal bone**
fracture of the sacrum
fracture of the upper iliac crest
fracture of the pubic bone
fracture of the ischial bone
fracture of the pelvis
Malgaigne's fracture of the pelvis
rupture of the symphisis pubis

INJURY OF THE SHOULDER GIRDLE

S. dislocation of the acromial end of the **clavicle/collarbone**
dislocation of the thoracic end of the **clavicle/collarbone**

вывих ключицы	dislocation of the **clavicle/collar-bone**
вывих лопатки	dislocation of the **scapula/shoulder blade**
перелом ключицы	fracture of the **clavicle/collar-bone**, clavicular fracture
перелом лопатки	fracture of the shoulder blade, scapular fracture
разрыв надостной мышцы	rupture of the supraspinal muscle
симптом «клавиши»	"key" sign

ПОВРЕЖДЕНИЕ НИЖНЕЙ КОНЕЧНОСТИ

INJURY OF THE LOWER EXTREMITY, INJURY OF THE LOWER LIMB

C. повреждение бедра
повреждение голени
повреждение голеностопного сустава
повреждение коленного сустава
повреждение стопы

S. injury of the **hip/thigh/femur**
injury of the **shin/shank**
injury of the ankle joint

injury of the knee joint

injury of foot

ПОВРЕЖДЕНИЕ БЕДРА

INJURY OF THE HIP/THIGH/FERMUR

C. асептический некроз головки бедра
ложный сустав шейки бедра

остеоартроз тазобедренного сустава
перелом бедра
перелом большого (малого) вертела
перелом головки бедра
перелом шейки бедра
   медиальный (латеральный) перелом шейки бедра
разгибательная контрактура коленного сустава
разрыв четырехглавой мышцы бедра
симптом «прилипшей пятки»
эпифизеолиз эпифиза бедра

S. aseptic necrosis of the femur head
false joint of the femoral neck
osteoarthrosis of the hip joint
fracture of the femur
fracture of the greater (lesser) trochanter
fracture of the femur head
fracture of the femoral neck
   medial (lateral) fracture of the femoral neck
extension contracture of the knee joint
rupture of the femoral quadriceps muscle
"stuck heel" sign
femoral epiphysis epiphysiolysis

ПЕРЕЛОМ БЕДРА

FRACTURE OF THE FEMUR

I. межвертельный перелом бедра

надмыщелковый перелом бедра

чрезвертельный перелом бедра

I. intertrochanteric fracture of the femur
epicondylic fracture of the femur
transtrochanteric fracture of the femur

ПОВРЕЖДЕНИЕ ГОЛЕНИ

INJURY OF THE SHIN, INJURY OF THE SHANK

C. вывих головки малоберцовой кости
двухлодыжечный перелом
двухлодыжечный перелом с отрывом заднего нижнего края большеберцовой кости, трехлодыжечный перелом
двухлодыжечный перелом с подвывихом стопы кнаружи
однолодыжечный перелом
перелом костей голени
перелом лодыжек Дюпюитрена
перелом лодыжек Мальгеня

перелом малоберцовой кости
перелом медиальной (латеральной) лодыжки
перелом мыщелков большеберцовой кости

S. dislocation of the head of fibula
bilateral ankle fracture
fracture of both ankles with abruption of posterior lower edge of the tibia, fracture of three ankles
fracture of both ankles with subluxation of the foot outside
fracture of one ankle
fracture of shin bones
fracture of Dupuytren's
Malgaigne's ankle fracture, Malgaigne's fracture of ankles
fracture of the fibula
fracture of median (lateral) ankle
fracture of the tibial condyles

ПОВРЕЖДЕНИЕ ГОЛЕНОСТОПНОГО СУСТАВА

INJURY OF THE ANKLE JOINT

C. вывих в голеностопном суставе, вывих стопы
подкожный разрыв ахиллова/пяточного сухожилия
растяжение связок голеностопного сустава

S. dislocation of the ankle joint, dislocation of foot
subcutaneous rupture of the Achilles tendon
ankle-joint ligametal strain

ПОВРЕЖДЕНИЕ КОЛЕННОГО СУСТАВА

INJURY OF THE KNEE JOINT

C. блокада коленного сустава
вывих голени
вывих надколенника

кровоизлияние в полость коленного сустава, гемартроз
перелом надколенника

разрыв внутренней боковой связки
разрыв крестообразных связок
разрыв задней (передней) крестообразной связки
разрыв мениска
   разрыв внутреннего (наружного) мениска
разрыв наружной боковой связки
растяжение связок коленного сустава

S. locked knee joint
dislocation of the **shin/shank**
dislocation of the **kneecap/kneepan/patella**
hemorrhage into the knee joint cavity, hemarthrosis
fracture of the kneecap, patellar fracture
rupture of the interior lateral ligament
rupture of cruciate ligaments

rupture of the posterior (anterior) cruciate ligament
rupture of the meniscus
   rupture of the medial (lateral) meniscus
rupture of the [external] lateral ligament
knee joint ligamental strain

симптом «баллотирования надколенника»	"floating patella" symptom
симптом «заднего выдвижного ящика»	"posterior compartment" symptom
симптом «переднего выдвижного ящика»	"anterior compartment" symptom
суставная мышь	joint **mouth/inlet**
ушиб коленного сустава	knee joint contusion
хронический травматический менисцит, менископатия	chronic traumatic meniscitis, meniscopathy

ПОВРЕЖДЕНИЕ СТОПЫ / INJURY OF FOOT

С. вывих в суставе Лисфранка	S. dislocation of Lisfranc's joint
вывих в суставе Шопара	dislocation of Chopart's joint
вывих пальцев стопы	dislocation of toes
перелом клиновидной кости	fracture of the sphenoid bone
перелом кубовидной кости	fracture of the cuboid bone
перелом ладьевидной кости	fracture of the navicular bone
перелом пальцев стопы	fracture of toes
перелом плюсневых костей	fracture of metatarsal bones
перелом пяточной кости	fracture of the calcaneus bone
перелом таранной кости	fracture of the **talus/anklebone**
подтаранный вывих стопы	subtalar dislocation of the foot

ПОВРЕЖДЕНИЕ ПЕРИФЕРИЧЕСКИХ НЕРВОВ / INJURY OF PERIPHERAL NERVES

С. висячая кисть	S. drop hand
когтистая кисть	claw hand
конская стопа	horse foot
обезьянья лапа	monkey hand
повреждение бедренного нерва	injury of the femoral nerve
повреждение большеберцового нерва	injury of the tibial nerve
повреждение локтевого нерва	injury of the ulnar nerve
повреждение лучевого нерва	injury of the radial nerve
повреждение малоберцового нерва	injury of the peroneal nerve
повреждение плечевого сплетения	injury of the brachial plexus
повреждение срединного нерва	injury of the median nerve

ПОВРЕЖДЕНИЕ ПОЗВОНОЧНИКА / INJURY OF THE VERTEBRAL COLUMN, INJURY OF THE BACKBONE, INJURY OF THE SPINAL COLUMN, INJURY OF THE SPINE

С. вывих тел позвонков	S. dislocation of vertebral bodies

вывих шейных позвонков	dislocation of cervical vertebrae
передний вывих атланта	anterior dislocation of atlas
перелом дужек позвонка	fracture of vertebral arches
перелом зубовидного отростка/зуба осевого позвонка	fracture of the odontoid process of **epistropheus**/**axis**
переломо-вывих шейных позвонков	fracture-dislocation of cervical vertebrae
перелом остистых отростков	fracture of spinous processes
перелом позвонка	fracture of a vertebra
перелом позвоночника с повреждением спинного мозга	spinal fracture with spinal cord injury
перелом поперечных отростков	fracture of transverse processes
перелом тела позвонка	fracture of the vertebral body
компрессионный перелом тела позвонка	compression fracture of vertebral body
подвывих шейных позвонков	subluxation of cervical vertebrae
травматический спондилолистез	traumatic spondylolisthesis
трещина межпозвоночного диска	**crack**/**fissure** of the intervertebral disk

ЧЕРЕПНО-МОЗГОВАЯ ТРАВМА

SKULL INJURY

I. закрытая черепно-мозговая травма
  непроникающая (проникающая) черепно-мозговая травма
C. внутримозговая гематома
  внутричерепная гематома
  выделение ликвора из ушей (носа)
  закрытый (открытый) перелом черепа
  кровотечение из носа (ушей)
  перелом основания черепа
  симптом «очков»
  сотрясение головного мозга
  субдуральная/внутричерепная подоболочечная гематома
  ушиб головного мозга
  эпидуральная/экстрадуральная/внутричерепная надоболочечная гематома

I. closed skull injury
  non-penetrating (penetrating) skull injury
S. intracerebral hematoma
  intracranial hematoma
  discharge of liquor from ears (nose)
  closed (open) fracture of the skull
  nose (ear) bleeding
  fracture of the base of the skull
  "glasses" **sign**/**symptom**
  concussion [of the brain]
  subdural hematoma

  brain contusion
  epidural/**extradural** hematoma

■ У вас нет перелома лодыжек. Вы только растянули связки

■ Your ankles are not broken, only sprained

▲ У больного(ой) перелом плеча (бедра, предплечья в верхней (средней, нижней) трети со смещением (без смещения)

▲ The patient has a fracture of the shoulder (thigh, forearm in the upper (median, lower) third with displacement (without displacement)

Повреждения костей черепа нет	There are no head injuries
Произведено ручное вправление вывиха плечевой кости (подвывиха стопы кнаружи)	There has been done manual reduction of humerus dislocation (lateral subluxation of the foot)
У больного(ой) задний вывих бедра	The patient has posterior dislocation of the femur
Вправление должно быть произведено немедленно под наркозом	Reduction must be done immediately under anesthesia
Согните ногу больного(ой) под прямым углом в коленном и тазобедренном суставах	Flex the patient's leg at the knee and hip joints to right angles
Начните вытяжение вертикально вверх, ротируя конечность кнутри	Start extension vertically upright, rotating the extremity to the inside
Произошло вправление вывиха. Вы слышали щелчок?	There has occured reduction of dislocation. Have you heard a click?
У больного(ой) застарелый вывих бедра	The patient has an old dislocation of femur
Показан артродез	Arthrodesis is indicated
У больного(ой) перелом тазового кольца (позвоночника), подвывих шейных позвонков, сгибательный (разгибательный) перелом шейных позвонков)	The patient has fracture of pelvic inlet (spinal fracture), subluxation of cervical vertebrae, flexor (extensor) fracture of cervical vertebrae)
Грубая осевая нагрузка на позвоночник недопустима	Direct axial load onto the backbone is unacceptable
Уложите больного(ую) на щит (в положении лягушки, на гамачок без перекрестной тяги (с перекрестной тягой)	Place the patient on a board (in a frog position, in a hammock without countertraction (with countertraction)
Наложите вытяжение за голову с помощью петли Глиссона (скелетное вытяжение за череп, гипсовый полукорсет с ошейником)	Apply traction behind the head with the aid of a Glisson's loop (skeletal extension behind the skull, plaster semijacket with a collar)
Диагностирован полный вывих акромиального конца ключицы (вколоченный перелом шейки бедра, разрыв внутреннего мениска)	There has been diagnosed complete dislocation of the acromial end of the clavicle (impacted fracture of the femoral neck, rupture of the medial meniscus)
Определяется симптом «клавиши» (симптом «прилипшей пятки», блокада коленного сустава)	There is "key" symptom ("stuck heel" sign, locked knee joint)

Блокада коленного сустава устранена	The locked knee joint has been released
Произошло ущемление «суставной мыши» (спонтанное вправление подвывиха шейных позвонков, соскальзывание позвонков)	There has occured incarceration of "joint inlet" (spontaneous reduction of cervical vertebral subluxation, slipping of vertebrae)
Развился асептический некроз головки бедра (остеоартроз тазобедренного сустава, хронический травматический менисцит)	There has developed aseptic necrosis of the femoral head (osteoarthrosis of the hip joint, chronic traumatic meniscitis)
Наблюдается значительное расхождение симфиза (прямых мышц живота)	There is noted considerable disjunction of the symphysis (straight abdominal muscles)

ОРТОПЕДИЯ		ORTHOPEDICS
ГЕТЕРОТОПИЧЕСКАЯ ОССИФИКАЦИЯ	225	HETEROTOPIC OSSIFICATION
ДЕФОРМАЦИЯ ГРУДНОЙ КЛЕТКИ	226	DEFORMITY OF THE THORAX
ДЕФОРМАЦИЯ КОНЕЧНОСТИ	226	DEFORMITY OF AN EXTREMITY
ДЕФОРМАЦИЯ ВЕРХНЕЙ КОНЕЧНОСТИ	226	DEFORMITY OF THE UPPER EXTREMITY
ДЕФОРМАЦИЯ НИЖНЕЙ КОНЕЧНОСТИ	226	DEFORMITY OF THE LOWER EXTREMITY
ДЕФОРМАЦИЯ СТОПЫ	227	DEFORMITY OF THE FOOT
ПЛОСКОСТОПИЕ	227	FLAT FOOT
СИНДАКТИЛИЯ	227	SYNDACTYLY
ДЕФОРМАЦИЯ ПОЗВОНОЧНИКА	227	DEFORMITY OF THE VERTEBRAL COLUMN
ИСКРИВЛЕНИЕ ПОЗВОНОЧНИКА	228	CURVATURE OF THE SPINE
СКОЛИОЗ	228	SCOLIOSIS
ОСАНКА	229	POSTURE
ОСТЕОХОНДРОЗ ПОЗВОНОЧНИКА	229	VERTEBRAL OSTEOCHONDROSIS
ДЕФОРМАЦИЯ СУСТАВОВ	229	JOINT DEFORMITY
ДЕФОРМАЦИЯ ШЕИ	229	DEFORMITY OF THE NECK
КРИВОШЕЯ	229	STIFF-NECK
ОСТЕОХОНДРОПАТИЯ	229	OSTEOCHONDROPATHY
СИСТЕМНОЕ ЗАБОЛЕВАНИЕ СКЕЛЕТА	230	SYSTEMIC DISEASE OF THE SKELETON
ОСТЕОДИСТРОФИЯ	230	OSTEODYSTROPHY

ОРТОПЕДИЯ

ГЕТЕРОТОПИЧЕСКАЯ ОССИФИКАЦИЯ

I. гетеротопическая травматическая оссификация
S. параоссальная оссификация
прогрессивное мышечное окостенение

ORTHOPEDICS

HETEROTOPIC OSSIFICATION

I. heterotopic traumatic ossification
S. paraosseal ossification
progressive muscular ossification

ДЕФОРМАЦИЯ ГРУДНОЙ КЛЕТКИ

C. воронкообразная грудная клетка
врожденное высокое стояние лопаток, деформация Шпренгеля
килевидная грудная клетка
крыловидная лопатка

ДЕФОРМАЦИЯ КОНЕЧНОСТИ

I. деформация верхней конечности
деформация нижней конечности
C. амниотическая перетяжка конечности
многопалость, полидактилия
отсутствие дистального сегмента [отдела, части] конечности, гемимелия
отсутствие конечности, амелия
сращение пальцев, синдактилия

ДЕФОРМАЦИЯ ВЕРХНЕЙ КОНЕЧНОСТИ

C. врожденная косорукость

врожденный радиоульнарный синостоз
ишемическая контрактура Фолькмана
контрактура Дюпюитрена
хронический подвывих кисти, болезнь Маделунга

ДЕФОРМАЦИЯ НИЖНЕЙ КОНЕЧНОСТИ

C. варусная деформация шейки бедра
врожденный вывих бедра

врожденная дисплазия тазобедренного сустава
врожденный подвывих бедра

деформация стопы
деформация шейки бедра
косолапость
   врожденная [двухсторонняя] косолапость

DEFORMITY OF THE THORAX

S. funnel chest

congenital high scapulae, Sprengel's deformity

keeled chest, chicken breast
winged scapula

DEFORMITY OF AN EXTREMITY

I. deformity of the upper **extremity/limb**
deformity of the lower **extremity/limb**
S. amniotic groove of an extremity
polydactyly
absence of the distal segment of an extremity, hemimelia
absence of an extremity, amelia
union of fingers or toes, syndactyly

DEFORMITY OF THE UPPER EXTREMITY

S. congenital club hand, talipomanus
congenital radio-ulnar synostosis
Volkmann's ischemic contracture
Dupuytren's contracture
chronic subluxation of hand, Madelung's disease

DEFORMITY OF THE LOWER EXTREMITY

S. varus deformity of the femoral neck
congenital dislocation of the femur
congenital dysplasia of the hip joint
congenital subluxation of the femur
deformity of the foot
deformity of the femoral neck
club foot
   congenital [bilateral] club foot

молоткообразный палец
отклонение первого пальца кнаружи, вальгусное искривление первого пальца, отводящая контрактура 1-го пальца стопы
плоскостопие
пяточная шпора
утиная походка

hammer-finger, hammer-toe
curving of the first digit outside, valgus curving of the first digit

flat/splay foot, platypodia
calcaneal spur
waddling gait

ДЕФОРМАЦИЯ СТОПЫ

DEFORMITY OF THE FOOT

C. вальгусная стопа
варусная стопа
конская стопа
«косолапая» стопа
маршевая стопа, маршевый перелом, перелом новобранцев, болезнь Дейчлендера

отпечаток стопы
плосковальгусная стопа
поперечно-плоская стопа
пяточная стопа

свод стопы
  поперечный (продольный) свод стопы

S. valgus foot, talipes valgus
varus foot
horse/tip foot
club foot
march foot, Deutschländer's disease

footprint
flat-valgus foot
broad foot
calcaneus foot, talipes calcaneus
arch of the foot
  transverse (longitudinal) arch of the foot

ПЛОСКОСТОПИЕ, ПЛОСКАЯ СТОПА

FLAT FOOT, SPLAY FOOT, PLATYPODIA

I. врожденное плоскостопие
паралитическое плоскостопие

поперечное плоскостопие
продольное плоскостопие
профессиональное плоскостопие
рахитическое плоскостопие
рефлекторно-спастическое плоскостопие
статическое плоскостопие
травматическое плоскостопие
C. натоптыш, омозоление

I. congenital **flat/splay** foot
paralytic **platypodia/ flat foot/splay foot**
transverse platypodia
longitudinal platypodia
occupational platypodia

rachitic platypodia
reflexospastic **platypodia/ flat foot/splay foot**
static platypodia
traumatic platypodia
S. callosity

СИНДАКТИЛИЯ

SYNDACTYLY

I. кожная синдактилия
концевая синдактилия
костная синдактилия
кожная перепончатая синдактилия

I. dermal syndactyly
terminal syndactyly
osseous syndactyly
dermal membranous syndactyly

ДЕФОРМАЦИЯ ПОЗВОНОЧНИКА

DEFORMITY OF THE VERTEBRAL COLUMN, DEFORMITY OF THE BACKBONE

C. анкилозирующий спондилоар-

S. ankylosing spondylarthritis,

трит, болезнь Бехтерева-Штрюмпеля-Мари	Bechterew-Strümpell-Marie's disease
аномалия позвоночника	**anomaly/abnormality** of the vertebral column
блокирование/конкресценция позвонков	locked vertebrae, concrescence of vertebrae
боковые позвонки	lateral vertebrae
дисконгруентность межпозвоночного сустава	discongruence of the intervertebral joint
заболевание позвоночника	vertebral column disorder
искривление позвоночника	curvature of the **spine/spinal column**
люмбализация поясничных позвонков	lumbarization of lumbar vertebrae
недоразвитие позвоночного сустава	**underdevelopment/hypoplasia** of spinal joint
незаращение тела и дужек позвонков, рахишизис	open vertebral bodies and arches, congenital spinal column fissure, rachischisis
осанка	posture, attitude
остеохондроз позвоночника	vertebral osteochondrosis
расщепление дужки позвонка, спондилолиз	vertebral arch splitting, spondylolysis
расщепленный позвоночник	**splitted/bifid** vertebral column
ревматоидный спондилит	rheumatic spondylitis
сакрализация поясничных позвонков	sacralization of lumbar vertebrae
соскальзывание тела позвонка, спондилолистез	vertebral body slipping, spondylolisthesis
травматический спондилит, болезнь Кюммеля-Вернея	traumatic spondylitis, Kümmel-Verneuil's disease
туберкулезный спондилит	tuberculous spondylitis

ИСКРИВЛЕНИЕ ПОЗВОНОЧНИКА

CURVATURE OF THE SPINE, CURVATURE OF THE SPINAL COLUMN

I. боковое искривление позвоночника, сколиоз, сколиотическая болезнь
искривление позвоночника кзади, кифоз

искривление позвоночника в боковую сторону и кзади, кифосколиоз
искривление позвоночника кпереди, лордоз

I. lateral curvature of spinal column, scoliosis

rounded deformity of the back, backward curvature of spinal column, kyphosis
curvature of spinal column with lateral and backward convexity, kyphoscoliosis
curvature of spinal column with forward convexity, lordosis

СКОЛИОЗ, СКОЛИОТИЧЕСКАЯ БОЛЕЗНЬ

SCOLIOSIS, SCOLIOTIC DISEASE

I. врожденный сколиоз
идиопатический сколиоз
неврогенный сколиоз
паралитический сколиоз

I. congenital scoliosis
idiopathic scoliosis
neurogenic scoliosis
paralytic scoliosis

приобретенный сколиоз	acquired scoliosis
профессиональный сколиоз	occupational scoliosis
рахитический сколиоз	rachitic scoliosis
рефлекторно-болевой/аналгический сколиоз	**reflexo-painful/analgic** scoliosis
семейный сколиоз	familial scoliosis
спастический сколиоз	spastic scoliosis
статический сколиоз	static scoliosis
травматический сколиоз	traumatic scoliosis
функциональный сколиоз	functional scoliosis

ОСАНКА

POSTURE, ATTITUDE

I. правильная осанка
C. вогнутая спина
круглая спина
кругло-вогнутая спина
плоская спина

I. **right/correct/natural** posture
S. concave spine
round spine
round-concave spine
flat spine

ОСТЕОХОНДРОЗ ПОЗВОНОЧНИКА

VERTEBRAL OSTEOCHONDROSIS

II. остеохондроз грудного отдела позвоночника
остеохондроз поясничного отдела позвоночника
остеохондроз шейного отдела позвоночника

II. thoracic osteochondrosis

lumbar osteochondrosis

cervical osteochondrosis

ДЕФОРМАЦИЯ СУСТАВОВ

JOINT DEFORMITY

C. ревматоидный артрит
туберкулез суставов
хронический деформирующий артроз, остеоартроз

S. rheumatic arthritis
tuberculosis of joints
chronic deforming arthrosis, osteoarthrosis

ДЕФОРМАЦИЯ ШЕИ

DEFORMITY OF THE NECK

C. кривошея
крыловидная шея
слияние шейных позвонков, болезнь Клиппеля-Фейля
шейные ребра
  добавочные шейные ребра

S. stiff-neck, wry-neck, torticollis
webbed neck
fusion/union of cervical vertebrae, Klippel-Feil's disease
cervical ribs
  accessory cervical ribs

КРИВОШЕЯ

STIFF-NECK, WRY-NECK, TORTICOLLIS

I. врожденная мышечная кривошея, кривошея/болезнь Гризеля
дерматогенная кривошея
приобретенная кривошея
спастическая кривошея

I. congenital muscular torticollis, Grisel's disease

dermatogenic torticollis
acquired torticollis
spastic torticollis

ОСТЕОХОНДРОПАТИЯ

OSTEOCHONDROPATHY

II. остеохондропатия бугристо-

II. osteochondropathy of the

сти большеберцовой кости, болезнь Осгуда-Шлаттера
остеохондропатия головки бедра, болезнь Легга-Кальве-Пертеса
остеохондропатия головок плюсневых костей, болезнь Келера II
остеохондропатия ладьевидной кости стопы, болезнь Келера I
остеохондропатия позвонков, болезнь Шойермана-Мау
остеохондропатия полулунной кости, болезнь Кинбека
остеохондропатия тела позвонка, болезнь Кальве, платиспондилия
C. травматический спондилит, болезнь Кюммелля-Вернея

tibial tuberosity, Osgood-Schlatter's disease
osteochondropathy of the femoral head, Legg-Calvé-Perthes' disease
osteochondropathy of metatarsal bones heads, Köhler's bone disease II
osteochondropathy of the scaphoid bone, Köhler's bone disease I
vertebral osteochondropathy, Scheuermann-Mau's disease
osteochondropathy of the semilunar bone, Kienböck's disease
osteochondropathy of the vertebral body, Calvé's disease, platyspondylia
S. traumatic spondylitis, Kümmell-Verneuil's disease

СИСТЕМНОЕ ЗАБОЛЕВАНИЕ СКЕЛЕТА

SYSTEMIC DISEASE OF THE SKELETON

C. артрогрипоз
   деформация скелета
   дисхондроплазия, хондроматоз костей
   несовершенное костеобразование
     врожденное несовершенное костеобразование
   остеодистрофия
   остеомаляция
   фиброзная остеодисплазия, болезнь Брайцева-Лихтенштейна
   хондродистрофия
     гиповитаминозная хондродистрофия, деформирующий рахит

S. arthrogryposis
   skeletal deformity
   dyschondroplasia

   imperfect osteogenesis, osteogenesis imperfecta
     congenital osteogenesis imperfecta
   osteodystrophy
   osteomalacia
   fibrous osteodysplasia, Braytsev-Lichtenstein's disease

   chondrodystrophy
     hypovitamin chondrodystrophy, deforming rachitis, rickets

ОСТЕОДИСТРОФИЯ

OSTEODYSTROPHY

I. алиментарная остеодистрофия
гиперпаратиреоидная остеодистрофия, болезнь Реклингаузена
деформирующая остеодистрофия, болезнь Педжета
эндокринная остеодистрофия

I. alimentary osteodystrophy
hyperparathyroid osteodystrophy, von Recklinghausen's disease
deforming osteodystrophy, Paget's disease
endocrine osteodystrophy

■ У вас нарушение осанки (искривление позвоночника, плоскостопие)

Вы должны делать [корри-

■ You have impairment of posture (curvature of the spine, flat foot)

You have to do [corrective]

гирующие] упражнения лечебной гимнастики (массаж мышц спины, мышц ягодичной области при каждом пеленании ребенка)	medical gymnastics (massage of the spinal muscles, of gluteal muscles when the child is undressed)
У вашего ребенка врожденный вывих бедра (врожденная кривошея, врожденный сколиоз)	Your child has congenital dislocation of the femur (congenital stiff-neck, congenital scoliosis)
Вы должны свободно пеленать ребенка	You must dress the child loosely
Боли в стопах усиливаются к вечеру после длительного пребывания на ногах?	Do the pains in your feet increase toward the evening after being on your feet for a long time?
Боли становятся меньше после отдыха?	Do the pains decrease after a rest?
Избегайте разведения носков при ходьбе	Avoid splaying your feet in walking
Ваша работа связана с длительным пребыванием на ногах?	Do you have to stand much at your work?
Я вам рекомендую время от времени параллельно устанавливать стопы (отдых на наружных краях стоп, массаж свода стоп)	I recommend that you put your feet side by side from time to time (stand on the outside edges of your feet, massage the arches of the feet)
По возможности ходите босиком по неровной поверхности, по песку, на цыпочках	When possible walk barefoot on an uneven surface, on sand, on tip-toe
У вас выраженное поперечное (продольное) плоскостопие	You have pronounced transverse (longitudinal) flat foot
Вам нужно носить ортопедическую обувь (супинаторы, вкладные стельки)	You must wear orthopedic footwear (instep insoles, corrective insoles)
▲ У больного(ой) укорочение конечности (деформация конечности, хромота)	▲ The patient has shortening of the extremity (deformity of the limb, lameness)
Выражен(а) симптом "щелчка" (ротация конечности кнаружи, ассиметрия складок на бедре)	There has been found pronounced "click sign" (rotation of the extremity to the outside, asymmetric folds on the femur)
Больной(ая) жалуется на быструю утомляемость и боли в стопах при стоянии и ходьбе, усиливающиеся к концу дня (боли в области головок плюсневых костей,	The patient complains of easy fatiguability and pains in the feet on standing and walking which increase by the end of the day (pains in the area of heads of metatar-

натоптыши под головками средних плюсневых костей)	sal bones, callosity under the heads of the median metatarsal bones)
Стопа удлинена (расширена в средней части)	The foot is lengthened (expanded in its median part)
Продольный свод опущен	The longitudinal arch is flattened
Сделайте плантографию (антропометрию, рентгенографию)	Have plantography (anthropometry, roentgenography) done
Высота внутреннего продольного свода в пределах нормы (меньше антропометрической нормы)	The height of the interior longitudinal arch is within normal limits (less than normal)
При осмотре определяется (ются) распластанность поперечного свода стопы (отклонение первого пальца кнаружи, болезненные натоптыши под головками средних плюсневых костей)	On examination there is spreading of the transverse arch of the foot (divergence of the first toe to the outside, tender callosity under the heads of the median metatarsal bones)
Наложите больному(ой) на стопу редрессирующую повязку в положении коррекции на 2-3 недели	Apply to the patient's foot a bandage in the position of correction for 2-3 weeks

ОПУХОЛИ

TUMOURS

[ОПУХОЛЕВОЕ] МЕТАСТАЗИРОВАНИЕ	233	METASTATIC SPREAD
МЕТАСТАЗ(Ы)	234	METASTASIS (METASTASES)
ОПУХОЛЬ	234	TUMOUR
ПАПИЛЛОМА(Ы)	237	PAPILLOMA(S)
РАК	237	CANCER
РАК МОЛОЧНОЙ ЖЕЛЕЗЫ	238	MAMMARY GLAND CANCER
РОСТ ОПУХОЛИ	238	GROWTH OF THE TUMOUR
ОСНОВНЫЕ МЕТОДЫ ДИАГНОСТИКИ ОПУХОЛЕЙ	238	BASIC METHODS TO DIAGNOSE TUMOURS
БИОПСИЯ	239	BIOPSY
РАДИОИЗОТОПНОЕ ИССЛЕДОВАНИЕ	239	RADIOISOTOPIC STUDY
ПРОТИВООПУХОЛЕВОЕ ЛЕЧЕНИЕ	239	ANTINEOPLASTIC THERAPY
ЛУЧЕВАЯ ТЕРАПИЯ	239	RADIATION THERAPY
УСТРОЙСТВО ДЛЯ ЛУЧЕВОЙ ТЕРАПИИ	240	DEVICE FOR RADIATION THERAPY
ХИМИОТЕРАПИЯ	240	CHEMOTHERAPY
ХИРУРГИЧЕСКОЕ ЛЕЧЕНИЕ	240	SURGICAL TREATMENT
УДАЛЕНИЕ ОПУХОЛИ	240	REMOVAL OF THE TUMOUR
ОНКОЛОГИЧЕСКОЕ УЧРЕЖДЕНИЕ	240	ONCOLOGIC INSTITUTION

ОПУХОЛИ

TUMOURS

[ОПУХОЛЕВОЕ] МЕТАСТАЗИРОВАНИЕ

I. гематогенное метастазирование
генерализованное/распространенное метастазирование
имплантационное метастазирование
лимфогенное метастазирование
панцирное метастазирование

METASTATIC SPREAD,
SPREAD OF CANCER

I. **hematogenic/hematogenous**
spread of cancer
generalized metastatic spread

implantation metastatic spread
lymphatic metastatic spread

testaceous metastatic spread

парадоксальное метастазирование
ретроградное метастазирование
C. метастаз(ы)

МЕТАСТАЗ(Ы)

I. гематогенный метастаз
множественные метастазы
одиночный метастаз
отдаленный метастаз
остеолитический/остеокластический метастаз
остеопластический метастаз
перекрестные метастазы
регионарный метастаз
II. боли, вызванные метастазами
метастазы в лимфатических узлах (печени, яичнике)
метастазы Вирхова
метастазы Крукенберга
метастазы Шнитцлера
распространение метастазов гематогенным (лимфогенным) путем

ОПУХОЛЬ, НОВООБРАЗОВАНИЕ, БЛАСТОМА, НЕОПЛАЗМА

I. альвеолярно-клеточная опухоль
ворсинчатая опухоль
безболезненная опухоль
дисгормональная опухоль
доброкачественная опухоль
злокачественная опухоль
недифференцированная опухоль
операбельная (неоперабельная), удалимая (неудалимая) опухоль
опухоль чувствительная (нечувствительная) к радиотерапии
органоидная опухоль
пальпируемая опухоль
первичная опухоль
растущая опухоль
   быстро растущая опухоль

   медленно растущая опухоль

смешанная опухоль
соединительнотканная опухоль

paradoxical metastatic spread
retrograde metastatic spread
S. metastasis (metastases)

METASTASIS (METASTASES)

I. hematogenous metastasis
multiple metastases
solitary/single metastasis
distant metastasis
osteolytic/osteoclastic metastasis
osteoplastic metastasis
cross metastases
regional metastasis
II. painful metastases
metastases in lymph nodes (liver, ovary)
Virchow's metastases
Krükenberg's metastases
Schnitzler's metastases
metastases carried along circulatory (lymphatic) channels

TUMO[U]R, MASS, GROWTH, SWELLING, FORMATION, BLASTOMA, NEOPLASM

I. alveolocellular tumour

villus **mass/tumour**
painless **mass/tumour**
dishormonal tumour
benign/innocent tumour
malignant tumour, malignancy
nondifferentiated tumour
operable (inoperable) growth, removable (non-removable) **swelling/mass**
tumour sensitive (non-sensitive) to radiotherapy

organoid tumour
palpable mass
primary tumour
growing tumour
   fast growing/high-grade tumour
   slow [ly] growing/low-grade tumour
mixed tumour
connective tissue/histoid tumour

солидная опухоль	solid tumour
спонтанная опухоль	spontaneous tumour
узловатая опухоль	nodular swelling
хорошо определяемая опухоль	well defined swelling
эпителиальная опухоль	epithelial tumour
II. вся масса опухоли	II. tumour bulk
изъязвление опухоли	ulceration of the tumour
локализация опухоли	location of the tumour
опухоль брюшной (грудной) полости	abdominal mass, mass in the abdomen (thoracic tumour, mass in the chest)
опухоль на ножке	**pedicular/pedunculated** tumour
опухоль на широком основании	sessile tumour
перерождение/озлокачествление опухоли, переход в злокачественную опухоль, малигнизация	malignant degeneration of the tumour, malignancy
распад опухоли	resolution of the tumour
распространение/диссеминация опухоли	**extension/dissemination** of the growth
рецидив опухоли	**relapse/recurrence** of the tumour
рост опухоли	growth of the tumour
сдавление опухолью окружающих тканей	compression of adjacent tissues with tumour
удаление опухоли	removal of the tumour
C. адамантинома, адамантобластома, амелобластома	S. adamantinoma, adamantoblastoma, ameloblastoma
аденокарцинома, железистый рак	adenocarcinoma
аденолимфома, бранхиогенная аденома, бранхиома, онкоцитома	adenolymphoma
аденома	adenoma
ангиома, сосудистая опухоль	angioma
арренобластома, арренома, аденома сети яичника, маскулинома, опухоль из сертоли-лейдиговских клеток	arrhenoblastoma, arrhenoma, masculinoma
базалиома, карциноид кожи, базально-клеточный рак, базально-клеточная карцинома	basal cell carcinoma
болезнь/дискератоз Боуэна	Bowen's disease
болезнь Педжета	Paget's disease
гамартома, прогонобластома	hamartoma
гематосаркома	hematosarcoma
гибернома	hibernoma
гломангиома, гломусная опухоль	glomangioma
десмоид, десмома, десмоидная опухоль	desmoid, desmoid tumour
киста	cyst
бронхогенная киста	bronchogenic cyst
лейомиома	leiomyoma
лейомиосаркома	leiomyosarcoma
лимфангиома	lymphangioma

лимфогранулематоз, болезнь Ходжкина, злокачественная гранулема, хронический злокачественный лимфоматоз	lymphogranulomatosis
лимфосаркома Беркитта, лимфома Беркитта, африканская лимфома, центрально-африканская лимфома	Burkitt's tumour
лимфоэпителиома, опухоль Шминке, переходно-клеточный рак, синцитиальная карцинома	Schmincke's tumour
липома	lipoma
липосаркома	liposarcoma
мезотелиома, целомический рак	mesothelioma
меланобластома, меланома, меланосаркома, меланокарцинома, меланоцитома	melanoblastoma, melanoma
миеломная болезнь, плазмоцитома, болезнь Калера, миеломатоз, множественная миелома	myeloid disease, plasmacytoma, Kahler's disease, myelomatosis, multiple myeloma
миксома	myxoma
миксосаркома	myxosarcoma
миосаркома	myosarcoma
множественный геморрагический саркоматоз Капоши, ангиоматоз Капоши, множественная геморрагическая саркома Капоши, гемангиосаркома Капоши, ангиоретикулез Капоши	Kaposi's multiple hemorrhagic sarcomatosis, Kaposi's angiomatosis
неврилеммома	neurilemmoma
невринома	neurinoma
нейроглиома, нейроэктодермальная опухоль	neuroglioma, neuroectodermal tumour
нейрофиброма	neurofibroma
остеобластокластома	osteoblastoclastoma
остеоид-остеома	osteoid osteoma
остеома	osteoma
остеомиелофиброз, остеомиелосклероз	osteomyelofibrosis, osteomyelosclerosis
папиллома, сосочковая опухоль	papilloma, **papillary/papillate/papilliform** tumour
параганглиома, гломерулоцитома	paraganglioma, glomerulocytoma
пигментная ксеродерма	xeroderma pigmentosum, Kaposi's disease
пигментный невус, невоидная опухоль, родимое пятно	pigmented nevus, nevoid tumour, birthmark
полип	polyp
полип на ножке	pedunculated polyp
полипоз	polyposis
рабдомиосаркома, злокачественная рабдомиома	rhabdomyosarcoma, malignant rhabdomyoma
рак	cancer, carcinoma

саркома	sarcoma
саркома Юинга	Ewing's sarcoma
тератобластома, бластоматозная тератома	teratoblastoma, blastomatous teratoma
тератома, эмбриоцитома	teratoma, embryocytoma
тимома	thymoma
феохромоцитома	pheochromocytoma
фиброаденома, аденофиброма, фиброзная аденома	fibroadenoma, adenofibroma, fibrous adenoma
фиброма	fibroma
фибросаркома	fibrosarcoma
хондробластома, хондробластокластома, хрящеобразующая гигантоклеточная опухоль	chondroblastoma, chondroblastoclastoma, cartilage forming giant cell tumour
хондрома	chondroma
хондромиосаркома	chondromyosarcoma
хондросаркома	chondrosarcoma
хордома	chordoma
хорионэпителиома, хориокарцинома	chorionepithelioma, choriocarcinoma
цилиндрома	cylindroma
эритроплазия Кайра	erythroplasia of Queyrat

III. перерождаться (*об опухоли*)

    прорастать в... (*об опухоли*)
    прорастать вглубь (*об опухоли*)
    прорастать в окружающие ткани (*об опухоли*)
    уменьшаться (увеличиваться) (*об опухоли*)

III. to **generate/turn/develop** into cancer (*of tumour*)
    to grow into... (*of tumour*)
    to extend into depth (of *tumour*)
    to grow through surrounding tissues (*of tumour*)
    to regress (progress, enlarge, grow) (*of tumour*)

ПАПИЛЛОМА(Ы)

PAPILLOMA(S)

I. множественные папилломы, папилломатоз
мягкая папиллома
твердая папиллома
фиброэпителиальная папиллома

I. multiple papillomas, papillomatosis
soft papilloma
hard papilloma
fibroepithelial papilloma

РАК

CANCER, CARCINOMA

I. альвеолярно-клеточный рак
базально-клеточный рак
блюдцеобразный рак
бранхиогенный рак
внутриэпителиальный рак
гигантоклеточный рак
гормонально-зависимый рак
грибовидный/фунгоидный рак
дифференцированный рак
железистый рак, аденокарцинома
коллоидный/слизеобразующий рак

I. alveolar cell cancer
basal cell carcinoma
saucer-like cancer
branchiogenic cancer
intraepithelial cancer
giant cell carcinoma
hormone dependent cancer

fungoid cancer

differentiated cancer
glandular **carcinoma/cancer**, adenocarcinoma
colloid **cancer/carcinoma**

недифференцированный рак	non-differentiated cancer
панцирный рак	testaceous carcinoma, cancer en cuirasse
первичный рак	primary **carcinoma/cancer**
плоскоклеточный/эпидермоидный рак	**squamous/epidermoid** cell carcinoma
неороговевающий (ороговевающий) плоскоклеточный рак	nonkeratinizing (keratinizing) squamous cell carcinoma
разветвленный рак	**ramified/branching** cancer
солидный рак	solid carcinoma
сосочковый рак	papillary cancer
экзофитный рак	exophytic carcinoma
эндобронхиальный рак	endobronchial cancer
центральный рак	central cancer
II. рак верхушки легкого, рак Панкоста	II. pulmonary apical cancer, cancer of Pancoast
ранняя диагностика рака	early diagnosis of cancer
рак молочной железы	mammary gland cancer

РАК МОЛОЧНОЙ ЖЕЛЕЗЫ

MAMMARY GLAND CANCER

I. диффузный рак молочной железы	I. diffuse mammary gland cancer
узловатый рак молочной железы	nodular mammary gland cancer
экземоподобный рак молочной железы	eczema-like mammary **cancer/carcinoma**
II. рак соска молочной железы, рак Педжета	II. carcinoma of the nipple, Paget's **disease/cancer**
С. безболезненное уплотнение [в молочной железе]	S. painless lump [in the mammary gland]
втягивание соска	inverted nipple
деформация молочной железы	mammary gland deformity
западение соска	nipple retraction, retracted nipple
симптом «лимонной корки»	"intradermal bleb" **sign/symptom**
утолщение соска	thickened nipple

РОСТ ОПУХОЛИ

GROWTH OF THE TUMOUR

I. быстрый (медленный) рост опухоли	I. rapid (slow) growth of the tumour
инфильтрирующий рост опухоли	infiltrative growth of the tumour
неограниченный рост опухоли	unrestricted growth of the tumour
экзофитный рост опухоли	exophytic growth of the tumour
экспансивный рост опухоли	expansive growth of tumour
эндофитный рост опухоли	endophytic growth of tumour

ОСНОВНЫЕ МЕТОДЫ ДИАГНОСТИКИ ОПУХОЛЕЙ

BASIC METHODS TO DIAGNOSE TUMOURS

С. биопсия	S. biopsy
компьютерная томография	computed tomography
радиоизотопное исследование	radioisotopic **study/investigation**

рентгенологическое исследование

roentgenological study

БИОПСИЯ

BIOPSY

I. аспирационная биопсия
диагностическая биопсия
инцизионная/эксцизионная биопсия
операционная/открытая биопсия
повторная биопсия
прицельная биопсия
пункционная биопсия
расширенная биопсия
срочная/экстренная биопсия
стереотаксическая биопсия

тотальная биопсия
трепанобиопсия
эндоскопическая биопсия
III. иссекать нужный участок ткани при биопсии

I. aspiration biopsy
diagnostic biopsy
incisional/excisional biopsy
operation/open biopsy

repeated biopsy
aiming biopsy
puncture biopsy
expansive biopsy
urgent/emergency biopsy
stereotaxic/stereotactic biopsy
total biopsy
trepanobiopsy
endoscopic biopsy
III. to excise an adequate specimen in biopsy

РАДИОИЗОТОПНОЕ ИССЛЕДОВАНИЕ

RADIOISOTOPIC STUDY, RADIOISOTOPIC INVESTIGATION

C. бета-радиография
гамма-радиография
гамма-топография
гамма-камера
непрямая иммуноавторадиография

S. beta-radiography
gamma-radiography
gamma-topography
gamma-chamber
indirect immunoautoradiography

ПРОТИВООПУХОЛЕВОЕ ЛЕЧЕНИЕ

ANTINEOPLASTIC THERAPY, ANTITUMOUR THERAPY

C. воздействие лазером
гормонотерапия
криотерапия
лучевая терапия
рентгенотерапия
химиотерапия
хурургическое лечение

электронная терапия

S. treatment by laser
hormonotherapy
cryotherapy
radiation therapy
roentgenotherapy
chemotherapy
surgical **treatment/management**
electronic therapy

ЛУЧЕВАЯ ТЕРАПИЯ

RADIATION THERAPY, RADIAL THERAPY

C. внутриполостное облучение
дробное/фракционное облучение
дробно-протяженное облучение
капиллярная трубочка с радием
мезоторий
наружное/внешнее облучение

S. intracavity irradiation
fractional irradiation

fractionally-protracted irradiation
radium implant

mesothorium
external irradiation

непрерывное облучение
одномоментное облучение
радий
парциальное облучение
равномерное облучение
радиоактивные вещества
ротационное облучение

устройство для лучевой терапии

УСТРОЙСТВО ДЛЯ ЛУЧЕВОЙ ТЕРАПИИ

C. бетатрон
гамма-нейтронный излучатель
генератор нейтронов
синхроциклотрон
фазотрон
циклотрон

ХИМИОТЕРАПИЯ

I. регионарная внутриартериальная химиотерапия
C. антиметаболиты
карта химиотерапевта
противоопухолевые антибиотики

ХИРУРГИЧЕСКОЕ ЛЕЧЕНИЕ

C. антибластика
удаление опухоли
электрохирургия

УДАЛЕНИЕ ОПУХОЛИ

II. удаление опухоли единым блоком [с путями лимфооттока] в пределах здоровых тканей, абластика
C. полное/радикальное иссечение опухоли

ОНКОЛОГИЧЕСКОЕ УЧРЕЖДЕНИЕ

C. онкологический диспансер
онкологический институт
онкологический центр

■ Как давно у вас эта опухоль? Давно? (Недавно?)

Кто-нибудь из ваших родственников болел раком?

continuous irradiation
instantaneous irradiation
radium
partial irradiation
even irradiation
radioactive substances
rotation/rotatory irradiation
device for radiation therapy

DEVICE FOR RADIATION THERAPY

S. betatron
gamma-neutron radiator
neutron generator
synchrocyclotron
phasotron
cyclotron

CHEMOTHERAPY

I. regional intra-arterial chemotherapy
S. antimetabolites
chemotherapy chart
antineoplastic antibiotics

SURGICAL TREATMENT, SURGICAL MANAGEMENT

S. antiblastics
removal of the tumour
electrosurgery

REMOVAL OF THE TUMOUR

II. removal of the tumour within the limits of healthy tissues, ablastics

S. **total/complete/radical** excision of the tumour

ONCOLOGIC INSTITUTION

S. oncologic dispensary
oncologic institute
oncologic centre

■ How long have you had this lump? For a long time? (Only recently?)

Is there any history of cancer in your family?

У вас есть отвращение к пище?	Do you suffer from loss of appetite?
За последнее время вы сильно похудели?	Have you lost much weight recently?
У вас давно появилась(лось) потеря аппетита (бессонница, раздражительность, понижение работоспособности)?	Did the loss of appetite (sleeplessness, irritability, diminished ability to work) start long ago?
У вас есть кровянистые выделения из молочной железы (мочеиспускательного канала, влагалища)?	Do you have a blood-stained discharge from the breast (urethra, vagina)?
Кровь в моче наблюдалась при одном (двух) мочеиспускании(ях)?	Was blood noticed in your urine in one (two) urination(s)?
Появление крови в моче сопровождается болью?	Is bloody urination accompanied by pain?
Кровь в моче появилась вновь через неделю (месяц)?	Did bloody urine recur after a week (month)?
Вы давно наблюдаете нарушение глотания (чувство неловкости, затруднение прохождения пищи, охриплость, изменение голоса)?	Is it a long time since you noted difficulty in swallowing (discomfort, difficulty in downward passage of food, hoarseness, change of voice)?
Старайтесь не волноваться и избегать эмоциональных стрессов	Try not to worry and avoid emotional stress
Я вам рекомендую самой проводить ежемесячно осмотр ваших молочных желез перед зеркалом	I recommend that you should examine your breasts once a month in front of a mirror
Вы должны вовремя обращаться к врачу, чтобы диагноз был установлен как можно раньше	You must seek the doctor's advice in good time, so that your diagnosis can be made as early as possible
▲ Подозрение на злокачественную опухоль (рак) молочной железы (матки, мочеточника, пищевода)	▲ Suggestion for cancer of the mammary gland (uterus, ureter, esophagus)
У больного(ой) меланобластома кожи	The patient has skin melanoblastoma
Биопсия противопоказана	Biopsy is contraindicated
У больного(ой) нейрофиброма легкого (тератома средостения, рак головки поджелудочной железы, рак культи желудка)	The patient has neurofibroma of the lung (mediastinal teratoma, cancer of the pancreas head, cancer of the stomach stump)
Вам удалось полностью удалить опухоль (лимфатические узлы)?	Could you excise totally the tumour (lymph nodes)?

Опухоль удалена с широким иссечением здоровых тканей	The tumour has been resected along with a wide margin of normal tissue
Возможна имплантация раковых клеток по линии шва (диссеминация злокачественной опухоли, малигнизация краев раны)	The danger of implantation of cancer cells at the suture line (dissemination of malignant tumour, implantation of cancer cells in the wound edges) is possible
Проведите электроэксцизию прилежащих тканей	Make electroexcision of the adjacent tissues
Сразу же простерилизуйте инструменты	Sterilize the instruments immediately
Есть метастазы?	Have metastases developed?
Отдаленные метастазы не выявлены	Distant metastases have not been detected
В данном случае нельзя исключить метастазы	In this case metastases can't be ruled out
Лимфатические узлы на стороне поражения не подозрительны на метастазы (не пальпируются)	Lymph nodes on the affected side are not suspected for metastases (not palpated)
Обнаружены метастазы в легких (печени, лимфатических узлах)	There have been found metastases of the lungs (liver, lymph nodes)
У больного(ой) имеются боли, вызванные метастазами, с типичной иррадиацией в спину (руку, шею)	The patient has painful metastases with typical radiation into the back (arm, neck)
Возьмите с иссеченного кусочка ткани мазок (отпечаток) для цитологического исследования	Obtain a smear (a reprint) for cytological study from the excised specimen of tissue
Каковы данные биопсии?	What is the report of the biopsy?
При биопсии (не) обнаружены опухолевые клетки	The biopsy has been reported positive (negative)
Установлена(о) малигнизация (отсутствие малигнизации) опухоли	There has been determined the presence (absence) of malignancy
Это (не) злокачественная опухоль	This mass is malignant (benign)
Установлена локализация первичной опухоли?	Has the primary tumour location been determined?
Где она расположена?	Where is it located?
Каких размеров?	What is the mass size?
Первичной злокачественной опухоли не обнаружено	No primary malignancy has been found

Вам удалось пропальпировать опухоль?	Could you feel a mass?
Опухоль подвижная (ограниченно подвижная, небольших размеров, значительных размеров, (не) спаяна с окружающими тканями)	The tumour is mobile (with restricted mobility, of small size, of considerable size, (does not fuse) fuses with the surrounding tissue)
Опухоль плотной (мягкой) консистенции, болезненная (безболезненная), круглой (неправильной) формы	The mass is hard (soft), tender (painless), round (irregular)
Опухоль смещается (не смещается) при дыхании (по отношению к подлежащим тканям)	The mass is moving (not moving) on respiration (in relation to underlying tissue)
В результате лучевой терапии произошло уменьшение опухоли	As a result of radiation therapy the mass has diminished

ЗАБОЛЕВАНИЕ ГРУДНОЙ КЛЕТКИ И ОРГАНОВ ГРУДНОЙ ПОЛОСТИ

DISORDER OF THE THORAX AND THORACIC ORGANS

ГРУДНАЯ КЛЕТКА. МОЛОЧНАЯ ЖЕЛЕЗА	246	**THORAX. MAMMARY GLAND**
ГРУДНАЯ КЛЕТКА	246	THORAX
МОЛОЧНАЯ ЖЕЛЕЗА	247	MAMMARY GLAND
МАСТИТ	248	MASTITIS
АБСЦЕСС МОЛОЧНОЙ ЖЕЛЕЗЫ	248	MAMMARY [GLAND] ABSCESS
МАСТОПАТИЯ	248	MASTOPATHY
ПРОТОК(И) МОЛОЧНОЙ ЖЕЛЕЗЫ	249	MAMMARY DUCT(S)
СОСОК(КИ) МОЛОЧНОЙ ЖЕЛЕЗЫ	249	NIPPLE(S)
БРОНХИ. ЛЕГКИЕ. ПЛЕВРА. ТРАХЕЯ	250	**BRONCHI. LUNGS. PLEURA. TRACHEA**
ОБЩАЯ ЧАСТЬ	250	**GENERAL**
ДЫХАНИЕ	250	RESPIRATION
КАШЕЛЬ	252	COUGH
ОДЫШКА	252	DYSPNEA
ХРИПЫ	253	RÂLES
СПЕЦИАЛЬНЫЕ МЕТОДЫ ИССЛЕДОВАНИЯ	253	SPECIAL METHODS OF INVESTIGATION
СПИРОГРАФИЯ	253	SPIROGRAPHY
СПЕЦИАЛЬНАЯ ЧАСТЬ	253	**SPECIAL**
БРОНХ(И)	253	**BRONCHUS (BRONCHI)**
БРОНХИТ	254	BRONCHITIS
БРОНХАДЕНИТ	255	BRONCH[O]ADENITIS
БРОНХИАЛЬНЫЙ СВИЩ	255	BRONCHIAL FISTULA
БРОНХОЭКТАЗ(Ы)	255	BRONCHIECTASIS (BRONCHIECTASES)
ЛЕГКОЕ(ИЕ)	256	**LUNG(S)**
АТЕЛЕКТАЗ	258	ATELECTASIS
ДОЛЯ ЛЕГКОГО	258	LOBE OF THE LUNG
ПНЕВМОНИЯ	258	PNEUMONIA
КРУПОЗНАЯ ПНЕВМОНИЯ	259	CROUPOUS PNEUMONIA
ПЛЕВРА	259	**PLEURA**

ПЛЕВРАЛЬНАЯ ПОЛОСТЬ	260	PLEURAL CAVITY
ПНЕВМОТОРАКС	260	PNEUMOTHORAX
ПЛЕВРИТ	260	PLEURISY
ТРАХЕЯ	261	TRACHEA
СЕРДЦЕ. КРУПНЫЕ (МАГИСТРАЛЬНЫЕ) СОСУДЫ. ПЕРИКАРД	264	**HEART. MAJOR VESSELS. PERICARDIUM**
ОБЩАЯ ЧАСТЬ	264	**GENERAL**
КРОВООБРАЩЕНИЕ	264	**[BLOOD] CIRCULATION**
[КРОВЯНОЕ] ДАВЛЕНИЕ	265	**[BLOOD] PRESSURE**
ПОВЫШЕНИЕ КРОВЯНОГО ДАВЛЕНИЯ	265	HYPERTENSION
АРТЕРИАЛЬНАЯ ГИПЕРТЕНЗИЯ	265	ARTERIAL HYPERTENSION
ПУЛЬС	266	**PULSE**
СПЕЦИАЛЬНЫЕ МЕТОДЫ ИССЛЕДОВАНИЯ	267	SPECIAL METHODS OF INVESTIGATION
ЭЛЕКТРОКАРДИОГРАФИЯ	267	ELECTROCARDIOGRAPHY
ЭЛЕКТРОКАРДИОГРАММА (ЭКГ)	267	ELECTROCARDIOGRAM (ECG, EKG)
Зубец(цы) ЭКГ	268	ECG wave(s)
СПЕЦИАЛЬНАЯ ЧАСТЬ	268	**SPECIAL**
АОРТА	268	**AORTA**
АНЕВРИЗМА АОРТЫ	269	AORTIC ANEURYSM
АНЕВРИЗМА ВЕТВЕЙ АОРТЫ	269	ANEURYSM OF AORTIC BRANCHES
АОРТИТ	269	**AORTITIS**
БИФУРКАЦИЯ АОРТЫ	270	**BIFURCATION OF THE AORTA**
ОККЛЮЗИЯ АРТЕРИЙ НИЖНИХ КОНЕЧНОСТЕЙ	270	**ARTERIAL OCCLUSION OF THE LOWER EXTREMITIES**
ЛЕГОЧНАЯ АРТЕРИЯ	270	**PULMONARY ARTERY**
ПЕРИКАРД	270	**PERICARDIUM**
ПЕРИКАРДИТ	270	PERICARDITIS
СЕРДЦЕ	271	**HEART**
АРИТМИЯ СЕРДЦА	272	CARDIAC ARRHYTHMIA
БЛОКАДА СЕРДЦА	272	HEART BLOCK
БОЛЕЗНЬ СЕРДЦА	272	HEART DISEASE
ИШЕМИЧЕСКАЯ БОЛЕЗНЬ СЕРДЦА	273	ISCHEMIC HEART DISEASE
Инфаркт миокарда	273	Myocardial infarction
Стенокардия	273	Stenocardia
КЛАПАН СЕРДЦА	274	CARDIAC VALVE
ПЕРЕГОРОДКА СЕРДЦА	274	SEPTUM OF THE HEART
ПОРОК СЕРДЦА	274	CARDIAC DEFECT
НЕДОСТАТОЧНОСТЬ МИТРАЛЬНОГО КЛАПАНА	275	MITRAL VALVE INCOMPETENCE

СЕРДЕЧНЫЕ СОКРАЩЕНИЯ	275	CARDIAC CONTRACTIONS
СЕРДЦЕБИЕНИЕ	275	HEARTBEATING
ТОНЫ СЕРДЦА	276	HEART SOUNDS
ШУМ(Ы) [СЕРДЦА]	276	[CARDIAC] MURMURS

ЗАБОЛЕВАНИЕ ГРУДНОЙ КЛЕТКИ И ОРГАНОВ ГРУДНОЙ ПОЛОСТИ

DISORDER OF THE THORAX AND THORACIC ORGANS

ГРУДНАЯ КЛЕТКА. МОЛОЧНАЯ ЖЕЛЕЗА

THORAX. MAMMARY GLAND

ГРУДНАЯ КЛЕТКА, ГРУДЬ

THORAX, THORACIC CAGE, CHEST

I. астеническая/длинная узкая грудная клетка
бочкообразная/эмфизематозная грудная клетка
воронкообразная грудная клетка, грудь сапожника
гиперстеническая/широкая короткая грудная клетка
килевидная грудная клетка, куриная/килевидная грудь
кифо[сколио]тическая грудная клетка
лордотическая грудная клетка
нормостеническая грудная клетка
паралитическая грудная клетка
плоская грудная клетка
рахитическая грудная клетка
II. деформация грудной клетки
западение грудной клетки

опухоль грудной клетки
повреждение грудной клетки
сдавление грудной клетки
синовиома грудной клетки
сотрясение грудной клетки
ушиб грудной клетки
экскурсия грудной клетки
C. грудина
грудная полость
грудная стенка
межреберный промежуток
рахитические четки
реберная дуга
ребро(а)

I. asthenic thorax, long narrow chest
barrel/emphysematous chest

funnel/shoemaker's chest

hypersthenic/broad short chest
keeled chest, chicken breast

kypho[scolio]tic chest

lordotic chest

normosthenic chest

phthinoid chest

flat chest
rachitic breast
II. deformity of the chest
chest retraction, pectus excavatum
thoracic **mass/tumour**
chest **injury/damage**
compression of the chest
synovioma of the chest
thoracic commotion
thoracic contusion
thoracic excursion
S. breastbone, sternum
thoracic cavity
thoracic wall
intercostal space
beading of the ribs
costal arch
rib(s)

МОЛОЧНАЯ/ГРУДНАЯ ЖЕЛЕЗА. ГРУДЬ

MAMMARY GLAND. BREAST

I. добавочная молочная железа

    кровоточащая молочная железа, внутрипротоковая папиллома
    подмышечная/аксиллярная молочная железа
    увеличенная молочная железа

II. абсцесс молочной железы
    актиномикоз молочной железы
    атрофия молочной железы
    воспаление [паренхимы и интерстиция] молочной железы, мастит, грудница
    дисгормональная гиперплазия молочных желёз у женщины, мастопатия, фиброаденоматоз
    дисплазия/дисгенезия молочной железы

    доля молочной железы
    липогранулема молочной железы
    [млечные] протоки молочной железы
    недоразвитие/гипоплазия молочной железы, гипомастия
    новообразование молочной железы
    опущение молочной железы, отвислая грудь, отвислая молочная железа, мастоптоз
    свищ молочной железы
    сифилис молочной железы
    сосок молочной железы
    тромбофлебит подкожных вен молочной железы
    туберкулез молочной железы
    увеличение/гипертрофия молочной железы, гипермастия

    увеличение молочной железы в период полового созревания
    увеличение у мужчин молочной железы, дисгормональная гиперплазия молочных желёз у мужчин, гинекомастия
    уплотнение в молочной железе
    фиброаденома молочной железы

I. accessory **mammary gland/ breast tissue**
    bleeding mammary gland, intraductile papilloma

    axillary mammary gland

    enlarged mammary gland

II. mammary gland abscess
    mammary gland actinomycosis

    atrophy of the breast
    inflammation [of parenchyma and interstitia] of the mammary gland, mastitis
    female mammary gland dyshormonal hyperplasia, mastopathy, fibroadenomatosis
    mammary gland dysplasia, displasia of the breast, mammary gland dysgenesis
    lobe of the breast
    mammary gland lipogranuloma
    mammary ducts

    mammary hypoplasia, hypomastia

    mammary neoplasm

    pendulous breast, mastoptosis

    milk fistula
    mammary gland syphilis
    nipple
    thrombophlebitis of mammary gland subcutaneous veins
    mammary gland tuberculosis
    enlarged mammary gland, mammary hyperthrophy, hypermastia

    pubertal breast enlargement, sororiation
    overdevelopment of a mammary gland in males, dyshormonal hyperplasia of mammary glands in males, gynecomastia
    induration of the breast

    fibroadenoma of the mammary gland

эхинококк молочной железы
C. околососковый кружок

mammary gland echinococcus
S. mammary areola

МАСТИТ, ГРУДНИЦА

MASTITIS

I. абсцедирующий мастит

    гангренозный мастит
    гнойный мастит

    двусторонний мастит
    интерстициальный мастит
    интраканаликулярный мастит, галактофорит
    инфильтративный мастит
    лактационный/послеродовый мастит
    острый мастит
    разлитой мастит
    раковый/карциноматозный мастит, маститоподобный рак
    серозный мастит
    сифилитический мастит
    туберкулезный мастит
    флегмонозный мастит
    хронический мастит
II. мастит новорожденных
C. абсцесс молочной железы
   застой молока, лактостаз

   кормление грудью ребенка
   лактация
      подавление лактации
III. кормить грудью ребенка

   сцеживать молоко

I. mastitis with abscess formation

    gangrenous mastitis
    purulent/suppurative mastitis

    bilateral mastitis
    interstitial mastitis
    intracanalicular mastitis, galactophoritis
    infiltrative mastitis
    lactic/postnatal mastitis

    acute mastitis
    diffuse mastitis
    cancer/carcinomatous mastitis, mastitis-like cancer
    serous mastitis
    syphilitic mastitis
    tuberculous mastitis
    phlegmonous mastitis
    chronic mastitis
II. mastitis of the newborn
S. mammary [gland] abscess
   [abnormal] accumulation of milk, lactostasis

   breast-feeding, infant feeding
   lactation
      suppression of lactation
III. to breast-feed, to feed an infant
   to express milk

АБСЦЕСС МОЛОЧНОЙ ЖЕЛЕЗЫ

MAMMARY [GLAND] ABSCESS

I. интрамаммарный абсцесс
   ретромаммарный абсцесс
   субареолярный абсцесс
C. абсцесс подкожной клетчатки
   воспаление молочной железы в околососковой области, ареолит

I. intramammary abscess
   retromammary abscess
   subareolar abscess
S. abscess of subcutaneous fat
   areolitis

МАСТОПАТИЯ, ФИБРОАДЕНОМАТОЗ

MASTOPATHY, FIBROADENOMATOSIS

I. диффузная мастопатия
   кистозная мастопатия
   кистозно-пролиферативная мастопатия, болезнь Шиммельбуша
   кистозно-фиброзная мастопатия

I. diffuse mastopathy
   cystic mastopathy
   cysto-proliferative mastopathy, Schimmelbusch disease

   fibrocystic mastopathy

тиреотоксическая/истерическая мастопатия
узловая мастопатия
фиброзная мастопатия
S. мастодиния, масталгия

thyrotoxic/hysterical mastopathy
nodal mastopathy
fibrous mastopathy
S. mastodynia, mastalgia

ПРОТОК(И) МОЛОЧНОЙ ЖЕЛЕЗЫ

MAMMARY DUCT(S)

II. воспаление млечных протоков молочной железы, галактофорит
расширение/эктазия протоков молочной железы

II. inflammation of the milk ducts of a mammary gland, galactophoritis
mammary duct **dilation/ectasia**

СОСОК(КИ) МОЛОЧНОЙ ЖЕЛЕЗЫ

NIPPLE(S)

I. втянутый сосок молочной железы
рудиментарный сосок молочной железы

II. гипертрофия соска(ов)
увеличение числа сосков молочной железы
трещина соска
экскориация соска

I. retracted nipple

rudimentary nipple

II. nipple hypertrophy
hyperthely, hyperthelia

nipple crack
excoriation of the nipple

■ У вас трещина соска (мастит)

Вы кормите грудью ребенка?

Не прекращайте кормить ребенка этой грудью

Не давайте ребенку грудь

Сцеживайте молоко из груди(ей)

Отсасывайте молоко из этой груди молокоотсосом

Сцеживание молока болезненное (безболезненное)? Приносит (не приносит) облегчение?

Придайте возвышенное положение молочной железе косыночной повязкой

До и после кормления мойте соски грудей (молочных желез) кипяченой водой. Смазывайте их спирт-глицериновой смесью

■ You have a cracked nipple (mastitis)

Do you breast-feed your baby?

Don't stop feeding your baby from this breast

Don't breast-feed the baby

Express milk from the breast(s)

Milk this breast with a suction apparatus

Is expressing the milk painful (non-painful)? Does it give relief?

Have the breast held in a sling

Before and after breast-feeding wash the nipples with boiled water. Treat them with an alcohol-glycerin salve

▲ Грудная клетка симметричная (увеличена в объеме, бочкообразной формы)

▲ The chest is symmetrical (enlarged in size, barrel-shaped)

249

Ограничения дыхательной экскурсии нет	Excursion is good
Отмечается отставание при дыхании правой (левой) половины грудной клетки	There is noted poor expansion of the right (left) half of the chest on breathing
Больная жалуется на боли (набухание, чувство тяжести, напряжение) в молочной железе	The patient complains of pains (swelling, sense of heaviness, tension) in the mammary gland
Молочные железы низко опущены (симметричны, увеличены, болезненны при пальпации)	The mammary glands are pendulous (symmetrical, enlarged, tender on palpation)
Инфильтрат [в молочной железе] определяется четко (нечетко)	Infiltrate [in the mammary gland] is felt well (not well)
Опухоли [в молочной железе] не обнаружено	No mass has been detected [in the mammary gland]
Соски прямые (втянутые)	The nipples are erect (retracted)
Выделений из сосков нет	There is no discharge from nipples
Наблюдаются молозивные (серозные, кровянистые) выделения из сосков	There is noted colostral (serous, bloody) discharge from nipples

БРОНХИ. ЛЕГКИЕ. ПЛЕВРА. ТРАХЕЯ

BRONCHI. LUNGS. PLEURA. TRACHEA

ОБЩАЯ ЧАСТЬ

GENERAL

ДЫХАНИЕ

RESPIRATION, BREATHING, BREATH SOUNDS

I. агональное/терминальное дыхание, «гаспинг»-дыхание
амфорическое дыхание
астматическое дыхание
бронхиальное дыхание
брюшное/диафрагмальное дыхание
везикулярное дыхание
глубокое дыхание
грудное дыхание

жесткое дыхание

замедленное дыхание
затрудненное дыхание

искусственное дыхание, ис-

I. **agonal/terminal** breathing, gasping
amphoric respiration
asthmatic wheezing
bronchial respiration
abdominal/diaphragmatic respiration
vesicular respiration
deep breathing
thoracic **respiration/breathing**
coarse breath sounds, harsh breathing, rough respiration
slow respiration
laboured/hard/difficult breathing/respiration, gasps
artificial respiration, arti-

кусственная вентиляция легких	ficial ventilation of the lungs
неправильное дыхание	irregular respiration
нормальное дыхание	**normal/adequate** respiration
парадоксальное дыхание	paradoxical respiration
патологическое дыхание	pathologic[al] breathing
периодическое дыхание	periodic respiration
поверхностное дыхание	shallow breathing
прерывистое/саккадированное дыхание	interrupted respiration
реберное дыхание	costal respiration
редкое дыхание	slow breathing, infrequent respiration, bradipnea
ритмичное дыхание	regular breathing
ровное дыхание	**smooth/even** respiration
свистящее/стридорозное дыхание	whistling respiration, **stridor/stridulous** breathing
стенотическое дыхание	stenotic respiration
стерторозное/храпящее дыхание	**stertor/snoring** breathing
тяжелое дыхание	heavy breathing
учащенное дыхание	accelerated respiration, hurried breathing
II. глубина дыхания	II. depth of breathing
дыхание Биота	Biot's respiration
дыхание Куссмауля, большое дыхание	Kussmaul respiration
дыхание Чейн-Стокса	Cheyne-Stokes respiration
задержка дыхания	breath-holding
органы дыхания	respiratory organs
симптомы со стороны органов дыхания	respiratory symptoms
остановка дыхания	respiratory arrest
расстройство дыхания	disturbance of respiration
угнетение дыхания	apnea
урежение дыхания/дыхательных экскурсий, брадипноэ	bradypnea
частота дыхания	respiratory rate
учащение дыхания/дыхательных экскурсий, тахипноэ	tachypnea
С. дыхательные шумы, дыхание	S. respiratory murmurs, breath sounds
дыхательные движения, дыхание	respiratory **movements/motions,** respiration, breathing
дыхательная экскурсия [грудной клетки]	respiratory excursion [of the thorax]
III. вдохнуть	III. to breathe in, to inhale
вдохнуть глубоко через нос	to breathe in deeply through the nose
выдохнуть	to breathe out, to expire, to exhale
дышать	to breathe
дышать глубоко	to breathe deeply
дышать с трудом, тяжело дышать	to **gasp/labour** for breath, to breathe heavily

| задерживать дыхание | to hold the breath |
| прослушивать дыхание | to sound respiration |

КАШЕЛЬ

COUGH, COUGHING

I.
битональный кашель
влажный кашель
громкий кашель
лающий кашель
мучительный кашель

нервный кашель
постоянный кашель
рефлекторный кашель
сильный кашель
спазматический кашель
судорожный/конвульсивный кашель

сухой кашель
упорный кашель
ушной кашель

II. кашель с гнойной мокротой
кашель с кровью, кровохарканье

кашель с мокротой
кашель со слизистой мокротой
приступ кашля

C. покашливание
III. кашлять

I.
bitonal cough
moist/wet/productive cough
loud cough
barking cough
troublesome/excruciating cough
nervous cough
constant coughing
reflex cough
violent/bad cough
spasmodic/spastic cough
convulsive cough

dry/**nonproductive** cough
persistent cough
ear cough

II. cough of pus
blood spitting, hemoptysis

moist/productive cough
cough of mucus
fit/bout/access of coughing

S. hacking cough
III. to cough

ОДЫШКА, ДИСПНОЭ

DYSPNEA, SHORTNESS OF BREATH, BREATHLESSNESS

I.
выраженная одышка
гемическая одышка
инспираторная одышка
легочная одышка
небольшая одышка
пароксизмальная одышка
периодически возникающая одышка
постоянная одышка

рефлекторная одышка
сердечная одышка
смешанная одышка
тепловая одышка
экспираторная одышка

II. одышка в состоянии покоя
одышка при физической нагрузке
вынужденное положение сидя при выраженной одышке, ортопноэ

C. удушье
приступ удушья

I.
pronounced dyspnea
hemic dyspnea
inspiratory dyspnea
pulmonary dyspnea
slight dyspnea
paroxysmal dyspnea
episodic dyspnea

continuous/persistent/constant dyspnea
reflex dyspnea
cardiac dyspnea
combined dyspnea
thermal dyspnea
expiratory dyspnea

II. shortness of breath at rest
dyspnea on exertion (DOE)

forced sitting position in pronounced dyspnea, orthopnea

S. suffocation, choking, asphyxia
suffocation/choking attack

III. испытывать чувство недостатка воздуха
уменьшить одышку
страдать одышкой

ХРИПЫ

I. бронхиальные хрипы
влажные хрипы
жесткие хрипы
жужжащие хрипы
звучные хрипы
крепитирующие хрипы
крупнопузырчатые хрипы
мелкопузырчатые хрипы
незвучные хрипы
свистящие хрипы
сухие хрипы
трахеальные хрипы
трескучие хрипы
III. прослушивать хрипы

СПЕЦИАЛЬНЫЕ МЕТОДЫ ИССЛЕДОВАНИЯ

C. бронхоскопия
специалист по бронхоскопии
пневмотахометрия
спирография
томоденситография, компьютерная томография
сцинтилляционная электрокимография

СПИРОГРАФИЯ

I. бронхоспирография
долевая бронхоспирография
C. жизненная емкость легких

СПЕЦИАЛЬНАЯ ЧАСТЬ

БРОНХ(И)

I. главный бронх
левый (правый) главный бронх
добавочный бронх
долевой бронх
дольковый бронх
сегментарный бронх
трахеальный бронх
II. агенезия бронха
аденома бронха
актиномикоз бронхов
аплазия бронха

III. to be short of breath

to **diminish/relieve** dyspnea
to suffer from dyspnea

RÂLES

I. bronchial râles
moist râles
coarse râles
buzzing/humming râles
sonorous râles
crepitus/crackling râles
coarse bubbling râles
fine [bubbling] râles
non-sonorous râles
whistling râles
dry râles
tracheal râles
cracking râles
III. to **hear/detect** râles

SPECIAL METHODS OF INVESTIGATION

S. bronchoscopy
bronchoscopist

pneumotachometry
spirography
tomodensitography, computed tomography
scintillated electrokymography

SPIROGRAPHY

I. bronchospirography
lobar bronchospirography
S. vital capacity of the lungs (VC)

SPECIAL

BRONCHUS (BRONCHI)

I. **primary/main** bronchus
left (right) main bronchus

accessory bronchus
lobar bronchus
lobular bronchus
segmental bronchus
tracheal bronchus
II. bronchial agenesis
bronchial adenoma
bronchial actinomycosis
bronchial aplasia

аспергиллез бронхов	bronchial aspergillosis
бластомикоз бронхов	bronchial blastomycosis
болезнь бронхов и легких, обусловленная наличием бронхолитов, бронхолитиаз	disease of bronchi and lungs due to presence of broncholiths, broncholithiasis
бронх первого (второго) порядка	bronchus of the first (second) order
воспаление бронха, бронхит	inflammation of a bronchus, bronchitis
гамартохондрома бронха	bronchial hamartochondroma
дивертикул бронха	bronchial diverticulum
дискинезия/дистония бронха	bronchial **dyskinesia/dystonia**
инородное тело бронха	bronchial foreign body
камень бронха, бронхиальный конкремент, бронхолит	bronchial calculus, broncholith
кандидоз бронхов	bronchial candidiasis
непроходимость бронха	bronchial **impassability/obstruction**
полная (частичная) непроходимость бронха	complete (partial) bronchial obstruction
опухоль бронха	bronchial **mass/tumour**
папиллома бронха	bronchial papilloma
патологическое расширение просвета бронха, бронхоэктаз	pathologic dilation of the bronchial lumen, bronchiectasis
просвет бронха	lumen of the bronchus
разрыв бронха	rupture of the bronchus
саркоидоз бронхов, болезнь Бенье-Бека-Шауманна	bronchial sarcoidosis, Besnier-Boeck-Schaumann's disease
спазм бронха, бронхоспазм, бронхиолоспазм	bronchospasm, bronchiolespasm
стеноз бронха, бронхостеноз	bronchial stenosis
C. бронхиальный свищ	S. bronchial fistula
бронхиальный секрет	bronchial secretion
сгущение (разжижение) бронхиального секрета	thickening (thinning) of bronchial secretion
бронхаденит	bronch [o] adenitis
бронхогенная киста	bronchogenic cyst
бронхомаляция	bronchomalacia
дренажная функция бронха	bronchial drainage function
синдром длинной культи бронха	long bronchial stump syndrome

БРОНХИТ

BRONCHITIS

I. аллергический бронхит	I. allergic bronchitis
атрофический бронхит	atrophic bronchitis
астматический бронхит	asthmatic bronchitis
геморрагический бронхит	hemorrhagic bronchitis
гипертрофический бронхит	hypertrophic bronchitis
глубокий бронхит, панбронхит	deep bronchitis, panbronchitis
гнилостный бронхит	fetid bronchitis
гнойный бронхит	purulent bronchitis
деструктивно-язвенный/эрозивный бронхит	erosive bronchitis
диффузный бронхит	diffuse bronchitis

застойный бронхит	congestive bronchitis
капиллярный бронхит, бронхиолит	capillary bronchitis, bronchiolitis
катаральный бронхит	catarrhal bronchitis
крупозный/острый фибринозный бронхит	**croupous/acute** fibrinous bronchitis
некротический бронхит	necrotic bronchitis
острый бронхит	acute bronchitis
поверхностный бронхит, эндобронхит	superficial bronchitis, endobronchitis
слизисто-гнойный бронхит	mucopurulent bronchitis
токсический бронхит	toxic bronchitis
уремический бронхит	uremic bronchitis
фибринозный бронхит	fibrinous bronchitis
хронический бронхит	chronic bronchitis
экссудативный бронхит	exudative bronchitis
C. бронхиальная астма	S. bronchial asthma
приступ бронхиальной астмы	bronchial asthma attack

БРОНХАДЕНИТ

BRONCH[O]ADENITIS

I. индуративный бронхаденит
инфильтративный бронхаденит

казеозный бронхаденит
туберкулезный бронхаденит

туморозный/опухолевидный бронхаденит

I. indurative bronch[o]adenitis
infiltrative bronch[o]adenitis

caseous bronch[o]adenitis
tuberculous bronch[o]adenitis

tumorous bronch[o]adenitis

БРОНХИАЛЬНЫЙ/БРОНХОТОРАКАЛЬНЫЙ СВИЩ

BRONCHIAL FISTULA, BRONCHOTHORACIC FISTULA

I. врожденный бронхиальный свищ
послеоперационный бронхиальный свищ
приобретенный бронхиальный свищ
травматический бронхиальный свищ

C. бронхо-желудочный свищ
бронхо-желчный свищ
бронхолегочный свищ
бронхопеченочный свищ
бронхо-пищеводный свищ
бронхо-плевральный свищ
бронхо-плевро-кожный свищ
бронхо-плевро-торакальный свищ
бронхо-трахео-пищеводный свищ
решетчатое/сотовое легкое

I. congenital bronchial fistula
postoperative bronchial fistula
acquired bronchial fistula

traumatic bronchial fistula

S. broncho-gastric fistula
bronchobiliary fistula
bronchopulmonary fistula
bronchohepatic fistula
broncho-esophageal fistula
bronchopleural fistula
bronchopleurodermal fistula
bronchopleurothoracic fistula
bronchotracheoesophageal fistula
cribrate/honeycomb lung

БРОНХОЭКТАЗ(Ы)

BRONCHIECTASIS (BRONCHIECTASES)

I. ателектатический бронхоэктаз

I. atelectatic bronchiectasis

атрофический бронхоэктаз	atrophic bronchiectasis
варикозный/четкообразный бронхоэктаз	**varicose/beaded/moniliform** bronchiectasis
веретенообразный бронхоэктаз	fusiform bronchiectasis
врожденный бронхоэктаз	congenital bronchiectasis
гипертрофический бронхоэктаз	hypertrophic bronchiectasis
деструктивный бронхоэктаз	destructive bronchiectasis
мешотчатый бронхоэктаз	saccular bronchiectasis
острый бронхоэктаз	acute bronchiectasis
неинфицированные бронхоэктазы	noninfected bronchiectases
постбронхитический бронхоэктаз	postbronchitic bronchiectasis
постстенотический бронхоэктаз	poststenotic bronchiectasis
приобретенный бронхоэктаз	acquired bronchiectasis
ретенционный бронхоэктаз	retention bronchiectasis
смешанные бронхоэктазы	mixed bronchiectases
сухой бронхоэктаз	dry bronchiectasis
цилиндрический бронхоэктаз	cylindrical bronchiectasis
C. бронхоэктатическая болезнь	S. bronchiectatic disease
бронхоэктатическая каверна	bronchiectatic cavern
отделение мокроты «полным ртом»	expectoration

ЛЕГКОЕ(ИЕ)

LUNG(S)

I. буллезные легкие	I. bullous lungs
«влажное» легкое, гипергидратация легкого	"fluid" lung
«застойные» легкие	pulmonary congestion, congested lungs
добавочное легкое, добавочная доля легкого	accessory lung, accessory lobe of the lung
кистозные/поликистозные легкие	**cystic/polycystic** lungs
панцирное легкое	testaceous lung
патологически измененное легкое	pathologically changed lung
спавшееся легкое	collapsed lung
«шоковое» легкое	"shock" lung
II. абсцесс легкого	II. pulmonary abscess
острый абсцесс легкого	acute pulmonary abscess
хронический абсцесс легкого	chronic pulmonary abscess
агенезия легкого	pulmonary agenesia
актиномикоз легких	pulmonary actinomycosis
альвеококкоз легких	pulmonary alveococcosis
амебиаз легких	pulmonary amebiasis
антракоз легких	pulmonary anthracosis, coal miner's disease
аплазия легкого	pulmonary aplasia
аскаридоз легкого	pulmonary ascariasis
биссиноз легких	pulmonary byssinosis
бластомикоз легких	pulmonary blastomycosis
верхушка легкого	apex of the lung

воспаление легкого, пневмония	pneumonia
ворота легкого	hilum of the lung
гамартома легкого	pulmonary hamartoma
гангрена легкого	pulmonary gangrene
гипоплазия/недоразвитие легкого	pulmonary hypoplasia
доля легкого	lobe of the lung
застой в легких	pulmonary congestion, congested lung
инфаркт легкого	pulmonary infarct [ion]
каверна легкого	lung cavity
верхушечная каверна легкого	apical lung cavity
туберкулезная каверна легкого	tuberculous lung cavity
кандидомикоз легких	pulmonary candidomycosis
кокцидиоидомикоз легких	pulmonary coccidioidomycosis
корень легкого	root of the lung
сосуды корня легкого	lung root vasculature
нокардиоз легких	nocardiosis of the lungs
опухоль легкого	pulmonary **mass/tumour**
отек легких	pulmonary edema
парагонимоз легких	pulmonary paragonimiasis
повреждение легкого	injury to the lung, pulmonary **damage/lesion/injury**
рак легкого	pulmonary cancer
расправление легкого	lung spread
полное (неполное) расправление легкого	complete (incomplete) lung spread
расширение легкого	lung expansion
сдавление легкого	lung compression
сидероз легких	pulmonary siderosis
силикоз легких	pulmonary silicosis
сифилис легких	pulmonary syphilis
сотрясение легкого	lung **concussion/commotion**
спадение/коллапс легкого, ателектаз [легкого]	collapse of the lung, [pulmonary] atelectasis
токсоплазмоз легких	pulmonary toxoplasmosis
туберкулез легких	tuberculosis of the lungs
ушиб легкого	pulmonary contusion
уплотнение легкого	pulmonary consolidation
шистосоматоз легких	pulmonary schistosomiasis
эмфизема легкого	pulmonary emphysema
эозинофильный инфильтрат легкого	eosinophilic pulmonary infiltrate
острый эозинофильный инфильтрат легкого, синдром Леффлера	acute eosinophilic pulmonary infiltrate, Löffler's syndrome
хронический эозинофильный инфильтрат легкого, эозинофильный инфильтрат Картагенера	chronic eosinofilic infiltrate of the lung, chronic/Kartagener's pulmonary infiltrate
эхинококкоз легкого	pulmonary echinococcus
С. альвеолярный протеиноз	S. alveolar proteinosis
бронхолегочная киста, бронхоцеле	bronchocele

пневмосклероз
прогрессивная легочная дистрофия
III. вентилироваться (*о легких*)

прослушивать легкие

АТЕЛЕКТАЗ

I. аллергический ателектаз
аспирационный ателектаз
врожденный/первичный ателектаз
вторичный/приобретенный ателектаз
дисковидный/пластинчатый ателектаз
долевой/лобарный ателектаз
дольковый/лобулярный/ацинозный ателектаз
компрессионный ателектаз, коллапс легкого
обтурационный ателектаз
очаговый ателектаз
послеоперационный ателектаз
сегментарный ателектаз
тотальный ателектаз
травматический ателектаз
функциональный/гиповентиляционный/дистензионный ателектаз

ДОЛЯ ЛЕГКОГО

I. левая (правая) верхняя доля легкого
левая (правая) нижняя доля легкого
средняя доля легкого
язычковая доля легкого

ПНЕВМОНИЯ

I. абсцедирующая пневмония
аденовирусная пневмония
альвеолярная пневмония, альвеолит
аспирационная пневмония
ателектатическая пневмония
атипичная пневмония
ацинозная пневмония
белая пневмония

бензиновая пневмония
бронхопневмония
бруцеллезная пневмония
брюшнотифозная пневмония

pneumosclerosis
progressive pulmonary dystrophy
III. to be ventilated, to ventilate (*of lungs*)
to listen to the lungs, to sound the lungs

ATELECTASIS

I. allergic atelectasis
aspiration atelectasis
congenital/primary atelectasis
secondary/acquired atelectasis
disciform atelectasis

lobar atelectasis
lobular/acynotić atelectasis

compression atelectasis, collapse of the lung
obturative atelectasis
focal atelectasis
postoperative atelectasis
segmental atelectasis
total atelectasis
traumatic atelectasis
functional/hypoventilation atelectasis

LOBE OF THE LUNG

I. left (right) upper lobe of the lung, LUL (RUL)
left (right) lower lobe of the lung, LLL (RLL)
middle lobe of the lung
lingual lobe of the lung

PNEUMONIA

I. abscess-forming pneumonia
adenovirus pneumonia
alveolar pneumonia, alveolitis
aspiration pneumonia
atelectatic pneumonia
atypical pneumonia
acinous pneumonia
white pneumonia, pneumonia alba, indurated neonatal syphilitic pneumonia
benzene pneumonia
bronchopneumonia
brucellous pneumonia
typhoid pneumonia

вагусная пневмония	vagus pneumonia
вирусная пневмония	virus pneumonia
врожденная/внутриутробная пневмония	**congenital/intrauterine** pneumonia
вторичная пневмония	secondary pneumonia
гипостатическая пневмония	hypostatic pneumonia
гриппозная пневмония	influenzal pneumonia
двусторонняя пневмония	bilateral pneumonia
жировая/липоидная пневмония	**fatty/lipoid** pneumonia
долевая пневмония	lobar pneumonia
интерстициальная/межуточная пневмония	interstitial pneumonia
казеозная пневмония	caseous pneumonia
крупозная пневмония	croupous pneumonia
лучевая пневмония	radial pneumonia
мелкоочаговая пневмония	microfocal pneumonia
метастатическая пневмония	metastatic pneumonia
обтурационная пневмония	obturative pneumonia
острая пневмония	acute pneumonia
очаговая пневмония, бронхопневмония	focal pneumonia, bronchopneumonia
перифокальная пневмония	perifocal pneumonia
пневмоцистная пневмония	pneumocystic pneumonia
послеоперационная пневмония	postoperative pneumonia
посттравматическая пневмония	posttraumatic pneumonia
прикорневая/центральная пневмония	**core/central** pneumonia
ревматическая пневмония	rheumatic pneumonia
сегментарная пневмония	segmental pneumonia
септическая пневмония	septic pneumonia
серозная пневмония	serous pneumonia
сливная пневмония	confluent pneumonia
уремическая пневмония	uremic pneumonia
хроническая пневмония	chronic pneumonia
эмболическая пневмония	embolic pneumonia
эозинофильная пневмония, острый эозинофильный инфильтрат легкого, синдром Леффлера	eosinophilic pneumonia, Löffler's syndrome

КРУПОЗНАЯ ПНЕВМОНИЯ	CROUPOUS PNEUMONIA
С. начальная крепитация	S. initial crepitation
разрешительная крепитация	**recurrent/relapsing** crepitation/crackling
уплотнение в легком при крупозной пневмонии	consolidation of the lung in croupous pneumonia

ПЛЕВРА

PLEURA

I. висцеральная плевра	I. visceral pleura
диафрагмальная плевра	diaphragmatic pleura
медиастинальная плевра	mediastinal pleura
париетальная плевра	parietal pleura
реберная плевра	costal pleura
II. воспаление плевры, плеврит	II. inflammation of the pleura, pleurisy

карциноматоз плевры
мезотелиома плевры
эмпиема плевры, гнойный плеврит
C. плевральная полость

carcinomatosis of the pleura
pleural mesotelioma
pleural empyema, suppurative pleurisy
S. pleural cavity

ПЛЕВРАЛЬНАЯ ПОЛОСТЬ

PLEURAL CAVITY

II. введение воздуха в плевральную полость
выпот в плевральной полости
скопление воздуха в плевральной полости, пневмоторакс
скопление крови в плевральной полости, гемоторакс

скопление крови и воздуха в плевральной полости, гемопневмоторакс

II. inflation of air into the pleural cavity
pleural **effusion/exudate**
accumulation of air in the pleural cavity, pneumothorax
accumulation of blood in the pleural cavity, h[a]emothorax
accumulation of blood and air in the pleural cavity h[a]emopneumothorax

ПНЕВМОТОРАКС

PNEUMOTHORAX

I. внутренний пневмоторакс
двусторонний пневмоторакс
закрытый пневмоторакс
искусственный пневмоторакс
клапанный пневмоторакс
лечебный пневмоторакс
напряженный пневмоторакс
односторонний пневмоторакс
открытый пневмоторакс
плащевидный пневмоторакс
правосторонний (левосторонний) пневмоторакс
спонтанный пневмоторакс
травматический пневмоторакс
хирургический/операционный пневмоторакс
экстраплевральный пневмоторакс

III. накладывать пневмоторакс, вводить воздух в плевральную полость

I. internal pneumothorax
bilateral pneumothorax
closed pneumothorax
artificial pneumothorax
valvular pneumothorax
therapeutic pneumothorax
tension pneumothorax
unilateral pneumothorax
open pneumothorax
mantle[-like] pneumothorax
right (left) sided pneumothorax
spontaneous pneumothorax
traumatic pneumothorax
surgical/operative pneumothorax
extrapleural pneumothorax

III. to **apply/use** pneumothorax, to inflate air into the pleural cavity

ПЛЕВРИТ

PLEURISY

I. асептический плеврит
базальный/диафрагмальный плеврит
верхушечный/апикальный плеврит
геморрагический плеврит
гнилостный/ихорозный плеврит

гнойный плеврит, эмпиема плевры
застойный/гипостатический плеврит

I. aseptic pleurisy
basal/diaphragmatic pleurisy
apical pleurisy

hemorrhagic pleurisy
putrefactive/ichorous pleurisy
suppurative pleurisy, pyothorax, pleural empyema
congested/hypostatic pleurisy

междолевой/интралобарный плеврит	interlobar pleurisy
ограниченный плеврит	**localized/limited/circumscribed** pleurisy
острый плеврит	acute pleurisy
осумкованный плеврит	encapsulated pleurisy
панцирный плеврит	testaceous pleurisy
парапневмонический плеврит	parapneumonic pleurisy
пневмококковый плеврит	pneumococcal pleurisy
раковый/канцероматозный плеврит	**cancer/carcinomatous** pleurisy
ревматический плеврит	rheumatic pleurisy
серозно-фибринозный плеврит	serofibrinous pleurisy
серозный плеврит	serous pleurisy
слипчивый/адгезивный плеврит	adhesive pleurisy
сухой плеврит	dry pleurisy
туберкулезный плеврит	tuberculous pleurisy
уремический плеврит	uremic pleurisy
хилезный плеврит	chylous pleurisy
хронический плеврит	chronic pleurisy
экссудативный/выпотной плеврит	**exsudative/wet/infusional** pleurisy

C. шум трения плевры — S. pleural friction rub

ТРАХЕЯ

TRACHEA

II. бифуркация трахеи — II. bifurcation of the trachea
воспаление трахеи, трахеит — inflammation of the trachea, tracheitis
дивертикул трахеи — tracheal diverticulum
дискинезия/дистония трахеи — tracheal **dyskinesia/dystonia**
инородное тело трахеи — tracheal foreign body
папиллома трахеи — tracheal papilloma
просвет трахеи — lumen of the trachea
стеноз трахеи — tracheal stenosis

C. трахеобронхиальное дерево — S. tracheobronchial tree
трахеобронхомаляция — tracheobronchomalacia
трахеобронхомегалия, трахеобронхопатическая маляция, синдром Мунье-Куна — tracheobronchomegaly, Mounier-Kuhn's syndrome
хондроостеопластическая трахеобронхопатия — chondro-osteoplastic tracheobronchopathy

▪ Вы не чувствуете боль во время дыхания?

▪ Is breathing painful?

У вас колющая боль в боку (боль во время дыхания, затрудненное дыхание)?

Do you have a piercing pain in the side (painful breathing, difficulty in breathing)?

Боль усиливается при вдохе (кашле)?

Is it more painful when you breathe (in cough)?

Глубокий вдох вызывает боль?

Does deep breathing cause pain?

Дышите! Не дышите!	Breathe in and out. Hold your breath
Дышите глубже!	Breathe more deeply
Сделайте глубокий вдох	Take a deep breath
Вдохните и выдохните через нос (еще раз)	Breathe in and out through your nose (once again)
Сделайте полный выдох	Breathe out fully
Задержите дыхание	Hold your breath
У вас есть кашель?	Have you a cough?
Кашель постоянный (сухой, с мокротой)?	Is your cough persistent (dry, moist)?
Когда у вас появился кашель?	When did you start coughing?
Вы давно кашляете?	How long have you been coughing?
Вас беспокоит постоянный кашель?	Are you troubled by a persistent cough?
Кашель мешает вам спать?	Does coughing interfere with your sleep?
Вы отхаркивали когда-нибудь кровь?	Have you ever coughed up blood?
Покашляйте немножко!	Cough a little
У вас выделяется мокрота?	Do you bring up phlegm?
Мокрота обильная (скудная, с прожилками крови, ржавая, зловонная)?	Is your sputum abundant (scanty, blood-streaked, rusty, smelly)?
Какого цвета мокрота?	What colour is the sputum?
Сколько мокроты у вас выделяется ежедневно (утром)?	How much sputum do you bring up daily (in the morning)?
Количество выделенной мокроты зависит от положения тела?	Does the volume of sputum brought up depend on your body position?
У вас хронический (острый) бронхит	You have chronic (acute) bronchitis
Вам необходимо бросить курить	You must give up smoking
Вам нельзя охлаждаться (простужаться)	You must not catch cold (catch a cold)
У вас есть ощущение тяжести и полноты в боку (чувство стеснения в груди)?	Do you have a sense of heaviness and fullness in the side (a sense of tightness in the chest)?
Вы не можете глубоко вздохнуть?	Can you not take a deep breath?

Вы страдаете бронхиальной астмой? Сколько лет?	Do you suffer from bronchial asthma? For how many years?
Когда у вас был последний приступ бронхиальной астмы?	When did you have your last asthma attack?
Что вызывает (облегчает) приступ бронхиальной астмы?	What causes (relieves) an asthma attack?
Вы ощущаете при вдохе запах и вкус лекарственных веществ, введенных в плевральную полость?	When you breathe in, do you notice the odour and taste of drugs administered into the pleural cavity?
У вас есть примесь желчи в мокроте (выкашливание съеденной пищи, выхождение воздуха из свища при дыхании и кашле)?	Do you have bile in the sputum (regurgitation of food, emission of air from the fistula on respiration and coughing)?
Мокрота вязкая (прозрачная, стекловидная)?	Is your sputum viscous (transparent, clear)?
По рентгенограммам у вас может быть туберкулез (эхинококк) легких	According to the X-rays you may have pulmonary tuberculosis (echinococcus)
▲ В плевральной полости жидкости не обнаружено	▲ No liquid has been found in the pleural cavity
В плевральной полости обнаружено (не)большое количество крови	There has been found a large (small) amount of blood in the pleural cavity
Прослушайте легкие	Sound the lungs
Признаков эмфиземы легких нет	There is no evidence of pulmonary emphysema
Признаков ателектаза не обнаружено	No signs of atelectasis have been found
Причиной ателектаза является полная непроходимость бронха	The atelectasis is due to complete bronchial obstruction
В легких патологии не обнаружено	The lungs are clear
У больного(ой) двусторонняя пневмония (крупозная пневмония, хроническая пневмония)	The patient has bilateral pneumonia (croupous pneumonia, chronic pneumonia)
Следите за тем, чтобы осуществлялась адекватная легочная вентиляция	See to it that an adequate airway is maintained
Оба легких вентилируются нормально	Both lungs ventilate normally
У больного пневмоторакс	The patient has pneumothorax
Легкое коллабировалось (уменьшилось) на 1/3 своего объема	The lung is collapsed (decreased) to 1/3 of its [normal] volume

Вы будете накладывать искусственный пневмоторакс?	Will you apply artificial pneumothorax?
Заподозрен спонтанный пневмоторакс, но тень средостения расположена по средней линии	There has been suspected spontaneous pneumothorax, but the mediastinal shadow is in the midline
Абсцесс легкого дренируется через бронх	The pulmonary abscess is drained via the bronchus

СЕРДЦЕ. КРУПНЫЕ (МАГИСТРАЛЬНЫЕ) СОСУДЫ. ПЕРИКАРД

ОБЩАЯ ЧАСТЬ

КРОВООБРАЩЕНИЕ

I. вспомогательное кровообращение
искусственное/экстракорпоральное кровообращение, перфузия
капиллярное кровообращение
коллатеральное/окольное кровообращение
коронарное кровообращение
мозговое кровообращение
перекрестное кровообращение
плацентарное кровообращение
портальное кровообращение
регионарное кровообращение
II. восстановление кровообращения
большой круг кровообращения
[де]компенсация кровообращения
малый круг кровообращения
нарушение/расстройство кровообращения
недостаточность кровообращения
C. гемодинамика
кровоток
обратный кровоток, регургитация крови
время кровотока
микроциркуляция
минутный объем крови/сердца, сердечный выброс
объем/масса циркулирующей крови (ОЦК)
увеличение массы циркулирующей крови, гиперволемия

HEART. MAJOR VESSELS. PERICARDIUM

GENERAL

[BLOOD] CIRCULATION

I. accessory circulation

artificial/extracorporal circulation, perfusion

capillary circulation
collateral/roundabout circulation
coronary circulation
cerebral circulation
cross circulation
placental circulation
portal circulation
regional circulation
II. restoration of circulation

systemic/greater circulation
circulatory [de]compensation
pulmonary/lesser circulation
circulatory disturbance, impairment of circulation
circulatory insufficiency

S. hemodynamics
blood **flow/stream**
reversed/back flow, blood regurgitation
circulation time
microcirculation
minute circulatory volume, cardiac output
volume of circulating blood

circulation overload, increase in the mass of circulating blood, hypervolemia

уменьшение массы циркулирующей крови, гиповолемия
III. не допускать увеличения объема циркулирующей крови
увеличивать объем циркулирующей крови

[КРОВЯНОЕ] ДАВЛЕНИЕ

I. артериальное [кровяное] давление
венозное [кровяное] давление
центральное венозное давление
внутрисердечное давление
высокое [кровяное] давление
диастолическое [кровяное] давление
низкое [кровяное] давление
нормальное [кровяное] давление
повышенное [кровяное] давление
среднее [кровяное] давление
систолическое [кровяное] давление
II. листок для записи давления
повышение [кровяного] давления
показатели [кровяного] давления
III. записывать [кровяное] давление
измерять [кровяное] давление

падать (*о кровяном давлении*)

повышаться (*о кровяном давлении*)

ПОВЫШЕНИЕ КРОВЯНОГО ДАВЛЕНИЯ

II. повышение кровяного давления в артериях, артериальная/системная гипертензия

повышение кровяного давления в малом круге кровообращения, гипертензия малого круга кровообращения, легочная гипертензия, легочная гипертония

АРТЕРИАЛЬНАЯ/СИСТЕМНАЯ ГИПЕРТЕНЗИЯ

I. вазоренальная/реноваскулярная гипертензия

decrease in the mass of circulating blood, hypovolemia
III. to bar overloading circulation
to overload circulation

[BLOOD] PRESSURE

I. arterial [blood] **pressure/tension**
venous [blood] pressure
central venous pressure
intracardiac pressure
high [blood] pressure
diastolic [blood] pressure

low [blood] pressure
normal [blood] pressure

raised/elevated/increased [blood] pressure
average [blood] pressure
systolic [blood] pressure

II. [blood] pressure chart
hypertension, [blood] pressure elevation, BP elevation
[blood] pressure readings, BP readings
III. to record [blood] pressure

to **take/determine/check** [blood] pressure/BP
to fall, to drop (*of blood pressure*)
to increase, to rise, to elevate (*of blood pressure*)

HYPERTENSION, BLOOD PRESSURE ELEVATION

II. increased blood pressure in arteries, **arterial/systemic** hypertension

increased blood pressure in lesser circulation, hypertension of pulmonary circulation, pulmonary hypertension

ARTERIAL HYPERTENSION, SYSTEMIC HYPERTENSION

I. renovascular hypertension

гемодинамическая гипертензия	hemodynamic hypertension
застойная гипертензия	congestive hypertension
злокачественная гипертензия	malignant hypertension
лабильная гипертензия	labile hypertension
лекарственная гипертензия	drug-induced hypertension
неврогенная симптоматическая гипертензия	neurogenic symptomatic hypertension
нефрогенная/почечная гипертензия	**nephrogenic/renal** hypertension
пароксизмальная гипертензия	paroxysmal hypertension
первичная/эссенциальная артериальная гипертензия, гипертоническая болезнь	**primary/essential** arterial hypertension, hypertensive disease
посткоммоционная гипертензия	postcommotional hypertension
стабильная гипертензия	stable hypertension
транзиторная гипертензия	transitory hypertension
центрогенная гипертензия	centrogenic hypertension
эндокринопатическая/гормональная/эндокринная гипертензия	**endocrine/hormone/hormonal** hypertension
юношеская гипертензия	juvenile hypertension
C. болезнь Иценко-Кушинга	S. Itzenko-Cushing's disease
гиперальдостеронизм	hyperaldosteronism
гипертонический криз	hypertensive crisis
гломерулонефрит	glomerulonephritis
феохромоцитома	pheochromocytoma

ПУЛЬС

PULSE

I. альтернирующий пульс	I. alternating pulse
большой/высокий пульс	**large/full** pulse
быстрый пульс	swift pulse
дикротический пульс	dicrotic pulse
интермиттирующий пульс	intermittent pulse, pulsus intermittens
лабильный пульс	labile pulse
малый/низкий пульс	small pulse
медленный пульс	slow pulse
мягкий/ненапряженный пульс	soft pulse
напряженный/твердый пульс	**tense/hard** pulse
нерегулярный/аритмичный пульс	**irregular/arhythmic** pulse
нитевидный пульс	**thready/thread-like** pulse
пародоксальный пульс	paradoxical pulse
периферический пульс	peripheral pulse
регулярный пульс	regular pulse
редкий пульс	slow pulse
ритмичный пульс	rhythmic pulse
скорый/подскакивающий пульс	**swift/collapsing** pulse, pulsus celerimus
частый/учащенный пульс	rapid pulse
II. дефицит пульса	II. pulse deficit
колебания пульса	pulse flutter
напряжение пульса	tension of the pulse
пульс с перебоями	dropped-beat pulse
пульс хорошего (слабого) наполнения	full (weak) pulse

ритм пульса	pulse rhythm
скорость пульса	swiftness of the pulse
удары пульса	beatings of the pulse, pulse beats
частота пульса	pulse rate
III. пальпировать/определять пульс	III. to **take/feel/palpate** pulse

СПЕЦИАЛЬНЫЕ МЕТОДЫ ИССЛЕДОВАНИЯ

SPECIAL METHODS OF INVESTIGATION

C. ангиокардиография	S. angiocardiography
аппарат для измерения [артериального] давления	blood-pressure apparatus
баллистокардиография	ballistocardiography
векторкардиография	vectorcardiography
динамокардиография	dynamocardiography
измерение минутного объема сердца (МОС)	measuring [of] cardiac output
измерение объема циркулирующей крови (ОЦК)	measuring [of] circulating blood volume
измерение скорости кровотока	measuring [of] blood flow speed
капилляроскопия	capillaroscopy
кардиография	cardiography
кардиоманометрия	cardiomanometry
катетеризация/зондирование полостей сердца	cardiac **catheterization/probing**
кинетокардиография	kinetocardiography
осциллография	oscillography
плетизмография	plethysmography
прямая (непрямая) манометрия	direct (indirect) manometry
рентгенография	roentgenography
реокардиография	rheocardiography
спациокардиография	spaciocardiography
сейсмокардиография	seismocardiography
сфигмоманометрия	sphygmomanometry
телеэлектрокардиография	tele-electrocardiography
фонокардиография	phonocardiography
амплитуда первого (второго) тона	amplitude of the first (second) heart sound
эзофагокардиография	esophagocardiography
электрокардиография	electrocardiography
эхокардиография	echocardiography

ЭЛЕКТРОКАРДИОГРАФИЯ

ELECTROCARDIOGRAPHY

II. данные электрокардиографии	II. ECG findings
C. электрокардиограмма	S. electrocardiogram (ECG, EKG)
электрокардиограф	electrocardiograph, ECG machine
многоканальный электрокардиограф	multichannel electrocardiograph

ЭЛЕКТРОКАРДИОГРАММА (ЭКГ)

ELECTROCARDIOGRAM (ECG, EKG)

II. зубец (зубцы) ЭКГ

II. ECG wave(s)

изоэлектрическая линия ЭКГ
интервал/отрезок/сегмент ЭКГ

отведение ЭКГ
показатели ЭКГ
технические недостатки в регистрации ЭКГ
III. записывать/делать/снимать/регистрировать ЭКГ
расшифровывать ЭКГ

ECG isoelectric line
interval, piece, segment of an **ECG/EKG**
lead on an **ECG/EKG**
ECG/EKG readings
technical **faults/errors** in ECG recording
III. to **record/obtain/take** an ECG, to have an ECG made
to interpret an ECG

Зубец(цы) ЭКГ, волны ЭКГ

ECG wave(s)

I. высокий зубец
двухфазный зубец
зубец, направленный вверх (вниз)
зубец P, U, T, R, Q, F, f
отрицательный зубец
положительный зубец
раздвоенный зубец
расширенный зубец
уплощенный зубец

I. high wave
diphasic wave
upward (downward) wave

P, U, T, R, Q, F, f wave
negative wave
positive wave
split wave
wide wave
flat wave

СПЕЦИАЛЬНАЯ ЧАСТЬ

SPECIAL

АОРТА

AORTA

I. брюшная аорта
  короткая брюшная аорта
восходящая аорта
  широкая восходящая аорта
грудная аорта
  удлиненная грудная аорта
нисходящая аорта
узкая аорта
II. аневризма аорты
атеросклероз аорты
бифуркация аорты

ветви аорты
воспаление [стенок] аорты, аортит
дуга аорты

  двойная дуга аорты
  окклюзия дуги аорты
клапан аорты, аортальный клапан
луковица аорты
разрыв аорты
расширение аорты
  острое расширение аорты
ствол аорты
сужение/стеноз аорты

тромбоз аорты

I. abdominal aorta
  short abdominal aorta
ascending aorta
  wide ascending aorta
thoracic aorta
  stretched thoracic aorta
descending aorta
narrow aorta
II. aneurysm of the aorta
aortic atherosclerosis
bifurcation of the aorta, aortic bifurcation
aortic branches, aortic rami
inflammation of aortic walls, aortitis
aortic arch, arch of the aorta
  double aortic arch
  aortic arch occlusion
aortic valve

aortic knuckle
aortic rupture
aortic dilation
  acute aortic dilation
aortic trunk
aortic narrowing, stenosis of aorta
aortic thrombosis

тромбоэмболия аорты
C. окклюзия артерий нижних конечностей
окклюзия подключичной артерии
окклюзия сонной артерии

aortic thromboembolism
S. arterial occlusion of the lower extremities
subclavicular artery occlusion
carotid artery occlusion

АНЕВРИЗМА АОРТЫ

I. атеросклеротическая аневризма аорты
веретенообразная аневризма аорты
врожденная аневризма аорты
истинная аневризма аорты
ложная аневризма аорты
мешковидная аневризма аорты

посттравматическая аневризма аорты
расслаивающая аневризма аорты
сифилитическая аневризма аорты
хроническая аневризма аорты
цилиндрическая аневризма аорты
II. аневризма брюшной аорты
аневризма ветвей аорты
аневризма восходящей (нисходящей) аорты
аневризма дуги аорты
III. расслаиваться (*о стенке аорты*)

AORTIC ANEURYSM

I. atherosclerotic aortic aneurysm
fusiform aortic aneurysm

congenital aortic aneurysm
true aortic aneurysm
false aortic aneurysm
saccular/sacculated aortic aneurysm
posttraumatic aortic aneurysm

dissecting aortic aneurysm

syphilitic aortic aneurysm

chronic aortic aneurysm
cylindrical aortic aneurysm

II. abdominal aorta aneurysm
aneurysm of aortic branches
ascending (descending) aorta aneurysm
aortic arch aneurysm
III. to dissect (*of aortic wall*)

АНЕВРИЗМА ВЕТВЕЙ АОРТЫ

C. аневризма бедренной артерии
аневризма подколенной артерии
аневризма сонной артерии

ANEURYSM OF AORTIC BRANCHES

S. femoral artery aneurysm
popliteal artery aneurysm

carotid artery aneurysm

АОРТИТ

I. аллергический аортит
гнойный аортит
инфекционный аортит
некротический язвенный аортит
ревматический аортит
сифилитический аортит, болезнь Деле-Геллера
тромбаортит
туберкулезный аортит
эмболический аортит
эндаортит

AORTITIS

I. allergic aortitis
purulent/suppurative aortitis
infective aortitis
necrotic ulcerative aortitis

rheumatic aortitis
syphilitic aortitis, Döhle-Heller's disease
thromboaortitis
tuberculous aortitis
embolic aortitis
endaortitis

II. аортит при болезни Такая-су, аортит при болезни отсутствия пульса
аортит при облитерирующем тромбангиите, аортит при болезни Винивартера-Бюргера
аортит при ревматизме, ревматический аортит
S. аорталгия

БИФУРКАЦИЯ АОРТЫ

II. непроходимость/окклюзия бифуркации аорты, синдром Лериша
эмболия бифуркации аорты

ОККЛЮЗИЯ АРТЕРИЙ НИЖНИХ КОНЕЧНОСТЕЙ

S. облитерирующий тромбанг[и]ит, болезнь Винивартера-Бюргера

ЛЕГОЧНАЯ АРТЕРИЯ

II. ствол легочной артерии
устье легочной артерии
эмболия легочной артерии

ПЕРИКАРД

II. воспаление перикарда, перикардит
скопление крови в полости перикарда, гемоперикардит

ПЕРИКАРДИТ

I. адгезивный/спаечный/слипчивый перикардит
геморрагический перикардит
гнилостный/ихорозный перикардит
гнойный перикардит
карциноматозный перикардит
констриктивный/сдавливающий перикардит, «панцирное» сердце
ксантоматозный/холестериновый перикардит
острый перикардит
серозный перикардит
сухой перикардит

туберкулезный перикардит
уремический перикардит
хронический перикардит

II. aortitis in Takayasu disease, pulseless disease

aortitis in obliterating thrombangiitis, Winiwarter-Bürger's disease
aortitis in rheumatism, rheumatic aortitis
S. aortalgia

BIFURCATION OF THE AORTA, AORTIC BIFURCATION

II. occlusion of the aortic bifurcation, Leriche's syndrome

embolism of the aortic bifurcation

ARTERIAL OCCLUSION OF THE LOWER EXTREMITIES

S. obliterating thrombangiitis, Winiwarter-Bürger's disease

PULMONARY ARTERY

II. trunk of the pulmonary artery
ostium of the pulmonary artery
pulmonary artery embolism

PERICARDIUM

II. inflammation of the pericardium, pericarditis
accumulation of blood in the pericardium, hemopericardium

PERICARDITIS

I. adhesive pericarditis

hemorrhagic pericarditis
putrefactive/ichorous pericarditis
suppurative pericarditis
carcinomatous pericarditis
constrictive pericarditis, armo[u]red heart
xanthomatous/cholesterol pericarditis
acute pericarditis
hydropericarditis
dry pericarditis, pericarditis sicca
tuberculous pericarditis
uremic pericarditis
chronic pericarditis

фибринозный перикардит
экссудативный/выпотной перикардит
S. шум трения перикарда

СЕРДЦЕ

I. «больное» сердце
«бычье» сердце
гипотиреоидное/микседематозное сердце
детренированное сердце
«здоровое» сердце
капельное/висячее сердце

«легочное» сердце
лежачее сердце, сердце гиперстеника
«открытое» сердце
панцирное сердце
пивное сердце
сердце астеника
«сухое» сердце
тиреотоксическое/базедовотоксическое сердце
увеличенное сердце
юношеское сердце

II. аневризма сердца
аномалия сердца
аритмия сердца
блокада сердца
болезнь сердца
желудочек сердца
камера сердца
клапан сердца
мышца сердца
воспаление мышцы сердца, миокардит
остановка сердца
отделы сердца
левый (правый) отдел сердца
перегородка сердца
пересадка сердца
порок сердца
разрыв сердца, кардиорексис

расширение сердца
сдавление сердца
прогрессирующее сдавление сердца
стенка сердца
тампонада сердца
толчок сердца
верхушечный толчок сердца
тон(ы) сердца
шум(ы) сердца

fibrinous pericarditis
exudative/wet/infusional pericarditis
S. pericardial rub

HEART, COR

I. "bad" heart
"cor bovinum"
hypothyroid/myxedematous heart
nontrained/untrained heart
"good" heart
drop/pendulous/hanging/suspended heart
pulmonary heart, cor pulmonale
lying/hypersthenic heart

"open" heart
armo[u]red heart
beer-heart
asthenic's heart, asthenic heart
"dry" heart
thyroid/thyrotoxic heart

enlarged heart
juvenile heart
II. cardiac aneurysm
cardiac anomaly
cardiac arrhythmia
heart block
heart/cardiac disease
heart ventricle
chamber of the heart
cardiac valve
cardiac muscle, myocardium
inflammation of the myocardium, myocarditis
cardiac arrest, heart failure
heart chambers
left (right) heart chamber

septum of the heart
cardiac transplantation
heart defect
rupture of the heart, cardiac rupture, cardiorrhesis
cardiac dila[ta]tion
compression of the heart
progressive compression of the heart
wall of the heart
cardiac tamponade
cardiac beat
apex beat
heart/cardiac sound(s)
cardiac **murmur(s)/bruit(s)**

С. сердечная деятельность	S. cardiac activity
декомпенсация сердечной деятельности	cardiac decompensation
сердечная недостаточность	cardiac insufficiency
сердечные сокращения	cardiac contractions
сердцебиение	heartbeat [ing], palpitation

АРИТМИЯ СЕРДЦА / CARDIAC ARRHYTHMIA

I. дыхательная аритмия	I. **respiratory/breathing** arrhythmia
мерцательная/полная аритмия	cardiac fibrillation, complete arrhythmia
пароксизмальная аритмия	paroxysmal arrhythmia
синусовая аритмия	sinus arrhythmia
юношеская аритмия	juvenile arrhythmia
С. дефибриляция сердца	S. defibrillation of the heart
дефицит пульса	pulse deficit
мерцание/фибриляция желудочков	ventricular fibrillation
мерцание/фибриляция предсердий	**auricular/atrial** fibrillation
пароксизмальная тахикардия	paroxysmal tachycardia
синусовая брадикардия	sinus bradycardia
синусовая экстрасистолия	sinus extrasystole
трепетание желудочков	ventricular flutter
трепетание предсердий	**auricular/atrial** flutter
экстрасистолия	extrasystole

БЛОКАДА СЕРДЦА / HEART BLOCK

I. альтернирующая блокада	I. alternating block
арборизационная блокада	arborisation block
внутрижелудочковая блокада	intra-ventricular block
внутрипредсердная блокада, полная поперечная блокада, полный поперечный блок, полная атриовентикулярная/предсердно-желудочковая блокада	intra-auricular block complete **transverse/cross/auriculoventricular/atrioventricular** block
синоаурикулярная блокада	**sino-auricular/sinoatrial** block
транзиторная блокада сердца от перемены положения	transient heart block associated with a change in posture
С. блокада ножек пучка Гиса	S. blockade of the bundle of His
синдром Вольффа-Паркинсона-Уайта, синдром ВПУ, синдром преждевременного возбуждения желудочков	Wolff-Parkinson-White's syndrome, WPW syndrome, syndrome of premature ventricular stimulation
синдром слабости синусового узла	sick sinus syndrome

БОЛЕЗНЬ СЕРДЦА / HEART DISEASE

I. ишемическая болезнь сердца, коронарная болезнь	I. ischemic heart disease, coronary disease
ревматическая болезнь сердца	rheumatic heart disease

ИШЕМИЧЕСКАЯ БОЛЕЗНЬ СЕРДЦА (ИБС), КОРОНАРНАЯ БОЛЕЗНЬ	ISCHEMIC HEART DISEASE, CORONARY DISEASE
I. бессимптомная ишемическая болезнь сердца хроническая ишемическая болезнь сердца	I. asymptomatic ischemic heart disease chronic ischemic heart disease
С. атеросклероз коронарных/венечных сосудов сердца, атерокоронаросклероз инфаркт миокарда ишемия миокарда кардиосклероз коронарная недостаточность промежуточный коронарный синдром стенокардия, грудная жаба	S. atherosclerosis of the coronary vessels of the heart, atherocoronarosclerosis **myocardial/cardiac** infarction myocardial ischemia cardiosclerosis coronary insufficiency intermediate coronary syndrome stenocardia, angina pectoris

Инфаркт миокарда

Myocardial infarction, cardiac infarction

I. интрамуральный инфаркт миокарда мелкоочаговый инфаркт миокарда крупноочаговый инфаркт миокарда послеоперационный инфаркт миокарда трансмуральный инфаркт миокарда	I. intramural myocardial infarction microfocal myocardial infarction macrofocal myocardial infarction postoperative myocardial infarction transmural [myocardial] infarction
II. инфаркт межжелудочковой перегородки инфаркт передней (нижней, боковой) стенки левого желудочка	II. infarction of ventricular septum infarction of the anterior (interior, lateral) wall of left ventricle
С. кардиогенный шок нарушение сердечного ритма нарушение проводимости непрямая (прямая) васкуляризация миокарда очаговая дистрофия миокарда	S. cardiogenic shock **impairment/disturbance** of cardiac rhythm conduction impairment indirect (direct) vascularization of the myocardium focal myocardial dystrophy

Стенокардия, грудная жаба

Stenocardia, angina pectoris, constriction of the heart

I. нестабильная/прогрессирующая стенокардия, прединфарктное состояние	I. **unstable/progressive** stenocardia, preinfarction **state/condition**
II. приступ стенокардии стенокардия напряжения стенокардия покоя, постуральная стенокардия стенокардия Принцметала приступ стенокардии	II. attack of angina angina on exertion angina at rest, postural stenocardia Prinzmetal's angina attack of angina

КЛАПАН СЕРДЦА

С. аортальный клапан
двустворчатый/митральный клапан
легочный клапан
трехстворчатый клапан

ПЕРЕГОРОДКА СЕРДЦА

С. межжелудочковая перегородка
межпредсердная перегородка
предсердно-желудочковая перегородка

ПОРОК СЕРДЦА

I. аортально-митральный порок сердца
аортальный порок сердца
афонический/немой порок сердца
белый/ацианотический порок сердца
врожденный порок сердца
   ребенок с врожденным пороком сердца
комбинированный порок сердца
компенсированный порок сердца
митральный порок сердца
папиллярный порок сердца
приобретенный порок сердца
ревматический порок сердца
синий/цианотический порок сердца
сложный порок сердца
трикуспидальный порок сердца
С. аорто-пульмональный свищ
атрезия правого атриовентрикулярного отверстия
болезнь Лютамбаше
дефект межжелудочковой перегородки
дефект межпредсердной перегородки
диастолическое дрожание
коарктация аорты
«кошачье мурлыканье»
комплекс Эйзенменгера
недостаточность аортального клапана
   обратный ток крови в аорте при недостаточности аортального клапана

CARDIAC VALVE

S. aortic valve
bicuspid/mitral valve

pulmonary valve
tricuspid valve of the heart

SEPTUM OF THE HEART

S. [inter]ventricular septum
[inter]atrial septum
atrio-ventricular septum

CARDIAC DEFECT, HEART VALVULAR DISEASE, HEART FAILURE, HEART DISEASE, HEART DEFECT

I. aortomitral heart defect

aortal valvular disease
aphonic heart defect

acyanotic heart disease

congenital heart disease (CHD)
   baby with congenital heart disease, blue baby
combined valvular disease
compensated heart failure

mitral valvular disease
papillar heart defect
acquired heart defect
rheumatic heart disease
cyanotic heart failure

compound heart defect
tricuspid heart disease
S. aorto-pulmonary fistula
atresia of the right atrio-ventricular opening
Lutembacher's disease
ventricular septum defect

atrial septum defect

diastolic thrill
coarctation of the aorta
"cat's murmur"
Eisenmenger's complex
aortic valve incompetence (AI)

   aortic regurgitation (AR)

недостаточность клапана легочной артерии	pulmonary valve incompetence
недостаточность митрального клапана	mitral valve incompetence
недостаточность трехстворчатого клапана	tricuspid valve incompetence
незаращение боталова/артериального протока, открытый артериальный проток	Botallo duct patency, patent ductus arteriosus, open Botallo's duct
пентада Фалло	pentalogy of Fallot
стеноз аортального клапана	aortic stenosis (AS), stenosis of aortic valve
стеноз легочной артерии	pulmonary artery stenosis
стеноз митрального клапана	mitral valve stenosis
стеноз трехстворчатого клапана	tricuspid valve stenosis
стеноз устья аорты	aortic ostium stenosis
стеноз устья легочной артерии	pulmonary artery ostium stenosis
тетрада Фалло	Fallot's tetralogy
транспозиция магистральных сосудов	transposition of the **major/ great** vessels
трехкамерное сердце	three-chamber heart
триада Фалло	Fallot's triad

НЕДОСТАТОЧНОСТЬ МИТРАЛЬНОГО КЛАПАНА

MITRAL VALVE INCOMPETENCE

I. атеросклеротическая недостаточность митрального клапана
ревматическая недостаточность митрального клапана
S. обратный ток крови через митральный клапан

I. atherosclerotic mitral incompetence
rheumatic mitral incompetence
S. **reverse blood flow/blood regurgitation** through the mitral valve

СЕРДЕЧНЫЕ СОКРАЩЕНИЯ

CARDIAC CONTRACTIONS, HEART BEATS, CONTRACTION OF THE HEART

I. ритмичные сердечные сокращения
II. ритм сердечных сокращений
  расстройство ритма сердечных сокращений, аритмия сердца
  частота сердечных сокращений
    урежение (учащение) частоты сердечных сокращений

I. rhythmic contraction of the heart
II. cardiac rhythm
  disturbance of cardiac rhythm, cardiac arrhythmia

cardiac/heart rate

  slowing down (acceleration) of cardiac rate

СЕРДЦЕБИЕНИЕ

HEARTBEAT[ING]

I. замедленное сердцебиение, брадикардия
учащенное сердцебиение, тахикардия

I. slowed heartbeating, bradycardia
accelerated heartbeating, tachycardia

ТОН(Ы) СЕРДЦА

I. второй/диастолический тон сердца
второй тон на аорте
второй тон на легочной артерии
глухой тон сердца
первый/систолический тон сердца
слабый тон сердца
третий/желудочковый тон
хлопающий тон сердца
четвертый/предсердный тон сердца

II. акцент второго тона над аортой (легочной артерией)

ослабление сердечного тона
отсутствие сердечных тонов
расщепление сердечного тона
раздвоение сердечного тона
тон сердца нормальной звучности, чистый тон
тон/щелчок открытия митрального клапана
усиление первого тона на верхушке сердца
усиление сердечного тона

C. ритм «галопа»
ритм «перепела»

ШУМ(Ы) [СЕРДЦА]

I. воркующий шум
высоко(низко)амплитудный шум
высоко(низко)частотный шум
грубый шум
диастолический шум
дующий шум
кардиопульмональный шум
мезодиастолический шум
мягкий шум
нарастающий шум
органический шум
плевроперикардиальный шум
пресистолический шум
протодиастолический шум
резкий шум
систолический шум
систолодиастолический шум

HEART SOUND(S), CARDIAC SOUND(S)

I. **second/diastolic** heart sound
second aortic sound (A_2)
second pulmonic sound (P_2)

quiet heart sound
first/systolic heart sound, systolic sound
faint/weak heart sound
third/ventricular sound
flapping heart sound
fourth/atrial sound

II. aortic (pulmonic) accent of the second sound, accent of the second sound over the aorta (pulmonary artery)
weakening of the heart sound
absence of heart sounds
splitting of the heart sound
doubling of the heart sound
strong sound, pure sound

[the] **sound/click** of mitral valve opening
strengthening of the first apical heart sound
strengthening/amplification of the heart sound

S. "gallop" rhythm
"quail" rhythm

[CARDIAC] MURMUR(S), [CARDIAC] BRUIT(S)

I. "dove-coo" murmur
high (low) amplitude murmur
loud (soft) murmur
coarse murmur
diastolic murmur
blowing murmur
cardiopulmonary murmur
mid-diastolic murmur
soft murmur
growing murmur
organic murmur
pleuropericardial murmur
presystolic murmur
protodiastolic murmur
sharp murmur
systolic murmur
systolodiastolic murmur, see-saw murmur, to-and-fro murmur

слабый шум
убывающий шум
функциональный шум
II. проведение шума сердца
шум на верхушке сердца
шум при митральном стенозе
шум при недостаточности клапана сердца
C. шум трения перикарда
III. проводиться (*о шуме*)
выслушивать шумы сердца

уменьшаться (усиливаться) (*о шуме*)

faint/weak murmur
decreasing murmur
functional murmur
II. conduction of cardiac murmur
apical cardiac murmur
crescendo murmur
regurgitant cardiac murmur

S. friction rub
III. to be conducted (*of murmur*) to hear cardiac murmurs, to listen **for/to** cardiac murmurs
to decrease (to increase) (*of murmur*)

■ Вам измеряли раньше давление?

Какое ваше обычное давление?

Высокое (низкое, нормальное)?

Когда вам последний раз измеряли давление?

У вас давление...мм рт.ст.

У вас резко повышается давление?

У ваших родителей было повышенное давление?

Когда у вас впервые было обнаружено повышенное (пониженное) давление?

У вас есть одышка?

Одышка возникает, когда вы стоите (сидите) (при подъеме на лестницу, при физической нагрузке, при физическом напряжении)?

У вас появляется одышка при ходьбе?

У вас бывает внезапный приступ удушья?

Приступ удушья появляется, как только вы ложитесь (по ночам)?

Одышка исчезает, когда вы встаете (приподнимаетесь)?

Одышка прошла (нарастает)?

■ Has your blood pressure been taken before?

What is your usual blood pressure?

Is it high (low, normal)?

When did you last have your blood pressure taken?

Your blood pressure is... mm Hg

Does your blood pressure rise sharply?

Did your parents have high blood pressure?

When were you first found to have high (low) blood pressure?

Do you get short of breath?

Do you get short of breath when you stand (sit) (on climbing stairs, on exertion)?

Do you get short of breath while walking?

Do you ever have a sudden attack of breathlessness?

Do you get a breathless attack immediately after you lie down (Does it come on at night)?

Does shortness of breath disappear when you stand up (lift the trunk of the body)?

Has the shortness of breath passed (Is it becoming worse)?

Вы спите на одной подушке или вам требуется дополнительная подушка?	Do you sleep with one pillow or two?
У вас есть боли в области сердца (за грудиной)?	Do you have pain near your heart (behind your breastbone)?
Боль отдает в левую лопатку (в левую руку, шею, правое подреберье)?	Does the pain radiate to the left shoulder-blade (to the left arm, neck, to the right under the ribs)?
Вы испытываете чувство стеснения в груди (чувство давления в области сердца)?	Do you have a sense of tightness in the chest (a sense of pressure near the heart)?
Боль сжимающая (ломящая, распирающая, жгучая)	The pain is pressing (aching, arching, burning)
У вас есть чувство нехватки воздуха (ощущение невозможности глубоко вздохнуть)?	Do you have a feeling as if you lack air to breathe (as if you are unable to take a deep breath)?
У вас есть ощущение, напоминающее изжогу?	Do you have a sensation resembling heartburn?
Боль возникает при физической нагрузке (ночью, чаще утром, когда вы спите, в любое время, в покое, после употребления алкоголя, курения)?	Does pain occur on exertion (at night, more frequently in the morning, while you sleep, at any time, when resting, after taking alcohol, after smoking)?
Боль проходит в состоянии покоя (при переходе в сидячее положение, при приеме нитроглицерина, валидола, применения наркотиков, при прекращении физической нагрузки)?	Does the pain disappear when resting (when you sit, after taking nitroglycerin, validol, after taking narcotics, after the end of exertion)?
Прием нитроглицерина приносит облегчение на короткое время (неэффективен, полностью снимает боль)?	Does taking nitroglycerin give relief for a short time (is it ineffective, does it relieve pain completely)?
Разрешите мне прощупать ваш пульс	Let me feel your pulse
Вам нужно сделать ЭКГ	You must have an ECG taken
У вас есть постоянная боль в икроножных мышцах при ходьбе на короткие расстояния?	Do you have a persistent pain in the calf muscles when you walk a short distance?
Вы должны ходить медленно (короткими шагами), избегать лестниц, горок, возвышений	You must walk slowly (in short steps), avoid staircases, hills, rising ground
Я вам запрещаю курить!	I forbid you to smoke

Вы должны носить мягкую (теплую, свободную, удобную) обувь. Соблюдайте гигиену ног	You must wear soft (warm, loose, comfortable) shoes. Look after your feet
У вас есть заболевание сердца?	Have you a bad heart?
Вы наблюдаетесь по поводу заболевания сердца?	Are you under medical care as regards your heart trouble?
Вы быстро утомляетесь?	Do you get tired easily?
У вас есть склонность к потере сознания при резкой перемене положения тела?	Are you apt to loose consciousness on a sudden change in posture?
Вы часто ощущаете сильные толчки (давление, чувство тяжести, пустоты) в области сердца?	Do you often experience thumping of the heart (pressure near the heart, a sense of heaviness near the heart, emptiness near the heart)?
У вас бывает иногда чувство трепетания в подложечной области?	Do you sometimes have a sense of flutter in the pit of the stomach?
У вас бывает(ют) замирание сердца (перебои в сердце, ощущение будто сердце остановилось)?	Does (do) slowing of the heart beat (dropped heart beats, the sensation that the heart has stopped) often trouble you?
У вас бывают сердечные приступы?	Do you have heart attacks?
Как часто?	How often?
Приступы сопровождаются тошнотой (рвотой, обморочным состоянием, кровохарканьем, одышкой)?	Are your heart attacks accompanied by nausea (vomiting, fainting, spitting blood, shortness of breath)?
Что помогает прекратить приступ?	What helps to control an attack?
Вас беспокоят сердцебиения?	Does palpitation trouble you?
Сердцебиения постоянные (приступообразные)?	Is palpitation constant (paroxysmal)?
Сердцебиения возникают при волнении (при напряжении, в связи с приемом пищи, при изменении положения тела, беспричинно)?	Does palpitation occur with anxiety (stress, eating, change in posture, without any reason)?
Вы ощущаете пульсацию в других частях тела?	Do you feel pulsation in other areas of the body?
Я подозреваю у вас [врожденный] порок сердца (ишемическую болезнь сердца)	I suspect that you have [congenital] heart trouble (ischemic heart disease)
Приступ болей в сердце со-	Is the onset of pain accom-

провождается дрожью (холодным потом, чувством безотчетного страха, чувством страха смерти)?

Положите таблетку под язык!

▲ Артериальное давление не определяется

Артериальное давление слегка (резко) повысилось (понизилось)

Давление снизилось до... мм рт.ст.

Систолическое давление равно ... мм рт.ст.

Пульс нитевидный (едва прощупываемый, с перебоями, полный, напряженный, частый, мягкий, с выпадениями)

Сосчитайте пульс!

Частота пульса... ударов в минуту

Пульс хорошего наполнения

Что показывает (выявляет, фиксирует) фонокардиограмма (электрокардиограмма)?

Что на ФКГ, ЭКГ?

Амплитуда первого тона увеличена (снижена, сохранена)

Амплитуда шумов снижена

Амплитуда шумов снижена во всех исследуемых областях

Отмечается расщепление (усиление, акцент) I тона

Диастолический шум имеет невысокую амплитуду

Систолический шум ромбовидной формы. Максимально выражен над проекцией аортального клапана (во II-III межреберье)

Электрокардиограмма без изменений за исключением удлинения интервала PR

panied by shivering (cold sweat, unaccountable fear, fear of death)?

Place the tablet under your tongue

▲ No measurable blood pressure

The blood pressure has slightly (markedly) risen (fallen)

The blood pressure has dropped to... mm Hg

Systolic pressure is... mm Hg

The pulse is thready (barely palpable, with dropped beats, full, tense, rapid, soft, intermittent)

Count the pulse rate

Pulse [rate] is... beats per minute

Pulse is full

What does the phonocardiogram (electrocardiogram) show (reveal)?

What is disclosed by the PCG, ECG?

The amplitude of the first sound is increased (decreased, retained)

The amplitude of murmurs is reduced

The amplitude of murmurs is low in all the leads

There is noted splitting (amplification, accentuation) of the first sound

Diastolic murmur is not of high amplitude

Systolic murmur is of "rhomboid" form. It is with "punctum maximum" over the valve aortal projection (in the 2nd-3d intercostal space)

The ECG is normal except for prolongation of PR interval

Комплекс QRS снижен (расширен, не изменен)	The QRS complex is narrow (prolonged, unchanged)
Зубец Р в предсердных отведениях инвертирован	The P-wave in precordial leads is inverted
На ЭКГ есть определенные изменения	There are definite changes on the ECG
Зубец Т в первом и пятом грудных отведениях изоэлектричен, сегмент S-T в третьем, четвертом и пятом отведениях снижен (приподнят)	The T-wave is isoelectric in the first and fifth thoracic leads, the S-T segment is depressed (raised) in the third, fourth and fifth leads
Рекомендована повторная ЭКГ Согласно данным ЭКГ и ФКГ у больного(ой) митральный порок с преобладанием стеноза	A repeat ECG is recommended According to ECG and PCG findings the patient has mitral valvular disease with stenosis dominant
ЭКГ: ритм синусовый, правильный, смещение электрической оси сердца вправо (влево)	ECG: rhythm is sinus, regular, with right (left) axis deviation
Неполная блокада правой ножки пучка Гиса. Гипертрофия правого желудочка	Incomplete blockade of the right branch of His bundle. Hypertrophy of the right ventricle
Зубец Р$_{I, II, III}$ (в первом, во втором, в третьем) отведениях сглажен (ускорен, митральной конфигурации)	P$_{I, II, III}$ (in the first, second, third) lead is smoothed out (peaked, of mitral configuration)
Зубец Т в отведениях AVL и AVF положительный (отрицательный)	The T-wave in the leads AVL and AVF is positive (negative)
ЭКГ абсолютно нормальная (в норме)	The ECG is entirely normal
Признаков блокады сердца (нарушения проводимости, очаговых изменений миокарда) нет	There are no signs of heart block (impairment of conduction, focal disease of the myocardium)
У больного(ой) расслаивающая аневризма дуги аорты (восходящей аорты, брюшной аорты)?	Has the patient a dissecting aneurysm of the aortic arch (ascending aorta, abdominal aorta)?
Наблюдается увеличивающаяся в размере пульсирующая опухоль брюшной полости	There is a growing, pulsating mass in the abdominal cavity
Над опухолевидным образованием выслушивается систолический шум	Systolic murmur is heard above the tumour-like formation
Может произойти разрыв аневризмы	There may occur rupture of the aneurysm

У больного облитерирующий атеросклероз (облитерирующий тромбангиит, облитерирующий эндартериит) нижних конечностей	The patient has obliterating atherosclerosis (obliterating thrombangiitis, obliterating endarteriitis) of the lower extremities
Пульсация артерии тыла стопы (подколенной артерии, бедренной артерии) ослаблена (отсутствует)	Pulsation of artery at the back of the foot (of popliteal artery, of femoral artery) is diminished (absent)
Пульс на артериях стоп не определяется	The pulse of the foot arteries is not detected
Вы уверены, что это не пульсация ваших сосудов, а сосудов больного?	Are you sure that this is the patient's pulsation and not yours?
Больной жалуется на затруднение (уменьшение продолжительности) эрекции	The patient complains of a difficult erection (a shorter duration of erection)
Сделайте осциллографию (плетизмографию, артериографию)	Have oscillography (plethysmography, arteriography) made
Кровоснабжение стопы плохое (удовлетворительное, хорошее)	Circulation in the foot is poor (satisfactory, good)
Время кровенаполнения составляет 20 секунд	The time for bloodfilling is 20 seconds
Показана симпатэктомия (тромбэндартер[ио]эктомия, обходное шунтирование с помощью сосудистого протеза)	Sympathectomy (thrombendarter[io]ectomy, collateral shunting with the aid of a vascular prosthesis) is indicated
В этом случае симпатэктомия неэффективна. Больной нуждается в ампутации	In this case sympathectomy is not effective. The patient needs amputation
У больного(ой) все признаки острой артериальной непроходимости	The patient has all the signs of acute arterial occlusion
Кожные покровы конечности мраморной окраски (цианотичны)	The skin of the extremity is of a mottled colour (cyanotic)
Кожная и глубокая чувствительность снижены (отсутствуют)	Cutaneous sensitivity and deep sensation is diminished (absent)
У больного(ой) появилась (ось) внезапная резкая боль в конечности (чувство онемения конечности, невозможность движения в суставах)	The patient developed a sudden sharp pain in the limb (sense of numbness in the extremity, immobility of joints)
У больного(ой) нет в анамнезе митрального порока (недавнего случая фибрилляции предсердий, инфаркта миокарда)?	Is there a history of mitral valvular disease (recent auricular fibrillation, myocardial infarction)?

Положите конечность в горизонтальное положение	Place the limb into a horizontal position
Не прикладывайте холодного (горячего) к пораженной конечности	Don't apply cold (heat) to the affected limb
Охраняйте конечность от давления твердых поверхностей (тяжести постельного белья)	Protect the limb from the pressure of firm surfaces (weight of bed linen)
Введите 5000 единиц гепарина внутривенно	Administer 5,000 (five thousand) units of heparin intravenously
Произошел отрыв тромба	There has occurred abruption of a thromb[us]
Тоны сердца приглушены (ослаблены, нормальной звучности)	Heart sounds are muffled (weakened, strong)
Первый тон наиболее громко выслушивается у основания сердца (у верхушки сердца)	The systolic sound is heard loudest at the base of the heart (at the cardiac apex)
Слабый систолический шум прослушивается у левого края грудины	A soft systolic murmur is heard at the left sternal border
Шумов и нарушения ритма нет	There are no murmurs in any area, and the rhythm is regular
Частота сердечных сокращений около... ударов в минуту (значительно увеличена, уменьшена)	The heart rate is about... beats per minute (is considerably increased, slowed down)
Ритм сердечных сокращений синусовый (нормальный, правильный, неправильный)	The rhythm is sinus (normal, regular, irregular)
У больного(ой) синусовая (мерцательная) аритмия	The patient has sinus arrhythmia (cardiac fibrillation)
Определяется дефицит пульса	There is a pulse deficit
Сердце (не) увеличено	The heart is enlarged (not enlarged)
Частота сердечных сокращений увеличена, но ритм правильный	The heart is rapid but regular
Границы сердца в пределах нормы (расширены)	Heart borders are within normal limits (dilated)
Левая граница сердца не выходит за среднеключичную линию	The left heart is within the midclavicular line
Границы сердечной тупости в пределах нормы	The border of cardiac dullness is normally situated
Подозрение на стеноз устья аорты	Suggestion of aortic ostium stenosis

Шум над проекцией аорты	There is an aortic murmur
Признаков расширения сердца нет	There is no evidence of cardiac dilation
Шумы не прослушиваются	There are no murmurs
У больного(ой) боли в области сердца (приступ стенокардии)	The patient has pains in the heart area (an episode of angina)
Поставьте горчичники на область сердца больного(ой)	Apply plasters to the heart area
Положите грелки к ногам и рукам	Put hot water bottles to the patient's feet and hands
На ЭКГ выявлен обширный инфаркт миокарда	The ECG disclosed gross myocardial infarction
Может развиться кардиогенный шок	There may develop cardiogenic shock
Дайте закись азота	Give nitrous oxide

ЗАБОЛЕВАНИЕ БРЮШИНЫ И ОРГАНОВ БРЮШНОЙ ПОЛОСТИ

DISORDER OF PERITONEUM AND ABDOMINAL CAVITY [ORGANS]

ДИСПЕПСИЧЕСКИЕ РАССТРОЙСТВА — 287 — DISPEPTIC DISTURBANCES

АППЕТИТ	287	APPETITE
ИЗЖОГА	287	HEARTBURN
ИКОТА	287	HICCUP
ОТРЫЖКА	287	BELCHING
РВОТА	287	VOMITING
СТУЛ	288	STOOL[S]
ЗАПОР	288	CONSTIPATION
ПОНОС	289	DIARRHEA
ТОШНОТА	289	NAUSEA

ОБЩАЯ ЧАСТЬ — 289 — GENERAL

БРЮШИНА	289	PERITONEUM
ПЕРИТОНИТ	289	PERITONITIS
ЖИВОТ	290	ABDOMEN
БРЮШНАЯ ПОЛОСТЬ	291	ABDOMINAL CAVITY
АСЦИТ	291	ASCITES
БРЮШНАЯ СТЕНКА	291	ABDOMINAL WALL
МЫШЦА(Ы) ЖИВОТА	291	ABDOMINAL MUSCLE(S)
НАПРЯЖЕНИЕ МЫШЦ ЖИВОТА	292	MUSCULAR TENSION
ОБЛАСТЬ ЖИВОТА	292	ABDOMINAL REGION
ПЕРИСТАЛЬТИКА	292	PERISTALSIS
ЯЗЫК	292	TONGUE
СПЕЦИАЛЬНЫЕ МЕТОДЫ ИССЛЕДОВАНИЯ	293	SPECIAL METHODS OF INVESTIGATION

СПЕЦИАЛЬНАЯ ЧАСТЬ — 293 — SPECIAL

БРЫЖЕЙКА КИШКИ	293	MESENTERY OF THE BOWEL
ЖЕЛУДОК	294	STOMACH
ГАСТРИТ	295	GASTRITIS

ОТДЕЛ ЖЕЛУДКА	295	PORTION OF THE STOMACH
ПРИВРАТНИК	295	PYLORUS
ПОСТГАСТРОРЕЗЕКЦИОН-НЫЙ СИНДРОМ	295	POSTGASTRECTOMY SYNDROME
РАК ЖЕЛУДКА	296	CANCER OF THE STOMACH
ЯЗВЕННАЯ БОЛЕЗНЬ ЖЕЛУДКА	296	ULCERATIVE DISEASE OF THE STOMACH
ЖЕЛЧНЫЙ ПУЗЫРЬ	296	GALLBLADDER (GB)
ХОЛЕЦИСТИТ	296	CHOLECYSTITIS
ЖЕЛЧЕВЫВОДЯЩИЙ(ИЕ) ПРОТОК(И)	297	BILIARY DUCT(S)
КИШЕЧНИК	297	INTESTINE[S]
КИШЕЧНАЯ НЕПРОХОДИМОСТЬ	298	INTESTINAL OBSTRUCTION
КИШКА	299	BOWEL
ДВЕНАДЦАТИПЕРСТНАЯ КИШКА	300	DUODENUM
Большой сосочек двенадцатиперстной кишки	300	Major duodenal papilla
ДИВЕРТИКУЛ(Ы) КИШКИ	300	BOWEL DIVERTICULUM
ОБОДОЧНАЯ КИШКА	300	COLON
ПОДВЗДОШНАЯ КИШКА	300	ILEUM
Илеит	301	Ileitis
ПРЯМАЯ КИШКА	301	RECTUM
Геморрой	301	Hemorrhoids
Геморроидальный узел	301	Hemorrhoid
Задний проход	302	Anus
Жом заднего прохода	302	Sphincter ani
Парапроктит	302	Paraproctitis
СЛЕПАЯ КИШКА	302	CECUM
Аппендицит	302	Appendicitis
ТОЛСТАЯ КИШКА	303	LARGE INTESTINE
Колит	303	Colitis
Мегаколон	304	Megacolon
ПЕЧЕНЬ	304	LIVER
ГЕПАТИТ	304	HEPATITIS
ЖЕЛТУХА	304	JAUNDICE
ПИЩЕВОД	305	ESOPHAGUS
БУЖИРОВАНИЕ ПИЩЕВОДА	306	BOUGIENAGE OF THE ESOPHAGUS
ДИВЕРТИКУЛ ПИЩЕВОДА	306	ESOPHAGEAL DIVERTICULUM
РАЗРЫВ ПИЩЕВОДА	306	RUPTURED ESOPHAGUS
ЭЗОФАГИТ	306	ESOPHAGITIS
ПОДЖЕЛУДОЧНАЯ ЖЕЛЕЗА	306	PANCREAS
ПАНКРЕАТИТ	307	PANCREATITIS

| САЛЬНИК | 308 | OMENTUM |
| СЕЛЕЗЕНКА | 308 | SPLEEN |

ЗАБОЛЕВАНИЕ БРЮШИНЫ И ОРГАНОВ БРЮШНОЙ ПОЛОСТИ

DISORDER OF PERITONEUM AND ABDOMINAL CAVITY [ORGANS]

ДИСПЕПСИЧЕСКИЕ РАССТРОЙСТВА

DISPEPTIC DISTURBANCES

АППЕТИТ

APPETITE

I. избирательный аппетит
  извращенный аппетит, парорексия, пикацизм
  плохой аппетит
  пониженный аппетит
  средний аппетит
  хороший аппетит
  чрезмерный/повышенный аппетит, «волчий» голод, кинорексия, булимия
II. отсутствие/потеря аппетита, анорексия
  ухудшение аппетита
III. вызывать аппетит

I. selective appetite
  perverted appetite, parorexia, pica
  poor/bad appetite
  suppressed appetite
  moderate appetite
  good appetite
  excessive/increased/insatiable appetite, bulimia
II. **absence/lack/loss** of appetite, anorexia
  failing appetite
III. to arouse the appetite

ИЗЖОГА

HEARTBURN, EPIGASTRIC BURNING

I. инициальная изжога

I. initial heartburn

ИКОТА

HICCUP, HICCOUGH

ОТРЫЖКА

BELCHING, REGURGITATION, ERUCTATION

I. кислая отрыжка
  нервная отрыжка

II. отрыжка воздухом

  отрыжка пищей
  отрыжка с запахом кала
  отрыжка с неприятным запахом
C. срыгивание
III. отрыгивать

I. **acid/sour** belching
  nervous **belching/regurgitation/eructation**
II. gaseous **regurgitation/eructation**
  regurgitation of food
  fecal belching
  foul-smelling belching

S. regurgitation, eructation
III. to belch, to regurgitate

РВОТА

VOMITING, VOMIT

I. истерическая рвота
  каловая рвота

I. hysterical vomiting
  fecal vomiting

287

кровавая рвота, гематемезис	hematemesis, black vomit
многократная рвота	recurrent vomiting
мозговая рвота	cerebral vomiting
неукротимая рвота, гиперемезис	uncontrollable vomiting, hyperemesis
обильная рвота	abundant vomiting
периодическая рвота	**periodic/intermittent** vomiting
привычная рвота	habitual vomiting
сильная рвота	**violent/abundant** vomiting
II. рвота желчью	II. vomiting of bile, bilious vomiting
рвота цвета кофейной гущи	coffee-grounds vomit
позыв на рвоту	urge to vomit
рвота пищей	vomiting of food
рвота с запахом тухлого	musty smelling vomit
С. рвотные массы	S. emesis, vomit, vomitis
III. вызывать рвоту	III. to induce vomiting
рвать	to vomit, to be vomiting

СТУЛ, ОПОРОЖНЕНИЕ КИШЕЧНИКА. ДЕФЕКАЦИЯ

STOOL[S] EVACUATION OF BOWEL[S]. DEFECATION

I. дегтеобразный стул, мелена	I. tarry stool[s], melena
жидкий стул	**loose/liquid** stool[s]
жирный/масляный стул, стеаторея	fatty stool[s], stea[to]rrhea
оформленный стул	formed stool[s]
регулярный (нерегулярный) стул	regular (irregular) stool[s]
фрагментированный стул	fragmentation stool
частый жидкий стул, понос, диарея	diarrhea
II. задержка стула, затрудненное опорожнение кишечника, запор, констипация, обстипация	II. retention of stool[s], difficult evacuation of bowel[s], constipation
III. иметь стул	III. to pass stool[s], to defecate

ЗАПОР

CONSTIPATION

I. алиментарный запор	I. constipation
атонический/гипокинетический/гипомоторный запор	**atonic/hypokinetic** constipation
ахилический запор	achyliac constipation
гиперкинетический/гипермоторный/спастический запор	**hyperkinetic/spastic** constipation
дискинетический запор	diskinetic constipation
ложный запор	false constipation
медикаментозный запор	drug-induced constipation
механический запор	mechanical constipation
неврогенный запор	neurogenic constipation
панкреатический запор	pancreatic constipation
привычный запор	habitual constipation
рефлекторный запор	reflex constipation
симптоматический/вторичный	**symptomatic/secondary** consti-

запор
токсический запор
уремический запор

ПОНОС

I. авитаминозный понос
алиментарный понос
аллергический понос
длительный понос
жирный понос, стеаторея
кровавый/геморрагический понос
профузный понос

ТОШНОТА

II. чувство тошноты
III. испытывать чувство тошноты

ОБЩАЯ ЧАСТЬ

БРЮШИНА

I. висцеральная/внутренностная брюшина
париетальная/пристеночная брюшина
II. воспаление брюшины, перитонит
мезотелиома брюшины
псевдомиксома брюшины
симптом раздражения брюшины
С. симптом Щеткина-Блюмберга
III. определять симптом раздражения брюшины

ПЕРИТОНИТ

I. аппендикулярный перитонит
асептический перитонит
брюшнотифозный перитонит
вторичный перитонит
гематогенный перитонит
геморрагический перитонит
гнилостный перитонит

гнойный перитонит
диффузный перитонит
желчный/билиарный перитонит
каловый перитонит
криптогенный/идиопатический/первичный перитонит
мекониевый перитонит

pation
toxic constipation
uremic constipation

DIARRHEA

I. avitaminous diarrhea
alimentary diarrhea
allergic diarrhea
prolonged diarrhea
fatty diarrhea, stea[to]rrhea
bloody/hemorrhagic diarrhea

profuse diarrhea

NAUSEA

II. **sense/feeling** of nausea
III. to feel sick [at stomach],
to be sick [at stomach],
to be nauseous, to have a feeling of nausea

GENERAL

PERITONEUM

I. visceral peritoneum

parietal peritoneum

II. inflammation of peritoneum, peritonitis
peritoneal mesothelioma
peritoneal pseudomyxoma
rebound tenderness symptom

S. Shchotkin-Blumberg symptom
III. to check for rebound tenderness

PERITONITIS

I. appendicular peritonitis
aseptic peritonitis
typhoid peritonitis
secondary peritonitis
hematogenic peritonitis
hemorrhagic peritonitis
putrid/putrefactive/saprogenic/saprogenous peritonitis
purulent peritonitis
diffuse peritonitis
bile/biliary peritonitis
fecal peritonitis
cryptogenic/idiopathic/primary peritonitis
meconium peritonitis

местный/локальный перитонит	local peritonitis
общий/тотальный/диффузный/разлитой/генерализованный перитонит	**general/total/diffuse/generalised** peritonitis
острый перитонит	acute peritonitis
осумкованный/отграниченный перитонит	encapsuled peritonitis
перфоративный/прободной перитонит	perforative peritonitis
пневмококковый перитонит	pneumococcal peritonitis
подострый/вялотекущий перитонит	subacute peritonitis
послеоперационный перитонит	postoperative peritonitis
разлитой перитонит	diffuse peritonitis
раковый/карциноматозный перитонит	carcinomatous peritonitis
ревматический перитонит	rheumatic peritonitis
септический перитонит	septic peritonitis
серозный перитонит	serous peritonitis
слипчивый/адгезивный перитонит	adhesive peritonitis
тазовый/генитальный перитонит, пельвиоперитонит	**pelvic/genital** peritonitis
туберкулезный перитонит	tuberculous peritonitis
фетальный/внутриутробный перитонит	**fetal/intrauterine** peritonitis
фибринозный перитонит	fibrinous peritonitis
хронический перитонит	chronic peritonitis
экссудативный перитонит	exudative peritonitis
II. перитонит в начальной/реактивной стадии	II. initial grade of peritonitis
перитонит в терминальной стадии	terminal grade of peritonitis
перитонит в токсической стадии	toxic grade of peritonitis

ЖИВОТ

ABDOMEN, BELLY

I. вздутый/выпуклый живот	I. **distended/bloated/swollen** abdomen
втянутый/впалый живот	scaphoid abdomen, retracted belly
доскообразный живот	board-like abdomen
лягушачий живот	frog **belly/abdomen**
мягкий живот	soft abdomen
напряженный живот	tense abdomen
«острый» живот (*процесс*)	"**acute**"/**surgical** abdomen, acute abdominal condition
отвислый живот	pendulous abdomen
II. вздутие живота, пучение, тимпания, метеоризм	II. abdominal distension, flatulence, tympany, meteorism
мышца(ы) живота	abdominal muscle(s)
область живота	abdominal region
полость живота, брюшная полость	abdominal cavity
урчание в животе	abdominal murmur

чувство дискомфорта в животе	uncomfortable feeling in the abdomen, feeling of discomfort in the abdomen
чувство переполнения в животе	sense of fullness in the abdomen
C. брюшная стенка	S. abdominal wall
брюшной пресс	abdominal press
III. вздуваться (*о животе*)	III. to distend, to bloat, to swell [up] (*of abdomen*)
ослабить вздутие живота	to relieve abdominal distension

БРЮШНАЯ ПОЛОСТЬ

ABDOMINAL CAVITY

II. опухоль брюшной полости	II. abdominal mass
скопление транссудата в брюшной полости, брюшная водянка, асцит	exudate in the abdominal cavity, abdominal dropsy, hydroperitoneum, ascites

АСЦИТ

ASCITES, ABDOMINAL DROPSY, HYDROPERITONEUM

I. выраженный асцит	I. demonstrable ascites
геморрагический асцит	hemorrhagic ascites
серозный асцит	serous ascites
хилезный асцит	chylous ascites, milky ascites
II. зыбление/баллотирование жидкости (*при асците*)	II. fluid wave, fluctuation (*in ascites*)
C. асцетическая жидкость	S. ascitic fluid
III. определять асцит	III. to detect ascites

БРЮШНАЯ СТЕНКА

ABDOMINAL WALL

I. передняя брюшная стенка	I. anterior abdominal wall
C. добавочные соски	S. supplementary nipples
пигментация кожи живота	pigmentation of the abdominal skin
полосы вследствие растяжения кожи живота	striae due to abdominal distension
пупок	umbilicus, navel, belly button
выделение из пупка	umbilical discharge
расширение вен передней брюшной стенки, «голова медузы»	distended veins of the anterior abdominal wall, "caput Medusae"
рубцы	scars

МЫШЦА(Ы) ЖИВОТА

ABDOMINAL MUSCLE(S)

I. внутренняя косая мышца живота	I. internal oblique abdominal muscle
наружная косая мышца живота	external oblique abdominal muscle
поперечная мышца живота	transverse abdominal muscle
прямая мышца живота	straight abdominal muscle
расхождение прямых мышц живота	divergence of straight abdominal muscles
II. напряжение мышц живота	II. muscular **tension/rigidity/guarding**

| НАПРЯЖЕНИЕ МЫШЦ ЖИВОТА | MUSCULAR TENSION, MUSCULAR RIGIDITY, MUSCULAR GUARDING |

I. выраженное напряжение мышц живота
местное напряжение мышц живота
незначительное напряжение мышц живота
общее напряжение мышц живота
рефлекторное напряжение мышц живота
II. симптом напряжения мышц живота/мышечной защиты

I. marked muscular tension
localized rigidity of abdominal muscles
mild/slight muscular tension of the abdomen
generalized rigidity of abdominal muscles
guarding of abdominal muscles
II. guarding **symptom/reflex**

ОБЛАСТЬ ЖИВОТА / ABDOMINAL REGION, REGION OF THE ABDOMEN

I. боковая область живота
C. лобковая область, подчревье
левая (правая) подреберная область, левое (правое) подреберье
паховая область
пупочная область
эпигастральная/надчревная область, надчревье

I. lateral region of the abdomen
S. pubic region, hypogastrium
left (right) hypochondrium, the left (right) under the ribs
inguinal region
umbilical region
epigastrium

ПЕРИСТАЛЬТИКА / PERISTALSIS

I. замедленная перистальтика
ускоренная перистальтика
II. перистальтика желудка

перистальтика кишечника
перистальтика пищевода
C. кишечные шумы

I. bradyperistalsis
increased peristalsis
II. peristalsis of the stomach, gastric peristalsis
intestinal peristalsis
esophageal peristalsis
S. intestinal tones

ЯЗЫК / TONGUE

I. бороздчатый язык
влажный язык
географический язык, дескваматозный глоссит
гладкий язык
двойной язык
малиновый язык, гунтеровский глоссит
обложенный язык
«плохой» язык
скарлатинозный язык

складчатый язык

сухой язык
тифозный язык
увеличенный язык

I. **furrowed/fissured** tongue
moist tongue
geographical tongue, desquamatous glossitis
smooth tongue
diglossia
crimson tongue, Hunter's glossitis
coated/furred tongue
"bad" tongue
strawberry/raspberry tongue, dark red strawberry tongue
grooved/fluted tongue, lingua plicata
dry tongue
typhoid tongue
macroglossia

уменьшенный язык
чистый язык
черный язык
II. кончик языка
корень языка
налет на языке
сосочек(чки) языка
уздечка языка

microglossia
pink tongue
black tongue
II. tip of the tongue
base of the tongue
fur on the tongue
lingual papilla (papillae)
frenum of the tongue

СПЕЦИАЛЬНЫЕ МЕТОДЫ ИССЛЕДОВАНИЯ

SPECIAL METHODS OF INVESTIGATION

C. баллонография
гастроскопия
зондирование двенадцатиперстной кишки, дуоденальное зондирование
зондирование желудка
зондирование пищевода

индуктометрия
интрагастральная PH-метрия
колоноскопия
лапароскопия, перитонеоскопия
лапароцентез
магнитометрия
пункция заднего свода влагалища
пункция поддиафрагмального пространства
реовазография печени
реография кишечника
сканирование печени
сканирование поджелудочной железы
сканирование селезенки
тензометрия
фиброволокновая эндоскопия
фонография
эзофаго[гастро]скопия
электрогастромиография
электрогастроскопия
электроколонография
электроэнтеромиография
эндорадиозондирование

S. ballonography
gastroscopy
duodenal intubation

gastric intubation
esophageal **intubation/probing**
inductometry
intragastric PH-metry
colonoscopy
laparoscopy, peritoneoscopy
abdominal paracentesis
magnetometry
puncture of posterior fornix of the vagina
puncture of subdiaphragmatic space
arteriovasography of the liver
intestinal arteriography
scanning of the liver
scanning of the pancreas

scanning of the spleen
tensometry
fibrofilament endoscopy
phonography
esophago[gastro]scopy
electrogastromyography
electrogastroscopy
electrocolonography
electroenteromyography
endoradiointubation

СПЕЦИАЛЬНАЯ ЧАСТЬ

БРЫЖЕЙКА КИШКИ

SPECIAL

MESENTERY OF THE BOWEL, [BOWEL] MESENTERY

I. брыжейка поперечной ободочной кишки
брыжейка тонкой кишки
основание брыжейки тонкой кишки

I. transverse mesentery

small intestinal mesentery
root of the small intestinal mesentery

II. воспаление лимфатических узлов брыжейки кишечника, мезаденит
киста брыжейки кишки
перекрут у основания брыжейки тонкой кишки
тромбоз сосудов брыжейки кишки
эмболия сосудов брыжейки кишки
C. верхние (нижние) брыжеечные сосуды

ЖЕЛУДОК

I. грудной желудок, короткий врожденный пищевод
двойной желудок
двуполостной желудок
раздраженный желудок
улиткообразный желудок
II. актиномикоз желудка
атония желудка

безоар желудка
большая (малая) кривизна желудка
гипотония желудка
дивертикул желудка
дно/свод желудка
заворот желудка
опущение желудка, гастроптоз
острое расширение желудка

отдел/часть желудка
парез желудка
рак желудка

сифилис желудка
слизистая оболочка желудка

воспаление слизистой оболочки желудка, гастрит

стенка желудка
туберкулез желудка
язвенная болезнь желудка

C. аэрофагия
желудочно-ободочный свищ
перигастрит
постгастрорезекционный синдром, болезнь оперированного желудка

II. inflammation of mesenteric lymphatic glands, mesenteric lymphadenitis, mesadenitis
mesenteric cyst
torsion of the root of the small intestinal mesentery
thrombosis of mesenteric vessels of the bowel
embolism of mesenteric vessels of the bowel
S. superior (inferior) mesenteric vessels

STOMACH

I. thoracic stomach, short congenital esophagus
duplex stomach
double cavity stomach
irritated stomach
cochlea-like stomach
II. gastric actinomycosis
atony of the stomach, gastric atony
bezoar of the stomach
greater (lesser) **curvature/curve** of the stomach
hypotonia of the stomach
diverticulum of the stomach
fundus of the stomach
torsion of the stomach
ptosis of the stomach, gastroptosis
acute distension of the stomach
portion of the stomach
paresis of the stomach
cancer/carcinoma of the stomach
gastric syphilis
mucous membrane of the stomach
inflamed mucous membrane of the stomach, inflammation of the mucous membrane of the stomach, gastritis
wall of the stomach
gastric tuberculosis
ulcerative disease of the stomach
S. aerophagia, aerophagy
gastrocolic fistula
perigastritis
postgastrectomy syndrome, disease of an operated stomach

III. опорожнять желудок
промывать желудок

III. to **empty/evacuate the stomach**
to **cleanse/wash** the stomach

ГАСТРИТ

GASTRITIS

I. азотемический гастрит
алиментарный гастрит
алкогольный гастрит
аллергический гастрит
анацидный гастрит
антральный гастрит, анттрум-гастрит
атрофический гастрит
ахилический гастрит
гипацидный/субацидный гастрит
гипертрофический гастрит
катаральный/банальный/простой гастрит
коррозивный/некротический гастрит
острый гастрит
поверхностный гастрит
полипозный гастрит
фибринозный/дифтеритический гастрит
флегмонозный гастрит, флегмона желудка
хронический гастрит
элиминационный/выделительный гастрит
эрозивный/язвенный гастрит

I. uremic gastritis
alimentary gastritis
alcoholic gastritis
allergic gastritis
anacidic gastritis
antral gastritis

atrophic gastritis
achylia gastritis
hypoacidic gastritis

hypertrophic gastritis
catarrhal/plain gastritis

corrosive/necrotic gastritis
acute gastritis
superficial gastritis
polypous gastritis
fibrinous/diphtheritic gastritis
phlegmonous gastritis

chronic gastritis
eliminative gastritis

erosive/ulcerative gastritis

ОТДЕЛ/ЧАСТЬ ЖЕЛУДКА

PORTION OF THE STOMACH

I. антральный отдел желудка, привратниковая пещера
кардиальный отдел желудка, кардиа
пилорический отдел желудка, привратниковая часть желудка
C. привратник, пилорус

I. antral portion of the stomach, antrum
cardiac portion of the stomach, cardia
pyloric portion of the stomach
S. pylorus

ПРИВРАТНИК

PYLORUS

II. непроходимость привратника
спазм привратника, пилороспазм
сужение/стеноз привратника, пилоростеноз

II. pyloric **obstruction/stenosis**
spasm of the pylorus, pylorospasm
pyloric stenosis

ПОСТГАСТРОРЕЗЕКЦИОННЫЙ СИНДРОМ

POSTGASTRECTOMY SYNDROME, DISEASE OF AN OPERATED STOMACH

C. агастральная астения
демпинг-синдром

S. agastric asthenia
dumping syndrome, jejunal dumping

пептическая язва анастомоза	anastomatic peptic ulcer
пептическая язва культи желудка	peptic ulcer of the stump of the stomach
синдром приводящей петли	afferent loop syndrome

РАК ЖЕЛУДКА

CANCER OF THE STOMACH, CARCINOMA OF THE STOMACH

I. рак кардиального отдела желудка — I. carcinoma of the cardia

рак пилорического отдела желудка — pyloric carcinoma

рак тела желудка — carcinoma of the stomach body

ЯЗВЕННАЯ БОЛЕЗНЬ ЖЕЛУДКА

ULCERATIVE DISEASE OF THE STOMACH

I. бессимптомная/немая язва желудка — I. asymptomatic gastric ulcer

двойная язва желудка — double gastric ulcer
каллезная язва желудка — callous gastric ulcer
кровоточащая язва желудка — **bleeding/active** gastric ulcer
околопривратниковая язва желудка — **parapyloric/peripyloric** gastric ulcer
осложненная язва желудка — complicated gastric ulcer
острая язва желудка — acute gastric ulcer
пенетрирующая язва желудка — penetrating ulcer of the stomach
пептическая язва желудка — peptic ulcer of the stomach
прободная/перфоративная язва желудка — **perforating/perforative** ulcer of the stomach
стенозирующая язва желудка — stenosing ulcer of the stomach
хроническая язва желудка — chronic gastric ulcer

ЖЕЛЧНЫЙ ПУЗЫРЬ

GALLBLADDER (GB), CHOLECYST, BILE-CYST

I. блуждающий желчный пузырь — I. floating gallbladder
отключенный желчный пузырь — non-functioning gallbladder
функционирующий желчный пузырь — functioning gallbladder

II. аплазия желчного пузыря — II. aplasia of the gallbladder, gallbladder aplasia

водянка желчного пузыря — hydrops of the gallbladder, gallbladder hydrops

воспаление желчного пузыря, холецистит — inflammation of the gallbladder, cholecystitis

дискинезия желчного пузыря — dyskinesia of the gallbladder, gallbladder dyskinesia

заворот желчного пузыря — gallbladder torsion
лямблиоз желчного пузыря — gallbladder lambliasis
рак желчного пузыря — gallbladder **cancer/carcinoma**
удвоение желчного пузыря — duplex gallbladder
эмпиема желчного пузыря — gallbladder empyema

ХОЛЕЦИСТИТ

CHOLECYSTITIS

I. аллергический холецистит — I. allergic cholecystitis

бескаменный холецистит	stone-free/calculus-free cholecystitis
брюшнотифозный холецистит	typhoid cholecystitis
вторичный/сопутствующий холецистит	secondary/accompanying/associated/concomitant cholecystitis
гангренозный холецистит	gangrenous cholecystitis
калькулезный холецистит	calculous cholecystitis
катаральный холецистит	catarrhal cholecystitis
липоидный холецистит	lipoid cholecystitis
острый холецистит	acute cholecystitis
регургитационный холецистит	regurgitation cholecystitis
флегмонозный холецистит	phlegmonous cholecystitis
хронический холецистит	chronic cholecystitis
эмфизематозный/газовый холецистит, пневмохолецистит	**emphysematous/gas** cholecystitis, pneumocholecystitis

II. «приступ» [острого] холецистита, выраженная клиническая картина острого холецистита

II. "attack" of [acute] cholecystitis, marked clinical picture of acute cholecystitis

C. симптом Ортнера
френикус-симптом

S. Ortner's symptom
phrenic symptom

ЖЕЛЧЕВЫВОДЯЩИЙ(ИЕ)/ЖЕЛЧНЫЙ(ЫЕ) ПРОТОК(И)/ПУТЬ(И)/ХОД(Ы)

BILIARY DUCT(S), BILE DUCT(S)

I. общий желчный проток
II. атрезия желчных протоков
воспаление [внепеченочных] желчных протоков, холангит
гипоплазия желчных протоков
дискинезия желчных протоков
камни желчных путей/протоков
опухоль желчных путей/протоков
стеноз желчных протоков
C. желчнокаменная болезнь, холелитиаз
общий печеночный проток
пузырный проток

I. common bile duct
II. biliary duct atresia
inflammation of [extrahepatic] biliary ducts, cholangitis
biliary duct hypoplasia
biliary duct dyskinesia

calculi/stones in the bile tract
bile duct **mass/tumour**

biliary duct stenosis
S. cholelithiasis

common hepatic duct
cystic duct

КИШЕЧНИК

INTESTINE [S], BOWEL[S]

II. абсцесс кишечника (кишки)
атрезия кишечника
гангрена кишечника (кишки)
декомпрессия кишечника (кишки)
дискинезия кишечника
заворот кишечника (кишки)
непроходимость кишечника, илеус

II. intestinal (bowel) abscess
intestinal atresia
intestinal (bowel) gangrene
intestinal (bowel) decompression
intestinal dyskinesia
intestinal twist, volvulus
intestinal **obstruction/obturation**, ileus

опорожнение кишечника	intestinal **emptying/evacuation**
расстройство кишечника	**intestinal/bowel** upset
содержимое кишечника	**intestinal/bowel** contents
спазм кишечника	intestinal **colic/spasm**
отдел кишечника	bowel segment
дистальный (проксимальный) отдел кишечника	distal (proximal) segment of bowel
туберкулез кишечника	intestinal tuberculosis
флегмона кишечника	intestinal inflammation
C. брюшная жаба, субдиафрагмальная стенокардия	S. abdominis angina, subdiaphragmal stenocardia
кишечная непроходимость	intestinal obstruction
кишка	bowel
синдром недостаточности всасывания	malabsorption syndrome
синдром недостаточности пищеварения	maldigestion syndrome

КИШЕЧНАЯ НЕПРОХОДИМОСТЬ, ИЛЕУС

INTESTINAL OBSTRUCTION, INTESTINAL OBTURATION, ILEUS

I. алиментарная кишечная непроходимость	I. alimentary ileus
артериомезентериальная кишечная непроходимость	arteriomesenteric ileus
врожденная кишечная непроходимость	congenital ileus
высокая кишечная непроходимость	upper intestinal ileus
динамическая кишечная непроходимость	dynamic ileus
меконневая кишечная непроходимость	meconium ileus
механическая кишечная непроходимость	mechanical ileus
низкая кишечная непроходимость	ileus in the lower intestine
обтурационная кишечная непроходимость	**obstructive/obturative** ileus
острая кишечная непроходимость	acute ileus
паралитическая кишечная непроходимость	paralytic ileus
полная кишечная непроходимость	complete intestinal obstruction
послеоперационная кишечная непроходимость	postoperative ileus
рецидивирующая кишечная непроходимость	recurrent ileus
спаечная кишечная непроходимость	**comissural/adhesive** ileus
спастическая кишечная непроходимость	spastic ileus
странгуляционная кишечная непроходимость	strangulation intestinal obstruction
хроническая кишечная непроходимость	chronic intestinal obstruction

частичная кишечная непроходимость	partial intestinal obstruction
II. кишечная непроходимость как следствие тромбоза мезентериальных сосудов	II. ileus as a result of mesenteric vessel thrombosis
заворот кишки (кишок)	volvulus, intestinal twist
инвагинация кишок	**invagination/intussusception** of bowels
отрезок кишки, внедрившийся в просвет другого [отрезка кишки]	intussusceptum
перекручивание кишечной петли	twisted loop
симптом Валя	Wahl's symptom
симптом Данса	Dance's symptom
симптом Кивуля	Kywul's symptom
симптом Шланге	Schlange's symptom
узлообразование	formation of knots
шум падающей капли	falling drop sound
шум плеска	splashing sound
III. восстанавливать кишечную проходимость	III. to correct intussusception
раскручивать кишечную петлю	to release a loop
C. газо-жидкостные уровни, чаши Клойбера	S. air-fluid levels, Kloiber's cups

КИШКА

BOWEL, INTESTINE, GUT

I двенадцатиперстная кишка	I. duodenum
ободочная кишка	colon
подвздошная кишка	ileum
прямая кишка	rectum
сигмовидная ободочная кишка	sigmoid colon
воспаление сигмовидной ободочной кишки, сигмоидит	inflammation of sigmoid colon, sigmoiditis
слепая кишка	cecum, blind gut
толстая кишка	large intestine, colon
тонкая кишка	small intestine
воспаление тонкой кишки, энтерит	inflammation of the small intestine, enteritis
II. дивертикул кишки	II. bowel diverticulum
инфаркт кишки	intestinal infarct [ion]
конец кишки	bowel end
край кишки, противоположный брыжейке, свободный край кишки	antimesenteric border of the bowel
перфорация кишки	intestinal perforation
пневматоз кишки	intestinal pneumatosis
стенка кишки	bowel wall
кишка с рыхлыми стенками	friable bowel, bowel with friable walls
сужение/стеноз кишки	**intestinal/bowel** stenosis
врожденный стеноз кишки	congenital intestinal stenosis

ДВЕНАДЦАТИПЕРСТНАЯ КИШКА	DUODENUM
II. большой сосочек двенадцатиперстной кишки, фатеров сосок	II. major duodenal papilla, Vater's papilla
воспаление двенадцатиперстной кишки, дуоденит	inflammation of the duodenum, duodenitis
воспаление серозного покрова двенадцатиперстной кишки, перидуоденит	inflammation of duodenal serosa, periduodenitis
врожденное расширение двенадцатиперстной кишки, мегадуоденум	congenital [over]distention/dilation of duodenum, megaduodenum
врожденное расширение луковицы двенадцатиперстной кишки, мегабульбус	congenital enlargement/[over]-distention of duodenal bulb, megabulbus
дивертикул двенадцатиперстной кишки	duodenal diverticulum
луковица/верхняя часть двенадцатиперстной кишки	duodenal bulb, upper segment of duodenum
разрыв двенадцатиперстной кишки	ruptured duodenum, rupture of the duodenum, duodenal rupture
язвенная болезнь двенадцатиперстной кишки	duodenal ulcer

Большой сосочек двенадцатиперстной кишки, фатеров сосок	Major duodenal papilla, Vater's papilla
II. воспаление большого сосочка двенадцатиперстной кишки, папиллит	II. inflammation of a Vater's papilla, papillitis
отек большого сосочка двенадцатиперстной кишки	edema of a Vater's papilla
стриктура большого сосочка двенадцатиперстной кишки	stricture/stenosis of Vater's papilla

ДИВЕРТИКУЛ(Ы) КИШКИ	BOWEL DIVERTICULUM (DIVERTICULA)
I. врожденный дивертикул кишки	I. congenital bowel diverticulum
истинный дивертикул кишки	true bowel diverticulum
ложный дивертикул кишки	false bowel diverticulum
множественные дивертикулы кишки, дивертикулез	multiple bowel diverticula, diverticulosis
C. дивертикул Меккеля, дивертикул подвздошной кишки	S. Meckel's diverticulum, ileac diverticulum

ОБОДОЧНАЯ КИШКА	COLON
I. восходящая (нисходящая) ободочная кишка	I. ascending (discending) colon
поперечная ободочная кишка	transverse colon
сигмовидная ободочная кишка	sigmoid colon

ПОДВЗДОШНАЯ КИШКА	ILEUM
II. воспаление подвздошной кишки, илеит	II. inflammation of the ileum, ileitis

Илеит

I. регионарный илеит, форма «болезни Крона»
ретроградный илеит
терминальный илеит, форма «болезни Крона»

ПРЯМАЯ КИШКА

II. ампула прямой кишки
воспаление клетчатки, окружающей прямую кишку, парапроктит
воспаление прямой кишки, проктит
выпадение прямой кишки
инородное тело прямой кишки
невралгия прямой кишки, прокталгия
опухоль прямой кишки
разрыв прямой кишки
расширение сосудов прямокишечного венозного сплетения, геморрой
свищ прямой кишки

C. воспаление морганиевых крипт, криптит
дермоидная киста крестцово-копчиковой области
задний проход, анус
копчиковая боль, кокцигодиния
эпителиальный копчиковый ход, пилонидальный синус, пилонидальная киста

Геморрой

I. внутренний геморрой
комбинированный/смешанный геморрой
наружный геморрой
острый геморрой
ущемленный геморрой

C. геморроидальное кровотечение
геморроидальный узел

Геморроидальный узел

I. вправление геморроидального узла
выпадение геморроидального узла
тромбоз внутреннего геморроидального узла
тромбофлебит внутреннего геморроидального узла

Ileitis

I. regional ileitis, form of "Crohn's disease"
retrograde ileitis
terminal ileitis, form of "Crohn's disease"

RECTUM

II. ampoule of the rectum
inflammation of pararectal fatty tissue, paraproctitis

proctitis

rectal prolapse
rectal foreign body
rectal neuralgia, proctalgia

rectal **mass/tumour**
rectal rupture
piles, hemorrhoids

rectal fistula

S. inflammation of crypts of Morgagni, cryptitis
dermoid cyst of the sacrococcygeal region
anus
coccygeal pain, coccygodynia

epithelial coccygeal passage, pilonidal sinus, pilonidal cyst

Hemorrhoids, piles

I. internal hemorrhoids
mixed hemorrhoids

external hemorrhoids
acute hemorrhoids
strangulated hemorrhoids

S. hemorrhoidal bleeding

hemorrhoid, pile

Hemorrhoid, pile

I. reduction of a hemorrhoid

prolapse of a hemorrhoid

thrombosis of an internal hemorrhoid
thrombophlebitis of an internal hemorrhoid

Задний проход

II. гипертрофия сосочков заднего прохода, папиллит
зуд заднего прохода, анальный зуд
жом/сфинктер заднего прохода
трещина заднего прохода, анальная трещина

Жом/сфинктер заднего прохода

I. внутренний (наружный) сфинктер заднего прохода
II. слабость сфинктера заднего прохода

Парапроктит

I. острый парапроктит
подкожный парапроктит
подслизистый парапроктит
седалищно-прямокишечный парапроктит
тазово-прямокишечный парапроктит
хронический парапроктит

СЛЕПАЯ КИШКА

I. подвижная слепая кишка
II. воспаление слепой кишки, тифлит
червеобразный отросток слепой кишки, аппендикс
воспаление червеобразного отростка, аппендицит

Аппендицит

I. гангренозный аппендицит
грыжевой аппендицит
деструктивный аппендицит
катаральный аппендицит
острый аппендицит
прободной/перфоративный аппендицит
рецидивирующий аппендицит
склерозирующий аппендицит
фибропластический аппендицит
флегмонозно-язвенный аппендицит
хронический аппендицит

Anus

II. anal papillitis

anal **pruritus**/itch

sphincter ani, anal sphincter
anal fissure

Sphincter ani, anal sphincter

I. internal (external) sphincter ani
II. sphincter ani asthenia

Paraproctitis

I. acute paraproctitis
subcutaneous paraproctitis
submucosal paraproctitis
ischiorectal paraproctitis

pelvirectal paraproctitis

chronic paraproctitis

CECUM, BLIND GUT

I. mobile cecum
II. inflammation of cecum, cecitis, typhlitis
vermiform appendix

inflammation of vermiform appendix, appendicitis

Appendicitis

I. gangrenous appendicitis
hernial appendicitis
destructive appendicitis
catarrhal appendicitis
acute appendicitis
perforating appendicitis

recurrent appendicitis
sclerosing appendicitis
fibroplastic appendicitis

ulcerophlegmonous appendicitis
chronic appendicitis

II. аппендицит при ретроцекальном расположении червеобразного отростка, ретроцекальный аппендицит
выраженная клиническая картина острого аппендицита, приступ острого аппендицита
стертая клиническая картина острого аппендицита
C. аппендикулярная колика
аппендикулярный инфильтрат

периаппендикулярный абсцесс

симптом Бартомье-Михельсона
симптом Воскресенского, симптом скольжения
симптом Кохера-Волковича
симптом Лараша
симптом Образцова, псоас-симптом
симптом Ровзинга
симптом Ситковского

ТОЛСТАЯ КИШКА

II. воспаление толстой кишки, колит
опухоль толстой кишки
опущение толстой кишки, колоптоз
патологическое расширение и удлинение толстой кишки, мегадолихоколон
патологическое расширение участка толстой кишки, мегаколон

Колит

I. алиментарный колит
аллергический колит
амебный колит
атрофический колит
вторичный колит
запорный колит
ишемический колит
катаральный колит
левосторонний (правосторонний) колит
неспецифический язвенный колит
острый колит
поверхностный колит
пострезекционный колит
сегментарный колит

II. retrocecal appendicitis, marked clinical picture of acute appendicitis

acute attack of appendicitis

mild attack of acute appendicitis
S. appendicular colic
appendicular/appendiceal infiltrate

periappendicular/periappendiceal abscess

Bartomier-Mikhelson's **symptom/sign**
Voskresensky's symptom, sign of sliding
Kocher-Volkovitch's sign
Larasch's sign
Obrastsow's sign, psoas symptom
Rovsing's symptom
Sitkowsky's sign

LARGE INTESTINE, COLON

II. inflammation of large **intestine/colon**, colitis
mass/tumour of colon
ptosis/prolapse of colon, coloptosis
pathologic distension and lengthening of colon, megadolichocolon
pathologic distension of a segment of colon, pathologic enlargement of a colonic segment, megacolon

Colitis

I. alimentary colitis
allergic colitis
amebic colitis
atrophic colitis
secondary colitis
constipation colitis
ischemic colitis
catarrhal colitis
left (right) sided colitis
nonspecific ulcerative colitis
acute colitis
shallow colitis
postresection colitis
segmental colitis

спастический колит	spastic colitis
хронический колит	chronic colitis
эрозивный колит	erosive colitis
язвенный колит	ulcerative colitis, colitis gravis

Мегаколон / Megacolon

I. врожденный мегаколон, «болезнь Гиршспрунга» — congenital megacolon, "Hirschsprung's disease"
идиопатический мегаколон — idiopathic megacolon

ПЕЧЕНЬ / LIVER

I. блуждающая печень — floating liver
бугристая печень — nodular liver
гладкая печень — smooth liver
глазурная/засахаренная печень — **icing/sugar-icing** liver
гусиная печень — anserine liver
добавочная печень — accessory liver
кистозная печень — cystic liver
кремневая печень — brimstone liver
мускатная/застойная печень — **nutmeg/congestive** liver
пестрая большая печень — diverse big liver
увеличенная печень — enlarged liver

II. абсцесс печени — liver abscess
воспалительное заболевание печени, гепатит — inflammatory disease of the liver, hepatitis
доля печени — lobe of the liver
   правая (левая) доля печени — right (left) lobe of the liver
киста печени — liver cyst
край печени — margin of the liver, liver margin
разрыв печени — ruptured liver, hepatic rupture
цирроз печени — cirrhosis of the liver, hepatocirrhosis
эхинококкоз печени — hepatic echinococcosis

C. желтуха — S. jaundice, icterus

ГЕПАТИТ / HEPATITIS

I. аллергический гепатит — allergic hepatitis
вирусный гепатит — viral hepatitis
врожденный/фетальный гепатит — **congenital/fetal** hepatitis
диффузный гепатит — diffuse hepatitis
лучевой гепатит — radial hepatitis
острый гепатит — acute hepatitis
очаговый гепатит — focal hepatitis
холестатический гепатит — cholestatic hepatitis
хронический гепатит — chronic hepatitis
эпителиальный/паренхиматозный гепатит — **epithelial/parenchymatous** hepatitis

ЖЕЛТУХА / JAUNDICE, ICTERUS

I. гемолитическая/надпеченочная желтуха — **hemolytic/suprahepatic** jaundice

механическая/обтурационная/ подпеченочная желтуха	**mechanical/obstructive/sub- hepatic** jaundice
печеночная/паренхиматозная/ гепатоцеллюлярная/эпители- ально-клеточная желтуха	**hepatic/parenchimatous/ hepatocellular** jaundice

ПИЩЕВОД

ESOPHAGUS, GULLET

I. врожденный короткий пищевод, брахиэзофагус, грудной желудок	I. congenital short esophagus, brachyesophagus, thoracic stomach
искусственный пищевод	artificial esophagus
искусственный пищевод из кожной трубки	artificial esophagus made out of a skin tube
извитой/четкообразный/штопорообразный пищевод, синдром Баршоня-Ташендорфа	**mandering/beeded/moniliform/ corkscrew-like** esophagus, Bársony-Teschendorf's syndrome
искусственный пищевод из ободочной кишки	artificial esophagus made out of colon
искусственный пищевод из тонкой кишки	artificial esophagus made out of small intestine
II. актиномикоз пищевода	II. actinomycosis of the esophagus
атония пищевода	atony of the esophagus
бужирование пищевода	bougienage of the esophagus
варикозное расширение вен пищевода	varicose dila[ta]tion of esophageal veins
воспаление пищевода, эзофагит	inflammation of esophagus, esophagitis
врожденная ахалазия пищевода, врожденный кардиоспазм, врожденное нервно-мышечное нарушение функции пищевода	congenital achalasia of the esophagus, congenital cardiospasm, congenital nervous muscular disturbance of esophageal function
врожденная непроходимость пищевода, атрезия пищевода	congenital esophageal obstruction, esophageal atresia
дивертикул пищевода	esophageal diverticulum
идиопатическое расширение пищевода, кардиоспазм, ахалазия кардии, мегаэзофагус	idiopathic esophageal dila[ta]tion, cardiospasm, achalasia of cardia, megaesophagus
инородное тело пищевода	foreign body in the esophagus
киста пищевода	esophageal cyst
кровотечение из пищевода	esophageal hemorrhage
ожог пищевода	esophageal burn
перфорация пищевода	esophageal perforation
повреждение пищевода	injury to the esophagus, injured esophagus
разрыв пищевода	rupture of the esophagus, ruptured esophagus, esophageal rupture
свищ пищевода	esophageal fistula
врожденный пищеводно-трахеальный свищ	congenital esophagotracheal fistula
сужение/стеноз пищевода	esophageal stricture, constriction of the esophagus
рубцовое сужение пищевода	scarry constriction, cicatricial stricture

БУЖИРОВАНИЕ ПИЩЕВОДА / BOUGIENAGE OF THE ESOPHAGUS

I. длительное систематическое бужирование пищевода
II. бужирование пищевода по струне
III. бужировать пищевод

длительно систематически бужировать пищевод

I. prolonged systematic bougienage of the esophagus
II. bougienage along a string
III. to dilate an esophageal stricture with a bougie
to dilate an esophageal stricture with a bougie chronically systematically

ДИВЕРТИКУЛ ПИЩЕВОДА / ESOPHAGEAL DIVERTICULUM

I. бифуркационный дивертикул пищевода
пульсионный дивертикул пищевода
тракционный дивертикул пищевода
ценкеровский/глоточно-пищеводный дивертикул
эпифренальный дивертикул пищевода

I. bifurcational esophageal diverticulum
pulsion esophageal diverticulum
traction esophageal diverticulum
pharyngo-esophageal diverticulum
epiphrenic esophageal diverticulum

РАЗРЫВ ПИЩЕВОДА / RUPTURED ESOPHAGUS, RUPTURE OF THE ESOPHAGUS

I. закрытый разрыв пищевода

спонтанный разрыв пищевода

I. closed rupture of the esophagus
spontaneous rupture of the esophagus

ЭЗОФАГИТ / ESOPHAGITIS

I. геморрагический эзофагит
катаральный эзофагит
коррозивный эзофагит
острый эзофагит
пептический эзофагит
рефлюкс-эзофагит
флегмонозный эзофагит
хронический эзофагит
эрозивный эзофагит
язвенный эзофагит, пептическая язва пищевода
II. эзофагит Кушинга

I. hemorrhagic esophagitis
catarrhal esophagitis
corrosive esophagitis
acute esophagitis
peptic esophagitis
reflux esophagitis
phlegmonous esophagitis
chronic esophagitis
erosive esophagitis
ulcerous esophagitis, peptic esophageal ulcer
II. Cushing's esophagitis

ПОДЖЕЛУДОЧНАЯ ЖЕЛЕЗА / PANCREAS

I. аберрантная/добавочная поджелудочная железа
вентральная поджелудочная железа
дорсальная поджелудочная железа
искусственная поджелудочная железа

I. **aberrant/accessory** pancreas

ventral pancreas

dorsal pancreas

artificial pancreas

кольцевидная поджелудочная железа	circular/annular pancreas
малая/винслова поджелудочная железа, крючковидный отросток	small/Winslow pancreas, uncinate process
II. аденома островковой ткани поджелудочной железы, инсулома	II. adenoma of pancreatic insular tissue, insuloma
воспаление поджелудочной железы, панкреатит	inflammation of pancreas, pancreatitis
камни поджелудочной железы	pancreatic **calculi/lithiasis**
[главный] проток поджелудочной железы, вирсунгов проток	[main] pancreatic duct, Wirsung's duct
головка поджелудочной железы	head of the pancreas
камни [протоков] поджелудочной железы, панкреатиколитиаз	pancreatolithiasis, pancreaticolithiasis
киста поджелудочной железы	cyst of [the] pancreas
наружный свищ поджелудочной железы	external fistula of the pancreas
обызвествление поджелудочной железы	pancreatic calcification
рак (тела, хвоста, головки) поджелудочной железы	pancreatic **cancer/carcinoma** (cancer of the pancreatic body, tail, head)
тело поджелудочной железы	pancreatic body, body of [the] pancreas
хвост поджелудочной железы	tail of [the] pancreas
цистоаденома поджелудочной железы	cystadenoma of [the] pancreas

ПАНКРЕАТИТ

PANCREATITIS

I. абсцедирующий/апостематозный панкреатит	I. abscessing pancreatitis
асептический панкреатит, острый некроз поджелудочной железы, панкреонекроз	aseptic pancreatitis, acute necrosis of the pancreas, **pancreonecrosis/pancreatonecrosis**
брюшнотифозный панкреатит	typhoid pancreatitis
гнойный панкреатит	**purulent/suppurative** pancreatitis
деструктивный панкреатит	destructive pancreatitis
диффузный панкреатит	diffuse pancreatitis
калькулезный панкреатит	**calculous/calcareous** pancreatitis
кистозный панкреатит	cystic pancreatitis
острый панкреатит	acute pancreatitis
паренхиматозный панкреатит	parenchymatous pancreatitis
рецидивирующий/хронический панкреатит	**recurrent/chronic** pancreatitis
фиброзный панкреатит	fibrous pancreatitis
флегмонозный панкреатит	phlegmonous pancreatitis
хронический панкреатит	chronic pancreatitis
C. геморрагический панкреонекроз	S. hemorrhagic pancreonecrosis

жировой панкреонекроз
некроз поджелудочной железы, панкреонекроз
отек поджелудочной железы

fatty pancreonecrosis
pancreatic necrosis, pancreonecrosis
pancreatic edema

САЛЬНИК

I. большой сальник
   воспаление большого сальника, оментит
   заворот сальника
   малый сальник
   некроз сальника

OMENTUM

I. greater omentum
   inflammation of the greater omentum, omentitis
   torsion of omentum
   lesser omentum
   necrosis of omentum

СЕЛЕЗЕНКА

I. блуждающая селезенка
   ветчинная/сальная селезенка
   глазурная селезенка
   добавочная селезенка
   дольчатая селезенка
   малярийная селезенка
   порфирная селезенка
   пятнистая селезенка
   саговая селезенка
II. абсцесс селезенки
    воспаление селезенки, спленит
    гиперплазия селезенки
    инфаркт селезенки
    разрыв селезенки

    туберкулез селезенки
    увеличение селезенки, спленомегалия
    эхинококкоз селезенки
C. болезнь Гоше
   гемолитическая анемия врожденная (приобретенная)
   гемолитическая анемия
   тромбоцитопеническая пурпура, болезнь Верльгофа

SPLEEN

I. floating spleen
   bacon/lardaceous spleen
   icing spleen
   accessory spleen
   lobular spleen
   malarial spleen
   diffuse waxy spleen
   flecked spleen
   sago spleen
II. splenic abscess
    inflammation of [the] spleen, splenitis
    splenic hyperplasia
    splenic infarction
    ruptured spleen, rupture of [the] spleen
    splenic tuberculosis
    enlargement of [the] spleen, splenomegaly
    splenic echinococcosis
S. Gaucher's disease
   hemolytic anemia congenital (acquired) hemolytic anemia
   thrombocytopenic purpura, Werlhof's disease

■ У вас хороший (плохой, повышенный) аппетит (нет аппетита)?

У вас изменился аппетит?

Не замечали ли вы ухудшения аппетита?

Несмотря на хороший аппетит, вы потеряли в весе?

У вас бывает (есть) изжога (отрыжка, рвота)?

■ Do you have a good (poor, increased) appetite (no appetite)?

Is there a change in your appetite?

Have you noticed any deterioration in your appetite?

Have you lost any weight despite a good appetite?

Do you have heartburn (belching, vomiting)?

Когда у вас бывает изжога (отрыжка, рвота)?	When do you have heartburn (belching, vomiting)?
У вас всегда изжога (отрыжка) после еды?	Do you always have heartburn (belching) after meals?
Изжога проходит от приема питьевой соды?	Is the heartburn relieved by taking soda?
Отрыжка (рвота) чем? Пищей (пищей, съеденной накануне, пищей, съеденной только что)?	What do you belch (vomit)? Do you belch (vomit) food (the food taken the day before, the food just taken)?
У вас бывает кислая отрыжка (отрыжка тухлым, отрыжка с запахом съеденной пищи)?	Do you have sour eructations (musty smelling regurgitation, regurgitation with the odour of the food taken)?
У вас есть постоянная отрыжка с неприятным запахом (срыгивание съеденной пищей, немедленное срыгивание выпитой жидкости)?	Do you have constant foul-smelling belching (regurgitation of food taken, immediate regurgitation of liquid drunk)?
Рвота с кровью (со слизью, редкая, сильная)?	Is the vomit blood-stained (with mucus, infrequent, violent)?
Рвота облегчает состояние?	Do you obtain relief after vomiting?
Рвота (тошнота) прекратилась (продолжается)?	Has vomiting (nausea) ceased? (Is vomiting (nausea) still occurring)?
У вас есть постоянные позывы на рвоту?	Do you feel a constant urge to vomit?
Вас не тошнит?	Are you nauseous?
Вы часто испытываете чувство тошноты?	Do you often feel sick?
Рвота (тошнота) появляется утром (натощак, после еды)?	Do you vomit (are you nauseous) in the morning (on an empty stomach, after meals)?
Через сколько времени после еды?	How long after meals?
После приема какой пищи?	After taking what kind of food?
Какого цвета рвотные массы?	Of what colour is the vomit?
В рвотных массах крови (слизи) нет?	Is there any blood (mucus) in the vomit?
Покажите, пожалуйста, язык!	Show me your tongue, please
Высуньте язык!	Put your tongue out
У вас всегда обложенный (чистый) язык?	Is your tongue always furred (pink)?
У вас болит живот? У вас есть боли в животе?	Is there any pain in the abdomen? Have you any pain in the abdomen?

В какой части живота болит сильнее всего? В левом (правом) подреберье, вокруг пупка, внизу живота слева (справа)?	In what part of the abdomen is the pain most severe? On the left (right) below the ribs, around the navel, in the lower abdomen on the left (on the right)?
Когда появилась боль в животе? Куда она отдает? Покажите!	When did the abdominal pain appear? Where does the pain radiate to? Show me
Боль в животе схваткообразная (острая, тупая)?	Is the abdominal pain paroxysmal (acute, dull)?
Боль в животе появляется временами?	Does the abdominal pain occur at intervals?
Боль выше или ниже пупка?	Is the pain above or below the navel?
Вы чувствуете вздутие живота?	Do you feel the abdomen is distended?
После еды у вас бывает вздутие живота?	Do you feel bloated after eating?
У вас есть чувство тяжести (давления) в эпигастральной области (под ложечкой)?	Do you have a sense of heaviness (pressure) in the pit of the stomach?
Подышите животом. Расслабьте живот	Breathe with your abdomen. Relax your abdomen
Согните ноги в коленях, чтобы уменьшить напряжение мышц живота	Bend your knees to relieve muscular tension in the abdomen
Вы чувствуете боль сильнее, когда я надавливаю на живот или когда я отнимаю руку?	When is the pain more severe, when I press in the abdomen or when I withdraw my hand?
У вас есть чувство (ощущение) препятствия при проглатывании твердой (жидкой) пищи (застревания пищи в пищеводе, давления за грудиной)?	Do you have a feeling (sensation) of obstruction while swallowing solid (liquid) food (a sensation that food sticks in the gullet, that there is pressure behind the breastbone)?
У вас есть чувство жжения (боли) при проглатывании пищи?	Do you have a burning sensation (pain) on swallowing food?
Боли исчезают после проглатывания пищи?	Do pains disappear after swallowing the food?
Опухоль на шее появляется периодически (во время приема пищи)?	Does the lump in your neck become perceptible periodically (while eating)?
Вы страдаете несварением желудка (язвенной болезнью желудка, двенадцатиперстной кишки)?	Do you suffer from indigestion (gastric ulcer, duodenal ulcer)?

Боли бывают натощак (после приема острой пищи, после приема обильного количества пищи)?	Do you have stomach pains on an empty stomach (after taking spicy food, after taking much food)?
Боли в желудке (не) связаны с приемом пищи?	Are gastric pains (not) associated with eating?
У вас бывают голодные (ночные) боли?	Do you have pain on fasting (at night)?
Что облегчает боли в желудке — прием пищи или питьевой соды?	What is the gastric pain relieved by — taking food or soda?
У вас есть неприятные ощущения в подложечной области (чувство тяжести и переполнения желудка, особенно после еды)?	Do you have unpleasant sensations in the pit of the stomach (sense of heaviness and fullness in the stomach especially after eating)?
Эти явления исчезают (уменьшаются) в горизонтальном положении (при ношении бандажа)?	Do these phenomena disappear (decrease) in a horizontal position (on wearing a binder)?
У вас бывает вздутие живота (плохая переносимость молока)?	Do you have stomach distension (poor tolerance of milk)?
Боли в желудке появляются при сгибании туловища назад (при переворачивании с боку на бок, при натуживании)?	Do stomach pains appear on bending the trunk back (on turning from side to side, on straining)?
У вас не было ощущения как бы удара кинжалом в живот?	Have you had a sensation as if somebody had stabbed you in the abdomen with a dagger?
У вас был приступ аппендицита (холецистита)?	Have you had an attack of appendicitis (cholecystitis)?
Боли начались в желудке, а затем перешли вниз, в правую половину живота?	Did the pains start in the stomach and then extend down into the right side of the abdomen?
У вас есть постоянная (периодически усиливающаяся) [острая] боль в правом подреберье?	Do you have a persistent (periodically increasing) [acute] pain on the right below the ribs?
У вас есть тупые (ноющие) боли в правом подреберье?	Do you have a dull ache on the right below the ribs?
Боли усиливаются после приема жирной пищи (грубой пищи), иррадиируют в правое плечо, лопатку, в межлопаточную область)?	Do the pains increase after taking fatty food (coarse food), radiate into the right shoulder, shoulder-blade, between the shoulder-blades)?
У вас есть чувство тяжести (ощущение постороннего тела в правом подреберье, отрыжка)?	Do you have a feeling of heaviness (sensation of a foreign body present on the right below the ribs, belching)?

Приступ болей сопровождается повышением температуры (ознобом, тошнотой, рвотой желчью, задержкой стула)?	Is the pain accompanied by high temperature (chill, nausea, bilious vomiting, retention of stool)?
Когда у вас появилась желтушная окраска кожи?	When did the yellow skin tint appear?
Во время приступов болей появлялась желтуха?	Did jaundice appear during the periods of pain?
У вас есть кожный зуд?	Do you have itching of the skin?
Моча стала темной? Кал обесцветился?	Has your urine become dark? Are your feces pale-coloured?
У вас есть боли в подложечной области (отдающие в спину, опоясывающие боли)?	Do you have pains in the pit of the stomach (pains extending to the back, pains all round your middle)?
Боли сопровождаются рвотой?	Are the pains accompanied by vomiting?
Голодание приносит облегчение?	Does fasting relieve the pains?
Вам проводили исследование мочи на амилазу?	Has your urine been analysed for amylase?
У вас затруднено отхождение газов?	Do you have difficulty in evacuating gas?
У вас отходят газы? Газы отходят свободно (умеренно, без запаха, обильно, с резким запахом)?	Does gas pass away? Gas passes away freely (moderately, without odour, abundantly, with a strong odour)?
Вы должны следить, чтобы у вас постоянно отходили газы	You should keep the bowel clear of gas
У вас бывает чувство неполного опорожнения кишечника (тяжести внизу живота, непроизвольное опорожнение кишечника)?	Do you have a feeling of incomplete emptying of the bowels (heaviness in the lower abdomen, loss of bowel control)?
У вас был когда-нибудь сильный кровяной понос (стул с кровью, жидкий стул, дегтеобразный стул, обесцвеченный стул)?	Have you ever had severe bloody diarrhea (blood-stained stool, loose motions, black tarry stool, pale-coloured stool)?
Вы страдаете запорами (поносами)?	Do you suffer from constipation (diarrhea)?
У вас бывают периодические поносы, чередующиеся с запорами?	Do you have recurrent bouts of diarrhea alternating with constipation?
Не замечали ли вы крови и слизи в стуле?	Have you observed blood and mucus in your feces?
У вас стул (нормальный, оформленный, жидкий, кашицеобразный, регулярный)?	Is your stool normal (formed, liquid, semi-liquid, regular)?

Сколько раз был стул?	How many times have you passed stool?
Стул бывает ежедневно? Через сколько времени?	Do you pass stool daily? Every how many days?
Вы [иногда] принимаете слабительное (ставите клизму)?	Do you [sometimes] take a laxative (give yourself an enema)?
Какое слабительное?	What kind of laxative?
Следите за тем, чтобы стул был регулярным	Try to have a regular stool
Запор сменяется частым стулом с отхождением первоначально твердого кала?	Is constipation followed by frequent bowel movement with initially hard feces?
У вас геморрой?	Do you have hemorrhoids?
Сядьте на корточки! Натужьтесь!	Please squat. Strain
Боли в заднем проходе возникают после приема острой пищи (перед позывом на низ)?	Do anal pains arise after taking spicy food (before having a desire to defecate)?
Боли связаны с опорожнением кишечника (уменьшаются после стула)?	Are they associated with defecation? (Do they diminish after passing stool)?
У вас отмечается урчание в животе (переливание в животе, вздутие живота)?	Is there stomach murmur (fluctuation in the abdomen, abdominal distension)?
Боли в животе постоянные (усиливаются при тряске, ходьбе)?	Are stomach pains persistent (Do they increase on being shaken, on walking)?
▲ Аппетит повышен (отсутствует, нормальный)	▲ Appetite is increased (lacking, normal)
Тошноты, рвоты, отрыжки нет	[There is] No nausea, vomiting, belching
Язык атрофичен (не изменен, сухой, влажный). Язык обложен белым (желтым, коричневым) налетом	The tongue is atrophic (not changed, dry, moist). The tongue is coated with white (yellow, brown) fur
Язык увеличен (нормальных размеров, гладкий, синюшной окраски, розовый)	The tongue is enlarged (of normal size, smooth, cyanotic, pink)
Перистальтика вялая (усиленная, не нарушена)	Peristalsis is sluggish (increased, not impaired)
Живот вздут (мягкий, безболезненный, втянут, напряжен, (не) участвует в акте дыхания)	The abdomen is distended (soft, non-tender, scaphoid, tense, moves (does not move) with breathing)
Живот симметрично увеличен (увеличен за счет избыточного отложения жира в подкожной клетчатке)	The abdomen is symmetrically enlarged (enlarged because of excessive deposition of fatty tissue)

313

Симптом раздражения брюшины не определяется (отрицательный, положительный, выражен (не)четко, сомнительный)	The symptom of rebound tenderness is not found (is negative), positive, (not) well defined, is doubtful)
Пупок расположен по средней линии (уплощен, втянут, выпячен, смещен кверху)	The umbilicus is centrally located (flattened, inverted, everted, displaced upwards)
Определяется легкое (умеренное, выраженное, доскообразное) напряжение мышц передней брюшной стенки	There is mild (moderate, demonstrable, board-like) muscular tension of the anterior abdominal wall
Обследование живота затруднено из-за асцита	Abdominal examination is difficult because of ascites
У больного(ой) асцит с выраженным феноменом зыбления	The patient has ascites with a marked fluid wave
Признаков асцита (перитонита) нет	There is no sign of ascites (peritonitis)
У больного(ой) перитонит в терминальной стадии	In this patient peritonitis is in its terminal stage
Я полагаю, что боль в животе является вторичным симптомом острого плеврита	I suggest that abdominal pain is secondary to acute pleurisy
Я предполагаю частичную кишечную непроходимость (приступ острого аппендицита, острого панкреатита)	I suggest partial ileus (acute attack of appendicitis, acute attack of pancreatitis)
Подозрение на прободную язву желудка (рак прямой кишки, дивертикул пищевода)	There is suspicion of perforating ulcer of the stomach (rectal carcinoma, esophageal diverticulum)
Необходимо исключить дивертикул Меккеля (болезнь Крона, острый мезаденит)	It is necessary to rule out Meckel's diverticulum (Crohn's disease, acute mesadenitis)
Печень (не) пальпируется (без)болезненная, выступает на... см из-под края реберной дуги)	The liver is (not) palpable (non-)tender, is extended... cm below the costal margin)
Френикус-симптом, симптом Ортнера положительный (отрицательный)	Phrenic sign, Ortner's sign is positive (negative)
Печень, селезенка, желчный пузырь не пальпируются	The liver, spleen, gallbladder are not palpable
Кишечные шумы выслушиваются?	Are bowel sounds heard?
Кишечные шумы хорошо выражены (восстановились, не выслушиваются)	Bowel sounds are active (have returned, are not heard)

Газы отошли	Flatus has passed [away]
После ректального исследования на перчатке была кровь?	Was there blood on the glove after rectal examination?
Ректальное исследование затруднено из-за резкой болезненности в прямой кишке	Rectal examination is difficult because of extreme tenderness in the rectum

ГРЫЖИ

HERNIAS

ГРЫЖА	316	HERNIA
БЕДРЕННАЯ ГРЫЖА	318	FEMORAL HERNIA
ВПРАВЛЕНИЕ ГРЫЖИ	318	REDUCTION OF HERNIA
ГРЫЖА ЖИВОТА	318	ABDOMINAL HERNIA
ГРЫЖЕВОЙ МЕШОК	318	HERNIAL SAC
ДИАФРАГМАЛЬНАЯ ГРЫЖА	318	DIAPHRAGMAL HERNIA
ПАХОВАЯ ГРЫЖА	318	INGUINAL HERNIA
ПЛАСТИКА ГРЫЖЕВЫХ ВОРОТ	319	PLASTIC REPAIR OF THE HERNIAL RING
БЕДРЕННЫЙ КАНАЛ	319	FEMORAL CANAL
ПАХОВЫЙ КАНАЛ	319	INGUINAL CANAL
УЩЕМЛЕНИЕ ГРЫЖИ	319	STRANGULATION OF HERNIA

ГРЫЖИ

ГРЫЖА

I. бедренная грыжа
 вправимая грыжа
 врожденная грыжа
 гигантская грыжа
 диафрагмальная грыжа
 запирательная грыжа
 интерпариетальная грыжа
 интерстициальная грыжа
 истинная грыжа
  истинная грыжа диафрагмы
 ложная грыжа
  ложная грыжа диафрагмы,
  диафрагмальная эвентрация
 мочепузырная грыжа
 мышечная грыжа
 невправимая грыжа
 паховая грыжа
 послеоперационная грыжа
 поясничная грыжа
 предбрюшинная грыжа
 промежностная грыжа
 пупочная грыжа
 седалищная грыжа
 скользящая грыжа

HERNIAS

HERNIA

I. femoral hernia
 reducible hernia
 congenital hernia
 giant hernia
 diaphragmatic hernia
 obturator hernia
 interparietal hernia
 interstitial hernia
 true hernia
  true hernia of the diaphragm
 false hernia
  false diaphragmatic hernia,
  eventration of the diaphragm
 cystic hernia, cystocele
 muscular hernia
 irreducible hernia
 inguinal hernia
 postoperative hernia
 lumbar hernia
 preperitoneal hernia
 perineal hernia
 umbilical hernia
 sciatic-ischiatic hernia
 sliding hernia

травматическая грыжа	traumatic hernia
ущемленная грыжа	**strangulated/incarcerated** hernia
эмбриональная/амниотическая грыжа, грыжа пупочного канатика, омфалоцеле	embryonic hernia, hernia of umbilical cord, omphalocele
эпигастральная/надчревная грыжа	epigastric hernia

II. воспаление грыжи	II. hernial inflammation
вправление грыжи	reduction of hernia
выпадение грыжи	prolapse of hernia
грыжа белой линии живота	hernia of the linea alba
грыжа Винслова отверстия	hernia of the foramen of Winslow
грыжа влагалища прямой мышцы живота	hernia of the sheath of the rectus abdominis
грыжа десцеметовой оболочки, десцеметоцеле	hernia of Descemet's membrane, descemetocele
грыжа живота	abdominal hernia
грыжа Ложье	Laugier's hernia
грыжа матки, гистероцеле	uterine hernia, histerocele
грыжа мечевидного отростка	hernia of xiphoid process
грыжа Морганьи/Ларрея, парастернальная, ретростернальная, передняя диафрагмальная грыжа	**Morgagni/Larrey's** hernia, parasternal, retrosternal, anterior diaphragmatic hernia
грыжа отверстия межреберного нерва	hernia of intercostal nerve foramen
грыжа отверстия нижней полой вены	hernia of vena cava inferior foramen
грыжа пищеводного отверстия диафрагмы, хиатальная грыжа	**hiatus/hiatal** hernia
грыжа полулунной/спигелиевой линии	hernia of semilunar line, hernia of the line Spigelius
грыжа Рихтера	Richter's hernia
грыжа сухожильных перемычек	hernia of tendinous intersections
грыжа Шморля	Schmorl's hernia, paraduodenal hernia
грыжа щели симпатического ствола	hernia of sympathetic trunk fissure
грыжа Трейца, парадуоденальная грыжа	Treitz's hernia
рецидив грыжи	**relapse/recurrence** of hernia
ущемление грыжи	**strangulation/incarceration** of hernia

C. грыжевая вода	S. hernial water
грыжевые ворота	hernial ring
пластика грыжевых ворот	plastic repair of the hernial ring
грыжевой мешок	hernial sac
грыжевое содержимое	hernial sac contents
грыжесечение, герниотомия	herniotomy
III. вправлять грыжу	III. to reduce a hernia
ущемляться (*о грыже*)	to incarcerate, to strangulate (*of hernia*)

БЕДРЕННАЯ ГРЫЖА

I. гребешковая бедренная грыжа, грыжа Клоке
мышечно-лакунарная бедренная грыжа, грыжа Гессельбаха
сосудисто-лакунарная бедренная грыжа

ВПРАВЛЕНИЕ ГРЫЖИ

I. бескровное вправление грыжи
насильственное вправление грыжи
мнимое/ложное вправление грыжи
постуральное вправление грыжи
самопроизвольное вправление грыжи

ГРЫЖА ЖИВОТА

I. боковая грыжа живота
внутренняя грыжа живота, внутрибрюшная грыжа
наружная грыжа живота

ГРЫЖЕВОЙ МЕШОК

I. двухкамерный грыжевой мешок
многокамерный грыжевой мешок
II. дно грыжевого мешка
рассечение грыжевого мешка
тело грыжевого мешка
устье грыжевого мешка
флегмона грыжевого мешка
шейка грыжевого мешка
III. веделять грыжевой мешок из окружающих тканей
иссекать грыжевой мешок

ДИАФРАГМАЛЬНАЯ ГРЫЖА

I. передняя диафрагмальная грыжа, парастернальная грыжа
II. диафрагмальная грыжа Бохдалека
С. параэзофагеальная грыжа диафрагмы

ПАХОВАЯ ГРЫЖА

I. канальная/неполная паховая грыжа

FEMORAL HERNIA

I. crest femoral hernia, Cloquet's hernia
muscle lacunar femoral hernia, Hesselbach's hernia
vasculolacunar femoral hernia

REDUCTION OF HERNIA

I. bloodless reduction of hernia
forced reduction of hernia
alleged/false reduction of hernia
postural reduction of hernia
spontaneous reduction of hernia

ABDOMINAL HERNIA

I. lateral abdominal hernia
internal/intraperitoneal hernia
abdominal hernia

HERNIAL SAC

I. double chamber hernial sac
polychamber hernial sac
II. hernial sac bottom
hernial sac dissection
hernial sac body
hernial sac opening
hernial sac phlegmon
hernial sac neck
III. to isolate a hernial sac out of surrounding tissue[s]
to excise a hernial sac

DIAPHRAGMAL HERNIA

I. anterior hernia of the diaphragm, parasternal hernia
II. Bohdalek's diaphragmatic hernia
S. para-esophageal hernia of the diaphragm

INGUINAL HERNIA

I. incomplete [inguinal] hernia

канатиковая/полная паховая грыжа	complete [inguinal] hernia
косая паховая грыжа	indirect inguinal hernia
прямая паховая грыжа	direct inguinal hernia
пахово-мошоночная грыжа	inguino-scrotal hernia
промежуточная/межстеночная паховая грыжа	**intermediate/interwalled** inguinal hernia

ПЛАСТИКА ГРЫЖЕВЫХ ВОРОТ, УКРЕПЛЕНИЕ БРЮШНОЙ СТЕНКИ В ОБЛАСТИ ГРЫЖЕВЫХ ВОРОТ

PLASTIC REPAIR OF THE HERNIAL RING, BUILDING UP OF TISSUE ON THE ABDOMINAL WALL IN THE AREA OF THE HERNIAL RING

C. бедренный канал	S. femoral canal
паховая связка	**inguinal/Poupart's** ligament
паховый канал	inguinal canal
пупочное кольцо	umbilical ring

БЕДРЕННЫЙ КАНАЛ

FEMORAL CANAL

II. внутреннее отверстие бедренного канала, бедренное кольцо

  пластика/ушивание внутреннего отверстия бедренного канала по Бассини (Руджи)

II. inner opening of the femoral canal, femoral ring

  plastic repair/suturing of the inner ring of the opening according to Bassini (Rudzhy)

ПАХОВЫЙ КАНАЛ

INGUINAL CANAL

II. глубокое отверстие пахового канала
  пластика пахового канала по Жирару-Спасокукоцкому (Мартынову, Кукуджанову)

  поверхностное отверстие пахового канала

II. **deep/ internal** opening of the inguinal canal
  inguinal canal plastic repair according **to/by** Girard-Spasokukotsky (Martynov, Kukudzhanov)

  superficial/outer opening of the inguinal canal

УЩЕМЛЕНИЕ ГРЫЖИ

STRANGULATION OF HERNIA, INCARCERATION OF HERNIA

I. каловое ущемление грыжи
ложное ущемление грыжи
пристеночное/рихтеровское ущемление грыжи
ретроградное ущемление грыжи
эластическое ущемление грыжи

I. fecal incarceration of hernia
false incarceration of hernia
parietal/Richter's incarceration of hernia
retrograde incarceration of hernia
elastic incarceration of hernia

■ У вас есть грыжа?

У вас давно эта припухлость?

Припухлость увеличивается при кашле (при натуживании, при напряжении, когда вы встаете)?

■ Do you suffer from hernia?

Have you had this swelling for a long time?

Does the swelling increase on coughing (straining, tension, when you stand up)?

Эта опухоль исчезает в положении лежа?	Does the swelling disappear when you lie down?
У вас есть боли в паху?	Do you have groin pains?
Вы испытываете чувство неловкости (неудобства) в паху (области пупка)?	Do you feel discomfort in the groin (near the navel)?
У вас есть одышка после еды (затруднение в прохождении пищи, боли в груди и животе)?	Do you have shortness of breath after eating (difficulty in getting food down, chest and abdominal pains)?
Боли в подложечной области усиливаются после еды (при кашле, при напряжении)?	Do pains in the pit of the stomach increase after meals (on coughing, on tension)?
Вы носите грыжевой бандаж?	Do you wear a truss?
У вас уже было ущемление грыжи?	Have you already had a strangulated hernia?
Сколько времени прошло с момента появления болей?	How long is it since the pains started?
Когда наступило ущемление?	When did strangulation occur?
Вы пытались сами вправить грыжу?	Did you attempt to reduce the hernia [by] yourself?
Раньше вам это удавалось?	Have you managed to do it before?
▲ У больного(ой) ущемленная грыжа	▲ The patient has a strangulated hernia
Вправление грыжи недопустимо	Reduction can't be permitted
Симптом кашлевого толчка положительный (отрицательный)	The cough shock symptom is positive (negative)
Грыжевое выпячивание болезненно (напряженно, невправимо)	The hernial protrusion is painful (tense, irreducible)
У больного(ой) рецидивная пупочная (бедренная, паховая) грыжа	The patient has a recurrent umbilical (femoral, inguinal) hernia
Грыжевой мешок выделен до глубокого отверстия пахового канала (бедренного кольца, пупочного кольца)	The sac has been isolated to the level of the internal ring (femoral ring, umbilical ring)
Грыжевой мешок вскрыт (рассечен, перевязан у шейки, отсечен дистальнее лигатуры)	The sac has been opened (dissected, tied at the neck, divided distal to the ligature)

КОЖНЫЕ И ВЕНЕРИЧЕСКИЕ БОЛЕЗНИ

SKIN AND VENEREAL DISEASES

ДЕРМАТОЛОГИЯ	322	**DERMATOLOGY**	
ОБЩАЯ ЧАСТЬ	322	**GENERAL**	
ВОЛОС(Ы)	322	**HAIR**	
КОЖА	323	**SKIN**	
ЗАБОЛЕВАНИЕ(Я) КОЖИ	324	DERMAL DISORDER(S)	
ШЕЛУШЕНИЕ КОЖИ	324	SCALING OF THE SKIN	
[КОЖНАЯ(ЫЕ)] СЫПЬ(И)	324	[SKIN] RASH(ES)	
МОРФОЛОГИЧЕСКИЕ ЭЛЕМЕНТЫ КОЖНЫХ СЫПЕЙ	324	MORPHOLOGIC[AL] ELEMENTS OF SKIN RASH	
ПАПУЛА	325	PAPULE	
ПИГМЕНТАЦИЯ	325	PIGMENTATION	
ПЯТНО(А)	326	SPOT(S)	
РУБЕЦ(Ы)	326	SCAR(S)	
ЯЗВА	326	ULCER	
НОГОТЬ	327	**NAIL**	
ПОТООТДЕЛЕНИЕ	327	**SWEATING**	
СПЕЦИАЛЬНЫЕ МЕТОДЫ ИССЛЕДОВАНИЯ	327	**SPECIAL METHODS OF INVESTIGATION**	
ДЕРМОГРАФИЗМ	328	DERMOGRAPHISM	
СПЕЦИАЛЬНАЯ ЧАСТЬ	328	**SPECIAL**	
ГНЕЗДНАЯ ПЛЕШИВОСТЬ	328	**ALOPECIA AREATA**	
ДЕРМАТОЗ(Ы)	328	**DERMATOSIS**	
ВИРУСНЫЙ ДЕРМАТОЗ	328	VIRUS DERMATOSIS	
БОРОДАВКА	328	WART	
ОПОЯСЫВАЮЩИЙ ЛИШАЙ	329	GIRDLE	
ПУЗЫРНЫЙ ДЕРМАТОЗ	329	VESICULAR DERMATOSIS	
Дерматит	329	Dermatitis	
ПОТНИЦА	329	HEAT RASH	
ДЕРМАТОЗООНОЗ	329	**DERMATOZOONOSIS**	
ДЕРМАТОМИКОЗ	330	**DERMATOMYCOSIS**	
КАНДИДОЗ	330	CANDIDIASIS	
РУБРОФИТИЯ	330	RUBROPHYTOSIS	

ТРИХОФИТИЯ	330	TRICHOPHYTOSIS
КРАСНАЯ ВОЛЧАНКА	330	LUPUS ERYTHEMATOSUS (LE)
КРАСНЫЙ ПЛОСКИЙ ЛИШАЙ	331	LICHEN PLANUS
ЛЕЙШМАНИОЗ КОЖИ	331	CUTANEOUS LEISHMANIASIS
НЕЙРОДЕРМАТОЗ	331	NEURODERMATOSIS
КРАПИВНИЦА	331	URTICARIA
НЕЙРОДЕРМИТ	332	NEURODERMATITIS
ПОЧЕСУХА	332	PRURIGO
ОПУХОЛЬ КОЖИ	332	DERMAL TUMOUR
ПИОДЕРМИТ	332	PYODERMATITIS
ПСОРИАЗ	333	PSORIASIS
РЕТИКУЛЕЗ КОЖИ	333	SKIN RETICULOSIS
РОЗОВЫЕ УГРИ	333	ACNE ROSACEA
РОЗОВЫЙ ЛИШАЙ ЖИБЕРА	333	ZHIBER'S PINK LICHEN
СЕБОРЕЯ	333	SEBORRHEA
УГОРЬ(И)	334	BLACKHEAD(S)
СКЛЕРОДЕРМИЯ	334	SCLERODERMA
ТУБЕРКУЛЕЗ КОЖИ	334	CUTANEOUS TUBERCULOSIS
ЭКЗЕМА	335	ECZEMA
ЭРИЗИПЕЛОИД	335	ERYSIPELOID
ВЕНЕРОЛОГИЯ	337	**VENEREOLOGY**
ГОНОРЕЯ	337	GONORRH[O]EA
МЯГКИЙ ШАНКР	337	SOFT CHANCRE
СИФИЛИС	337	SYPHILIS
СИФИЛИД	338	SYPHILID

КОЖНЫЕ И ВЕНЕРИЧЕСКИЕ БОЛЕЗНИ

ДЕРМАТОЛОГИЯ

ОБЩАЯ ЧАСТЬ

ВОЛОС(Ы)

I. вросшие волосы
густые волосы
кольчатые волосы
кудрявые волосы

SKIN AND VENEREAL DISEASES

DERMATOLOGY

GENERAL

HAIR

I. ingrown hair
thick hair
circular hair
curled hair

пушковые волосы	lanugo [hair]
перекрученные волосы, трихокинез, трихотортоз	twisted hair
редкие волосы	thin hair
щетинистые волосы	bristly hair
II. блеск волос	II. hair luster
выпадение волос	falling out of hair, loss of hair
корень волоса, волосяной корень	root of a hair
ломкость волос	**fragility/brittleness of hair**
луковица волоса, волосяная луковица	hair bulb
рост волос	growth of hair
стержень волоса, волосяной стержень	hair shaft
цвет волос	colour of the hair
C. оволосение	S. pilosis
плешивость, облысение, атрихоз, пелада, алопеция	baldness, atrichosis, alopecia
поседение	getting gray
III. седеть	III. to be getting gray
стать лысым, облысеть	to **get/become/grow** bald

КОЖА

SKIN, CUTIS

I. атрофическая кожа	I. atrophic skin
бледная кожа	pale skin
влажная кожа	**moist/wet** skin
воспаленная кожа	inflamed skin
вялая кожа, холазодермия	flabby skin
гиперэластическая кожа	hyperelastic skin, cutis hyperelastica
«гусиная кожа»	gooseflesh
дряблая кожа	**loose/flaccid** skin, cutis laxa
жирная кожа	**oily/greasy** skin
леопардовая кожа	leopard skin
лоснящаяся кожа	**glossy/shiny/glistening** skin
морщинистая кожа	wrinkled skin
мраморная кожа	marble skin, cutis marmorata
обветренная кожа	weather skin
пергаментная кожа	parchment-like skin
сухая кожа	dry skin
темная кожа	dark skin
эластичная кожа	elastic skin
элефантоидная кожа	elephantoid skin
II. блеск кожи	II. skin glow
влажность кожи	skin moistness
заболевание кожи, дерматоз	skin disease, dermatosis
зуд кожи, кожный зуд	**itch/pruritus** of the skin
мокнутие кожи	skin weeping
окраска/цвет кожи	skin colour
желтушная окраска кожи	icteric discolouration of the skin, bile-tinged skin

синюшная окраска кожи	cyanotic discolouration of the skin, cyanotic skin
отек кожи	skin edema, edematous skin
повреждение кожи	skin **lesion/injury**
покраснение кожи, гиперемия кожи	reddened skin, redness of the skin, hyperemia
раздражение кожи	skin irritation
строение кожи	skin **texture/structure**
сухость кожи	dryness of the skin
патологическая сухость кожи	pathologic[al] dryness of the skin, xerosis
тургор кожи	turgor of the skin, skin turgor
уплотнение кожи	consolidation of the skin
чувство стягивания кожи	feeling of a tightly drawn skin, feeling of a tense skin
шелушение кожи	**scaling/peeling** of the skin
C. кожные покровы	S. **skin/dermal/cutaneous** integument
эпидермис	epidermis
III. расчесывать кожу	III. to scratch the skin
чесаться (*о коже*)	to be itchy (*of the skin*)
шелушиться (*о коже*)	to scale off, to peel, to desquamate (*of the skin*)

ЗАБОЛЕВАНИЕ(Я) КОЖИ
DERMAL DISORDER(S), CUTANEOUS DISORDER(S)

I. воспалительное заболевание кожи, дерматит
гнойничковые заболевания кожи, пиодермит, пиодермия, пиоз
грибковые заболевания кожи, дерматомикоз, дерматофитии
паразитарные заболевания кожи, дерматозооноз

I. inflammatory skin disease, dermatitis
pustular/impetiginous skin diseases, pyodermitis, pyosis
fungous skin diseases, dermatomycosis, dermatophytiae
parasitogenic skin diseases, dermatozoonosis

ШЕЛУШЕНИЕ КОЖИ
SCALING OF THE SKIN, PEELING OF THE SKIN

I. крупночешуйчатое/пластинчатое шелушение
мелкоотрубевидное/мелкочешуйчатое шелушение

I. macroscaling, laminar scaling
fine branlike desquamation, microscaling

[КОЖНАЯ(ЫЕ)] СЫПЬ(И). [КОЖНОЕ] ВЫСЫПАНИЕ
[SKIN] RASH(ES), [SKIN] ERUPTION(S). [SKIN] ERUPTION, [SKIN] BREAKING OUT

I. мономорфная сыпь
полиморфная сыпь
C. морфологические элементы кожных сыпей

I. monomorphous eruption
polymorphous eruption
S. morphologic[al] elements of skin rash

МОРФОЛОГИЧЕСКИЕ ЭЛЕМЕНТЫ КОЖНЫХ СЫПЕЙ
MORPHOLOGIC[AL] ELEMENTS OF SKIN RASH

C. бляшка

S. patch, plaque

бугорок	tubercle
вегетации	vegetations
волдырь	blister, bleb
гнойничок, пустула	pustule
корка	crust
лихенизация, лихенификация	lichenification
петехии	petechiae
пигментация	pigmentation
пузырек, везикула	vesicle
пузырь, булла	blister, bleb
пурпура	purpura
пятно, макула	spot, macule
родинка	brith mark, mole
розеола	roseola
рубец	scar, cicatrix
ссадина, экскориация	abrasion, excoriation
телеангиэктазия(ии)	teleangiectasis (teleangiectases)
трещина	fissure
глубокая трещина	**deep/internal/hollow** fissure
поверхностная трещина	**superficial/external/shallow** fissure
узел	node
узелок, папула	papule, nodule
фликтена	phlyctena
чешуйка	scale
эритема	erythema
эрозия	erosion
язва	ulcer
II. слияние пузырьков (узелков, пятен)	II. fusion of vesicles (nodes, spots)
III. распространяться по всему кожному покрову (*о сыпи*)	III. to spread over the body (*of rash*)

ПАПУЛА

PAPULE

I. воспалительная папула	I. inflammatory papule
гипертрофическая папула	hyperthrophic papule
дермальная папула	dermal papule
крупная папула	**big/large** papule
лентикулярная папула	lenticular papule
ложносифилитическая папула	pseudosyphilitic papule
милиарная папула	miliary papule
мягкая папула	soft papule
невоспалительная папула	non-inflammatory papule
нуммулярная папула	nummular papule
плоская папула	flat papule, papula planus
плотная папула	**solid/hard papule**
полигональная папула	polygonal papule
сибиреязвенная папула	anthracic papule
эпидермальная папула	epidermal papule

ПИГМЕНТАЦИЯ

PIGMENTATION

II. ослабление пигментации, гипопигментация	II. decreased pigmentation, hypopigmentation
отсутствие пигментации, депигментация	depigmentation

усиление пигментации, гиперпигментация	excessive pigmentation, hyperpigmentation
С. альбинизм	S. albinism
витилиго	vitiligo
веснушка(и)	freckle(s)
лейкодерма	leukoderma
лентиго	lentigo
псевдолейкодерма	pseudoleukoderma
старческие пигментные пятна	senile pigmentary **spots/macules**
хлоазма	chloasma

ПЯТНО(А)	SPOT(S), MACULE(S)
I. белые/сизые пятна, пятна Воячека	I. **white/blue-grey** spots, Voyatchek's spots
геморрагическое пятно	hemorrhagic spot
голубые пятна	blue spots
искусственное/артифициальное пятно	artificial **macule/spot**
пигментное пятно	pigmented spot
сосудистое пятно	vascular spot

РУБЕЦ(Ы)	SCAR(S), CICATRIX (CICATRICES)
I. атрофический рубец	I. atrophic **scar/cicatrix/cicatrice**
гипертрофический/келлоидный рубец	**hypertrophic/keloid** cicatrix
гладкий рубец	smooth scar
глиозный рубец	glial cicatrix
глиомезенхимальный рубец	gliomesenchymal cicatrix
мозаический рубец	mosaic scar
обезображивающий рубец	disfiguring scar
окрепший рубец	**old/mature** scar
послеоспенный рубец	**postvariolar/postvariolic/ postvariolous** cicatrix
свежий рубец	**new/fresh** scar
штампованные рубцы	stamped **scars/cicatrices**
С. рубцовая атрофия	S. **scar[ry]/cicatricial** atrophy

ЯЗВА	ULCER
I. быстро распадающаяся язва	I. canker
глубокая язва	**hollow/internal** ulcer
заживающая язва	healing ulcer
быстро (медленно) заживающая язва	rapidly healing ulcer (atonic ulcer)
круглая язва	round ulcer
омозолелая язва	callous ulcer
поверхностная язва	**shallow/external** ulcer
ползучая/серпингирующая язва	creeping ulcer
простая язва	**simple/plain** ulcer
разъедающая язва	perambulating ulcer
трофическая язва	trophic ulcer
хроническая язва	chronic ulcer

II. дно язвы

    край язвы
        поднятый и вывернутый край язвы
        подрытый край язвы
    отделяемое язвы
        зловонное отделяемое язвы

НОГОТЬ

I. вросший ноготь, инкарнация ногтя
    башенный ноготь
    блестящий/полированный ноготь
    гипертрофированный ноготь, склеронихия
    ложкообразный/блюдцеобразный/вогнутый ноготь, койлонихия
    наперстковый ноготь, точечная онихия
II. корень ногтя
    ломкость ногтя

    ноготь Гиппократа, часовые стеклышки
    расслоение ногтя
    утолщение ногтя
C. ногтевая луночка
    ногтевая пластинка
    ногтевое ложе
    ногтевой валик
    ногтевой синус

ПОТООТДЕЛЕНИЕ

I. повышенное потоотделение
C. пот
    потливость
    потовая железа
III. потеть

СПЕЦИАЛЬНЫЕ МЕТОДЫ ИССЛЕДОВАНИЯ

C. биопсия
    дермоскопия, дерматоскопия
    дермографизм
    витропрессия, диаскопия
    капилляроскопия
    определение изоморфной реакции
    определение мышечно-волоскового рефлекса

II. base of the ulcer, ulcer base, fundus of the ulcer
    ulcer edge
        raised and everted edge of the ulcer
        undermined ulcer edge
    ulcer discharge
        ichor

NAIL

I. ingrown nail, incarnation of the nail
    tower nail
    shining/polished nail

    hyperthrophied nail, scleronychia
    spoon-like/saucer-like/concave nail

    thimble nail, punctate onychia
II. root of the nail
    fragility/brittleness of a nail
    Hippocrate's nail

    stratification of a nail
    thickening of a nail
S. lunula of the nail
    nail plate, body of the nail
    nail bed
    wall of the nail, nail wall
    sinus of the nail

SWEATING, PERSPIRATION, HIDROPOIESIS

I. **increased**/**excessive** sweating
S. sweat
    hidrosis, sweating
    sweating gland
III. to sweat, to perspire

SPECIAL METHODS OF INVESTIGATION

S. biopsy
    dermoscopy
    dermographism
    diascopy
    capillaroscopy
    determination of isomorphous reaction
    determination of musculo-hair reflex

поскабливание высыпаний
проба на «воспламенение»
термография
термометрия

scraping of eruptions
test for "inflaming"
thermography
thermometry

ДЕРМОГРАФИЗМ

I. белый дермографизм
возвышенный дермографизм
красный дермографизм
местный дермографизм
разлитой дермографизм
рефлекторный дермографизм
уртикарный/эксфолиативный дермографизм

DERMOGRAPHISM

I. white dermographism
elevated dermographism
red dermographism
local dermographism
diffuse dermographism
reflex dermographism
urticarial/urticarious dermographism, exfoliative dermographism

СПЕЦИАЛЬНАЯ ЧАСТЬ

SPECIAL

ГНЕЗДНАЯ ПЛЕШИВОСТЬ, ГНЕЗДНАЯ/ОЧАГОВАЯ/КРУГОВАЯ АЛОПЕЦИЯ

ALOPECIA AREATA, FOCAL ALOPECIA

ДЕРМАТОЗ(Ы), КОЖНЫЕ БОЛЕЗНИ

I. аллергический дерматоз
вирусный дерматоз
геморрагически-пигментный дерматоз, гемосидероз кожи

зудящий дерматоз
истерический дерматоз
пигментный дерматоз

профессиональный дерматоз
пузырный/пузырчатый дерматоз

DERMATOSIS, SKIN DISEASES, DERMAL DISEASES

I. allergic dermatosis
virus dermatosis
pigmento-hemorrhagic dermatosis, dermal hemosiderosis, hemosiderosis of the skin
itching dermatosis
hysterical dermatosis
pigmental/pigmentary dermatosis
occupational dermatosis
vesicular dermatosis

ВИРУСНЫЙ ДЕРМАТОЗ

С. бородавка
вакцинная экзема
контагиозный моллюск
остроконечные кондиломы
опоясывающий лишай

простой пузырьковый лишай

VIRUS DERMATOSIS

S. wart
eczema vaccinatum
molluscum contagiosum
[pointed] warts
girdle, lichen, herpes, zoster, shingles
simple/plain vesicular lichen

БОРОДАВКА

I. остроконечная бородавка, остроконечная кондилома
плоская/юношеская бородавка
подошвенная/роговая бородавка
простая/обыкновенная бородавка

WART

I. pointed wart

flat/juvenile wart
plantar/horny wart

simple/plain wart

ОПОЯСЫВАЮЩИЙ ЛИШАЙ/ ГЕРПЕС

I. геморрагический опоясывающий лишай
генерализованный/диссеминированный/опоясывающий лишай

ПУЗЫРНЫЙ/ПУЗЫРЧАТЫЙ ДЕРМАТОЗ

C. вегетирующая пузырчатка
вульгарная пузырчатка
дерматоз Дюринга
истинная пузырчатка
листовидная/эксфолиативная пузырчатка
себорейная пузырчатка

ДЕРМАТИТ, КОНТАКТНЫЙ ДЕРМАТИТ

I. аллергический дерматит
искусственный дерматит
контактный дерматит, дерматит
лучевой/актинический дерматит
медикаментозный дерматит
простой дерматит
профессиональный дерматит
солнечный дерматит
токсико-аллергический дерматит, токсикодермия
травматический/механический дерматит
фитодерматит
C. ознобление
омозолелость
опрелость
потертость
потница

ПОТНИЦА

I. белая/глубокая потница
красная/тропическая потница
кристаллическая потница

ДЕРМАТОЗООНОЗ(Ы)

C. вшивость, педикулез

вошь
чесотка
чесоточный клещ
чесоточный ход

GIRDLE, LICHEN, HERPES, ZOSTER, SHINGLES

I. hemorrhagic zoster

generalized/disseminated zoster

VESICULAR DERMATOSIS

S. pemphigus vegetans
pemphigus vulgaris
Düring's dermatosis
true pemphigus
pemphigus foliaceus

seborrheal pemphigus

DERMATITIS, CONTACT DERMATITIS

I. allergic dermatitis
artificial dermatitis
contact dermatitis, dermatitis
radiation/actinic dermatitis
medicamentous dermatitis
plain/simple dermatitis
occupational dermatitis
solar dermatitis
toxico-allergic dermatitis, toxicodermia, toxiderma
traumatic/mechanical dermatitis
phytodermatitis
S. chilblain, pernio, frostbite
callosity
intertrigo
abrasion
heat rash, miliaria

HEAT RASH

I. **white/deep** heat rash
red/tropical heat rash

crystalline heat rash

DERMATOZOONOSIS (DERMATOZOONOSES)

S. infestation with lice, pediculosis
louse
scabies, itch
scabies **mite/acarus**
[scabies] burrow

ДЕРМАТОМИКОЗ(Ы)

С. актиномикоз
кандидоз
микроспории
отрубевидный/разноцветный лишай, хроматофитоз
руброфития
трихофития
фавус, парша

КАНДИДОЗ, КАНДИДАМИКОЗ, ДРОЖЖЕВОЙ МИКОЗ

I. интертригинозный кандидоз, кандидоз складок кожи

II. кандидоз кожи
кандидоз слизистых оболочек
кандидоз слизистых оболочек полости рта, молочница
кандидоз углов рта, микотическая заеда

РУБРОФИТИЯ, РУБРОМИКОЗ

I. генерализованный рубромикоз
II. руброфития кистей
руброфития ногтевых пластинок
руброфития стоп

ТРИХОФИТИЯ, СТРИГУЩИЙ ЛИШАЙ, ТРИХОФИТОЗ

I. инфильтративно-нагноительная трихофития
поверхностная трихофития
хроническая трихофития
хроническая трихофития волосистой части головы
II. трихофития ногтей

КРАСНАЯ ВОЛЧАНКА

I. дискоидная красная волчанка, эритематоз
острая красная волчанка, острый эритематоз
диссеминированная красная волчанка
подострая красная волчанка, подострый эритематоз
хроническая красная волчанка, хронический рубцующийся эритематоз

DERMATOMYCOSIS (DERMATOMYCOSES)

S. actinomycosis
candidiasis
microsporias
pityriasis versicolor, chromatophytosis
rubrophytosis, rubrophitia
trichophytosis, trichophitia
favus

CANDIDIASIS, YEAST MYCOSIS

I. intertrigenous candidiasis, candidiasis of dermal folds

II. candidiasis of the skin
mycosal candidiasis
mycotic stomatitis, white mouth
mycotic perlèche

RUBROPHYTOSIS, RUBROMYCOSIS

I. generalized rubromycosis
II. rubromycosis of wrists
rubromycosis of nail plates

rubromycosis of the feet

TRICHOPHYTOSIS, TRICHOPHITIA

I. infiltrative-purulent trichophytosis
ringworm of the body
chronic trichophytosis
chronic trichophytosis of the scalp
II. ringworm of the nails

LUPUS ERYTHEMATOSUS (LE)

I. discoid Lupus erythematosus (LE)
acute Lupus erythematosus (LE)
disseminated Lupus erythematosus (LE)
subacute Lupus erythematosus (LE)
chronic Lupus erythematosus (LE)

C. высыпание в виде бабочки на лице	S. butterfly rash on the face
симптом дамского каблука	dame's heel **sign/symptom**

КРАСНЫЙ ПЛОСКИЙ ЛИШАЙ, ЛИШАЙ ВИЛЬСОНА

LICHEN PLANUS, WILSON'S LICHEN

I. атрофический красный плоский лишай, вторичный склерозирующий лихен	I. lichen planus atrophicus, secondary sclerosing lichen
бородавчатый/гипертрофический красный плоский лишай	lichen planus **hypertrophicus/verrucosus**
кольцевидный красный плоский лишай	lichen planus annularis
линейный/зониформный красный плоский лишай	**linear/zoniform** red plane lichen
монилиформный красный плоский лишай	lichen ruber moniliformis
остроконечный красный плоский лишай	lichen ruber acuminatus
пигментный красный плоский лишай	**pigmental/pigmentary** red plane lichen
приплюснутый/притупленный красный плоский лишай	flat[tened] red plane lichen
пузырчатый красный плоский лишай	lichen ruber planus pemphigoides
роговой/гиперкератотический красный плоский лишай	**horny/hyperkeratotic** red plane lichen
серпигинозный красный плоский лишай	serpiginous red plane lichen, lichen ruber planus serpiginosus
эритематозный красный плоский лишай	erythematous red plane lichen, lichen ruber planus erythematosus
C. очаговое помутнение ногтевых пластинок	S. focal **clouding/opacity** of nail plates
продольная исчерченность ногтевых пластинок	longitudinal striation of nail plates
симптом Уикхема	Wickham's **sign/symptom**
феномен Кебнера	Köbner's phenomenon

ЛЕЙШМАНИОЗ КОЖИ

CUTANEOUS LEISHMANIASIS

НЕЙРОДЕРМАТОЗ

NEURODERMATOSIS

C. кожный зуд	S. skin **itch/pruritus**
локализованный кожный зуд	localized itch
универсальный кожный зуд	universal itch
крапивница	urticaria, hives, nettle rash
нейродермит	neurodermatitis
почесуха	prurigo

КРАПИВНИЦА

URTICARIA, HIVES, NETTLE RASH

I. острая крапивница	I. acute urticaria

папулезная крапивница	**papulose/papular/papulous** urticaria
солнечная крапивница	solar urticaria
стойкая крапивница	**stubborn/persistent** urticaria
холинергическая крапивница	cholinergic **hives/urticaria**
холодовая крапивница	cold **hives/urticaria**
хроническая крапивница	chronic recurrent urticaria
C. острый ограниченный отек Квинке	S. acute localized Quincke's edema, Quincke's edema

НЕЙРОДЕРМИТ, НЕЙРОДЕРМАТИТ / NEURODERMITIS, NEURODERMATITIS

I. белый/депигментированный нейродермит, нейродермит Крейбиха
   гипертрофический нейродермит

   диффузный/разлитой/рассеянный нейродермит
   линейный нейродермит
   ограниченный нейродермит

I. **white/pigment-free** neurodermitis, Kreibich's neurodermitis
   hypertrophic neurodermatitis

   diffuse neurodermatitis

   linear neurodermitis
   limited neurodermatitis

ПОЧЕСУХА / PRURIGO

I. детская почесуха
   диатезная почесуха
   зимняя почесуха
   солнечная/весенняя/летняя почесуха
   узловатая почесуха
II. почесуха взрослых

I. infantile prurigo
   diathesis prurigo
   winter prurigo
   sun/spring/summer prurigo

   nodular/nodal/nodose prurigo
II. adult prurigo

ОПУХОЛЬ КОЖИ / DERMAL TUMOUR

ПИОДЕРМИТ, ПИОДЕРМИЯ, ПИОЗ / PYODERMATITIS, PYODERMA, PYODERMIA, PYOSIS

I. гангренозная пиодермия

   глубокая пиодермия
   поверхностная пиодермия

   смешанная пиодермия
   стафилококковая пиодермия
   стрептококковая пиодермия
   шанкриформная пиодермия
   хроническая язвенная пиодермия

C. везикулопустулез
   вульгарная эктима
   гидраденит
   глубокий фолликулит

   импетиго ногтевых валиков, турниоль
   карбункул

I. gangrenous **pyodermia/pyoderma**
   deep **pyodermia/pyoderma**
   shallow/superficial pyodermia
   mixed pyoderma
   staphylococcal pyoderma
   streptococcal pyoderma
   chancriform pyoderma
   chronic ulcerative pyoderma

S. vesiculopustulosis
   ecthyma vulgaris
   hidradenitis
   deep folliculitis, folliculitis profunda
   impetigo of nail walls

   carbuncle

остиофолликулит
простой лишай
псевдофурункулез Фингера
сверлящая эктима
сикоз
стрептококковая опрелость
фурункул
   стержень фурункула
фурункулез
эпидемическая пузырчатка новорожденных

osteal folliculitis
plain/simple lichen
Finger's pseudofurunculosis
penetrating ecthyma
sycosis
streptococcal intertrigo
furuncle
   furuncle core
furunculosis
epidemic impetigo of the newborn, impetigo neonatorum

ПСОРИАЗ, ЧЕШУЙЧАТЫЙ ЛИШАЙ

PSORIASIS, PSORA

I. атропатический псориаз
бородавчатый/гиперкератозный/папилломатозный псориаз
интертригинозный псориаз
каплевидный псориаз
кольцевидный псориаз
монетовидный/дисковидный псориаз
пустулезный псориаз
рупиоидный псориаз
универсальный псориаз, псориатическая эритродермия

фолликулярный псориаз
экссудативный псориаз
точечный псориаз
II. псориаз ногтей
псориаз складок
С. феномен Кебнера
феномен кровяной росы, точечного кровотечения
феномен стеаринового пятна
феномен терминальной/псориатической пленки

I. atropathic psoriasis
verrucous/hyperkeratose/papillomatous psoriasis
intertrigenous psoriasis
guttate psoriasis
annular psoriasis
nummular/diskform/discoid psoriasis
pustular psoriasis
rupioid psoriasis
universal psoriasis, psoriatic **erythrodermia/erythroderma/erythrodermatitis**
follicular psoriasis
exudative psoriasis
punctate psoriasis
II. psoriasis of nails
psoriasis of folds
S. Köbner's phenomenon
phenomenon of punctate hemorrhage
phenomenon of stearic spot
phenomenon of **terminal/psoriatic** film

РЕТИКУЛЕЗ КОЖИ

SKIN RETICULOSIS, DERMAL RETICULOSIS, CUTANEOUS RETICULOSIS

РОЗОВЫЕ УГРИ, РОЗАЦЕА
РОЗОВЫЙ ЛИШАЙ ЖИБЕРА
СЕБОРЕЯ

ACNE ROZACEA
ZHIBER'S PINK LICHEN
SEBORRHEA

I. густая себорея
жидкая себорея
жирная себорея
смешанная себорея
сухая/чешуйчатая себорея

C. саловыделение
   повышенное саловыделение

I. concrete seborrhea
seborrhea **adiposa/oleosa**
seborrhea adiposa
mixed seborrhea
seborrhea **sicca/scaly, scale-like/squamous** seborrhea, seborrheic dandruff
S. secretion of sebum
   increased secretion of sebum

сальные железы
себорейная плешивость

угорь(и), акне

УГОРЬ(И), АКНЕ

I. обыкновенные/юношеские угри
сливные угри
черный угорь, комедон
шаровидные угри
S. угревая сыпь
II. удаление угрей

S. чистка кожи лица

СКЛЕРОДЕРМИЯ

I. диффузная/системная/прогрессивная/генерализованная/универсальная склеродермия
каплевидная склеродермия, болезнь белых пятен
ограниченная/бляшечная склеродермия
ограниченная/очаговая склеродермия
поверхностная склеродермия
полосовидная/линейная/лентовидная склеродермия

II. склеродермия взрослых, отечная склеродермия
S. венчик периферического роста
пергаментная кожа

ТУБЕРКУЛЕЗ КОЖИ

I. бородавчатый туберкулез кожи
индуративный туберкулез кожи, болезнь Базена
колликвативный туберкулез кожи, скрофулодерма
лихеноидный туберкулез кожи, лишай золотушных
люпозный туберкулез кожи, туберкулезная/обыкновенная волчанка
папулонекротический туберкулез кожи
язвенный туберкулез кожи

люпома

sebaceous glands
seborrheic baldness, alopecia seborrheica
blackhead(s), comedone(s), acne

BLACKHEAD(S), COMEDONE(S), ACNE

I. **simple/vulgar/juvenile** acne

confluent comedones
blackhead, comedone
spherical comedones
S. acne agminata
II. removal of **blackheads/comedones/acne**
S. **cleaning/cleansing** the skin of the face

SCLERODERMA

I. **diffuse/systemic/progressive/generalized/universal** scleroderma

scleroderma guttata, white spot disease
limited/patch scleroderma
circumscribed/focal scleroderma
superficial sclerodermia
scleroderma striata

II. sclerodermia of grown-ups, edematous scleroderma
S. **crown/corona** of peripheral growth
parchment skin

CUTANEOUS TUBERCULOSIS

I. verrucous teburculosis of the skin
indurative dermal tuberculosis, Bazin's disease
tuberculosis cutis colliquativa, scrofuloderma
papular tuberculid

lupus vulgaris

tuberculosis papulonecrotica
ulcerative tuberculosis of the skin
lupoma

феномен «яблочного желе»
фолликулит

"apple jelly" phenomenon
folliculitis

ЭКЗЕМА

I. варикозная экзема
гиперкератотическая/роговая/ладонно-подошвенная экзема
детская экзема
дисгидротическая экзема
идиопатическая/истинная экзема
импетигинозная экзема
интертригинозная экзема
контактная экзема
менструальная экзема
микробная экзема
мокнущая экзема
нуммулярная экзема
острая экзема
профессиональная экзема

пруригинозная экзема
себорейная/сухая экзема
сикозиформная экзема
солнечная экзема
хроническая экзема
II. герпетиформная экзема Капоши

ECZEMA

I. varicose eczema
hyperkeratotic/horny/palmar-pelmatic eczema
infantile eczema
dyshidrotic eczema
idiopathic/atopic/true eczema
impetiginous eczema
intertriginous eczema
contact eczema
menstrual eczema
microbial eczema
weeping eczema
nummular eczema
acute eczema
occupational/professional eczema
pruriginous eczema
seborrheic/dry eczema
sycosiform eczema
solar eczema
chronic eczema
II. eczema herpeticum, Kaposi's varicelliform eruption

ЭРИЗИПЕЛОИД, СВИНАЯ РОЖА, ПОЛЗУЧАЯ ЭРИТЕМА

ERYSIPELOID, SERPIGINOUS ERYTHEMA

■ У вас кожа сухая (жирная, чувствительная, грубая, нежная)?

■ Is your skin dry (oily, sensitive, rough, delicate)?

У вас есть чувство (ощущение) зуда (жжения, напряжения, болезненности) кожи?

Do you have a feeling (sensation) of itching (burning, tension, tenderness) of the skin?

У вас есть высыпания на коже? Где?

Do you have eruptions on the skin? Where?

Когда появилась(лись) эта(и) сыпь(и) (пузырьки, пятна)?

When did this (these) rash (blisters, spots) appear?

С чем вы связываете появление этих высыпаний?

To what do you attribute the appearance of these eruptions?

Сыпь появилась после приема лекарства (определенной пищи, применения косметики, бытовых (моющих) средств)?

Did the rash come out after taking drugs (particular kinds of food, use of cosmetics, detergents)?

Что появилось вначале — зуд (краснота, пятна, пузырьки)?

What was first to appear — itching (redness, spots, blisters)?

У вас были уже подобные высыпания на коже? Сколько раз?	Have you had similar eruptions on the skin before? How many times?
Эти высыпания связаны с временами года (зимой, летом, осенью, весной)?	Do these eruptions depend on the season of the year (winter, summer, autumn, spring)?
Сыпь исчезала сама или в результате лечения?	Did the rash disappear by itself or as a result of treatment?
Зуд обычно усиливается (возникает) в ночное время?	Does the itching usually increase (occur) during the night?
Беспокоят ли вас эти высыпания?	Do these eruptions trouble you?
Где первоначально появилась сыпь?	Where did the rash appear first?
Сыпь сопровождается зудом?	Does itching accompany the appearance of the rash?

▲
Кожа гладкая (блестящая, напряженная, тестоватой консистенции, ярко-красного цвета, с синюшным оттенком)	The skin is smooth (shiny, tense, of pasty consistency, of bright-red colour, cyanotic)
Кожа плотная (холодная на ощупь, истончена, утолщена)	The skin is solid (cold to touch, extremely thin, thickened)
Кожные покровы и видимые слизистые [оболочки] чистые	Skin integument and visible mucosa are clear
Окраска кожи нормальная	Skin colour is normal
Кожа легко (с трудом) собирается в складку	The skin gets into folds easily (with difficulty)
Отмечается гиперемия (мокнутие кожи, мацерация эпидермиса)	There is hyperemia (weeping of the skin, maceration of epidermis)
Отмечается отек (уплотнение, атрофия) кожи	There is edema (consolidation, atrophy) of the skin
На коже лица (конечностей, волосистой части головы) отмечается ограниченная отечность с гиперемией и шелушением (эритематозно-папулезные высыпания, ограниченные эритематозные бляшки)	On the skin of the face (extremities, scalp) there is (are) limited edema with hyperemia and scaling (erythemato-papular eruptions, limited erythematous patches)
Вегетации мягкие (сочные)	Vegetations are soft (succulent)
Папулы плоские (конусовидные, полушаровидные)	Papules are flat (cone-shaped, semi-spherical)

Узел плотно-эластический (мягкий, деревянисто-плотный)	The node is solidly-elastic (soft, ligneous-solid)
Потоотделение нормальное (повышено)	Sweating is normal (increased)
Ладони холодные (влажные)	The palms are cold (wet)
Дермографизм нестойкий (не вызывается, красный, разлитой)	Dermographism is unsteady (not induced, red, diffuse)

ВЕНЕРОЛОГИЯ

ГОНОРЕЯ, ТРИППЕР

VENEREOLOGY

GONORRH[O]EA

I. восходящая гонорея
   диссеминированная/метастатическая гонорея
   осложненная гонорея
   острая гонорея
   ректальная гонорея
   свежая гонорея
   семейная гонорея
   скрытая/латентная/асимптомная гонорея, гонококконосительство
   торпидная гонорея
   экстрагенитальная гонорея
   хроническая гонорея
II. гонорея беременных
    гонорея девочек
    гонорея мочевого пузыря
    гонорея семенных пузырьков
    гонорея шейки матки
C. гонорейный артрит
   гонорейный бартолинит
   гонорейный бурсит
   гонорейный вульвовагинит
   гонорейный иридоциклит
   гонорейный конъюнктивит
   гонорейный менингит
   гонорейный орхит
   гонорейный перитонит
   гонорейный сальпингит
   гонорейный эндокардит

I. ascending gonorrhea
   disseminated/metastatic gonorrhea
   complicated gonorrhea
   acute gonorrhea
   rectal gonorrhea
   recent gonorrhea
   family gonorrhea
   latent/asymptomatic gonorrhea

   torpid gonorrhea
   extragenital gonorrhea
   chronic gonorrhea
II. gonorrhea of the pregnant
    gonorrhea of girls
    gonorrhea of urinary bladder
    gonorrhea of seminal vesicles
    gonorrhea of neck of the uterus
S. gonococcal arthritis
   gonococcal bartholinitis
   gonococcal bursitis
   gonococcal vulvovaginitis
   gonococcal iridocyclitis
   gonococcal conjunctivitis
   gonococcal meningitis
   gonococcal orchitis
   gonococcal peritonitis
   gonococcal salpingitis
   gonococcal endocarditis

МЯГКИЙ ШАНКР

SOFT CHANCRE, SIMPLE CHANCRE, NONINFECTIVE CHANCRE

C. мягкошанкерный бубон
   смешанный шанкр

S. soft chancrous bubo
   mixed chancre

СИФИЛИС

SYPHILIS, LUES

I. бытовой сифилис
   висцеральный сифилис

I. syphilis economica
   visceral syphilis

врожденный сифилис	**congenital/hereditary** syphilis
вторичный сифилис	secondary syphilis
злокачественный сифилис	malignant syphilis
нейросифилис	neurosyphilis
обезглавленный сифилис	**beheaded/decapitated** syphilis
первичный сифилис	primary syphilis
ранний (поздний) сифилис	early (late) syphilis
рецидивный вторичный сифилис	**relapse/recurrent** syphilis
свежий сифилис	**fresh/recent** syphilis
свежий вторичный сифилис	fresh secondary syphilis
серонегативный первичный сифилис	sulfurnegative syphilis
серопозитивный первичный сифилис	sulfurpositive syphilis
серорезистентный сифилис	sulfurresistant syphilis
скрытый/латентный сифилис	latent syphilis
трансфузионный сифилис	transfusion syphilis
третичный/гуммозный сифилис	**tertiary/gummy/gummatous** syphilis

C. гуммозная язва	S. gummatous ulcer
зубы Гетчинсона	Hutchinson's teeth, syphilitic teeth
осадочная реакция Кана	Kahn's precipitation reaction
паренхиматозный кератит	parenchymatous keratitis
прогрессивный паралич	progressive paralysis
реакция Вассермана	Wassermann's reaction
саблевидная голень	saber **shin/shank**
сифилитический седловидный нос	syphilitic saddle nose
сифилид	syphilid
сифилитическая гумма	syphilitic gumma
сифилитическая плешивость/ алопеция	syphilitic alopecia
сифилитическая пузырчатка	syphilitic pemphigus
сифилитическая эктима	syphilitic ecthyma
сифилитический аортит	syphilitic aortitis
сифилитический периостит	syphilitic periostitis
сифилитический перитонит	syphilitic peritonitis
сифилитический энцефалит	syphilitic encephalitis
спинная сухотка	tabes dorsalis
суставная болезнь Шарко	Charcot's joint disease
твердый шанкр	hard chancre
табопаралич	taboparesis
широкие кондиломы	condiloma latum

СИФИЛИД

SYPHILID

I. бугорковый сифилид	I. **nodular/tubercular** syphilid
везикулезный сифилид	vesicular syphilid
гуммозный сифилид, сифилитическая гумма	gummatous syphilid, syphilitic gumma
лихеноидный/милиарный папулезный сифилид	**lichen/miliary** papular syphilid
папулезный сифилид	papular syphilid

пигментный сифилид, сифи- | pigmentary syphilid,
литическая лейкодерма | syphilitic leukoderma
пустулезный сифилид | pustular syphilid
пятнистый сифилид, сифили- | **spotted/macular** syphilid,
тическая розеола | syphilitic roseola
серпигинозный сифилид | serpiginous syphilid
угревидный сифилид | acneiform syphilid

■ Вы болели гонореей (сифилисом)?

Have you had gonorrhea (syphilis)?

У вас есть выделения из мочеиспускательного канала (бели, выделение нескольких капель гноя по утрам из полового члена)?

Do you have a urethral discharge (the whites, discharge of a few drops of pus from the penis in the morning)?

Когда у вас было последнее половое сношение?

When did you last have sexual intercourse?

С кем было половое сношение?

With whom did you have sexual intercourse?

Вы имели случайное половое сношение?

Did you have sexual intercourse with a stranger?

У вас были половые сношения после этого с вашей женой (вашим мужем)?

Have you had sexual intercourse with your wife (your husband) since then?

У вас есть гнойные выделения из мочеиспускательного канала (из влагалища)?

Do you have discharge of pus from the urethra (from the vagina)?

Вы лечились когда-нибудь по поводу гонореи, сифилиса?

Have you ever been treated for gonorrhea, syphilis?

Вам делали анализ на гонококки (на спирохету) (анализ крови на реакцию Фрея)?

Have you had analysis for gonococci (spirochetes) (blood analysis for Frei reaction) done?

Сколько дней спустя после полового сношения появилась(ись) язва на половом члене (гнойные выделения из мочеиспускательного канала, бели)?

How many days after sexual intercourse did the ulcer on the penis (discharge of pus from the urethra, the whites) appear?

Язва болезненная (безболезненная)?

Is the ulcer painful (not painful)?

Через сколько дней после появления язвы появились опухолевидные образования в паху (паховой области)?

How many days after the ulcer appeared did tumour-like formations evolve in the groin (in the groin area)?

Сколько раз вам исследовали кровь на реакцию Вассермана и каков был результат?

How many times has your blood been analysed for Wassermann's reaction and what were the results?

Разденьтесь. Встаньте. От-

Take your clothes off. Stand

кройте головку полового члена. Покажите мошонку

Откройте рот. Покажите язык. Поднимите язык. Отведите его в сторону, влево, вправо

Повернитесь ко мне спиной

Нагнитесь. Раздвиньте ягодицы руками

Ложитесь в кресло. Положите ноги на подставки

▲ Вы закапали раствор азотнокислого серебра (пенициллина) новорожденному в глаза после рождения?

up. Expose the glans penis. Show me your scrotum

Open your mouth. Put your tongue out. Raise your tongue. Move it to the left side, to the right side

Turn your back to me

Please bend down. Move your buttocks apart with your hands

Lie on the chair. Place your legs on the foot-rests

▲ Have you put drops of silver nitrate (penicillin) into the eyes of the infant after birth?

ТРОПИЧЕСКАЯ ДЕРМАТОВЕНЕ-РОЛОГИЯ

TROPICAL DERMATO-VENEREOLOGY

АЙНГУМ	342	**AINHUM**
ВЕНЕРИЧЕСКАЯ ЛИМФО-ПАТИЯ	342	**VENEREAL LYMPHADENO-PATHY**
ГАНГРЕНА НАРУЖНЫХ ПОЛОВЫХ ОРГАНОВ ФУРНЬЕ	342	**FOURNIER'S GANGRENE OF EXTERNAL GENITALS**
ДОНОВАНОЗ	343	**DONOVANOSIS**
ДРАКУНКУЛЕЗ	343	**DRACUNCULOSIS**
КОЖНЫЙ ЛЕЙШМАНИОЗ	343	**CUTANEOUS LEISHMANIASIS**
ЛЕПРА	343	**LEPRA**
НОМА	344	**NOMA**
ОНЬЯЛАИ	344	**ONYALAI**
ПЕРУАНСКАЯ БОРОДАВКА	344	**PERUVIAN WART**
ПИОЗ МАНСОНА	345	**PYOSIS MANSONI**
ТРОПИЧЕСКИЙ МИАЗ	345	**TROPICAL MYIASIS**
ТРОПИЧЕСКИЙ МИКОЗ	345	**TROPICAL MYCOSIS**
БЛАСТОМИКОЗ	345	BLASTOMYCOSIS
БОЛЕЗНЬ МАДУРЫ	346	MADURA DISEASE
ГИСТОПЛАЗМОЗ	346	HISTOPLASMOSIS
КОКЦИДИОИДОМИКОЗ	346	COCCIDIOIDOMYCOSIS
ПЬЕДРА	346	PIEDRA
СПОРОТРИХОЗ	346	SPOROTRICHOSIS
ТРОПИЧЕСКИЙ ПИОМИОЗИТ	346	**TROPICAL PYOMYOSITIS**
ТРОПИЧЕСКИЙ ТРЕПОНЕМАТОЗ	346	**TROPICAL TREPONEMATOSIS**
БЕДЖЕЛЬ	347	BEJEL
ПИНТА	347	PINTA
ФРАМБЕЗИЯ	347	FRAMB[O]ESIA
ТРОПИЧЕСКИЙ ФИТОДЕРМАТОЗ	347	**TROPICAL PHYTODERMATOSIS**
ТРОПИЧЕСКАЯ ЯЗВА	347	TROPICAL ULCER
КОРАЛЛОВАЯ ЯЗВА	348	CORAL ULCER

ТРОПИКАЛОИДНАЯ ЯЗВА	348 TROPICALOID ULCER
ЯЗВА ПУСТЫНЬ	348 DESERT SORE
ФИЛЯРИОЗ	348 **FILARIASIS**
ОНХОЦЕРХОЗ	348 ONCHOCERCIASIS
ШИСТОЗОМОЗ	349 **SHISTOSOMIASIS**

ТРОПИЧЕСКАЯ ДЕРМАТОВЕНЕРОЛОГИЯ

TROPICAL DERMATOVENEREOLOGY

АЙНГУМ, СПОНТАННАЯ АМПУТАЦИЯ [V-ЫХ] ПАЛЬЦЕВ РУК ИЛИ НОГ, АМПУТИРУЮЩАЯ СКЛЕРОДЕРМИЯ, АНЬЮМ, СПОНТАННЫЙ ДАКТИЛОЛИЗИС

AINHUM, ANNULAR CONSTRICTION OF [THE SMALL] FINGER OR TOE, ANNULAR SCLERODERMA, AINHUM, DACTYLOLYSIS SPONTANEA

C. ауто-ампутация пальцев
борозда/перетяжка с изъязвлениями
гиперкератоз
деформация ногтей
патологический перелом

S. auto-amputation of digits
groove with ulceration

hyperkeratosis
deformity of nails
pathological fracture

ВЕНЕРИЧЕСКАЯ ЛИМФОПАТИЯ, БОЛЕЗНЬ НИКОЛА-ФАВРА, ТРОПИЧЕСКИЙ БУБОН, ПАХОВАЯ ЛИМФОГРАНУЛЕМА, ВЕНЕРИЧЕСКИЙ ЛИМФОГРАНУЛОМАТОЗ, 4-Я ВЕНЕРИЧЕСКАЯ БОЛЕЗНЬ

VENEREAL LYMPHADENOPATHY, DISEASE OF NICOLAS-FAVRE, TROPICAL BUBO, INGUINAL LYMPHOGRANULOMA, VENEREAL LYMPHOGRANULOMATOSIS, 4TH VENEREAL DISEASE

C. воспаление (нагноение) паховых лимфатических узлов
генито-ано-ректальный синдром, синдром Джерзилда
лимфогрануломатозный шанкр

поверхностная язва полового члена
прокто-колит
реакция Гатэ
реакция Папакоста
реакция Фрея
ректовагинальный свищ

S. inflammation (suppuration) of inguinal lymph nodes
genito-ano-rectal syndrome, Jersild's syndrome
lymphogranulomatous chancre
shallow ulcer of the penis

procto-colitis
Gaté's reaction
Papacostas's reaction
Frei's reaction
recto-vaginal fistula

ГАНГРЕНА НАРУЖНЫХ ПОЛОВЫХ ОРГАНОВ ФУРНЬЕ

FOURNIER'S GANGRENE OF EXTERNAL GENITALS, FOURNIER'S DISEASE

C. ссадины (потертость) в области наружных половых органов

S. abrasions (blister area) in the region of genitals

ДОНОВАНОЗ, ВЕНЕРИЧЕСКАЯ ГРАНУЛЕМА, ТРОПИЧЕСКАЯ ПАХОВАЯ ГРАНУЛЕМА, 5-Я ВЕНЕРИЧЕСКАЯ БОЛЕЗНЬ

DONOVANOSIS, GRANULOMA VENEREUM, VENEREAL GRANULOMA, TROPICAL INGUINAL GRANULOMA, 5TH VENEREAL DISEASE

I. веррукозный донованоз

мягкошанкрозный донованоз
некротический донованоз
склеротизирующий донованоз
слизистый донованоз
смешанный донованоз
цветущий донованоз
язвенный донованоз

C. серпигиноидное изъязвление половых органов

I. **verrucose/verrucous** donovanosis
softchancrous donovanosis
necrotic donovanosis
sclerotic donovanosis
mucous donovanosis
mixed donovanosis
flourishing donovanosis
ulcerative donovanosis

S. serpiginous ulceration of genitals

ДРАКУНКУЛЕЗ, ДРАКОНТИАЗ, ГВИНЕЙСКИЙ ЧЕРВЬ, РИШТА

DRACUNCULOSIS, DRACONTIASIS, GUINEA WORM, DRACUNCULUS MEDINENSIS

C. обызвествление гвинейского червя
пузырь, содержащий гвинейского червя

S. calcified guinea worm

blister containing a guinea worm

КОЖНЫЙ ЛЕЙШМАНИОЗ ЛЕПРА, БОЛЕЗНЬ ГАНСЕНА, ГАНСЕНИАЗ, ГАНСЕНОЗ, ПРОКАЗА

CUTANEOUS LEISHMANIASIS LEPRA, LEPROSY, HANSEN'S DISEASE, HANSENIAS

I. гистоидная лепра
лепроматозная лепра, лепроматозный тип лепры
недифференцированная лепра
пограничная/диморфная лепра
погранично-лепроматозная лепра
погранично-туберкулоидная лепра
пятнисто-анестетическая лепра
туберкулоидная лепра, туберкулоидный тип лепры

II. лепра Лусио, лепра Лусио-Альварадо, диффузная лепроматозная лепра, пятнистая диффузная лепра

C. деструкция (декальцификация) костных трабекул
когтеобразная кисть (стопа)
лепрозорий
лепролог
лепрома
львиноподобное выражение лица

I. histoid **lepra/leprosy**
lepromatous leprosy

non-differentiated lepra
dimorphous leprosy
border-line lepromatous lepra
border-line tuberculoid lepra
maculo-anaesthetic leprosy
tuberculoid leprosy

II. Lucio's leprosy, Lucio-Alvarado's leprosy, diffuse lepromatous leprosy, macular diffuse leprosy

S. destruction (decalcification) of osseous trabeculae
claw hand (foot)
leprosarium, leper house
leprologist
leproma
leonine facies

острый паралич стопы (кисти)	acute paralysis of foot (wrist), acute foot (wrist)
потеря бровей	**drop/loss** of eyebrows, madarosis
проба на потоотделение, проба Минора	Minor's test for sweating
проба на ультрафиолетовое облучение	test for ultra-violet radiation
проба с горчичником	mustard plaster test
проба с химическим карандашом	chemical pencil test
проба уколом иглой	needle prick test
рассасывание костной ткани	**resolution/resorption** of bone tissue
седловидный нос	saddle nose
узелковое разрастание губ (носа, ушной раковины)	nodulation of the lips (nose, ear)
эритематозно-пигментные пятна	erythematous-pigment **spots/macules**

НОМА, ВОДЯНОЙ РАК

NOMA, CANCRUM ORIS, CANCER AQUATICUS

I. мадагаскарская нома, хомамиадана рта	I. Madagascar noma
С. гангренозный стоматит	S. gangrenous stomatitis
запах изо рта	fetor oris
изъязвление десны (слизистой оболочки щеки)	ulceration of the gum (buccal **mucosa/mucous membrane** of the cheek)
распад мягких тканей щеки (неба, языка, десен)	destruction of soft tissue of the cheek (palate, tongue, gums)
слюнотечение	salivation

ОНЬЯЛАИ, БОЛЕЗНЬ ГЕМОРРАГИЧЕСКИХ ПУЗЫРЕЙ, ОСТРАЯ ТРОПИЧЕСКАЯ ТРОМБОПЕНИЧЕСКАЯ ПУРПУРА

ONYALAI, DISEASE OF HEMORRHAGIC VESICLES, ACUTE TROPICAL THROMBOCYTOPENIC PURPURA

С. гематурия	S. hematuria
кровотечение из носа (десен, желудка, матки)	nosebleed (gum bleeding, stomach bleeding, uterine bleeding)
петехиальная сыпь	petechial rash

ПЕРУАНСКАЯ БОРОДАВКА, БОЛЕЗНЬ КАРРИОНА, БАРТОНЕЛЛЕЗ, ЛИХОРАДКА ОРОЯ

PERUVIAN WART, CARRION'S DISEASE, BARTONELLOSIS, OROYA FEVER

С. бугристая сосудистая опухоль	S. tuberous vascular tumour

ПИОЗ МАНСОНА, ОБЕЗЬЯНЬЯ ОСПА, ТРОПИЧЕСКАЯ КОНТАГИОЗНАЯ ПУЗЫРЧАТКА

PYOSIS MANSONI, MONKEY POX, PEMPHIGUS TROPICUS CONTAGIOSUS

ТРОПИЧЕСКИЙ МИАЗ

TROPICAL MYIASIS

I. африканский миаз, кордилобиоз
 глубокий/злокачественный миаз
 линейный/мигрирующий миаз
 мочевой/уринарный миаз
 поверхностный/доброкачественный миаз
 полостной миаз
 тканевой миаз
 южноамериканский миаз, дерматобиаз

I. African myiasis

 deep/malignant myiasis

 myiasis linearis migrans
 urinary myiasis
 superficial/shallow/benign myiasis
 cavity myiasis
 tissue myiasis
 South-American myiasis

ТРОПИЧЕСКИЙ МИКОЗ

TROPICAL MYCOSIS, MYCOSIS TROPICANS

I. глубокий тропический микоз
 поверхностный тропический микоз
 черепицеобразный микоз, токело, герпес Мансона, шелушащийся лишай, хронический фигурный дерматомикоз, тропический круговидный микоз
C. бластомикоз
 болезнь Мадуры
 гистоплазмоз
 кокцидиоидомикоз
 пьедра
 споротрихоз
 узловатый трихомикоз
 шимбери

I. deep tropical mycosis
 superficial/shallow tropical mycosis
 tinea imbricata, Manson's herpes, tropical circular mycosis

S. blastomycosis, ascomycosis
 Madura disease
 histoplasmosis
 coccidioidomycosis
 piedra
 sporotrichosis
 trichomycosis nodosa
 chimbere

БЛАСТОМИКОЗ, АСКОМИКОЗ

BLASTOMYCOSIS, ASCOMYCOSIS

I. европейский бластомикоз, криптококк
 келоидный/амазонский бластомикоз, болезнь Лобо, амазонский гленоспороз
 североамериканский бластомикоз, [глубокий] бластомикоз Гилкриста
 черный бластомикоз, хромомикоз, болезнь Фонсека, болезнь Педрозо-Гомеза
 южноамериканский/бразильский бластомикоз, болезнь Лютца-Сплендора-Альмейда, паракокцидиоидоз
II. бластомикоз легких

I. European blastomycosis, cryptococcosis
 keloid blastomycosis, Lôbo disease

 North-American blastomycosis, Gilchrist blastomycosis

 chromomycosis, Fonsec disease, Pedroso-Gomez disease

 South American/Brazilian blastomycosis, Lutz-Splendore-Almeida disease, paracoccidioidosis
II. pulmonary blastomycosis

**БОЛЕЗНЬ МАДУРЫ, ИНДИЙ-
СКАЯ БОЛЕЗНЬ, МАДУРСКАЯ
СТОПА, МИЦЕТОМА, МАДУ-
РОМИКОЗ**

**MADURA DISEASE, MORBUS
INDIANA, MADURA FOOT, MY-
CETOMA, MADUROMYCOSIS**

**ГИСТОПЛАЗМОЗ, БОЛЕЗНЬ
ДАРЛИНГА, РЕТИКУЛОЭНДО-
ТЕЛИАЛЬНЫЙ ЦИТОМИКОЗ**

**HISTOPLASMOSIS, DARLING
DISEASE, RETICULOENDOTHELIAL
CYTOMYCOSIS**

I. африканский гистоплазмоз
диссеминированный гисто-
плазмоз
кожный гистоплазмоз
C. одиночная гранулема кожи
(кости, органов грудной
(брюшной) полости)

I. African histoplasmosis
disseminated histoplasmosis

cutaneous histoplasmosis
S. solitary granuloma of skin
(bone, thoracic (abdominal)
viscera)

**КОКЦИДИОИДОМИКОЗ, БОЛЕЗНЬ
ПОСАДЫ-ВЕРНИКЕ,
ЛИХОРАДКА ВАЛЛЕЙ,
КОКЦИДИОИДОЗ**

**COCCIDIOIDOMYCOSIS,
POSADAS-WERNICKE DISEASE,
VALLEI FEVER,
COCCIDIOIDOSIS**

I. аллергический кокцидиоидомикоз
вторичный кокцидиоидоми-
коз
C. кокцидиоидная гранулема

I. allergic coccidioidomycosis

secondary coccidioidomycosis

S. coccidioidal granuloma

**ПЬЕДРА, БОЛЕЗНЬ БЕДЖЕ-
ЛЯ, УЗЛОВАТАЯ ТРИХОСПО-
РИЯ, УЗЛОВОЙ ЛИШАЙ ВО-
ЛОС, УЗЛОВАТЫЙ ТРИХОМИКОЗ**

**PIEDRA, BEIGEL DISEASE,
TRICHOSPORIA NODOSA,
TINEA NODOSA PILARIS,
TRICHOMYCOSIS NODULARIS**

I. белая/европейская пьедра
черная/истинная пьедра

I. piedra nostras s. alba
tropical/true piedra

**СПОРОТРИХОЗ, БОЛЕЗНЬ
БЕРМАННА**

**SPOROTRICHOSIS, BEUR-
MANN'S DISEASE**

I. диссеминированный споротрихоз
лимфатический/локализован-
ный споротрихоз
C. споротрихозный шанкр

I. disseminated sporotrichosis

lymphatic/localized sporotrichosis
S. sporotrichosic chancre

**ТРОПИЧЕСКИЙ ПИОМИО-
ЗИТ, ТРОПИЧЕСКИЙ МИО-
ЗИТ, ПЕРВИЧНЫЙ ТРОПИ-
ЧЕСКИЙ ФЛЕБИТ**

**TROPICAL PYOMYOSITIS,
PYOMIOSITIS TROPICA, TROP-
ICAL MYOSITIS, PHLEBITIS
PRIMERIA TROPICA**

C. глубоко расположенные
внутримышечные абсцессы

S. deep-seated intramuscular
abscesses

**ТРОПИЧЕСКИЙ ТРЕПОНЕ-
МАТОЗ**

TROPICAL TREPONEMATOSIS

C. беджель
дишушва
пинта
фрамбезия

S. bejel
dichuchua
pinta
framb[o]esia, yaws

БЕДЖЕЛЬ, АРАБСКИЙ/БЫТОВОЙ/ЭНДЕМИЧЕСКИЙ СИФИЛИС, БАЛЯШ, ЗУХРИЯ, НЬЮВЕРА, СИТИ, ТАИР, ФРАНГИ

BEJEL, ARABIC SYPHILIS, SYPHILIS ECONOMICA, ENDEMIC SYPHILIS, NJOVERA, SITI

ПИНТА, ЭПИДЕРМОМИКОЗ ЦЕНТРАЛЬНОЙ АМЕРИКИ, ЭНДЕМИЧЕСКИЕ ПЯТНА КОРДИЛЬЕР, КАРАТЕ

PINTA, EPIDERMOMYCOSIS OF CENTRAL AMERICA, MACULA ENDEMICA CORDILIER

С. пинтида

S. pintid

ФРАМБЕЗИЯ, ТРОПИЧЕСКИЙ СИФИЛИС

FRAMB[O]ESIA, YAWS, TROPICAL SYPHILIS

I. вторичная фрамбезия
первичная фрамбезия
третичная фрамбезия
тропическая фрамбезия
С. гунду
диффузный гиперкератоз ладоней (подошв)
кондиломатозные бляшки
малиново-красные разрастания на коже
обезображивающий/увечащий ринофарингит Лейса, гангоза
околосуставные узловатости
папула в виде ягод малины

симптом походки краба
фрамбезид
   люпоидный фрамбезид
   псориазиформный фрамбезид
фрамбезиома, пианома, пианический шанкр

I. secondary frambesia
primary frambesia
tertiary frambesia
tropical frambesia
S. goundou
diffuse hyperkeratosis of palms (soles)
condylomatous patches
raspberry-red excrescences on the skin
Leis's disfiguring rhynopharyngitis, gangosa
para-articular nodosities
papule in the form of raspberries
symptom of crab's gait
frambesid
   lupoid frambesid
   psoriasiform frambesid
frambesoma, pianoma, pian chancre

ТРОПИЧЕСКИЙ ФИТОДЕРМАТОЗ

TROPICAL PHYTODERMATOSIS

С. ананасовый дерматит
дерматит канделябрового молочая
дерматит «ослепляющего дерева»
манговый дерматит
палисандровый дерматит

примуловый дерматит
токсикодендроновый дерматит

S. ananas dermatitis
Euphorbia officinalis dermatitis
Excoeraria agallocha dermatitis
mango dermatitis
palysandra/rose-wood dermatitis
primula dermatitis
toxicodendron dermatitis

ТРОПИЧЕСКАЯ/ДЖУНГЛЕВАЯ/МАДАГАСКАРСКАЯ/ТРОПИЧЕСКАЯ ФАГЕДЕНИЧЕСКАЯ/ЦЕЙЛОНСКАЯ ЯЗВА

TROPICAL ULCER, JUNGLE ULCER, MADAGASCAR ULCER, TROPICAL PHAGEDENIC ULCER, CEYLON ULCER

I. гипертрофическая тропическая язва

I. hypertrophic tropical ulcer

молниеносная/галопирующая тропическая язва
С. коралловая язва
распад мягких тканей
феномен «тяжести»

тропикалоидная язва
язва пустынь

КОРАЛЛОВАЯ ЯЗВА

С. накол шипами живых коралловых рифов
ныряльщик за жемчугом

ТРОПИКАЛОИДНАЯ ЯЗВА, МИЦЕТОМНАЯ ЯЗВА ПУСТЫНЬ, ПЕСЧАНАЯ ЯЗВА, ПОВЕРХНОСТНАЯ ТРОПИЧЕСКАЯ ЯЗВА, ЯЗВА КАСТЕЛЛАНИ, ЯЗВА ОАЗИСОВ

I. диссеминированная тропикалоидная язва
нодулярная/крупнобляшечная тропикалоидная язва
ссадиноподобная тропикалоидная язва
экзематозная тропикалоидная язва

ЯЗВА ПУСТЫНЬ, СЕПТИЧЕСКАЯ ЯЗВА, СТЕПНАЯ ЯЗВА

С. ксероз кожи
симптом смятой папиросной бумаги

ФИЛЯРИОЗ, ФИЛЯРИАТОЗ

С. вухерериоз
варикозное расширение лимфатических сосудов
гигантская водянка оболочек яичка
лоаоз
молочная моча
слоновость мошонки (нижних конечностей)
онхоцеркоз
филярия
хилурия

ОНХОЦЕРКОЗ

С. аденолимфоцеле
онхоцерк
онхоцеркома
точечная депигментация кожи, леопардовая кожа

fulminating/galloping tropical ulcer
S. coral ulcer
soft tissue destruction
"weight/heaviness" phenomenon
tropicaloid ulcer
desert sore

CORAL ULCER

S. prick with thorns of living coral reefs
pearl diver

TROPICALOID ULCER, MYCETOID DESERT SORE, SAND SORE, SUPERFICIAL TROPICAL ULCER, CASTELLANI'S ULCER, OASIS ULCER

I. disseminated tropicaloid ulcer
nodular/macropatched tropicaloid ulcer
abrasion-like tropicaloid ulcer
eczematous tropicaloid ulcer

DESERT SORE, SEPTIC SORE, VELD SORE, NATAL SORE

S. dermal xerosis
crumpled cigarette paper **sign/symptom**

FILARIASIS

S. wuchereriosis
lymphatic varix

gigantic hydrocele

loiasis
milky/white urine
elephantiasis of scrotum (lower extremities)
onchocerciasis
filaria
chyluria

ONCHOCERCIASIS

S. adenolymphocele
onchocerca
onchocercoma
punctate depigmentation of the skin, leopard skin

ШИСТОЗОМОЗ, БИЛЬГА-РЦИОЗ

SCHISTOSOMIASIS, BILHARZIASIS

I. кишечный шистозомоз, шистозомоз Мансона
мочеполовой шистозомоз

японский шистозомоз
C. египетская спленомегалия
истинная дизентерия
«песчаные пятна»
болезнь Катаямы
стриктура мочеточника
терминальная гематурия
чесотка, зуд Кабуре
эритематозная сыпь

I. intestinal schistosomiasis, Manson's schistosomiasis
urogenital/urinary schistosomiasis
Japanese schistosomiasis
S. Egyptian splenomegaly
true dysentery
"sand spots/patches/macules"
Katayama disease
ureteric stricture
terminal hematuria
pruritus, Kabouré itch
erythematous rash

■ Болезнь началась внезапно со схваткообразных болей в мышцах?

Мышцы болезненные, плотные?

Зуд возник спустя несколько часов после купания? Длился сутки, двое?

Зуд кожи усиливается в жаркие дни после потения (приема алкоголя, соленой пищи, купания в соленой воде)?

Перед купанием смазывайте кожу всего тела диметилфталановой мазью

По окончании купания тщательно вытирайте тело полотенцем

Соблюдайте гигиену волос, тела

Не пользуйтесь общими головными уборами, расческами

Не смазывайте волосы различными бриллиантинами

Сбрейте волосы. Тщательно вымойте голову (подмышечную впадину) дважды горячей водой с мылом

Вы должны ежедневно мыть голову мылом в чередовании с горячим раствором сулемы (сулемовым уксусом, спиртовым раствором уксусной кислоты)

■ Did the disease develop all of a sudden with cramplike pains in the muscles?

Are the muscles tender, hard?

Did the itch arise some hours after bathing? Did it last one day, two days (24, 48 hours)?

Does the skin itch increase on hot days after sweating (taking alcohol, eating salty food, bathing in salt water)?

Before bathing paint your skin all over the body with dimethylphthalene ointment

After bathing dry your body thoroughly with a towel

Take care of your hair, body

Use hats as regards hygiene. Don't use combs belonging to other people

Don't put any brilliantine on your hair

Have the hair shaved. Wash your head (arm-pit) twice thoroughly using hot water and soap

You must wash head with soap daily alternating soap and water with hot sublimate solution (sublimate vinegar solution, alcoholic solution of acetic acid)

▲ Червь пальпируется под кожей как болезненный тяж

Головка червя приблизилась к поверхности кожи. Пузырь лопнул?

Попытайтесь извлечь червя путем накручивания его на спичку

Поверхность щеки плотная. Участок гангрены отделен четкой демаркационной линией. Произошло отторжение струпа

Кожа утолщена (неправильной формы, покрыта большими узлами)

Отмечается частичная потеря чувствительности (укорочение первого пальца, атрофия мышц тенора)

Стопа буро-синюшного цвета (бугристая, увеличена в размере, резко деформирована)

Опухоль подвижная (твердая, резиноподобная, содержит жидкость)

Язва мягкая (твердая) на ощупь, болезненная (безболезненная), сочного ярко-красного цвета

Края язвы приподняты (подрыты, неровные)

Дно язвы имеет зернистую поверхность (покрыто пленкой, покрыто грануляциями)

Выделения из язвы скудные (серозно-гнойные, с неприятным запахом)

Под жгутом произведите иссечение краев язвы (выскабливание дна язвы до жизнеспособных тканей)

Возьмите материал для исследования из-под края язвы острой ложечкой
Язва малигнизировалась?

Необходима ампутация ниже колена с тщательным иссечением блоком паховых лимфатических узлов

▲ The subcutaneous body of a worm is felt as a tender cord

The head of the worm has approached the skin. Has the blister burst?

Attempt to extract the worm by winding it around a match stick

The overlying cheek is tense. The area of gangrene has acquired a clear-cut line of demarcation. The slough has separated

The skin is thickened (irregular in form, covered with large nodules)

There is partial sensory loss (shortening of the thumb, muscular atrophy of the thenar space)

The foot is brown-blue in colour (tuberous, enlarged in size, greatly deformed)

The swelling is mobile (hard, rubber-like, contains fluid)

The ulcer is soft (hard) to touch, painful (painless), of rich bright-red colour

Ulcer edges are raised (undermined, uneven)

The base surface of the ulcer is granular (covered with a film, covered with granulations)

Discharge from the ulcer is scanty (seropurulent, with foul smell)

Using a tourniquet do excision of ulcer edges (do curettage of the ulcer floor up to living tissues)

Take material for examination from the under surface of the ulcer edge with a sharp curette
Has ulcer become malignant?

A below-knee amputation is required with a careful block dissection of inguinal lymph nodes

БОЛЕЗНИ УХА, ГОРЛА, НОСА

DISORDERS OF THE EAR, NOSE, THROAT

ЗАБОЛЕВАНИЕ ВЕРХНИХ ДЫХАТЕЛЬНЫХ ПУТЕЙ   352

DISORDER OF THE UPPER RESPIRATORY TRACT

ВЕРХНИЕ ДЫХАТЕЛЬНЫЕ ПУТИ   352
UPPER RESPIRATORY TRACT

ГЛОТКА	352	PHARYNX
МИНДАЛИНА	353	TONSIL
Ангина	353	**Quinsy**
Тонзиллит	354	**Tonsillitis**
Тонзиллэктомия	354	**Tonsillectomy**
ФАРИНГИТ	354	PHARYNGITIS
ГОРТАНЬ	355	LARYNX
ЛАРИНГИТ	355	LARYNGITIS
НОС	355	NOSE
НАСМОРК	356	COLD IN THE HEAD
НОСОВАЯ ПЕРЕГОРОДКА	357	NASAL SEPTUM
ОБОНЯНИЕ	357	OFLACTION
ОКОЛОНОСОВАЯ(ЫЕ) ПАЗУХА(И)	357	ACCESSORY NASAL SINUS(ES)
Гайморит	358	**Maxillary sinusitis**

БОЛЕЗНИ УХА   361
DISORDERS OF THE EAR

УХО (УШИ)	361	EAR (EARS)
БАРАБАННАЯ ПЕРЕПОНКА	362	EARDRUM
ЛАБИРИНТИТ	362	LABYRINTHITIS
НАРУЖНЫЙ СЛУХОВОЙ ПРОХОД	362	EXTERNAL AUDITORY PASSAGE
ОТИТ	363	OTITIS
СЛУХ	363	HEARING
УШНАЯ РАКОВИНА	363	AURICLE OF EAR

СПЕЦИАЛЬНЫЕ МЕТОДЫ ИССЛЕДОВАНИЯ. ПРОБЫ   364
SPECIAL METHODS OF INVESTIGATION. TESTS

МЕТОДЫ ИССЛЕДОВАНИЯ   364
METHODS OF INVESTIGATION

АУДИОМЕТРИЯ	364	AUDIOMETRY
ЛАРИНГОСКОПИЯ	364	LARYNGOSCOPY
РИНОСКОПИЯ	364	RHINOSCOPY

БОЛЕЗНИ УХА, ГОРЛА, НОСА

DISORDERS OF THE EAR, NOSE, THROAT

ЗАБОЛЕВАНИЕ ВЕРХНИХ ДЫХАТЕЛЬНЫХ ПУТЕЙ

DISORDER OF THE UPPER RESPIRATORY TRACT

ВЕРХНИЕ ДЫХАТЕЛЬНЫЕ ПУТИ

UPPER RESPIRATORY TRACT

II. опухоль верхних дыхательных путей

C. глотка
   гортаноглотка
   гортань
   нос
   носоглотка
      свод носоглотки
   ротоглотка

II. **tumour/mass** of the upper respiratory tract

S. pharynx
   laryngopharynx
   larynx
   nose
   nasopharynx, epipharynx
      vault of the nasopharynx
   stomatopharynx

ГЛОТКА

PHARYNX

II. ангиома глотки
воспаление глотки, фарингит

   инородное тело глотки
   киста глотки
   ожог глотки
   папиллома глотки
   полип глотки
      волосатый полип глотки
   ранение глотки
   сифилис глотки
   слизистая оболочка глотки
   стенка глотки
C. боковые валики, валики мышцы, поднимающей мягкое небо
   глотание
      затрудненное глотание
   глоточный рефлекс
   горло
   заглоточный абсцесс
   зев
      покраснение/гиперемия зева
   кольцо Пирогова-Вальдейера, лимфаденоидное глоточное кольцо

II. angioma of the pharynx
inflammation of the pharynx, pharyngitis
   pharyngeal foreign body
   pharyngeal cyst
   pharyngeal burn
   pharyngeal papilloma
   pharyngeal polyp
      hairy pharyngeal polyp
   pharyngeal injury
   pharyngeal syphilis
   pharyngeal mucous membrane
   pharyngeal wall
S. lateral pharyngeal bands, palatine protuberances
   swallowing
      difficult swallowing
   pharyngeal reflex
   throat
   retropharyngeal abscess
   fauces
      hyperemia of the fauces
   Pirogoff-Waldeyer's ring

корень языка	root of the tongue
миндалина	tonsil
небные дужки	palatine arches
недоразвитие небных дужек	**underdeveloped/hypoplastic** palatine arches, **underdevelopment/hypoplasia/atresia** of palatine arches
небо	palate
мягкое небо, небная занавеска	soft palate
твердое небо	hard palate
расщелина твердого неба, волчья пасть	cleft palate
небный язычок	uvula
окологлоточный абсцесс	parapharyngeal abscess
III. глотать	III. to swallow
полоскать горло	to gargle the throat

МИНДАЛИНА

TONSIL

I. глоточная/аденоидная миндалина	I. **pharyngeal/adenoid** tonsil
гипертрофия глоточной миндалины, аденоиды, аденоидные вегетации, аденоидные разращения	hypertrophy of the pharyngeal tonsil, adenoids, adenoidal vegetations
небная миндалина	**faucial/palatine** tonsil
воспаление небной миндалины, тонзиллит	inflamed palatine tonsil, tonsillitis
удаление небных миндалин, тонзилэктомия	removal of palatine tonsils, tonsillectomy
острое воспаление [небных] миндалин, острый тонзиллит, ангина	acutely inflamed tonsils, quinsy, angina, acute tonsillitis
рыхлая миндалина	loose tonsil
трубная миндалина	**tubal/Eustachian** tonsil
увеличенная миндалина	enlarged tonsil
язычная миндалина	lingual tonsil

АНГИНА

QUINSY, ANGINA

I. агранулоцитарная ангина	I. agranulocytic angina
аденовирусная ангина	adenovirus angina
герпетическая/ульцерозная ангина, афтозный фарингит, герпангина	**herpetic/ulcerous** angina, aphthous pharyngitis
гортанная ангина, подслизистый ларингит	laryngeal angina, submucosal laryngitis
грибковая ангина	mycotic angina
гриппозная ангина	influenzal angina
катаральная ангина	catarrhal angina
лакунарная ангина	lacunar angina
моноцитарная ангина	monocytic angina
септическая ангина	septic angina
сифилитическая ангина	syphilitic angina
скарлатинозная ангина	scarlatinal angina
фибринозная/дифтероидная/фибринозно-пленчатая ангина	**fibrinous/diphtheroid/membrano-fibrinous** angina

флегмонозная ангина, интратонзиллярный абсцесс
фолликулярная ангина
хроническая ангина, хронический тонзиллит
язвенно-пленчатая ангина, ангина Симановского-Плаута-Венсана
II. ангина боковых валиков

ангина небных миндалин
ангина носоглоточной миндалины, аденоидит
ангина тубарной миндалины
ангина язычной миндалины
C. интратонзиллярный абсцесс
паратонзиллярный абсцесс
III. болеть ангиной

phlegmonous angina, intratonsillar abscess
follicular angina
chronic angina, chronic tonsillitis
ulceromembranous angina, Simanovsky-Plaut-Vincent's angina
II. angina of lateral pharyngeal bands
angina of palatine tonsils
angina of nasal-pharyngeal tonsil, adenoiditis
angina of tubar tonsil
angina of lingual tonsil
S. intratonsillar abscess
paratonsillar abscess
III. to have **a sore throat/quinsy/angina**

Тонзиллит, амигдалит

I. безангинный хронический тонзиллит
гипертрофический тонзиллит
интерстициальный/рубцовый/склерозированный тонзиллит
криптовый/лакунарный хронический тонзиллит
острый тонзиллит, ангина

паренхиматозный хронический тонзиллит
склеротический хронический тонзиллит
токсико-аллергический тонзиллит
хронический тонзиллит

Tonsillitis, amygdalitis

I. nonanginal chronic tonsillitis
hypertrophy tonsillitis
interstitial/cicatricial/sclerose tonsillitis
crypt/lacunar chronic tonsillitis
acute tonsillitis, angina, quinsy
parenchymatous chronic tonsillitis
sclerotic chronic tonsillitis
toxico-allergic tonsillitis

chronic tonsillitis

Тонзиллэктомия

I. плановая тонзиллэктомия
срочная тонзиллэктомия

III. оставить часть миндалины

ФАРИНГИТ

I. атрофический хронический/сухой фарингит
боковой фарингит
гипертрофический хронический фарингит
гранулезный фарингит
катаральный хронический фарингит
мезофарингит

Tonsillectomy

I. planned tonsillectomy
urgent/immediate/emergency tonsillectomy

III. to leave part of the tonsil behind

PHARYNGITIS

I. atrophic **chronic/dry** pharyngitis
lateral pharyngitis
hypertrophic chronic pharyngitis
granular pharyngitis
catarrhal chronic pharyngitis
mesopharyngitis

острый фарингит	acute pharyngitis
хронический фарингит	chronic pharyngitis
S. гиперкератоз небных миндалин, фарингомикоз	S. hyperkeratosis of palatine tonsils, pharyngomycosis

ГОРТАНЬ / LARYNX

II. абсцесс гортани	II. laryngeal abscess
воспаление гортани, ларингит	laryngitis
вход в гортань	superior aperture of the larynx, aditum laryngis
дифтерия гортани	laryngeal diphtheria
инородное тело гортани	laryngeal foreign body
отек гортани	laryngeal edema
паралич гортани	laryngeal paralysis
рак гортани	laryngeal carcinoma
рожистое воспаление гортани	laryngeal erysipelas
саркома гортани	laryngeal sarcoma
сифилис гортани	laryngeal syphilis
стеноз гортани	laryngeal stenosis
хондроперихондрит гортани	chondroperichondritis of the larynx
S. голос	S. voice
изменение голоса	change of voice
осиплость/охриплость	hoarseness
голосовая складка	[true] vocal cord, vocal fold
рак голосовой складки	vocal cord carcinoma
голосовая щель	true glottis
спазм голосовой щели, ларингоспазм	true glottis spasm, laryngospasm
надгортанник	epiglottis
подскладочное пространство	subglottic space
черпаловидный хрящ	arytenoid cartilage

ЛАРИНГИТ / LARYNGITIS

I. абсцедирующий ларингит	I. abscess forming laryngitis
аллергический ларингит	allergic laryngitis
атрофический/сухой ларингит	**atrophic/dry** laryngitis
геморрагический ларингит	hemorrhagic laryngitis
гиперпластический ларингит	hyperplastic laryngitis
инфильтративный ларингит	infiltrative laryngitis
катаральный ларингит	catarrhal laryngitis
острый ларингит	acute laryngitis
отечный ларингит	edematous laryngitis
подскладочный ларингит, ложный круп	subglottic laryngitis, false croup
подслизистый ларингит, гортанная ангина	submucosal laryngitis, laryngeal angina
рожистый ларингит, рожа гортани	erysipelatous laryngitis, laryngeal erysipelas
фибринозный ларингит	fibrinous laryngitis
флегмонозный ларингит	phlegmonous laryngitis
хронический ларингит	chronic laryngitis
язвенно-пленчатый ларингит	ulcero-filmy laryngitis

НОС / NOSE

I. двойной нос	I. double nose

заостренный нос	pinched nose
наружный нос	external nose
провалившийся нос	depressed nose
седловидный нос	saddle nose
шишковидный/винный нос, ринофима	**pineal/whisky** nose
II. выделения из носа	II. nasal discharge
обильные выделения из носа	**abundant/heavy** nasal discharge
кончик носа	nose tip
кости носа	bones of the nose
перелом костей носа	nasal bones fracture
кровотечение из носа	nosebleed, nasal bleeding, epistaxis
крылья носа	nostrils
деформированные крылья носа	deformed nostrils
папиллома носа	nasal papilloma
полип носа	nasal polyp
полость носа	nasal cavity
придаточная пазуха носа, околоносовая пазуха	accessory nasal sinus
расщепление носа, нос дога	nasal split, dog nose
слизистая оболочка носа	mucous membrane of the nose
воспаление слизистой оболочки носа, насморк, ринит	inflammation of nasal mucosa, cold in the head, nasal cold, running nose, rhinitis
отек/набухание слизистой оболочки носа	swelling of the mucous membrane of the nose
спинка носа	bridge of the nose
тампонада носа	tamponade of the nose
фолликулит носа	nasal folliculitis
форма носа	external configuration of the nose
фурункул носа	nasal furuncle
экзема носа	nasal eczema
C. ноздря	S. nostril, naris
носовая перегородка	nasal septum
носовая раковина	turbinated bone, turbinate
атрофия (гипертрофия) носовой раковины	turbinated bone atrophy (hypertrophy)
носовой ход	nasal passage
сужение носового хода	nasal passage narrowing
обоняние	olfaction, sense of smell
хоана	choana
III. быть заложенным (*о носе*)	III. to be stuffed (*of the nose*)
высморкать нос	to blow the nose

НАСМОРК, РИНИТ

COLD IN THE HEAD, NASAL COLD, RUNNING NOSE, RHINITIS

I. аллергический ринит	I. allergic rhinitis
атрофический ринит	atrophic rhinitis
вазомоторный/нервно-рефлекторный ринит, носовая астма	**vasomotor/neuroreflex** rhinitis, nasal asthma
гиперпластический ринит	hyperplastic rhinitis

гриппозный ринит	influenzal rhinitis
дифтерийный ринит, дифтерия носа	diphtheritic rhinitis, nasal diphtheria
геморрагический ринит	hemorrhagic rhinitis
зловонный насморк, озена	coryza foetida, ozena
коревой насморк/ринит	measles rhinitis
острый насморк/ринит	acute rhinitis
простой/хронический катаральный ринит	simple/chronic catarrhal rhinitis
скарлатинозный насморк	scarlatinal rhinitis
хронический насморк	chronic rhinitis

НОСОВАЯ ПЕРЕГОРОДКА

NASAL SEPTUM

II. абсцесс носовой перегородки	II. [nasal] septal abscess
гематома носовой перегородки	nasal septal hematoma
искривление носовой перегородки	septal **deformity/deviation**
перфорация носовой перегородки	septal perforation

ОБОНЯНИЕ

OLFACTION, SENSE OF SMELL

II. извращение обоняния, какосмия	II. perversion of olfaction, cacosmia
нарушение обоняния	impaired olfaction
отсутствие обоняния, аносмия	absence of olfaction, anosmia
повышение обоняния, гиперосмия	excessive acuteness of the sense of smell, hyperosmia
понижение обоняния, гипосмия	diminished acuteness of the sense of smell, hyposmia
ухудшение обоняния	worsened olfaction
C. запах	S. smell, odour
III. различать запахи	III. to distinguish **smell/odours**

ОКОЛОНОСОВАЯ(ЫЕ) ПАЗУХА(И), ПРИДАТОЧНАЯ(ЫЕ) ПАЗУХА(И) НОСА

ACCESSORY NASAL SINUS(ES)

I. верхнечелюстная/гайморова пазуха	I. upper jaw sinus, maxillary sinus, antrum of Highmore
воспаление верхнечелюстной пазухи, верхнечелюстной синусит, гайморит, максиллит	inflammation of the maxillary sinus, maxillary sinusitis, maxillitis
киста гайморовой пазухи	antrum of Highmore cyst
полип гайморовой пазухи	antrum of Highmore polyp
клиновидная пазуха	clinoid, sphenoid[al] sinus
воспаление клиновидной пазухи, сфеноидит	inflammation of the sphenoid sinus, sphenoiditis
лобная пазуха	frontal sinus
воспаление лобной пазухи, фронтит	frontal sinusitis, frontitis
решетчатая пазуха	ethmoid sinus
воспаление решетчатой пазухи, этмоидит	inflammation of the ethmoid sinus, ethmoiditis

II. затемнение пазухи
зондирование пазухи
просвечивание пазухи, диафаноскопия
пункция пазухи

II. shadowed sinus
probing [of] the sinus
transilluminating of the sinus, diaphanoscopy
puncture of the sinus

ГАЙМОРИТ, МАКСИЛЛИТ

MAXILLARY SINUSITIS, MAXILLITIS

I. аллергический гайморит
атрофический гайморит

гиперпластический гайморит

гнойный гайморит
катаральный гайморит

некротический гайморит
одонтогенный гайморит

острый гайморит
травматический гайморит

туберкулезный гайморит

хронический гайморит

I. allergic maxillary sinusitis
atrophic maxillary sinusitis

hyperplastic maxillary sinusitis

purulent maxillary sinusitis
catarrhal maxillary sinusitis

necrotic maxillary sinusitis
odontogenic maxillary sinusitis

acute maxillary sinusitis
traumatic maxillary sinusitis

tuberculous maxillary sinusitis

chronic maxillary sinusitis

■ У вас есть выделения из носа?

■ Do you have a nasal discharge?

Выделения из носа обильные (скудные, гнойные, жидкие, густые, с запахом, с кровью)?

Are the nasal discharges profuse (scanty, purulent, liquid, thick, odourous, [stained] with blood)?

Выделения из носа вначале были водянистые слизистые, а затем стали гнойными?

Was the nasal discharge liquid and mucous at first and did it become purulent after [that]?

Вас часто беспокоят(ит) сильные приступы чихания (заложенность носа)?

Do attacks of sneezing (stuffiness in the nose) often trouble you?

У вас есть ощущение сухости (напряжения, царапания) в носу?

Do you have sensations of nasal dryness (tension, scratchiness)?

У вас бывает(ют) кровотечение из носа (корки в носу)?

Do you ever have nose-bleeds (crusts in the nose)?

У вас затруднено дыхание через нос?

Is it difficult for you to breathe through the nose?

Какой половиной носа вы дышите лучше (хуже)?

Through which nostril do you breathe better (worse)?

Вы постоянно плохо дышите этой половиной носа?

Do you always breathe poorly through this side of the nose?

Вы хорошо различаете запахи?	Do you distinguish odours well?
У вас изменился вкус?	Has your sense of taste changed?
У вас появилась гнусавость?	Does your voice become nasal?
Вам удалили аденоиды (полипы носа)?	Have your adenoids (nasal polyps) been removed?
У вас острый насморк. У вас частые насморки?	You have an acute rhinitis. Do you often have a runny nose?
Вы должны закаливать организм	You should harden your body
Вам нельзя переохлаждаться и перегреваться	Do not catch cold or get overheated
Высморкайте нос	Blow your nose
У вас часто болит горло?	Do you often have a sore throat?
Вы часто болеете ангиной? Вы чувствуете боль при глотании (сухость, першение, жжение) в горле?	Do you often have tonsillitis? Do you feel pain on swallowing (dryness in the throat, a dry scratchy feeling in the throat, a burning sensation in the throat)?
У вас есть ощущение щекотания (царапания, саднения, инородного тела, неловкости) при глотании?	Do you have a tickling (scratching, smarting sensation, a feeling of a foreign body, discomfort) on swallowing?
У вас (не) удалены миндалины?	Have you had your tonsils out?
У вас воспаленные, увеличенные миндалины	Your tonsils are inflamed, enlarged
Я вам (не) рекомендую удалить(ять) миндалины	I (do not) recommend that your tonsils are removed
У вас бывает осиплость? Боли в горле усиливаются при «пустом» глотке?	Do you ever have hoarseness? Do the pains increase on swallowing?
Вы подавились? Чем?	Have you choked? What with?
Чем вы полощите горло? Вы должны полоскать горло теплым раствором питьевой соды (делать ингаляции несколько раз в день)	What do you gargle with? You must gargle with a warm solution of sodium bicarbonate (use an inhalant several times a day)
У вас катаральная ангина (острый тонзиллит)	You have catarrhal angina (acute tonsillitis)
▲ Нос правильной (неправильной) формы	▲ Nose is of normal (abnormal) external configuration
Носовое дыхание затруднено (свободное)	Nasal breathing is difficult (free)

Обоняние сохранено (ослаблено, повышено)	Sense of smell is retained (weakened, increased)
Носовая перегородка расположена по средней линии (искривлена, перфорирована)	Nasal septum is midline (deformed, perforated)
Носовые ходы свободные (сужены)	Nasal passages are free (narrowed)
Слизистая оболочка носа розовая (влажная, сухая, набухшая, гиперемирована)	Nasal cavity mucosa is pink (moist, dry, swollen, hyperemic)
Отделяемого в носовых ходах нет	Nasal passages are free from secretions
В носовых ходах плотные корки	Nasal passages are stuffed with solid crusts
Синусы и носовые ходы без патологических изменений	The sinuses and nasal passages are normal
Болезненности в области пазух не определяется	There is no sinus tenderness
Больной(ая) жалуется на чувство тяжести в области лба (спинки носа)	The patient complains of a sensation of weight on the forehead (on the bridge of the nose)
Больной(ая) жалуется на острую колющую боль при глотании (ощущение сухости в горле)	The patient complains of an acute sticking pain upon swallowing (sensation of dryness in the throat)
Отмечается набухание слизистой оболочки верхней (средней, нижней) носовой раковины	There is swelling of the upper (middle, lower) turbinate mucous membrane
Сделайте прокол гайморовой пазухи (прижигание слизистой оболочки носа, криовоздействие на слизистую оболочку носа)	Puncture the Highmore sinus (cauterize nasal mucosa, do cryocoagulation of the nasal mucous membrane)
Глотка без патологических изменений	Pharynx is free from pathology
Слизистая оболочка глотки розовая	The pharyngeal mucosa is pink
Дужки контурируются	The arch contour is clearly visible
Края небных дужек гиперемированы (отечны, инфильтрированы, спаяны с миндалинами)	The edges of the palatine arches are reddened (edematous, infiltrated, fused with the tonsils)
В криптах — гной. Надавите на миндалины шпателем	There is pus in the crypts. Press upon the tonsils with a spatula

Выдавите гной и казеозные массы (пробки) из крипт	Get the pus and caseous masses forced from the crypts
Миндалины увеличены в объеме (гиперемированы, болезненные при пальпации)	The tonsils are enlarged (reddened, tender on palpation)
Инородное тело застряло в подскладочном пространстве	A foreign body has stuck in the subglottic space
Сделайте прямую ларингоскопию (ларинготомию, трахеотомию)	Perform direct laryngoscopy (laryngotomy, tracheotomy)
Удалите инородное тело	Remove the foreign body

БОЛЕЗНИ УХА

УХО (УШИ)

DISORDERS OF THE EAR

EAR(S)

I. внутреннее ухо
   кошачье ухо
   наружное ухо
   среднее ухо
   ухо макаки
   ухо сатира/фавна
II. ангиома уха/ушной раковины

   атерома уха/ушной раковины

   боль в ухе
   воспаление уха, отит
   воспаление внутреннего уха, лабиринтит
   гноетечение из уха, оторея

   заложенность уха
   звон в ушах
   катетеризация уха
   меланома наружного уха
   холестеатома уха
C. барабанная перепонка

   барабанная полость

   болезнь Миньера
   костный лабиринт
   наружный слуховой проход

   отосклероз
   перепончатый лабиринт
   полукружные каналы
   преддверно-улитковый орган, ухо
   серная пробка
   слух
   слуховая/евстахиева труба
      воспаление слуховой трубы, евстахиит

I. internal ear
   cat ear
   external ear
   middle ear
   macaco's ear
   satyr's/faun's ear
II. angioma of the **ear/auricle of the ear**
    atheroma of the **ear/auricle of the ear**
    ear pain
    inflammation of the ear, otitis
    inflammation of the inner ear, labyrinthitis
    purulent discharge from the ear, otorrhea
    stuffiness in the ear
    ringing in the ears
    otic catheterization
    melanoma of the external ear
    cholesteatoma of the ear
S. eardrum, tympanum, tympanic membrane
   tympanic cavity, cavity of the middle ear
   Ménière's disease
   bony/osseous labyrinth
   external auditory **passage/meatus**
   otosclerosis
   membranous labyrinth
   semicircular canals
   organum vestibulocochleare, ear
   wax plug
   hearing
   auditory/Eustachian tube
      inflammation of the auditory tube, eustachitis

слуховая(ые) косточка(и) (*молоточек, наковальня, стремя*)
сосцевидный отросток
 воспаление сосцевидного отростка, мастоидит
улитка
ушная раковина
III. промывать уши

auditory ossicle(s) (*hammer/malleus, incus/anvil, stapes/stirrup*)
mastoid process
 inflammation of the mastoid process, mastoiditis
cochlea
auricle [of ear]
III. to **syringe/wash out/irrigate** ears

БАРАБАННАЯ ПЕРЕПОНКА

II. блеск барабанной перепонки
выбухание барабанной перепонки
искусственный прокол/разрез барабанной перепонки, парацентез
натянутая часть барабанной перепонки
прободение/перфорация барабанной перепонки
пупок/втягивание/углубление барабанной перепонки

расслабленная/шрапнелевая/ненатянутая часть барабанной перепонки

EARDRUM, TYMPANUM, TYMPANIC MEMBRANE, DRUM [MEMBRANE]

II. luster of the eardrum
bulging eardrum

artificial **puncture/incision** of the eardrum, paracentesis
tense/tightly drawn membrane
eardrum perforation

eardrum **umbilicus/umbo**, recession of the eardrum umbilicus
flaccid/schrapnel membrane

ЛАБИРИНТИТ, ВНУТРЕННИЙ ОТИТ

I. гематогенный лабиринтит
гнойный лабиринтит
диффузный лабиринтит
менингогенный лабиринтит
некротический лабиринтит
ограниченный лабиринтит
острый лабиринтит
серозный лабиринтит
тимпаногенный лабиринтит
травматический лабиринтит
хронический лабиринтит

LABYRINTHITIS, INTERNAL OTITIS

I. hematogenous labyrinthitis
purulent labyrinthitis
diffuse labyrinthitis
meningogenic labyrinthitis
necrotic labyrinthitis
limited labyrinthitis
acute labyrinthitis
serous labyrinthitis
tympanogenous labyrinthitis
traumatic labyrinthitis
chronic labyrinthitis

НАРУЖНЫЙ СЛУХОВОЙ ПРОХОД

II. атрезия наружного слухового прохода
грибковое заболевание наружного слухового прохода, отомикоз
фурункул наружного слухового прохода

EXTERNAL AUDITORY PASSAGE, EXTERNAL AUDITORY MEATUS

II. atresia of the external auditory passage
fungal disease of the external auditory passage, otomycosis
furuncle of the external auditory passage

ОТИТ

I. адгезивный/слипчивый отит
аллергический отит
аэроотит
внутренний отит, лабиринтит
гнойный отит
гриппозный отит
контузионный отит
коревой отит
наружный отит
острый отит
острый гнойный отит
острый катаральный отит
скарлатинозный отит

средний отит
травматический отит
туберкулезный отит
хронический отит
хронический гнойный отит
экссудативный отит

СЛУХ

I. бинауральный слух
моноауральный слух
острый слух
пониженный слух
II. больной с пониженным слухом

острота слуха
потеря слуха
С. глухой
глухота
внезапная глухота
острая глухота
усиливающаяся глухота
слуховой аппарат

тугоухость

III. восстанавливаться (*о слухе*)
восстанавливать слух
потерять слух, оглохнуть

слышать
хорошо (плохо) слышать

УШНАЯ РАКОВИНА

I. оттопыренная ушная раковина
II. гематома ушной раковины
козелок ушной раковины
разрастание на ушной раковине в виде цветной капусты

OTITIS

I. adhesive otitis
allergic otitis
aero-otitis
internal otitis, labyrinthitis
purulent otitis
influenzal otitis
contusion otitis
measles otitis
external otitis
acute otitis
acute purulent otitis
acute catarrhal otitis
scarlatinous/scarlet fever otitis
inflammation of middle ear
traumatic otitis
tuberculous otitis
chronic otitis
chronic suppurative otitis
exudative otitis

HEARING

I. binaural hearing
monaural hearing
acute hearing
diminished hearing
II. hard hearing patient

acuity of hearing
loss of hearing
S. deaf
deafness
sudden deafness
acute deafness
progressive deafness
acoustic hearing **apparatus** /**aid**
hearing disorder

III. to regain (*of hearing*)
to regain hearing
to lose hearing, to become deaf
to hear
to hear well (poorly), to have a good (bad) ear

AURICLE OF EAR, PINNA

I. **protuberant/sticking out** ear
II. hematoma of the ear
tragus of the ear
cauliflower ear

C. мочка [уха], долька ушной раковины

S. ear lobe, lobe of the ear

СПЕЦИАЛЬНЫЕ МЕТОДЫ ИССЛЕДОВАНИЯ. ПРОБЫ

МЕТОДЫ ИССЛЕДОВАНИЯ

C. аудиометрия, акуметрия, пороговая аудиометрия
вращательная проба
исследование камертоном

калорическая проба
ларингоскопия
ольфактометрия
отолитовая проба
отоскопия
пневматическая проба
риноскопия
указательная проба в позе Ромберга
фарингоскопия

SPECIAL METHODS OF INVESTIGATION. TESTS

METHODS OF INVESTIGATION

S. audiometry, acumetry, liminal audiometry
rotatory test
examination with the aid of a tuning fork
caloric test
laryngoscopy
olfactometry
otolith/ear stone test
otoscopy
pneumatic test
rhinoscopy
Romberg's test

pharyngoscopy

АУДИОМЕТРИЯ, АКУМЕТРИЯ, ПОРОГОВАЯ АУДИОМЕТРИЯ

I. игровая аудиометрия
объективная/рефлекторная аудиометрия
речевая аудиометрия
ультразвуковая аудиометрия

шумовая аудиометрия

AUDIOMETRY, ACUMETRY, LIMINAL AUDIOMETRY

I. game audiometry
objective/reflex audiometry

speech audiometry
ultrasonic/ultrasound audiometry
noise audiometry

ЛАРИНГОСКОПИЯ

I. непрямая ларингоскопия
прямая ларингоскопия
C. гортанное зеркало

LARYNGOSCOPY

I. indirect laryngoscopy
direct laryngoscopy
S. laryngeal speculum

РИНОСКОПИЯ

I. задняя риноскопия, эпифарингоскопия
передняя риноскопия
C. лобный рефлектор, зеркало

носорасширитель

■ Вы хорошо (плохо) слышите?

У вас есть выделения из уха?

Выделения из уха постоянные или периодические?

RHINOSCOPY

I. posterior rhinoscopy, epipharyngoscopy
anterior rhinoscopy
S. head reflector, frontal mirror
nasodilator

■ Do you hear well (poorly)?

Do you have a discharge from the ear?

Is the ear discharge persistent or periodic?

У вас есть шум в ушах (звон в ушах, резонирование голоса в ухе, боль в ушах, чувство заложенности ушей)?	Do you have noises in the ears (ringing in the ears, resonance of voice in the ear, ear pain, a feeling of stuffiness in the ears)?
У вас была травма уха?	Have you had an injury to the ear?
Вы капали в ухо (очищали ухо, прогревали ухо, делали компресс на ухо)?	Have you put drops into the ear (poked into the ear, applied heat to the ear, applied a compress to the ear)?
Каким ухом вы слышите хуже?	With which ear do you hear worse?
У вас раньше болели уши?	Have you had ear disorders before?
У вас есть гноетечение из уха?	Do you have a discharge of pus from the ear?
Боль в ухе усиливается при чихании (сморкании, глотании)?	Does the ear pain increase on sneezing (blowing the nose, swallowing)?
Боль в ухе пульсирующая (стреляющая, колющая)?	Is the ear pain throbbing (shooting, piercing)?
С каких пор вы стали слышать хуже?	Since when have you begun to hear less well?
У вас часто закладывает уши?	Are your ears often stuffed [up]?
Откройте рот, высуньте язык	Open your mouth, put out your tongue
Скажите «и» и сделайте глубокий вдох	Say "ee" and take a deep breath
Громко повторяйте за мной услышанные слова	Say loudly after me the words you hear
▲ Слух не изменен (снижен)	▲ Hearing is not changed (diminished)
Барабанная перепонка отечная (выбухающая, гиперемирована, с кровоизлияниями, истончена, утолщена)	The eardrum is edematous (bulging, hyperemic, ecchymotic, thin, thickened)
Световой конус укорочен (отсутствует, хорошо контурирует)	Cone of light is shortened (absent, clearly visible by its contour)
У больного(ой) сухая перфорация барабанной перепонки (фурункул наружного слухового прохода, серная пробка)	The patient has dry perforated eardrum (furuncle in the exterior auditory passage, a wax plug)
Удалите серную пробку сухим путем при помощи зонда (промыванием уха при помощи шприца Жане)	Take out the wax plug by a dry method with the aid of a tube (by washing out the ear with a Zhanè syringe)

Введите в наружный слуховой проход турунду, пропитанную борным спиртом	Insert a turunda soaked in boric spirit into the external auditory passage)
Наружный слуховой проход сужен (широкий, содержит умеренное количество серы)	The external auditory passage is narrowed (is wide, contains a moderate amount of sulfur)
Поставьте вибрирующий камертон на основание сосцевидного отростка	Place a vibrating tuning fork onto the mastoid process base
Держите камертон до тех пор, пока больной(ая) не перестанет его слышать	Keep it on until the patient can no longer hear the sound
Возьмите ушную раковину и осторожно оттяните ее вверх (назад и немного кнаружи)	Grasp the ear [auricle] and gently pull it upward (back and slightly out)
Введите зеркало отоскопа внутрь (продвиньте его немного вниз и вперед)	Insert the speculum of the otoscope in (slightly down and forward)
Продвиньте зеркало (ушную воронку) так, чтобы можно было видеть полностью барабанную перепонку	Move the speculum (aural speculum) so that you can see the entire drum
Серная пробка частично закрывает барабанную перепонку	Wax plug partially obscures the drum
Гнойный экссудат выделился в наружный слуховой проход	Purulent discharge has poured into the external auditory canal
При проверке шепотом острота слуха (не) снижена	Whisper test has (not) revealed diminished acuity of hearing
Укрепите рефлектор на лбу	Put on the frontal mirror
Отверстие рефлектора поместите против левого глаза	Align the reflector's slit with the left eye
Оттяните шпателем угол рта. Осмотрите преддверие рта	Pull aside the mouth angle with a spatula. Inspect the entrance to the mouth
Осмотрите слизистую оболочку мягкого неба (язычка, передних и задних небных дужек)	Examine the soft palate mucous membrane (the uvular mucosa, the mucous membrane of the anterior and posterior palatine arches)
Введите носоглоточное зеркало в полость рта, не касаясь корня языка и задней стенки глотки	Insert a nasopharyngeal speculum into the mouth without touching the root of the tongue and posterior pharyngeal wall
При легких поворотах зеркала осмотрите задние отделы глотки	Slightly turning the speculum inspect the posterior areas of the pharynx

ГЛАЗНЫЕ БОЛЕЗНИ

EYE DISEASES

ОБЩАЯ ОФТАЛЬМОЛОГИЯ
GENERAL OPHTHALMOLOGY — 368

ЗРЕНИЕ — 368 **SIGHT**
ПОЛЕ ЗРЕНИЯ — 369 VISUAL FIELD
ВЫПАДЕНИЕ ПОЛЯ ЗРЕНИЯ — 369 VISUAL FIELD DEFECT
СЛЕПОТА — 370 BLINDNESS

[ФИЗИОЛОГИЧЕСКАЯ] ОПТИКА — 370 **[PHYSIOLOGICAL] OPTICS**
АККОМОДАЦИЯ ГЛАЗА — 370 EYE ACCOMODATION
ЛИНЗА — 370 LENS
ОЧКИ — 371 GLASSES
РЕФРАКЦИЯ ГЛАЗА — 371 EYE REFRACTION
АСТИГМАТИЗМ — 372 [EYE] ASTIGMATISM
БЛИЗОРУКОСТЬ — 372 NEARSIGHTEDNESS
ДАЛЬНОЗОРКОСТЬ — 372 LONGSIGHTEDNESS

СПЕЦИАЛЬНЫЕ МЕТОДЫ ИССЛЕДОВАНИЯ — 373 **SPECIAL METHODS OF INVESTIGATION**
ОФТАЛЬМОСКОПИЯ — 373 OPHTHALMOSCOPY

ЧАСТНАЯ ОФТАЛЬМОЛОГИЯ
SPECIFIC OPHTHALMOLOGY — 374

ГЛАЗ(А) — 374 **EYE(S)**

ВЕКО(И) — 374 **EYELID(S)**
БЛЕФАРИТ — 375 BLEPHARITIS
БЛЕФАРОСПАЗМ — 375 BLEPHAROSPASM
ВЫВОРОТ ВЕКА — 375 TURNING OUT OF AN EYELID
ГЛАЗНАЯ ЩЕЛЬ — 376 EYE-SLIT
ОТЕК ВЕКА (ВЕК) — 376 LID EDEMA
ПТОЗ ВЕКА (ВЕК) — 376 EYELID PTOSIS
РЕСНИЦА(Ы) — 376 EYELASH(ES)

ГЛАЗНОЕ ЯБЛОКО — 376 **EYEBALL**
КАМЕРА ГЛАЗНОГО ЯБЛОКА — 377 EYE CHAMBER
КОСОГЛАЗИЕ — 377 SQUINT
НИСТАГМ — 378 NYSTAGMUS
ОБОЛОЧКА ГЛАЗНОГО ЯБЛОКА — 378 EYE MEMBRANE

РОГОВИЦА	379	CORNEA [OF THE EYE]
Кератит	379	**Keratitis**
СЕТЧАТКА	380	RETINA
Ретинопатия	380	**Retinopathy**
СКЛЕРА	381	SCLERA
СОСУДИСТАЯ ОБОЛОЧКА ГЛАЗНОГО ЯБЛОКА	381	VASCULAR TRACT OF THE EYE
Иридоциклит	381	**Iridocyclitis**
Радужка	382	**Iris**
Зрачок(чки)	382	**Pupil(s)**
Хориоидея	382	**Choroid**
Хориоидит	382	**Choroiditis**
СТЕКЛОВИДНОЕ ТЕЛО	383	VITREOUS BODY
ХРУСТАЛИК	383	[CHRYSTALLINE] LENS
КАТАРАКТА	383	CATARACT
ИНЪЕКЦИЯ [СОСУДОВ] ГЛАЗА	384	**OCULAR INJECTION**
КОНЪЮНКТИВА	384	**CONJUNCTIVA**
КОНЪЮНКТИВИТ	385	CONJUNCTIVITIS
СЛЕЗНЫЕ ОРГАНЫ	385	**LACRIMAL ORGANS**
СЛЕЗНЫЙ КАНАЛЕЦ	386	LACRIMAL DUCT
СЛЕЗНЫЙ МЕШОК	386	LACRIMAL SAC
ДАКРИОЦИСТИТ	386	DACRYOCYSTITIS
ГЛАЗНАЯ ВПАДИНА	386	**EYE-SOCKET**
ГЛАУКОМА	387	**GLAUCOMA**
ЗРИТЕЛЬНЫЙ НЕРВ	387	**OPTIC NERVE**
ТРАХОМА	387	**TRACHOMA**

ГЛАЗНЫЕ БОЛЕЗНИ

EYE DISEASES

ОБЩАЯ ОФТАЛЬМОЛОГИЯ

GENERAL OPHTHALMOLOGY

ЗРЕНИЕ

SIGHT, VISION, EYESIGHT

I. афакическое зрение
   бинокулярное/стереоскопическое зрение
   двойное зрение, двоение, диплопия
   дневное/фотопическое зрение
   монокулярное зрение
   нормальное зрение

I. aphacic vision
   binocular vision

   seeing double, diplopia

   daylight vision

   monocular vision
   normal vision, emmetropia

ночное/скотопическое зрение	night vision
периферическое зрение	peripheral vision
пониженное зрение	**reduced/impaired** vision
слабое зрение	weak **eyesight/vision**
стереоскопическое зрение	stereoscopic vision
сумеречное/мезопическое зрение	twilight vision
цветовое зрение, хроматопсия	colour vision, chromatopsia
врожденное расстройство цветового зрения, дальтонизм	congenital disturbance of colour vision, colour blindness, daltonism
центральное/макулярное/фовеальное зрение	central vision
II. нарушение зрения	II. **disturbance/impairment** of vision
острота зрения	acuity of vision
поле зрения	visual field, field of vision
потеря зрения, слепота	loss of **sight/vision**, blindness
ухудшение зрения	failing sight
C. зрительная адаптация, адаптация глаза	S. visual adaptation, adaptation of the eye
световая зрительная адаптация	light visual adaptation
темновая зрительная адаптация	dark visual adaptation
светоощущение	photoperception
цветоощущение	colour perception
III. вернуть больному зрение	III. to **give back/return** eyesight to a patient
видеть	to see
плохо (хорошо) видеть	to see poorly (well), to have bad (good) eyes
иметь хорошее (плохое) зрение	to have good (bad) **sight/eyes**
потерять зрение, ослепнуть	to lose sight, to **get/become** blind
потерять зрение на один (оба) глаз(а)	to lose sight in one eye (both eyes)
проверять зрение	to examine eyes, to check vision
слепнуть, терять зрение	to **get/become** blind, to lose sight

ПОЛЕ ЗРЕНИЯ

VISUAL FIELD

II. выпадение/дефект поля зрения	II. visual field defect
сужение поля зрения	narrowing of visual field margins
концентрическое сужение поля зрения	concentric narrowing of visual field

ВЫПАДЕНИЕ ПОЛЯ ЗРЕНИЯ

VISUAL FIELD DEFECT

I. двустороннее выпадение половины поля зрения, гемианопсия	I. half-vision, hemianopsia

выпадение наружных половин поля зрения, битемпоральная гемианопсия
выпадение носовых половин поля зрения, биназальная гемианопсия
очаговое выпадение поля зрения, скотома

absence of temporal halves of visual field, bitemporal hemianopsia
absence of nasal halves of visual field, binasal hemianopsia
focal visual field defect, scotoma

СЛЕПОТА

I. абсолютная/полная/медицинская слепота
куриная/ночная слепота, никталопия, гемералопия
неполная/частичная слепота
цветовая слепота, ахроматопсия, монохромазия, дальтонизм

BLINDNESS

I. **absolute/complete/medical** blindness, amaurosis
night blindness, nyctalopia, hemeralopia
incomplete/partial blindness
colour blindness, achromatopsia, monochromasy, daltonism

[ФИЗИОЛОГИЧЕСКАЯ] ОПТИКА

[PHYSIOLOGIGAL] OPTICS

C. аккомодация глаза
конвергенция глаза
линза
очки

рефракция глаза

S. eye accomodation
ocular convergence
lens
glasses, eyeglasses, spectacles
eye/ocular refraction

АККОМОДАЦИЯ ГЛАЗА

I. абсолютная (относительная) аккомодация глаза
II. ослабление аккомодации глаза
ослабление аккомодации глаза в пожилом возрасте, пресбиопия
паралич аккомодации глаза
спазм аккомодации глаза
C. аккомодативная астенопия

EYE ACCOMODATION, OCULAR ACCOMODATION

I. absolute (relative) eye accomodation
II. **reduced/weakened** ocular accomodation
reduced ocular accomodation in old age, presbyopia

eye accomodation paralysis
eye accomodation spasm
S. accomodative asthenopia

ЛИНЗА

I. астигматическая очковая линза
бифокальная очковая линза
бицилиндрическая очковая линза
контактная линза
мягкая контактная линза
лентикулярная линза
очковая линза
рассеивающая/отрицательная линза
роговичная контактная линза
склеральная контактная линза
собирательная/положительная линза

LENS

I. astigmatic glasses lens

bifocal glasses lens
bicylinder glasses lens

contact lens
soft contact lens
lenticular lens
glasses lens
dispersing/negative lens

corneal contact lens
scleral contact lens
accumulating/positive lens

сферическая линза
торическая линза
цилиндрическая линза

ОЧКИ

I. бифокальные очки
зеркальные очки
изейконические очки

корригирующие очки

однофокальные очки
предохранительные/защитные очки
призматические очки
стенопические/дырчатые очки

сферопризматические очки

телескопические очки
фотохромные очки

II. заушник очков
набор стекол для подбора очков
оправа очков
  размер оправы (расстояние между центрами зрачков)
очки без оправы, пенсне
рецепт на очки
стекла очков
III. носить очки
подбирать очки

РЕФРАКЦИЯ ГЛАЗА

I. аметропическая рефракция глаза
динамическая рефракция глаза
миопическая рефракция глаза, близорукость, сильная рефракция глаза, миопия
нормальная/эмметропическая рефракция глаза, эмметропия
слабая рефракция глаза, гиперметропия, дальнозоркость
смешанная рефракция глаза, астигматизм
статическая рефракция глаза
неодинаковая рефракция обоих глаз, анизометропия
C. ближайшая (дальнейшая) точка ясного зрения

spherical lens
toric lens
cylindrical lens

GLASSES, EYEGLASSES, SPECTACLES

I. bifocal spectacles
mirror glasses
isoiconic **spectacles/glasses**

corrective **eyeglasses/spectacles**

monofocal spectacles
goggles, defensive spectacles

prismatic spectacles
stenopeic **spectacles/glasses**

spheroprismatic **spectacles/glasses**

telescopic spectacles
photochrome **spectacles/glasses**

II. glasses ring
spectacle-box, spectacle-case
glasses **rims/frames**
  rims size (distance between the centres of pupils)
rimless glasses, pince-nez
prescription for eyeglasses
ocular **glasses/lenses**
III. to wear glasses
to adjust glasses

EYE REFRACTION, OCULAR REFRACTION

I. ametropic **eye/ocular** refraction
dynamic **eye/ocular** refraction
myopic eye refraction, nearsightedness, intense eye refraction, myopia
normal/emmetropic eye refraction, emmetropia
weak eye refraction, hypermetropia, longsightedness

mixed eye refraction, astigmatism
static **eye/ocular** refraction
unequal refraction of both eyes, anisometropia
S. near (far) visual point

АСТИГМАТИЗМ

[EYE] ASTIGMATISM, [OCULAR] ASTIGMATISM

I. неправильный астигматизм
   обратный астигматизм
   правильный астигматизм
   простой астигматизм
   простой гиперметропический астигматизм
   простой миопический астигматизм
   прямой астигматизм
   роговичный астигматизм
   сложный астигматизм
   сложный гиперметропический/гиперметропо-гиперметропический астигматизм
   сложный миопический/миопо-миопический астигматизм
   смешанный/миопо-гиперметропический астигматизм
   физиологический астигматизм
   хрусталиковый астигматизм

I. irregular astigmatism
   reversed astigmatism
   regular astigmatism
   simple astigmatism
   simple hypermetropic astigmatism
   simple myopic astigmatism

   direct astigmatism
   corneal astigmatism
   compound astigmatism
   compound hypermetropic astigmatism

   compound myopic astigmatism

   mixed astigmatism

   physiologic astigmatism
   lenticular astigmatism

БЛИЗОРУКОСТЬ, МИОПИЯ

NEARSIGHTEDNESS, SHORTSIGHTEDNESS, MYOPIA

I. врождённая близорукость
   злокачественная близорукость
   ложная/спазматическая близорукость, псевдомиопия
   ночная/сумеречная близорукость
   осевая близорукость
   прогрессирующая (непрогрессирующая) близорукость
   профессиональная близорукость, рабочая миопия
   рефракционная близорукость
   транзиторная близорукость
II. близорукость высокой (слабой, средней) степени
C. близорукий

III. быть близоруким

I. congenital myopia
   malignant myopia

   false myopia, pseudomyopia

   twilight myopia

   axial myopia
   progressive (non-progressive) myopia
   occupational myopia

   refractive myopia
   transitory myopia
II. nearsightedness of high (mild, average) degree
S. nearsighted, shortsighted, myopic
III. to be nearsighted, shortsighted, myopic

ДАЛЬНОЗОРКОСТЬ, ГИПЕРМЕТРОПИЯ

LONGSIGHTEDNESS, HYPEROPIA, HYPERMETROPIA

I. комбинированная дальнозоркость
   осевая дальнозоркость
   полная/истинная дальнозоркость
   рефракционная дальнозоркость
   скрытая дальнозоркость
   старческая дальнозоркость,

I. combined hypermetropia

   axial hypermetropia
   complete/true hypermetropia

   refractive hypermetropia

   latent hypermetropia
   senile hypermetropia, long-

пресбиопия

явная дальнозоркость
II. высокая (слабая, средняя) степень дальнозоркости
С. дальнозоркий
III. быть дальнозорким

СПЕЦИАЛЬНЫЕ МЕТОДЫ ИССЛЕДОВАНИЯ

С. адаптометрия
биомикроскопия
   биомикроскоп
   щелевая лампа
диафаноскопия, диасклеральное просвечивание
исследование методом бокового (фокального) освещения

исследование остроты зрения при помощи оптотипов
   таблица для определения остроты зрения
исследование проходящим светом
кампиметрия
офтальмоскопия
офтальмофакометрия
офтальмохромоскопия
пальпаторное определение внутриглазного давления
рефрактометрия
теневая проба, скиаскопия
тонография
тонометрия
тоноскопия, офтальмодинамометрия
ультразвуковая биометрия
флюоресцентная ангиография

экзофтальмометрия
эластотонометр
электроретинография
эхоофтальмометрия

ОФТАЛЬМОСКОПИЯ

II. офтальмоскопия в обратном виде
офтальмоскопия в прямом виде
С. глазное дно
ручной электроофтальмоскоп

sightedness due to old age, presbyopia
apparent hypermetropia
II. longsightedness of high (**mild/slight**, average) degree
S. longsighted, presbyopic
III. to be **longsighted/presbyopic**

SPECIAL METHODS OF INVESTIGATION

S. adaptometry
biomicroscopy
   biomicroscope
   slit-lamp
diaphanoscopy

investigation/examination by the method of lateral (focal) light
examination of visual acuity with the aid of optotypes
   visual test table

investigation by passing light
campimetry
ophthalmoscopy
ophthalmophacometry
ophthalmochromoscopy
determination of intraocular pressure by palpation
refractometry
shadow test, skiascopy
tonography
tonometry
tonoscopy, ophthalmodynamometry
ultrasonic biometry
fluorescent angiography

exophthalmometry
elastotonometer
electroretinography
echo-ophthalmometry

OPHTHALMOSCOPY

II. indirect ophthalmoscopy

direct ophthalmoscopy

S. fundus of the eye
portable electric ophthalmoscope

ЧАСТНАЯ ОФТАЛЬМО-ЛОГИЯ

ГЛАЗ(А)

I. бычий глаз
воспаленный глаз
выпученный глаз, экзофтальм
запавший глаз, энофтальм
искусственный глаз
косящий глаз
левый (правый) глаз
неподвижный глаз
слезящийся глаз
II. боль в глазу
выделение из глаза
дрожание глаз, нистагм
инъекция сосудов глаза
пелена перед глазами
утомление глаза
С. веко(и)
глазное яблоко
слезные органы
слизистая/соединительная оболочка глаза, конъюнктива

III. воспаляться (*о глазах*)

промывать глаза
слезиться (*о глазах*)

ВЕКО(И)

I. верхнее веко
нижнее веко
II. абсцесс века
аденокарцинома века
воспаление краев век, блефарит
втяжение века
выворот века, эктропион
гемангиома века
дефект края века, колобома века
заворот века
контагиозный моллюск век

ксантелазма век
опущение/птоз [верхнего] века
отек века (век)
отрыв века
разрыв века
рак кожи века
   базальноклеточный рак кожи века
ранение века
ресничный край век

SPECIFIC OPHTHALMOLOGY

EYE(S), OCULUS (OCULI)

I. buphthalmos
inflamed/sore eye
bulging eye, exophthalmos
retracted eye, enophthalmos
artificial eye
squinting eye
left (right) eye, OS (OR)
immovable/fixed eye
running eye
II. eye pain
ocular discharge
nistagmus
ocular injection
blurring of vision
eye strain
S. eyelid(s)
eyeball, ball of the eye
lacrimal organs
mucous membrane of the eye, connective membrane, conjunctiva

III. to inflame, to get sore (*of eyes*)
to **wash out/bathe** eyes
to be running (*of eyes*)

EYELID(S)

I. upper lid
lower lid
II. abscess of the eyelid
adenocarcinoma of the lid
inflammation of the lid margins, blepharitis
lid retraction
lid evertion, ectropion
lid hemangioma
lid coloboma, coloboma palpebrale
blepharelosis, entropion
molluscum contagiosum of the eyelids
xanthelasma palpebrarum
[upper] lid ptosis
edematous lid(s)
lid abruption
lid rupture
skin carcinoma of the lid
   skin basal cell carcinoma of the lid
lid injury
ciliary margin of the lids

сальные железы век, мейбомиевы железы	meibomian glands
свисание истонченной кожи верхнего века, блефарохалазис	blepharochalasis
сращение век между собой и глазным яблоком, анкилоблефарон	ankyloblepharon
флегмона века	lid phlegmon
фурункул века	lid furuncle
экзема кожи века	lid skin eczema
C. глазная щель, щель век	S. eye-slit, ocular fissure
кожный рог	cutaneous horn
спазм вековой части круговой мышцы глаза, блефароспазм	blepharospasm
халазион, градина	chalazion
эпикантус	epicanthus
ресницы	eyelashes
ячмень	sty, hordeolum
внутренний ячмень	**inner/internal** sty
наружный ячмень	**outer/external** sty
III. вывернуть веко	III. to evert a lid
вывернуть веко с помощью векоподъемника (стеклянной палочки)	to evert a lid with the aid of an eyelid lifter (glass rod)
слипаться (*о веках*)	to stick together (*of lids*)
смыкать веки, закрывать глаз(а)	to close lids, to close eye(s)

БЛЕФАРИТ

BLEPHARITIS

I. ангулярный блефарит
мейбомиевый блефарит
простой/чешуйчатый блефарит, себорея век
язвенный блефарит

II. розацеа-блефарит

I. angular blepharitis
meibomian blepharitis
simple/squamous blepharitis

ulcerative blepharitis

II. rosacea blepharitis

БЛЕФАРОСПАЗМ

BLEPHAROSPASM

I. истерический блефароспазм
клонический блефароспазм
рефлекторный блефароспазм
симптоматический блефароспазм

старческий блефароспазм
тонический блефароспазм
эссенциальный блефароспазм

I. hysterical blepharospasm
clonic blepharospasm
reflex blepharospasm
symptomatic blepharospasm

senile blepharospasm
tonic blepharospasm
essential blepharospasm

ВЫВОРОТ ВЕКА, ЭКТРОПИОН

TURNING OUT OF AN EYELID, EVERSION OF AN EYELID, ECTROPION, ECTROPIUM

I. атонический выворот века
паралитический выворот века

рубцовый выворот века

I. atonic eversion of an eyelid
paralytic eversion of an eyelid, paralytic ectropion
cicatricial eversion of an eyelid

спастический выворот века	spastic eversion of an eyelid
старческий выворот века	senile ectropion

ГЛАЗНАЯ ЩЕЛЬ, ЩЕЛЬ ВЕК / EYE-SLIT, OCULAR FISSURE

I.
- узкая глазная щель / narrow eye-slit
- широкая глазная щель / wide eye-slit

II.
- смыкание глазной щели / closing of eye-slit
- неполное смыкание глазной щели, лагофтальм / incomplete closing of eye-slit, lagophthalmos
- сужение глазной щели / narrowing of the eye-slit
- угол глазной щели / canthus
- укорочение и сужение глазной щели, блефарофимоз / blepharophimosis
- ширина глазной щели / eye-slit width

ОТЕК ВЕКА (ВЕК) / LID EDEMA

I.
- аллергический отек век / allergic lid edema
- ангионевротический отек век / angioneurotic lid edema
- травматический отек век / traumatic lid edema

ПТОЗ ВЕКА (ВЕК), БЛЕФАРОПТОЗ / EYELID PTOSIS, BLEPHAROPTOSIS

I.
- врожденный птоз века / congenital eyelid ptosis
- двусторонний птоз век / bilateral eyelid ptosis
- миогенный птоз века / **myogenic/myogenetic/myogenous** ptosis
- односторонний птоз века / unilateral eyelid ptosis
- паралитический птоз век / paralytic eyelid ptosis
- полный (неполный) птоз века / complete (incomplete) eyelid ptosis
- приобретенный птоз века / acquired eyelid ptosis
- старческий птоз век / senile eyelid ptosis

S. поза звездочета / posture of an astrologer

РЕСНИЦА(Ы) / EYELASH(ES)

I.
- густые (редкие) ресницы / dense (thin) eyelashes

II.
- неправильный рост ресниц, трихиаз века / trichiasis of the lid
- полное выпадение ресниц, мадароз / total falling out of eyelashes
- прекращение роста ресниц / non-growth of eyelashes

ГЛАЗНОЕ ЯБЛОКО / EYEBALL, BALL OF THE EYE

II.
- атрофия глазного яблока / eyeball atrophy
- быстро повторяющиеся движения глазных яблок, дрожание глаз, нистагм / nystagmus
- выпячивание глазного яблока, экзофтальм / eyeball bulging, bulging eyes, exophthalmos
- западение глазного яблока, энофтальм / recession of the eyeball [in the orbit], enophthalmos
- камер(ы) глазного яблока / eye chamber(s), chamber(s) of the eye
- контузия глазного яблока / ocular contusion

неподвижность глазного яблока
оболочка(и) глазного яблока
ожог глазного яблока кислотой (щелочью)
отклонение зрительной оси одного из глаз от общей точки фиксации, косоглазие, страбизм, гетеротропия
ранение глазного яблока
   проникающее ранение глазного яблока
C. стекловидное тело
   хрусталик

fixed eyeball, eyeball immobility
eye/**ocular** membrane(s)
acid (alkali) burn of the eye

squint, strabismus

eyeball injury
   penetrating eyeball injury
S. vitreous body
   [crystalline] lens

КАМЕРА ГЛАЗНОГО ЯБЛОКА

I. глубокая камера глазного яблока
мелкая камера глазного яблока
передняя (задняя) камера глазного яблока
II. водянистая влага камер глаза
гной в передней камере глазного яблока, гипопион
кровоизлияние в переднюю камеру глазного яблока, гифема
отсутствие камеры глазного яблока

EYE CHAMBER, CHAMBER OF THE EYE

I. deep chamber of the eye

shallow chamber of the eye
anterior (posterior) chamber of the eye
II. aqueous humor of the **eye chambers**/**chambers of the eye**
pus in the anterior chamber of the eye, hypopyon
bleeding into the anterior chamber of the eye, hyphem[i]a
absence of the eye chamber

КОСОГЛАЗИЕ, ГЕТЕРОТРОПИЯ, СТРАБИЗМ

I. аккомодационное косоглазие

альтернирующее косоглазие

вертикальное косоглазие
горизонтальное косоглазие

двустороннее косоглазие
мнимое/кажущееся косоглазие, псевдострабизм
одностороннее/монолатеральное/монокулярное косоглазие
паралитическое косоглазие
периодическое косоглазие

расходящееся/дивергирующее/наружное косоглазие, экзотропия
скрытое косоглазие, гетерофория
содружественное косоглазие

SQUINT, HETEROTROPIA, STRABISMUS

I. accomodation **squint**/**strabismus**
alternating **squint**/**strabismus**
vertical **squint**/**strabismus**
horizontal **squint**/**strabismus**
bilateral strabismus
sham/**apparent** strabismus, pseudostrabismus
unilateral/**monolateral** strabismus
paralytic squint
periodical **squint**/**strabismus**
divergent/**external** squint, exotropia

latent squint, heterophoria
concomitant squint

сходящееся/внутреннее/конвергирующее косоглазие
фиксированное/постоянное косоглазие
явное косоглазие
II. косоглазие кверху, гипертропия, суправергенция
косоглазие книзу, гипотропия, инфравергенция
угол косоглазия, величина отклонения глаза

НИСТАГМ

I. бинокулярный нистагм
вертикальный нистагм
вестибулярный нистагм
вращательный нистагм
горизонтальный нистагм
диагональный нистагм
диссоциированный нистагм
интенционный/установочный нистагм
крупноразмашистый нистагм
лабиринтный нистагм
маятникообразный/качательный нистагм
мелкоразмашистый нистагм
монокулярный нистагм
оптический нистагм
оптокинетический/зрительный нистагм
послевращательный нистагм, постнистагм
прессорный нистагм
пульсирующий/ретракторный нистагм
ротаторный нистагм
содружественный/ассоциированный нистагм
смешанный нистагм
спонтанный нистагм
среднеразмашистый нистагм
толчкообразный/клонический нистагм
тонический нистагм
II. нистагм положения

ОБОЛОЧКА ГЛАЗНОГО ЯБЛОКА

I. белочная оболочка глазного яблока/глаза, склера
внутренняя оболочка глазного яблока, сетчатая оболочка, сетчатка, ретина
сосудистая оболочка глазного яблока, увеальный тракт

convergent/internal squint
fixed/constant squint/strabismus
apparent/manifest squint
II. upward squint, hypertropia, supravergence
downward squint, hypotropia, infravergence
angle of squint, eye deviation value

NYSTAGMUS

I. binocular nystagmus
vertical nystagmus
vestibular nystagmus
rotatory nystagmus
horizontal nystagmus
diagonal nystagmus
dissociated nystagmus
intention/adaptive nystagmus
large-swinging nystagmus
labyrinthine nystagmus
pendular/rocking nystagmus

small-swinging nystagmus
monocular nystagmus
optic nystagmus
optokinetic/opticokinetic/visual nystagmus
postrotatory nystagmus, postnystagmus
pressure nystagmus
pulsating, throbbing/retractor nystagmus
rotatory nystagmus
conjugated/associated nystagmus
mixed nystagmus
spontaneous nystagmus
middle-swinging nystagmus
jerk/clonic nystagmus

tonic nystagmus
II. posture nystagmus

EYE MEMBRANE, OCULAR MEMBRANE

I. white of the eye sclera

internal membrane of the eye, tunica interna bulbi, retina

vascular/uveal tract

C. радужная оболочка, радужка
   роговая оболочка, роговица

РОГОВИЦА

I. блестящая роговица
   гигантская роговица, мегалокорнеа
   конусовидная роговица, кератоконус
   малая роговица, микрокорнеа
   непрозрачная/мутная роговица
   овальная роговица
   прозрачная роговица
   тусклая роговица
   шаровидная роговица, кератоглобус
II. болезненная чувствительность/раздражение роговицы
    васкуляризация роговицы
    воспаление роговицы, кератит

    изъязвление роговицы
    инородное тело роговицы

    опоясывающий лишай роговицы
    пересадка роговицы, кератопластика
    повреждение роговицы
      поверхностное повреждение роговицы
    помутнение роговицы, бельмо
      помутнение по краю роговицы, старческая дуга
    уплощение роговицы

    эрозия роговицы
    язва роговицы, язвенный кератит
      ползучая язва роговицы
C. лимб
   роговичный синдром

Кератит

I. авитаминозный кератит
   аллергический кератит
   бактериальный кератит
   бессосудистый кератит
   герпетический кератит
   глубокий кератит
   грибковый кератит, кератомикоз
   дисковидный кератит
   диффузный кератит

S. iris of the eye, iris
   cornea, corneal membrane

CORNEA [OF THE EYE]

I. bright cornea
   giant cornea, megalocornea

   coneshaped cornea, keratoconus
   small cornea, microcornea
   opaque/clouded cornea

   oval cornea
   clear/transparent cornea
   dull cornea
   globular cornea, keratoglobus
II. corneal pathological sensitivity, corneal irritation
    corneal vascularization
    inflammation of the cornea, keratitis
    ulceration of the cornea
    [intra-]corneal foreign body
    corneal girdle

    keratoplasty

    corneal injury
      superficial corneal injury, abrasion of the cornea
    corneal opacity, corneal spot
      circular corneal opacity, arcus senilis
    flat cornea, corneal impression
    corneal erosion
    corneal ulcer, ulcerative keratitis
      corneal creeping ulcer
S. limbus
   corneal syndrome

Keratitis

I. avitaminotic keratitis
   allergic keratitis
   bacterial keratitis
   nonvascular keratitis
   herpetic keratitis
   deep keratitis
   mycotic keratitis, keratomycosis
   diskform keratitis
   diffuse keratitis

древовидный кератит	dendriform keratitis
интерстициальный/паренхиматозный кератит	**interstitial/parenchymatous** keratitis
лучевой кератит	**radiation/stellate** keratitis
поверхностный кератит	**shallow/superficial** keratitis
поверхностный краевой кератит	superficial marginal keratitis
полосчатый кератит	strip keratitis
пучковидный кератит, блуждающая/странствующая фликтена	fascicular keratitis, **wandering/travelling** phlyctena
сифилитический кератит	syphilitic keratitis
сухой/нитчатый/филаментозный кератит, сухой кератоконъюнктивит	**dry/filamentous** keratitis, dry keratoconjunctivitis
точечный кератит	punctate keratitis
травматический кератит	traumatic keratitis
туберкулезный кератит	tuberculous keratitis
фликтенулезный/скрофулезный/туберкулезно-аллергический кератит	**phlyctenular/scrofular/tuberculoallergic** keratitis
центральный кератит	central keratitis
язвенный кератит, язва роговицы	ulcerative keratitis, corneal ulcer
II. розацеа-кератит	II. rosacea keratitis

СЕТЧАТКА, РЕТИНА — RETINA

II. ангиопатия сетчатки	II. retinal angiopathy
ангиосклероз сетчатки	retinal angiosclerosis
воспаление сетчатки, ретинит	retinal inflammation, retinitis
глиоматоз сетчатки	retinal gliomatosis
дегенерация сетчатки	retinal degeneration
дистрофия сетчатки	retinal dystrophy
пигментная дистрофия сетчатки	retinal pigment dystrophy
заболевание сетчатки, ретинопатия	retinal disorder, retinopathy
истончение сетчатки	retinal thinning
кровоизлияние в сетчатку	retinal apoplexy, bleeding into the retina
непроходимость центральной артерии сетчатки	retinal central artery obstruction
отложение холестерина в сетчатку	retinal cholesterol deposits
отслоение сетчатки	retinal detachment
тромбоз центральной вены сетчатки	retinal central vein thrombosis
центральная ямка сетчатки	retinal central fossa
С. желтое пятно	S. yellow spot

Ретинопатия — Retinopathy

I. анемическая ретинопатия	I. anemic retinopathy
артериосклеротическая/склеротическая ретинопатия	**arteriosclerotic/sclerotic** retinopathy
гипертоническая/ангиоспастическая ретинопатия	**hypertensive/angiospastic** retinopathy

диабетическая ретинопатия
диспротеинемическая ретинопатия
коллагенозная ретинопатия
лейкемическая ретинопатия
пигментная ретинопатия, пигментная дегенерация сетчатки

почечная ретинопатия
старческая ретинопатия
токсогравидарная ретинопатия
травматическая ретинопатия, болезнь Пурчера

СКЛЕРА

II. воспаление склеры, склерит

разрыв склеры
  субконъюнктивальный разрыв склеры
стафилома склеры
эктазии склеры

СОСУДИСТАЯ ОБОЛОЧКА ГЛАЗНОГО ЯБЛОКА, СОСУДИСТЫЙ/УВЕАЛЬНЫЙ ТРАКТ

II. воспаление задних отделов сосудистой оболочки глазного яблока, задний увеит, хориоидит
воспаление передних отделов сосудистой оболочки глазного яблока, передний увеит, иридоциклит
C. радужка
собственная сосудистая оболочка глазного яблока, хориоидея
цилиарное/ресничное тело
  воспаление цилиарного тела, циклит

ИРИДОЦИКЛИТ

I. герпетический иридоциклит
гнойный иридоциклит
гонорейный иридоциклит
лучевой иридоциклит
серозный иридоциклит
симпатический иридоциклит, симпатическое воспаление, симпатическая офтальмия

фибринозный иридоциклит
травматический иридоциклит

diabetic retinopathy
dysproteinemic retinopathy

collagenous retinopathy
leukemic retinopathy
pigmental retinopathy, pigmentary degeneration of retina
renal retinopathy
senile retinopathy
toxogravidar retinopathy
traumatic retinopathy, Purtscher's disease

SCLERA

II. inflammation of the sclera, scleritis
scleral rupture
  subconjunctival scleral rupture
scleral staphyloma
scleral ectasia

VASCULAR TRACT OF THE EYE, UVEAL TRACT

II. inflammation of the posterior vascular tract of the eye, posterior uveitis, choroiditis
inflammation of the anterior vascular tract of the eye, anterior uveitis, iridocyclitis
S. iris
vascular coat of the eye, choroid

ciliary body
  inflammation of the ciliary body, cyclitis

IRIDOCYCLITIS

I. herpetic iridocyclitis
purulent iridocyclitis
gonorrheal iridocyclitis
radial iridocyclitis
serous iridocyclitis
sympathetic/sympathic iridocyclitis, sympathetic inflammation, sympathetic ophthalmia
fibrinous iridocyclitis
traumatic iridocyclitis

Радужка

I. воспаление радужки, ирит

воспаление радужки и ресничного тела, иридециклит

выпадение радужки
гетерохромия радужки
меланома радужки
отсутствие радужки, аниридия
патологическое расслоение радужки, иридошизис, иридосхизис
C. зрачок
кольцо Кайзера-Флейшера
пятна Брушфильда

Зрачок(чки)

I. активный зрачок
вяло реагирующий зрачок
искусственный зрачок
круглый зрачок
неподвижный зрачок
неправильный зрачок
расширенный зрачок
симметричные зрачки
суженный зрачок
II. заращение зрачка
расширение зрачка, мидриаз

реакция зрачка на свет
сращение зрачка
средство, расширяющее (суживающее) зрачок
сужение зрачка, миоз

Хориоидея

II. воспаление хориоидеи, хориоидит
воспаление радужки и хориоидеи, иридохориоидит

Хориоидит

I. диссеминированный/рассеянный хориоидит
диффузный хориоидит
ограниченный хориоидит
очаговый хориоидит
периферический хориоидит
симпатический хориоидит
туберкулезный хориоидит

Iris

II. inflammation of the iris, iritis
inflammation of the iris and ciliary body, inflamed iris and ciliary body
prolapse of iris
heterochromia of iris
melanoma of iris
absence of iris, aniridia

pathologic stratification of iris

S. pupil, pupilla
Kayser-Fleischer's ring
Brushfield's spots

Pupil(s), pupilla (pupillae)

I. active pupil
sluggish pupil
artificial pupil
round pupil
fixed pupil
irregular pupil
dilated/mydriatic pupil
symmetrical pupils
constricted/miotic pupil
II. pupillary constriction
pupillary dilation, mydriasis
pupillary response to light
pupillary **adhesion/symphysis**
mydriatic (miotic)

pupillary constriction, miosis

Choroid, vascular coat of the eye

II. inflammation of choroid, choroiditis
inflammation of iris and choroid, iridochoroiditis

Choroiditis

I. disseminated choroiditis

diffuse choroiditis
limited choroiditis
focal choroiditis
peripheral choroiditis
sympathetic choroiditis
tuberculous choroiditis

центральный хориоидит
экваториальный хориоидит

СТЕКЛОВИДНОЕ ТЕЛО

I. гиперпластическое первичное стекловидное тело
II. деструкция стекловидного тела
кровоизлияние в стекловидное тело, гемофтальм

отслойка стекловидного тела
помутнение стекловидного тела
разжижение стекловидного тела
сморщивание стекловидного тела

ХРУСТАЛИК, ЛИНЗА

I. искусственный хрусталик
конусовидный хрусталик, лентиконус
уменьшенный хрусталик, микрофакия
шаровидный хрусталик, сферофакия
II. отсутствие хрусталика, афакия
подвывих хрусталика
помутнение хрусталика, катаракта
разрыв капсулы хрусталика
смещение хрусталика, эктопия хрусталика
C. красный рефлекс

КАТАРАКТА

I. бурая/черная катаракта
веретенообразная катаракта
врожденная катаракта
вторичная/последовательная катаракта
голубая катаракта
диабетическая катаракта
дисковидная катаракта
дырчатая катаракта
задняя полярная катаракта
звездчатая катаракта, катаракта хрусталикового шва
зрелая (незрелая) катаракта
корковая/кортикальная катаракта
коронарная/венечная катаракта

central choroiditis
equatorial choroiditis

VITREOUS BODY

I. hyperplastic primary vitreous body
II. vitreous body destruction

bleeding into the vitreous body, vitreous hemorrhage, hemophthalmos
detachment of vitreous body
haziness of vitreous body

synchysis [of vitreous body]

wrinkled vitreous body

[CRYSTALLINE] LENS, LENS

I. artificial lens
cone-shaped crystalline lens, lenticonus
diminished crystalline lens, microphakia
spherical crystalline lens, spherophakia
II. absence of the crystalline lens, aphakia
subdislocation of the lens
clouding of the crystalline lens, cataract
crystalline capsule rupture
displacement of the crystalline lens, lens ectopia
S. red reflex

CATARACT

I. **brown/black** cataract
spindle-shaped cataract
congenital cataract
secondary/successive cataract
blue cataract
diabetic cataract
diskform cataract
stenopeic cataract
posterior polar cataract
stellate cataract, cataract of lenticular raphe
mature (immature) cataract
cortical cataract

coronary/coronal cataract

лентикулярнаяя катаракта	lenticular cataract
лучевая катаракта	stellate cataract
люксированная катаракта	luxated cataract
медная катаракта, халькоз хрусталика	copper cataract, lenticular chalcosis
морганиева/молочная катаракта	**Morgagni's/lacteal/lacteous** cataract
начинающаяся катаракта	arising cataract
передняя полярная катаракта	anterior polar cataract
перезрелая катаракта	**overripe/hypermature** cataract
перепончатая катаракта	membranous cataract
пленчатая катаракта	membranous cataract
порошкообразная ядерная катаракта, катаракта Коппок	powdered nuclear cataract, Coppock's cataract
приобретенная катаракта	acquired cataract
прогрессирующая катаракта	progressive cataract
розетчатая катаракта	**rosella/rosula** cataract
слоистая катаракта	stratified cataract
старческая катаракта	senile cataract
тотальная катаракта	total cataract
травматическая катаракта	traumatic cataract
ядерная катаракта	nuclear cataract

ИНЪЕКЦИЯ [СОСУДОВ] ГЛАЗА

OCULAR INJECTION

I. конъюнктивальная/поверхностная инъекция глаза	I. **conjunctival/superficial** ocular injection
перикорнеальная/целиарная/глубокая/эписклеральная инъекция глаза	**pericorneal/episcleral** ocular injection
смешанная инъекция глаза	mixed ocular injection

КОНЪЮНКТИВА

CONJUNCTIVA

I. набухшая конъюнктива	I. swollen conjunctiva
разрыхленная конъюнктива	loose conjunctiva
II. воспаление конъюнктивы, конъюнктивит	II. conjunctival inflammation, inflamed conjunctiva, conjunctivitis
жировик конъюнктивы	conjunctival fatty tissue
инородное тело конъюнктивы	conjunctival foreign body
конъюнктива века	palpebral conjunctiva, conjunctiva of the eyelid
конъюнктива глазного яблока	bulbar conjunctiva, conjunctiva of the eyeball
кровоизлияние в конъюнктиву	bleeding into the conjunctiva
меланома конъюнктивы	conjunctival melanoma
отек конъюнктивы	conjunctival edema
пигментные родимые пятна конъюнктивы	pigmentary conjunctival birthmarks
ретенционная киста желез конъюнктивы	retentional cyst of the conjunctival glands
сосочки конъюнктивы	conjunctival papillae
ущемление конъюнктивы между краями век, хемоз	conjunctival incarceration between lid margins, chemosis
эпителиома конъюнктивы	conjunctival epithelioma

C. конъюнктивальный мешок
крыловидная плева, птеригий
трахома

S. conjunctival sac
winglike **membrane/film/coat**, pterygium
trachoma

КОНЪЮНКТИВИТ

CONJUNCTIVITIS

I. аденовирусный конъюнктивит
аллергический конъюнктивит
ангулярный конъюнктивит
блефароконъюнктивит
весенний конъюнктивит/катар
вирусный конъюнктивит
герпетический конъюнктивит
гнойный конъюнктивит
гонорейный конъюнктивит
дифтерийный конъюнктивит, дифтерия глаза

катаральный конъюнктивит
коревой конъюнктивит
острый конъюнктивит
острый эпидемический конъюнктивит
пленчатый конъюнктивит
пневмококковый конъюнктивит
сенной конъюнктивит
стафилококковый конъюнктивит

стрептококковый конъюнктивит

трахомоподобный конъюнктивит

фликтенулезный конъюнктивит
фолликулярный конъюнктивит
хронический конъюнктивит
II. конъюнктивит новорожденных
конъюнктивит с включениями, паратрахома, банный/бассейный конъюнктивит

C. пемфигус/пузырчатка глаза
снежная слепота
электрофтальмия

I. adenovirus conjunctivitis
allergic conjunctivitis
angular conjunctivitis
blepharoconjunctivitis
spring **conjunctivitis/catarrh**

virus conjunctivitis
herpetic conjunctivitis
purulent conjunctivitis
gonorrheal conjunctivitis
diphtheritic conjunctivitis, ocular diphtheria, diphtheria of the eye

catarrhal conjunctivitis
measles conjunctivitis
acute conjunctivitis
acute epidemic conjunctivitis

membranous conjunctivitis
pneumococcal conjunctivitis

allergic conjunctivitis
staphylococcal conjunctivitis

streptococcal conjunctivitis

trachoma-like conjunctivitis

phlyctenular conjunctivitis
follicular conjunctivitis
chronic conjunctivitis
II. infantile conjunctivitis
inclusion conjunctivitis, granular conjunctivitis, paratrachoma, **bath/pool** conjunctivitis

S. ocular pemphigus
snow blindness
electrophthalmia

СЛЕЗНЫЕ ОРГАНЫ

LACRIMAL ORGANS

C. носослезный канал/проток
атрезия носослезного канала

отверстие носослезного канала
слезная железа
воспаление слезной железы, дакриоаденит

S. nasolacrimal **canal/duct**
atresia of nasolacrimal duct
orifice/opening of nasolacrimal duct
lacrimal gland
lacrimal gland **inflammation/infection**, dacryoadenitis

слезная точка	lacrimal **point/opening**
выворот слезной точки	lacrimal opening eversion
сужение слезной точки	lacrimal opening stricture
слезное озеро	lacrimal lake
слезный каналец	lacrimal duct
слезный мешок	lacrimal sac
слезный сосочек	lacrimal papilla
слезовыделение	lacrimation, tearing
избыточное слезовыделение	excessive tearing
отсутствие слезовыделения	**lack/absence** of tears
слезоотводящие пути	lacrimal **ducts/tracts**
слезотечение	running eyes, epiphora, watery eyes, eyewatering
III. зондировать слезопроводящие пути	III. to probe lacrimal ducts
промывать слезные пути	to **wash out/bathe** lacrimal ducts
расширять слезную точку	to widen the lacrimal opening

СЛЕЗНЫЙ КАНАЛЕЦ

LACRIMAL DUCT

II. воспаление слезного канальца	II. lacrimal duct inflammation
непроходимость слезного канальца	lacrimal duct obstruction
сужение слезного канальца	lacrimal duct **stricture/narrowing**

СЛЕЗНЫЙ МЕШОК

LACRIMAL SAC

II. воспаление слезного мешка, дакриоцистит	II. lacrimal sac inflammation, dacryocystitis
водянка слезного мешка	lacrimal sac dropsy
свищ слезного мешка	lacrimal sac fistula
флегмона слезного мешка, острый дакриоцистит	lacrimal sac phlegmon, acute dacryocystitis

ДАКРИОЦИСТИТ

DACRYOCYSTITIS

I. острый дакриоцистит, флегмона слезного мешка	I. acute dacryocystitis, lacrimal sac phlegmon
хронический дакриоцистит	chronic dacryocystitis
II. дакриоцистит новорожденных	II. dacryocystitis of the newborn

ГЛАЗНАЯ ВПАДИНА, ГЛАЗНИЦА, ОРБИТА

EYE-SOCKET, ORBIT

I. выступающая глазница	I. prominent orbit
II. глубина глазницы	II. depth of orbit
киста глазницы	orbital cyst
опухоль глазницы	orbital tumour
остеома глазницы	orbital osteoma
остеопериостит глазницы	orbital osteoperiostitis
саркома глазницы	sarcoma of the orbit
флегмона глазницы	phlegmon of the orbit, orbital phlegmon
C. синдром верхней глазничной щели	S. upper eye-slit syndrome

тенонова капсула	Tenon's capsule
воспаление теноновой капсулы, тенонит	tenonitis
тромбофлебит глазничных вен	thrombophlebitis of ocular veins

ГЛАУКОМА

GLAUCOMA

I. врожденная глаукома — I. congenital glaucoma
вторичная глаукома — secondary glaucoma
закрытоугольная глаукома — closed-angle glaucoma
застойная глаукома — congestive glaucoma
открытоугольная глаукома — open-angle glaucoma
первичная глаукома — primary glaucoma
приобретенная глаукома — acquired glaucoma
простая глаукома — simple glaucoma
травматическая глаукома — traumatic glaucoma

II. приступ глаукомы — II. attack of glaucoma
острый приступ глаукомы — acute attack of glaucoma
подострый приступ глаукомы — subacute attack of glaucoma

S. внутриглазное давление, офтальмотонус — S. tension of the eye, ocular tension, intraocular pressure, ophthalmotonus

повышение внутриглазного давления — elevation in the ocular tension
видение радужных кругов — rainbow vision, seeing rainbow effects
краевая экскавация диска зрительного нерва — marginal excavation of the optic disk
сужение поля зрения — narrowing of visual field margin

III. понизить внутриглазное давление — III. to relieve intraocular pressure

ЗРИТЕЛЬНЫЙ НЕРВ

OPTIC NERVE, CRANIAL NERVE, NERVE OF SIGHT

II. атрофия зрительного нерва — II. optic nerve atrophy
диск/сосок зрительного нерва — optic **disk/papilla**
застойный сосок, отек диска зрительного нерва — engorged papilla, choked disk
 — papilloedema
воспаление зрительного нерва, неврит, папиллит — inflammation of the optic nerve, neuritis, papillitis
патологическое углубление диска зрительного нерва, экскавация диска — pathological excavation of the optic **disk/papilla**
побледнение диска зрительного нерва — fading in colour of the optic **disk/papilla**, optic disk pallor

ТРАХОМА

TRACHOMA

I. студенистая трахома — I. jelly[-like] trachoma
префолликулярная трахома, претрахома — prefollicular trachoma, pretrachoma

C. «глазки» Бонне
выдавливание/экспрессия трахоматозного фолликула
трахоматозный паннус
трахоматозный фолликул

S. Bonnet "small eyes"
squeezing/expression out of trachomatous follicle
trachomatous pannus
trachomatous follicle

■ Вас беспокоят(ит) глаза (зрение)?

■ Do you have any trouble with your eyes (eyesight)?

У вас хорошее (плохое) зрение?

Do you have good (poor) vision?

Вы видите лучше вдали или вблизи?

Do you see better at a distance or near to?

Каким глазом вы видите хуже?

Which eye do you see worse with?

Когда последний раз вы проверяли зрение?
Назовите букву, на которую я показываю

When did you last have your eyes tested?
What letter am I pointing to?

У вас абсолютно нормальное зрение (дальнозоркость, близорукость, высокая степень близорукости, слабая степень дальнозоркости)

Your eyesight is quite normal (you are longsighted, nearsighted, you have a high degree of nearsightedness, a slight degree of longsightedness)

У вас косоглазие с детства?

Have you had a squint since childhood?

Вы видите ясно (нечетко, как в тумане)?

Is your sight clear (blurred, dim)?

Вы постоянно носите очки? Какие?

Do you wear glasses permanently? What kind of glasses?

Вы пользуетесь очками только для работы на близком расстоянии (для дали)?

Do you use glasses only for short-distance (long-distance) work?

Вы должны носить очки постоянно (по необходимости)

You must wear your glasses permanently (only when necessary)

Вам нужны очки для чтения (для дали)

You need glasses for reading (for distant vision)

Я вам выпишу рецепт на очки для работы вблизи (для дали, для постоянного пользования)

I'll prescribe glasses for short-distance work (for long-distance work, for permanent wear)

У вас есть двоение в глазах?

Do you see double?

Вы лучше видите в сумерки или при ярком свете?

Can you see better at dusk or in bright light?

Вы различаете все цвета?

Can you distinguish all colours?

У вас часто краснеют и воспаляются глаза (нагнаивают-

Are your eyes often red and inflamed? (Do your eyes form

ся иногда глаза, часто бывают ячмени)?	pus sometimes? Do you often have sties?)
Края век утром слипаются?	Do your eyelids stick together in the morning?
Вы часто ощущаете сильную боль в глазах?	Do you often have severe pains in the eyes?
Бывает ли у вас слизисто-гнойное отделяемое в уголках глаз?	Do you have a discharge of mucus and pus at the corners of the eyes?
У вас есть ощущение засорённости глаз песком (ощущение инородного тела за веками, постоянный мучительный зуд в веках, постоянное раздражение век, выраженная чувствительность к пыли, искусственному свету)?	Do you have a gritty feeling in the eyes (a sensation of a foreign body present behind the eyelids, persistent troublesome itching in the eyelids, constant irritation of the eyelids, pronounced sensitivity to dust, artificial light)?
Вас беспокоит постоянное слезотечение (спазм век)?	Are you troubled with persistent eyewatering (eyelid spasm)?
В вашей семье есть больные глаукомой?	Is there a history of glaucoma in your family?
У вас бывает головная боль (боль в глазах утром после сна)?	Do you have headache (eye pain after sleep)?
У вас бывает(ют) периодическое ухудшение зрения (видение радужных кругов вокруг источника света, находящегося на расстоянии, неприятные ощущения в глазах после волнения или при плохом освещении)?	Do you have periodical failing vision (seeing rainbow effects around a distant light, discomfort in the eyes after excitement or in reduced illumination)?
Вы [когда-нибудь] замечали, что у вас один зрачок шире, чем другой?	Have you [ever] noticed that one of your pupils is larger than the other?
▲ У больного(ой) стало быстро ухудшаться зрение	▲ The patient has developed rapidly failing vision
У больного(ой) что-то с глазами	There is something wrong with the patient's eyes
Установите офтальмоскоп на 0 диоптрий. Затемните комнату	Set the ophthalmoscope at 0 diopters. Darken the room
Проверьте остроту зрения и поля зрения	Check visual acuity and fields
Определите степень косоглазия!	Measure the degree of strabismus
Выверните веко! Приподнимите слегка веко!	Evert the lid. Raise the upper eyelid slightly

Поставьте канальцевую (носовую) пробу	Do a ductus (nasal) test
Функция канальцев сохранена	Ductus function is retained
Слеза свободно проходит в слезный мешок	The tear passes into the lacrimal sac easily
Канальцевая проба положительная, слезноносовая проба отрицательная	Test of the duct is positive, lacrimonasal test is negative
Определите проходимость слезоотводящих путей	Determine if the lacrimal passage is patent
Какие зрачки у больного(ой)?	What is the pupillary status?
Зрачки круглые (правильной формы, равномерно реагируют на свет и аккомодацию)	The pupils are round (regular, react equally to light and accomodation)
Направляйте свет на каждый зрачок по очереди	Shine a light on each pupil in turn
Исследуйте реакцию зрачков	Observe the pupillary response
Зрачки расширены (сужены, неодинаковых размеров, симметричны)	The pupils are dilated (constricted, unequal in size, symmetrical)
Левый зрачок шире, чем правый	The left pupil is larger than the right one
Размер зрачков и реакция на свет адекватны	Pupil size and reaction to light are adequate
Проверьте роговичный рефлекс!	Test the corneal reflex
Коснитесь роговицы тонким жгутиком ваты	Touch the cornea with a fine wisp of cotton
Не назначайте средств, расширяющих зрачок, без консультации с офтальмологом!	Don't order mydriatics without a consultation with an ophthalmologist
Больной(ая) жалуется на затуманивание зрения (видение радужных кругов перед глазами, одностороннюю головную боль)	The patient complains of clouding of vision (rainbow vision, one-sided headache)
Проведите тонометрию (компрессионно-тонометрическую пробу, гониоскопию)	Perform tonometry (compression-tonometric test, gonioscopy)
У больного(ой) язва роговицы (бельмо роговицы, разрыв радужки)	The patient has a corneal ulcer (a corneal spot, rupture of iris)
Тушируйте язву роговицы	Paint the corneal ulcer
Сделайте криоаппликацию (фотокоагуляцию, лазерокоагуляцию, кератопластику)	Perform cryoapplication (photocoagulation, laser coagulation, keratoplasty)

Отмечается перикорнеальная инъекция глаза (углубление передней камеры глаза, помутнение ее влаги, изменение цвета и рисунка радужной оболочки)	There is pericorneal injection of the eye (recess of the anterior ocular chamber, clouding of its humor, change in colour and pattern of the iris)
Роговица блестящая (прозрачная, тусклая, мутная)	The cornea is bright (transparant, dull, opaque)
Выделения из глаз гнойные (обильные, сливкообразной консистенции, желтого цвета)	Eye discharges are purulent (profuse, of cream-like consistency, of yellow colour)
Конъюнктива нормальной окраски (отечная, гипертрофирована, разрыхлена, инфильтрирована, набухшая, ярко-красного цвета)	Conjunctiva is of normal colour (edematous, hypertrophic, loose, infiltrated, swollen, of bright-red colour)
Отмечается болезненность глазного яблока (светобоязнь, покраснение век)	There is eyeball tenderness (photofobia, reddening of the eyelids)
Диск зрительного нерва отечен (гиперемирован, розовато-серый, обесцвечен)	The optic disk is edematous (reddened, pinkish-gray, discoloured)
Границы диска зрительного нерва четкие (нечеткие)	The optic disk borders are distinct (blurred)
Отмечается выраженное (незначительное) кровоизлияние в сетчатку, частичное (краевое, тотальное) отслоение сетчатки	There is pronounced (slight) bleeding into the retina, partial (marginal, total) detachment of the retina
Показана диатермокоагуляция (криопексия)	There is indicated diathermocoagulation (cryopexy)
Сосуды сетчатки резко расширены (сужены, извиты, прерываются)	Retinal vessels are greatly dilated (narrowed, tortuous, interrupt)
Закапайте в глаз пипеткой дезинфицирующий раствор (раствор пилокарпина, раствор альбуцида)	Put with an eye dropper a disinfectant solution (a pilocarpine solution, an albucid solution) into the eye
Заложите в конъюнктивальный мешок дезинфицирующую мазь	Place some disinfectant salve into the conjunctival sac
Промойте конъюнктивальный мешок (слезные пути) дезинфицирующим раствором	Wash out the conjunctival sac (lacrimal ducts) with a disinfectant solution

УРОЛОГИЯ / UROLOGY

ОБЩАЯ ЧАСТЬ	393	**GENERAL**
БОЛЬ(И)	393	**PAIN(S)**
ПОЧЕЧНАЯ КОЛИКА	394	RENAL COLIC
МОЧЕВЫДЕЛЕНИЕ	394	**URINE FLOW**
МОЧЕИСПУСКАНИЕ	394	**URINATION**
АНУРИЯ	395	ANURIA
ГЕМАТУРИЯ	395	HEMATURIA
ИШУРИЯ	396	ISCHURIA
ПОЛОВАЯ ФУНКЦИЯ	396	**SEXUAL FUNCTION**
СПЕЦИАЛЬНЫЕ МЕТОДЫ УРОЛОГИЧЕСКОГО ИССЛЕДОВАНИЯ	396	**SPECIAL METHODS OF UROLOGICAL INVESTIGATION**
БИОПСИЯ	397	BIOPSY
ЧАСТНАЯ УРОЛОГИЯ	397	**SPECIFIC UROLOGY**
МОЧЕВОЙ ПРОТОК	397	**URINARY DUCT**
МОЧЕВОЙ ПУЗЫРЬ	397	**[URINARY] BLADDER**
РАЗРЫВ МОЧЕВОГО ПУЗЫРЯ	398	BLADDER RUPTURE
ЦИСТИТ	399	CYSTITIS
МОЧЕИСПУСКАТЕЛЬНЫЙ КАНАЛ	399	**URETHRAL CANAL**
ГИПОСПАДИЯ	400	HYPOSPADIAS
ОТДЕЛ УРЕТРЫ	400	URETHRAL END
СВИЩ УРЕТРЫ	400	URETHRAL FISTULA
СТРИКТУРА(Ы) УРЕТРЫ	400	URETHRAL STRICTURE(S)
УРЕТРИТ	400	URETHRITIS
МОЧЕКАМЕННАЯ БОЛЕЗНЬ	401	**UROLITHIASIS**
КАМЕНЬ(И)	401	CALCULUS (CALCULI)
МОЧЕТОЧНИК	401	**URETER**
ОТДЕЛ МОЧЕТОЧНИКА	402	END OF URETER
УРЕТЕРИТ	402	URETERITIS
МОШОНКА	402	**SCROTUM**
НЕФРОГЕННАЯ ГИПЕРТОНИЯ	402	**NEPHROGENIC HYPERTENSION**

ПОЛОВОЙ ЧЛЕН	403	PENIS	
ГОЛОВКА ПОЛОВОГО ЧЛЕНА	403	HEAD OF PENIS	
КРАЙНЯЯ ПЛОТЬ ПОЛОВОГО ЧЛЕНА	403	PREPUCE	
ФИМОЗ	404	PHIMOSIS	
ПОЧКА(И)	404	KIDNEY(S)	
ДИСТОПИЯ ПОЧКИ	405	ATOPIA OF THE KIDNEY	
КАПСУЛА ПОЧКИ	405	CAPSULE OF THE KIDNEY	
ПАРАНЕФРИТ	405	PARANEPHRITIS	
ЛОХАНКА ПОЧКИ	406	RENAL PELVIS	
ГИДРОНЕФРОЗ	406	HYDRONEPHROSIS	
ПОВРЕЖДЕНИЕ ПОЧКИ	406	KIDNEY INJURY	
ПОЧЕЧНАЯ НЕДОСТАТОЧНОСТЬ	406	RENAL INSUFFICIENCY	
ПРЕДСТАТЕЛЬНАЯ ЖЕЛЕЗА	407	PROSTATE	
ПРОСТАТИТ	407	PROSTATITIS	
СЕМЕННОЙ КАНАТИК	407	SPERMATIC CORD	
СЕМЕННОЙ(ЫЕ) ПУЗЫРЕК(КИ)	407	SEMINAL VESICLE(S)	
СЕМЯВЫНОСЯЩИЙ ПРОТОК	407	TESTICULAR DUCT	
ЯИЧКО	408	TESTICLE	
ГИДРОЦЕЛЕ	408	HYDROCELE	
КРИПТОРХИЗМ	408	CRYPTORCHISM	

УРОЛОГИЯ

ОБЩАЯ ЧАСТЬ

БОЛЬ(И)

II. боль внизу живота

    боль в мочеиспускательном канале/уретре
    боль в области мочевого пузыря
    боль в проекции мочеточника

    боль в области мошонки

    боль в области наружных половых органов
    боль в половом члене

    боль в поясничной области

UROLOGY

GENERAL

PAIN(S)

II. pain in the lower abdomen, lower abdominal pain
pain in the urethra, [para]urethral pain
bladder/-[**para**]**cystic** pain

[para]ureteral pain, pain in the area of ureter
pain in the scrotal area, [para]scrotal pain, pain in the area of scrotum
pain in the area of external genitals
penile pain, pain in the penis
low back pain, small of the back pain

боль над лобком	pain over the pubis, suprapubic pain
боль при мочеиспускании	pain on **urination/micturition**
C. почечная колика	S. renal colic
рези при мочеиспускании	sharp **pains/colic** on urination

ПОЧЕЧНАЯ КОЛИКА

RENAL COLIC

I. левосторонняя (правосторонняя) почечная колика
II. приступ почечной колики
III. купировать приступ почечной колики

I. left sided (right sided) renal colic
II. attack of renal colic
III. to control an attack of renal colic

МОЧЕВЫДЕЛЕНИЕ, ДИУРЕЗ

URINE FLOW, URINARY EXCRETION, DIURESIS

I. дневной (ночной) диурез

минутный диурез
суточный диурез,
диурез за одни сутки
   увеличение суточного диуреза, полиурия
   уменьшение суточного диуреза, олигурия
II. диурез за один час
C. количество выделяемой мочи
выделение мочи постоянно низкого удельного веса, гипостенурия
выделение мочи преимущественно в ночные часы, никтурия
III. выделять малые (большие) количества мочи

выводить мочу катетером

выделять мочу

измерять диурез
собирать мочу

I. daily urine flow (nocturnal urination)
minute diuresis
diurnal urine excretion,
daily diuresis
   high urine flow, polyuria

   low urine flow, oliguria

II. hourly urine flow
S. urinary output
hyposthenuria

nocturia

III. to pass small quantities of urine, to pass scanty urine
(to pass large quantities of urine)
to **take/collect** urine with a catheter
to pass **urine/water,** to **excrete/void** urine, to urinate
to measure urine flow
to collect urine

МОЧЕИСПУСКАНИЕ

URINATION, MICTURITION

I. болезненное затрудненное мочеиспускание, странгурия
непроизвольное мочеиспускание
редкое мочеиспускание, олигакиурия
учащенное мочеиспускание, поллакиурия

I. painful difficult urination, strangury
involuntary urination, leakage of urine
infrequent urination, oligakisuria
frequent urination, pollakisuria

II. акт мочеиспускания
затруднение/расстройство мочеиспускания, дизурия
мочеиспускание по каплям
начало мочеиспускания
отсутствие позывов к мочеиспусканию
позыв к мочеиспусканию
  императивный позыв к мочеиспусканию
  ложный позыв к мочеиспусканию
рези при мочеиспускании

частота мочеиспускания
C. задержка мочи, ишурия

наличие в моче крови или эритроцитов, гематурия
недержание мочи

неудержание мочи
отсутствие поступления мочи в мочевой пузырь, анурия, анурез
III. выделяться по каплям (*о моче*)
мочиться

II. act of **urination/micturition**
difficult/impaired urination, dysuria
dribble
start of the stream
failure to urinate, failure to pass urine
urge to void urine
  imperative urge to void urine
  false urge to void urine, tenesmus
sharp **pains/colic** on urination
urinary frequency
S. **retention/suppression** of urine, ischuria
discharge of bloody urine, hematuria
incontinence of urine, urinary incontinence
involuntary urination
absence of urinary entry into the bladder, anuria, anuresis
III. to dribble, to stream in dribble (*of urine*)
to urinate, to pass urine

АНУРИЯ, АНУРЕЗ

I. аренальная анурия
внепочечная/преренальная/экстраренальная анурия
интоксикационная анурия
калькулезная анурия
обтурационная анурия
ренальная/почечная/секреторная анурия
рефлекторная анурия
субренальная/постренальная/экскреторная анурия
травматическая анурия
транзиторная анурия

ANURIA, ANURESIS

I. arenal anuria
prerenal anuria, extrarenal anuria
intoxication anuria
calculous anuria
obturative/obstructive anuria
renal/secretory anuria

reflex anuria
subrenal/postrenal/excretory anuria
traumatic anuria
transitory anuria

ГЕМАТУРИЯ, ИСТИННАЯ ГЕМАТУРИЯ

I. вторичная/поздняя гематурия
истинная гематурия, гематурия
макроскопическая гематурия, макрогематурия
микроскопическая гематурия, микрогематурия
начальная/инициальная гематурия

HEMATURIA, TRUE HEMATURIA

I. **secondary/late** hematuria
true hematuria, hematuria

macrohematuria

microhematuria

initial hematuria

терминальная/конечная гематурия	terminal hematuria
тотальная гематурия	total hematuria
эссенциальная гематурия	essential hematuria

ИШУРИЯ
ISCHURIA

I. неполная (полная) ишурия — I. incomplete (complete) ischuria

острая ишурия	acute ischuria
парадоксальная ишурия	paradoxical ischuria
хроническая ишурия	chronic ischuria

ПОЛОВАЯ ФУНКЦИЯ
SEXUAL FUNCTION, GENITAL FUNCTION

C. онанизм, мастурбация, ипсация, рукоблудие — S. onanism, masturbation, ipsism, ipsation

половая активность	sexual activity
половая жизнь	sex life, sex
половая зрелость	puberty
половая связь	sexual relations
внебрачная половая связь	extramarital sexual relations
половое бессилие	loss of sexual function
половые органы	genitals, privates, genital organs
половое сношение	sexual intercourse
семяизвержение, эякуляция	ejaculation
эрекция	erection
болезненная эрекция	painful erection
стойкая эрекция, приапизм	lasting erection, priapism

СПЕЦИАЛЬНЫЕ МЕТОДЫ УРОЛОГИЧЕСКОГО ИССЛЕДОВАНИЯ
SPECIAL METHODS OF UROLOGICAL INVESTIGATION

C. биопсия — S. biopsy

бужирование мочеиспускательного канала	bougienage of urethral canal
изотопная ренография	isotope renography
катетеризация мочевого пузыря	bladder catheterization
клиренс-тест(ы)	clearance test(s)
проба Зимницкого	Zimnitsky's test
проба Каковского-Аддиса	Kakovsky-Addis test
проба Тареева-Реберга	Tareev-Rehberg test
проба Фольгарда	Volhard's test
сканирование почки	kidney scanning
спермограмма	spermogram
сфинктерометрия	sphincterometry
тест Говарда	Howard's test
тест Говарда-Рапопорта	Howard-Rapoport test
уретроскопия	urethroscopy
урография	urography
инфузионная урография	infusion urography
обзорная урография	plain urography
экскреторная урография	excretory urography

урокимография	urokymography
урорентгенокинематография	uroroentgenokynematography
урофлоуметрия	urofluometry
хромоцистоскопия	chromocystoscopy
цистометрия	cystometry
цистоскопия	cystoscopy
цитологическое исследование мочи	cytologic **examination/study** of urine
эхография, ультразвуковое сканирование	echography, ultrasonic scanning

БИОПСИЯ / BIOPSY

I.
открытая биопсия почки	open biopsy of kidney
пункционная биопсия почки	puncture biopsy of kidney
пункционная биопсия предстательной железы	puncture biopsy of prostate
пункционная биопсия придатка яичка	puncture biopsy of epididymis
пункционная биопсия яичка	puncture biopsy of **testis/testicle**
эндовезикальная (трансвезикальная) биопсия мочевого пузыря	endovesicular (transvesicular) cystic biopsy

ЧАСТНАЯ УРОЛОГИЯ / SPECIFIC UROLOGY

МОЧЕВОЙ ПРОТОК, УРАХУС / URINARY DUCT, URACHUS

II.
киста урахуса	urachus cyst
незаращение урахуса	non-closed urachus
полное (частичное) незаращение урахуса	completely (partially) non-closed urachus
опухоль урахуса	urachus **mass/tumour**

МОЧЕВОЙ ПУЗЫРЬ / [URINARY] BLADDER

I.
двухкамерный мочевой пузырь	two-chamber bladder
склеротический мочевой пузырь	sclerotic bladder
сморщенный мочевой пузырь, микроцистис	microcystis

II.
атония мочевого пузыря	cystic atony
амилоидоз мочевого пузыря	cystic amyloidosis
воспаление мочевого пузыря, цистит	inflammation of the bladder, cystitis
врожденное отсутствие/агенезия мочевого пузыря	congenital absence of the bladder, cystic agenesis
врожденное отсутствие передней стенки/экстрофия мочевого пузыря	**congenital absence of the anterior wall/extrophy** of the bladder
дивертикул мочевого пузыря	cystic diverticulum
дно мочевого пузыря	base of the bladder
емкость мочевого пузыря	bladder capacity
инородное тело мочевого пузыря	cystic foreign body
камни мочевого пузыря	cystic calculi

лейкоплакия мочевого пузыря	cystic/bladder leukoplakia
малакоплакия мочевого пузыря	cystic malakoplakia
неврогенная дисфункция мочевого пузыря	neurogenic cystic dysfunction
опухоль мочевого пузыря	cystic **mass/tumour**
отрыв мочевого пузыря	bladder abruption
перерастяжение мочевого пузыря	**cystic/bladder** distention
разрыв мочевого пузыря	bladder rupture, rupture of the bladder
рак мочевого пузыря	cystic **cancer/carcinoma**
сифилис мочевого пузыря	cystic syphilis
слизистая оболочка мочевого пузыря	bladder mucosa
сфинктер мочевого пузыря	bladder sphincter
трабекулы мочевого пузыря	bladder trabeculation
трихомоноз мочевого пузыря	cystic **trichomonosis/trichomoniasis**
туберкулез мочевого пузыря	cystic tuberculosis
удвоение мочевого пузыря	duplex bladder
филяриатоз мочевого пузыря	cystic filariasis
фистула мочевого пузыря	cystic fistula
шейка мочевого пузыря	bladder neck
контрактура/склероз шейки мочевого пузыря	bladder neck contracture
шистосомоз/бильгарциоз мочевого пузыря	bilharzial bladder
эктопия мочевого пузыря	cystic ectopy
эндометриоз мочевого пузыря	bladder endometriosis
эхинококкоз мочевого пузыря	cystic echinococcosis
язва мочевого пузыря	**cystic/bladder** ulcer
C. воспаление околопузырной жировой клетчатки, парацистит	S. inflammation of paracystic fatty tissue, paracystitis
III. дренировать мочевой пузырь	III. to drain the bladder
опорожнять мочевой пузырь	to empty the bladder
промывать мочевой пузырь	to irrigate the bladder
расширять/бужировать шейку мочевого пузыря	to **enlarge/get** dilated the bladder neck

РАЗРЫВ МОЧЕВОГО ПУЗЫРЯ / BLADDER RUPTURE, RUPTURE OF THE BLADDER

I. внебрюшинный разрыв мочевого пузыря	I. extraperitoneal bladder rupture
внутрибрюшинный разрыв мочевого пузыря	intraperitoneal bladder rupture
прикрытый разрыв мочевого пузыря	masked rupture of the bladder

ЦИСТИТ / CYSTITIS

I. буллезный цистит	I. bullous cystitis
вторичный цистит	secondary cystitis
гангренозный цистит	gangrenous cystitis
геморрагический цистит	hemorrhagic cystitis
дефлорационный цистит	**exfoliative/deflorative** cystitis

застойный цистит	congestive cystitis
интерстициальный цистит, простая язва мочевого пузыря	interstitial cystitis, simple cystic ulcer
катаральный цистит	catarrhal cystitis
кистозный цистит	cystic cystitis
лучевой цистит	radiation cystitis
мембранозный цистит	membranous cystitis
острый цистит	acute cystitis
пролиферативный цистит	**proliferative/proliferous** cystitis
радиационный цистит	radiation cystitis
фибринозный цистит	fibrinous cystitis
флегмонозный цистит	phlegmonous cystitis
фолликулярный цистит	follicular cystitis
хронический цистит	chronic cystitis
шеечный цистит	cystitis colli
шистосомозный/бильгарциозный цистит	**shistosomous/bilharziosal** cystitis
щелочной/инкрустирующий цистит	**alkaline/inlay** cystitis
эмфизематозный цистит	emphysematous cystitis
язвенно-некротический цистит	ulcero-necrotic cystitis

МОЧЕИСПУСКАТЕЛЬНЫЙ КАНАЛ, УРЕТРА

URETHRAL CANAL, URETHRA

I. врожденно короткая уретра, гипоспадия без гипоспадии	I. congenitally short urethra, hypospadias without hypospadias
II. вирусные папилломы уретры	II. viral papillomas of the urethra
воспаление уретры, уретрит	inflammation of the urethra, urethritis
врожденное расщепление нижней стенки дистальной части уретры, нижняя расщелина уретры, гипоспадия	congenital splitting of the lower distal urethral wall, hypospadias
врожденное расщепление верхней стенки уретры, верхняя расщелина уретры, эписпадия	congenital splitting of the upper urethral wall, epispadias
врожденное сужение уретры	congenital stricture of the urethra
дивертикул уретры	urethral diverticulum
врожденный дивертикул уретры	congenital diverticulum of the urethra
инородное тело уретры	urethral foreign body
клапан уретры	urethral valve
наружное отверстие уретры	external urethral **meatus/orifice**
отдел/часть уретры	urethral **end/part/portion**
остроконечные кондиломы уретры	urethral warts
отделяемое из уретры	urethral discharge
повреждение уретры	urethral injury
просвет уретры	urethral lumen
свищ уретры	urethral fistula

стриктура уретры
туберкулез уретры

ГИПОСПАДИЯ

I. головчатая гипоспадия
мошоночная гипоспадия
промежностная гипоспадия
стволовая/пенальная гипоспадия, гипоспадия полового члена
тотальная гипоспадия
членомошоночная гипоспадия

ОТДЕЛ/ЧАСТЬ УРЕТРЫ

I. мембранозный отдел уретры, перепончатая часть уретры
пещеристый отдел уретры, губчатая часть уретры
простатический отдел уретры, предстательная часть уретры

СВИЩ УРЕТРЫ

C. уретровагинальный свищ
уретроперинеальный свищ
уретроректальный свищ

СТРИКТУРА(Ы) УРЕТРЫ

I. бильгарциозная стриктура уретры
гонококковая стриктура уретры
клапанная стриктура уретры
множественные стриктуры уретры
C. непроходимость/облитерация уретры

УРЕТРИТ

I. аллергический уретрит
амебный уретрит
бактериальный уретрит
вирусный уретрит
вторичный уретрит
гонорейный уретрит
задний уретрит
кандидомикотический уретрит
кистозный уретрит
конгестивный уретрит
микотический уретрит
первичный уретрит
передний уретрит
травматический уретрит
трихомонадный уретрит
туберкулезный уретрит

urethral stricture
urethral tuberculosis

HYPOSPADIAS

I. glans hypospadias
scrotal hypospadias
perineal hypospadias
penile hypospadias

total hypospadias
penoscrotal hypospadias

URETHRAL END, URETHRAL PORTION

I. membranous urethra

cavernous/spongy urethra

prostatic urethra

URETHRAL FISTULA

S. urethrovaginal fistula
urethroperineal fistula
urethrorectal fistula

URETHRAL STRICTURE(S)

I. bilharzial urethral stricture
gonococcal urethral stricture
valvular urethral stricture
multiple urethral strictures

S. obstructive urethral stricture

URETHRITIS

I. allergic urethritis
amebic urethritis
bacterial urethritis
viral urethritis
secondary urethritis
gonorrheal urethritis
posterior urethritis
candidomycotic urethritis
cystic urethritis
congestive urethritis
mycotic urethritis
primary urethritis
anterior urethritis
traumatic urethritis
mycotic urethritis
tuberculous urethritis

МОЧЕКАМЕННАЯ БОЛЕЗНЬ, УРОЛИТИАЗ

C. камень, конкремент
оксалурия
песок
почечная колика
почечнокаменная болезнь, нефролитиаз

симптом «закладывания струи мочи»
уратурия
урикурия
фосфатурия
цистинурия
III. [самопроизвольно] отходить (*о камне, песке*)

КАМЕНЬ(И), КОНКРЕМЕНТ(Ы)

I. коралловидный камень
мигрирующий камень
оксалатный камень
уратный камень
фиксированный камень
фосфатный камень
цистиновый камень
II. камень мочевого пузыря
камень мочеиспускательного канала
камень мочеточника
камень почки
камни предстательной железы
C. камнедробление, литотрипсия
камнесечение, литотомия

МОЧЕТОЧНИК

I. расширенный удлиненный мочеточник, мегауретер
ретрокавальный мочеточник
эктопический мочеточник, эктопия устья добавочного мочеточника
II. атония мочеточника
ахалазия мочеточника
воспаление мочеточника, уретерит
дивертикул мочеточника
истечение из устья мочеточника, выделение мочи из мочеточникового отверстия
лейкоплакия мочеточника
нейромышечная дисплазия мочеточника
опухоль мочеточника

UROLITHIASIS

S. calculus, stone
oxaluria
sand
renal colic
nephrolithiasis

"urinary stream stopping" symptom
uraturia
uric [acid] uria, wicosuria
phosphaturia
cystinuria
III. to pass [spontaneously], to be excreted (*of stone, sand*)

CALCULUS (CALCULI), STONE(S)

I. coral calculus
mobile stone
oxalate calculus
urate calculus
fixed stone
phosphate calculus
cystine calculus
II. bladder stone
urethral calculus

ureteral calculus
renal calculus
prostatic calculi
S. lithotripsy
lithotomy

URETER

I. dilated **lengthened/stretched** ureter, mega-ureter
retrocaval ureter
ectopic ureter, ectopy of the mouth of the accessory ureter
II. ureteric atony
ureteric achalasia
inflammation of the ureter, ureteritis
ureteric diverticulum
efflux from the ureter, urinary efflux from the ureteric mouth
ureteric leukoplakia
neuromuscular ureteric dysplasia
ureteric **mass/tumour**

отдел/часть мочеточника	end/portion/third part of ureter
перегиб мочеточника	ureteric **kink/twist**
перекрут мочеточника	ureteric torsion, tortuous ureter
повреждение мочеточника	ureteric injury
просвет мочеточника	ureteric lumen
сужение просвета мочеточника, стриктура мочеточника	ureteric stricture
туберкулез мочеточника	ureteric tuberculosis
удвоение мочеточника	duplex ureter
устье мочеточника	ureteric **orifice/mouth**
эктопия устья мочеточника	ectopic ureteric orifice
эндометриоз мочеточника	ureteric endometriosis
C. пузырно-мочеточниковый рефлюкс	S. vesicoureteric reflux
кистозное расширение внутрипузырной части мочеточника, уретроцеле	ureterocele

ОТДЕЛ/ЧАСТЬ МОЧЕТОЧНИКА

END OF URETER, PORTION OF URETER

I. брюшной отдел мочеточника
   тазовый отдел мочеточника

I. abdominal [end of] ureter
   pelvic [end of] ureter

УРЕТЕРИТ

URETERITIS

I. виллезный уретерит
   вторичный уретерит
   кистозный уретерит
   первичный уретерит
   спастический уретерит
   туберкулезный уретерит

I. villous ureteritis
   secondary ureteritis
   cystic ureteritis
   primary ureteritis
   spastic ureteritis
   tuberculous ureteritis

МОШОНКА

SCROTUM

I. элефантоидная мошонка
II. абсцесс мошонки
   молниеносная гангрена мошонки, болезнь Фурнье, гангрена Фурнье
   гидраденит кожи мошонки
   опухоль мошонки
   отек мошонки
   рожистое воспаление мошонки, рожа мошонки
   слоновость/элефантиаз мошонки
C. мошоночный лимфангит

I. elephantoid scrotum
II. scrotal abscess
   fulminating scrotal gangrene, Fournier's disease, Fournier's gangrene
   scrotal skin hidradenitis
   scrotal **mass/tumour**
   scrotal edema
   scrotal erysipelas

   scrotal elephantiasis

S. scrotal lymphangitis

НЕФРОГЕННАЯ ГИПЕРТОНИЯ, НЕФРОГЕННАЯ ГИПЕРТЕНЗИЯ

NEPHROGENIC HYPERTENSION

I. паренхиматозная нефрогенная гипертония
   вазоренальная/реноваскулярная гипертензия

I. parenchymatous nephrogenic hypertension
   renovascular hypertension

ПОЛОВОЙ ЧЛЕН

II. вывих полового члена
головка полового члена
искривление полового члена

крайняя плоть полового члена
лейкоплакия полового члена
опухоль полового члена
папиллома полового члена
пещеристое тело полового члена
   воспаление пещеристого тела полового члена, кавернит
рак полового члена
слоновость/элефантиаз полового члена
спинка полового члена
туберкулез полового члена
ушиб полового члена
тело полового члена
фибропластическая индурация полового члена
эписпадия полового члена
эритроплазия полового члена Кейра

ГОЛОВКА ПОЛОВОГО ЧЛЕНА

II. воспаление кожи головки полового члена, баланит
воспаление кожи головки полового члена и крайней плоти, баланопостит
ущемление головки полового члена узкой крайней плотью, парафимоз

КРАЙНЯЯ ПЛОТЬ ПОЛОВОГО ЧЛЕНА

I. длинная крайняя плоть полового члена
узкая крайняя плоть полового члена
II. воспаление крайней плоти, постит полового члена
гипертрофия крайней плоти полового члена
обрезание/иссечение крайней плоти полового члена
уздечка крайней плоти полового члена
   короткая уздечка крайней плоти полового члена
   круговое обрезание крайней плоти, циркумцизия

PENIS

II. phallocrypsis
head of penis, glans penis
penile curvature, curved penis
prepuce, foreskin [of penis]
penile leukoplakia
penile **mass/tumour**
penile papilloma
cavernous body of penis, corpus cavernosum penis
   inflammation of the cavernous body of penis, cavernitis
penile **cancer/carcinoma**
penile elephantiasis

dorsum of penis
penile tuberculosis
contusion of penis
body of penis
fibroplastic induration of penis
epispadiac penis
penile erythroplasia of Queyrat

HEAD OF PENIS, GLANS PENIS

II. skin inflammation of [penile] glans, balanitis
balanoposthitis

glans incarcerated by phimotic prepuce, paraphimosis

PREPUCE, FORESKIN [OF PENIS]

I. long prepuce [of penis]

tight/phimotic prepuce [of penis]
II. foreskin inflammation, posthitis [of penis]
hypertrophy of prepuce, redundant prepuce [of penis]
excision of penile prepuce

penile frenulum

   short penile frenulum

   circular excision of prepuce, circumcision

папилломатоз крайней плоти полового члена	preputial papillomatosis of penis
рак крайней плоти полового члена	preputial **carcinoma/cancer** of penis
слизистая оболочка крайней плоти полового члена	preputial mucosa
сужение отверстия крайней плоти полового члена, фимоз	penile tight preputial opening, phimosis
III. удалять крайнюю плоть полового члена, делать обрезание	III. to remove prepuce, to circumcise

ФИМОЗ — PHIMOSIS

I. атрофический фимоз — atrophic phimosis
   врожденный фимоз — congenital phimosis
   гипертрофический фимоз — hypertrophic phimosis
   приобретенный фимоз — acquired phimosis

ПОЧКА(И) — KIDNEY(S)

I. блуждающая/подвижная почка, нефроптоз — **floating/wandering** kidney, nephroptosis
   болезненная почка — **tender/painful** kidney
   губчатая/спонгиозная почка — **spongy/spongious** kidney
   дистопированная почка — dystopic kidney
   добавочная почка — accessory kidney
   дольчатая/эмбриональная почка — **lobular/embryonic/embryonal** kidney
   искусственная почка — artificial kidney
   кистозная/поликистозная почка — **cystic/polycystic** kidney
   нормально расположенная почка — normally-positioned kidney
   подковообразная почка — horseshoe kidney
   поликистозная почка — polycystic kidney
   правая (левая) почка — right (left) kidney
   увеличенная почка — enlarged kidney
   удвоенная/раздвоенная почка — double kidney

II. абсцесс почки — **kidney/renal** abscess
    аплазия/агенезия почки — renal **aplasia/agenesis**
    воспаление почки, нефрит — renal inflammation, nephritis
    гипоплазия почки — renal hypoplasia
    декапсуляция почки — renal decapsulation
    дистопия/атопия/аллотопия почки — renal dystopia, dystopia of the kidney, renal atopy, renal allotopia (malposition)
    заболевание почки — renal **disease/disorder**
    инфаркт почки — renal infarct
    капсула почки — capsule of the kidney
    карбункул почки — renal carbuncle
    киста почки — renal cyst
      дермоидная киста почки — dermoid renal cyst
      солитарная киста почки — solitary renal cyst
    клубочек почки — renal glomerulus
    лоханка почки — renal pelvis
    мультикистоз почки — renal multicystosis

опущение почки, нефроптоз	nephroptosis
осложнения со стороны почки	renal complications
паренхима почки	kidney parenchyma
педункулит почки	**renal/kidney** pedunculitis
повреждение почки	**renal/kidney** injury
поликистоз почек	polycystic kidneys
поражение почки	renal **lesion/affection**, affected kidney
рак почки	renal **carcinoma/cancer**
сифилис почки	renal syphilis
туберкулез почки	renal tuberculosis
удвоение почки	duplex kidney
функция почки	renal function
чаш[еч]ка(и) почки	renal calyx (calyces)
врожденное увеличение чашек почки, мегакаликоз	congenital enlargement of renal calyces
эхинококкоз почки	renal echinococcosis

ДИСТОПИЯ/АТОПИЯ/АЛЛОТОПИЯ ПОЧКИ

ATOPIA OF THE KIDNEY, RENAL ECTOPIA, RENAL ATOPIA, RENAL ALLOTOPIA

I.
высокая [гомолатеральная] дистопия почки	high [homolateral] renal atopia
низкая [гомолатеральная] дистопия почки	low [homolateral] renal ectopia
перекрестная [гетеролатеральная] дистопия почки	cross [heterolateral] ectopia of the kidney
подвздошная дистопия почки	ileac ectopia of the kidney
поясничная дистопия почки	lumbar ectopia of the kidney
тазовая дистопия почки	pelvic ectopia of the kidney
торакальная/грудная дистопия почки	thoracic ectopia of the kidney

КАПСУЛА ПОЧКИ

CAPSULE OF THE KIDNEY

I.
жировая капсула почки	perirenal fat
воспаление жировой капсулы почки, паранефрит	inflammation of perirenal fat, paranephritis
фиброзная капсула почки	fibrous capsule of the kidney
воспаление фиброзной капсулы почки, перинефрит	inflammation of fibrous capsule of kidney, perinephritis

ПАРАНЕФРИТ

PARANEPHRITIS

I.
верхний (нижний) паранефрит	upper (lower) paranephritis
вторичный паранефрит	secondary paranephritis
гнойный паранефрит	purulent paranephritis
двусторонний паранефрит	bilateral paranephritis
острый паранефрит	acute paranephritis
«панцирный» паранефрит	"testaceous" paranephritis
первичный паранефрит	primary paranephritis
передний (задний) паранефрит	anterior (posterior) paranephritis
склерозирующий паранефрит	sclerosing paranephritis
тотальный паранефрит	total paranephritis
флегмонозный паранефрит	phlegmonous paranephritis

хронический паранефрит

ЛОХАНКА ПОЧКИ

I. удвоенная лоханка почки
II. воспаление лоханки и паренхимы почки, пиелонефрит

воспаление лоханки почки, пиелит
расширение лоханки и чашек почки с атрофией почечной паренхимы, гидронефроз, уронефроз

ГИДРОНЕФРОЗ

I. асептический гидронефроз
врожденный/первичный гидронефроз
вторичный/приобретенный гидронефроз
двусторонний гидронефроз
динамический гидронефроз

закрытый гидронефроз
интермиттирующий гидронефроз
инфицированный гидронефроз
калькулезный гидронефроз

открытый гидронефроз
посттравматический гидронефроз
S. гидрокаликоз
пиелэктазия

ПОВРЕЖДЕНИЕ ПОЧКИ

S. отрыв почки
размозжение почки

разрыв почки

ушиб почки

ПОЧЕЧНАЯ НЕДОСТАТОЧНОСТЬ

I. острая почечная недостаточность
хроническая почечная недостаточность
S. аппарат «искусственная почка»

chronic paranephritis

RENAL PELVIS

I. double renal pelvis
II. inflammation of renal pelvis and kidney parenchyma, inflamed renal pelvis and kidney parenchyma, pyelonephritis
inflammation of renal pelvis, pyelitis
distension of renal pelvis and calyces with atrophic renal parenchyma, hydronephrosis, uronephrosis

HYDRONEPHROSIS

I. aseptic hydronephrosis
congenital/primary hydronephrosis
secondary/acquired hydronephrosis
bilateral hydronephrosis
dynamic/kinetic hydronephrosis
closed hydronephrosis
intermittent hydronephrosis

infected hydronephrosis
calculous **hydronephrosis/ nephrohydrosis/uronephrosis**
open hydronephrosis
posttraumatic hydronephrosis

S. hydrocalycosis
pyeloectasis

KIDNEY INJURY, RENAL DAMAGE

S. kidney abruption
crushed kidney, kidney crushing
ruptured kidney, kidney rupture
contused kidney, kidney contusion

RENAL INSUFFICIENCY, RENAL FAILURE

I. acute renal failure

chronic renal insufficiency

S. apparatus "artificial kidney"

артерио-венозный анастомоз	arterio-venous anastomosis
артерио-венозный шунт	arterio-venous shunt
гемодиализ	hemodialysis
гемосорбция	hemosorption
перитонеальный диализ	peritoneal dialysis
синдром раздавливания, краш-синдром	crush syndrome

ПРЕДСТАТЕЛЬНАЯ ЖЕЛЕЗА

PROSTATE, PROSTATIC GLAND

I. увеличенная предстательная железа

II. абсцесс предстательной железы
аденома предстательной железы/парауретральных желез
воспаление предстательной железы, простатит
капсула предстательной железы
рак предстательной железы
саркома предстательной железы
туберкулез предстательной железы

I. enlarged prostatic gland

II. prostatic abscess
prostatic adenoma

prostatic gland inflammation, inflamed prostate, prostatitis
prostatic gland capsule

prostatic **carcinoma/cancer**
prostatic sarcoma
prostatic tuberculosis

ПРОСТАТИТ

PROSTATITIS

I. абсцедирующий простатит
гонорейный простатит
катаральный простатит
острый простатит
паренхиматозный простатит
хронический простатит

I. prostatic abscess
gonorrheal prostatitis
catarrhal prostatitis
acute prostatitis
parenchymatous prostatitis
chronic prostatitis

СЕМЕННОЙ КАНАТИК

SPERMATIC CORD

II. варикозное расширение вен семенного канатика, варикоцеле
водянка оболочек семенного канатика, фуникулоцеле
воспаление семенного канатика, фуникулит

II. varicous dilation of spermatic cord veins, varicocele

dropsy of spermatic cord membranes, funiculocele
inflamed spermatic cord, inflammation of spermatic cord, funiculitis

СЕМЕННОЙ(ЫЕ) ПУЗЫРЕК(И)

SEMINAL VESICLE(S)

II. воспаление семенных пузырьков, везикулит, сперматоцистит

II. inflammation of seminal vesicles, vesiculitis, spermatocystitis

СЕМЯВЫНОСЯЩИЙ ПРОТОК

TESTICULAR DUCT, DUCTUS [VAS] DEFERENS, SEMINAL DUCT

II. воспаление семявыносящего протока, деферентит

II. inflammation of the testicular duct, deferentitis

ЯИЧКО

I. мигрирующее яичко, псевдоретенция яичка
неопущенное яичко
II. атрофия яичка
воспаление яичка, орхит
водянка оболочек яичка, гидроцеле
врожденное отсутствие обоих яичек, анорхизм, анорхидия, анорхия
врожденное отсутствие одного яичка, монорхизм
гипоплазия яичка
неопущение яичка в мошонку, крипторхизм, крипторхидизм, крипторхидия
опухоль яичка
опущение яичка
   неполное опущение яичка

перекрут яичка
придаток яичка
   воспаление придатка яичка, эпидидимит
   киста придатка яичка
семинома яичка
сифилис яичка
C. наличие лейкоцитов и гноя в сперме, пиоспермия
наличие крови в сперме, гемоспермия
отсутствие сперматозоидов в сперме, азооспермия

ГИДРОЦЕЛЕ

I. врожденная гидроцеле
гигантская гидроцеле
инфицированная гидроцеле
приобретенная гидроцеле
симптоматическая гидроцеле

КРИПТОРХИЗМ, КРИПТОРХИДИЗМ, КРИПТОРХИДИЯ

I. брюшной крипторхизм
двусторонний крипторхизм
истинный крипторхизм
ложный крипторхизм
односторонний крипторхизм
паховый крипторхизм
C. задержка яичка
эктопия яичка

■ У вас есть боль при мочеиспускании?

TESTICLE, TESTIS

I. migrating **testis/testicle,** testicular pseudoretention
undescended testis
II. testicular atrophy
inflammation of a testis, orchitis
dropsy of testicular membranes, hydrocele
congenital absence of both testes, anorchi[di]sm, anorchia
congenital absence of one testis, monorchism
testicular hypoplasia
undescended **testis/testicle,** cryptorchism, cryptorchidism, cryptorchidia
mass/tumour of the testis
descent of the testis
   incomplete descent of the testis
torsion of the testis
epididymis
   inflammation of the epididymis, epididymitis
   epididymis cyst
seminoma of the testis
testicular syphilis
S. pyospermia

hemospermia

azoospermia

HYDROCELE

I. congenital hydrocele
giant hydrocele
infected hydrocele
acquired hydrocele
symptomatic hydrocele

CRYPTORCHISM, CRYPTORCHIDISM, CRYPTORCHIDIA

I. abdominal cryptorchism
bilateral cryptorchism
true cryptorchism
false cryptorchism
unilateral cryptorchism
inguinal cryptorchism
S. testicular **stasis/delay**
ectopia of the testis

■ Do you have pain on urination?

У вас бывает боль в конце мочеиспускания?	Do you feel pain at the end of urination?
Усиливается ли боль в конце мочеиспускания?	Is pain more pronounced at the end of urination?
У вас часто бывает сильная жгучая боль во время мочеиспускания?	Do you often have a severe burning pain when you pass urine?
Моча окрашена в цвет мясных помоев (ярко-красный цвет)?	Is your urine of brownish-red colour (bright-red colour)?
Появление крови в моче не сопровождается болями?	Is the passing of blood in your urine painful?
Боль предшествует кровотечению?	Does pain precede the bleeding?
Вы замечали прежде кровь в моче?	Have you noticed blood in your urine before?
Кровь в моче появляется только в начале мочеиспускания (только к концу мочеиспускания)?	Does blood in your urine appear only when urination starts (only at the end of urination)?
Была ли вся струя мочи окрашена кровью?	Was the whole stream of urine bloody?
Вы замечали сгустки крови в моче?	Have you observed blood clots in your urine?
Кровь в моче увеличивается при физической нагрузке?	Does the amount of blood increase on exertion?
Страдаете ли вы болями в пояснице?	Do you suffer from small back pains?
Когда во время мочеиспускания вы обратили внимание на кровь в моче?	When was it that you noticed blood in the urine?
Изменилась ли частота мочеиспускания?	Is there any change in the frequency of urination?
Страдает ли кто-нибудь в вашей семье заболеваниями почек?	Does anybody in your family suffer from kidney disease?
Не страдаете ли вы серповидноклеточной анемией?	Do you suffer from sickle-cell anemia?
Вы встаете ночью мочиться?	Do you get up at night to pass urine?
Сколько раз?	How many times?
Вы страдаете задержкой мочи?	Do you suffer from retention of urine?
У вас была раньше задержка мочи?	Have you had retention of urine before?
У вас бывает ночное недержание мочи (острая задержка мочи)?	Do you have nocturnal incontinence of urine (acute retention of urine)?

409

Вы удерживаете мочу лёжа (стоя)?	Can you hold your urine when you lie (stand)?
У вас прерывистая (слабая, тонкая) струя мочи?	Do you have a stop-go urine stream (a poor urine stream, a thin urine stream)?
Моча выделяется по каплям в конце мочеиспускания?	Do you dribble at the end of urination?
У вас мочеиспускание болезненное (не)затрудненное, учащенное, безболезненное, регулярное)?	Do you urinate painfully (with (without) difficulty, frequently, painlessly, regularly)?
У вас есть затруднения при мочеиспускании?	Do you have any trouble with urination?
У вас бывает непроизвольное мочеиспускание?	Do you have involuntary urination?
У вас есть болезненные позывы к мочеиспусканию (рези при мочеиспускании)?	Do you have painful urges to pass urine (sharp pains on urination)?
Вы постоянно испытываете чувство жжения при мочеиспускании?	Do you have a persistent sense of burning on urination?
Сколько раз в день вы мочитесь?	How many times a day do you pass urine?
Вы не хотите помочиться? Нет ли у вас сейчас позывов к мочеиспусканию?	Do you want to empty your bladder? Do you feel a need to pass urine now?
Вы чаще мочитесь днем или ночью?	Do you urinate more by day or by night?
В каком возрасте вы начали половую жизнь?	At what age did you become sexually active?
Как часты половые сношения?	How often do you have sexual intercourse?
Вы имеете внебрачные половые связи?	Do you have extramarital sexual relations?
У вас пропала способность к эрекции?	Have you lost the ability to have an erection?
У вас бывает преждевременное выделение спермы?	Do you have premature ejaculation?
Боли отдают в промежность (задний проход, головку полового члена)?	Do pains radiate into the perineum (rectum, glans penis)?
У вас есть выделение нескольких капель крови в конце мочеиспускания?	Do you observe a few drops of blood appearing at the end of urination?
Вам необходимо исключить острые и раздражающие блюда (принимать обильное питье, мочегонные средства)	You have to exclude from your diet spicy food and stimulants (drink a great deal, take diuretics)

Выделяется ли у вас с мочой песок?	Have you had urinary excretion of gravel?
Отходили ли мелкие камни?	Did you pass small stones?
Вас оперировали по поводу камней почки?	Have you been operated on for renal calculi?
У вас был приступ почечной колики?	Have you had an attack of renal colic?
Приступ сопровождался ознобом (рвотой)?	Was the attack accompanied by chills (vomiting)?
Боли в поясничной области (подреберье) начались неожиданно?	Was the onset of pains in the lumbar area (below the ribs) unexpected?
Боли иррадиируют в паховую область (на внутреннюю поверхность бедра)?	Do pains radiate into the groin area (onto the inner surface of the thigh)?
У вас есть позыв на стул?	Do you feel an urge to have stool?
У вас есть зуд и чувство жжения в области головки полового члена?	Do you have itching and burning sensation in the glans penis area?
У вас раньше находили опущение почки?	Had kidney descent ever occurred in you before?
Тупые боли в пояснице появляются в вертикальном положении?	Do dull lumbar pains appear in the standing position?
Боли усиливаются при физической нагрузке (во второй половине дня)?	Do the pains increase on exertion (in the latter half of the day)?
Для укрепления мышц передней брюшной стенки делайте физические упражнения	To strengthen the muscles of the anterior abdominal wall do physical exercises
Вам следует носить бандаж	You should wear a truss
Вам рекомендуется операция по поводу кисты почки	Operation is recommended for a kidney cyst
У вас после гриппа осложнение со стороны почек	You have kidney complication after [having] influenza
Вы болели гриппом (ангиной, энтероколитом)?	Have you had influenza (tonsillitis, enterocolitis)?
У вас было внезапное повышение температуры до 38-39 °C?	Have you had a sudden rise in temperature to 38-39 °C?
По утрам температура снижалась [до нормальных цифр]?	Did your temperature fall [to normal] in the morning?
У вас был(о) приступ почечной колики (отхождение камней, расстройство мочеиспускания, простатит, уретрит)?	Have you ever had an attack of renal colic (a passage of stones, impaired urination, prostatitis, urethritis)?

Повышение температуры сопровождалось ознобами (проливными потами)?	Was the rise in temperature accompanied by chills (profuse sweating)?
В детстве у вас было заболевание почек и мочевых путей?	Did you have kidney and urinary tract disease as a child?
У вас не было травмы позвоночника (мочеиспускательного канала, мочевого пузыря)?	Have you had any injury to the vertebral column (urethra, urinary bladder)?
У вас было воспалительное заболевание мочеполовых органов?	Have you ever had inflammation of the genitourinary organs?
Вы не страдаете сахарным диабетом (нефроптозом, опущением почки, аденомой предстательной железы)?	Do you suffer from diabetes mellitus (nephroptosis, descent of kidney, prostatic adenoma)?
Боли в поясничной области постоянные (сильные)?	Are the pains in the lumbar area persistent (intense)?
Вам необходим постельный режим (прием пищи, богатой углеводами и молочно-кислыми белками, прием антибиотиков и сульфаниламидов)	You need bed rest (food rich in carbohydrates and sourmilk proteins, antibiotics and sulfanilamides)
Вы нуждаетесь в диспансерном наблюдении уролога	You need to be under the supervision of an urologist in a dispensary
Вы замечали, что у вас по утрам отекают веки и лицо?	Have you noticed that your eyelids and face get swollen in the morning?
Боли усиливаются во время полового акта?	Do the pains increase during sex?
Половое влечение и потенция понижены?	Are your feelings of sexual desire and potency diminished?
У вас есть чувство неполного опорожнения мочевого пузыря при мочеиспускании?	Do you have a sense of incomplete emptying of the bladder on urination?
У вас есть тупые ноющие боли в промежности?	Do you have dull, aching pains in the perineum?
Боли иррадиируют в головку полового члена (задний проход)?	Do the pains radiate into the penis glans (anus)?
Мочеиспускание частое (болезненное, затрудненное)?	Is urination frequent (painful, difficult)?
У вас имеются боли в паховой (подвздошной) области (прямой кишке)?	Do you have pains in the groin (iliac) area (in the rectum)?
Боли усиливаются при акте дефекации?	Do the pains increase during defecation?

Боли появляются при выделении спермы?	Do the pains occur on ejaculation?
Отмечали ли вы примесь крови в сперме?	Have you observed an admixture of blood in your semen?
У вас есть обильные (гнойные, сливкообразные, желтовато-серые) выделения из мочеиспускательного канала?	Do you have a profuse (purulent, cream-like, yellowish-grey) urethral discharge?
Выделения сопровождаются сильной жгучей болью при мочеиспускании?	Is this discharge associated with a severe burning pain on urination?
У вас есть чувство жжения и зуда в мочеиспускательном канале (умеренные покалывающие боли в начале мочеиспускания, незначительные слизисто-гнойные выделения из мочеиспускательного канала, усиливающиеся по утрам)?	Do you have a sense of burning and pruritus in the urethra (moderate pricking pains when urination starts, slight urethral mucopurulent discharge which becomes more profuse in the morning)?
▲ Больной(ая) жалуется на боль в поясничной области (в области мочевого пузыря, иррадиирующую по ходу мочеточников, в надлобковую область, в область наружных половых органов)	▲ The patient complains of small back pain (paracystic pain which radiate along the ureters route, into superpubic area, into the area of outer genitals)
Источником кровотечения является задний отдел уретры (шейка мочевого пузыря, передний отдел уретры)	The source of bleeding is the posterior urethra (bladder neck, the anterior urethra)
Проведите трехстаканную пробу. Сделайте цистоскопию	Run a "three glasses" test. Do cystoscopy
Сколько больной(ая) выделил(а) мочи за сутки (за ночь)?	How much urine has the patient excreted for 24 hours (by night)?
У больного(ой) отмечается повышенный (низкий) диурез	High (low) urine flow is noted in the patient
Диурез значительно снизился (повысился)	Urine flow has fallen (has increased) considerably
Поддерживайте диурез за каждый час в пределах (на цифрах) от... до... куб. см	Maintain the hourly urine flow at... to... cc [in figures]
Вы проверили функцию почек?	Have you checked renal function?
При хромоцистоскопии выявлено запаздывание выделения индигокармина из устья правого (левого) мочеточника	Chromocystoscopy revealed delay in indigocarmin coming out from the mouth of the right (left) ureter
У больного острый цистит. Цистоскопия противопоказана	The patient has acute cystitis. Cystoscopy is contraindicated

Больному необходимо сделать биопсию предстательной железы	Prostatic biopsy is imperative for this patient
Сделайте исследование суточного количества мочи по Зимницкому	Analyse 24-hour urine collections by Zimnitsky
Возьмите мочу катетером	Collect urine by a catheter
Поступил больной с острой задержкой мочи	There has been admitted a patient in acute retention
Положите грелку на область мочевого пузыря. Проведите катетеризацию мочевого пузыря (надлобковую пункцию мочевого пузыря). Введите прозерин, пилокарпин	Put the hot water bottle on the cystic area. Catheterize the bladder (puncture the suprapubic bladder). Administer neostigmine methylsulfate, pilocarpine
Больной(ая) не может сам(а) помочиться	The patient fails to empty his (her) bladder
Больной жалуется на непроизвольное мочеиспускание, возникающее при движении	The patient complains of involuntary urination on motion
У больного(ой) отмечается частое мочеиспускание	The patient is noted to have frequent urination
Мочеиспускание не нарушено	Urination is not impaired
Мочевой пузырь полный	The bladder is full
Опорожните мочевой пузырь с помощью катетера	Get the bladder emptied by means of a catheter
Дренируйте мочевой пузырь через мочеиспускательный канал при помощи полиэтиленовой трубки	Drain the bladder per urethra with a polyethylene tube
Промойте и наполните мочевой пузырь дезинфицирующим раствором	Irrigate the bladder and fill it [through a catheter] with a disinfectant solution
У больного разрыв мочевого пузыря	The patient has bladder rupture
Определяется истечение мочи из раны (нависание прямокишечно-пузырной переходной складки)	There is urine leakage from the wound (pendulent retrovesical fold)
Курс лечения окончен. Выделения из уретры отсутствуют?	The course of treatment is over. Is there a urethral discharge?
Результаты исследования мазков на гонококк отрицательные	Smears for gonococcus are negative
Проведите комбинированную провокацию	Have combined provocation carried out
Проведите повторную прово-	Have provocation repeated in

кацию через месяц. Исследуйте мазки из уретры и секрета предстательной железы на гонококк	a month. Have urethral and prostatic smears for gonococcus studied
У больного(ой) обнаружены камни мочевого пузыря (почек, мочеточника)	In the patient there have (has) been detected bladder stones (nephrolithiasis, urethral calculi)
Большой камень вызвал закупорку мочевых путей	A large stone has obstructed the urinary tract
Показано удаление камня хирургическим путем	Surgical removal of the stone is indicated
У больного(ой) левосторонняя (правосторонняя) почечная колика	The patient has a renal colic on the left (on the right)
Он (она) жалуется на боли в боку и частое мочеиспускание	He (she) complains of flank pain and frequent urination
У больного(ой) сильный приступ почечной колики	The patient has an intense attack of renal colic
У него (нее) может развиться шок. Введите ему (ей) морфин	He (she) may develop shock. Give him (her) morphine
У больного(ой) в анамнезе мочекаменная болезнь	The patient's history includes urolithiasis
Симптом Пастернацкого резко положительный	Pasternatsky's symptom is positive
Надавливание в области костно-вертебрального угла резко болезненно	Pressure in the costovertebral angle is extremely painful
Отмечается рефлекторный парез кишечника (задержка стула, напряжение мышц передней брюшной стенки, пиурия, дизурия, гематурия)	There is noted reflex intestinal paresis (retention of stool, muscular tension of the anterior abdominal wall, pyuria, dysuria, hematuria)
Сделайте обзорный снимок почек и мочевых путей (экскреторную урографию)	Have a plain X-ray of kidneys and urinary tract (excretory urography) made
Рекомендуется тепло на поясничную область (горячая ванна, блокада круглой связки матки, блокада семенного канатика, катетеризация мочеточника, введение антигистаминных (болеутоляющих, спазмолитических) препаратов)	Recommend heat to the lumbar area (hot bath, blockade of the round ligament of the uterus, spermatic cord blockade, catheterization of the ureter, administering antihistamine (pain-killing, spasmolytic) preparations)
Следует провести дифференциальный диагноз с острым аппендицитом (острым вос-	Differential diagnosis should be made against acute appendicitis (acute adnexitis,

палением придатков матки, перекрутом семенного канатика, внематочной беременностью, острым орхитом, эпидидимитом)	spermatic cord twist, extrauterine pregnancy, acute orchitis, epididymitis)
Проведите почечную ангиографию (аортографию, селективную артерио- и венографию почки)	Get renal angiography (aortography, selective renal arteriography and venography) done
Введите 40 мл 70% раствора уротраста в вену после определения чувствительности больного к йодсодержащим препаратам	Administer 40 ml 70 per cent urotrast solution into the vein after testing patient's sensitivity to iodine containing preparations
Сделайте снимки на 1, 3, 5, 10 и 20 минуте	Have films taken at 1, 3, 5, 10 and 20 minutes
При экскреторной урографии установлено отсутствие функции почки	During excretory urography there has been detected absence of renal function
При ангиографии обнаружен(ы) атеросклеротические бляшки в проксимальной трети почечной артерии (стеноз почечной артерии)	Angiography showed atherosclerotic patches in the proximal third of the renal artery (renal artery stenosis)
Проведите пробу Говарда-Рапопорта	Have Howard-Rapoport test run
Больной просит удалить ему крайнюю плоть	The patient asks to be circumcised
У больного поясничная дистопия почки	The patient has lumbar ectopia of the kidney
Патологической подвижности почки не отмечается. Нефропексия противопоказана	No pathological mobility of the kidney is noted. Nephropexy is contraindicated
Отмечается сколиоз поясничного отдела позвоночника	There has been noted scoliosis of the lumbar vertebral column
При пальпации определяется защитное сокращение поясничных мышц	On palpation there is guarding of the lumbar muscles
При пункции паранефральной клетчатки получен гной?	Has pus been obtained on paranephric fat puncture?
Причиной острого пиелонефрита явилась(лись) беременность (камни почек, аденома предстательной железы, инфравезикальная обструкция)	Acute pyelonephritis was caused by pregnancy (renal calculi, prostatic adenoma, infravesical obstruction)
Пальпируется увеличенная и болезненная почка	Enlarged and tender kidney is palpated

Резко выражен(о) симптом Пастернацкого (защитное напряжение поясничных мышц и мышц передней брюшной стенки)	Pasternatsky's symptom (guarding of lumbar and anterior abdominal wall muscles) is greatly pronounced
Подозрение на острый (хронический) пиелонефрит	Suspicion of acute (chronic) pyelonephritis
Показано выявление лейкоцитурии по методу Каковского-Аддиса (Амбюрже, Стенсфильда и Вебба), проведение провокационного теста)	There has been indicated detection of leukocyturia according to Kakovsky-Addis (Hamburger, Stensfield and Webb) method, running a provocative test)
Произведено дренирование и декапсуляция почки	There have been done drainage and decapsulation of the kidney
Атака острого пиелонефрита купирована	The attack of acute pyelonephritis has been controlled
В анамнезе отмечается хроническое заболевание почек (прием ядовитых веществ, внебольничное прерывание беременности)	In the history there is evidence of chronic renal disease (of intake of poisonous substances, of back-street abortion)
У больного(ой) признаки хронического воспаления почек	The patient shows signs of chronic bilateral renal inflammation
У больного(ой) все признаки острой уремии	The patient shows all the signs of acute uremia
Показано(а) проведение гемодиализа (перитонеального диализа, пересадка почки)	There is indicated hemodialysis (peritoneal dialysis, kidney transplantation)
Предстательная железа увеличена (не увеличена, ассиметрична, уплотнена, резко болезненная при пальпации, гладкая, не изменена)	The prostate is enlarged (not enlarged, asymmetrical, consolidated, extremely tender on palpation, smooth, without changes)
Больной жалуется на недостаточную эрекцию (ускоренную эякуляцию)	The patient complains of erectile impotence (premature ejaculation)
У больного острая задержка мочи	The patient is in acute [urinary] retention
В третьей порции мочи обнаружены лейкоциты	Leukocyturia is detected in the third portion of urine
В секрете предстательной железы обнаружено большое количество лейкоцитов (лецитиновых зерен)	In the prostatic secretions there are a lot of leukocytes (lecithin granules)

417

АКУШЕРСТВО

OBSTETRICS

АБОРТ	419	**ABORTION**
АКУШЕРСКО-ГИНЕКОЛОГИ-ЧЕСКОЕ УЧРЕЖДЕНИЕ	419	**OBSTETRICS AND GYNE-COLOGY INSTITUTION**
РОДИЛЬНЫЙ ДОМ	419	MATERNITY HOME
БЕРЕМЕННОСТЬ	420	**PREGNANCY**
БЕРЕМЕННАЯ	421	PREGNANT
ТОКСИКОЗ БЕРЕМЕННЫХ	421	TOXEMIA OF PREGNANCY
ПРИЗНАКИ БЕРЕМЕННОСТИ	421	SIGNS OF PREGNANCY
ПРОТИВОЗАЧАТОЧНЫЕ СРЕДСТВА	421	CONTRACEPTIVES
ПЛОД	422	**FETUS**
ОКОЛОПЛОДНЫЕ ВОДЫ	422	AMNIOTIC FLUID
ИЗЛИТИЕ ОКОЛОПЛОДНЫХ ВОД	422	RUPTURE OF AMNIOTIC FLUID SAC
ПЛАЦЕНТА	423	PLACENTA
ОТДЕЛЕНИЕ ПЛАЦЕНТЫ	423	PLACENTAL SEPARATION
ПРЕДЛЕЖАНИЕ ПЛАЦЕНТЫ	423	PLACENTAL PRESENTATION
ПЛОДНЫЙ ПУЗЫРЬ	423	WATER BAG
ПОСЛЕД	423	AFTERBIRTH
ПУПОВИНА	424	UMBILICAL CORD
[ЧЛЕНОРАС]ПОЛОЖЕНИЕ ПЛОДА	424	FETAL POSITION
ПРОМЕЖНОСТЬ	425	**PERINEUM**
РОДЫ	425	**LABOR**
РОЖЕНИЦА	426	WOMAN IN CHILDBIRTH
РОДОВАЯ ДЕЯТЕЛЬНОСТЬ	426	BIRTH ACTIVITY
РОДОВЫЕ СХВАТКИ	427	CONTRACTIONS
СПЕЦИАЛЬНЫЕ МЕТОДЫ ИССЛЕДОВАНИЯ	427	**SPECIAL METHODS OF INVESTIGATION**
ТАЗ	427	**PELVIS**
ОПЕРАТИВНОЕ АКУШЕРСТВО	428	**OPERATIVE OBSTETRICS**
ОПЕРАЦИЯ	428	**OPERATION**
АКУШЕРСКИЙ ПОВОРОТ	428	[OBSTETRIC] VERSION

| КЕСАРЕВО СЕЧЕНИЕ | 428 | CESAREAN SECTION |
| ПЛОДОРАЗРУШАЮЩАЯ ОПЕРАЦИЯ | 429 | FETUS-DESTROYING OPERATION |

АКУШЕРСТВО

АБОРТ, ВЫКИДЫШ

I. искусственный аборт
криминальный/преступный/внебольничный/незаконный аборт
медицинский аборт
начавшийся аборт
несостоявшийся/задержавшийся выкидыш
неполный аборт
поздний аборт, роды незрелым плодом, несвоевременные роды
полный аборт
привычный аборт/выкидыш
ранний аборт/выкидыш
самопроизвольный аборт
септический аборт
трубный аборт
угрожающий аборт
шеечный аборт
II. аборт в ходу
аборт путем вакуум экскохлеации, вакуум-аборт
средство, вызывающее аборт
III. вызывать аборт
делать аборт

АКУШЕРСКО-ГИНЕКОЛОГИЧЕСКОЕ УЧРЕЖДЕНИЕ

S. женская консультация

научно-исследовательский институт акушерства и гинекологии
родильный дом

фельдшерско-акушерский пункт

РОДИЛЬНЫЙ ДОМ

S. отделение новорожденных

отделение патологии беременных

OBSTETRICS

ABORTION, MISCARRIAGE

I. artificial abortion
criminal/back-street abortion

therapeutic/justifiable abortion
incipient/imminent abortion
missed/delayed miscarriage

incomplete abortion
late abortion, immature fetus labor, premature labor

complete abortion
habitual **abortion/miscarriage**
early **abortion/miscarriage**
spontaneous abortion
septic abortion
tubal abortion
threatened abortion
cervical abortion
II. **incipient/imminent** abortion
abortion by vacuum-extraction
abortifacient
III. to induce abortion
to perform abortion

OBSTETRICS AND GYNECOLOGY INSTITUTION

S. female [prenatal] dispensary, prenatal care dispensary
obstetrics and gynecology scientific-research institute

maternity **home/hospital**, lying-in hospital
feldscher-obstetric station

MATERNITY HOME, MATERNITY HOSPITAL, LYING-IN HOSPITAL

S. unit of the newborn, infants **unit/department**
pathologic pregnancy **unit/department**

первое (второе) акушерское отделение
послеродовое отделение
родовое отделение, родовой блок

first (second) obstetric[al] **department/unit**
postnatal **department/unit**
obstetric/maternity department/suite

БЕРЕМЕННОСТЬ

PREGNANCY, GESTATION

I. брюшная внематочная беременность
внематочная/несвоеместная/эктопическая беременность
доношенная беременность
иммуноконфликтная беременность, иммунологически несовместимая беременность
ложная/мнимая беременность
маточная беременность
многоплодная беременность, многоплодие
недоношенная беременность
нормально протекающая/физиологическая беременность
одноплодная беременность
осложненная беременность

[32-]недельная беременность
переношенная беременность
повторная беременность
прервавшаяся беременность
развивающаяся/прогрессирующая беременность
трубная [внематочная] беременность
шеечная беременность
яичниковая [внематочная] беременность

II. беременность в слишком раннем возрасте
беременность с пузырным заносом
невынашивание беременности

матка при доношенной беременности
отпуск по беременности и родам
патология беременности
период беременности и лактации
предупреждение беременности
прерывание беременности
признаки беременности
развитие беременности
  по мере развития беременности

I. abdominal extrauterine pregnancy
extrauterine/ectopic pregnancy
[full-]term pregnancy
immunoincompatible pregnancy

false pregnancy
uterine pregnancy
multiple pregnancy

part-term/immature pregnancy
normal/physiological pregnancy
single pregnancy
complicated pregnancy, pregnancy with complications
[32] weeks of gestation
prolonged gestation
repeated pregnancy
interrupted pregnancy
progressive pregnancy

tubal pregnancy

cervical pregnancy
ovarian pregnancy

II. precocious pregnancy

pregnancy with hydatid[iform] mole
incompetent pregnancy, premature labor
full-term uterus

maternity leave

pathology of pregnancy
reproductive cycle

contraception of pregnancy

interruption of pregnancy
signs of pregnancy
advance of pregnancy
  as pregnancy advances

середина беременности
  женщина в середине беременности
ранние (поздние) сроки беременности
тетания в период беременности и лактации
C. беременная

противозачаточные средства
III. забеременеть
прервать беременность

БЕРЕМЕННАЯ

II. беременная в первый раз, первобеременная
беременная во второй раз, повторнобеременная
наблюдение за беременной
  карта записи наблюдения за беременной
токсикоз беременных

ТОКСИКОЗ БЕРЕМЕННЫХ, ГЕСТОЗ

I. поздний (ранний) токсикоз беременных
C. бронхиальная астма беременных
водянка беременных
дерматоз(ы) беременных
желтуха беременных
нефропатия беременных
остеомаляция беременных
преэклампсия
рвота беременных
  неукротимая/чрезмерная рвота беременных
слюнотечение, птиализм
тетания беременных
тошнота
эклампсия

ПРИЗНАКИ БЕРЕМЕННОСТИ

I. вероятные признаки беременности
достоверные признаки беременности
сомнительные признаки беременности

ПРОТИВОЗАЧАТОЧНЫЕ СРЕДСТВА

I. противозачаточные средства, применяемые внутрь

mid-pregnancy
  midpregnant woman

early (late) pregnancy

tetany of reproductive cycle, tetany of pregnancy
S. pregnant, gravid, expectant mother, would-be-mother
contraceptives
III. to **become/get** pregnant
to interrupt pregnancy

PREGNANT

II. unigravida, primigravida, gravida I
gravida II

antenatal care
  antenatal record

toxemia of pregnancy

TOXEMIA OF PREGNANCY

I. late (early) toxemia of pregnancy
S. bronchial asthma of pregnancy
dropsy/edema of pregnancy
dermatosis of pregnancy
jaundice of pregnancy
nephropathy of pregnancy
osteomalacia of pregnancy
pre-eclampsia
vomiting of pregnancy
  uncontrollable/excessive vomiting of pregnancy
salivation, ptyalism
tetany of pregnancy
nausea
eclampsia

SIGNS OF PREGNANCY

I. probable signs of pregnancy

true signs of pregnancy

doubtful signs of pregnancy

CONTRACEPTIVES, CONTRACEPTIVE REMEDIES

I. oral contraceptives

C. колпачок на шейку матки
мужской презерватив
спираль

S. cervical cap
condom
spiral

ПЛОД

FETUS

I. включенный плод
внутриутробный плод
гигантский плод
доношенный (недоношенный) плод
жизнеспособный (нежизнеспособный) плод
зрелый (незрелый) плод
крупный плод
мацерированный плод
переношенный плод
плод-аутозит, аутозит
растущий плод
II. асфиксия плода, внутриутробная асфиксия
головка плода
   деформация головки плода
движение/шевеление плода
запись состояния плода в матке
поворот плода
позиция/положение/[члено-]расположение плода
предлежание плода
развитие плода
сердцебиение плода
смертность плода во время родов
смертность плода в утробе матери
C. большой родничок
малый родничок
околоплодные воды, амниотическая жидкость, плодные воды
плацента
плодный пузырь
послед
пуповина
стреловидный шов

I. included fetus
intrauterine fetus
giant fetus
mature/full-term (premature) fetus
viable (non-viable) fetus

mature (immature) fetus
big fetus
macerated fetus
overmature fetus
autosite fetus, autosite
growing fetus
II. fetal asphyxia

fetal head
   deformity of the fetal head
fetal movements
record of fetal well-being in utero
fetal version
fetal position

fetal presentation
fetation
fetal heart sounds
fetal mortality

intrauterine death

S. greater fontanelle
lesser fontanelle
amniotic fluid

placenta
bag of waters
afterbirth
umbilical cord
sagittal suture

ОКОЛОПЛОДНЫЕ ВОДЫ

AMNIOTIC FLUID

II. излитие/отхождение околоплодных вод

II. rupture of amniotic fluid sac

ИЗЛИТИЕ/ОТХОЖДЕНИЕ ОКОЛОПЛОДНЫХ ВОД

RUPTURE OF AMNIOTIC FLUID SAC

I. раннее (позднее) излитие околоплодных вод

I. early (late) rupture of amniotic fluid sac

своевременное (несвоевременное) излитие околоплодных вод
II. эмболия околоплодными водами

ПЛАЦЕНТА

I. врастающая плацента
двудолевая/двойная/двухдисковая/двухдольчатая плацента
диффузная плацента
краевая плацента
многодольчатая плацента
окончатая плацента
пленчатая плацента
поясообразная плацента
приросшая плацента
прорастающая плацента
II. добавочная доля плаценты
инфаркт плаценты
материнская поверхность плаценты
отделение/отслойка плаценты
плодовая поверхность плаценты
предлежание плаценты

ОТДЕЛЕНИЕ/ОТСЛОЙКА ПЛАЦЕНТЫ

I. острая отслойка плаценты
полная отслойка плаценты
преждевременная отслойка плаценты
частичная отслойка плаценты

ПРЕДЛЕЖАНИЕ ПЛАЦЕНТЫ

I. боковое предлежание плаценты
краевое предлежание плаценты
полное (неполное) предлежание плаценты
центральное предлежание плаценты

ПЛОДНЫЙ ПУЗЫРЬ

II. вскрытие плодного пузыря

ПОСЛЕД

II. отделение последа

timely (premature) rupture of amniotic fluid sac
II. embolism caused by amniotic fluid

PLACENTA

I. ingrowing placenta
bilobular/duplex placenta

diffuse placenta
marginal placenta
multilobular placenta
fenestrated placenta
membranous placenta
belt-like placenta
adherent placenta
vegetative placenta
II. accessory placenta
placental infarction
maternal placental surface

placental **separation/detachment**
fetal placental surface

placental presentation

PLACENTAL SEPARATION, PLACENTAL DETACHMENT

I. acute placental separation
total placental separation
premature placental separation
partial placental separation

PLACENTAL PRESENTATION

I. lateral placental presentation
marginal placental presentation
complete (incomplete) placental presentation
central placental presentation

WATER BAG, FETAL SAC, GESTATION SAC, AMNIOTIC SAC

II. **break/rupture** of the water bag

AFTERBIRTH

II. **expulsion/separation** of afterbirth

ручное отделение последа	manual removal of afterbirth

ПУПОВИНА

UMBILICAL CORD

I. длинная пуповина	I. long umbilical cord
короткая пуповина	short umbilical cord
II. выпадение пуповины	II. prolapse of the umbilical cord
культя пуповины	stump of the umbilical cord
обвитие пуповины вокруг...	umbilical cord winding round...
перевязка пуповины	tying [of] the cord
предлежание пуповины	cord presentation
пульсация пуповины	cord pulse
разрыв пуповины	cord rupture
узлы пуповины	cord knots
укорочение пуповины	cord shortening
шум пуповины	cord murmur

[ЧЛЕНОРАС]ПОЛОЖЕНИЕ ПЛОДА

FETAL POSITION

С. вторая позиция задний вид головное предлежание	S. right occipito-posterior (ROP)
вторая позиция задний вид ягодичное предлежание	right sacro-posterior (RSP)
вторая позиция передний вид головное предлежание	right occipito-anterior (ROA)
вторая позиция передний вид ягодичное предлежание	right sacro-anterior (RSA)
вторая позиция средний вид ягодичное предлежание	right sacro-transverse (RST)
головное предлежание задний вид	occipito-posterior (OP)
головное предлежание передний вид	occipito-anterior (OA)
косое положение плода	oblique fetal **position/presentation**
неправильное положение плода	malpresentation
первая позиция задний вид головное предлежание	left occipito-posterior (LOP)
первая позиция задний вид ягодичное предлежание	left sacro-posterior (LSP)
первая позиция передний вид головное предлежание	left occipito-anterior (LOA)
первая позиция передний вид ягодичное предлежание	left sacro-anterior (LSA)
первая позиция средний вид головное предлежание	left occipito-transverse (LOT)
первая позиция средний вид ягодичное предлежание	left sacro-transverse (LST)
поперечное положение плода	transverse fetal **position/presentation**
правильное положение плода	**correct/regular** fetal **position/presentation**
продольное положение плода	longitudinal fetal **position/presentation**

ПРОМЕЖНОСТЬ

II. разрыв промежности

РОДЫ

I. безболезненные роды
   быстрые роды
   запоздалые роды
   затянувшиеся роды
   искусственно вызванные роды
   искусственные преждевременные роды
   несостоявшиеся роды
   нормальные/физиологические роды
   патологические роды
   первые роды
   преждевременные роды
   спонтанные/самопроизвольные роды
   срочные/своевременные роды
   стремительные роды
   трудные/осложненные роды

   трудные/осложненные роды вследствие аномалии со стороны плода (матери)
   угрожающие преждевременные роды
II. исход родов
   консервативное ведение родов

   кровотечение во время родов

   начало родов
   осложнение в связи с родами

   предвестники родов
   роды без посторонней помощи

   роды двойней
   роды мертвым плодом

   роды посредством кесарева сечения
   роды при головном предлежании
   роды при узком тазе
   роды при ягодичном предлежании
   смертность во время родов
   судороги во время родов
   течение родов
C. родильница

PERINEUM

II. perineal rupture

LABOR, DELIVERY, CHILDBIRTH, CONFINEMENT, PARTURITION

I. painless labor
   rapid **labor/parturition**
   delayed labor, retarded birth
   prolonged labor
   induced labor
   artificial premature **labor/ delivery**
   missed labor
   normal **delivery/labor**

   pathologic labor
   first labor, primipara
   premature delivery
   spontaneous **labor/delivery**

   delivery at term, timely labor
   precipitated labor
   difficult **childbirth/labor, dystocia**
   fetal dystocia (maternal dystocia)

   threatened premature **labor/ delivery**
II. outcome of labor
   conservative management of labor
   perinatal hemorrhage, intra partum hemorrhage
   onset of labor
   parturient/labor complication
   precursory labor signs
   labor without assistance, spontaneous labor
   twin **labor/delivery**
   dead fetus delivery, stillbirth
   delivery by cesarean section

   head delivery

   contracted pelvis delivery
   breech delivery

   perinatal mortality
   puerperal cramps
   course of labor
S. puerperium, parturient

родовая деятельность	**birth/labor** activity, labor
родовые потуги	labor pushing
родовые пути	maternal passages
родовые схватки	**labor/birth** pains, pain
родовозбуждение	inducing [of] delivery
родоразрешение	delivery
родоразрешение оперативным путем	delivery involving surgery
родоразрешение через естественные родовые пути	normal delivery by way of natural maternal passages
родостимуляция	stimulation of **labor/delivery**
роженица	woman in childbirth, woman in labor, lying-in
период изгнания	stage of expulsion
период раскрытия	stage of dilation
последовый период	[delivery of the] afterbirth stage
послеродовой период	postnatal stage
потужной период	stage of pushing
сглаживание шейки матки	uterine cervix effacement
сокращение матки	uterine contractions
вялые сокращения матки	flaccid uterine contractions
периодические/повторяющиеся болезненные сокращения матки, родовые схватки, схватки	**periodic/regular/recurrent** tender uterine contractions, labor pains, [birth] pains
укорочение шейки матки	short cervix
III. быть хорошо (плохо) подготовленной к родам	III. to be well (ill) prepared for labor
вести роды	to manage **labor/delivery**
предсказывать/прогнозировать исход родов	to predict the outcome of labor
принимать роды	to handle the delivery
рожать	to bear a child, to give birth to a child

РОЖЕНИЦА

WOMAN IN CHILDBIRTH, WOMAN IN LABOR, LYING-IN

C. дважды рожавшая женщина	S. bipara, para II
женщина, рожавшая много раз	multipara
женщина, рожавшая один раз, повторнородящая	unipara, para I
первородящая	primipara
сиделка роженицы	assistant nurse, attendant
трижды рожавшая женщина	tripara, para III

РОДОВАЯ ДЕЯТЕЛЬНОСТЬ

BIRTH ACTIVITY, LABOR ACTIVITY, LABOR, UTERINE CONTRACTIONS

I. дискоординированная родовая деятельность	I. dyscoordinated labor [activity]
нормальная родовая деятельность	normal labor [activity]
патологическая родовая деятельность	pathologic labor [activity]
слишком сильная/чрезмерная родовая деятельность	hyperactive labor [activity]

II. искусственное вызывание родовой деятельности
слабость родовой деятельности
  первичная (вторичная) слабость родовой деятельности

III. вызывать родовую деятельность
стимулировать родовую деятельность

РОДОВЫЕ СХВАТКИ, СХВАТКИ

I. изгоняющие родовые схватки
ложные родовые схватки
предродовые схватки
сильные (слабые) родовые схватки
судорожные родовые схватки

частые (редкие) родовые схватки

СПЕЦИАЛЬНЫЕ МЕТОДЫ ИССЛЕДОВАНИЯ см. стр. 436

ТАЗ

I. анатомический узкий таз

большой таз
воронкообразный таз
инфантильный/юношеский таз
клинически узкий таз
кососуженный/асимметричный узкий таз
малый таз
общеравномерносуженный таз

плоскорахитический таз
поперечносуженный таз
простой плоский таз
узкий таз
II. плоскость входа таза
плоскость выхода таза
плоскость узкой части таза

полость таза, тазовая полость
размеры таза
степень сужения таза
С. мышцы тазового дна
несостоятельность мышц тазового дна

II. artificial induction of labor
powerless labor
  primary (secondary) powerless labor

III. to induce labor

to stimulate labor

CONTRACTIONS, [BIRTH] PAINS, PAIN

I. expulsive contractions
false contractions
prenatal contractions
intensive (weak) contractions
spasmodic/paroxysmal contractions
frequent (infrequent) contractions

SPECIAL METHODS OF INVESTIGATION see p. 436

PELVIS

I. anatomically contracted pelvis
large pelvis, pelvis major
funnel-shaped pelvis
infantile/juvenile pelvis
clinically contracted pelvis
obliquely contracted pelvis

small pelvis, pelvis minor
pelvis [aequabiliter] justo minor
flat rachitic pelvis
transverse contracted pelvis
simple flat pelvis
contracted pelvis
II. plane of **entry/inlet**
plane of **exit/outlet**
plane of the **narrow/contracted** part of pelvis
pelvic cavity

pelvis size
degree of pelvic contraction
S. muscles of the pelvic floor
  pelvic floor muscular **failure/incompetence**

ОПЕРАТИВНОЕ АКУШЕРСТВО

ОПЕРАЦИЯ

I. плодоразрушающая операция, эмбриотомия
родоразрешающая операция
II. операция вакуум-экстракции плода
операция наложения [акушерских] щипцов
C. акушерский поворот
искусственный аборт
кесарево сечение
метрейриз

надвлагалищная ампутация матки
наложение циркулярного шва на шейку матки
рассечение промежности, перинеотомия
рассечение шейки матки
ручное пособие при предлежании плода
экстирпация матки

АКУШЕРСКИЙ ПОВОРОТ

I. внутренний несвоевременный акушерский поворот
классический/комбинированный наружно-внутренний акушерский поворот
наружный акушерский поворот
II. поворот на головку
поворот на ножку

КЕСАРЕВО СЕЧЕНИЕ

I. абдоминальное/брюшностеночное кесарево сечение
влагалищное кесарево сечение
внебрюшинное/экстраперитонеальное кесарево сечение
кесарево сечение на мертвой
корпоральное/классическое абдоминальное кесарево сечение
малое кесарево сечение
низкое/истмическое/перешеечное/ретровезикальное кесарево сечение, кесарево сечение в нижнем сегменте матки
чрезбрюшинное кесарево сечение

OPERATIVE OBSTETRICS

OPERATION

I. fetus-destroying operation, embryotomy
delivery operation
II. vacuum-extraction of the fetus
application of [obstetrical] forceps
S. obstetric version
artificial/induced abortion
cesarean section
metreurysis, cervical dilatation
supravaginal amputation of the uterus
placing circular suture to the uterine cervix
perineal dissection, episiotomy, perineotomy
dissection of the uterine neck
manual assistance in fetal presentation
uterine extirpation

[OBSTETRIC] VERSION

I. internal unwanted version

externo-internal version, combined externo-internal version
external version
II. head version
podalic version

CESAREAN SECTION

I. **abdominal/abdominoparietal** cesarean section
vaginal cesarean section

extraperitoneal cesarean section
cesarean section on the dead
corporal/classical abdominal cesarean section

minor cesarean section
low/isthmic/retrovesical cesarean section, cesarean section in the lower uterine segment
transperitoneal cesarean section

ПЛОДОРАЗРУШАЮЩАЯ ОПЕРАЦИЯ, ЭМБРИОТОМИЯ	FETUS-DESTROYING OPERATION, EMBRYOTOMY
C. отделение головки плода от туловища, декапитация	S. decapitation
перфорация головки плода	fetal head perforation
раздавление головки плода, краниоклазия	crushing of the fetal head, cranioclasis, cranioclasia
рассечение ключиц плода, клейдотомия	division of the clavicles of the fetus, cleidotomy
рассечение позвоночника плода, спондилотомия	incision of the spinal column of the fetus, spondylotomy
разрушение головки плода, краниотомия	**cutting/incision** of the skull of the fetus, destroying of the head of the fetus, craniotomy
удаление вещества мозга плода, эксцеребрация	removal of the brain, excerebration
удаление внутренностей плода, эвисцерация	removal of the viscera, removal of the fetus inner parts, evisceration

■ Сколько у вас было родов?

■ How many children have you borne?

Все дети родились в срок (доношенными)?

Were all your children born at full term?

Вы рожали дома или в родильном доме?

Did you have your baby at home or in a maternity hospital?

Предыдущие роды прошли нормально?

Was your previous delivery normal?

Роды были преждевременными или своевременными?

Was the delivery premature or at term?

У вас были осложнения при родах: разрыв промежности (сильное кровотечение, разрыв матки?)

Was the delivery complicated in any way by perineal rupture (heavy bleeding, rupture of the womb)?

Вы рожали нормально (со щипцами, при помощи кесарева сечения?)

Was the delivery normal (with the application of forceps, with cesarean section)?

Были ли осложнения или хирургические вмешательства в предыдущих родах?

Were there any complications of childbirth or surgical interventions in previous deliveries?

Когда начались схватки (потуги, отошли воды)?

When did the labor pains (labor pushing) begin? (When did your waters break?)

Ранний послеродовой период прошел без осложнений?

Was the early postnatal period uneventful?

Колени прижмите к животу! Туловище выпрямите! Упритесь ступнями в кровать!

Take a kneeling-squatting position. Straighten your back. Rest your feet on the bed

Потужьтесь! Не тужьтесь!

Strain! Don't strain!

▲ Плодный пузырь вскрылся

Околоплодные воды излились

Сердцебиение плода остается хорошим

Шевеление плода нормальное (в норме)

Частота сердцебиения плода ... ударов в минуту

Прогноз для плода хороший (плохой)

После рождения последа осмотрите наружные половые органы (промежность, вход во влагалище, шейку матки)

Определите целостность плаценты

Осмотрите, измерьте и взвесьте плаценту

Все данные о плаценте и оболочках занесите в историю родов

Оставшиеся в матке частицы плаценты удалите рукой (кюреткой)

Обработайте пуповину у новорожденного

Жизнь роженицы под угрозой

Показана срочная эмбриотомия (краниотомия)

Операция закончена?

Произведите ручное обследование полости матки (с помощью зеркал)

Отметьте начало и окончание родов

Роженица подготовлена к родам правильно

Установите точно сроки родов (предполагаемое время родов)

Кто должен принимать роды?

У роженицы преждевременная отслойка плаценты (перфорация матки, разрыв матки)

▲ The water bag has broken

The amniotic fluid has poured out

Fetal heart sounds remain good

The fetal movements are normal

Fetal heart rate is... per minute

The prognosis for the fetus is good (poor)

After expulsion of afterbirth examine the external genitals (perineum, vaginal aditus, uterine neck)

Determine if the placenta is intact

Inspect, measure and weigh the placenta

Record all the data about placenta and membranes in the delivery card

Remove by hand (curette) the remnants of the afterbirth

Cleanse the umbilical cord of the newborn

The mother's life is at stake

There is indicated an urgent embryotomy (craniotomy)

Is the operation over?

Perform manual examination of the uterine cavity (uterine cervical examination with the aid of a speculum)

Record the initiation and termination of labor

The woman in childbirth has been prepared for labor adequately

Determine exactly timing of delivery (the expected date of delivery)

Who must handle the delivery?

There is a premature placental detachment (uterine perforation, uterine rupture)

Показана надвлагалищная ампутация матки	There is indicated a supravaginal amputation of the uterus
В анамнезе у роженицы кесарево сечение, осложнившееся в послеродовом периоде нагноением операционной раны	The woman's history reveals a cesarean section delivery complicated by suppuration of the operative wound in the postnatal period
Возможен разрыв матки	Uterine rupture is possible
Встает вопрос о родоразрешении посредством кесарева сечения	The question arises about delivery by cesarean section
Произведите наложение щипцов на головку (замыкание щипцов, пробную тракцию (вниз, вверх)	Apply forceps to the head (close the forceps, do exploratory traction (down, upwards)
Шейка матки раскрылась на 8 см	The cervix has dilated to 8 cm
Период раскрытия, плодный пузырь вскрылся, вторая позиция задний вид ягодичное предлежание	The period of dilation, bag of waters has ruptured, position RSP (right sacro-posterior)
Наблюдается слабость родовой деятельности	Inhibition of uterine contractions is noted
Проведите стимуляцию родовой деятельности	Stimulate labor [activity]
■ У вас были когда-нибудь аборты (выкидыши)?	■ Have you ever had an abortion (miscarriage)?
Сколько у вас было абортов (выкидышей)?	How many abortions (miscarriages) have you had?
Аборт был искусственный или самопроизвольный?	Was the abortion artificial or spontaneous?
Чем был вызван аборт (выкидыш)?	What was the abortion (miscarriage) caused by?
На каком месяце беременности у вас произошел выкидыш?	In what month of pregnancy did the miscarriage occur?
У вас были осложнения при аборте: перфорация матки, кровотечение?	Did you have any abortion complications: uterine perforation, bleeding?
У вас угрожающий выкидыш	You have a threatened miscarriage
Вам противопоказано принимать горячую ванну, душ. Необходим(а) полный покой (строгий постельный режим, диета, богатая витаминами)	You should avoid hot baths and douches. You need complete rest (strict bed rest, diet rich in vitamins)
Вы предохраняетесь от беременности?	Do you use contraceptives?

Какими противозачаточными средствами вы пользуетесь?	What contraceptives do you use?
Вам не следует принимать противозачаточные средства внутрь. У вас заболевание печени	You should not use oral contraceptives. You have a liver disorder
Вы беременны?	Are you pregnant?
Вы первый раз замужем?	Is it your first marriage?
Через сколько времени после замужества вы забеременели?	How long after getting married was it before you were pregnant?
Это первая (вторая) беременность?	Is this your first (second) pregnancy?
Сколько раз вы были беременны?	How many pregnancies have you had?
В каком возрасте вы начали половую жизнь?	At what age did you first have sex?
Как протекала предыдущая беременность?	How did your previous pregnancy proceed?
Как вы себя чувствовали в первой половине беременности?	How did you feel in the first half of pregnancy?
Вы чувствовали себя хорошо на протяжении всей беременности?	Did you feel well throughout the whole pregnancy?
У вас были осложнения во время беременности?	Did you have any complications during the pregnancy?
Во время беременности у вас не отмечали повышения артериального кровяного давления (отеков, дерматитов, заболевания кожи)?	Were you found to have increase in blood pressure (edema, dermatitis, skin disease)?
Вам противопоказано беременеть	You should avoid becoming pregnant
Используйте противозачаточные средства	Use contraceptives
▲ Установлено отсутствие беременности	▲ There has been established the absence of pregnancy
Первая беременность закончилась абортом, а вторая — нормальными родами	The first pregnancy ended in abortion and the second one in a live birth
Беременность прошла без осложнений	The pregnancy was uneventful
Беременность и роды прошли благополучно	The pregnancy and labor were successful
Продолжение беременности представляет большой риск для матери	Continuation of the pregnancy carries a serious maternal risk

ГИНЕКОЛОГИЯ / GYNECOLOGY

ОБЩАЯ ЧАСТЬ	433	**GENERAL**
ВЫДЕЛЕНИЯ ИЗ ПОЛОВЫХ ОРГАНОВ [ЖЕНЩИНЫ]	434	[FEMALE] GENITAL DISCHARGE
БЕЛИ	434	LEUCORRHEA
[ЖЕНСКОЕ] БЕСПЛОДИЕ	434	[FEMALE] STERILITY
КРОВОТЕЧЕНИЕ	434	BLEEDING
МАТОЧНОЕ КРОВОТЕЧЕНИЕ	434	UTERINE BLEEDING
МЕНСТРУАЛЬНЫЙ ЦИКЛ	435	MENSTRUAL CYCLE
КЛИМАКС	435	[FEMALE] CLIMACTERIC
КЛИМАКТЕРИЧЕСКИЙ СИНДРОМ	435	CLIMACTERIC SYNDROME
МЕНСТРУАЦИЯ(И)	435	MENSTRUATION
АМЕНОРЕЯ	436	AMENORRHEA
СПЕЦИАЛЬНЫЕ МЕТОДЫ ИССЛЕДОВАНИЯ	436	SPECIAL METHODS OF INVESTIGATION
СПЕЦИАЛЬНАЯ ЧАСТЬ	437	**SPECIAL**
ВЛАГАЛИЩЕ	437	VAGINA
КОЛЬПИТ	438	COLPITIS
ВУЛЬВА	438	VULVA
ВУЛЬВОВАГИНИТ	438	VULVOVAGINITIS
МАТКА	439	UTERUS
АДНЕКСИТ	440	ADNEXITIS
ШЕЙКА МАТКИ	440	UTERINE NECK
ЭНДОМЕТРИТ	440	ENDOMETRITIS
МАТОЧНАЯ ТРУБА	441	UTERINE TUBE
ЯИЧНИК	441	OVARY
РАК ЯИЧНИКА	442	OVARIAN CARCINOMA

ГИНЕКОЛОГИЯ / GYNECOLOGY

ОБЩАЯ ЧАСТЬ / GENERAL

ВЫДЕЛЕНИЯ ИЗ ПОЛОВЫХ ОРГАНОВ [ЖЕНЩИНЫ]

I. водянистые выделения
гнойные выделения
обильные выделения
патологические выделения из половых органов, бели

слизисто-гнойные выделения
творожистые выделения
II. выделения из влагалища
выделения цвета мясных помоев

БЕЛИ

I. вестибулярные бели
влагалищные бели
маточные бели
трубные бели
шеечные бели
II. бели с примесью крови

[ЖЕНСКОЕ] БЕСПЛОДИЕ

I. абсолютное бесплодие
временное бесплодие
врожденное бесплодие
вторичное бесплодие
относительное бесплодие
первичное бесплодие
приобретенное бесплодие
трубное бесплодие
функциональное бесплодие

КРОВОТЕЧЕНИЕ

I. контактное кровотечение
маточное кровотечение
менструальное кровотечение
менструальноподобное кровотечение
сильное менструальное кровотечение, меноррагия, гиперменорея

МАТОЧНОЕ КРОВОТЕЧЕНИЕ

I. атоническое маточное кровотечение
ациклическое маточное кровотечение, метроррагия
дисфункциональное/функциональное маточное кровотечение, овариальная метропатия

[FEMALE] GENITAL DISCHARGE

I. watery discharge
purulent discharge
profuse discharge
pathologic discharge from genitals, leucorrhea, whites
mucopurulent discharge
caseous discharge
II. vaginal discharge
brownish red colour discharge

LEUCORRHEA, WHITES

I. vestibular leucorrhea
vaginal leucorrhea
uterine milk
tubal leucorrhea
cervical leucorrhea
II. blood stained whites

[FEMALE] STERILITY, INFERTILITY, BARRENNESS

I. absolute sterility
temporary sterility
congenital sterility
secondary sterility
relative sterility
primary sterility
acquired sterility
tubal sterility
functional sterility

BLEEDING, HEMORRHAGE

I. contact bleeding
uterine bleeding
menstruation hemorrhage
menstruation-like hemorrhage

excessive menstruation, menorrhagia, hypermenorrhea

UTERINE BLEEDING, UTERINE HEMORRHAGE

I. atonic uterine **bleeding/hemorrhage**
acyclic uterine bleeding, metrorrhagia
dysfunctional uterine bleeding

овулярное межменструальное маточное кровотечение
сильное маточное кровотечение
циклическое маточное кровотечение

ovular intermenstrual uterine **hemorrhage/bleeding**
profuse uterine bleeding, uterine flooding
cyclic uterine **bleeding/hemorrhage**

МЕНСТРУАЛЬНЫЙ ЦИКЛ

MENSTRUAL CYCLE

I. ановулярный/монофазный менструальный цикл
двухфазный менструальный цикл
трехнедельный менструальный цикл
четырехнедельный менструальный цикл
II. расстройство менструального цикла, дисменорея
С. климакс, климактерий, климактерический период
менструация(и)

I. **anovular/monophase** menstrual cycle
two-phase menstrual cycle

three-week menstrual cycle

four-week menstrual cycle

II. dysmenorrhea, disordered menstrual cycle
S. climacteric

menstruation, menses

КЛИМАКС, КЛИМАКТЕРИЙ, КЛИМАКТЕРИЧЕСКИЙ ПЕРИОД [У ЖЕНЩИН]

[FEMALE] CLIMACTERIC, CLIMACTERIC PERIOD, MENOPAUSE

I. патологический климакс
ранний климакс
С. климактерический синдром
менопауза
постменопауза
III. наступать (*о климаксе, менопаузе*)

I. pathological climacteric
early climacteric
S. climacteric syndrome
menopause
postmenopause
III. to come on (*of climacteric, menopause*)

КЛИМАКТЕРИЧЕСКИЙ СИНДРОМ

CLIMACTERIC SYNDROME

С. головокружение
климактерическая кардиопатия
климактерический невроз
нарушение сна
повышение артериального давления
потливость
приливы жара к верхней половине туловища (голове, лицу)
утомляемость
    повышенная утомляемость
эмоциональная лабильность
    повышенная эмоциональная лабильность

S. dizziness, giddiness, vertigo
climacteric cardiopathy
climacteric neurosis
disturbance of sleep
rise in arterial pressure

sweating
hot flushes of the upper half of the body (head, face)
fatiguability
    easy/undue fatiguability
emotional lability
    enhanced emotional lability

МЕНСТРУАЦИЯ(И), МЕСЯЧНЫЕ, РЕГУЛЫ

MENSTRUATION, MENSES, PERIODS, MONTHLIES

I. болезненные менструации, альгоменорея, альгодисменорея

I. painful menstruation, algomenorrhea, algodysmenorrhea

викарная менструация	vicar menstruation
затяжные менструации, полименорея	prolonged menstruation, polymenorrhea
короткие менструации, олигоменорея	short menstruation, oligomenorrhea
неправильные менструации	inadequate menstruation
обильные менструации, гиперменорея	heavy periods, hypermenorrhea
редкие менструации, опсоменорея	rare periods, opsomenorrhea
скрытая менструация	occult menstruation
скудные менструации, гипоменорея	scanty periods, hypomenorrhea
скудные и короткие менструации, опсоолигоменорея	scanty and rare periods, opsooligomenorrhea
частые менструации, пройоменорея	frequent menstruation, proiomenorrhea
II. задержка менструаций	II. suppression of menses, ischomenia
начало менструаций	onset of the menstrual period
отсутствие менструаций, аменорея	absence of menorrhea, amenorrhea
C. боли в животе во время менструаций	S. menstrual colic, menstrual pains
схваткообразные боли в животе во время менструаций	menstrual cramps in the abdomen
гиперменструальный синдром	hypermenstrual syndrome
гипоменструальный синдром	hypomenstrual syndrome
предменструальное напряжение	premenstrual tension
сильное менструальное кровотечение, меноррагия	excessive menstruation, menorrhagia
III. менструировать	III. to menstruate, to flow

АМЕНОРЕЯ

AMENORRHEA

I. вторичная аменорея	I. secondary amenorrhea
гипоталамическая аменорея	hypothalamic amenorrhea
гипофизарная аменорея	hypophysial amenorrhea
истинная аменорея	true amenorrhea
лактационная аменорея	**lactation/lactic** amenorrhea
ложная аменорея, криптоменорея	false amenorrhea, cryptomenorrhea
маточная аменорея	uterine amenorrhea
первичная аменорея	primary amenorrhea
физиологическая аменорея	physiologic amenorrhea
яичниковая аменорея	ovarian amenorrhea

СПЕЦИАЛЬНЫЕ МЕТОДЫ ИССЛЕДОВАНИЯ

SPECIAL METHODS OF INVESTIGATION

C. гидротубация	S. hydrotubation
гистеросальпингография	hysterosalpingography
гистероскопия	hysteroscopy
двуручное влагалищнобрюшностеночное исследование, бимануальное влагалищное исследование	bimanual vaginal investigation

зондирование полости матки	uterine probing
исследование при помощи пулевых щипцов	examination with the aid of bullet forceps
кариопикнотический индекс	karyopyknotic index
кольпоскопия	colposcopy
кольпоцитограмма	colpocytogram
кульдоскопия	culdoscopy
лапароскопия	laparoscopy
пробное/диагностическое выскабливание матки	**exploratory/diagnostic** curettage of the uterine cavity
продувание маточных труб	uterine tube insufflation
пункция через задний свод влагалища	puncture through the posterior vaginal vault
раздельное выскабливание полости матки	**scraping [out]/curettage** of the uterine cavity
реакция Ашгейма-Цондека, реакция на хориальный гонадотропин	Aschheim-Zondek reaction, reaction for choreo-gonadotropin
ректовлагалищное исследование	rectovaginal examination
симптом «зрачка»	"pupil" symptom
симптом «папоротника»	"fern" symptom
ультразвуковое исследование, эхолокация	**ultrasound/ultrasonic** investigation, echolocation
эозинофильный индекс	eosinophilic index

СПЕЦИАЛЬНАЯ ЧАСТЬ

SPECIAL

ВЛАГАЛИЩЕ

VAGINA

I. узкое влагалище	I. narrow vagina
широкое влагалище	wide vagina
II. воспаление влагалища, кольпит, вагинит	II. vaginal inflammation, colpitis, vaginitis
вход во влагалище	vaginal orifice
выпадение/выворот влагалища	vaginal prolapse, colpoptosis
гипоплазия влагалища	vaginal hypoplasia
заращение/атрезия влагалища	vaginal **closure/atresia**
зуд влагалища	vaginal pruritus
киста влагалища	vaginal cyst
кровотечение из влагалища	vaginal bleeding
микробная флора влагалища	vaginal microbial flora
опухоль влагалища	vaginal **mass/tumour**
опущение стенок влагалища	elytroptosis
отрыв влагалища от матки, кольпорексис	abruption of vagina from uterus, colporrhesis
папиллома влагалища	vaginal papilloma
разрыв влагалища	vaginal rupture
рак влагалища	vaginal **cancer/carcinoma**
растяжимость влагалища	vaginal distensibility
свод влагалища	vaginal vault
глубина свода влагалища	depth of the vaginal vault
слизистая оболочка влагалища	vaginal mucosa
стеноз влагалища	vaginal stenosis
C. влагалищное спринцевание	S. vaginal **irrigation/syringing**

девственная плева, гимен
заращение/атрезия девственной плевы
III. делать спринцевание влагалища

КОЛЬПИТ

I. атрофический кольпит
гранулезный кольпит
трихомонадный кольпит
эмфизематозный кольпит

ВУЛЬВА, НАРУЖНЫЕ ПОЛОВЫЕ ОРГАНЫ ЖЕНЩИНЫ

II. воспаление вульвы, вульвит

воспаление вульвы и влагалища, вульвовагинит
гемангиома вульвы
гематома вульвы
зуд вульвы
крауроз вульвы
лейкоплакия вульвы
меланома вульвы
остроконечные кондиломы вульвы
рак вульвы
саркома вульвы
сифилитическая язва вульвы
фолликулит вульвы
широкие кондиломы вульвы

язва вульвы
C. большая железа преддверия влагалища, бартолинева железа
воспаление бартолиневой железы, бартолинит
большие половые губы
клитор
лобок
малые половые губы
преддверие влагалища

ВУЛЬВОВАГИНИТ

I. бактериальный вульвовагинит
вирусный вульвовагинит
диабетический вульвовагинит
микотический/грибковый вульвовагинит, молочница влагалища
острый вульвовагинит
трихомонадный вульвовагинит
хронический вульвовагинит

maidenhead, hymen
atresia of hymen

III. to **perform/do/make** vaginal irrigation, to **irrigate/syringe** the vagina

COLPITIS

I. atrophic colpitis
granulomatous colpitis
colpomycosis
emphysematous colpitis

VULVA, EXTERNAL GENITALS OF THE FEMALE

II. inflammation of vulva, vulvitis
inflammation of vulva and vagina, vulvovaginitis
vulval hemangioma
vulval hematoma
vulval **pruritus/itching**
vulval kraurosis
vulval leukoplakia
vulval melanoma
vulval warts

vulval **cancer/carcinoma**
vulval sarcoma
vulval syphilitic ulcer
vulval folliculitis
vulval wide warts, vulval condylomata lata
vulval ulcer
S. **greater/Bartholin's** gland

inflammation of Bartholin's gland, bartholinitis
major lips, labia majora
clitoris
pubis
minor lips, labia minora
vaginal vestibule

VULVOVAGINITIS

I. bacterial vulvovaginitis

viral vulvovaginitis
diabetic vulvovaginitis
mycotic vulvovaginitis

acute vulvovaginitis
trichomonal vulvovaginitis
chronic vulvovaginitis

МАТКА	UTERUS, WOMB

I.
- двойная матка
- двурогая матка
- зачаточная/рудиментарная матка
- однорогая матка
- седловидная матка
- инфантильная матка

II.
- ампутация матки
  - надвлагалищная ампутация матки
- выворот матки
- выпадение матки
- дно матки
  - высота стояния дна матки

- заболевание матки
- загиб матки
- миома матки
  - субмукозная миома матки
  - субсерозная миома матки
- наклонение матки
  - наклонение матки кзади (кпереди)
- новообразование матки
- опущение матки

- отверстие матки
  - передняя (задняя) губа отверстия матки
- перекрут матки
- перфорация матки
- перегиб матки
  - перегиб матки кпереди (кзади)
- перешеек матки
- поворот матки
- придатки матки

  - воспаление придатков матки, аднексит, сальпингоофорит
- полость матки
  - орошение полости матки

- размер матки
- разрыв матки
- рак матки
  - рак тела матки
  - рак шейки матки
- саркома матки
- серозная оболочка матки, периметрий
  - воспаление серозной оболочки матки, периметрит
- слизистая оболочка матки, эндометрий

I.
- duplex uterus
- bifid uterus
- rudimentary uterus, vestigial womb
- monofid **uterus/womb**
- saddle-like **uterus/womb**
- infantile uterus

II.
- uterine amputation
  - supravaginal uterine amputation
- inversion of the uterus
- uterine prolapse
- uterine fundus
  - fundal height of the uterus

- uterine **disorder/disease**
- retroversion of the uterus
- uterine myoma
  - submucous uterine myoma
  - subserous uterine myoma
- uterine version
  - retro-(ante-)version

- uterine **neoplasm/growth**
- uterine prolapse, descent of the womb

- mouth of the womb
  - internal (external) mouth of the womb
- uterine **torsion/twist**
- perforation of the uterus
- uterine flexion
  - anteflexion (retroflexion) of the uterus
- isthmus of the uterus
- uterine version
- uterine adnexa, uterine appendages

  - inflammation of the adnexa, adnexitis, salpingo-oophoritis
- uterine cavity
  - intrauterine **douche/irrigation/syringing**

- uterine size
- uterine **rupture/laceration**
- uterine **cancer/carcinoma**
  - uterine body cancer
  - uterine neck cancer
- uterine sarcoma
- serous membrane of the uterus, perimetrium
  - inflammation of the perimetrium, perimetritis
- uterine mucosa, endometrium

воспаление слизистой оболочки матки, эндометрит	inflammation of the endometrium, endometritis
смещение матки	uterine displacement, displacement of the womb
сокращение матки	uterine contraction
тело матки	uterine body
тонус матки	uterine tonus
туберкулез матки	uterine **tuberculosis/TB**
фиброма матки	uterine fibroma
форма/конфигурация матки	uterine configuration
хорионэпителиома матки	uterine chorionepithelioma
шейка матки	uterine **neck/cervix**
удаление матки	**removal/extirpation** of the uterus
удаление матки без придатков	uterine extirpation without adnexa
удаление матки с придатками	uterine extirpation with adnexa
эндометриоз матки	uterine endometriosis

АДНЕКСИТ, САЛЬПИНГООФОРИТ / ADNEXITIS, SALPINGO-OOPHORITIS

I. гонорейный аднексит	I. gonorrheal adnexitis
острый аднексит	acute adnexitis
туберкулезный аднексит	tuberculous adnexitis
хронический аднексит	chronic adnexitis
C. пельвиоперитонит, тазовый перитонит	S. pelviperitonitis
периаднексит	periadnexitis

ШЕЙКА МАТКИ / UTERINE NECK, UTERINE CERVIX, NECK OF THE WOMB, NECK OF THE UTERUS

II. влагалищная часть шейки матки	II. vaginal part of the cervix
канал шейки матки	cervical canal of the uterus
киста шейки матки	cervical cyst
лейкоплакия шейки матки	cervical leukoplakia
надвлагалищная часть шейки матки	supravaginal part of the cervix
полип шейки матки	cervical polyp
разрыв шейки матки	cervical **rupture/laceration**
ригидность шейки матки	cervical rigidity
электрокоагуляция шейки матки	cervical electrocoagulation
эрозия шейки матки	cervical erosion

ЭНДОМЕТРИТ / ENDOMETRITIS

I. атрофический эндометрит	I. atrophic endometritis
гонорейный эндометрит	gonorrheal endometritis
острый эндометрит	acute endometritis
послеродовый эндометрит	**postnatal/puerperal** endometritis
постабортный эндометрит	postabortion endometritis, endometritis post abortum

туберкулезный эндометрит	**tuberculous/TB** endometritis
хронический эндометрит	chronic endometritis

МАТОЧНАЯ ТРУБА

UTERINE TUBE, FALLOPIAN TUBE, OVIDUCT

II. ампула маточной трубы	II. ampullar tube
воронка маточной трубы	infundibulum of the uterine tube
воспаление маточной трубы, сальпингит	salpingitis
закупорка брюшного и маточного отверстия маточной трубы, сактосальпинкс	sactosalpinx
маточная часть маточной трубы	interstitial tube
перешеек маточной трубы	tubal isthmus
подвижность маточной трубы	tubal mobility
просвет маточной трубы	tubal lumen
проходимость маточной трубы	tubal patency
рак маточной трубы	tubal **carcinoma/cancer**
скопление гнойного экссудата в маточной трубе, пиосальпинкс	accumulation of purulent exudate in the tube, pus-tube, pyosalpinx
скопление серозного экссудата в маточной трубе, гидросальпинкс	accumulation of serous exudate in the uterine tube, hydrosalpinx
сократительная способность маточной трубы	tubal contractile ability
туберкулез маточной трубы	tuberculosis of the uterine tube
хорионэпителиома маточной трубы	tubal chorionepithelioma
эндометриоз маточной трубы	tubal endometriosis
C. тубо-овариальная опухоль	S. tubo-ovarian **mass/tumour**

ЯИЧНИК

OVARY

I. склерокистозный яичник	I. sclerocystic ovary
увеличенный яичник	enlarged ovary
II. аплазия яичника	II. ovarian aplasia
апоплексия яичника	ovarian apoplexy
аденома сети яичника, арренобластома, андробластома, арренома, маскулинома	ovarian arrhenoblastoma, androblastoma, arrhenoma, masculinoma
воспаление яичника, оофорит	ovarian inflammation, oophoritis
дисфункция яичника	ovarian dysfunction
желтое тело яичника	ovarian yellow body
персистенция желтого тела яичника	yellow body persistency
заболевание яичника	ovarian disease
киста яичника	ovarian cyst
кистома яичника	ovarian cystoma
перекручивание ножки кистомы яичника	twist of ovarian cystoma pedicle
рак яичника	ovarian **carcinoma/cancer**

резекция яичника
текабластома яичника
тератобластома яичника
тератома яичника, дермоидная киста яичника
увеличение яичника
удаление яичника, овариэктомия
фиброма яичника
фолликулома яичника
фолликул яичника
  атрезия фолликула яичника
  персистенция фолликула яичника

C. овуляция
прогестерон
синдром склерокистозных яичников
фолликулин
яйцеклетка
  оплодотворение яйцеклетки

ovary resection
ovarian thecoblastoma
ovarian teratoblastoma
ovarian teratoma

ovarian enlargement
removal of the ovary, ovariectomy, oophorectomy
ovarian fibroma
ovarian folliculoma
ovarian follicle
  ovarian follicle atresia
  ovarian follicle persistency

S. ovulation
progesterone
sclerocystic ovaries syndrome
folliculin
egg cell, ovum
  ovum fertilization

РАК ЯИЧНИКА

OVARIAN CARCINOMA, OVARIAN CANCER

I. базальный/фолликулоидный рак яичника, аденома граафовых пузырьков, цилиндрома яичника

метастатический рак яичника, рак Крукенберга

I. **basal/folliculoid** ovarian **cancer/carcinoma**, adenoma of Graafian **vesicles/follicles,** ovarian cylindroma

metastatic ovarian carcinoma, Krukenberg's carcinoma

■ У вас есть выделения из половых путей?

Выделения обильные (гнойные, с примесью крови, с неприятным запахом)?

Вас часто беспокоят выделения белей?

У вас бывают кровянистые выделения при половом сношении?

В каком возрасте наступила менопауза, начался климакс?

У вас бывают(ет) приливы жара к голове (сильное потение, боли в области сердца, повышенная возбудимость)?

В каком возрасте появилась первая менструация?

Через какой промежуток времени установились менструации?

■ Do you have any genital discharge?

Is the discharge profuse (purulent, blood-stained, smelly)?

Are you often troubled by white discharge?

Do you have blood-streaked discharge during sexual intercourse?

At what age did the menopause come on?

Do you have hot flushes of the head (profuse sweating, pains near your heart, undue excitability)?

At what age did you have your first menstrual period?

After what time did your periods become regular?

Начало менструаций сопровождается значительными болями?	Do you have considerable pain at the start of each period?
Изменились ли менструации после начала половой жизни (абортов, родов)?	Was there any change in your periods after you first had sex (after abortions, births of children)?
У вас обильные (скудные, болезненные) менструации?	Are your periods heavy (scanty, painful)?
Сколько гигиенических подкладок требуется каждый день?	How many sanitary pads are required daily?
Через сколько дней бывают менструации?	At what intervals do your periods start?
Менструации регулярные (нерегулярные)?	Are your periods regular (irregular)?
Какова продолжительность менструаций?	What is the duration of each menstrual period?
Когда была последняя нормальная менструация?	When was your last normal menstruation?
Как вы себя чувствуете во время менструаций?	How do you feel during your menstrual periods?
Какой у вас менструальный цикл? Замечали ли вы какие-нибудь отклонения от нормы?	What is your menstrual cycle? Have you noticed any deviations from the norm?
Менструальный цикл нарушен (восстановился)?	Is your menstrual cycle disturbed? (Has your menstrual cycle returned to normal?)
У вас перед менструацией бывает нагрубание молочных желез (повышенная раздражительность, плаксивость)?	Do you have breast engorgement (undue irritability, tearfulness) before menstruation?
Сопровождаются ли менструации схваткообразными болями внизу живота (болями в области поясницы)?	Are your periods accompanied by menstrual cramps in the lower abdomen (low back pains)?
Какого цвета менструальные выделения? Темно-красного (ярко-красного)?	What colour is your menstrual discharge? Dark-red (bright-red)?
В менструальных выделениях есть сгустки крови?	Are there blood clots in your menstrual discharge?
У вас бывают кровотечения между менструациями?	Do you have bleeding between periods?

▲ У больной тяжелая форма климактерического синдрома

Рекомендуется одновременное применение эстрогенных и андрогенных препаратов

▲ The patient has a severe form of the climacteric syndrome

There is recommended administration both estrogenic and androgenic preparations

У больной продолжительные менструации, но количество менструальных выделений скудное	The patient has a prolonged menstruation but with scanty flow
Больная теряет большое количество крови во время менструаций по сравнению с нормой	The patient has bleeding with the menstrual period in excess of the normal cyclic loss
У больной началось сильное маточное кровотечение	The patient has developed heavy uterine bleeding
Уложите больную в положение Тренделенбурга: приподнимите ножной конец кровати, переведите операционный стол в положение Тренделенбурга	Place the patient into the Trendelenburg position: elevate the foot end of the bed, tilt the table into the Trendelenburg position
Начните переливание крови. Примите меры для остановки кровотечения	Begin blood transfusion. Take steps to control bleeding
Сделайте диагностическое выскабливание матки (бимануальное исследование матки и придатков, пункцию через задний свод влагалища)	Do diagnostic uterine curettage (carry out bimanual investigation of the uterus and adnexa, do puncture through the posterior vaginal vault)
Матка болезненная, увеличенная, мягкой [нормальной] консистенции	The uterus is tender, enlarged, of soft [normal] consistency
Консистенция матки обычная (размягченная, плотная)	The uterine consistency is normal (softened, compact)
Поверхность матки гладкая (бугристая)	The uterine surface is smooth (tuberous)
Шейка матки сглажена (подвижная, чрезмерно подвижная, неподвижная, ограниченно подвижная)	The uterine neck is effaced (mobile, hypermobile, immobile, of limited mobility)
Матка легко подвижная во всех направлениях	The uterus is freely mobile in all directions
Матка больших размеров (обычных размеров, грушевидной формы, шаровидной формы, неправильной формы)	The uterus is of great size (of normal size, pear-shaped, sphere-shaped, of irregular configuration)
Обнаружен(а) загиб матки (фиброма матки, кистома яичника)	There is retroversion of the uterus (uterine fibroma, ovarian cystoma)
Левый (правый) яичник (не) увеличен	The left (right) ovary is (not) enlarged
Из канала шейки матки имеются обильные гнойные выделения	There is profuse purulent discharge from the uterine cervical canal

Трубы пальпируются, болезненные	The tubes are palpable, tender
У больной обострение хронического воспаления придатков матки (эндометрит, двусторонний гонорейный сальпингит)	The patient has exacerbated chronic adnexitis (endometritis, bilateral gonorrheal salpingitis)
У больной гидросальпинкс (пиосальпинкс)	The patient has hydrosalpinx (pyosalpinx)
Просвет маточных труб закрыт	The tubal lumen is closed
Наступление беременности невозможно	Pregnancy is impossible
Больная страдает бесплодием	The patient suffers from sterility

НЕРВНЫЕ БОЛЕЗНИ

NERVOUS DISEASES

ОБЩАЯ НЕВРОПАТОЛОГИЯ 447

GENERAL NEUROPATHOLOGY

ГОЛОВНАЯ БОЛЬ	447	HEADACHE
ГОЛОВОКРУЖЕНИЕ	447	DIZZINESS
ДВИГАТЕЛЬНАЯ ФУНКЦИЯ	447	MOTOR FUNCTION
АПРАКСИЯ	448	APRAXIA
ДВИЖЕНИЕ(Я)	448	MOVEMENT(S)
АТАКСИЯ	448	ATAXIA
ГИПЕРКИНЕЗ	449	HYPERKINESIS
Судорога(и)	449	Cramp(s)
Тремор	449	Tremor
МЫШЕЧНЫЙ ТОНУС	450	MUSCULAR TONUS
ПОХОДКА	450	GAIT
НЕРВНАЯ СИСТЕМА	450	NERVOUS SYSTEM
ПАРАЛИЧ	450	PARALYSIS
РЕФЛЕКС(Ы)	451	REFLEX(ES)
РЕЧЬ	452	SPEECH
АФАЗИЯ	453	APHASIA
СИМПТОМ(Ы)	454	SYMPTOM(S)
СИНДРОМ	454	SYNDROME
СОЗНАНИЕ	454	CONSCIOUSNESS
СОН	454	SLEEP
ЧЕРЕПНЫЕ НЕРВЫ	454	CRANIAL NERVES
ЧУВСТВИТЕЛЬНОСТЬ	455	SENSITIVITY
БОЛЕВАЯ ЧУВСТВИТЕЛЬНОСТЬ	455	SENSITIVITY TO PAIN
ЧУВСТВО	456	SENSE

ЧАСТНАЯ НЕВРОПАТОЛОГИЯ 456

SPECIFIC NEUROPATHOLOGY

МОЗГ	456	BRAIN

АРАХНОИДИТ	457	ARACHNOIDITIS	
МЕНИНГИТ	457	MENINGITIS	
РАССТРОЙСТВО МОЗГОВОГО КРОВООБРАЩЕНИЯ	458	IMPAIRMENT OF CEREBRAL CIRCULATION	
ИНСУЛЬТ	458	INSULT	
ЭНЦЕФАЛИТ	458	ENCEPHALITIS	
НЕВРОЗ	459	**NEUROSIS**	
НЕРВ(Ы)	459	**NERVE(S)**	
НЕВРАЛГИЯ	459	NEURALGIA	
НЕВРИТ	460	NEURITIS	
РАДИКУЛИТ	460	RADICULITIS	
НЕРВНОЕ СПЛЕТЕНИЕ	461	**NERVE PLEXUS**	
МЫШЦА(Ы)	461	**MUSCLE(S)**	

НЕРВНЫЕ БОЛЕЗНИ

ОБЩАЯ НЕВРОПАТОЛОГИЯ

ГОЛОВНАЯ БОЛЬ, ЦЕФАЛГИЯ

I. диффузная/разлитая головная боль
   локализованная головная боль
   сильная головная боль
II. приступ головной боли

ГОЛОВОКРУЖЕНИЕ, ВЕРТИГО

II. приступ головокружения
III. чувствовать головокружение

ДВИГАТЕЛЬНАЯ ФУНКЦИЯ

C. движение(я), моторика
   затруднение стояния, астазия
   затруднение стояния и ходьбы, астазия-абазия
   затруднение ходьбы, абазия
   моторная неловкость
   мышечный тонус
   отставание поворачивания кистей, адиадохокинез

   походка
   расстройство целенаправленного действия, рассогласованность действия, апраксия

NERVOUS DISEASES

GENERAL NEUROPATHOLOGY

HEADACHE, CEPHALALGIA

I. diffuse headache

   local headache

   severe/bad headache
II. headache attack

DIZZINESS, GIDDINESS, VERTIGO

II. fit of giddiness, dizzy spell
III. to feel dizzy, to have **giddiness/dizziness/vertigo**

MOTOR FUNCTION

S. movement(s)
   difficulty in standing, astasia
   astasia-abasia

   difficulty in walking, abasia
   motor awkwardness
   muscular tonus
   delay in turning wrists, adiadochokinesia, adiadochokinesis
   gait
   apraxia

феномен зубчатого колеса   cogwheel phenomenon

АПРАКСИЯ / APRAXIA

I. акинетическая/психомоторная апраксия
   амнестическая апраксия
   идеаторная апраксия
   идеокинетическая апраксия
   конструктивная апраксия
   моторная апраксия
   речевая/оральная апраксия

II. апраксия одевания

   апраксия ходьбы

I. akinetic apraxia
   amnestic apraxia
   ideatory apraxia
   ideokinetic apraxia
   constructive apraxia
   motor apraxia
   apraxia of speech, oral apraxia

II. apraxia of putting clothes on
   apraxia of walking

ДВИЖЕНИЕ(Я) / MOVEMENT(S)

I. активные движения
   координированные движения
   непроизвольные насильственные движения, гиперкинез
   содружественные непроизвольные движения, синкинезия
   пассивные движения

II. бедность движений, олигокинезия
   [за]медленность движений, брадикинезия
   заторможенность движений

   координация движений
     расстройство координации движений, атаксия
   неловкость движений

   неуклюжесть движений

   объем движений
   сила движений
   скованность движений

I. active movements
   coordinated movements
   involuntary forced movements, hyperkinesis
   concomitant involuntary movements, synkinesis, synkinesia
   passive movements

II. deficiency of movements, oligokinesia
   slowness of movements, bradykinesia
   retardation/retardment of movements, retarded movements

   coordination of movements
     disturbance of muscular coordination, ataxia
   awkwardness of movements, awkward movements
   clumsiness of movements, clumsy movements
   volume of movements
   strength of movements
   constrained movements

АТАКСИЯ / ATAXIA

I. алкогольная атаксия
   вестибулярная/лабиринтная атаксия
   динамическая/локомоторная атаксия
   истерическая атаксия
   мозжечковая атаксия
   рубральная атаксия
   сенситивная атаксия
   спинальная атаксия

I. alcoholic ataxia
   vestibular/labyrinthine ataxia
   dynamic/locomotorial ataxia
   hysteric[al] ataxia
   cerebellar ataxia
   rubrospinal ataxia
   sensitive ataxia
   spinal ataxia

статическая атаксия, атаксия туловища	static ataxia
табетическая атаксия	tabetic ataxia

ГИПЕРКИНЕЗ

HYPERKINESIS

I. атетоидный гиперкинез, атетоз	I. athetoid hyperkinesis, athetosis
истерический/функциональный гиперкинез	**hysteric[al]/functional** hyperkinesis
подкорковый/экстрапирамидный гиперкинез	subcortical hyperkinesis
хореический гиперкинез, хореический синдром	choreic hyperkinesis, choreic syndrome
С. гемибаллизм	S. hemiballismus
дрожание, тремор	tremor
миоклония	myoclonia
парабаллизм	paraballismus
судорога(и)	cramps
тики	tics
торсионный спазм	torsion spasm
хореоатетоз	choreoathetosis
хорея	chorea, St. Vitus's dance

Судорога(и)

Cramp(s), convulsion(s), spasm

I. аффективные судороги	I. affect spasms
гипногогическая судорога	**hypnogogic/hypnagogue** convulsion/cramp
инициальная судорога	initial **convulsion/cramp**
клонические судороги	clonic cramps
корковая судорога	central **convulsion/cramp**
пароксизмальная судорога	paroxysmal **convulsion/cramp**
реперкуссивная/отраженная судорога	repercussion **convulsion/cramp**
рефлекторная судорога	reflex **convulsion/cramp**
сальтаторная судорога	saltatory **convulsion/cramp**
скакательная судорога	**skip/jump** cramp
тетанические судороги	tetany cramps
тонические судороги	tonic cramps

Тремор, дрожание

Tremor

I. алкогольный тремор	I. alcoholic tremor
интенционный/динамический/кинетический тремор	**intention/dynamic/kinetic** tremor
истерический тремор	hysterical tremor
грубый тремор	coarse tremor
локализованный тремор	localized tremor
мелкий тремор	fine tremor
медленный (быстрый) тремор	slow (rapid) tremor
пароксизмальный тремор	paroxysmal tremor
постоянный тремор	constant tremor
ритмичный (неритмичный) тремор	rhythmic (non-rhythmic) tremor
распространенный тремор	common tremor

смешанный тремор
статический тремор, тремор положения
стойкий тремор
эмоциональный тремор
эссенциальный/идиопатический/наследственный/наследственно-семейный/врожденный тремор

mixed tremor
static tremor

persistent/continuous tremor
emotional tremor
essential/idiopathic/hereditary/heredofamilial/congenital tremor

МЫШЕЧНЫЙ ТОНУС

MUSCULAR TONUS, MUSCULAR TENSION, MUSCULAR TONE, MUSCULAR TONICITY

II. отсутствие мышечного тонуса, мышечная атония
повышение мышечного тонуса, мышечная гипертония
понижение мышечного тонуса, мышечная гипотония
C. ригидность мышц
спастическое сокращение мышц

II. muscular atony

muscular hypertension

muscular **hypotonia/hypotension**
S. muscular rigidity
spastic muscular contraction

ПОХОДКА

GAIT

I. асинергическая походка
атактическая походка
гемиплегическая/косящая/циркумдуцирующая походка
заторможенная походка
кукольная походка
манерно-вычурная походка
мозжечковая походка, походка пьяного
паретическая походка
перонеальная походка, степпаж
спастическая походка
II. походка с насильственными движениями

I. asynergic gait
ataxic gait
hemiplegic/circumductive gait
retarded gait
doll's/puppet gait
mannered-pretentious gait
cerebellar gait, **wobbly/tottering/reeling** gait
paretic gait
peroneal gait, steppage

spastic gait
II. gait with **forced/forcible** movements

НЕРВНАЯ СИСТЕМА

NERVOUS SYSTEM

I. периферическая нервная система
центральная нервная система
II. поражение нервной системы

I. peripheral nervous system

central nervous system (CNS)
II. nervous system **involvement/impairment/disturbance**

ПАРАЛИЧ

PARALYSIS, PALSY

I. альтернирующий паралич, альтернирующий гемипарез, альтернирующая гемиплегия
бульбарный паралич
вялый/периферический/атонический/атрофический паралич
детский церебральный паралич

I. alternating **paralysis/hemiparesis**, alternating hemiplegia

bulbar paralysis
flaccid/peripheral/atonic/atrophic paralysis
infantile cerebral paralysis

ишемический паралич	ischemic paralysis
корковый паралич	central paralysis
костыльный паралич	crutch paralysis
неполный паралич, парез	incomplete paralysis, paresis
органический паралич	organic paralysis
перекрестный паралич	crossed paralysis
спастический/центральный/пирамидный паралич	**spastic/central/pyramidal** paralysis
экламптический паралич	eclamptic paralysis
II. паралич верхних и нижних конечностей, тетраплегия	II. paralysis of the upper and lower extremities, tetraplegia
паралич верхних конечностей, верхняя параплегия	paralysis of upper extremities, upper paraplegia
паралич нижних конечностей, нижняя параплегия	paralysis of lower extremities, lower paraplegia
паралич одной конечности, моноплегия	paralysis of an extremity, monoplegia
паралич [мышц] половины тела, гемиплегия	[muscular] paralysis of one half of the body, hemiplegia

РЕФЛЕКС(Ы)

REFLEX(ES)

I. анальный рефлекс	I. anal reflex
ахиллов рефлекс	Achilles [tendon] reflex
безусловный/врожденный рефлекс	**unconditioned/inborn/congenital** reflex
брюшные рефлексы	abdominal reflexes
выпрямительный/установочный рефлекс	**erector-spinal/righting** reflex
глотательный рефлекс	swallowing reflex
губные рефлексы	lip reflexes
защитный/оборонительный рефлекс	**defense/defensive** reflex
зрачковый рефлекс	pupillary reflex
карпо-радиальный/лучевой рефлекс	**carporadial/radial** reflex
карпоульнарный рефлекс	carpoulnar reflex
кашлевой рефлекс	**cough/laryngeal** reflex
кожный рефлекс	cutaneous reflex
коленный рефлекс	knee [-jerk] reflex
конъюнктивальный рефлекс	conjunctival reflex
координированный рефлекс	coordinated reflex
кохлеарный рефлекс	cochlear reflex
кремастерный/яичковый рефлекс	**cremasteric/testicular** reflex
надкостничный рефлекс	periosteal reflex
мандибулярный рефлекс	mandibular reflex
мигательный рефлекс	**wink/opticofacial** reflex
патологический рефлекс	pathologic reflex
периферический рефлекс	**peripheric/peripheral** reflex
повышенный рефлекс	**hyperactive/overactive** reflex
подбородочный рефлекс	mental reflex
подошвенный рефлекс	plantar reflex
пониженный рефлекс	**underactive/hypoactive** reflex
рвотный рефлекс	vomiting reflex

роговичный/корнеальный рефлекс	corneal reflex
соматический рефлекс	somatic reflex
сосательный рефлекс	sucking reflex
сухожильный рефлекс	tendon [deep] reflex
тонический рефлекс	tonic reflex
условный/приобретенный рефлекс	**conditioned/acquired** reflex
хватательный рефлекс	grasp reflex
шаговый рефлекс, автоматическая ходьба	step reflex, automatic walking

II. выпадение/исчезновение/отсутствие рефлекса, арефлексия

II. absence of a reflex, areflexia

повышение рефлекса, гиперрефлексия	reflex hyperactivity, reflex overactivity, hyperreflex
понижение рефлекса, гипорефлексия	hyporeflex
рефлекс Бабинского	Babinski's reflex
рефлекс Бехтерева	Behterew's reflex
рефлекс Оппенгейма	Oppenheim's reflex
рефлекс орального автоматизма	reflex of oral automatism
истощение рефлекса	extinction of a reflex

C. клонус коленной чашечки — S. **knee/patellar** clonus
клонус стопы — foot clonus

III. вызывать рефлекс (клонус) — III. to cause a reflex (to induce clonus)

РЕЧЬ

SPEECH

I.
автоматизированная речь	automatic speech
взрывчатая/эксплозивная речь	explosive speech
замедленная речь, брадилалия	slow speech, bradylalia
манерная/вычурная речь	pretentious speech
монотонная речь	**monotonous/even-toned** speech
невыразительная речь	**flat/non-expressive** speech
неправильная речь	**incorrect/defective** speech
обстоятельная речь	circumstantial speech
олигофазическая речь	oligophase speech
парадоксальная речь	paradoxical speech
персеверативная речь	perseverant speech
письменная речь	writing
правильная речь	correct speech
пуэрильная речь	puerile speech
разговорная речь	oral speech, spoken language
рецептивная речь	receptive speech
рифмованная речь	rhymed speech
скандированная речь	**scanning/staccato** speech
слащавая речь	sugary speech
спонтанная речь	free speech
плавная спонтанная речь	flowing free speech
шёпотная речь, афония	whisper speech, aphony
экспрессивная/моторная речь	**expressive/motor** speech
эмоционально окрашенная речь	emotionally coloured speech, speech with inflection

II. нарушение/расстройство речи, афазия
непонимание речи, сенсорная афазия
неспособность различать звуки речи, акустическая/слуховая агнозия
неспособность к активной речи и ее восприятию, алалия
персеверация речи
потеря речи, мутизм, мутацизм
телеграфный стиль речи
C. артикуляция
    неспособность к членораздельной речи вследствие расстройства артикуляции, дизартрия, анартрия
заикание, логоневроз
замена звуков в словах, литеральная парафазия
замена одних слов другими, вербальная парафазия
неправильное согласование слов по временам, падежам, наклонениям, аграмматизм, аграммафазия

расстройство письма, аграфия, параграфия
расстройство счета, акалькулия, дискалькулия
расстройство чтения, вербальная/словесная слепота, алексия, паралексия
речевая спутанность/бессвязность
речевое возбуждение
речевое новообразование, неологизм
речевой напор
III. говорить спокойно (напряженно)
говорить неторопливо (быстро)
говорить уверенно
понимать разговорную речь
рассказывать
    рассказывать прочитанное
составлять фразу
читать
читать вслух
читать про себя

АФАЗИЯ

I. амнестическая/номинативная афазия

II. speech disturbance, impaired speech, aphasia
incomprehension of speech, sensory aphasia
inability to discern speech sounds, **acoustic/auditory** agnosia
inability to speak and to perceive speech actively, alalia
perseveration of speech
loss of speech, speechlessness, mutism
telegraph style of speech
S. articulation
    inability to pronounce distinctly as a result of disturbance of articulation, dysarthria, anarthria
stammering
substitution of sounds in words, literal paraphasia
substitution of words with otther words, verbal paraphasia
faulty/incorrect agreement of words by tenses, cases, moods, agrammatism

disturbance of writing, agraphia, paragraphia
disturbance of counting, acalculia
disturbance of reading, verbal blindness, alexia, paralexia
confused speech/incoherence

excited speech
neologism

pressure of speech
III. to speak calmly (under pressure)
to speak deliberately (rapidly)
to speak with assurance
to understand spoken language
to retell, to tell
    to retell what has been read
to compile a phrase
to read
to read aloud
to read to oneself

APHASIA

I. amnesic aphasia

моторная/вербальная/экспрессивная афазия
семантическая афазия
сенсорная афазия
тотальная афазия

СИМПТОМ(Ы)

II. симптом Аргайлла Робертсона

симптом Брудзинского
симптом Кернига
симптом Ласега
симптом Ромберга

СИНДРОМ

I. менингиальный синдром

СОЗНАНИЕ
СОН

I. быстрый/парадоксальный сон
гипнотический/частичный сон
глубокий сон
медленный/ортодоксальный сон
медикаментозный/наркотический сон
поверхностный сон
пролонгированный сон
С. бессонница, агрипния, асомния, диссомния, инсомния
снохождение, сомнамбулизм
III. засыпать
  быстро засыпать
  засыпать с трудом

спать
страдать бессонницей

ЧЕРЕПНЫЕ НЕРВЫ

I. блуждающий нерв, X-ая пара черепных нервов
блоковой нерв, IV-ая пара черепных нервов
глазодвигательный нерв, III-ья пара черепных нервов
добавочный нерв, XI-ая пара черепных нервов
зрительный нерв, II-ая пара черепных нервов
лицевой нерв, VII-ая пара черепных нервов, промежуточно-лицевой нерв

motor/verbal/expressive aphasia
semantic aphasia
sensory aphasia
total aphasia

SYMPTOM(S), SIGN(S)

II. Argyll Robertson's **symptom/sign**

Brudzinski's sign
Kernig's sign
Lasègue's sign
Romberg's **symptom/sign**

SYNDROME

I. meningeal syndrome

CONSCIOUSNESS
SLEEP

I. paradoxical sleep
hypnotic/partial sleep
deep sleep
slow/orthodoxical sleep

medicamentous/narcotic sleep

superficial sleep
prolonged sleep
S. insomnia, sleeplessness, agrypnia, asomnia
sleep walking, somnambulism
III. to fall asleep
  to fall asleep easily
  to fall asleep with difficulty

to sleep
to suffer from insomnia, to feel sleepless

CRANIAL NERVES

I. vagus nerve, 10th cranial nerve
trochlear nerve, 4th cranial nerve
oculomotor nerve, 3d cranial nerve
accessory nerve, 11th cranial nerve
optic nerve, nerve of sight, 2nd cranial nerve
facial nerve, 7th cranial nerve

обонятельный нерв, I-ая пара черепных нервов	olfactory nerve, nerve of smell, 1st cranial nerve
отводящий нерв, VI-ая пара черепных нервов	abducent nerve, 6th cranial nerve
подъязычный нерв, XII-ая пара черепных нервов	hypoglossal nerve, 12th cranial nerve
преддверно-улитковый нерв, VIII-ая пара черепных нервов	auditory nerve, nerve of hearing, 8th cranial nerve
тройничный нерв, V-ая пара черепных нервов	trigeminal nerve, 5th cranial nerve
языкоглоточный нерв, IX-ая пара черепных нервов	glossopharyngeal nerve, 9th cranial nerve

ЧУВСТВИТЕЛЬНОСТЬ

SENSITIVITY, SENSATION

I. болевая/ноцицептивная чувствительность, алгезия
вибрационная чувствительность
висцеральная/интероцептивная чувствительность
вкусовая чувствительность
глубокая/проприоцептивная чувствительность, батиэстезия
дискриминационная чувствительность
измененная чувствительность, парестезия
кожная чувствительность
обонятельная чувствительность
поверхностная/экстероцептивная чувствительность
повышенная чувствительность
пониженная чувствительность
сложная чувствительность
тактильная чувствительность
температурная чувствительность, термоэстезия
II. извращение чувствительности, дизестезия
повышение чувствительности, гиперестезия
потеря чувствительности

    полная потеря чувствительности, анестезия
расстройство чувствительности, парестезия
C. чувство, ощущение
III. чувствовать, ощущать

I. sensitivity to pain, algesia

vibration sensation
visceral/interoceptive sensation
sense of taste
deep/proprioceptive sensation
discriminating sense

pathologic/morbid sensation, paresthesia
cutaneous sensation
olfactory sense
exteroceptive sensation

hyperesthesia, hypersensitivity
hypoesthesia
compound sense
tactile sensation
temperature sense, thermoesthesia
II. perversion of sensation, dysesthesia
excessive sensitivity, hyperesthesia
sensory loss, loss of sensation
    complete loss of sensation, anesthesia
disturbance of sensation, disturbed sensation, paresthesia
S. sense, feeling, sensation
III. to sense, to feel

БОЛЕВАЯ ЧУВСТВИТЕЛЬНОСТЬ

SENSITIVITY TO PAIN

I. повышенная болевая чувствительность, гипералгезия
пониженная болевая чувствительность, гипоалгезия

I. increased sensitivity to pain, hyperalgesia
decreased sensitivity to pain, hypoalgesia

II. отсутствие болевой чувствительности, аналгезия

ЧУВСТВО, ОЩУЩЕНИЕ
I. двумернопространственное/пространственное чувство
мышечно-суставное чувство
стереогностическое чувство, стереогноз
II. чувство дискриминации
чувство жжения
чувство локализации, топестезия
чувство покалывания
чувство ползания мурашек
чувство онемения
чувство царапания

ЧАСТНАЯ НЕВРОПАТОЛОГИЯ

МОЗГ

I. головной мозг
спинной мозг
II. абсцесс головного (спинного) мозга
водянка головного мозга, гидроцефалия
водянка спинного мозга, гидромиелия
воспаление головного и спинного мозга, энцефаломиелит

воспаление головного мозга, энцефалит
воспаление мозговых оболочек и спинного мозга, менингомиелит
воспаление оболочек головного и спинного мозга, менингит
воспаление мягких мозговых оболочек головного и спинного мозга с преимущественным поражением паутинной оболочки, арахноидит, наружный лептоменингит, арахноменингит
воспаление серого вещества спинного мозга
поражение клеток передних рогов спинного мозга, полиомиелит

II. absence of sensitivity to pain, analgesia

SENSE, FEELING, SENSATION
I. **posture/spatial** sense

muscular-articular sense
stereognostic sense, stereognosis
II. sense of discrimination
burning sensation
sense of localization, topesthesia
tingling sensation
creeping sensation
nembness sensation
scratching sensation

SPECIFIC NEUROPATHOLOGY

BRAIN

I. cerebrum, brain
spinal cord
II. cerebral abscess (spinal abscess)
dropsy/edema of the brain, hydrocephalus
dropsy of the spinal cord, hydromyelia
inflammation of the brain and spinal cord, encephalomyelitis
inflammation of the brain, encephalitis
inflammation of the meninges and spinal cord, meningomyelitis
inflammation of the meninges, meningitis

inflammation of soft membranes of the brain and spinal cord with the arachnoid membrane inflammation prevailing, arachnoiditis, external leptomeningitis, arachnomeningitis
inflammation of grey substance of spinal cord
cellular affection of **anterior horns/cornu anterius**, poliomyelitis

воспаление спинного мозга, миелит	inflammation of spinal cord, myelitis
воспаление клетчатки эпидурального пространства, эпидурит	inflammation of epidural space **fat/fatty tissue**, epiduritis
дегенеративные изменения в спинном мозгу, миелоз	degenerative changes in the spinal cord, myelosis
кровоизлияние в мозг, апоплексия мозга	cerebral effusion, cerebral extravasation of blood, cerebral apoplexy
опухоль головного (спинного) мозга	cerebral (spinal cord) growth
поражение головного (спинного) мозга	cerebral (spinal cord) **affection/lesion**
раздражение оболочек мозга, менингизм	irritation of the meninges, meningism
сдавление спинного мозга	cerebral compression
сотрясение головного мозга	cerebral concussion
ушиб головного мозга	cerebral contusion
цистицеркоз мозга	cerebral cysticercosis
эхинококкоз мозга	cerebral echinococcosis

C. боковой амиотрофический склероз
   болезнь Паркинсона, дрожательный паралич
   гепатолентикулярная дегенерация, гепато-церебральная дистрофия, болезнь Вестфаля-Вильсона-Коновалова
   рассеянный склероз
   расстройство/нарушение мозгового кровообращения
   сирингомиелия
   фуникулярный миелоз

S. amyotrophic lateral sclerosis
   Parkinson's disease, shaking palsy
   hepatolenticular degeneration, hepato-cerebral dystrophy, Westphal-Wilson-Konovalov's disease
   disseminated sclerosis
   impairment of cerebral circulation
   syringomyelia
   funicular myelosis

АРАХНОИДИТ

ARACHNOIDITIS

I. базальный арахноидит
   диффузный арахноидит
   кистозный арахноидит
   ограниченный арахноидит

   оптико-хиазмальный/оптохиазмальный арахноидит
   ревматический арахноидит
   слипчивый арахноидит
   спинальный арахноидит
   травматический арахноидит
   церебральный арахноидит
II. арахноидит задней черепной ямки
    арахноидит мосто-мозжечкового угла

I. basal arachnoiditis
   diffuse arachnoiditis
   cystic arachnoiditis
   limited/circumscribed arachnoiditis
   opticochiasmal arachnoiditis

   rheumatic arachnoiditis
   adhesive arachnoiditis
   spinal arachnoiditis
   traumatic arachnoiditis
   cerebral arachnoiditis
II. arachnoiditis of posterior cranial fossa
    arachnoiditis of cerebellopontine angle

МЕНИНГИТ

MENINGITIS

I. базальный менингит
   бактериальный менингит

I. **basilar/basal** meningitis
   bacterial meningitis

гнойный менингит
вирусный менингит
отогенный травматический менингит

очаговый менингит
пневмококковый менингит
серозный менингит
сифилитический менингит
стафилококковый менингит
стрептококковый менингит
туберкулезный менингит
эпидемический цереброспинальный/менингококковый менингит

II. менингит при паротите
C. выбухание и напряжение родничков
симптом Мейтуса
симптом «треножника»

purulent meningitis
virus meningitis
otitic traumatic meningitis

focal meningitis
pneumococcal meningitis
serous meningitis
syphilitic meningitis
staphilococcal meningitis
streptococcal meningitis
tuberculous meningitis
epidemic **cerebrospinal/ meningoccic** meningitis

II. meningitis in parotitis
S. bulging and **tenseness/tension** of fontanelles
Meitus symptom
"tripod" symptom

РАССТРОЙСТВО/НАРУШЕНИЕ МОЗГОВОГО КРОВООБРАЩЕНИЯ

I. динамическое/преходящее/транзиторное расстройство мозгового кровообращения
острое расстройство мозгового кровообращения, инсульт
C. атеросклероз мозговых сосудов
ишемия в бассейне задней (передней, средней) мозговой артерии
ишемия в бассейне задней мозжечковой артерии, синдром Валенберга-Захарченко

субарахноидальное кровоизлияние
эмболия сосудов головного мозга

IMPAIRMENT OF CEREBRAL CIRCULATION

I. **dynamic/transitory** cerebral circulation impairment

acute cerebral circulation impairment, insultus, insult
S. atherosclerosis of cerebral vessels
ischemia in the region of posterior (anterior, median) cerebral artery
ischemia in the region of posterior cerebellar artery, Wallenberg-Zakharchenko's syndrome
subarachnoid hemorrhage

embolism of cerebral vessels

ИНСУЛЬТ

I. апоплектический/геморрагический инсульт, апоплектический удар, апоплексия мозга
ишемический инсульт
тромботический инсульт
эмболический инсульт

INSULT

I. **apoplectic/hemorrhagic** insult, apoplectic stroke

ischemic insult
thrombotic insult
embolic insult

ЭНЦЕФАЛИТ

I. аллергический энцефалит
весенне-летний клещевой/таежный/дальневосточный энцефалит
вторичный энцефалит
гриппозный энцефалит

ENCEPHALITIS

I. allergic encephalitis
[Russian] **tick-borne/taiga/ Far-Eastern** encephalitis

secondary encephalitis
grippal encephalitis

комариный/японский/летне-осенний энцефалит	**mosquito-borne/Japanese/summer-autumn** encephalitis
травматический энцефалит	traumatic encephalitis
эпидемический/сонный/летаргический энцефалит	epidemic/sleepy, carotic/lethargic encephalitis, encephalitis epidemica

НЕВРОЗ

NEUROSIS

I. ангиотрофоневроз	I. angiotrophoneurosis
вегетативный невроз	vegetative neurosis
II. невроз военной обстановки	II. war neurosis
С. акропарестезия	S. acroparesthesia
болезнь Рейно	Raynaud's disease
глухонемота/сурдомутизм после контузии	deaf-mutism after bruise
заикание	stammering
истерическая немота, истерический мутизм	hysterical dumbness, hysterical mutism
истерический припадок	**hysteria/conniption** fit
истерия	hysteria
мигрень, гемикрания	migraine, hemicrania
приступ мигрени	episode of migraine
неврастения	neurasthenia
ночное недержание мочи, энурез	nocturnal incontinence of urine, enuresis
писчий спазм, писчая судорога	spasm in writing, writer's cramp
тики	tics
эритромелалгия	erythromelalgia

НЕРВ(Ы)

NERVE(S)

I. периферический нерв	I. peripheral nerve
спинномозговой нерв	spinocerebral nerve
черепной нерв	cranial nerve
II. воспаление нерва, неврит	II. inflammation of a nerve, neuritis
заболевание корешков спинномозговых нервов, радикулит	nerve root syndrome, radiculitis
множественное воспаление нервов, полиневрит	multiple inflammation of nerves, polyneuritis
приступ болей по ходу нерва, невралгия	attack of pains along the course of a nerve, neuralgia

НЕВРАЛГИЯ

NEURALGIA

I. вегетативная невралгия	I. vegetative neuralgia
затылочная невралгия	occipital neuralgia
межреберная невралгия	intercostal neuralgia
симптоматическая межреберная невралгия	symptomatic intercostal neuralgia
травматическая невралгия	traumatic neuralgia
упорная невралгия	**persistent/stubborn** neuralgia
II. невралгия затылочного нерва	II. occipital neuralgia

невралгия лицевого нерва	facial neuralgia
невралгия седалищного нерва	sciatic neuralgia, sciatica
невралгия тройничного нерва, тригеминальная невралгия	trifacial neuralgia, trigeminal neuralgia
невралгия языкоглоточного нерва	glossopharyngeal neuralgia
С. боль по ходу седалищного нерва, ишиалгия	S. ischalgia
прострел, люмбаго	lumbago
плече-лопаточный периартрит	scapulohumeral periarthritis
симптом натяжения седалищного нерва, симптом Ласега	symptom of sciatic nerve compression, Lasègue's sign
симптом посадки, симптом Минора	Minor's sign
синдром передней лестничной мышцы	scalenus-anticus syndrome

НЕВРИТ / NEURITIS

I. аксиальный неврит	I. axial neuritis
вегетативный неврит	vegetative neuritis
восходящий неврит	ascending neuritis
II. неврит бедренного нерва	II. femoral neuritis
неврит большеберцового нерва	tibial neuritis
неврит зрительного нерва	optic neuritis
неврит кожной ветви бедренного нерва, болезнь Рота	neuritis of the cutaneous branch of the femoral nerve, Roth's disease
неврит лицевого нерва	facial neuritis
неврит локтевого нерва	ulnar neuritis
неврит лучевого нерва	radial neuritis
неврит малоберцового нерва	fibular neuritis
неврит срединного нерва	median nerve neuritis
С. выпадение ахиллова рефлекса	S. Achilles reflex absence
вялое свисание кисти руки	flaccid drop of the hand
«когтистая кисть»	claw hand
«когтистая стопа»	claw foot
«конская стопа»	horse foot
лагофтальм	lagophthalmos
«обезьянья лапа»	monkey hand
плоская кисть	flat hand
полая стопа	hollow foot
сглаживание носогубной складки	smoothed down nasolabial fold
содружественное движение глазных яблок	concomitant movement of eyeballs
симптом ресниц	eyelash sign
уплощение кисти	flat hand

РАДИКУЛИТ / RADICULITIS

I. грудной радикулит	I. thoracic radiculitis
дискогенный радикулит	discogenic radiculitis
компрессионный радикулит	compression radiculitis
пояснично-крестцовый радикулит	lumbosacral radiculitis
шейный радикулит	cervical radiculitis

НЕРВНОЕ СПЛЕТЕНИЕ	NERVE PLEXUS, PLEXUS NERVOSUS
II. воспаление нервного сплетения, плексит	II. inflammation of a nerve plexus, plexitis
C. боль в области плеча, брахиалгия невралгия плечевого сплетения, плечевой плексит	S. pain in shoulder area, brachialgia neuralgia of the brachial plexus, brachial plexitis

МЫШЦА(Ы)

MUSCLE(S)

I. парализованная (непарализованная) мышца	I. paralysed (non-paralysed) muscle
II. атрофия мышцы воспаление мышцы, миозит	II. muscular atrophy inflammation of a muscle, myositis
C. миастения миотония Томсена	S. myasthenia Thomsen's disease, myotonia congenita
мышечная система поражение мышечной системы прогрессирующая мышечная атрофия, миопатия	muscular system muscle impairment progressive muscular atrophy, myopathy

■ Бывают ли у вас головные боли?

■ Do you have headaches?

Как часто?

How often?

Какого они характера? Распирающие (давящие, захватывают всю голову, лоб, затылок или часть головы)?

What is the character of the headaches? Are they arching (pressing)? Do they spread all over the head, forehead, back of the head or some part of the head?

Сопровождается ли головная боль рвотой?

Is the headache accompanied by vomiting?

Когда чаще болит голова? После рабочего дня? Ночью или после сна утром?

When are headaches more frequent? After work? At night or in the morning after sleep?

У вас частые головные боли (постоянные головные боли, приступообразные головные боли)?

Do you have frequent headaches (constant headaches, cramp-like headaches)?

Какая часть головы болит?

What part of the head is involved?

В каком месте у вас сосредоточивается острая боль (в висках, затылке, в глазах, в одной половине головы)?

Where do you feel an acute pain (in the temples, at the back of the head, in the eyes, in one half of the head)?

Что снимает приступ головной боли?

What relieves the attack of headache?

Головные боли с годами стали мучительнее?

Have the headaches become more troublesome with age?

461

Головная боль острая (тупая, резкая, приступообразная)?	Is the pain acute (dull, sharp, cramp-like)?
У вас есть в голове ощущение пульсации (жжения, сдавления)?	Do you have a sensation of pulsation (burning, compression) in the head?
Что обычно вызывает приступ мигрени?	What usually causes an attack of migraine?
Головная боль сосредоточивается в одной половине головы и сопровождается рвотой и тошнотой?	Is your headache concentrated in one half of the head and is it accompanied by vomiting and nausea?
У вас бывают приступы головокружения, пошатывания в сторону? С чем вы их связываете?	Do you feel at times dizzy or unsteady? What do you attribute it to?
У вас трясутся, дрожат руки?	Do your hands shake, tremble?
У вас бывают непроизвольные повороты головы (периодические подергивания головы (плеч), движения резкими толчками, тики)?	Do you have involuntary turns of the head (periodic twitchings of the head (shoulders), abrupt movements, tics)?
Вы можете бегать (стоять устойчиво, идти с закрытыми глазами, танцевать)?	Can you run (stand steadily, walk with your eyes closed, dance)?
Вы сразу засыпаете?	Do you fall asleep at once?
Вы хорошо спите?	Do you sleep well?
Вы страдаете бессонницей?	Do you suffer from insomnia? Do you feel sleepless at night?
Принимаете ли вы на ночь снотворное?	Do you take sleeping pills at night [to fall asleep]?
Вы испытываете чувство ползания мурашек (онемения, жара, холода, покалывания, жжения)?	Do you experience a creeping sensation (sensation of numbness, hot spells, cold spells, a tingling sensation, a burning sensation)?
Вы одинаково чувствуете холод (тепло, давление) с обеих сторон?	Do you equally feel cold (heat, pressure) on both sides?
Вы чувствуете уколы (прикосновение, тепло, холод)? Тупо? Остро?	Do you feel pinpricks (touch, warmth, cold)? Dully? Acutely?
Когда у вас появилась слабость в ноге(ах), руке(ах), неустойчивая походка?	When was it that you first felt weakness in the leg (legs), in the arm (arms), unsteady gait?
С каких пор вы не можете захватывать предмет кистью (поднять стопу при ходьбе)?	Since when have you been unable to grasp an object with your hand (lift your foot on walking)?

Вы можете ходить быстро, как раньше?	Can you walk as fast as you used to?
С какой дозы вы начали лечение леводопой?	What dose did you begin your levodopa treatment with?
Что вызывает приступ болей? Смех (разговор, прием пищи)?	What causes your pain to come on? Laughter (talking, eating)?
Бывает ли у вас повышение артериального давления?	Have you noticed a rise in your arterial pressure?
Возникает ли у вас ощущение слабости (повышенной утомляемости), сопровождающееся сердцебиением?	Do you have at times a feeling of weakness (being more easily fatigued) accompanied by a rapid heart beat?
Оскальте зубы!	Expose your teeth
Зажмурьте глаза!	Close your eyes tightly
Наморщите лоб! Нахмурьте брови!	Wrinkle your forehead. Lower your eyebrows
Надуйте щеки!	Puff out your cheeks
Высуньте язык! Вытяните губы трубочкой!	Put your tongue out. Purse your lips
Свистните!	Whistle
Поверните голову в сторону!	Turn your head to the side
Согните голову вперед!	Bend your head forward
Пожмите плечами!	Shrug your shoulders
Пройдитесь на носках и пятках!	Walk on your toes and heels
Сожмите мои руки!	Squeeze my hands
Указательным пальцем коснитесь кончика носа!	Touch your nose with your forefinger
Достаньте пяткой одной ноги колено другой!	Touch the knee of the leg with the heel of the other leg
Поставьте левую ногу впереди правой	Put the left leg in front of the right one
Поставьте ноги вместе. Закройте глаза. Вытяните руки вперед!	Put your feet together. Close your eyes. Extend your hands in front of you
Покажите как посолить хлеб, (зажечь спичку, закурить сигарету)	Show how to put salt on bread (to light a match, to light up a cigarette)
Покажите как поманить пальцем (послать воздушный поцелуй, пригрозить кулаком)	Show how to beckon with the finger (to blow kisses, to shake a fist)
▲ Речь мало выразительная (монотонная, мало модулированная)	▲ Speech is flat (even-toned, without normal modulation)

Речь громкая (ясная, эмоционально окрашенная, последовательная)	Speech is loud (clear, with inflection, coherent)
Высказывания больного(ой) адекватны, повествование подробное	The patient's speech is relevant, circumstantial
Речь замедленная, голос монотонен без эмоциональной окраски	Speech is slowed, the voice is monotonous without inflection
Как больной(ая) говорит и выражает свои мысли?	How does the patient speak and express himself (herself)?
Каким тоном говорит больной(ая)?	What is the patient's tone of voice?
Больной(ая) говорит спокойно (уверенно, напряженно, быстро, неторопливо)	The patient speaks calmly (with assurance, tensely, rapidly, deliberately)
Больной(ая) находит слова с трудом (ничего не может сказать, использует неологизмы)	Verbal production of the patient is slowed (is blocked). He (she) uses neologisms)
Больной(ая) говорит связно (последовательно, беспорядочно, бессвязно)	Conversation of the patient is coherent (easy to follow, rambling, incoherent)
Отмечается выраженный тремор конечностей (мелкий тремор, усиливающийся при непроизвольных движениях, мелкий и частый тремор, выраженный сильнее справа (слева)	There is a marked tremor of the limbs (fine tremor which increases with involuntary movements, fine and rapid tremor more pronounced on the right (left)
Наблюдается двигательное беспокойство (общее дрожание, хореоформные подергивания)	There is motor anxiety (general trembling, choreiform twitching)
Пальце-носовую (колено-пяточную) пробу больной(ая) (не) выполняет	Finger-nose (heel-knee) test is negative (positive)
Атрофии мышц и тремора нет. Походка не изменена	There is no muscular atrophy, no tremor. Gait is normal
В позе Ромберга (не) устойчив(а)	Romberg's sign is positive (negative)
Захват и сила в руках нормальные	Hand and arm are strong
При обследовании выявлен(а) центральный паралич нижних конечностей (неврит бедренного нерва, невралгия тройничного нерва, рассеянный склероз)	Physical examination has revealed central lower limb paralysis (femoral neuritis, trigeminal neuralgia, disseminated sclerosis)
Рефлексы не изменены (повышены, оживлены, отсутствуют)	Reflexes are normal (hyperactive, increased, absent)

Сухожильные рефлексы живые (выражены равномерно с обеих сторон, справа выше, чем слева, равномерно снижены, оживлены)	Tendon reflexes are brisk (equally marked on both sides, more hyperactive on the right than on the left, equally diminished, increased)
Зрачки (не) одинаковых размеров. Реакция на свет сохранена (отсутствует)	The pupils are (un)equal in size. The light reflex is retained (absent)
Отмечается повышение мышечного тонуса (сухожильных и надкостничных рефлексов парализованной конечности)	There is increased muscular tone (of tendon and periosteal reflexes of the paralysed limb)
Наблюдается выпадение коленного рефлекса (двусторонний клонус стоп, симптом Бабинского, симптом Оппенгейма)	There is absence of knee-jerk (bilateral foot clonus, Babinski's sign, Oppenheim's sign)
Подошвенные рефлексы не изменены. Движения мышц лица сохранены	Plantar reflexes are normal. Facial movements are retained
Болевая (кожная, температурная) чувствительность повышена (снижена, не изменена)	Algesthesia (cutaneous sensation, temperature sense) is increased (decreased, unchanged)
Со стороны черепных нервов патологии не обнаружено	No pathology has been found in the cranial nerves
Патологии со стороны неврологического статуса не определяется	The CNS is within normal limits
Отмечается нистагм (интенционный тремор, скандированная речь, отсутствие брюшных рефлексов, побледнение височных половин сосков зрительных нервов)	There is nystagmus (intention tremor, scanning speech, absence of abdominal reflexes, pallor of the temporal halves of the optic discs)
Больной(ая) жалуется на головную боль (головокружение, нарушение зрения, психические расстройства)	The patient complains of headache (dizziness, visual disturbances, mental disturbance)
Отмечаются болевые ощущения по ходу локтевого (лучевого, срединного) нерва	There are pains along the course of the ulnar (radial, median) nerve
Наблюдается сглаживание носогубной складки на стороне поражения (перекос лица в здоровую сторону, неполное смыкание губ, слюнотечение)	There is a smoothed down nasolabial fold on the affected side (distortion of face towards the unaffected side, incomplete closure of the lips, salivation)
Показан(а) алкоголизация нерва, нерв-экзерез, стереотаксический метод лечения	There is indicated alcohol injection of the nerve, nerve exeresis, stereotaxic method of treatment

ПСИХИАТРИЯ		**PSYCHIATRY**
ОБЩАЯ ПСИХОПАТОЛОГИЯ	467	**GENERAL PSYCHOPATHOLOGY**
БРЕД	467	**DELIRIUM**
ВНИМАНИЕ	468	**ATTENTION**
ВОЛЕВАЯ АКТИВНОСТЬ	468	**WILL ACTIVITY**
ВЛЕЧЕНИЕ	469	DRIVE
ИЗВРАЩЕНИЕ ПОЛОВОГО ВЛЕЧЕНИЯ	470	SEXUAL PERVERSION
РАССТРОЙСТВО ВЛЕЧЕНИЯ	470	DISTURBANCE OF DRIVE
ГАЛЛЮЦИНАЦИИ	470	**HALLUCINATIONS**
ИЛЛЮЗИИ	470	**ILLUSIONS**
МЫШЛЕНИЕ	471	**THINKING**
ИНТЕЛЛЕКТ	471	INTELLECT
СЛАБОУМИЕ	471	FEEBLE-MINDEDNESS
НАВЯЗЧИВОЕ СОСТОЯНИЕ	472	**ANNOYING STATE**
НАСТРОЕНИЕ	473	**MOOD**
ЭЙФОРИЯ	474	EUPHORIA
ПАМЯТЬ	474	**MEMORY**
АМНЕЗИЯ	474	AMNESIA
ПСИХОНЕВРОЛОГИЧЕСКОЕ УЧРЕЖДЕНИЕ	475	**PSYCHONEUROLOGICAL ESTABLISHMENT**
ПСИХИАТРИЧЕСКАЯ БОЛЬНИЦА	475	MENTAL HOSPITAL
СИНДРОМ	475	**SYNDROME**
СИНДРОМ ДЕПЕРСОНАЛИЗАЦИИ И ДЕРЕАЛИЗАЦИИ	476	SYNDROME OF DEPERSONALIZATION AND DEREALISATION
СОЗНАНИЕ	476	**CONSCIOUSNESS**
ДЕЛИРИЙ	477	DELIRIUM
СПЕЦИАЛЬНЫЕ МЕТОДЫ ИССЛЕДОВАНИЯ И ЛЕЧЕНИЯ	477	**SPECIAL METHODS OF INVESTIGATION AND MANAGEMENT**
ЛЕЧЕНИЕ СНОМ	477	TREATMENT BY SLEEP
ПСИХИАТРИЧЕСКАЯ ЭКСПЕРТИЗА	477	PSYCHIATRIC EXAMINATION
ПСИХОТЕРАПИЯ	478	PSYCHOTHERAPY

ЭЛЕКТРОЭНЦЕФАЛОГРА-ФИЯ	478	ELECTROENCEPHALOGRAPHY	
ЭХОЭНЦЕФАЛОГРА-ФИЯ	478	ECHOENCEPHALOGRAPHY	

ЧАСТНАЯ ПСИХОПАТОЛОГИЯ   478   SPECIFIC PSYCHOPATHOLOGY

АЛКОГОЛИЗМ	478	ALCOHOLISM	
АЛКОГОЛЬНАЯ ИНТОКСИКАЦИЯ	479	ALCOHOLIC INTOXICATION	
НАРКОМАНИЯ	479	NARCOMANIA	
ПСИХАСТЕНИЯ	479	PSYCHASTHENIA	
ПСИХОЗ	479	PSYCHOSIS	
ПСИХОПАТИЯ	480	PSYCHOPATHY	
ШИЗОФРЕНИЯ	480	SCHIZOPHRENIA	
ЭПИЛЕПСИЯ	481	EPILEPSY	
АУРА	481	AURA	

ПСИХИАТРИЯ

PSYCHIATRY

ОБЩАЯ ПСИХОПАТОЛОГИЯ

GENERAL PSYCHOPATHOLOGY

БРЕД

DELIRIUM, DELUSIONS

I. аффективный/голотимный бред
галлюцинаторный бред
ипохондрический бред, бред болезни, нозомания
конфабуляторный бред
любовный/эротический бред
нигилистический бред, ипохондрический бред Котара
остаточный/резидуальный бред
острый бред
паранойяльный бред
первичный/интерпретативный/словесный бред, бред толкования
систематизированный бред
фантастический/парафренный бред, бред воображения Дюпре
хронический бред Маньяна

чувственный/образный бред
экспансивный бред, бред величия, мегаломания

I. affective delirium
hallucinatory delirium
hypochondriac delirium, nosomania
confabulatory delirium
love/erotic delirium
nihilistic delirium, Cotard's hypochondriac delirium
residual delirium
acute delirium
paranoid delirium
primary/verbal dilirium

systematized delirium
fantastic delirium, Dupré's delusions of imagination

chronic **delirium/delusions** of Magnan
imagery delirium
expansive delusions, delusions of grandeur, megalomania

467

II. бред богатства/величия
бред виновности
бред воздействия
бред высокого происхождения/иного происхождения/чужих родителей
бред гениальности
бред греховности/самообвинения/самоосуждения/самоуничижения
бред изобретательства/открытия
бред интерметаморфозы, метаболический бред
бред обвинения
бред ограбления
бред особого значения
бред отношения
бред отравления
бред преследования, персекуторный бред
бред притязания
бред ревности/супружеской неверности, бредовая ревность
бред реформаторства
бред сутяжничества/кверулянтов, сутяжное помешательство
бред ущерба
бред физического недостатка, дисморфофобия
C. бредовая идея
    одержимость бредовой идеей
    подозрительность
    предубежденность
    предчувствие
    сверхценная идея
III. бредить

ВНИМАНИЕ

I. ослабленное внимание
повышенное внимание
рассеянное внимание
сосредоточенное внимание
III. сосредоточивать внимание
фиксировать внимание

ВОЛЕВАЯ АКТИВНОСТЬ

II. повышение волевой активности, гипербулия
понижение волевой активности, гипобулия
C. безволие, абулия
влечение

II. delusions of **wealth/grandeur**
delusions of being guilty
delusions of affection
delusions of **high origin/other origin/other parents**

delusions of genius
delusions of **being sinful/self-condemnation/self-humiliation**

delusions of **invention/discovery**

delusions of intermetamorphosis, metabolic delusions
delusions of accusation
delusions of robbery
delusions of special meaning
delusions of relation
delusions of poisoning
delusions of persecution, persecutory delirium
delusions of claims
delusions of jealousy, delirious jealousy

delusions of reforming
delusions of litigiousness

delusions of damage
delusions of bodily defect, dysmorphophobia
S. delusion
    obsession by a delusion
    suspicion
    prejudice, bias
    presentiment
    supervaluable idea
III. to be delirious

ATTENTION

I. diminished attention
increased attention
distractable attention
concentrated attention
III. to concentrate attention
to fix attention

WILL ACTIVITY

II. excessive wilfulness, hyperbulia
feebleness of will, hypobulia
S. absence of will, ab[o]ulia
drive, attraction, desire

воля
импульсивные поступки
ослабление пищевого инстинкта
расстройство воли
стремление к движениям
стремление к действиям
усиление пищевого инстинкта

will, volition
impulsive **actions/behaviour**
diminished **food/nutritional** instinct
disturbance of **will/power**
striving for movement
striving for action
enhanced **food/nutritional** instinct

ВЛЕЧЕНИЕ

I. импульсивное влечение
   контрастное влечение
   навязчивое влечение
   половое влечение
II. извращение влечения
    извращение полового влечения
    импульсное влечение к поджогам, пиромания
    импульсное влечение к спиртным напиткам, истинный запой, дипсомания
    импульсное влечение к кражам, клептомания
    импульсное влечение к перемене мест, дромомания, пориомания
    расстройство влечения

DRIVE, DESIRE, ATTRACTION

I. impulsive **desire/drive**
   contrast **desire/drive**
   annoying **desire/drive**
   sexual **desire/drive**
II. perversion of drive
    sexual/sex perversion
    impulsive drive for arson, pyromania
    impulsive drive for alcoholic drinks, true dipsomania, dipsomania
    impulsive drive for theft, kleptomania
    impulsive drive for roaming, dromomania, poriomania

    disturbance of drive

ИЗВРАЩЕНИЕ ПОЛОВОГО ВЛЕЧЕНИЯ

C. влечение к одноименному полу, гомосексуализм, гомоэротизм

   желание испытывать боль во время полового акта, мазохизм
   желание причинять боль во время полового акта, садизм
   половое влечение к малым детям, педофилия

   понижение полового влечения, гипосексуализм
   скотоложство, содомия, зоофилия
   стремление переодеваться в одежду и принимать облик противоположного пола, трансвестизм, транссексуализм
   удовлетворение полового влечения в результате обнажения своих половых органов в присутствии лиц(а) противоположного пола, эксгибиционизм

SEXUAL PERVERSION, SEX PERVERSION

S. sexual **attraction/drive** toward persons of the same sex, homosexuality, homoerotism
desire of pain during sexual activity, masochism
desire to cause pain during sexual activity, sadism
sexual **attraction/drive** toward little children, pedophilia
lessening of sexual drive, hyposexualism
sodomy, zoophilia, zoophilism
urge to wear clothes of the opposite sex and appear like persons of the opposite sex, transvestism, transsexualism
satisfying sexual desire by exposing the genitals in the presence of persons (a person) of the opposite sex, exhibitionism

РАССТРОЙСТВО ВЛЕЧЕНИЯ	DISTURBANCE OF DRIVE
C. мужская половая слабость, импотенция	S. impotence
онанизм, мастурбация, ипсация, рукоблудие	onanism, masturbation
повышение полового влечения, гиперсексуализм	excessive sexual drive, hypersexualism
половая холодность женщин, фригидность	female sexual coldness, frigidity

ГАЛЛЮЦИНАЦИИ, ИСТИННЫЕ ГАЛЛЮЦИНАЦИИ / HALLUCINATIONS, TRUE HALLUCINATIONS

I.
- аутоскопические/дейтероскопические галлюцинации — **autoscopic/deuteroscopic** hallucinations
- вкусовые галлюцинации — gustatory hallucinations
- гипнаготические галлюцинации — hypnagogic hallucinations
- гипнопомпические галлюцинации — hypnopompic hallucinations
- двигательные галлюцинации — motor hallucinations
- зрительные/оптические галлюцинации — **visual/optic** hallucinations
- императивные/повелевающие/приказывающие галлюцинации — imperative hallucinations
- истинные галлюцинации, галлюцинации — true hallucinations, hallucinations
- ложные галлюцинации, псевдогаллюцинации — pseudohallucinations
- макроптические галлюцинации — macropsia hallucinations
- микроптические галлюцинации — micropsia hallucinations
- нормоптические галлюцинации — normopsia hallucinations
- обонятельные галлюцинации — olfactory hallucinations
- осязательные/тактильные галлюцинации — tactile hallucinations
- простые галлюцинации — simple hallucinations
- сложные/комплексные/синтетические галлюцинации — **complex/compound/synthetic** hallucinations
- слуховые/акустические галлюцинации — **auditory/acoustic** hallucinations

II. галлюцинации общего чувства — hallucinations of general feeling

III. испытывать галлюцинации — to have hallucinations, to suffer from hallucinations

ИЛЛЮЗИИ / ILLUSIONS

I.
- аффективные иллюзии — affective illusions
- вербальные иллюзии — verbal illusions
- парэйдолические иллюзии — pareudolic [al] illusions
- физиологические иллюзии — physiologic illusions
- физические иллюзии — physical illusions

II. иллюзии привычного восприятия

МЫШЛЕНИЕ

I. абстрактное мышление
амбивалентное мышление
архаическое мышление
аутистическое мышление
инфантильное/прелогическое мышление
кататимное мышление
конкретное мышление
образное мышление
паралогическое мышление
скачкообразное мышление
шизофреническое мышление
II. бессвязность/инкогерентность мышления, ассоциативная бессвязность
заторможенность мышления
вязкость/тугоподвижность мышления
обстоятельность мышления
персеверация мышления
разорванность мышления
ускорение мышления
II. способность к мышлению, интеллект
С. мысль
наплыв мыслей
обобщение, абстрагирование
обрывы мысли, ментизм
остановка мысли
склонность к бесплодным суждениям, резонерство
суждение
умозаключение

ИНТЕЛЛЕКТ

I. стойкое снижение интеллекта, слабоумие, деменция

СЛАБОУМИЕ

I. алкогольное слабоумие
амнестическое слабоумие
апоплектическое/постинсультное слабоумие
атеросклеротическое слабоумие
врожденное слабоумие, умственная отсталость, олигофрения
острое слабоумие
пресенильное слабоумие

II. illusions of habitual perception

THINKING, THOUGHT

I. abstract thinking
ambivalent thinking
archaic thinking
autistic thinking
infantile/prelogic thinking

catathymic thinking
concrete thinking
image/conception thinking
paralogic thinking
intermittent thinking
schizophrenic thinking
II. incoherent thinking, incoherence of thinking, associative incoherence
inhibited/retarded thinking
stiff thinking, stiffness of thinking
circumstantial thinking
perseveration of thinking
non-continuous thinking
rapidity of thought
II. intellect

S. thought, thinking
flow of thoughts
abstraction
breaks in thought, mentism
arrest of thought
disposition to futile judgements, philosophizing
judgement
conclusion, deduction

INTELLECT

II. mental deficiency, feeble-mindedness, dementia

FEEBLE-MINDEDNESS, DEMENTIA, MENTAL DEFICIENCY

I. alcoholic dementia
amnestic dementia
apoplectic/postinsult dementia
atherosclerotic dementia
congenital mental deficiency, mental **deficiency/defectiveness,** oligophrenia
acute dementia
presenile dementia

приобретенное слабоумие, деменция	acquired feebleness of mind
прогредиентное/нарастающее слабоумие	progredient dementia
регредиентное/обратимое слабоумие	regredient dementia
тотальное слабоумие	total mental deficiency
частичное слабоумие	partial mental deficiency
шизофреническое слабоумие	schizophrenic dementia
II. глубокая степень врожденного слабоумия, идиотия	II. the most severe grade of congenital mental deficiency, idiocy
легкая степень врожденного слабоумия, дебильность	mild **degree/grade** of congenital mental deficiency, debility
средняя степень врожденного слабоумия, имбецильность	average grade of congenital deficiency, imbecility
C. болезнь Дауна	S. Down's disease, mongolism
синдром Дауна	Down's syndrome
синдром Клайнфельтера	Klinfelter's syndrome
синдром Тернера	Turner's syndrome

НАВЯЗЧИВОЕ СОСТОЯНИЕ

ANNOYING STATE, FIXED STATE

C. навязчивая боязнь, навязчивый страх	S. annoying fear
навязчивая боязнь боли, алгофобия	obsessive fear of pain, algophobia
навязчивая боязнь высоты, акрофобия	annoying fear of height, acrophobia
навязчивая боязнь женщин, гинекофобия	obsessive fear of women, gynecophobia
навязчивая боязнь острых предметов, оксифобия	obsessive fear of sharp objects, oxiphobia
навязчивая боязнь пищи, октофобия	obsessive fear of food, octophobia
навязчивая боязнь темноты, никтофобия	obsessive dread of dark[ness], nyctophobia
навязчивая боязнь тесноты, клаустрофобия	obsessive fear of **close/small** space[s], claustrophobia
навязчивая страсть совершать поджоги, пиромания	obsessive urge to start fires, pyromania
навязчивое мудрствование	annoying philosophizing
навязчивое стремление запоминать ненужные номера, аномитомания	annoying **desire/urge** to memorize unwanted numbers, anomitomania
навязчивое стремление красть, клептомания	obsessive urge to steal, kleptomania
навязчивое стремление лгать	obsessive urge to lie
навязчивое стремление считать ненужные предметы, аритмомания	annoying **desire/urge** to count unwanted objects, arithmomania
навязчивое стремление прыгнуть в воду, гидромания	obsessive urge to throw oneself into water, hydromania
навязчивые ритуалы	annoying rituals

навязчивый страх головокружения, вертигофобия
навязчивый страх грома, молнии, астрофобия
навязчивый страх заболеть раком, канцерофобия
навязчивый страх заболеть сифилисом, сифилофобия
навязчивый страх крови, гематофобия
навязчивый страх открытых пространств, агорафобия
навязчивый страх рвоты, вомитофобия
навязчивый страх покраснеть, эрейтофобия
навязчивый страх смерти, танатофобия
навязчивый страх страхов, фобофобия
III. бояться кого-нибудь, чего-нибудь

obsessive fear of having vertigo, vertigophobia
obsessive fear of thunder, lightning, astrophobia
obsessive/annoying fear of cancer, cancerophobia
obsessive/annoying dread of syphilis, syphilophobia
obsessive fear of blood, hematophobia
obsessive fear of open spaces, agoraphobia
obsessive fear of having vomiting, vomitophobia
obsessive fear of blushing, ereuthophobia
obsessive dread of death, thanatophobia
obsessive dread of fear, phobophobia
III. to be afraid of somebody, something; to fear somebody, something

НАСТРОЕНИЕ

MOOD, SPIRITS

I. бредовое настроение
острое шизофреническое настроение
патологически приподнятое настроение, мания
плохое настроение
повышенное/приподнятое настроение
повышенно радостное настроение, эйфория
подавленное настроение, депрессия
угнетенное настроение с чувством недовольства, злобы, дисфория
хорошее настроение
II. перемена настроения
C. волнение
неадекватность эмоций
патологический аффект
страх
тревога
физиологический аффект
эмоциональная лабильность
эмоциональное безразличие
эмоция

I. delirious mood
acute schizophrenic mood
pathologically high spirits, mania
bad/blue mood, low spirits
high spirits

exaggeratedly merry mood, euphoria
blues, depression

depression with a feeling of discontent, **anger/spite**, dysphoria
good **mood/spirits**
II. change of mood
S. agitation, anxiety
inadequacy of emotions
pathological affect
fear, fright, phobia
alarm
physiological affect
emotional lability
emotional indifference, apathy
emotion

III. быть в хорошем (плохом) настроении
проявлять волнение, волноваться

III. to be in good (low) spirits

to display anxiety, to be anxious

ЭЙФОРИЯ

I. ипохондрическая эйфория
конфабуляторная эйфория
непродуктивная эйфория
экзальтированная эйфория
II. эйфория бедности чувств

ПАМЯТЬ

I. ассоциативная память
двигательная память
долговременная/длительная память
зрительная память
кратковременная/короткая память
логическая/смысловая память
механическая/непосредственная память
непроизвольная память
образная память
оперативная память
словесная память
слуховая память
эмоциональная память
II. искажение памяти, криптомнезия
замещение провала памяти вымыслом, конфабуляция

нарушение памяти
обман памяти, парамнезия

обострение/усиление памяти, гипермнезия
потеря памяти, амнезия
провал памяти
снижение/ослабление памяти, гипомнезия
C. воспоминание, репродукция
ошибки в хронологии воспоминаний, редублицирующие воспоминания, эхомнезия
III. вспоминать
запоминать
помнить
учить наизусть

АМНЕЗИЯ

I. антероградная амнезия
антероретроградная амнезия
аутогипнотическая амнезия
истерическая амнезия
постгипнотическая амнезия

EUPHORIA

I. hypochondrical euphoria
confabulatory euphoria
non-productive euphoria
ecstatic euphoria
II. euphoria of poverty of feelings

MEMORY

I. associative memory
motor memory
prolonged memory

eye/visual memory
short memory

logical memory

mechanical/immediate/direct memory
involuntary memory
image/conception memory
operative memory
verbal memory
aural memory
emotional memory
II. distortion of memory, cryptomnesia
substitution of pitchy memory defect by **invention/fiction**, confabulation
disturbance of memory
false recollection, paramnesia
extreme retentiveness of memory, hypermnesia
loss of memory, amnesia
pitchy/spotty memory defect
defective memory, hypomnesia

S. recollection
mistakes in the chronology of recollections, echomnesia
III. to recollect, to recall
to memorise, to remember
to remember
to learn by heart

AMNESIA, LOSS OF MEMORY

I. anterograde amnesia
anteroretrograde amnesia
autohypnotic amnesia
hysteric amnesia
posthypnotic amnesia

прогрессирующая амнезия	progressive amnesia
ретардированная амнезия	retarded amnesia
ретроградная амнезия	retrograde amnesia
фиксационная амнезия	fixation amnesia
эпизодическая/периодическая амнезия	episodic amnesia, periodic[al] amnesia

ПСИХОНЕВРОЛОГИЧЕСКОЕ УЧРЕЖДЕНИЕ

PSYCHONEUROLOGICAL ESTABLISHMENT, PSYCHONEUROLOGICAL INSTITUTION

С. вспомогательная школа для умственно отсталых детей	S. school for mentally retarded children
институт судебно-психиатрической экспертизы	institute for forensic psychiatric examination
лечебно-производственные мастерские	medical industrial workshops
психиатрическая больница	mental hospital
психоневрологический диспансер	psychoneurologic dispensary
психоневрологический интернат	psychoneurologic boarding-school

ПСИХИАТРИЧЕСКАЯ БОЛЬНИЦА

MENTAL HOSPITAL

II. беспокойное отделение психиатрической больницы	II. violent mental patients' **department/unit**
полубеспокойное отделение психиатрической больницы	semi-violent mental patients' **department/unit**
спокойное отделение психиатрической больницы	quiet mental patients' **department/unit**
С. психически больной	S. mental patient

СИНДРОМ

SYNDROME

I. амнестический синдром, Корсаковский синдром	I. amnestic syndrome, Korsakoff's syndrome
маниакальный синдром	maniacal syndrome
неврастенический синдром	neurasthenic syndrome
невротический синдром	neurotic syndrome
параноидный/бредовый синдром	**paranoid/delirium** syndrome
паранойяльный синдром	paranoiac syndrome
парафренный синдром	paraphrenic syndrome
судорожный синдром	paraxysmal syndrome
II. синдром деперсонализации и дереализации	II. syndrome of depersonalization and derealisation
синдром Котара	Cotard's syndrome
синдром навязчивости	syndrome of obsession, obsessional syndrome
синдром нарушения сознания	syndrome of impaired consciousness
синдром острого параноида	syndrome of acute paranoid
синдром психического автоматизма, синдром Кандинского-Клерамбо	syndrome of psychic automatism, Kandinski-Clérambault's syndrome

S. кататонический ступор
кататоническое возбуждение

СИНДРОМ ДЕПЕРСОНАЛИЗАЦИИ И ДЕРЕАЛИЗАЦИИ

C. искажение формы и величины окружающих предметов, метаморфопсия
симптом «никогда не виденного»
симптом «уже виденного»
увеличение восприятия предмета, макропсия

уменьшение восприятия предмета, микропсия

СОЗНАНИЕ

I. бредовое сознание
затуманенное/неясное сознание
суженное сознание
ясное сознание

II. помрачение сознания

потеря сознания
кратковременная потеря сознания
расстройство сознания
спутанность сознания

глубокая степень спутанности сознания, аменция, аментивный синдром
C. бессознательное состояние

[дез]ориентировка во времени (в месте, в обстановке, в окружающих лицах, в собственной личности)
делириозное состояние, делирий
коматозное состояние, кома
сновидное/онейроидное состояние
снохождение, лунатизм, сомнамбулизм
сопорозное состояние, сопор
состояние оглушенности, оглушение
легкая степень кратковременного оглушения, обнубиляция
сумеречное состояние

S. catatonic stupor
catatonic excitement

SYNDROME OF DEPERSONALIZATION AND DEREALISATION

S. distortion of form and size of objects **around/looked at**, metamorphopsia
symptom of "jamais vu"

symptom of "déjà vu"
perception of an object appearing larger than it is, macropsia

perception of an object appearing smaller than it is, micropsia

CONSCIOUSNESS

I. delirious consciousness
clouded consciousness

narrowed consciousness
clear consciousness, lucidity, being **lucid/rational**
II. **cloudiness/dullness** of consciousness
loss of consciousness
transient loss of consciousness, short fainting spell
disturbance of consciousness
[mental] confusion, confused consciousness
severe degree of mental confusion, amentia, amential syndrome
S. unconsciousness, irrational state
[dis]orientation in time (space, surroundings, surrounding persons, own personality)
delirious state, delirium

comatose condition, coma
dreamy/oneiroid state

sleep walking, somnambulism

soporific state
torpor

clouded mental state, obnubilation

twilight state

III. быть в бессознательном состоянии
быть в [ясном] сознании
приходить в сознание

терять сознание

III. to be **unconscious/irrational**
to be **conscious/rational**
to **recover/gain consciousness,** to come to [consciousness]
to lose consciousness

ДЕЛИРИЙ

DELIRIUM

I. алкогольный делирий, белая горячка, тромомания
атропиновый делирий
гипнагогический делирий
инициальный делирий, инициальный бред
инфекционный делирий
истерический делирий
онейроидный делирий
острый делирий
профессиональный делирий, бред занятия
систематизированный делирий
старческий делирий
травматический делирий
фармакогенный делирий
эпилептический делирий

I. delirium tremens, alcoholic delirium, tromomania
atropinic delirium
hypnagogic delirium
initial delirium

infectious delirium
hysteric delirium
oneiric/oniric delirium
acute delirium
occupational delirium

systematized delirium
senile delirium
traumatic delirium
pharmacogenic delirium
epileptic delirium

СПЕЦИАЛЬНЫЕ МЕТОДЫ ИССЛЕДОВАНИЯ И ЛЕЧЕНИЯ

SPECIAL METHODS OF INVESTIGATION AND MANAGEMENT/TREATMENT

S. культуртерапия
лечение сном
психиатрическая экспертиза
психотерапия
реоэнцефалография (РЭГ)
спиномозговая пункция
терапия психотропными средствами

трудовая терапия
социальная терапия
электромиография
электромиограф
электросудорожная терапия

электроэнцефалография
эхоэнцефалография

S. culturetherapy
treatment by sleep
psychiatric examination
psychotherapy
rheoencephalography (REG)
spinal/lumbar puncture
therapy with the aid of psychotropic remedies, drug therapy
labour therapy
social therapy
electromyography
electromyograph
electroconvulsive therapy, electric shock therapy
electroencephalography (EEG)
echoencephalography (Echo-EG)

ЛЕЧЕНИЕ СНОМ

TREATMENT BY SLEEP

S. медикаментозный сон
электросон

S. drug-induced sleep
electrosleep

ПСИХИАТРИЧЕСКАЯ ЭКСПЕРТИЗА

PSYCHIATRIC EXAMINATION

I. военно-психиатрическая экспертиза

I. military psychiatric examination

судебно-психиатрическая экспертиза	forensic psychiatric examination
III. провести оценку психического здоровья ребенка	III. to make assessment of the mental development of a child
провести психиатрическую экспертизу	to **carry out/do** psychiatric examination

ПСИХОТЕРАПИЯ

PSYCHOTHERAPY

| II. психотерапия в состоянии гипнотического внушения, гипнотерапия | II. psychotherapy in the state of hypnotic suggestion, hypnotherapy |
| C. аутогенная тренировка внушение в состоянии бодрствования наркогипноз, наркотерапия | S. autogenous training suggestion in the state of waking narcohypnosis |

ЭЛЕКТРОЭНЦЕФАЛОГРАФИЯ

ELECTROENCEPHALOGRAPHY

| C. электроэнцефалограмма активный (биполярный, пассивный) электрод альфа (бета, дельта, тета, гамма) ритм (волна) замедление ритма комплекс «пик-волна» учащение ритма | S. electroencephalogram active (bipolar, passive) electrode alpha (beta, delta, theta, gamma) rhythm (wave) slowed rhythm "peak-wave" complex acceleration of rhythm, rapid rhythm |
| электроэнцефалограф | electroencephalograph |

ЭХОЭНЦЕФАЛОГРАФИЯ (ЭХО-ЭГ)

ECHOENCEPHALOGRAPHY (ECHO-EG)

| C. конечный комплекс начальный комплекс М-эхо, средний сигнал | S. terminal complex initial complex M-echo signal, moderate signal |

ЧАСТНАЯ ПСИХОПАТОЛОГИЯ

SPECIFIC PSYCHOPATHOLOGY

АЛКОГОЛИЗМ

ALCOHOLISM

| I. привычный алкоголизм симптоматический алкоголизм хронический алкоголизм, алкогольная болезнь, алкогольная токсикомания, этилизм | I. habitual alcoholism symptomatic alcoholism chronic alcoholism, alcoholic disease, ethylism, alcoholic tox[ic]omania |
| C. алкогольная деменция алкогольная депрессия алкогольная интоксикация алкогольная эпилепсия алкогольная энцефалопатия алкогольное опьянение алкогольные напитки алкогольный бред ревности | S. alcoholic dementia alcoholic depression alcoholic intoxication alcoholic epilepsy alcoholic encephalopathy drunkenness alcoholic drinks alcoholic delirium of jealousy |

алкогольный галлюциноз	alcoholic hallucinosis
алкогольный делирий, белая горячка, тромомания	delirium tremens (d.t.), tromomania
алкогольный бредовый психоз	alcoholic delirium psychosis
алкогольный псевдопаралич	alcoholic pseudoparalysis
амнезия опьянения	amnesia of alcoholic intoxication
бессонница алкоголиков, агрипния	insomnia of alcoholics, agrypnia
воздержание от употребления алкогольных напитков, абстиненция	abstinence from alcohol, abstinence
патологическое опьянение	pathological alcoholic intoxication
похмельное состояние	hangover
эпизодическое чрезмерное пьянство, дипсомания, запой	episodic[al] excessive hard drinking, dipsomania, drinking **bout/period**
III. злоупотреблять алкогольными напитками	III. to abuse **alcohol/ alcoholic drinks**
употреблять алкогольные напитки	to use alcoholic drinks

АЛКОГОЛЬНАЯ ИНТОКСИКАЦИЯ

ALCOHOLIC INTOXICATION

I. острая алкогольная интоксикация, алкогольное опьянение	I. acute alcoholic intoxication, drunkenness
систематическая алкогольная интоксикация	systematic alcoholic intoxication
хроническая алкогольная интоксикация	chronic alcoholic intoxication

НАРКОМАНИЯ

NARCOMANIA

С. гашишизм	S. hashishism
кокаинизм	cocainism
морфинизм	morphinism
наркоман	addict, narcomaniac
наркотик	narcotic

ПСИХАСТЕНИЯ

PSYCHASTHENIA

С. психастеник	S. psychasthenic, asthenic, psychopath

ПСИХОЗ

PSYCHOSIS

I. алкогольный психоз	I. alcoholic psychosis
инволюционный/пресенильный психоз	**involutional/presenile** psychosis
интоксикационный психоз	toxic psychosis
кардиогенный психоз	cardiogenic psychosis
корсаковский психоз	Korsakoff's psychosis
маниакально-депрессивный психоз	maniacal-depressive psychosis
послеоперационный психоз	postoperative psychosis

послеродовый психоз	**postnatal/puerperal** psychosis
посттравматический психоз	post-traumatic psychosis
реактивный психоз	**reactive/psychogenic** psychosis
старческий психоз, сенильная деменция	senile psychosis, senile dementia

ПСИХОПАТИЯ / PSYCHOPATHY

I. агрессивно-параноидная психопатия — aggressively-paranoid psychopathy
астеническая психопатия — asthenic psychopathy
бесчувственная психопатия — insensible psychopathy
гипотимическая психопатия — hypothymic psychopathy
дистимическая психопатия — dysthymic psychopathy
истерическая психопатия — hysterical psychopathy
органическая психопатия — organic psychopathy
паранойяльная психопатия — paranoic psychopathy
реактивно-лабильная психопатия — reactively labile psychopathy
сенситивная психопатия — sensitive psychopathy
сутяжная психопатия — litigious psychopathy
циклотимическая/циклоидная психопатия — **cyclothymic/cycloid** psychopathy
шизоидная психопатия — schizoid psychopathy
эпилептоидная психопатия — epileptoid psychopathy

C. астенический психопат — asthenic psychopath
возбудимый психопат — excitable psychopath
истерический психопат — hysterical psychopath
паранойяльный психопат — paranoic psychopath
психопат-гипертимик — hyperthymic psychopath
психопат-гипотимик — hypothymic psychopath

ШИЗОФРЕНИЯ / SCHIZOPHRENIA

I. амбулаторная шизофрения — ambulatory schizophrenia
гебоидная шизофрения, гебоидофрения — heboid schizophrenia, heboidophrenia
гипертоксическая шизофрения — hypertoxic schizophrenia
кататоническая шизофрения — catatonic schizophrenia
медленнотекущая/малопрогредиентная шизофрения — **slow/slightly** progredient schizophrenia
непрерывно-прогредиентная шизофрения — continuously progredient schizophrenia
острая шизофрения — acute schizophrenia
параноидная шизофрения — paranoid schizophrenia
парафренная шизофрения — paraphrenic schizophrenia
периодическая/рекуррентная шизофрения — **periodic [al]/recurrent** schizophrenia
приступообразно-прогредиентная/шубообразная шизофрения — paroxysmal progredient schizophrenia
простая шизофрения — simple schizophrenia
скрытая/латентная шизофрения — latent schizophrenia
циркуляторная шизофрения — circulatory schizophrenia
ядерная/галопирующая шизофрения — **nuclear/galloping** schizophrenia

C. больной шизофренией испытывать одновременно противоречивые чувства к близким, амбивалентность

острый шизофренический эпизод

ЭПИЛЕПСИЯ

I. абдоминальная эпилепсия
   алкогольная эпилепсия
   большая эпилепсия
   височная эпилепсия
   детская/инфантильная эпилепсия
   джексоновская эпилепсия
   диэнцефальная эпилепсия
   дневная эпилепсия
   инсулярная эпилепсия
   кожевниковская эпилепсия, эпилепсия Кожевникова
   криптогенная/генуинная/эссенциальная эпилепсия
   «малая эпилепсия»
   мягкая эпилепсия
   ночная эпилепсия
   посттравматическая эпилепсия
   психическая/бессудорожная/ларвированная/скрытая/эпилепсия
   рефлекторная/сенсорная эпилепсия
   семейная эпилепсия
   симптоматическая эпилепсия
   тяжелая эпилепсия
   утренняя эпилепсия
   функциональная эпилепсия
II. больной эпилепсией
C. большой судорожный припадок

   кратковременный приступ расстройства сознания, длящийся секунды без судорожного компонента, абсанс
   малый припадок
   судорога(и)
      клонические (тонические) судороги
   эпилептический автоматизм
   эпилептический припадок
      предчувствие эпилептического припадка, аура
   эпилептический статус

АУРА

I. акустическая/слуховая аура
   вегетативная аура

S. schizophrenic
to experience simultaneously contradictory feelings towards relatives, ambivalence
acute schizophrenic episode

EPILEPSY

I. abdominal epilepsy
   alcoholic epilepsy
   big epilepsy
   temporal epilepsy
   infantile epilepsy

   jacksonian/cortical epilepsy
   diencephalic epilepsy
   day epilepsy
   insular epilepsy
   Kojevnikov epilepsy

   cryptogenic/genuine/essential epilepsy
   "minor epilepsy"
   soft epilepsy
   night/nocturnal epilepsy
   post-traumatic epilepsy
   psychic/nonconvulsion/larval/latent epilepsy

   reflectory/sensory epilepsy
   family epilepsy
   symptomatic epilepsy
   severe epilepsy
   morning epilepsy
   functional epilepsy
II. epileptic
S. major spasmodic **seizure/fit/attack**
   short-term disturbance of consciousness lasting [for] some seconds without fits, epileptic absence
   minor seizure, petit mal
   contraction(s)
      clonic (tonic) contractions
   epileptic automatism
   epileptic seizure
      foreboding of an epileptic seizure, aura
   epileptic status, status epilepticus

AURA

I. **acoustic/auditory** aura
   vegetative aura

вестибулярная аура	vestibular aura
зрительная аура	visual aura
кардиальная аура	cardial aura
моторная/двигательная аура	motor aura
обонятельная аура	olfactory aura
психическая аура	psychic aura
речедвигательная аура	speechlocomotive aura
сенситивная аура	sensitive aura
сенсорная аура	sensory aura
эпигастральная аура	epigastric aura

■ Где вы находитесь?

Какой сегодня день недели, какое время года?

У вас бывают(ет) приступы (припадки) с потерей сознания (кратковременная потеря сознания)?

Страдаете ли вы эпилептическими припадками?

Как часто они возникают, сопровождаются ли судорогами?

Во время припадков у вас бывает(ют) потеря сознания (судороги, непроизвольное мочеиспускание, стул, пена изо рта)? Вы прикусываете язык?

Управление автотранспортом больным эпилепсией запрещено законом

Не было ли у вас когда-нибудь явлений, похожих на сновидения, в то время когда вы не спали?

Не было ли у вас переживаний, которые можно было бы назвать видениями?

Не случалось ли вам слышать человеческий голос в комнате, когда там не было людей?

Слышите ли вы какие-то внутренние голоса, голоса извне, когда вы один(на)?

Это только ваши мысли или вы ясно воспринимаете это как шум, звук, или даже голос?

Вы говорите, что это голоса, которые разговаривают с ва-

■ Where are you?

What day of the week is it today, what season?

Do you have fits with loss of consciousness (short fainting spells)?

Do you suffer from epileptic seizures?

How often do they come on? Are they accompanied by contractions?

During seizures do you have at times loss of consciousness (contractions, involuntary urination, defecation, foaming at the mouth)? Do you bite your tongue?

Epileptics are forbidden by law to drive cars

Did you ever have experiences like dreams while you were not asleep?

Did you ever have emotional experiences which you could regard as visions?

Did you ever hear a human voice in the room when there were no people in it?

Do you hear any inner voices, voices from outside, when alone?

Are they just thoughts or do you actually experience something such as noise, a sound or even a voice?

You say these are voices that speak to you. Can you tell me

ми. Можете вы сказать мне, что они говорят?

Голос слышится снаружи или в голове?

Голос мужской (женский), знакомый (незнакомый)?

Вы узнаете, чей это голос?

Они говорят вам, что делать?

Что они заставляют вас делать?

Бывает ли у вас ощущение, когда окружающие вас предметы кажутся вам искаженными (странными, непохожими на себя, расположенными на более дальнем расстоянии от вас или совсем незнакомыми)?

Не кажется ли вам, что форма предметов необычная (уменьшенная, увеличенная)?

Беспокоят ли вас неприятные (навязчивые) мысли или побуждения?

Бывают ли у вас мысли о том, что вы можете сказать или сделать что-то против своей воли, ударить кого-нибудь (ударить по какому-нибудь предмету), выкрикнуть какую-нибудь непристойность (ругательство)?

Чего или кого вы боитесь (избегаете)?

Вы боитесь темноты (высоты, полетов на самолете, толпы, небольших ограниченных пространств)?

Возникает ли у вас чувство неловкости в толпе?

Не кажется ли вам, что за вами следят (что о вас разговаривают, что вас преследуют)?

Вы чувствуете, что ваша жизнь в опасности, что имеется заговор против вас?

Как вы расцениваете отношения в вашей семье (отношения сотрудников на работе к вам)?

what they say?

Is the voice heard from the outside or in the head?

Does the voice belong to a male (female)? Is it familiar (strange)?

Do you recognize the voice?

Do they tell you what to do?

What do they make you do?

Do things seem unreal at times (strange, different, distant or quite unfamiliar to you)?

Does it seem to you that objects take strange shapes (are diminished, are greater in size)?

Do unpleasant (annoying) thoughts or urges trouble you?

Do you ever have the thought that you may say or do something contrary to your wishes: strike someone (strike an object), shout a rude word?

What or whom are you afraid of? (What or whom do you avoid?)

Are you afraid of the dark (heights, flying, crowds, small confined spaces)?

Do you feel uncomfortable in crowds?

Does it seem to you that you are followed (are being talked about, are being pursued)?

Do you feel your life is in danger, that there might be a plot to get you?

How do you consider relationships between members of your family (relation of people at your work to you)?

Какое у вас настроение?	What mood are you in?
У вас всегда хорошее настроение?	Are you always in good spirits?
Вы легко поддаетесь переменам настроения (впадаете в депрессию)?	Are you a moody person? (Do you get easily depressed?)
У вас часто бывает плохое настроение?	Are you often in a bad mood?
Вы говорите, что у вас упадок настроения. Вы чувствуете, что сделали что-то не так?	You say you feel discouraged. Do you feel you have done something wrong?
Насколько сильно вы чувствуете это?	How strongly do you feel about this?
Вы часто плачете (впадаете в гнев)?	Do you often cry (get furious)?
Вы часто волнуетесь? Почему?	Are you often anxious? Why?
Вы всегда такой(ая) вялый(ая)?	Are you always as listless as you are now?
Как вы представляете свое будущее?	What do you see for yourself in the future?
Бывают ли у вас мысли, что жить не стоит (что вам лучше бы умереть, покончить жизнь самоубийством)?	Do you ever think that life isn't worth living (that you would be better dead, to commit suicide)?
Если бы вы умерли, что должно было случиться после этого?	What would happen after you were dead?
Вам трудно вставать по утрам?	Is it hard for you to get up in the morning?
За последнее время у вас половое влечение стало меньше?	Has your sexual drive decreased lately?
Бывает ли у вас иногда ощущение, что вы не можете продолжать половой акт (что вы не хотите его продолжать)?	Do you feel at times that you cannot continue sexual intercourse (that you do not wish to continue sexual intercourse)?
Было ли у вас желание когда-нибудь заснуть и не проснуться?	Have you ever wished you could go to sleep and not wake up?
У вас хорошая (плохая) память?	Do you have a good (poor) memory?
Вы хорошо запоминаете прочитанное (заучиваете наизусть)?	Do you memorise what you read well? (Do you learn by heart easily?)
Вы помните мое имя?	Do you remember my name?
Если вы не возражаете, я бы	If you don't mind I would

хотел(а) предложить вам несколько простых тестов, чтобы посмотреть, как вы с ними справитесь	like to give you a few simple tests to see how well you can do them
Повторяйте за мной: 641, теперь — 6542	Repeat after me: 641 (six hundred and forty one), now — 6542 (six thousand five hundred and forty two)
Вы можете сказать, сколько времени находитесь в больнице?	Can you tell me how long you have been in the hospital?
Какое сегодня число?	What is the date today?
Что вас в жизни больше всего занимает?	What most interests you in life?
Не случилось ли с вами в последнее время что-либо необычное (труднообъяснимое)?	Has anything unusual (hard to account for) occurred to you lately?
О чем вы в основном сейчас думаете?	What do you mainly think about now?
У вас есть какие-нибудь нарушения памяти?	Do you have any disturbances of memory?
Как часто вы употребляете алкогольные напитки?	How often do you take alcoholic drinks?
Вы страдаете запоями?	Do you suffer from alcoholic bouts?
Вы быстро пьянеете?	Do you get drunk quickly?
Не волнуйтесь! Успокойтесь!	Don't worry. Calm down

▲ Сознание ясное (сохранено, оглушенное) ▲ Consciousness is clear (retained, torpid)

Больной(ая) (дез)ориентирован(а) во времени и месте	The patient is (dis)oriented in time and space
Больной(ая) находится в коматозном состоянии (ступорозном состоянии, в бессознательном состоянии)	The patient is comatose (stuporous, unconscious)
У больного(ой) зрительные (обонятельные, слуховые) галлюцинации	The patient has visual (olfactory, auditory) hallucinations
Больной(ая) находится в депрессивном состоянии (патологически приподнятом настроении, нормально приподнятом настроении)	The patient is emotionally depressed (in pathologically high spirits, in high spirits)
Как больной(ая) ведет себя?	How does the patient present himself (herself)?
Он (она) общительный(ая) (доброжелательный(ая), озлобленный(ая), подозрительный(ая)	He (she) is cooperative (friendly, resentful, suspicious)

Психически здоров(а)	Psyche is not changed
Больной(ая) возбужден(а), но легко вступает в контакт	The patient is excited but cooperative
Больной(ая) безразличен(а) к своему состоянию (эмоционально устойчив(а), сильно взволнован(а)	The patient is indifferent to his state of health (emotionally stable, greatly agitated)
Больной(ая) встревожен(а) (взволнован(а), чего-то боится)	The patient is apprehensive (anxious, fearful)
Как одет больной(ая)?	How is the patient dressed?
Он (она) одет(а) опрятно (по моде, соответственно общепринятым нормам, неряшливо)	He (she) is dressed neatly (according to fashion, according to generally accepted norms, untidily)
Соответствуют ли переживания больного(ой) его (ее) обычному образу мыслей (сложившейся у него (нее) жизненной ситуации)?	Are the patient's feelings appropriate (consonant with his (her) life situation)?
Больной(ая) страдает хроническим алкоголизмом (шизофренией, травматической энцефалопатией)	The patient suffers from chronic alcoholism (schizophrenia, traumatic encephalopathy)
У больного(ой) алкогольный делирий (истерический припадок, синдром похмелья)	The patient has delirium tremens (a hysterical fit, hangover syndrome)
На ЭЭГ отмечаются некоторые отклонения от нормы	The EEG reveals some deviations from the normal
На ЭЭГ наблюдается(ются) высокой амплитуды комплекс «пик-медленная волна» (четкая межполушарная асимметрия, грубые дельта волны высокой амплитуды, острые волны)	The EEG shows "peak slow wave" complex of high amplitude (distinct intersphere asymmetry, coarse delta-waves of high amplitude, pointed waves)

ИНФЕКЦИОННЫЕ БОЛЕЗНИ
INFECTIOUS DISEASES

ОБЩАЯ ЧАСТЬ	488	**GENERAL**
ДЕЗИНСЕКЦИЯ	489	DISINSECTION
ДЕЗИНФЕКЦИЯ	489	DISINFECTION
ДЕЗОДОРАЦИЯ	489	DEODORIZATION
ИММУНИТЕТ	489	IMMUNITY
ИММУНИЗАЦИЯ	490	IMMUNIZATION
ВАКЦИНАЦИЯ	490	INOCULATION
ВАКЦИНА	490	VACCINE
Сыворотка	491	Serum
ИНФЕКЦИОННАЯ БОЛЕЗНЬ	491	INFECTIOUS DISEASE
ВОЗБУДИТЕЛЬ(И) ИНФЕКЦИОННОЙ БОЛЕЗНИ	491	INFECTING AGENT(S)
ПЕРИОД ИНФЕКЦИОННОЙ БОЛЕЗНИ	492	PERIOD OF AN INFECTIOUS DISEASE
НОСИТЕЛЬ ВОЗБУДИТЕЛЯ ИНФЕКЦИИ	492	HOST OF AN INFECTING AGENT
ОБСЕРВАЦИЯ	492	OBSERVATION
СПЕЦИАЛЬНАЯ ЧАСТЬ	493	**SPECIAL**
АКТИНОМИКОЗ	493	ACTINOMYCOSIS
АМЕБИАЗ	494	AMEBIASIS
БЕШЕНСТВО	494	RABIES
БОЛЕЗНЬ ОТ КОШАЧЬИХ ЦАРАПИН	494	CAT-SCRATCH DISEASE
БОТУЛИЗМ	494	BOTULISM
БРУЦЕЛЛЕЗ	495	BRUCELLOSIS
БРЮШНОЙ ТИФ	495	TYPHOID [FEVER]
ВЕТРЯНАЯ ОСПА	496	CHICKENPOX
ВИРУСНЫЙ ГЕПАТИТ	496	VIRUS HEPATITIS
ВОЗВРАТНЫЙ ТИФ	497	RELAPSING FEVER
ВОЛЫНСКАЯ ЛИХОРАДКА	497	WOLHYNIAN FEVER

ГЕМОРРАГИЧЕСКАЯ ЛИХО-РАДКА	497	HEMORRHAGIC FEVER
ГРИПП	498	GRIPPE
ДИЗЕНТЕРИЯ	498	DYSENTERY
ДИФТЕРИЯ	499	DIPHTHERIA
ИНФЕКЦИОННЫЙ МОНОНУКЛЕОЗ	499	INFECTIOUS MONONUCLEOSIS
КЛЕЩЕВОЙ ЭНЦЕФАЛИТ	500	RUSSIAN TICK-BORNE ENCEPHALITIS
КОКЛЮШ	500	WHOOPING COUGH
КОРЬ	500	MEASLES
КРЫСИНЫЙ СЫПНОЙ ТИФ	501	[ENDEMIC] FLEA BORNE
ЛЕЙШМАНИОЗ	501	LEISHMANIASIS
[ЛИХОРАДКА] ДЕНГЕ	502	DENGUE [FEVER]
ЛИХОРАДКА ПАППАТАЧИ	502	PAPPATACI FEVER
МАЛЯРИЯ	502	MALARIA
[НАТУРАЛЬНАЯ] ОСПА	503	SMALLPOX
ОРНИТОЗ	503	ORNITHOSIS
ПИЩЕВАЯ ТОКСИКОИНФЕКЦИЯ	503	FOOD POISONING
РИККЕТСИОЗ	503	RICKETTSIOSIS
РОЖА	504	ERYSIPELAS
САЛЬМОНЕЛЛЕЗ	504	SALMONELLOSIS
СКАРЛАТИНА	504	SCARLET FEVER
СИБИРСКАЯ ЯЗВА	505	ANTHRAX
СПИД	505	AIDS
СТОЛБНЯК	505	TETANUS
СЫПНОЙ [ЭПИДЕМИЧЕСКИЙ] ТИФ	505	TYPHUS [EPIDEMIC]
ТУЛЯРЕМИЯ	506	TULAREMIA
ХОЛЕРА	506	CHOLERA
ЧУМА	506	PLAGUE
ЭПИДЕМИЧЕСКИЙ ПАРОТИТ	507	EPIDEMIC PAROTITIS
ЭРИЗИПЕЛОИД	507	ERYSIPELOID
ЯЩУР	507	EPIDEMIC STOMATITIS

ИНФЕКЦИОННЫЕ БОЛЕЗНИ

INFECTIOUS DISEASES

ОБЩАЯ ЧАСТЬ

GENERAL

ДЕЗИНСЕКЦИЯ

I. влажная дезинсекция
камерная дезинсекция
профилактическая дезинсекция
C. дезинсицирующие/дезинсекционные средства
инсектицид(ы), инсектицидные вещества
III. окуривать инсектицидами
опрыскивать инсектицидами
опылять инсектицидами
уничтожать блох (вшей, клещей, комаров, москитов, мух)

ДЕЗИНФЕКЦИЯ

I. биологическая дезинфекция
заключительная дезинфекция
влажная дезинфекция
механическая дезинфекция
профилактическая дезинфекция

текущая дезинфекция
физическая дезинфекция
химическая дезинфекция
II. дезинфекция в эпидемическом очаге
C. дезинфекционная камера
дезинфицирующие/дезинфекционные средства

ДЕЗОДОРАЦИЯ

C. дезодорирующее средство

ИММУНИТЕТ

I. активный иммунитет
наследственный/врожденный/естественный/видовой/конституциональный иммунитет, естественная резистентность
нестерильный/инфекционный иммунитет
пассивный иммунитет
прививочный/поствакцинный иммунитет
приобретенный/искусственный иммунитет
противовирусный иммунитет
специфический иммунитет
стерильный иммунитет
III. приобретать иммунитет

DISINFECTION

I. wet disinsection
chamber disinsection
prophylactic disinsection
S. **disinsecting/disinfectant**
remedies
insecticide(s)
III. to fumigate with insecticides
to spray with insecticides
to dust insecticides
to exterminate fleas (lice, ticks, gnats, mosquitoes, flies)

DISINFECTION

I. biological disinfection
terminal disinfection
wet disinfection
mechanical disinfection
prophylactic disinfection

current disinfection
physical disinfection
chemical disinfection
II. disinfection in an epidemic **focus/centre**
S. disinfection chamber
disinfectants

DEODORIZATION

S. deodorant

IMMUNITY

I. active immunity
hereditary/congenital/natural/constitutional immunity, natural resistance

non-sterile/infective immunity
passive immunity
postvaccinal immunity

acquired/artificial immunity

antiviral immunity
specific immunity
sterile immunity
III. to acquire immunity [to a disease]

489

ИММУНИЗАЦИЯ, ПРЕДОХ-РАНИТЕЛЬНЫЕ/ПРОФИЛАК-ТИЧЕСКИЕ ПРИВИВКИ

I. активная иммунизация
пассивная иммунизация
пассивно-активная иммунизация
профилактическая иммунизация

II. иммунизация анатоксином

иммунизация вакциной, вакцинация
иммунизация гамма-глобулином, гаммаглобулинопрофилактика
иммунизация интерфероном
иммунизация по эпизоотическим показаниям
иммунизация сывороткой

C. анафилактический шок
бактериофаг
(де)сенсибилизация организма

иммуноглобулины, гамма-глобулины направленного действия, специфические гамма-глобулины
сыворотка
фагопрофилактика

III. делать прививку против...

ВАКЦИНАЦИЯ

I. аэрозольная/ингаляционная вакцинация
внутрикожная вакцинация
внутриносовая/интраназальная вакцинация
комбинированная вакцинация
конъюнктивальная вакцинация
накожная вакцинация
подкожная вакцинация
энтеральная/пероральная вакцинация

C. вакцина
вакцинопрофилактика

III. проводить вакцинацию в плановом порядке
проводить вакцинацию по эпидемическим показаниям

ВАКЦИНА

I. адсорбированная вакцина

IMMUNIZATION, PROPHYLACTIC INOCULATIONS

I. active immunization
passive immunization
passive-active immunization
prophylactic immunization

II. immunization with an antitoxin
immunization with a vaccine, inoculation
immunization with a gamma-globulin, gammaglobulinoprophylaxis
immunization with interferon
immunization according to epizootic indications
immunization with a serum

S. anaphylactic shock
bacteriophage
(de)sensitization of the organism
immune gamma-globulins, specific gamma-globulins

serum
phagoprophylaxis, phago-induced immunity

III. to inoculate against...

INOCULATION, IMMUNIZATION

I. aerosolic inoculation

intradermal inoculation
intranasal inoculation

combined inoculation
conjunctival inoculation
epicutaneous inoculation
subcutaneous inoculation
enteric/peroral inoculation

S. vaccine
vaccinal prevention

III. to inoculate according to a plan
to inoculate according to epidemic indications

VACCINE

I. adsorbed vaccine

ассоциированная/комбинированная/комплексная вакцина, поливакцина
дивакцина
живая вакцина
комбинированная вакцина
моновакцина
поливалентная вакцина
сухая вакцина
убитая вакцина
формализированная вакцина
химическая вакцина
III. вводить вакцину
вводить вакцину повторно, ревакцинировать

СЫВОРОТКА

I. антибактериальная сыворотка
антивирусная сыворотка
антитоксическая сыворотка
иммунная сыворотка
C. серопрофилактика
серотерапия

ИНФЕКЦИОННАЯ БОЛЕЗНЬ

II. возбудитель инфекционной болезни
заражение инфекционной болезнью
внутрибольничное заражение инфекционной болезнью
пандемия инфекционной болезни
период инфекционной болезни

эпидемическая вспышка инфекционной болезни
эпидемический очаг инфекционной болезни
III. заражать (*инфекционной болезнью*)
заражаться (*инфекционной болезнью*)

ВОЗБУДИТЕЛЬ(И) ИНФЕКЦИОННОЙ БОЛЕЗНИ

C. актиномицеты
бактерия(и)
вирус(ы)
гриб(ы)
простейшие
риккетсии

associated/complex vaccine, polyvaccine

divaccine
live vaccine
combined vaccine
monovaccine
polyvalent vaccine
dry vaccine
inactivated vaccine
formolated vaccine
chemical vaccine
III. to administer vaccine
to administer vaccine **again/for another time,** to reinoculate

SERUM

I. antibacterial serum
antiviral serum
antitoxic serum
immune serum
S. seroimmunity
serotherapy

INFECTIOUS DISEASE, COMMUNICABLE DISEASE

II. infecting agent, disease-producing germ
infection/contamination
with an infectious disease
  intrahospital infection
    with an infectious disease
pandemic of an infectious disease
period of an infectious disease

epidemic outbreak of an infectious disease
epidemic **focus/centre** of an infectious disease
III. to infect, to contaminate

to **get/become** infected, to contract (*an infectious disease*)

INFECTING AGENT(S), DISEASE-PRODUCING GERM(S)

S. actinomyces
bacterium (bacteria)
virus (viruses)
fungus (fungi)
protozoa
rickettsia

спирохета(ы)

ПЕРИОД ИНФЕКЦИОННОЙ БОЛЕЗНИ

I. лихорадочный период инфекционной болезни
продромальный период/период предвестников инфекционной болезни
скрытый/инкубационный период инфекционной болезни

НОСИТЕЛЬ ВОЗБУДИТЕЛЯ ИНФЕКЦИИ

C. бактерионоситель
бациллоноситель
вирусоноситель
паразитоноситель
цистоноситель

ОБСЕРВАЦИЯ

■ У вас был прямой контакт с [инфекционным] больным (лихорадящим больным)?
Вы должны обследоваться на носительство возбудителя инфекции

Вы привиты против столбняка (кори)?

Когда вам делали прививки?

Это инфекционное заболевание

Избегайте контакта с инфекционным больным. Вы можете заразиться

У вас есть иммунитет против...

Эта вакцина вызывает иммунитет против...

Повторная вакцинация должна быть проведена через...
год(а), месяц(а, ев)

▲ Инкубационный период болезни длится... дней

Больного(ую) надо изолировать (госпитализировать, положить в бокс для контагиозных больных)

Эта вакцина (не)эффективна при...

spirochete (spirochetes)

PERIOD OF AN INFECTIOUS DISEASE

I. febrile period of an infectious disease
prodromal period of an infectious disease

latent/incubation period of an infectious disease

HOST OF AN INFECTING AGENT, CARRIER OF AN INFECTING AGENT

S. bacterium carrier
bacillus carrier
virus carrier
parasite carrier
cyst carrier

OBSERVATION

■ Have you had direct contact with a sick infected person (a feverish patient)?
You must be examined to see if you are a carrier of an infecting agent

Have you been inoculated against tetanus (measles)?

When were you inoculated?

This is an infectious disease

Avoid contact with an infected patient. You may get infected

You have immunity against...

This vaccine confers immunity against...

Revaccination must be done in [a]... year[s], month[s]

▲ The incubation period of the disease lasts for... days

The patient must be isolated (hospitalized, taken to a ward for contagious patients)

This vaccine is (not) effective in...

Зафиксируйте дату прививки, серию и дозу введенной вакцины	Record the date of vaccination, series and dose of the administered vaccine
Вы провели профилактическую дезинфекцию (дезинсекцию)?	Have you carried out prophylactic disinfection (disinsection)?
Проведите влажную уборку помещения	Do wet cleaning
Протрите стены, пол, прикроватный столик, подоконники дезинфицирующим раствором (1% раствором хлорамина)	Wipe the walls, the floor, the bed table, the windowsills using disinfectant (1% chloramine) solution
Произведите обеззараживание выделений больного(ой)	Decontaminate the patient's discharge
Засыпьте выделения больного(ой) сухой хлорной известью (залейте дезинфицирующим раствором)	Cover the patient's discharge with dry lime chloride (pour it over with a disinfectant solution)
Вещи больного(ой) отправьте в дезинфекционную камеру	Send the patient's clothes to the disinfection chamber
Сожгите использованный перевязочный материал	Burn dressing material after use
Посуду из-под выделений больного(ой) (*подкладное судно, мочеприемник*) обдайте кипятком и погрузите в дезинфицирующий раствор	Pour over vessels used for the patient's discharge (*bedpan, the urinal*) with boiling water and plunge them into a disinfectant solution
Прокипятите (замочите) белье больного(ой) в дезинфицирующем растворе	Boil (soak) the patient's washing in a disinfectant solution
Обработайте волосы больного(ой) противопаразитарными средствами	Treat the patient's hair with antiparasitic remedies
Эпидемический очаг ликвидирован. Эпидемия (пандемия) стихла	The epidemic centre has been liquidated. The epidemic (pandemic) has abated

СПЕЦИАЛЬНАЯ ЧАСТЬ

SPECIAL

АКТИНОМИКОЗ, ЛУЧИСТО-ГРИБКОВАЯ БОЛЕЗНЬ

ACTINOMYCOSIS

I. абдоминальный актиномикоз
атипический актиномикоз, нокардиоз, стрептотрихоз, кладотрихоз
торакальный актиномикоз
шейно-челюстно-лицевой актиномикоз

II. актиномикоз кожи (костей,

I. abdominal actinomycosis
atypical actinomycosis, nocardiosis, streptotrichosis, cladotrichosis
thoracic actinomycosis
cervicognathic and facial actinomycosis

II. actinomycosis of skin (bones,

легких, лица, роговицы)
C. актинолизат
актиномикотическая гранулема, актиномикома
актиномикотические друзы

АМЕБИАЗ, АМЕБНАЯ ДИЗЕНТЕРИЯ

II. амебиаз кишечника
амебиаз кожи
C. амебный абсцесс печени
амебный гепатит
амебный менингоэнцефалит
амебома
стул в виде малинового желе

БЕШЕНСТВО

I. паралитическое/«тихое» бешенство
C. антирабическая сухая вакцина
антирабический гамма-глобулин
обильное слюнотечение, сиалорея, гиперсаливация, птиализм
приступ акузофобии
приступ аэрофобии
приступ гидрофобии/водобоязни

БОЛЕЗНЬ ОТ КОШАЧЬИХ ЦАРАПИН, ЛИХОРАДКА ОТ КОШАЧЬИХ ЦАРАПИН

БОТУЛИЗМ, АЛЛАНТИАЗИС, ИХТИИЗМ

I. раневой ботулизм
C. анизокория
асфиксия
афония
двоение, двойное зрение, диплопия
диспептический синдром
запор
затруднение дыхания
метеоризм
одышка
опущение/птоз верхнего века
«острая дальнозоркость»
охриплость
ощущение «замирания сердца»
противоботулиническая сыворотка

lungs, face, cornea)
S. actinolizat
actinomycotic granuloma, actinomycoma
actinomycotic druses

AMEBIASIS, AMEBIC DYSENTERY

II. intestinal amebiasis
dermal amebiasis
S. amebic hepatic abscess
amebic hepatitis
amebic meningoencephalitis
ameboma
raspberry-jelly feces

RABIES

I. paralytic rabies, "quiet rabies"
S. antirabies dry vaccine

antirabies gamma-globulin

profuse salivation, sialorrhea, ptyalism

attack of acousophobia
attack of aerophobia
attack of hydrophobia

CAT-SCRATCH DISEASE, CAT-SCRATCH FEVER

BOTULISM, ALLANTIASIS, ICHTHYISM [US]

I. wound botulism
S. anisocoria
asphyxia
aphonia
double vision, diplopia

dyspeptic syndrome
constipation
difficult breathing
meteorism
dyspnea
ptosis of the upper lid
"acute longsightedness"
hoarseness
sensation of a "thumping heart"
antibotulinus serum

расстройство глотания	disturbance of swallowing
расширение зрачков, мидриаз	dilatation of pupils, mydriasis
слабость в руках (ногах)	weakness in arms (legs)
страбизм	strabismus, squint
чувство стеснения в груди	sense of **tightness/oppression** in the chest

БРУЦЕЛЛЕЗ, БОЛЕЗНЬ БАНГА, БОЛЕЗНЬ БРЮСА, МАЛЬТИЙСКАЯ/ГИБРАЛТАРСКАЯ/УНДУЛИРУЮЩАЯ ЛИХОРАДКА, МЕЛИТОКОККОЗ

BRUCELLOSIS, BANG'S DISEASE, BRUCE'S DISEASE, MALTA FEVER, GIBRALTAR FEVER, UNDULANT FEVER, MELITOCOCCOSIS

I. нейробруцеллез
острый бруцеллез
подострый бруцеллез
хронический бруцеллез
II. бруцеллез козье-овечьего типа
бруцеллез коровьего типа
бруцеллез свиного типа
С. аборт
артрит
артралгия
бронхит
бруцеллезная гранулема, гранулема Банга
бурсит
дисменорея
метрит
миозит
неврит
плексит
оофорит
орхит
радикулит

сальпингит
спондилит
спондилоартрит
увеличение печени, гепатомегалия
увеличение селезенки, спленомегалия
фиброзит
эпидидимит

I. neurobrucellosis
acute brucellosis
subacute brucellosis
chronic brucellosis
II. brucella melitensis

brucella abortus
brucella sius
S. abortion
arthritis
pain in the joints, arthralgia
bronchitis
Bang's granuloma

bursitis
dysmenorrhea
metritis
myositis
neuritis
plexitis
oophoritis
orchitis
radiculitis, nerve root syndrome
salpingitis
spondylitis
spondyloarthritis
enlargement of liver, hepatomegaly
enlargement of spleen, splenomegaly
fibrositis
epididymitis

БРЮШНОЙ ТИФ, ИЛЕОТИФ

TYPHOID [FEVER], ABDOMINAL TYPHOID, ENTERIC FEVER, ILEOTYPHOID

I. абортивный брюшной тиф
(не)осложненный брюшной тиф

II. брюшной тиф привитых

I. abortive typhoid [fever]
(non-)complicated typhoid [fever]

II. typhoid fever of the inoculated

брюшной тиф средней тяжести	typhoid of moderate severity
геморрагическая форма брюшного тифа	hemorrhagic form of typhoid
гиперпиретическая форма брюшного тифа	hyperpyretic form of typhoid fever
легкая форма брюшного тифа	mild form of enteric fever
легчайшая форма брюшного тифа	mildest form of typhoid
тяжелая форма брюшного тифа	severe form of abdominal typhoid
C. адинамия	S. adynamia
ангина Дюге	Duguet's angina
апатия	apathy
бессонница	insomnia
бред	delirium
брюшнотифозная язва	typhoid fever ulcer
галлюцинации	hallucinations
головная боль	headache
интоксикация	intoxication
выраженная интоксикация	marked intoxication
кишечное кровотечение	intestinal bleeding
колитиф	colityphoid
менинготиф	meningotyphoid
метеоризм	meteorism
перитонит	peritonitis
пневмотиф	pneumotyphoid
потеря сознания	loss of consciousness
розеолезно-папулезная сыпь	roseolous papular rash
симптом относительной брадикардии	relative bradycardia sign
стул в виде горохового супа	pea-soup feces, feces in the form of pea-soup
«тифозный статус»	"typhoid status"
тифозный язык	typhoid tongue
урчание в животе и укорочение перкуторного звука, симптом Падалки	stomach murmurs and shortening of **percutaneous/percussion** sound, Padalka's symptom
феномен «подсыпания»	phenomenon of "pouring in addition"

ВЕТРЯНАЯ ОСПА

CHICKENPOX, VARICELLA

I. гангренозная ветряная оспа	I. gangrenous chickenpox
генерализованная ветряная оспа	generalized chickenpox
геморрагическая ветряная оспа	hemorrhagic chickenpox
C. буллезная стрептодермия	S. bullous streptodermia
ветряночный круп	chickenpox croup
везикулезная сыпь	vesicular rash
высыпание продромальной сыпи, реш	eruption of prodromal rash, rash
корочка	crust
папулезная сыпь	papular rash

ВИРУСНЫЙ ГЕПАТИТ

VIRUS HEPATITIS

C. безжелтушный гепатит	S. anicteric hepatitis

гепатит А, болезнь Боткина, вирусная желтуха, инфекционный/эпидемический гепатит	hepatitis A, Botkin's disease, viral jaundice, **infectious/epidemic** hepatitis
гепатит Б, инокуляционный/сывороточный/посттрансфузионный/прививочный гепатит, прививочная желтуха, шприцевая желтуха	hepatitis B, **inoculation/serum/[post] transfusion/inoculation** hepatitis, inoculation jaundice, syringe jaundice
дистрофия печени	distrophia of the liver, hepatic dystrophia
желтуха	jaundice, icterus
быстро нарастающая желтуха	rapidly progressing jaundice
желтушный период	icteric period
моча цвета пива	urine of beer colour
острый гепатит	acute hepatitis
обесцвеченный кал	discoloured stool
печеночная кома	hepatic coma
преджелтушный период	preicteric period
хронический гепатит	chronic hepatitis
феномен «печеночных ладоней»	phenomenon of "liver palms"
феномен «сосудистых звездочек»	phenomenon of "spider naevi"
цирроз печени	hepatic cirrhosis

ВОЗВРАТНЫЙ ТИФ, ВОЗВРАТНАЯ ЛИХОРАДКА

RELAPSING FEVER, RECURRENT FEVER

I. эндемический [клещевой] возвратный тиф
эпидемический [вшивый] возвратный тиф

I. endemic [tick-borne] recurrent fever
epidemic [louse-borne] relapsing fever

ВОЛЫНСКАЯ/ПЯТИДНЕВНАЯ ПАРОКСИЗМАЛЬНАЯ/ОКОПНАЯ ЛИХОРАДКА

WOLHYNIAN FEVER, QUINTAN FEVER, TRENCH FEVER

ГЕМОРРАГИЧЕСКАЯ ЛИХОРАДКА

HEMORRHAGIC FEVER

I. аргентинская геморрагическая лихорадка
боливийская геморрагическая лихорадка
крымская геморрагическая лихорадка
омская геморрагическая лихорадка
церкопитековская геморрагическая лихорадка, марбург-вирусная болезнь

I. Argentinian hemorrhagic fever
Bolivian hemorrhagic fever

Crimean hemorrhagic fever

Omsk hemorrhagic fever

cercopithecus hemorrhagic fever, Marburg's-virus disease

II. геморрагическая лихорадка денге
геморрагическая лихорадка Ласса
геморрагическая лихорадка с почечным синдромом, гемор-

II. dengue hemorrhagic fever

Lassa hemorrhagic fever

hemorrhagic fever [associated] with renal syndrome,

рагический нефрозо-нефрит
C. болезнь Кьясанурского леса, кьясанурская лесная болезнь
геморрагический диатез
геморрагическая сыпь
инъекция сосудов склеры
симптом «удара хлыста»

ГРИПП, ЭПИДЕМИЧЕСКИЙ ГРИПП, ИНФЛЮЭНЦА

I. неосложненный грипп
осложненный грипп
II. грипп типа А
грипп типа Б
легкая (тяжелая) форма гриппа
C. боли в области надбровных дуг
головная боль
головокружение
заложенность за грудиной

катар верхних дыхательных путей
кашель
лихорадка
мышечные боли
общая слабость
озноб
пневмония
ринит
разбитость
сонливость
суставные боли
трахеит
фарингит
чихание

ДИЗЕНТЕРИЯ, БАКТЕРИАЛЬНАЯ ДИЗЕНТЕРИЯ

I. гастроэнтероколитическая дизентерия
гипертоксическая дизентерия
колитическая дизентерия
непрерывная/затяжная дизентерия
острая дизентерия
рецидивирующая дизентерия
стертая дизентерия
субклиническая дизентерия
хроническая дизентерия
II. дизентерия Григорьева-Шиги
дизентерия Зонне
дизентерия Флекснера

C. бактерионосительство

hemorrhagic nephrosonephritis
S. disease of Kyasanur Forest, Kyasanur Forest disease
hemorrhagic diathesis
hemorrhagic rash
injection of scleral vessels
"whip-lash" **sign/symptom**

GRIPPE, INFLUENZA, FLU

I. non-complicated grippe
complicated grippe
II. A type flu
B type flu
mild (severe) form of grippe
S. pains in the superciliary arches area
headache
dizziness, giddiness
stuffed up chest, substernal stuffiness
catarrh of the upper respiratory tract
cough
fever
muscular pains
general weakness
chills
pneumonia
rhinitis
general malaise
drowsiness, sleepiness
articular pains
tracheitis
pharyngitis
sneezing

DYSENTERY, BACTERIAL DYSENTERY

I. gastroenterocolitic dysentery
hypertoxic dysentery
colitic dysentery
protracted dysentery

acute dysentery
recurrent/relapsing dysentery
obliterated dysentery
subclinical dysentery
chronic dysentery
II. Grigoriev-Shiga's dysentery
Sonne's dysentery
Flexner's dysentery

S. bacteria carrying

зияние ануса/заднего прохода	anus gaping, yawning anus
испражнения в виде ректального плевка, стул в виде плевка слизи	rectal spit, stool in the form of a spit mucus
ложные позывы на дефекацию/на стул	false urge to defecate
мучительные, тянущие боли в прямой кишке, болезненные позывы на дефекацию, тенезмы	excruciating, pulling rectal pains, painful desire to defecate, tenesmus
парез сфинктера заднего прохода	anal sphincter paresis
«саговые комочки слизи»	"saga boluses of mucus"
стул с примесью крови и слизи	bloodstained and mucous **feces/stool[s]**

ДИФТЕРИЯ

DIPHTHERIA

I. токсическая дифтерия
II. дифтерия глаз, дифтерийный конъюнктивит
дифтерия гортани
дифтерия зева
дифтерия кожи
дифтерия наружных половых органов, дифтерия вульвы
дифтерия носа, дифтерийный ринит
дифтерия раны
С. асфиксия
дифтерийная антитоксическая сыворотка
дифтерийный анатоксин
дифтерийный круп
   нисходящий дифтерийный круп
кровотечение из носа (горла)

миокардит
неврит
паралич нерва
пленчатые налеты на слизистой оболочке
пневмония
полиневрит
стеноз дыхательных путей

III. делать трахеотомию
интубировать больного(ую)

I. toxic diphtheria
II. ocular diphtheria, diphtherial conjunctivitis
laryngeal diphtheria
diphtheria of fauces
dermal diphtheria
diphtheria of external genitals, diphtheria of vulva
nasal diphtheria, diphtherial rhinitis
diphtheria of a wound
S. asphyxia
diphtheritic antitoxic serum

diphtheritic antitoxin
diphtheritic croup
   descending diphtheritic croup
nosebleed, epistaxis (throat bleeding)
myocarditis
neuritis
nerve paralysis
membranous coats on mucosa

pneumonia
polyneuritis
stenosis of the respiratory tract

III. to **perform/do** tracheotomy
to intubate a patient

ИНФЕКЦИОННЫЙ МОНОНУКЛЕОЗ, БОЛЕЗНЬ ПФЕЙФФЕРА, ЖЕЛЕЗИСТАЯ ЛИХОРАДКА, МОНОЦИТАРНАЯ АНГИНА

INFECTIOUS MONONUCLEOSIS, PFEIFFER'S DISEASE, GLANDULAR FEVER, MONOCYTE ANGINA

I. острый инфекционный мононуклеоз

I. acute infectious mononucleosis

подострый инфекционный мононуклеоз	fubacute infectious mononucleosis
рецидивирующий инфекционный мононуклеоз	recurrent infectious mononucleosis
C. ангина	S. angina
увеличение лимфатических узлов	lymph node enlargement, enlarged lymph nodes
увеличение печени, гепатомегалия	hepatomegaly
увеличение селезенки, спленомегалия	splenomegaly

КЛЕЩЕВОЙ ЭНЦЕФАЛИТ

RUSSIAN TICK-BORNE ENCEPHALITIS

C. боль в глазных яблоках	S. pain in the eye-balls
гиперестезия	hyperesthesia
головная боль	headache
корешковые боли	root pains
лихорадка	fever
нарушение сна	disturbed sleep
менингиальный синдром	meningism
очаговый энцефалит	focal encephalitis
повышенная утомляемость	easy fatiguability
светобоязнь	photophobia
укус клеща	tick bite
энцефалитический синдром	encephalitic syndrome

КОКЛЮШ

WHOOPING COUGH

C. бронхопневмония	S. bronchopneumonia
кашель	cough
судорожный кашель при вдохе	inspiratory convulsive whoop
сухой короткий кашель	dry barking cough
приступ судорожного кашля	convulsive cough attack
коклюшная вакцина	whooping cough vaccine
коклюшно-дифтерийно-столбнячная вакцина, АКДС-вакцина	whooping cough-diphtheria-tetanus vaccine
першение в горле	scratchy feeling in the throat
противококлюшный гамма-глобулин	anti-whooping cough gamma-globulin
реприз	reprise

КОРЬ

MEASLES

I. врожденная корь	I. congenital measles
митигированная/ослабленная корь	mitigated measles
C. катаральный период	S. catarrhal period
коревой/ложный круп	**measles/false** croup
колит	colitis
ларингит	laryngitis
отит	otitis
период высыпания	period of eruption
период пигментации	period of pigmentation

пятна Бельского-Коплика-Филатова
стоматит
энцефалит

КРЫСИНЫЙ СЫПНОЙ/ЭНДЕМИЧЕСКИЙ БЛОШИНЫЙ/ЭНДЕМИЧЕСКИЙ СЫПНОЙ ТИФ

C. болезнь Брилла, болезнь Брилла-Цинссера, рецидивирующий/спорадический тиф

ЛЕЙШМАНИОЗ

I. американский лейшманиоз, кожный лейшманиоз Нового Света
висцеральный/внутренний лейшманиоз, болезнь Лейшмана-Доновaна, кахектическая лихорадка, тропическая спленомегалия
   восточно-африканский висцеральный лейшманиоз
   индийский висцеральный лейшманиоз, кала-азар, лихорадка дум-дум
   средиземноморско-среднеазиатский висцеральный лейшманиоз, детский средиземноморский кала-азар
кожно-слизистый лейшманиоз, лейшманиоз слизистых оболочек
   бразильский кожно-слизистый лейшманиоз, эспундия
кожный лейшманиоз
   антропонозный/городской/поздноизъязвляющийся кожный лейшманиоз
   зоонозный/некротизирующийся /сельский кожный лейшманиоз
   люпоидный/туберкулоидный кожный лейшманиоз, паралейшманиоз, металейшманиоз

   кожный лейшманиоз Старого Света, болезнь Боровского, восточная/ашхабадская/делийская/пендинская язва, алеппский прыщ

C. гепатомегалия
кахексия
лейшманиома

Belski-Koplick-Fylatov's **macules/spots**
stomatitis
encephalitis

[ENDEMIC] FLEA BORNE, ENDEMIC FEVER, FLEA BORNE FEVER, RAT-BORNE TYPHUS, ENDEMIC FLEA BORNE FEVER, ENDEMIC TYPHUS

S. **Brill's/Brill-Zinsser** disease, **recurrent/sporadic** typhus

LEISHMANIASIS

I. American leishmaniasis, dermal leishmaniasis of the New World
visceral leishmaniasis, Leishman-Donovan's disease, tropical splenomegaly
   East-African visceral leishmaniasis
   Indian visceral leishmaniasis, kala-azar, dumdum fever
   Mediterranean Central-Asiatic visceral leishmaniasis, children's mediterranean kala-azar
mucocutaneous leishmaniasis, mucosal leishmaniasis

   Brazilian mucocutaneous leishmaniasis, espundia
dermal leishmaniasis
   anthroponous/urban/late ulcerative dermal leishmaniasis
   zoonosal/necrotizing/rural dermal leishmaniasis
   lupoid/tuberculoid dermal leishmaniasis, paraleishmaniasis, metaleishmaniasis

   dermal leishmaniasis of the Old World, Borovski disease, Pendjdeh ulcer

S. hepatomegaly
cachexia
leishmanioma

лихорадка	fever
перемежающаяся малярие-подобная лихорадка	intermittent malaria-like fever
небный крест эспундии	**palatine/palatal** cross of espundia
нос тапира	nose of tapir
спленомегалия	splenomegaly
укус москита	mosquito bite

[ЛИХОРАДКА] ДЕНГЕ, КОСТОЛОМНАЯ/СУСТАВНАЯ ЛИХОРАДКА, ЛИХОРАДКА «ЖИРАФОВ»

DENGUE [FEVER], BREAK-BONE FEVER, ARTICULAR FEVER, FEVER OF "GIRAFFES"

С. артралгия	S. arthralgia
лихорадка	fever
миалгия	myalgia
полиаденит	polyadenitis
экзантема	exanthem, exanthesis

ЛИХОРАДКА ПАППАТАЧИ, ФЛЕБОТОМНАЯ ЛИХОРАДКА

PAPPATACI FEVER

С. симптом Пика	S. Pick's symptom
симптом Тауссига	Taussig's symptom

МАЛЯРИЯ

MALARIA

I. алгидная малярия	I. algid malaria, malarial algid
врожденная малярия	congenital malaria
малярия овале, малярия, вызванная Plasmodium ovale	ovale malaria, malaria [fever] by Plasmodium ovale
пернициозная малярия	pernicious malaria
прививная/трансфузионная малярия	**inoculated/transfusional** malaria
смешанная малярия	mixed malaria
трехдневная малярия	tertian fever, benign tertian malaria
молниеносная трехдневная тропическая малярия	**fulminating tertian tropical/ malignant tertian** malaria
четырехдневная малярия	quartan **fever/malaria**
II. приступ малярии	II. malarial attack
С. герпетические высыпания	S. herpetic eruptions
головная боль	headache
жар	fever, pyrexia
лихорадочный бред	feverish delirium
малярийная кома	malarial coma
малярийный алгид	malarial algid
малярийный гепатит	malarial hepatitis
малярийный нефроз	malarial nephrosis
мышечная боль	muscular pain
потрясающий озноб	shaking chill
профузное потоотделение	profuse **perspiration/ sweating**
увеличение печени, гепатомегалия	hepatomegaly
увеличение селезенки, спленомегалия	splenomegaly

| укус комара | mosquito bite |
| черноводная/гемоглобину- рийная лихорадка, малярий- ная гемоглобинурия | **blackwater/haemoglobinuric** fever, malarial haemoglo- binuria |

[НАТУРАЛЬНАЯ] ОСПА

SMALLPOX, VARIOLA

ОРНИТОЗ, ПСИТТАКОЗ, ПОПУГАЙНАЯ БОЛЕЗНЬ

ORNITHOSIS, PSITTACOSIS, PARROT FEVER

I. бессимптомный орнитоз
C. менингопневмония
   орнитозная пневмония
   орнитозный менингит

I. asymptomatic ornithosis
S. meningopneumonia
   ornithosis pneumonia
   ornithosis meningitis

ПИЩЕВАЯ ТОКСИКОИНФЕКЦИЯ

FOOD POISONING

C. головная боль
   головокружение
   диарея
   рвота
      изнуряющая рвота
      многократная рвота
      мучительная рвота
   слабость

S. headache
   dizziness, giddiness
   diarrhea
   vomiting
      emaciating vomiting
      recurrent vomiting
      excruciating vomiting
   weakness

РИККЕТСИОЗ

RICKETTSIOSIS

I. австралийский клещевой риккетсиоз, квинслендский клещевой тиф
   везикулезный риккетсиоз

   пароксизмальный клещевой риккетсиоз
   североазиатский клещевой риккетсиоз, сибирский клещевой тиф
C. бразильский сыпной тиф
   восточноафриканская/кенийская клещевая лихорадка
   Ку-лихорадка, Ку-риккетсиоз, балканский грипп
   марсельская лихорадка
   макулезно-папулезная сыпь
   оспоподобная сыпь
   первичный аффект
   пятнистая лихорадка Скалистых гор, горная/черная лихорадка, голубая болезнь
   цуцугамуши, тропический/ кустарниковый тиф, японская речная лихорадка, лихорадка Кедани

I. Australian tick-borne rickettsiosis, Queensland tick typhus
   vesiculous/vesicular rickettsiosis
   paroxysmal tick-borne rickettsiosis
   North-Asian tick-borne rickettsiosis, Siberian tick typhus
S. Brazilian tick-borne typhus
   East-African/Kenya tick fever
   Q-fever, Q-rickettsiosis, Balkan grippe
   Marseilles fever
   maculo-papular **eruption/rash**
   pox-like eruption
   primary affect
   Rocky Mountain spotted fever, **mountain/black** fever, light blue disease
   tsutsugamushi, tropical typhus, bush typhus, Japanese river fever, Kedani fever

РОЖА

I. блуждающая/мигрирующая рожа

булезная/пузырчатая рожа

вторичная рожа
гангренозная рожа
первичная рожа
рецидивирующая/привычная рожа
флегмонозная рожа
эритематозная рожа
эритематозно-булезная рожа

C. гиперкератоз
лимфостаз
слоновость, элефантиаз
чувство напряжения кожи

САЛЬМОНЕЛЛЕЗ

II. генерализованный/тифоподобный сальмонеллез
локализованный/гастро-интестинальный сальмонеллез
септический сальмонеллез
субклинический сальмонеллез

C. боли в животе
водянистый стул
зловонный стул
обильный стул
пенистый стул
стул с примесью крови

стул с примесью слизи

СКАРЛАТИНА

I. молниеносная/гипертоксическая скарлатина
послеожоговая скарлатина
пуэрперальная скарлатина
раневая скарлатина
септическая скарлатина
токсико-септическая скарлатина
токсическая скарлатина
экстрафарингеальная/экстрабуккальная скарлатина

C. бледный носогубный треугольник
красная гусиная кожа
нефрит
мелкоточечная сыпь

скарлатинозное сердце

ERYSIPELAS

I. **wandering/migrating** erysipelas
bullous/pemphigious erysipelas
secondary erysipelas
gangrenous erysipelas
primary erysipelas
relapsing/recurrent/ordinary erysipelas
phlegmonous erysipelas
erythematous erysipelas
erythemato-bullous erysipelas

S. hyperkeratosis
lymphostasis
elephantiasis
sense of **tense/tight** skin

SALMONELLOSIS

II. **generalized/typhoid-like** salmonellosis
localized/gastro-intestinal salmonellosis
septic salmonellosis
subclinical salmonellosis

S. abdominal pains
watery stool
foul-smelling stool
profuse stool
foamy stool
stool with admixture of blood
stool with admixture of mucus

SCARLET FEVER, SCARLATINA

I. **fulminating/hypertoxic** scarlet fever
postburn scarlet fever
puerperal scarlet fever
wound scarlet fever
septic scarlet fever
toxicoseptic scarlet fever

toxic scarlet fever
extrapharyngeal/extrabuccal scarlet fever

S. pale nasolabial triangle

red goose-flesh
nephritis
[micro]punctate **eruption/rash**

scarlet fever heart

скарлатинозный/малиновый язык	strawberry tongue
увеличение лимфатических узлов	enlargement of lymph nodes, enlarged lymph nodes
шелушение кожи	skin peeling
крупночешуйчатое/пластинчатое шелушение кожи	macroscaling, laminar scaling

СИБИРСКАЯ ЯЗВА / ANTHRAX

II. желудочно-кишечная форма сибирской язвы	II. gastro-intestinal anthrax
кожная форма сибирской язвы	cutaneous anthrax
легочная форма сибирской язвы	pulmonary anthrax
респираторная форма сибирской язвы	respiratory anthrax
септическая форма сибирской язвы	septic anthrax
S. безболезненный отек вокруг карбункула	S. **painless/non-tender** edema around the carbuncle
злокачественная пустула	malignant pustule
сибиреязвенный карбункул	anthracic carbuncle
сибиреязвенная септицемия	anthracic septicemia
симптом студневидного дрожания, симптом Стефанского	symptom of jelly-like fremitus, Stefansky's symptom

СПИД, синдром приобретенного иммунодефицита — **AIDS, Acquired Immune Deficiency Syndrome**

СТОЛБНЯК / TETANUS

S. опистотонус	S. opisthotonus
остановка дыхания	respiratory arrest
прививка против столбняка	inoculation against tetanus
противостолбнячная сыворотка	antitetanic serum (ATS)
противостолбнячный анатоксин	tetanus antitoxin (ATA)
сардоническая улыбка	sardonic smile, risus sardonicus
судороги	convulsions, cramps
челюстной тризм, судорожное сокращение жевательных мышц	spasmodic contraction of the masseter muscles

СЫПНОЙ ТИФ, ЭПИДЕМИЧЕСКИЙ/ЕВРОПЕЙСКИЙ/ВШИВЫЙ СЫПНОЙ ТИФ / TYPHUS [EPIDEMIC], EPIDEMIC/EUROPEAN/LOUSE-BORNE TYPHUS

S. геморрагическая сыпь	S. hemorrhagic rash
головная боль	headache
сильная головная боль	**severe/bad** headache
делирий	delirium
завшивленность, педикулез	pediculosis
конъюнктивальная энантема, симптом Киари-Авцина	conjunctival enanthem, Chiari-Awtsine's symptom

«кроличьи глаза», симптом Говорова-Годелье
обильное носовое кровотечение
розеолезно-петехиальная сыпь

"rabbit's eyes", Goworov-Godelye's symptom
profuse nosebleed
roseolus-petechial eruption

ТУЛЯРЕМИЯ, КРОЛИЧЬЯ ЛИХОРАДКА, ЛИХОРАДКА ОЛЕНЬЕЙ МУХИ, МАЛАЯ ЧУМА

TULAREMIA, RABBIT FEVER, DEERFLY FEVER, SMALL PLAGUE

II. ангинозно-бубонная туляремия
    бубонная туляремия
    генерализованная/септическая/тифоидная туляремия
    глазо-бубонная/железистая туляремия
    кишечная/абдоминальная туляремия
    легочная туляремия
C. инфекционный психоз
    розеолезная сыпь
    туляремийная пневмония
    туляремийный менингит
    увеличение лимфатических узлов
    увеличение печени, гепатомегалия

II. anginose bubonic tularemia
    bubonic tularemia
    generalized/septic/typhoid tularemia
    oculobubonic/oculoglandular tularemia
    intestinal/abdominal tularemia
    pulmonary tularemia
S. infective psychosis
    roseolus rash
    tularemic pneumonia
    tularemic meningitis
    enlargement of lymph nodes, enlarged lymph nodes
    hepatomegaly

ХОЛЕРА, АЗИАТСКАЯ ХОЛЕРА

CHOLERA, ASIAN CHOLERA, ASIATIC CHOLERA

I. молниеносная/сухая холера

II. холера Эль-тор
C. гипотермия
    клонико-тонические судороги
    обезвоживание, дегидратация
        выраженное обезвоживание
    симптом «темных очков»
    стул в виде рисового отвара
    холерный алгид
    холерный гастроэнтерит
    холерная кома

I. fulminating cholera, cholera fulminans, dry cholera, cholera sicca
II. cholera el-tor
S. hypothermia
    clonic [o] tonic cramps
    dehydratation
        marked dehydratation
    "dark glasses" symptom
    rice-water stool
    choleric algid
    choleric gastroenteritis
    choleric coma

ЧУМА

PLAGUE, BLACK DEATH, PEST

I. бубонная чума
    вторично-септическая чума
    кожно-бубонная чума
    легочная чума
        первичная (вторичная) легочная чума
    первично-септическая чума

I. bubonic plague
    secondary septic plague
    bubocutaneous plague
    pulmonary plague
        primary (secondary) pulmonary plague
    primary septic plague

C. головная боль	S. headache
интоксикация	intoxication
выраженная интоксикация	severe intoxication
«меловой язык»	"chalk-like" tongue
озноб	chills
фациес пестика	facies pestica, plague face
чумная пневмония	plague pneumonia
чумной бубон	plague bubo
чумной карбункул	plague carbuncle

ЭПИДЕМИЧЕСКИЙ/ИНФЕКЦИОННЫЙ ПАРОТИТ, СВИНКА

EPIDEMIC PAROTITIS, MUMPS, INFECTIOUS PAROTITIS

C. паротидный менингоэнцефалит	S. parotid meningo-encephalitis
паротидный орхит	parotid orchitis
паротидный панкреатит	parotid pancreatitis
увеличение околоушной железы	parotid gland enlargement

ЭРИЗИПЕЛОИД, РОЖА СВИНЕЙ

ERYSIPELOID, SWINE ERYSIPELAS

ЯЩУР

EPIDEMIC STOMATITIS, APHTHOUS FEVER

II. желудочно-кишечная форма ящура	II. gastrointestinal form of epidemic stomatitis
кожно-слизистая форма ящура	dermomucous form of epidemic stomatitis
легочная форма ящура	pulmonary form of epidemic stomatitis
печеночная форма ящура	hepatic form of epidemic stomatitis
сердечная форма ящура	cardiac form of epidemic stomatitis
C. афтозные высыпания, эпизоотические афты	S. aphthous ulcers, epizootic aphthae
жжение (боль) во рту	burning (pain) in the mouth
обильное слюнотечение	profuse salivation
эпизоотический стоматит	epizootic stomatitis

■ Вас укусила домашняя (бездомная) собака?

■ Has a domestic (stray) dog bitten you?

Вам нужно сделать прививку против столбняка (бешенства)

You must be inoculated against tetanus (rabies)

Вот направление на пастеровский пункт (станцию)

Here is an appointment for the Pasteur station

Вы употребляли в пищу грибы, консервы [домашнего приготовления], ветчину, колбасу, красную рыбу?

Have you eaten mushrooms, canned food [home-made], ham, sausage, red fish?

Вы работали в животноводстве (ветеринаром, дояркой (дояром), скотником, зоотехни-

Were you engaged in animal husbandry (as a veterinary officer, milkmaid (milkman),

ком, заготовителем (шерсти, кожевенного сырья)?	cattle-yard worker, animal technician, wool (leather) merchant)?
У вас в хозяйстве есть животные больные бруцеллезом?	Do you have in your care animals with brucellosis?
Вы не работаете на мясокомбинате?	Do you work at a meat-packing plant?
Вы живете в городе или сельской местности?	Do you live in a city or in a rural area?
У вас есть домашние животные?	Do you keep domestic animals?
Вы употребляете молочные продукты из магазина или покупаете их на рынке?	Do you use dairy produce from a shop or buy them in the market?
Вы кипятите молоко? Вы употребляете молочные продукты из пастеризованного молока?	Do you boil milk? Do you use dairy produce from pasteurized milk?
Перед употреблением обязательно кипятите молоко	Have your milk boiled before use, without fail
У вас есть насморк (першение в горле, боль при глотании)?	Do you have a cold in the head (a scratchy feeling in the throat, pain on swallowing)?
Стул частый? Сколько раз в сутки (в день)?	Do you have frequent bowel motions? How many every 24 hours (a day)?
Кал с примесью крови, гноя?	Do your feces contain blood, pus?
Позывы на низ сопровождаются мучительными болями в прямой кишке?	Are urges to defecate accompanied by excruciating rectal pains?
Кашель становится сильнее и чаще ночью?	Does your cough become more severe and frequent at night?
Приступы лихорадки повторяются ежедневно, через день (два дня)?	Do the attacks of fever recur daily, every other day (every two days)?
Приступы сопровождаются повышением температуры, обильными потами?	Are the attacks accompanied by elevation of temperature, profuse sweating?
У вас есть резкие боли в икроножных мышцах (в спине, в крестце, при движении глазных яблок)?	Do you have sharp pains in the gastrocnemius muscles (spine, sacrum, on moving the eyeballs)?
Вы содержите дома птиц (голубей)?	Do you keep birds (pigeons) at home?
Вы работаете на птицефабрике (на птицеферме, в зоологическом магазине, в зоологическом саду)?	Do you work at a poultry factory (poultry farm, animal shop, zoo)?

Вам делали когда-нибудь прививку против столбняка?	Have you ever been inoculated against tetanus?
Болезнь началась остро?	Did the disease start acutely?
У вас были ознобы (проливные поты) после приступа лихорадки?	Did you have chills (profuse sweating) after the fever attack?
С чем вы связываете появление этих явлений?	What do you attribute these phenomena to?
Вы употребляли недоброкачественную пищу, консервированные продукты?	Did you eat spoiled food, canned food?
Какую и когда?	What namely and when?
Что вы ели вчера вечером (сегодня утром, два дня назад)?	What did you eat yesterday evening (this morning, two days ago)?
Вы ели мясо (колбасу, ветчину, рыбу, творог, пирожное, консервы, грибы)?	Did you eat meat (sausage, ham, fish, curds, a cake, canned food, mushrooms)?
С чего началось заболевание?	How did your illness begin?
Что вы считаете причиной вашего заболевания?	What do you consider to be the reason for your illness?
Какими инфекционными болезнями вы болели раньше?	What infectious diseases have you had before?
Какие лекарства (антибиотики) принимали?	What drugs (antibiotics) did you take?
Как вы себя чувствуете после приема лекарства?	How do you feel after taking the drug?
Снижалась или не снижалась температура?	Did your temperature fall or not?
▲ У больного(ой) отмечается мышечная слабость (сухость слизистых оболочек рта, затруднение глотания, птоз верхнего века, мидриаз, диплопия) Больной(ая) оглушен(а) (безразличен(а) к окружающим, контакт с ним (ней) затруднен, бредит)	▲ In the patient there is myasthenia (oral mucosal dryness, difficulty in swallowing, ptosis of the upper eyelid, mydriasis, diplopia) The patient is torporous (indifferent to the people who surround him (her), contact with him (her) is difficult, he (she) is delirious)
Лицо гиперемировано. Склеры инъецированы	The face is reddened. The sclerae are injected
Аппетит отсутствует. Жажда повышена	Appetite is absent. The patient is very thirsty
Симптом жгута и щипка положительные	Bandage sign and pinch sign are positive
Температурная кривая постоянная (ремитирующая, интермитирующая)	The temperature curve is constant (remitting, intermittent)

Больной(ая) жалуется на легкое недомогание (познабливание, ломоту в суставах и боль в мышцах)	The patient complains of slight malaise (chills, rheumatic pains in joints and muscular pain)
Слизистая оболочка зева гиперемирована	The mucous membrane of the fauces is hyperemic
Задняя стенка глотки и миндалины покрыты серой пленкой	The back of the mouth and tonsils are covered with a grey film
Жевание и глотание затруднено	Mastication and swallowing are difficult
Наладьте парентеральное кормление	Give parenteral feeding
Для прекращения судорог и спазма мышц введите хлорпромазин	To control cramps and muscular spasms administer chlorpromazine
Введите 3000 ед. противостолбнячной сыворотки подкожно по схеме	Administer 3,000 units of ATS (antitetanus serum) subcutaneously according to plan

СТОМАТОЛОГИЯ — STOMATOLOGY

ОБЩАЯ ЧАСТЬ — 512 GENERAL

ИНСТРУМЕНТАРИЙ. ОБОРУДОВАНИЕ	512	[DENTAL] INSTRUMENTS. [DENTAL] APPLIANCES
СТОМАТОЛОГИЧЕСКИЙ(ИЕ) БОР(Ы)	513	DENTAL BUR(S), DENTAL DRILL(S)
ЩИПЦЫ ДЛЯ УДАЛЕНИЯ ЗУБОВ	514	DENTAL FORCEPS
ЭЛЕВАТОР(Ы)	514	ELEVATOR(S), SCREW ELEVATOR(S)
СПЕЦИАЛЬНЫЕ МЕТОДЫ ИССЛЕДОВАНИЯ	514	SPECIAL METHODS OF INVESTIGATION
СТОМАТОЛОГИЧЕСКАЯ ПОЛИКЛИНИКА	515	STOMATOLOGICAL POLYCLINIC

СПЕЦИАЛЬНАЯ ЧАСТЬ — 515 SPECIAL

ГУБА(Ы) РТА	515	LIP(S) OF THE MOUTH
ДЕСНА(Ы)	516	GUM(S)
ГИНГИВИТ	517	GINGIVITIS
ДЕСНЕВОЙ КРАЙ	517	GINGIVAL MARGIN, GUM MARGIN
ЗУБ(Ы)	517	TOOTH(TEETH)
ДЕНТИН	521	DENTIN[E]
ЗУБНАЯ ЭМАЛЬ	522	TOOTH ENAMEL
КАРИЕС ЗУБА	522	DENTAL CARIES
КОРОНКА ЗУБА	523	CROWN OF A TOOTH
КОРЕНЬ ЗУБА	523	ROOT OF A TOOTH
ОККЛЮЗИЯ ЗУБОВ	524	OCCLUSION OF TEETH
ПЕРИОДОНТ	524	PERIODONTAL MEMBRANE
ПЕРИОДОНТИТ	524	PERIODONTITIS
ПЛОМБИРОВАНИЕ ЗУБА	524	FILLING OF A TOOTH
ПЛОМБА	524	FILLING, STOPPING
ПОВЕРХНОСТЬ ЗУБА	525	SURFACE OF A TOOTH
ПРОРЕЗЫВАНИЕ ЗУБА	525	ERUPTION OF A TOOTH
ПУЛЬПА ЗУБА	525	PULP OF A TOOTH
ПУЛЬПИТ	525	PULPITIS
ТКАНИ ЗУБА	526	TOOTH TISSUE
ЦЕМЕНТ [ЗУБА]	526	CEMENT

ПОЛОСТЬ РТА, РОТ	526	MOUTH CAVITY, MOUTH	
ЖЕЛЕЗЫ РТА	526	GLANDS OF THE ORAL CAVITY	
ПАРОТИТ	527	PAROTITIS	
СТОМАТИТ	527	STOMATITIS, SORE MOUTH	
ПАРОДОНТ	527	PARODONT	
ПАРОДОНТОЗ	527	PARODONTOSIS	
ПРИКУС	528	OCCLUSION, BITE	
ЧЕЛЮСТЬ	529	JAW	
ПЕРЕЛОМ ЧЕЛЮСТИ	529	FRACTURE OF THE JAW, JAW FRACTURE	
ЯЗЫК	530	TONGUE	

ОРТОДОНТИЧЕСКИЕ И ОРТОПЕДИЧЕСКИЕ МЕТОДЫ ЛЕЧЕНИЯ   530 ORTHODONTIC AND ORTHOPEDIC METHODS OF TREATMENT

ЗУБНОЙ(ЫЕ) ПРОТЕЗ(Ы)	530	DENTAL PROSTHESIS (PROSTHESES)
ОРТОДОНТИЧЕСКИЕ МЕТОДЫ ЛЕЧЕНИЯ	531	ORTHODONTIC [METHODS OF] TREATMENT
ОРТОДОНТИЧЕСКИЕ АППАРАТЫ	531	ORTHODONTIC APPARATUS
ЛЕЧЕБНЫЕ ОРТОДОНТИЧЕСКИЕ АППАРАТЫ	531	THERAPEUTIC ORTHODONTIC APPARATUS

СТОМАТОЛОГИЯ   STOMATOLOGY

ОБЩАЯ ЧАСТЬ   GENERAL

ИНСТРУМЕНТАРИЙ. ОБОРУДОВАНИЕ

[DENTAL] INSTRUMENTS. [DENTAL] APPLIANCES

С. бормашина	S. dental drilling **engine/machine**, dental engine
ватные валики	cotton swabs
высокооборотная воздушная турбина	high-speed air turbine
гладилка	smoother
долото	chisel
зубная ложечка	dental spoon
зубоврачебный пинцет	dental plier [s]
зубоврачебное/стоматологическое кресло	dentist's chair
инструменты для удаления зубного камня	instruments to remove **tartar [of the teeth]**/**dental calculus**/**salivary calculus**/**odontolith**
искусственный дентин	artificial dentin
иглодержатель	needle-holder
корневая игла	root needle

ключ Леклюза	Lecluse key
крючок для оттягивания губ и щек	labial and buccal **retractor/hook**
костные кусачки	bone forceps
марлевые валики	gauze swabs
марлевые тампоны	gauze tampons
марлевая турунда	gauze turunda
молоток	hammer, mallet
ножницы	scissors
осветитель	illuminator
плевательница	spittoon
пульпоэкстрактор	extractor of pulp, pulp extractor
скальпель	scalpel, knife
лоток	tray
распатор	[stomatological] raspatory
слюноотсос	**saliva/salivary** ejector
стоматологический бор	dental **bur/drill**, dentist's **borer/bur**
стоматологический зонд	dental **probe/explorer**
прямой стоматологический зонд	straight dental explorer
стоматологический зонд под углом	angular probe
стоматологическая ложка	dental spoon
стоматологическая пила	disk saw
стоматологический светильник	dental illuminator
стоматологическая щетка	dental brush
стоматологическое зеркало	dental mirror
стоматологический экскаватор	hatchet [excavator], hoe excavator
универсальная стоматологиская установка	universal dental **unit/set**
устройство для подачи воды (воздуха)	water (air) supplying device
штопфер	stopfer, plugger
шприц	syringe
щипцы для удаления зубов	dental forceps, denticeps
элеватор, подъемник	elevator, screw elevator

СТОМАТОЛОГИЧЕСКИЙ(ИЕ) БОР(Ы)

DENTAL BUR(S), DENTAL DRILL(S), DENTIST'S BORER(S), DENTIST'S BUR(S)

I. алмазный бор
колесовидные боры
круглые/шаровидные боры
обратноконусовидные/конусовидные боры
твердосплавной бор
фиссурный/цилиндрический бор
II. бор для прямого наконечника

бор для углового наконечника

I. diamond dental drill
wheel-shaped dental drills
spherical dental drills
inverted-conical/conical dental drills
hard-alloy dental drill
fissural/cylindrical dental drill
II. dental drill for a straight handpiece
dental drill for an angular handpiece

513

ЩИПЦЫ ДЛЯ УДАЛЕНИЯ ЗУБОВ, ЗУБОВРАЧЕБНЫЕ ЩИПЦЫ

I. клювовидные щипцы
клювовидные щипцы со сходящимися щечками
клювовидные щипцы с широкими щечками
коронковые клювовидные щипцы

II. прямые щипцы для удаления резцов и клыков
щипцы для удаления третьего верхнего моляра
щипцы с S-образно-изогнутыми ручками для удаления премоляров
щипцы с S-образно-изогнутыми ручками для удаления моляров
штыковидные щипцы

ЭЛЕВАТОР(Ы), ПОДЪЕМНИК(И)

I. боковые элеваторы
прямой элеватор
Т-образный элеватор
штыковидный элеватор

СПЕЦИАЛЬНЫЕ МЕТОДЫ ИССЛЕДОВАНИЯ

C. искусственное контрастирование кистозных полостей, цистография
искусственное контрастирование свищевых ходов, фистулография
искусственное контрастирование слюнных желез, сиалография
лицевая ангиография
внутриротовой снимок зубов и челюстей вприкус
внутриротовой контактный снимок зубов и челюстей
морфологические исследования
радиологическое исследование
рентгенография (см. гл. IV)

электрорентгенография

томография лицевого черепа
ортопантомография
электроодонтодиагностика (ЭОД)

DENTAL FORCEPS, DENTICEPS

I. beak [-shaped] forceps
beak-shaped forceps with converging grips
beak-shaped forceps with wide grips
crown beak-shaped forceps

II. straight forceps to extract incisors and **cuspids/canines**
forceps to extract the upper third molar
forceps with S-shaped, curved handles to extract premolars
forceps with S-shaped, curved handles to extract molars

bayonet-shaped forceps

ELEVATOR(S), SCREW ELEVATOR(S)

I. lateral elevators
straight elevator
T-shaped elevator
bayonet-shaped elevator

SPECIAL METHODS OF INVESTIGATION

S. artificial contrast study of cystic cavities, cystography
artificial contrast study of fistulous passages, fistulography
artificial contrast study of salivary glands, sialography

facial angiography
intra-oral X-ray of teeth and jaws in occlusion
intra-oral contact X-ray of teeth and jaws
morphologic [al] investigations
radiologic [al] investigation

roentgenography/radiography (see ch. IV)
electroroentgenography, electroradiography
facial skull tomography
orthopantomography
electroodontodiagnosis

СТОМАТОЛОГИЧЕСКАЯ ПОЛИКЛИНИКА

STOMATOLOGICAL POLYCLINIC

С. диспансерное наблюдение стоматологических больных

    зубной врач
    зубоврачебное обслуживание
    зубоврачебная практика

    зубопротезная лаборатория
    кабинет хирургической (терапевтической, ортопедической) стоматологии
    отделение хирургической (терапевтической, ортопедической) стоматологии
    стоматологический больной

S. dispensary **observation/control** of stomatological patients

    dentist
    Dental Health Service
    dental practice treatment, dentistry
    Dental Orthopedics Laboratory
    dentist's/dental surgery (**dentist's/dental** room, dental orthopedics room)
    Dental Surgery Department (Dental Therapy Department, Dental Orthopedics Department)
    dental patient

СПЕЦИАЛЬНАЯ ЧАСТЬ

SPECIAL

ГУБА(Ы) РТА

LIP(S) OF THE MOUTH, LABIUM ORIS (LABIA ORIS)

I. верхняя губа
    выпяченные губы, прохейлия
    двойная губа
    запавшие губы, опистохейлия

    нижняя губа
    прямые губы, ортохейлия
II. губы тапира
II[a]. величина губ
    выстояние губы

    карбункул губы
    кератоакантома губы
    киста губы
      ретенционная киста губы
    кожа губы
    конфигурация губ

    опухоль губы

    отвисание губы
    отсутствие губ, ахейлия
    отек губы
    пластика губы

    патологическое увеличение губ, макрохейлия
    повреждение губы

    рак губы

I. upper lip
    protruding lips, procheilia
    double lip
    retracted lips, opisthocheilia

    lower lip
    straight lips, orthocheilia
II. tapir's lips
II[a]. size of lips
    lip protrusion, protruded lip
    labial carbuncle
    labial keratoacanthoma
    labial cyst
      retention [al] labial cyst
    labial skin
    labial configuration, configuration of lips
    labial tumour, tumour in the lip
    pendulous lip
    absence of lips, acheilia
    labial edema, edematous lip
    labial plastics, plastics of the lip
    pathological enlargement of lips, macrocheilia
    injury to the lip, labial injury
    cancer of the lip, labial cancer

расщелина/незаращение губы	labial cleft
врожденная расщелина верхней губы, заячья губа, хейлосхизис	congenital cleft of the upper lip, cleft lip, cheiloschisis
ранение губы	labial injury
размер губы	labial size, size of a lip
слизистая оболочка губы	labial mucosa, mucous membrane
спайка губ	labial commissure
срастание боковых отделов губы, синхейлия	adhesion of lateral portions of the lip, synch[e]ilia
трещина губы	labial fissure
туберкулез губы	labial tuberculosis
уздечка губы	labial frenulum
укорочение уздечки верхней губы	shortening of the upper lip frenulum
утолщение уздечки верхней губы	thickening of the upper lip frenulum
укорочение средней части верхней губы, брахихейлия	shortening of the middle portion of the upper lip, brachycheilia
форма губы	labial form
цвет губ	labial colour
фурункул губы	labial furuncle
С. красная кайма	S. red border
воспаление красной каймы, хейлит	red border inflammation, inflamed red border, ch[e]ilitis
дуга Купидона	Cupid's bow
ротовая(ое) щель/отверстие	oral **slit/fissure/opening**
ротовая полость	oral cavity

ДЕСНА (ДЕСНЫ)

GUM(S), GINGIVA (GINGIVAE)

I. краевая/свободная десна, десневой край	I. **marginous/free** gum, **gingival/gum** margin
II. болезненность десны	II. gingival tenderness, painful gum
воспаление слизистой оболочки десны, гингивит	inflammation of gingival **mucous membrane/mucosa**, gingivitis
изъязвление десны	**gingival/gum** ulceration
кровоизлияние в десне	gingival hemorrhage, bleeding in the gum
кровоточивость десны(ен)	stomatorrhagia, gingival hemorrhage, hemorrhage from the mouth
повреждение десны	gingival injury, injury to the gum
разрастание десны	gingival **accretion/enlargement**
фиброматозное разрастание десны, фиброматоз десны	fibromatous accretion of the gum, gingival fibromatous accretion, gingival fibromatosis
разрыв десны	gingival rupture
участок десны	gingival area

отек десны	gingival edema
фиброма десны	gingival fibroma
эпителий десны	gingival epithelium
C. десневая борозда	S. gingival sulcus
десневой край	**gingival/gum** margin
десневой/межзубной сосочек	**gingival/interdental** papilla
эпулис, наддесневик	epulis

ГИНГИВИТ

GINGIVITIS

I. атрофический гингивит	I. atrophic gingivitis
висмутовый гингивит	bismuth gingivitis
гангренозный гингивит	gangrenous gingivitis
геморрагический гингивит	hemorrhagic gingivitis
гипертрофический гингивит	hyperthrophic gingivitis
десквамативный гингивит	desquamative gingivitis
диабетический гингивит	diabetic gingivitis
дисменорейный/дизовариальный гингивит	**dysmenorrheal/dysovarian** gingivitis
диффузный гингивит	diffuse gingivitis
катаральный гингивит	catarrhal gingivitis
краевой/маргинальный гингивит	marginal gingivitis
лейкемический гингивит	leukemic gingivitis
ртутный гингивит	mercuric gingivitis
свинцовый гингивит	lead gingivitis
скорбутический гингивит	scorbutic gingivitis
хронический гингивит	chronic gingivitis
юношеский гингивит, гингивит подростков	juvenile gingivitis
язвенный/язвенно-мембранозный/язвенно-некротический гингивит	**ulcerative/ulcerative-membranous/ulcerative-necrotic** gingivitis
II. гингивит беременных	II. gingivitis in pregnancy

ДЕСНЕВОЙ КРАЙ

GINGIVAL MARGIN, GUM MARGIN

II. альтерация десневого края	II. alteration of the gum margin, gingival margin alteration
атрофия десневого края	atrophy of the gum margin, gingival margin atrophy
некроз десневого края	necrosis of the gum margin, gingival margin necrosis

ЗУБ(Ы)

TOOTH (TEETH)

I. артикулирующие зубы	I. articulating teeth
боковые зубы	lateral teeth
больной/пораженный зуб	**bad/affected** tooth
большой коренной зуб, моляр	molar, grinder
верхние зубы	upper teeth
врожденные зубы	congenital teeth
выпадающие/молочные/сменяемые зубы	**deciduous/milk** teeth
двукорневой зуб	**double-rooted/birooted** tooth
живой зуб	live tooth

естественные зубы	natural teeth
замещающие зубы	replacing teeth
запломбированный зуб	**filled/stopped** tooth
здоровый/интактный зуб	**sound/healthy/intact** tooth
искусственные/вставные зубы	**artificial/false** teeth, dentures
кариозный зуб	carious tooth
конвергирующие зубы	convergent teeth
крупные зубы	**large/big** teeth
малый коренной зуб, премоляр	bicuspid, premolar
мелкие зубы	small teeth
мертвый зуб	dead tooth
многокорневой зуб	multi-rooted tooth
нижние зубы	lower teeth
одиночный зуб	single tooth
одноименные зубы	homonymous teeth
однокорневой зуб	single-rooted tooth
опорные зубы	abutment teeth, retainers
передние/фронтальные зубы	**frontal/anterior** teeth
первые зубы	first teeth
перекрученные зубы	screwdriver teeth
«плохой» зуб	"bad" tooth
постоянные зубы	permanent teeth
[не]прорезавшийся зуб	**nonerupted/unerupted** tooth
причинный зуб	causative tooth
прорезавшийся зуб	erupted tooth
прорезывающийся зуб	erupting tooth
резцовый/передний зуб, резец	incisor, front tooth, cutter
сверхкомплектные зубы	**accessory/supplementary/additional/multiple** teeth
слившиеся зубы	fused teeth
текодонтовые зубы	thecodont teeth
треснувший зуб	**cracked/fractured** tooth
трехкорневой зуб	triple-rooted tooth
шиповидные зубы	spinous teeth
штифтовый зуб	pivot crown tooth
II. зуб мудрости, третий моляр	II. wisdom tooth, the third molar
зуб Пфлюгера	Pflüger's tooth
зубы-антагонисты	tooth-antagonists
зубы Гетчинсона	Hutchinson's teeth
зубы верхней (нижней) челюсти	teeth of the upper (lower) jaw
зубы вне дуги/неправильное прорезывание зуба	buck teeth, maleruption of a tooth
II^a. альвеола/луночка зуба, зубная альвеола, зубная ячейка	II^a. alveolus, tooth socket
аномалия зубов	dental **anomaly/abnormality**
артикуляция зубов	dental articulation, articulation of teeth
боль в зубе, зубная боль	toothache, dentalgia
величина зуба	size of tooth
вколачивание зуба	dental impaction, impaction of the tooth
выведение/извлечение зуба	**removal/extraction** of a tooth
вывих зуба	dental dislocation
выпадение зуба	falling out of a tooth
выталкивание зуба из лунки	expelling of a tooth from its socket

гемисекция зуба	dental hemisection, hemisection of the tooth
гиперестезия [эмали] зуба	dentinal hyperesthesia, hyperesthesia of the tooth enamel
гипоплазия [эмали] зуба	dentinal hypoplasia, hypoplasia of the tooth enamel
деформация зубов	dental deformity, deformity of teeth
заболевание зубов	dental **disorder/illness**
закладка зубов	odontogeny
иннервация зуба	dental innervation, innervation of a tooth
исследование зубов	dental examination, inspection of the teeth
кариес зуба	dental caries, caries of a tooth
корень зуба	root of a tooth, dental root
коронка зуба	dental crown, crown of a tooth
кровоснабжение пульпы зуба	blood supply of the dental pulp, dental pulp blood supply
лечение зубов	treatment of teeth, dental **treatment/therapy/care**
люксация зубов	dental luxation
наличие зубов	presence of teeth
окклюзия/смыкание/контакт зубов	dental occlusion/contact, occlusion of the teeth
острие зуба, острый край зуба	sharp **end/edge** of a tooth, cusp
ось зуба	axis of a tooth, dental axis
отбеливание зубов	bleaching of teeth, dental bleaching
перелом зуба	dental fracture, fracture of a tooth
перкуссия/постукивание по зубу	**percussion/tapping** on a tooth
пломбирование зуба	**filling/stopping** of a tooth
поверхность зуба	surface of a tooth, tooth surface, dental surface
повреждение зуба	injury to a tooth, dental injury, injured tooth
покрытие зуба лаком	covering of a tooth with lacquer, tooth lacquering
положение зубов	position of teeth, dental position
полость в зубе	**hole/cavity** in a tooth, tooth hole
полость зуба, зубная полость	pulp **chamber/cavity**, cavum dentis
потеря зуба	loss of a tooth
препарирование зубов под искусственные коронки	preparation of teeth for crowning
прикрепление зубов к челюсти	attachment of teeth to the jaw
прорезывание зубов	eruption of a tooth, dental eruption
просвечивание/трансиллюминация зубов	dental transillumination, transillumination of teeth

пульпа зуба, зубная мякоть	pulp of a tooth, dental pulp
развитие зубов	dentification, development of teeth, dental development
расположение зубов	position of teeth, dentition
расшатывание зуба, патологическая подвижность зуба	loosening of a tooth, dental loosening, pathological mobility of a tooth
рентгенография зубов	dental **roentgenography/radiography**
реплантация зуба	dental **replantation/reimplantation**
ретенция/задержка зуба	retention of a tooth, dental retention
санация зуба	sanation of a tooth, dental sanation
связочный аппарат зуба	dental ligamentous apparatus
скрежетание зубами	teeth-grinding
слепок с зубов	cast model from the teeth, dental model
смена зубов	second dentition
смещение зуба	**dislodgement/misplacement/displacement** of a tooth
снимок зуба	dental X-ray
состояние зубов	dental health
сосочек зуба	dental **papilla/bulb**
стираемость зубов	dental abrasion
патологическая стираемость зубов	pathological dental abrasion
строение зуба	dental structure, structure of a tooth
ткани зуба	dental tissue
транспозиция зуба	dental transposition
травма зуба	dental trauma
трепанация/вскрытие полости зуба	**trepanation/opening** of the pulp cavity
удаление/экстракция зуба	**removal/extraction/pulling out** of a tooth, dental extraction
уход за зубами	dental care, care of the teeth
флюороз зубов	fluorosis of teeth, dental fluorosis
форма зуба	the form of a tooth, dental form
функционирование зубов	function of teeth, dental function
цвет зуба	colour of a tooth, dental colour
число зубов	the number of teeth
чувствительность зуба	sensitivity of a tooth, dental sensitivity
шейка зуба	neck of a tooth, dental neck
C. дентин	S. dentin[e], dental ivory
диастема	diastema
зубная дуга	dental **arch/curve**
зубной камень	dental **calculus/tartar**, salivary calculus, odontolith

зубной налет	dental deposit
зубной ряд	dentition
зубная формула	dental formula
зубная эмаль	dental enamel, enamelum
клык	cuspid, pointed tooth, canine
периодонт	periodontal membrane, periodontium
цемент [зуба]	cement, tooth cement, cementum

III. болеть (*о зубах*) — III. to ache (*of teeth*)
восстанавливать форму зуба — to restore the form of a tooth

вскрывать полость зуба — to open the pulp cavity
«выбить» зуб — to knock a tooth out
выпадать (*о зубе*) — to fall out (*of a tooth*)
дезинфицировать полость зуба — to disinfect a dental **hole/cavity**

лечить зубы — to receive dental treatment, to have the teeth attended to (*of a patient*)), to provide dental treatment, to attend to the teeth (*of a dentist*)

осматривать зубы — to **examine/inspect** the teeth
потерять зуб(ы) (*разг.*) — to lose a tooth (teeth)
препарировать зуб — to prepare a tooth
прорезываться (*о зубах*) — to erupt (*of teeth*)
сохранить зуб — to save a tooth, to leave a tooth in place

удалить, вырвать (*разг.*) зуб — to have a tooth **out/extracted** (*of a patient*), to **extract/remove** a tooth (*of a surgeon*)

устанавливать зуб в правильном положении — to **place/replant** a tooth in the correct position
чистить зубы — to clean the teeth

ДЕНТИН

DENTIN[E]

I. вторичный/иррегулярный дентин — I. **secondary/irregular** dentin

заместительный дентин — replacing dentin
интерглобулярный дентин, интерглобулярные пространства — interglobular dentin, interglobular spaces
околопульпарный дентин — parapulpar dentin
первичный дентин — primary dentin
перитубулярный дентин, оболочка Нейманна — peritubular dentin, Neumann's membrane
пигментированный дентин — pigmented dentin
плащевой дентин — mantle dentin
прозрачный дентин — transparent dentin
размягченный дентин — softened dentin

II. вещество дентина — II. dentinal substance
слои дентина — dentinal layers
элементы дентина — dentinal elements

С. дентинные канальцы, зубные канальцы — S. dentinal tubules, dental tubules
дентинные пластинки — dentinal laminae
дентинные шары — dentinal globes

ЗУБНАЯ ЭМАЛЬ

II. гиперестезия зубной эмали

гипоплазия зубной эмали

дефект зубной эмали

резистентность зубной эмали

реминерализация зубной эмали

узуры зубной эмали

КАРИЕС ЗУБА

I. вторичный/рецидивный кариес зуба
генерализованный/множественный/системный кариес зуба, кариозная болезнь
глубокий кариес зуба

контактный/проксимальный кариес зуба
лучевой кариес зуба

осложненный кариес зуба
поверхностный кариес зуба, кариес эмали

приостановившийся кариес зуба
пришеечный кариес зуба
прогрессирующий/острый кариес зуба

простой/неосложненный кариес зуба
средний кариес зуба

фиссурный кариес зуба

хронический кариес зуба

циркулярный кариес зуба

II. кариес зуба в стадии пятна
клиническая картина кариеса зуба
локализация кариеса зуба
предупреждение/профилактика кариеса зуба
распространенность кариеса зуба

TOOTH ENAMEL

II. hyperesthesia of the tooth enamel, enamel hyperesthesia
hypoplasia of the enamel, enamel hypoplasia
defect of the enamel, enamel defect
resistance of the enamel, enamel resistance
remineralization of the enamel, enamel remineralization
usuras/attrition of tooth enamel, tooth enamel **usuras/attrition**

DENTAL CARIES, CARIES OF A TOOTH

I. **secondary/recurrent** dental caries
generalized/multiple/systemic dental caries, caries disease
deep dental caries, deep caries of a tooth
contact/proximal dental caries
radial dental caries, radial caries of a tooth
complicated caries of a tooth
superficial caries of a tooth, superficial dental caries, caries of enamel
arrested dental caries, stopped caries of a tooth
precervical dental caries
progressive dental caries, caries progrediens, acute dental caries
simple/uncomplicated dental caries
median **caries of a tooth/dental caries**
fissural **caries of a tooth/dental caries**
chronic **caries of a tooth/dental caries**
circular **caries of a tooth/dental caries**

II. dental caries in the "stain" stage
clinical picture of dental caries
localization of dental caries
prevention/prophylaxis of dental caries
spread of dental caries, dental caries extension

развитие кариеса зуба
течение кариеса зуба
C. кариес зубной эмали
кариес цемента

КОРОНКА ЗУБА

I. жакетная коронка зуба

защитная коронка зуба
искусственная коронка зуба

культевая коронка зуба
наперстковая коронка зуба
направляющая коронка Катца
провизорная коронка зуба
телескопическая коронка зуба
экваторная коронка зуба
плохо (хорошо) пригнанная коронка зуба
II. коронка зуба Ричмонда, штифтовой зуб Ричмонда
фиксация коронки на зубе
отломок коронки зуба

моделирование коронки по форме естественного зуба

протез коронки зуба
III. пригнать коронку зуба
ставить коронку на зуб

трескаться (*о коронке*)
C. коронкосниматель

КОРЕНЬ ЗУБА

II. верхушка корня зуба

рассасывание/резорбция верхушки корня зуба
резекция верхушки корня зуба
гранулема корня зуба
канал корня зуба

оголение корня зуба
рассасывание/резорбция корня зуба
поверхность корня зуба
C. периодонтальная щель
III. запломбировать корневые каналы

dental caries development
the course of dental caries
S. caries of dental enamel
caries of **cement/tooth cement/cementum**

CROWN OF A TOOTH, TOOTH CROWN, DENTAL CROWN, CORONA DENTIS

I. jacket crown of a tooth, dental jacket crown
veneer crown
artificial **crown of a tooth/ dental crown**
stump crown
thimble crown
Katz directing crown
pharmaceutical crown
telescopic crown
equator crown
poorly (well) fitted crown
II. Richmond's crown, Richmond's **sprig/pin** crown
fixing of a crown on a tooth
fragment/piece of a dental crown
modelling of a crown according to the form of the natural tooth
prosthesis/denture of a crown
III. to fit a crown
to crown a tooth, to place a crown on a tooth
to fracture (*of a crown*)
S. crown hook

ROOT OF A TOOTH, TOOTH ROOT

II. apex of the tooth root, tooth root apex
resorption of a tooth root apex, root apex resorption
resection of a root apex, root apex resection
root granuloma
root canal [of a tooth], canalis radicis dentis
exposed root
root resorption

root surface
S. periodontal fissure
III. to fill root canals

ОККЛЮЗИЯ/СМЫКАНИЕ/КОНТАКТ ЗУБОВ / OCCLUSION OF TEETH, DENTAL OCCLUSION, TOOTH OCCLUSION, CONTACT OF TEETH

I. вертикальная/центральная окклюзия — I. **vertical/central** occlusion
патологическая окклюзия — pathological occlusion
сагиттальная/передняя окклюзия — **sagittal/front** occlusion
трансверзальная/боковая окклюзия — **transversal/lateral** occlusion
травматическая окклюзия — traumatic occlusion
физиологическая окклюзия — physiological occlusion

C. окклюзионная плоскость — S. occlusal plane
окклюзионное поле — occlusal field
сагиттальная окклюзионная кривая — sagittal occlusal curve
трансверзальная окклюзионная кривая — transversal occlusal curve

ПЕРИОДОНТ, КОРНЕВАЯ ОБОЛОЧКА, ПЕРИЦЕМЕНТ / PERIODONTAL MEMBRANE, PERIODONTIUM, ROOT MEMBRANE, PERICEMENT, PERICEMENTUM

II. воспаление периодонта, периодонтит — II. inflammation of periodontium, inflamed periodontium, periodontitis

ПЕРИОДОНТИТ, АМФОДОНТИТ, ПЕРИЦЕМЕНТИТ / PERIODONTITIS, AMPHODONTITIS, PERICEMENTITIS

I. верхушечный периодонтит — I. apical **periodontitis/pericementitis**
гнойно-некротический периодонтит — purulo-necrotic periodontitis
гранулематозный периодонтит — granulomatous **periodontitis/pericementitis**
гранулирующий периодонтит — granulating periodontitis
краевой/маргинальный периодонтит — marginal periodontitis
медикаментозный периодонтит — drug-induced periodontitis
серозный периодонтит — serous periodontitis
фиброзный периодонтит — fibrous periodontitis

II. периодонтит молочных зубов — II. periodontitis of **deciduous/milk** teeth

ПЛОМБИРОВАНИЕ ЗУБА / FILLING OF A TOOTH, STOPPING OF A TOOTH

C. зубная пломба — S. tooth filling, dental stopping

ПЛОМБА / FILLING, STOPPING

I. временная пломба — I. temporary filling
корневая пломба — root filling
постоянная пломба — permanent filling

III. пломбировать зуб, ставить пломбу — III. to fill, to stop; to **put in/place/insert** a filling
полировать зубную пломбу — to polish a filling

С. амальгамы
пломбировочные материалы
цементы

ПОВЕРХНОСТЬ ЗУБА

I. вестибулярная/лицевая поверхность зуба
контактная поверхность зуба
жевательная поверхность зуба
язычная поверхность зуба
II. поверхность смыкания зубов

ПРОРЕЗЫВАНИЕ ЗУБА

I. запоздалое прорезывание зуба
затрудненное прорезывание зуба
преждевременное прорезывание зуба

ПУЛЬПА ЗУБА

I. корневая пульпа зуба
коронковая пульпа зуба
II. девитация пульпы

кровоснабжение пульпы

воспаление пульпы зуба, пульпит

нервы пульпы

сосуды пульпы

петрификация пульпы

удаление/экстирпация пульпы зуба, депульпирование
некроз пульпы зуба

ПУЛЬПИТ

I. восходящий пульпит
гангренозный хронический пульпит
гипертрофический пульпит
гнойный пульпит
закрытый пульпит
конкрементозный пульпит

корневой пульпит

S. amalgams
filling materials
cements

SURFACE OF A TOOH, TOOTH SURFACE

I. **vestibular/facial** surface of a tooth
contact surface
masticatory surface
lingual/glossal surface
II. surface of dental occlusion, occlusal surface of teeth

ERUPTION OF A TOOTH, TOOTH ERUPTION, DENTAL ERUPTION

I. delayed tooth eruption
difficult tooth eruption

premature tooth eruption

PULP OF A TOOTH, DENTAL PULP

I. root pulp
crown/coronal pulp
II. devitation of the pulp, pulp devitation
blood supply of the pulp, pulp blood supply
inflammation of the pulp, pulp inflammation, inflamed pulp, pulpitis
nerves of the pulp, pulp nerves
vessels of the pulp, pulp vessels
petrifaction/calcification of the pulp, pulp **petrifaction/calcification**
removal/extraction of pulp, depulpation
necrosis of the pulp, pulp necrosis

PULPITIS

I. ascending pulpitis
gangrenous chronic pulpitis

hypertrophic pulpitis
suppurative/purulent pulpitis
closed pulpitis
concrementous/calculus pulpitis
root pulpitis

открытый пульпит
простой пульпит
фиброзный пульпит
язвенный пульпит

ТКАНИ ЗУБА

I. твердые ткани зуба

   клиновидный дефект твердых тканей зуба
   эрозия твердых тканей зуба

II. недоразвитие тканей зуба

ЦЕМЕНТ [ЗУБА]

I. избыточное образование цемента на поверхности корня зуба, гиперцементоз

ПОЛОСТЬ РТА, РОТОВАЯ ПОЛОСТЬ, РОТ

I. беззубый рот
II. дно ротовой полости

   железы рта

   санация полости рта

   слизистая оболочка полости рта

   воспаление слизистой оболочки полости рта, стоматит

C. мягкое небо
   твердое небо
   щека
   ротовая щель/отверстие, рот

III. открывать рот
   полоскать рот

ЖЕЛЕЗЫ РТА

I. губные железы
   молярные железы
   небные железы
   околоушная железа

open pulpitis
simple/plain pulpitis
fibrous pulpitis
ulcerative pulpitis

TOOTH TISSUE, DENTAL TISSUE, TISSUE OF A TOOTH

I. hard tooth tissue, hard tissue of a tooth
   sphenoidal/clinoid defect of the hard tooth tissue
   erosion of the hard tooth tissue

II. underdevelopment of the tooth tissue, underdeveloped tooth tissue, tooth tissue **hypoplasia/atresia**

CEMENT, TOOTH CEMENT, CEMENTUM

II. excessive cement on the tooth root surface, hypercementosis

MOUTH CAVITY, ORAL CAVITY, MOUTH, CAVUM ORIS

I. **edentulous/toothless** mouth
II. the mouth floor, floor of the mouth
   glands of the mouth, oral glands
   sanation of the mouth cavity, oral cavity sanation
   mucous membrane of the mouth cavity, oral cavity mucous membrane, mucosa
   inflammation of the mouth mucous membrane, inflamed mucous membrane of the mouth, stomatitis

S. soft palate
   hard palate
   cheek, bucca
   mouth **slit/fissure/opening**, mouth

III. to open the mouth
   to **rinse/wash** out the mouth

GLANDS OF THE ORAL CAVITY, MOUTH CAVITY GLANDS, GLANDS OF THE MOUTH, ORAL GLANDS

I. labial glands
   molar glands
   palatal glands
   parotid gland

воспаление околоушной железы, паротит	inflammation of the parotid gland, inflamed parotid gland, parotitis
поднижнечелюстная железа	submandibular gland
подъязычная железа	sublingual gland
щечные железы	buccal glands
язычные железы	lingual glands
II. паренхима железы	II. glandular parenchyma
проток железы	glandular duct
С. слюна	S. saliva
слюновыделение	salivation

ПАРОТИТ

PAROTITIS

I. гангренозный паротит
ложный паротит
острый серозный паротит
неэпидемический серозный паротит, сиаладенит
интерстициальный хронический паротит
паренхиматозный хронический паротит
рецидивирующий хронический/эссенциальный паротит, эпидемический саливогландулез
эпидемический паротит

I. gangrenous parotitis
false parotitis
acute serous parotitis
nonepidemic serous parotitis, sialadenitis
interstitial chronic parotitis
parenchymatous chronic parotitis
recurrent **chronic/essential** parotitis, epidemic salivoglandulosis
epidemic parotitis

СТОМАТИТ

STOMATITIS, SORE MOUTH

I. катаральный стоматит

медикаментозный стоматит

афтозный стоматит
язвенный стоматит

I. catarrhal stomatitis, stomatitis simplex
drug-induced stomatitis, stomatitis medicamentosa
aphthous stomatitis
ulcerative stomatitis

ПАРОДОНТ, АМФОДОНТ, ПАРАДЕНЦИУМ

PARODONT, PARODONTIUM, AMPHODONT, DENTAL PERIOSTEUM, PARADENTIUM

I. болезнь пародонта, пародонтопатия, пародентопатия
опухоль пародонта, пародонтома
С. пародонтограмма, амфодонтограмма, одонтопародонтограмма
десна
периодонт
костная ткань альвеолы

II. parodontal disease, parodontopathy, parodontopatia
parodontal tumour, parodontoma
S. parodontogram, amphodontogram, odontoparodontogram

gum, gingiva
periodont [i] um
bony/osseous tissue of the alveolus

ПАРОДОНТОЗ, АМФОДОНТОЗ

PARODONTOSIS, AMPHODONTOSIS

С^1. преждевременная атрофия альвеол, парадентит, парадон-

S^1. premature atrophy of the alveoli, paradentitis, paro-

токлазия, периодонтоз, периодонтолизис, альвеолярная пиорея, полиальвеолиз, болезнь Фошара	dontoclasia, periodontosis, periodontolysis, alveolar pyorrhea, polialveolysis, Fauchard's disease
C². альвеолярные абсцессы воспаление десен	S². alveolar abscesses inflammation of the gum, inflamed gum, gingival inflammation
гноетечение из зубодесневых карманов	purulent discharge from the dental pockets, suppurating dental pockets
патологические зубодесневые карманы	pathological dental pockets
прогрессирующая резорбция костной ткани зубных альвеол	progressive resorption of alveolar osseous tissue
расшатывание зубов	loosening of teeth

ПРИКУС

OCCLUSION, BITE

I. бипрогнатический прикус	I. biprognathic **occlusion/bite**
глубокий прикус	deep **occlusion/bite**
блокирующий глубокий прикус	blocking deep occlusion
крышеобразный глубокий прикус	roof-like deep occlusion
молочный прикус	milk occlusion
ортогенический/прямой прикус	**orthogenic/direct** occlusion
ортогнатический прикус	orthognatic occlusion
открытый прикус	open bite
патологический/аномальный прикус	pathological occlusion, malocclusion, abnormal occlusion
выраженный патологический прикус	marked malocclusion
перекрестный/латеральный прикус	cross bite, lateral occlusion
двусторонний перекрестный прикус	bilateral cross bite
односторонний перекрестный прикус	unilateral cross bite
постоянный прикус	permanent occlusion
принужденный прикус	forced occlusion
прогенический/антериальный/мезиальный прикус, прогения	**progenic/anterior/mesial** occlusion, progenia
прогнатический/дистальный/постериальный прикус, прогнатия	**prognathic/distal/posterior** occlusion, prognathia
сменный/смешанный прикус	mixed occlusion
снижающий прикус	descending occlusion
физиологический/нормальный прикус	**physiological/normal** occlusion
II. аномалия прикуса	II. **anomaly/abnormality** of occlusion, malocclusion
вид прикуса	kind of occlusion
высота прикуса	height of occlusion, occlusal vertical dimension
исправление/коррекция прикуса	correction of **bite/occlusion**, occlusal rehabilitation

лечение прикуса	treatment of malocclusion
нарушение прикуса	disturbance of occlusion, disturbed occlusion
отклонение прикуса	deviation of occlusion
C. деформация зубных рядов	S. deformity of dentitions, deformed dentitions
накусочная пластинка	bite plate
смыкание зубов	coming together, joining (*of teeth*)
неартикулирующие зубы	nonarticulating teeth
физиологическая прогнатия	physiological prognathia

ЧЕЛЮСТЬ

JAW, GNATHOS

I. беззубая челюсть	I. edentulous jaw
верхняя челюсть	upper jaw, maxilla
нижняя челюсть	lower jaw, mandible
II. анкилоз челюсти	II. ankylosis of the jaw
адамантинома челюсти	adamantinoma of the jaw
вывих нижней челюсти	mandibular dislocation
движение челюсти	movement of the jaw
декортикация челюсти	decortication of the jaw
киста челюсти	cyst of the jaw, gnathic cyst
кортикальная пластинка челюсти	cortical lamina of the jaw, jaw cortical lamina
контрактура челюсти	contracture of the jaw, jaw contracture, mandibular contracture
остеомиэлит челюсти	osteomyelitis of the jaw
остеотомия челюсти	osteotomy of the jaw
компакт-остеотомия челюсти	compact-osteotomy of the jaw
опухоль челюсти	tumour of the jaw, **gnathic/ jaw** tumour
перелом челюсти	fracture of the jaw, jaw fracture
периостит челюсти	periost[e]itis of the jaw, jaw periost[e]itis
ранение челюсти	injury **to/of** the jaw, jaw injury
огнестрельное ранение челюсти	gunshot injury to the jaw
рак челюсти	cancer of the jaw, jaw cancer
C. альвеолярная дуга	S. alveolar arch, arcus alveolaris
альвеолярный отросток	alveolar process, processus alveolaris
височно-нижнечелюстной сустав	temporo-mandibular articulation, mandibular joint, articulatio temporomandibularis
зубные альвеолы	tooth sockets, alveoli dentales
челюстно-лицевая область	maxillofacial area

ПЕРЕЛОМ ЧЕЛЮСТИ

FRACTURE OF THE JAW, JAW FRACTURE

II. перелом в области клыка	II. fracture in the cuspid area
перелом в области угла	fracture in the area of the

нижней челюсти
перелом нижней челюсти по средней линии подбородка
перелом суставного отростка нижней челюсти
C. транспортная иммобилизация отломков
лигатурная повязка по Айви

проволочная шина

ЯЗЫК

II. воспаление языка, глоссит

ОРТОДОНТИЧЕСКИЕ И ОРТОПЕДИЧЕСКИЕ МЕТОДЫ ЛЕЧЕНИЯ

ЗУБНОЙ(ЫЕ) ПРОТЕЗ(Ы)

I. бюгельный зубной протез
детские протезы
зубо-челюстно-лицевой протез
комбинированный протез
мостовидный зубной протез

непосредственный зубной протез, иммедиат-протез
несъемный зубной протез
паяные протезы
пластиночный зубной протез

пластмассовые протезы
профессиональный зубной протез
цельнолитые протезы
съемный зубной протез
шарнирный протез
II. базис протеза

конструкция протеза
коррекция протеза
опора протеза
привыкание к протезу

C. зубные вкладки/вставки
зубные кламмеры
искусственные коронки
протезное ложе
шинирование подвижных протезов

mandibular angle
mandibular fracture along the middle chin line
fracture of the mandibular articular process
S. transport immobilization of fragments
ligature bandage according to Aïvi
wire splint

TONGUE

II. inflammation of the tongue, inflamed tongue, glossal inflammation, glossitis

ORTHODONTIC AND ORTHOPEDIC [METHODS OF] TREATMENT

DENTAL PROSTHESIS, [ARTIFICIAL] DENTURE (DENTAL PROSTHESES, DENTAL PLATE(S), DENTURES)

I. clasp [dental] prosthesis
children's prostheses
dentomaxillofacial prosthesis
combined prosthesis
dental **bridge/pontic**, bridge prosthesis
immediate **denture/prosthesis**

fixed prosthesis/denture
soldered prostheses
laminar dental **prosthesis/denture**
plastic prostheses
professional dental prosthesis, professional denture
whole piece prostheses
removable denture
rocking denture
II. prosthetic basis, basis of a denture
prosthetic construction
correction of the prosthesis
prosthetic abutment
becoming accustomed to wearing a prosthesis
S. dental inlays
dental **clammers/clamps**
artificial crowns
prosthetic bed
splinting of mobile prostheses

III. изготавливать зубной протез

протезировать зубы

удалять протез
укреплять протез на зубах

III. to construct a **denture/
dental prosthesis**
to make a prosthetic appliance for the teeth
to remove dentures
to fix dentures on the teeth

ОРТОДОНТИЧЕСКИЕ МЕТОДЫ ЛЕЧЕНИЯ

ORTHODONTIC [METHODS OF] TREATMENT

C. миотерапия
исправление положения зуба/зубов
ортодонтические аппараты

оперативное лечение
перемещение зубов/зубных рядов нижней челюсти
раздвигание/сепарация зубов

расширение зубных рядов/зубной дуги

S. myotherapy
correction/rectification of the tooth position
orthodontic **apparatus/appliances**
operative treatment
migration of the **teeth/mandibular dentitions**
separation of the teeth, tooth separation
expansion of **dentitions/dental arch**

ОРТОДОНТИЧЕСКИЕ АППАРАТЫ

ORTHODONTIC APPLIANCES, ORTHODONTIC APPARATUS

I. лечебные ортодонтические аппараты
профилактические ортодонтические аппараты
ретенционные ортодонтические аппараты

I. **therapeutic/curative** orthodontic appliances
preventive orthodontic appliances
retentional orthodontic appliances

ЛЕЧЕБНЫЕ ОРТОДОНТИЧЕСКИЕ АППАРАТЫ

THERAPEUTIC ORTHODONTIC APPLIANCES

I. внеротовые ортодонтические лечебные аппараты
внутриротовые ортодонтические лечебные аппараты
комбинированные ортодонтические лечебные аппараты
несъемные ортодонтические аппараты
съемные ортодонтические лечебные аппараты
C. активатор Андресена-Хойпля
аппарат Бегга
аппарат Брюкля
аппарат Мершона
аппарат Энгла
аппарат Эйнсуорта
двойная пластинка Шварца
накусочная пластинка Катца
расширяющие пластинки
функциональные регуляторы Френкеля

I. extra-oral curative orthodontic appliances
intra-oral therapeutic orthodontic appliances
combined therapeutic orthodontic appliances
fixed curative orthodontic appliances
removable therapeutic orthodontic appliances
S. Andresen-Häuple's activator
Begg's appliance
Brükl's appliance
Marschon's appliance
Angle's appliance
Ainsworth appliance
Schwarz double plate
Katz bite plate
expansion plates
Fränkel's functional regulators

На что жалуетесь?	What's the trouble?
Садитесь в это кресло, пожалуйста	Sit here, please
У вас болят зубы?	Do you have a toothache?
Откройте рот (шире)	Open your mouth (wider)
Что, по вашему мнению, послужило причиной появления болей?	What did you think caused the pain?
Боль возникает самопроизвольно, от раздражителя?	Does the pain start on its own? Does something set it off?
Боль возникает при движении языка, глотании, открывании рта?	Does it hurt when you move your tongue, swallow, open your mouth?
Боль сильная, слабая, кратковременная, длительная, постоянная, пульсирующая, локализованная, разлитая, ноющая, тупая, жгучая, рвущая, режущая?	Is the pain severe, mild, brief, protracted, persistent, throbbing, localized, diffuse, aching, dull, burning, tearing, acute?
Боль приступообразная, самопроизвольная, иррадиирует в глаз, висок, ухо, затылок, вверх, вниз?	Does the pain come in waves, start on its own? Does it extend into the eye, temple, ear, back of the head, upwards, downwards?
Боль возникает (усиливается) от горячего, холодного?	Does heat, cold set the pain off (make it worse)?
Боль нарастает, стала острой, без светлых промежутков?	Is the pain getting worse? Has it become acute, without any periods of relief?
Боль проходит после прекращения воздействия раздражителя или от холода?	When the irritant is removed or cold applied does the pain go away?
В какое время суток появляется боль, усиливается боль?	At what time of the day or night does the pain start (get worse)?
Боль усиливается после приема горячей, холодной пищи?	Does the pain get worse when you eat hot (cold) food?
Боли появляются при накусывании на этот зуб (при жевании)?	Does it hurt when you bite on the tooth (chew)?
От холода болит сильнее?	Does cold make it worse?
У вас есть искусственные зубы?	Do you wear dentures?
Зубные протезы и мост подходят хорошо? Пользуетесь ли вы ими?	Do your dentures and bridge fit well? Do you wear them?
Вы хорошо следите за состоянием зубов (протезов)?	Do you take good care of your teeth (dentures)?

Когда вы были последний раз у зубного врача?	When did you last visit your dentist?
У вас бывает воспаление во рту?	Have you ever had an inflammation of the mouth?
Прополощите рот дезинфицирующим раствором	Rinse your mouth out with a disinfectant solution, please
Сплюньте	Spit it out, please
Стисните челюсти. Закройте рот, как обычно	Bring your jaws together. Close your mouth as normally
Прижмите зубами марлевый валик. Накусите на валик	Bite the swab
При постукивании по зубу боль усиливается?	Does the pain get worse when I tap the tooth?
Боли периодически обостряются? Как часто? Вот больной зуб. Вам его надо удалить	Does the pain get worse periodically? How often? This is the bad tooth. It will have to come out
Я вам удалю зуб под местной (проводниковой) анестезией	I shall remove the tooth under a local (conduction) anesthetic
Это антисептическое полоскание будет полезно для вас	The antiseptic gargle will do you good
Для того, чтобы защитить зубы от разрушения, вы должны чистить их зубным порошком (фтористой пастой)	To protect your teeth from decay clean them with toothpowder (fluoride tooth paste)
Вам надо запломбировать зуб	The tooth needs filling
Зубы полностью залечены	The dental treatment has been completed
При болях, возникающих при накусывании, нельзя применять грелку. Можно применять только лекарственные полоскания (отвары ромашки, шалфея, эвкалипта, дубовой коры)	When biting causes pain, hot water bottles should not be applied. Only medicinal gargles are advisable (decoctions of camomile, sage, eucalyptus, oak-bark)
Соблюдайте гигиену полости рта. Обращайтесь к зубному врачу каждые полгода	Follow oral hygiene. Go to your dentist every six months
▲ Вскройте полость зуба. Произведите некротомию	▲ Open the pulp cavity. Perform necrotomy
Удалите бором из кариозной полости остатки пищи (патологически измененные ткани зуба, дентин, коронковую и корневую пульпу)	Remove food debris (pathologically changed dental tissue, dentine, crown and root pulp) from the carious cavity with the aid of a bur
Проведите антисептическую обработку каналов и полости зуба	Treat the [root] canals and the pulp cavity with antiseptics

Заполните канал бактерицидной пастой (фосфат-цементом)	Fill the [root] canal with a bactericidal paste (phosphate-cement)
Сформируйте кариозную полость	Prepare the carious cavity
В полость положите маленький (со спичечную головку) ватный тампон, пропитанный раствором камфорфенола (3% раствором карболовой кислоты)	Place a small (match-head size) cotton-wool tampon dipped in camphor-phenol solution (3 per cent carbolic acid solution) into the cavity
Предварительно добавьте к карболовой кислоте порошок кокаина (новокаина, тримекаина)	First add some cocaine powder (novocain, trimecaine hydrochloride) to the carbolic acid
Закройте кариозную полость ватным шариком, смоченным в коллодиуме или вазелине	Close the carious cavity with a cotton ball dipped in collodium or vaseline
Для девитализации пульпы на дно кариозной полости наложите мышьяковистую пасту	To devitalize the pulp, place some arsenic paste at the bottom of the carious cavity
На дно кариозной полости наложите лекарственную прокладку (пасту с тимолом, риванолом, гидроокисью кальция)	Place a drug inlay at the bottom of the carious cavity (paste with thymol, rivanol, calcium hydroxide)
Произведите медикаментозную обработку кариозной полости	Treat the carious cavity with drugs
Запломбируйте каналы и полость зуба	Fill the root-canals and pulp cavity
Необходимо создать отток для серозного (гнойного) экссудата через канал зуба	It is imperative to ensure that the serous (purulent) exudate exits via the tooth canal
Каналы зуба непроходимы	The tooth canals are impassable
Удалите зуб	Extract the tooth
Осмотрите полость рта больного(ой)	Examine the patient's mouth cavity
При осмотре обнаружена кариозная полость, но зуб больного(ую) не беспокоит	The examination revealed a carious cavity, but the tooth does not cause the patient any pain
При пальпации зуба определяется (не)значительная подвижность	Palpation of the tooth reveals slight (considerable) mobility
Перкуссия зуба (без)болезненна	Tooth percussion is (not) painful
При контакте с зубом-антагонистом боль усиливается	On contact with the tooth-antagonist, the pain increases

Контакт с зубом-антагонистом резко болезненен	Contact with the tooth-antagonist is extremely painful
При осмотре определяется коллатеральный отек десны вокруг второго верхнего моляра справа	Dental examination reveals a collateral edema of the gum about the second upper molar on the right
Коронка его резко болезненна	Its crown is extremely tender
Больной жалуется на интенсивную постоянную локальную боль в зубе (на чувство «выросшего зуба», на боль в правой половине лица)	The patient complains of an intense, persistent local tooth pain (of the feeling of "grown tooth", of pain in the right side of the face)
С помощью стоматологического зонда проведите зондирование между зубом и десной	Probe between the tooth and the gum using a dental probe
Выявлены патологические десневые карманы	There are pathological gingival pockets
Из десневого кармана выделяется гноевидная жидкость	A purulent liquid discharges from the gingival pocket
На рентгенограмме в области верхушки второго моляра верхней челюсти справа определяется зона разрежения кости	An area of bone rarefaction is seen on the X-ray around the apex of the second right maxillar molar
При осмотре полости рта определяется свищ с незначительным гнойным отделяемым в месте проекции корня второго моляра нижней челюсти справа (кариозная полость в пришеечной области)	Examination of the oral cavity reveals a fistula with a slight (considerable) purulent discharge at the site of root projection of the second mandibular molar on the right (carious cavity in the pericervical area)
Для предупреждения развития абсцесса (флегмоны) удалите зуб	To prevent an abscess (phlegmone), extract the tooth
Произведите выскабливание грануляций из лунки	Carry out curettage of granulating tissue from the tooth socket
Корень зуба искривлен (облитерирован)	The tooth root is twisted (obliterated)
Произведите операцию резекции верхушки корня	Resect the apex of the root
На рентгенограмме отмечается расширение периодонтальной щели верхнего первого моляра слева	The X-ray shows an expanded periodontal fissure of the first upper left molar
Сделайте внутриротовой [интраоральный] снимок	Make an intraoral X-ray
Слизистая оболочка губ, щек, альвеолярного отростка, твердого и мягкого неба, языка,	The mucous membrane of the lips, cheeks, the alveolar branch, the hard and soft pa-

подъязычной области бледно-розового цвета, влажная	late, the tongue, the sublingual area is pale pink in colour, moist
Высыпаний, изъязвлений, отечности, новообразований, рубцов нет	There are no eruptions, ulcerations, edema, neoplasms, cicatrices
Прикус: прямой (ортогнатический, прогенический, бипрогнатический)	Occlusion is direct (orthognathic, progenic, biprognathic)
Произведите тугую тампонаду лунки йодоформной марлей	Pack the tooth socket tightly with iodoform gauze
Заполните лунку гемостатической губкой	Fill the socket with a hemostatic sponge
Удалите острой костной ложечкой распадающийся сгусток	Remove the decaying clot with a sharp bone spoon
Промойте лунку 3% раствором перекиси водорода	Irrigate the socket with a 3 per cent hydrogen peroxide solution
Введите в лунку тампон, смоченный в 96% спирте с анестезином	Treat the socket with a tampon dipped in 96 per cent spirit containing anesthesin
Произведите кюретаж лунки	Carry out curettage of the socket
Удалите оставшуюся грануляционную ткань	Remove the remaining granular tissue
Поверх тампона наложите марлевый валик	Place a gauze swab on top of the tampon
Сделайте рентгеновский снимок, чтобы проверить, запломбирован ли канал корня зуба	Do an X-ray to see if the root canal has been filled
Проведите пробу на жизнеспособность пульпы	Have the pulp tested for vitality
Необходимо вскрыть полость в зубе и дренировать гнойное содержимое	It is imperative to open the pulp cavity and drain its purulent contents
Губы: цвет нормальный. Трещин, опухолей нет	Lips: the colour is normal. No fissures, no tumours
В каком состоянии зубы больного?	In what condition are the patient's teeth?
Больной(ая) жалуется на неопределенную боль в зубе от холодного (от горячего, при жевании)	The patient complains of some non-specific toothache from cold (heat, chewing)
Больной(ая) не может локализовать боль	The patient cannot locate the pain
Постучите по зубам больного(ой). Это поможет ему (ей) локализовать боль	Tap the patient's teeth. It will help him (her) to locate the pain

У больного(ой) отложение десневого камня (десневое кровотечение)	The patient has a tartar deposit (gingival hemorrhage)
У больного(ой) эпителиома дна полости рта	The patient has epithelioma on the floor of his oral cavity
Больной(ая) не может полностью открыть рот	The patient cannot open his (her) mouth completely
Рот: слизистые розовые. Десны без патологии (здоровы)	Mouth: mucosa is pink. Gums are free from pathology (intact)
Постукивание по оси зуба, жевательная нагрузка вызывает у больного(ой) боли	Tapping along the tooth axis and mastication load cause the patient pain
Для эвакуации слюны (крови) положите под язык ватный шарик	Place a cotton-wool sponge under the tongue to evacuate the saliva (blood)
Перкуссия зуба безболезненна (положительная, отрицательная)	Tooth percussion is painless (positive, negative)
При зондировании дно кариозной полости размягчено (безболезненно)	Probing shows the bottom of the carious cavity to be softened (painless)
Кариозная полость (не) вскрыта	The carious cavity is (not) open
При осмотре зубов определяется дефект эмали, глубокая кариозная полость, дефект в пределах эмали и дентина зуба	Dental examination reveals an enamel defect, a deep carious cavity, a defect in the dental enamel and dentine
Необходимо произвести рентгенографию пораженного зуба (челюсти)	An X-ray of the affected tooth (jaw) is imperative
Слизистая оболочка десен, альвеолярных отростков не изменена (гиперемирована, отечна)	The mucous membrane of the gum, of the alveolar branches is unchanged (reddened, swollen)
Отмечается гиперемия и отечность слизистой десны и переходной складки в области пораженного зуба, а также болезненность при пальпации	The gingival mucosa and transitory fold in the affected tooth area are red and swollen, and there is tenderness on palpation
После некротомии дно кариозной полости умеренно болезненно, реакция на холод быстро проходящая	After necrotomy, the floor of the carious cavity is moderately tender, the reaction to cold passes quickly
Отмечается асимметрия лица за счет отечности мягких тканей, резкая положительная реакция на перкуссию в области второго моляра нижней челю-	There is facial asymmetry on account of swollen soft tissue, an extremely positive reaction to percussion in the area of the second right

сти справа, сглаженность и болезненность переходной складки слизистой, температура свыше 38 °C	mandibular molar, a smooth and tender transitory fold of mucosa, a temperature above 38 °C
Открывание рта болезненно	To open the mouth causes pain
Жалобы на сильные боли от горячего, проходящие после приема холодного	Complaints include acute pains after eating hot food, which pass if something cold is taken

ЭНДОКРИНОЛОГИЯ ENDOCRINOLOGY

ОБЩАЯ ЧАСТЬ	540	**GENERAL**
ГОРМОН(Ы)	540	**HORMONE(S)**
СПЕЦИАЛЬНЫЕ МЕТОДЫ ИССЛЕДОВАНИЯ	542	**SPECIAL METHODS OF INVESTIGATION**
СПЕЦИАЛЬНЫЕ МЕТОДЫ ЛЕЧЕНИЯ	543	**SPECIAL METHODS OF TREATMENT**
ЧАСТНАЯ ЭНДОКРИНОЛОГИЯ	543	**SPECIAL ENDOCRINOLOGY**
ВИЛОЧКОВАЯ ЖЕЛЕЗА	543	**THYMUS [GLAND]**
МИАСТЕНИЯ	544	MYASTHENIA
ГЕРМАФРОДИТИЗМ	544	**HERMAPHRODITISM**
ГИПОТАЛАМО-ГИПОФИЗАРНАЯ СИСТЕМА	544	**HYPOTHALAMO-HYPOPHYSIAL SYSTEM**
АДИПОЗОГЕНИТАЛЬНАЯ ДИСТРОФИЯ	544	ADIPOSOGENITAL DYSTROPHY
АКРОМЕГАЛИЯ	545	ACROMEGALY
БОЛЕЗНЬ ИЦЕНКО-КУШИНГА	545	ITZENKO-CUSHING'S DISEASE
ГИПЕРГИДРОПЕКСИЧЕСКИЙ СИНДРОМ	546	HYPERHYDROPECTIC SYNDROME
ГИПОТАЛАМУС	546	HYPOTHALAMUS
ГИПОФИЗ	546	HYPOPHYSIS, PITUITARY GLAND
ГИПОФИЗАРНАЯ КАРЛИКОВОСТЬ	547	HYPOPHYSIAL DWARFISM
ГИПОФИЗАРНАЯ КАХЕКСИЯ	547	HYPOPHYSIAL CACHEXIA, SIMMOND'S DISEASE
НЕСАХАРНЫЙ ДИАБЕТ	547	DIABETES INSIPIDUS
СИНДРОМ МОРГАНЬИ-СТЮАРТА-МОРЕЛЯ	548	MORGAGNI-STEWART-MOREL'S SYNDROME
СИНДРОМ ЧИАРИ-ФРОММЕЛЯ	548	CHIARY-FROMMEL'S SYNDROME
НАДПОЧЕЧНИК(И)	548	**ADRENAL(S)**
БОЛЕЗНЬ АДДИСОНА	549	ADDISON'S DISEASE
ГИПЕРКОРТИЦИЗМ	549	HYPERCORTICOIDISM
ОЖИРЕНИЕ	549	**OBESITY**
ОКОЛОЩИТОВИДНЫЕ ЖЕЛЕЗЫ	550	**PARATHYROID GLANDS**
ГИПЕРПАРАТИРЕОЗ	550	HYPERPARATHYROSIS
ГИПОПАРАТИРЕОЗ	551	HYPOPARATHYROSIS

ПОДЖЕЛУДОЧНАЯ ЖЕЛЕЗА	551	PANCREAS
ГИПЕРИНСУЛИЗМ	551	HYPERINSULINISM
САХАРНЫЙ ДИАБЕТ	552	DIABETES MELLITUS
СИНДРОМ КЛАЙНФЕЛЬТЕРА	553	KLINEFELTER'S SYNDROME
СИНДРОМ ТЕСТИКУЛЯРНОЙ ФЕМИНИЗАЦИИ	553	TESTICULAR FEMINIZATION SYNDROME
СИНДРОМ ТРИСОМИИ-X	553	TRISOMY-X SYNDROME
СИНДРОМ ШЕРЕШЕВСКОГО-ТЕРНЕРА	553	CHERECHEWSKI-TURNER SYNDROME
ШИШКОВИДНАЯ ЖЕЛЕЗА	553	PINEAL GLAND
РАННЯЯ МАКРОГЕНИТОСОМИЯ	554	EARLY MACROGENITOSOMIA
ЩИТОВИДНАЯ ЖЕЛЕЗА	554	THYROID [GLAND]
ГИПОТИРЕОЗ	555	HYPOTHYROSIS
ЗОБ	555	GOITER
ДИФФУЗНЫЙ ТОКСИЧЕСКИЙ ЗОБ	556	DIFFUSE TOXIC GOITER
ТИРЕОНДИТ	556	THYROIDITIS
ЯИЧНИК	556	OVARY
ЯИЧКО(И)	557	TESTICLE(S)

ЭНДОКРИНОЛОГИЯ

ОБЩАЯ ЧАСТЬ

ГОРМОН(Ы)

I. адренокортикотропный гормон, адренокортикотропин, кортикотропин, кортикотрофин
анаболические гормоны
антидиуретический гормон, адиуретин, вазопрессин, АДГ
белково-пептидные гормоны
глюкокортикоидные гормоны, глюкокортикоиды, гликокортикоиды
гонадотропный гормон, гонадотропин
кортикостероидные гормоны, кортикостероиды, адренокортикостероиды, адреностероиды, кортикоиды
кринотропные гормоны, тропные гормоны гипофиза

лактогенный гормон, пролактин, лютеотропный гормон, ЛТГ

ENDOCRINOLOGY

GENERAL

HORMONE(S)

I. adrenocorticotrop[h]ic hormone (ACTH), adrenocorticotrop[h]in, corticotrop[h]in

anabolic hormones
antidiuretic hormone, vasopressin, ADH
proteinpeptide hormones
gluco-corticoid hormones, gluco-corticoids, glyco-corticoids
gonadotrop[h]ic hormone, gonadotrop[h]in
corticosteroid hormones, corticosteroids, adrenocorticosteroids, adrenosteroids, corticoids
crinotrop[h]ic hormones, tropic hormones of hypophysis

lactogenic hormone, prolactin, luteotrop[h]ic hormone, LTH

лактосоматотропный хорионический гормон	lactosomatotrop[h]ic chorionic hormone
лютеинизирующий гормон, пролан Б, ЛГ	luteinizing hormone, LH
меланоцитостимулирующий/меланоформный/хроматотрофный гормон, интермедин, мелатонин	**melanocyto-stimulating/melanophore/chromatotrophic** hormone, intermedin, melatonin
минералокортикоидные гормоны, минералокортикоиды	mineralocorticoid hormones, mineralocorticoids
овариальные гормоны	ovarian hormones, estrins
паратиреоидный гормон, паратгормон	parathyroid hormone, parathormone
половые гормоны	sex hormones
женские половые гормоны, эстрогены, эстрогенные гормоны	female [sex] hormones, estrogens, estrogenic hormones
мужские половые гормоны, андрогены, андрогенные гормоны	male [sex] hormones, androgens, androgenic hormones
соматотропный гормон, гормон роста, соматотропин, СТГ	somatotrop[h]ic hormone, growth hormone, somatotrop[h]in
стероидные гормоны	steroid hormones
тиреотропный гормон, тиреостимулирующий гормон, тиреотрофин, ТТГ	thyrotropic hormone, thyroid-stimulating hormone, thyrotrophin, TSH
фолликулостимулирующий гормон, пролан А	follicle-stimulating hormone, FSH, prolan A
I [a]. меченный гормон	I [a]. labeled hormone
нейрогормон	neurohormone
очищенный гормон	**purified/cleaned** hormone
рилизинг-гормоны, рилизинг-факторы	releasing hormones, releasing factors
свободный гормон	free hormone
II. антитела к гормонам	II. antibodies to hormones
выделение гормона с мочой	**release/secretion** of a hormone with the urine
выработка гормона	production of a hormone
гиперпродукция гормонов	hyperproduction of hormones
гормон-стандарт	hormone-standard
инактивация гормонов	inactivation of hormones
йодирование гормонов	iodizing of a hormone
лечение гормонами	**treatment/management** with hormones, hormonal therapy
недостаточность гормонов	insufficiency of hormones, hormone insufficiency
«полупериод жизни» гормона	half-life of a hormone
получение гормона	obtaining a hormone
препарат гормона	hormone preparation
продукция гормона	production of a hormone
C[I]. железы внутренней секреции	S[I]. endocrine glands
C[II]. адреналин	S[II]. adrenaline, epinephrine
альдостерон	aldosterone
глюкагон	glucagon
инсулин	insulin
свободный инсулин	free insulin
связанный инсулин	combined insulin
интермедин, мелатонин	intermedin, melatonin

кортикостерон
вазопрессин
окситоцин
норадреналин
гидрокортизон, кортизол, 17-оксикортикостерон
прогестерон
пролактин
синэстрол
тестостерон
трийодтиронин
тирокальцитонин
тироксин
фолликулин

III. вводить гормон куда-либо

лечить гормонами
определять гормон в чем-либо

СПЕЦИАЛЬНЫЕ МЕТОДЫ ИССЛЕДОВАНИЯ

C. инсулиновая проба
глюкозо-кортикоидная проба
исследование полового хроматина
исследование хромосомного комплекса
определение кетоновых тел в крови
определение основного обмена
определение ацетона в моче
определение сахара в моче
определение 17-оксикортикостероидов в суточной моче
определение сахара в крови по методу Хагедорна-Иенсена (Нильсона-Сомоджи)
ортотолуидиновый метод
проба на чувствительность к преднизолону
проба с гистамином
проба с дексаметазоном
проба с метапироном
проба с голоданием
проба с рилизинг-фактором лютеинизирующего гормона
проба с тиреотропин-рилизинг-гормоном
проба с АКТГ, проба Торна
проба с нагрузкой глюкозой
проба с тиреотропным гормоном
проба с тропафеном
проба с хорионическим гонадотропином
радиоизотопные тесты
радиойоддиагностика
сканирование

corticosterone
vasopressin
oxytocin
noradrenaline, norepinephrine
hydrocortisone, cortifan, 17-hydroxycorticosterone
progesterone
prolactin
hexestrol
testosterone
triiodothyronine
thyrocalcitonin
thyroxin
folliculin

III. to **inject/administer** a hormone somewhere
to treat with hormones
to detect a hormone in something

SPECIAL METHODS OF INVESTIGATION

S. insulin test
glucose-corticoid test
test for sex chromatin

chromosomal complex study

test for ketonic bodies [in the blood]
basal metabolism rate, BMR
test for acetone in the urine
test for sugar in the urine
test for 17-oxycorticosteroids in the daily urine
blood sugar test according to Hagedorn-Jensen (Nilson-Somogyi)
orthotoluidine method
prednisolone sensitivity test

histamine test
dexamethasone test
metapyron test
starvation/fasting test
test with the releasing factor of luteinizing hormone
thyrotrop[h]in-releasing-hormone test
ACTH test, Thorn's test
glucose tolerance test
thyrotropic hormone test
thropaphen test
chorionic gonadotrop[h]in test
radioisotopic tests
radioiodine diagnosis
scanning

СПЕЦИАЛЬНЫЕ МЕТОДЫ ЛЕЧЕНИЯ	SPECIAL METHODS OF TREATMENT
C. адиурекрин	S. adiurecrine
адебид	adebit, silubin, krebon, gliporal, buformini hydrochloridum
анорексигенные препараты	anorexigenic preparations
антиструмин	antistrumin
букарбан	bucarban, nadisan, invenol, midosal, oranil
вентрикулостомия	ventriculostomy
галантамин	galantamine
гамма-терапия	gamma therapy
гормонотерапия	**hormone/hormonal** therapy
заместительная гормонотерапия	substitution hormone therapy
диетотерапия	diet therapy
декомпрессивная трепанация черепа	decompressive trepanation of the skull
инсулинотерапия	insulinotherapy
лекарственная терапия	**drug/medicinal** therapy
лечебная физкультура	exercise therapy
люмбальная пункция	lumbar puncture
мерказолил	mercazol[il]
метилтиоурацил	methylthiouracil
мочегонные препараты	diuretics
метилтестостерон	methyltestosterone
оперативное лечение	**operation/operative** treatment
паратиреоидин	parathyroidin
питуитрин	pituitrin, hypophysin
преднизолон	prednisolone
прозерин	neostigmine methylsulfate
препараты йода	iodine preparations
рентгенотерапия	roentgenotherapy, radiography
синэстрол	hexestrol
тестостерон	testosterone
тиреостатические препараты	thyreostatic preparations
тиреоидин	thyroidin
трийодтиронин гидрохлорид	triiodothyronine hydrochloride
фолликулин	folliculin
хорионический гонадотропин	chorionic gonadotrop[h]in
эстрогенные препараты	estrogenic preparations

ЧАСТНАЯ ЭНДОКРИНОЛОГИЯ

SPECIAL ENDOCRINOLOGY

ВИЛОЧКОВАЯ ЖЕЛЕЗА, ТИМУС, ЗОБНАЯ ЖЕЛЕЗА

THYMUS [GLAND]

II. гиперплазия вилочковой железы	II. hyperplasia of the thymus, thymal hyperplasia
опухоль вилочковой железы, тимома	thymial tumour, thymoma
C. миастения	S. myasthenia
тимико-лимфатический статус	thymicolymphatic status

МИАСТЕНИЯ, БОЛЕЗНЬ ЭРБА-ГОЛЬДФЛАМА

I. злокачественная миастения
C. резкая мышечная слабость
быстрая утомляемость

миастеническая проба
миастеническая реакция
прозерин

ГЕРМАФРОДИТИЗМ, АМБИСЕКСУАЛЬНОСТЬ, АНДРОГЕНИЯ, БИСЕКСУАЛИЗМ, ДВУПОЛОСТЬ, ИНТЕРСЕКСУАЛИЗМ, ИНТЕРСЕКСУАЛЬНОСТЬ

I. истинный гермафродитизм
ложный гермафродитизм
женский ложный гермафродитизм
мужской ложный гермафродитизм
C. хромосомная аномалия

ГИПОТАЛАМО-ГИПОФИЗАРНАЯ СИСТЕМА

C. адипозогенитальная дистрофия
акромегалия
болезнь Иценко-Кушинга
гипергидропексический синдром
гипоталамус
гипофиз

гипофизарная карликовость
гипофизарная кахексия
несахарный диабет
синдром Морганьи-Стюарта-Мореля
синдром Чиари-Фроммеля

АДИПОЗОГЕНИТАЛЬНАЯ ДИСТРОФИЯ, ГИПОФИЗАРНЫЙ ЕВНУХОИДИЗМ, ГИПОФИЗАРНОЕ ОЖИРЕНИЕ, СИНДРОМ ПЕХКРАНЦА-БАБИНСКОГО-ФРЕЛИХА, БОЛЕЗНЬ ФРЕЛИХА, СИНДРОМ ФРЕЛИХА

C. аденома гипофиза
аплазия (гипоплазия) гонад
водянка третьего желудочка

MYASTHENIA, ERB-GOLDFLAM DISEASE

I. malignant myasthenia
S. acute muscular weakness
easy fatiguability, rapid fatigue
myasthenic test
myasthenic reaction
neostigmine methylsulfate

HERMAPHRODITISM, AMBISEXUALITY, ANDROGYNY, BISEXUALISM, BISEXUALITY, INTERSEXUALISM, INTERSEXUALITY

I. true hermaphroditism
false hermaphroditism
female false hermaphroditism
male false hermaphroditism
S. chromosomal anomaly

HYPOTHALAMO-HYPOPHYSIAL SYSTEM

S. adiposogenital dystrophy
acromegaly, acromegalia
Itzenko-Cushing's disease
hyperhydropectic syndrome

hypothalamus
hypophysis, pituitary, pituitary gland
hypophysial dwarfism
hypophysial cachexia
diabetes insipidus
Morgagni-Stewart-Morel's syndrome
Chiari-Frommel's syndrome

ADIPOSOGENITAL DYSTROPHY, HYPOPHYSIAL EUNUCHOIDISM, HYPOPHYSIAL EUNUCHISM, HYPOPHYSIAL OBESITY, PEKHKRANTZ-BABINSKI-FRÖHLICH'S SYNDROME, FRÖHLICH DISEASE, FRÖHLICH'S SYNDROME

S. hypophysial adenoma
gonadal aplasia (hypoplasia)
dropsy of the **third ventricle [of the brain]**/**ventriculus tertius**

гинекомастия
нарушение полового созревания
родовая травма

gynecomasty, gynecomastia
impairment/disturbance of puberty, impaired puberty
birth injury

АКРОМЕГАЛИЯ, СИНДРОМ МАРИ, СИНДРОМ МАРИ-ЛЕРИ

ACROMEGALY, ACROMEGALIA, MARIE'S SYNDROME, MARIE-LÉRI'S SYNDROME

I. частичная/парциальная акромегалия
II. акромегалия беременных
S. деформация турецкого седла

I. partial **acromegaly/acromegalia**
II. acromegalia of pregnancy
S. deformity of **Turkish saddle/sella turcica**, deformed Turkish saddle

избыточное развитие волосяного покрова, гипертрихоз
повышенное потоотделение, гипергидроз
увеличение внутренних органов, спланхномегалия

excessive hairiness, hypertrichosis
excessive sweating, hyperhidrosis
enlargement of the **viscera/internal organs**, splanchnomegaly, splanchnomegalia

увеличение печени, гепатомегалия

enlargement of the liver, enlarged liver, hepatomegaly, hepatomegalia

увеличение размеров кисти (стоп, нижней челюсти), акромегалия
увеличение сердца, кардиомегалия

enlarged hand (feet, mandible), acromegaly

enlarged heart, hypertrophy of the heart, cardiomegaly, cardiomegalia

увеличение языка, макроглоссия

enlarged tongue, hypertrophy of the tongue, macroglossia

БОЛЕЗНЬ ИЦЕНКО-КУШИНГА, БОЛЕЗНЬ КУШИНГА, ГИПОФИЗАРНЫЙ БАЗОФИЛИЗМ

ITZENKO-CUSHING'S DISEASE, CUSHING'S DISEASE, PITUITARY BASOPHILISM

S. аменорея
гиперкортицизм

S. amenorrhea
hypercorticoidism, hypercortisonism

избыточный рост волос (у девочек) по мужскому типу, гирсутизм
нарушение трофики кожи

excessive growth of hair (in girls) as in men, hirsutism
impaired **trophicity/trophism** of the skin, impairment of skin trophism

ожирение
разрежение/рарефикация кости, остеопороз
понижение полового влечения/либидо

obesity, fatness, liposis
rarefaction of the bone, osteoporosis
diminished **sexual desire/libido**, decreased sexual drive

снижение памяти
половая слабость
артериальная гипертензия
стрии

defective memory, hypomnesia
impotence, impotency
arterial hypertension
striae (*sing.* stria)

феминизация

ГИПЕРГИДРОПЕКСИЧЕСКИЙ СИНДРОМ, СИНДРОМ ПАРХОНА, ГИДРОПЕКСИЧЕСКИЙ СИНДРОМ

С. отеки
   отсутствие жажды
   повышение содержания натрия в плазме крови, гипернатриемия
   повышение содержания хлоридов в сыворотке крови, гиперхлоремия
   повышение содержания холестерина в сыворотке крови, гиперхолестеринемия
   уменьшение выделения мочи, олигурия

ГИПОТАЛАМУС, ГИПОТАЛАМИЧЕСКАЯ ОБЛАСТЬ, ПОДБУГОРЬЕ

II. гормоны гипоталамуса
    опухоль гипоталамуса
    повреждение гипоталамуса

ГИПОФИЗ, ПИТУИТАРНАЯ ЖЕЛЕЗА, МОЗГОВОЙ ПРИДАТОК, ПРИДАТОК МОЗГА

I. аденогипофиз
   глоточный гипофиз
   зародышевый гипофиз

   нейрогипофиз
   нервный гипофиз
   передний гипофиз
II. аденома гипофиза
    атрофия гипофиза

    воспаление гипофиза, гипофизит

    вес гипофиза
    доля гипофиза

       передняя доля гипофиза

       задняя доля гипофиза

    гипоплазия гипофиза
    гиперплазия гипофиза
    заболевание гипофиза
    кровоизлияние в гипофиз

feminization

HYPERHYDROPECTIC SYNDROME, PARHON'S SYNDROME, HYDROPECTIC SYNDROME

S. edema, dropsy, swelling
   absence of thirst
   excess sodium in the blood plasma, hypernatremia

   excess chlorides in the blood serum, hyperchloremia

   excess cholesterol in the blood serum, hypercholesterolemia

   deficient secretion of urine, oliguria

HYPOTHALAMUS, HYPOTHALAMIC AREA

II. hypothalamic hormones
    hypothalamic tumour
    injury **to/of** the hypothalamus, hypothalamic injury

HYPOPHYSIS, PITUITARY GLAND, PITUITARY CEREBRI, HYPOPHYSIS CEREBRI

I. adenohypophysis
   pharyngeal hypophysis
   germinal/embrionic hypophysis

   neurohypophysis
   nerve hypophysis
   anterior hypophysis
II. hypophysial adenoma
    hypophysial **atrophy/atrophia**
    hypophysial inflammation, inflamed hypophysis, hypophysitis
    weight of hypophysis
    lobe of hypophysis, hypophysial lobe
       anterior lobe of hypophysis, anterior pituitary
       posterior lobe of hypophysis, posterior pituitary
    hypophysial hypoplasia
    hypophysial hyperplasia
    hypophysial disease
    hemorrhage into the hypophysis

клетки гипофиза	hypophysial cells
ацидофильные клетки гипофиза	acidophil[e] cells of hypophysis
базофильные клетки гипофиза	basophil[e] cells of hypophysis
секреторные клетки гипофиза	secretory cells of hypophysis
иннервация гипофиза	hypophysial innervation
кровоснабжение гипофиза	hypophysial blood supply
некроз гипофиза	hypophysial necrosis
опухоль гипофиза	hypophysial tumour
паренхима гипофиза	hypophysial parenchyma
поражение гипофиза	hypophysial **injury/lesion**, affected hypophysis
размеры гипофиза	size of hypophysis
разрушение гипофиза	hypophysial destruction
удаление гипофиза, гипофизэктомия	removal of hypophysis, hypophysectomy
функция гипофиза	hypophysial function

ГИПОФИЗАРНАЯ КАРЛИКОВОСТЬ, ГИПОФИЗАРНЫЙ НАНИЗМ/ИНФАНТИЛИЗМ, ЦЕРЕБРАЛЬНО-ГИПОФИЗАРНАЯ КАРЛИКОВОСТЬ / HYPOPHYSIAL DWARFISM, HYPOPHYSIAL NANISM, HYPOPHYSIAL INFANTILISM, CEREBROHYPOPHYSIAL DWARFISM

С. недостаточность гормона роста	S. insufficiency of growth hormone
недоразвитие половой системы	underdeveloped genital system, hypogenitalism

ГИПОФИЗАРНАЯ/ДИЭНЦЕФАЛЬНО-ГИПОФИЗАРНАЯ КАХЕКСИЯ, ПАНГИПОПИТУИТАРИЗМ, БОЛЕЗНЬ СИММОНДСА/СИММОНДСА-ГЛИНСКОГО / HYPOPHYSIAL CACHEXIA, DIENCEPHALOHYPOPHYSIAL CACHEXIA, PANHYPOPITUITARISM, SIMMOND'S DISEASE, SIMMOND-GLINSKY'S DISEASE

С. апатия	S. apathy
отвращение к пище	aversion to food
преждевременное старение	premature ag[e]ing
прогрессирующее истощение	progressive cachexia
расстройство менструального цикла	disordered menstrual cycle

НЕСАХАРНЫЙ ДИАБЕТ, НЕСАХАРНОЕ МОЧЕИЗНУРЕНИЕ / DIABETES INSIPIDUS, SUGAR-FREE DIABETES

I. нейрогипофизарный несахарный диабет	I. neurohypophysial diabetes insipidus
почечный/неврогенный вазопрессинрезистентный несахарный диабет	**renal/neurogenic** vasopressin resistant diabetes insipidus
физиологический несахарный диабет	physiological diabetes insipidus
С. бессонница	S. sleeplessness, insomnia
головная боль	headache, migraine
запоры	constipation
зябкость	chilliness
ночное недержание мочи	nocturnal urinary incontinence

повышенное выделение мочи, полиурия	high urine flow, polyuria
патологическое усиление жажды, полидипсия	excessive thirst, polydipsia
проба с питуитрином	**pituitrin/hypophysin** test
снижение аппетита	lack of appetite, suppressed appetite

СИНДРОМ МОРГАНЬИ-СТЮАРТА-МОРЕЛЯ
MORGAGNI-STEWART-MOREL'S SYNDROME

С. акроцианоз	S. acrocyanosis
бессонница	sleeplessness, insomnia
депрессия	depression
нарушение менструального цикла	disordered menstrual cycle
ожирение	obesity
патологическое оволосение, гипертрихоз	pathological hairiness, hypertrichosis, hypertrichiasis
пиодермия	pyodermia, pyoderma
трофические язвы	trophic ulcers
фронтальный гиперостоз	frontal hyperostosis

СИНДРОМ ЧИАРИ-ФРОММЕЛЯ
CHIARI-FROMMEL'S SYNDROME

С. аменорея	S. amenorrhea
истощение	emaciation, cachexia
несахарный диабет	diabetes insipidus
ожирение	obesity
патологическая персистирующая лактация	pathological persisting lactation

НАДПОЧЕЧНИК(И), НАДПОЧЕЧНАЯ ЖЕЛЕЗА
ADRENAL(S), ADRENAL GLAND, SUPRARENAL GLAND

I. левый (правый) надпочечник	I. left (right) adrenal
гиперфункционирующий надпочечник	hyperfunctioning adrenal
добавочный надпочечник	accessory adrenal
первично-сморщенный надпочечник	primarily **shrunken/shrivelled** adrenal
увеличенный надпочечник	enlarged adrenal
эпителиальный надпочечник	epithelial adrenal
II. аплазия надпочечника	II. adrenal aplasia
вес надпочечника	adrenal weight, weight of an adrenal
дистопия надпочечника	adrenal dystopia
длина надпочечника	adrenal length, length of an adrenal
корковое вещество, кора надпочечника	adrenal cortex
масса надпочечника	adrenal mass
мозговое вещество надпочечника	adrenal medulla
размеры надпочечника	adrenal size, size of an adrenal
удвоение надпочечника	adrenal doubling
рак надпочечника	adrenal **cancer/carcinoma**
опухоль надпочечника	adrenal tumour

ширина надпочечника

функция надпочечника
экстирпация надпочечника

S. болезнь Аддисона
гиперкортицизм

БОЛЕЗНЬ АДДИСОНА, БРОНЗОВАЯ БОЛЕЗНЬ, ГИПОКОРТИЦИЗМ

S. аддисонический криз
артериальная гипотензия
гиперпигментация кожи (слизистых оболочек)
похудание
нарушение водно-солевого обмена

снижение содержания натрия в плазме крови, гипонатриемия
снижение содержания хлоридов в сыворотке крови, гипохлоремия
повышение содержания калия в плазме крови, гиперкалиемия

ГИПЕРКОРТИЦИЗМ

I. лекарственный гиперкортицизм

первичный гиперкортицизм
II. гиперкортицизм пубертатного возраста
S. альдостерома
андростерома
болезнь Иценко-Кушинга
глюкостерома
кортикостерома
феохромоцитома

ОЖИРЕНИЕ

I. алиментарное ожирение
диэнцефальное/гипоталамическое/церебральное ожирение, псевдофрелиховский тип ожирения
конституциональное ожирение
гипофизарное ожирение, адипозогенитальная дистрофия
болезненное ожирение, болезненный липоматоз, болезнь Деркума, синдром Деркума, адипозалгия, липалгия

adrenal width, width of an adrenal
adrenal function
extirpation of an adrenal, adrenal extirpation

S. Addison's disease
hypercorticoidism, hypercortisonism

ADDISON'S DISEASE, BRONZE DISEASE, HYPOCORTICOIDISM

S. addisonic crisis
arterial hypotension
hyperpigmentation of the skin (mucous membranes)
loss of weight
impairment/disturbance of water-salt metabolism, impaired water-salt metabolism
deficient sodium in the blood plasma, hyponatremia
drop in the chloride content of the blood serum, hypochloremia
excess[ive] potassium in the blood plasma, **hyperkal[i]emia/hyperpotassemia**

HYPERCORTICOIDISM

I. drug-induced hypercorticoidism
primary hypercorticoidism
II. hypercorticoidism in puberty
S. aldosteroma
androsteroma
Itzenko-Cushing's disease
glucosteroma
corticosteroma
pheochromocytoma

OBESITY, FATNESS, LIPOSIS

I. alimentary obesity
diencephalic/hypothalamic/cerebral obesity, pseudofrelikhovsky type of obesity
constitutional obesity
hypophysial obesity, adiposogenital dystrophy
painful obesity, painful lipomatosis, Dercum's disease, Dercum's syndrome, adiposalgia, lipalgia

пубертатное ожирение, юношеский/препубертатный базофилизм, пубертатный диспитуитаризм
С. гиперинсулизм
гипогонадизм
гипотиреоз
синдром Кушинга
травма головного мозга

чрезмерное развитие подкожно-жировой клетчатки
энцефалит

pubertal obesity, **juvenile/prepubertal** basophilism, pubertal dyspituitarism
S. hyperinsulinism
hypogonadism
hypothyrosis
Cushing's syndrome
brain injury, injury to the brain
excessively developed subcutaneous fatty tissue
encephalitis

ОКОЛОЩИТОВИДНЫЕ/ПАРАЩИТОВИДНЫЕ/ПАРАТИРЕОИДНЫЕ ЖЕЛЕЗЫ, ЭПИТЕЛИАЛЬНЫЕ ТЕЛЬЦА

PARATHYROID GLANDS, EPITHELIAL BODIES

I. верхние (нижние) паращитовидные железы
добавочные паращитовидные железы
II. аденома паращитовидной железы
функция паращитовидных желез
недостаточность функции паращитовидных желез, гипопаратиреоз
повышенная функция паращитовидных желез, гиперпаратиреоз

I. **upper/superior (lower/inferior)** parathyroid glands
accessory parathyroid glands
II. adenoma of the parathyroid gland
function of the **parathyroid glands/parathyroids**
insufficient function of the parathyroids, hypoparathyrosis, hypoparathyroidism
excessive function of parathyroids, **hyperparathyrosis/hyperparathyroidism**

ГИПЕРПАРАТИРЕОЗ, ГИПЕРПАРАТИРЕОИДИЗМ

HYPERPARATHYROSIS, HYPERPARATHYROIDISM

I. висцеропатический гиперпаратиреоз
костный гиперпаратиреоз

острый гиперпаратиреоз
смешанный гиперпаратиреоз
хронический гиперпаратиреоз
С. деформация скелета
остеопороз
выделение мочи постоянно низкого удельного веса, гипостенурия
патологическое усиление жажды, полидипсия
паратиреоидный криз
повышенное содержание кальция в плазме крови, гиперкальциемия
паратиреоидная остеодистрофия, генерализованная фиброзная остеодистрофия, болезнь

I. visceropathic hyperparathyrosis
bony/osteal/osseous hyperparathyrosis
acute hyperparathyrosis
mixed hyperparathyrosis
chronic hyperparathyrosis
S. skeletal deformity
osteoporosis
excretion of urine with a constantly low specific gravity, hyposthenuria
excessive thirst, polydipsia
parathyroid crisis
excess [of] calcium in the blood plasma, hypercalcemia

parathyroid osteodystrophy, generalized fibrous osteodystrophy, Recklinghausen's

Реклингаузена, болезнь Энгеля-Реклингаузена

полиурия, повышенное выделение мочи

олигурия, уменьшенное выделение мочи

disease, Engel-Recklinghausen's disease

polyuria, high urine flow

oliguria, low urine flow

ГИПОПАРАТИРЕОЗ

I. идиопатический гипопаратиреоз
послеоперационный гипопаратиреоз
псевдогипопаратиреоз

S. понижение содержания кальция в плазме крови, гипокальциемия
повышенное содержание фосфатов в плазме крови, гиперфосфатемия
ларингоспазм
опистотонус
судороги
тетания
тризм
«рука акушера»

повышенная возбудимость
симптом Труссо
симптом Хвостека
симптом Эрба

HYPOPARATHYROSIS

I. idiopathic hypoparathyrosis
postoperative hypoparathyrosis
pseudohypoparathyrosis

S. diminished calcium in the blood plasma, hypocalcemia

excess of phosphates in the blood plasma, hyperphosphatemia

laryngospasm
opisthotonos
cramps
tetany
trismus, lockjaw
"obstetrician's hand", accousheur's hand
excessive excitability
Trousseau symptom
Chvostek's symptom
Erb's symptom

ПОДЖЕЛУДОЧНАЯ ЖЕЛЕЗА
см. стр. 306

S. аденома островковой ткани, инсулома, незидиобластома

альфа-клетки

бета-клетки

глюкагон
инсулин
нарушение углеводного обмена

гиперинсулинизм
сахарный диабет

PANCREAS *see p. 306*

S. adenoma of the **islands/islets** of Langerhans/of the islet tissue, insuloma, nesidioblastoma

alpha-cells, acidophile cells of the pancreas

beta cells, basophile cells of the pancreas

glucagon
insulin
impairment/disturbance of carbohydrate metabolism, **impaired/disturbed** carbohydrate metabolism
hyperinsulinism
diabetes mellitus

ГИПЕРИНСУЛИНИЗМ

S. нарушение психики
повышенный аппетит
повышенное содержание инсулина в крови, гиперинсулинемия

HYPERINSULINISM

S. mental disturbance
excessive appetite
excessive insulin in the blood, hyperinsulinemia, hyperinsulinism

пониженное содержание глюкозы в крови, гипогликемия
потливость
слабость
судороги
тахикардия

САХАРНЫЙ ДИАБЕТ, САХАРНАЯ БОЛЕЗНЬ, САХАРНОЕ МОЧЕИЗНУРЕНИЕ

I. (де)компенсированный сахарный диабет
транзиторный сахарный диабет новорожденных, физиологический сахарный диабет, глюкозурия новорожденных, мелитурия новорожденных, псевдодиабет, синдром сахарного диабета

II. предрасположенность к сахарному диабету

C^I. внепанкреатический диабет
инсулиннезависимый диабет, стабильный диабет, диабет взрослых
лабильный диабет
панкреатический диабет
послеоперационный диабет
потенциальный диабет, предиабет
скрытый/латентный/асимптоматический/субклинический/химический диабет
старческий диабет
стероидный диабет
тиреогенный диабет
ювенильный/юношеский диабет

C^{II}. диабетид
диабетогенные факторы
дегидратация кожи

диабетическая амиотрофия
ацидоз
диабетический гломерулосклероз
диабетическая нефропатия
диабетическая кома
диабетическая ретинопатия
запах ацетона изо рта

инсулинотерапия

ночное недержание мочи

остеопороз
остеолиз
плохое заживление ран
патологическое усиление жажды, полидипсия

diminished glucose in the blood, hypoglycemia
sweating, hidrosis
weakness
cramps
tachycardia

DIABETES MELLITUS, SUGAR DISEASE

I. (de)compensated diabetes mellitus
transitory diabetes mellitus in the **newborn/infants,** physiological diabetes mellitus, glucosuria of infants, mel[l]ituria of the newborn, pseudodiabetes, diabetes mellitus syndrome

II. predisposition to diabetes mellitus

S^I. extrapancreatic diabetes
insulin-independent diabetes, stable diabetes, diabetes of the **adults/grown-ups**
labile diabetes
pancreatic diabetes
postoperative diabetes
potential diabetes, prediabetes
masked/latent/asymptomatic/subclinical/chemical diabetes
senile diabetes
steroid diabetes
thyrogenic diabetes
juvenile diabetes

S^{II}. diabetid
diabetogenic factors
dehydration of the skin, **skin/cutaneous** dehydration
diabetic amyotrophy
acidosis, oxyosis
diabetic glomerulosclerosis
diabetic nephropathy
diabetic coma
diabetic retinopathy
oral acetone odour, acetone breath
insulinization, insulin therapy
nocturnal urinary incontinence
osteoporosis
osteolysis
poor healing of wounds
excessive thirst, polydipsia

повышенное выделение мочи, полиурия	high urine flow, polyuria
повышенное содержание глюкозы в крови, гипергликемия	excessive blood glucose, hyperglycemia
повышенное выделение кетоновых тел с мочой, ацетонурия	excessive elimination of ketones with the urine, acetonuria
наличие в крови кетоновых тел, ацетонемия	ketones in the blood, acetonemia
повышенное содержание сахара в моче, гликозурия	excessive urinary sugar content, glycosuria
похудание	loss of weight
сахаропонижающие препараты	hypoglycemic **agents/preparations**, preparations to lower blood sugar levels
синдром диабетической полиневропатии	diabetic polyneuropathy syndrome
синдром острой (хронической) энцефалопатии	acute (chronic) encephalopathy syndrome

СИНДРОМ КЛАЙНФЕЛЬТЕРА

KLINEFELTER'S SYNDROME

СИНДРОМ ТЕСТИКУЛЯРНОЙ ФЕМИНИЗАЦИИ

TESTICULAR FEMINIZATION SYNDROME

СИНДРОМ ТРИСОМИИ-Х

TRISOMY-X SYNDROME

СИНДРОМ ШЕРЕШЕВСКОГО-ТЕРНЕРА, ДИСГЕНЕЗИЯ ГОНАД

CHERECHEWSKI-TURNER SYNDROME, DYSGENESIS OF THE GONADS, DYSGENESIA OF THE GONADS

C. деформация лучезапястного сустава типа Маделунга	S. Madelung type deformity of the **wrist joint/radiocarpal articulation**
низкое расположение ушных раковин	low-sited ear auricles
короткая шея с крыловидными кожными складками	short neck with wing-shaped **skin folds/cutaneous plicae** (*sing*. plica)
низкая граница роста волос на шее	low-sited hairiness on the neck
отсутствие полового хроматина	absence of sex chromatin, absent sex chromatin
синдактилия	syndactyly, syndactylia, syndactylism
стеноз перешейка аорты	stenosis of **aortal isthmus/isthmus aortae**

ШИШКОВИДНАЯ ЖЕЛЕЗА, ШИШКОВИДНОЕ ТЕЛО, ЭПИФИЗ

PINEAL GLAND, PINEAL BODY, CORPUS PINEALE, EPIPHYSIS

II. инволюция шишковидной железы	II. involution of the pineal gland, epiphysial [-seal] involution
масса шишковидной железы	epiphysial mass
опухоль шишковидной железы	epiphysial tumour
паренхима шишковидной железы	epiphysial parenchyma

строма шишковидной железы
C. ранняя макрогенитосомия

РАННЯЯ МАКРОГЕНИТОСОМИЯ

C. низкорослость
повышенная сексуальная возбудимость
раннее появление менструации
раннее появление сперматогенеза
сонливость
чрезмерное увеличение размеров тела (половых органов) у детей

ЩИТОВИДНАЯ ЖЕЛЕЗА

I. добавочная/аберрантная щитовидная железа
медиастинальная щитовидная железа
патологически увеличенная щитовидная железа, зоб, струма

II. воспаление щитовидной железы, тиреоидит

гипоплазия щитовидной железы
доля щитовидной железы

левая (правая) доля щитовидной железы
капсула щитовидной железы
консистенция изитовидной железы
опухоль щитовидной железы
перешеек щитовидной железы

размеры щитовидной железы

строма щитовидной железы

смещаемость щитовидной железы
рак щитовидной железы

увеличение щитовидной железы

форма щитовидной железы

функция щитовидной железы

недостаточность функции щитовидной железы, гипотиреоз

epiphysial stroma
S. early macrogenitosomia

EARLY MACROGENITOSOMIA

S. dwarfism, undersized stature
excessive sexual excitability
early menstruation
early **spermatogeny/spermatogenesis**
drowsiness, sleepiness
excessive body size (size of genitals) in children

THYROID [GLAND], CLANDULA THYROIDEA

I. **accessory/aberrant** thyroid [gland]
mediastinal thyroid gland
pathologically enlarged thyroid gland, goiter, struma

II. inflammation of the thyroid gland, inflamed thyroid, thyroiditis
thyroid hypoplasia
thyroid lobe, lobe of the thyroid gland
left (right) thyroid lobe

thyroid capsule
consistency of the thyroid gland, thyroid consistency
thyroid tumour
the isthmus of the thyroid gland, thyroid isthmus
size of the thyroid gland, thyroid size
stroma of the thyroid [gland], thyroid stroma
displacement/shifting of the thyroid, thyroid displacement
cancer/carcinoma of the thyroid, thyroid cancer
enlargement of the thyroid, enlarged thyroid gland, thyroid enlargement
[the] form of the thyroid, thyroid form
function of the thyroid, thyroid function
diminished thyroid function, hypothyroidism, hypothyrosis

ГИПОТИРЕОЗ, ГИПОТИРЕОИДИЗМ, БОЛЕЗНЬ ГАЛЛА

I. врожденный гипотиреоз, кретинизм, болезнь Фагге
вторичный гипотиреоз
первичный гипотиреоз
послеоперационный гипотиреоз
C. апатия
брадикардия
вялость
гипотиреоидная кома
психоз
снижение интеллекта

сонливость
снижение основного обмена
отеки лица (конечностей, туловища)
тиреоидные препараты

ЗОБ, СТРУМА

I. аберрантный/добавочный/эктопический зоб
аденоматозный/узловой зоб
висячий зоб

внутригрудной/загрудинный зоб
внутритрахеальный/интратрахеальный зоб
врожденный зоб
диффузно-узловой/смешанный зоб
диффузный зоб
диффузный токсический зоб
кистозный зоб
коллоидный зоб
макро-микрофолликулярный зоб
макрофолликулярный зоб
непролиферирующий зоб
ныряющий/скрытый зоб
паренхиматозный зоб
подъязычный зоб
позадиглоточный зоб
позадипищеводный зоб
пролиферирующий зоб
ретротрахеальный зоб
сосудистый зоб
трабекулярный зоб
тубулярный зоб
узловой/аденоматозный зоб
   геморрагический узловой зоб
   обызвествленный узловой зоб
эпителиальный зоб
эутиреоидный зоб
язычный зоб, зоб корня языка

HYPOTHYROSIS, HYPOTHYROIDISM, GULL'S DISEASE

I. congenital hypothyrosis, cretinism, Fagge's disease
secondary hypothyrosis
primary hypothyroidism
postoperative hypothyrosis
S. apathy
bradycardia
flabbiness, flaccidity
thyroid coma
psychosis
loss of intellect, diminished intellect
drowsiness
decreased basal metabolism
edematous/swollen face (extremities, trunk)
thyroid **agents/preparations**

GOITER, STRUMA

I. **aberrant/accessory/ectopic** goiter
adenomatous/nodular goiter, struma nodosa
wandering goiter, diver goiter
intrathoracic/retrosternal/substernal goiter
intratracheal **goiter/struma**
congenital **goiter/struma**
diffuse-nodular/mixed goiter/struma
diffuse goiter
diffuse toxic goiter
cystic goiter
colloid goiter
macro-microfollicular goiter
macrofollicular goiter
nonproliferating goiter
diving/plunging goiter
parenchymatous goiter
sublingual goiter
retropharyngeal goiter
retroesophageal goiter
proliferating goiter
retrotracheal goiter
vascular goiter
trabecular goiter
tubular goiter
nodular/adenomatous goiter
   hemorrhagic nodular goiter
   calcified nodular goiter
epithelial goiter
euthyroid goiter
lingual goiter

каменный/фиброзный зоб, струма Риделя	fibrous goiter, Riedel's struma
лимфоматозный зоб, зоб Хашимото	lymphomatous goiter, Hashimoto's goiter
злокачественный зоб	malignant goiter, struma maligna
эндемический зоб	endemic goiter
эпидемический зоб	epidemic goiter

ДИФФУЗНЫЙ ТОКСИЧЕСКИЙ/ДИФФУЗНЫЙ ТИРЕОТОКСИЧЕСКИЙ/ТОКСИЧЕСКИЙ ЗОБ, БАЗЕДОВА БОЛЕЗНЬ, БОЛЕЗНЬ ГРЕЙВСА, БОЛЕЗНЬ ПАРРИ, БОЛЕЗНЬ ФЛАЯНИ	DIFFUSE TOXIC GOITER, DIFFUSE THYROTOXIC GOITER, TOXIC GOITER, BASEDOW'S DISEASE, GRAVES DISEASE, PARRY'S DISEASE, FLAJANI'S DISEASE
C. антитиреоидные препараты	S. antithyroid **preparations/agents**
дрожание, тремор	tremor, trembling, shaking
мерцательная аритмия	cardiac fibrillation, complete arrhythmia
неустойчивый стул	unstable stool
повышение основного обмена	increased basal metabolism
пучеглазие, экзофтальм	eye bulging, exophthalmos, exophthalmus
сердцебиение	heart beating, [rapid] heart beat, palpitation
сканирование щитовидной железы	thyroid scanning
похудание	loss of weight
отеки	edema[s], swelling
субтотальная субфасциальная резекция щитовидной железы, тиреоидэктомия	subtotal subfascial resection of the thyroid, thyroidectomy
тахикардия	tachycardia
радиоактивный йод	radioactive iodine
тиреотоксический криз	thyrotoxic crisis
тиреостатические препараты	thyrostatic **preparations/agents**
тиреотоксический психоз	thyrotoxic psychosis

ТИРЕОИДИТ

THYROIDITIS

I. аутоиммунный тиреоидит, лимфоматозный зоб, зоб Хашимото	I. autoimmune thyroiditis, lymphomatous goiter, Hashimoto's goiter
острый тиреоидит	acute thyroiditis
острый гнойный тиреоидит	acute suppurative thyroiditis
подострый/гранулематозный/гигантоклеточный тиреоидит, тиреоидит де Кервена	**subacute/granulomatous/gigantocellular** thyroiditis, de Quervin's thyroiditis
хронический фиброзный тиреоидит, зоб Риделя	chronic **fibrous/ligneous** thyroiditis, Riedel's **goiter/disease**

ЯИЧНИК см. стр. 441

OVARY, OVARIUM see p. 441

II. недостаточность яичников, гипогонадизм, гипогенитализм	II. deficient activity of the ovaries, hypogonadism, hypogenitalism

опухоль яичника
склерокистоз яичников, синдром Штейна-Левенталя
C. аменорея
климакс

раннее половое созревание

ЯИЧКО(И)

C. недостаточность функции яичек, гипогонадизм
дисгенезия семенных канальцев
мужской климакс
ослабление (усиление) полового влечения

▌ Вы похудели (прибавили в весе)?

На сколько килограммов и за какой период?

У вас хороший (плохой) аппетит?

Есть отвращение к пище?

Вы склонны к полноте?

Вы быстро похудели?

Когда вы отметили появление слабости, снижение аппетита?

У вас есть тошнота, рвота, понос

У вас бывает рвота, тошнота, не связанные с приемом пищи?

Вы раздражительны?

Страдаете бессонницей?

Вы часто впадаете в плохое настроение?
У вас часто меняется настроение (бывает плохое настроение)?

Вы хорошо спите?

У вас есть (сильные) головные боли?

Приступы головной боли сопровождаются тошнотой (рвотой, головокружением)?

ovarian **mass/tumour**
ovarian sclerocystitis,
Stein-Leventhal's syndrome
S. amenorrhea
[female] climacteric, menopause
early sexual puberty

TESTICLE(S), TESTIS (TESTES)

S. deficient activity of the testes, hypogonadism
dysgenesia/malformation of the seminiferous tubules
male climacteric
diminished (excessive) sexual desire

▌ Have you been losing (gaining) any weight?

How many kilogrammes have you lost (gained) and over what period of time?

Is your appetite good (poor)?

Do you feel an aversion to food?

Are you inclined to put on weight?

Have you lost weight quickly?

When did you first notice this weakness, loss of appetite?

Are you suffering from nausea, vomiting, diarrhea?

Do you ever vomit, or feel sick without any connection to your food intake?

Are you irritable?

Do you suffer from insomnia?

Do you often have bad moods?

Do you experience frequent changes of moods? (Are you often in a bad mood?)

Do you sleep well?

Do you suffer from (bad) headaches?

Are the headaches accompanied by nausea (vomiting, dizziness)?

Расслабьте кисти!	Relax your wrists
Вытяните руки!	Extend your arms
Раздвиньте пальцы!	Open your fingers
У вас дрожат руки?	Do your hands tremble?
Вы ощущаете слабость в ногах при ходьбе (при подъеме по лестнице)?	Do you feel any weakness in your legs when you walk (go upstairs)?
У вас бывает задержка менструации?	Do you have delayed periods?
У вас были выкидыши?	Have you had any miscarriages?
Менструации регулярные (отсутствуют)?	Are your periods regular (absent)?
С какого возраста?	Since what age?
Половое влечение снижено?	Is sexual desire diminished?
У вас бывают приливы (чувство жара)?	Do you have (hot) flushes?
Вас беспокоят сердцебиения (колющие боли в области сердца, одышка)?	Are you troubled by your heart beating (a piercing pain near your heart, shortage of breath)?
У вас нарушен менструальный цикл?	Is your menstrual cycle disrupted?
У вас были преждевременные роды (самопроизвольные аборты, мертворождения)?	Did you have premature labour (spontaneous abortions)? Have you ever given birth to a still-born child?
У вас плохая (хорошая) память?	Is your memory bad (good)?
У вас плохое зрение?	Is your sight poor?
У вас есть ощущение песка в глазах (двоение, слезоточивость)?	Do you have a gritty feeling in your eyes? (Do you see double? Are you troubled by persistent eyewatering?)
У вас есть боль в мышцах?	Do you feel pain in your muscles?
Волосы ломкие (сухие, усиленно выпадают)?	Is your hair brittle (dry)? Does your hair fall out a lot?
У вас есть зуд кожи?	Does your skin itch?
Вы часто спотыкаетесь при ходьбе?	Do you often stumble when you walk?
У вас часто бывают переломы?	Do you often suffer from fractures?
Переломы возникают самопроизвольно (безболезненны, длительно заживают)?	Do fractures arise spontaneously? (Are they painless? Do they take a long time to heal?)
У вас бывают приступы болей в животе?	Do you have abdominal pains?

У вас усилено выпадение волос на лобке (под мышками)?

У вас бывают приступы удушья (сухой кашель), затруднение при проглатывании пищи, охриплость?

Боль возникает остро (при глотании, поворотах головы, кашле)?

Боль отдает в нижнюю челюсть, уши, затылок?

Наклоните слегка голову вперед!

У вас есть чувство кома (давления, утолщения) на передней поверхности шеи?

В рационе резко ограничьте мясо

Исключите из рациона горох, бобы, орехи, бананы, печеный картофель, какао и другие продукты, содержащие большое количество калия

Стул оформленный (жидкий, неустойчивый)?

▲ Половое развитие нормальное, (несколько) задержано

Половая система недоразвита

Вторичные половые признаки отсутствуют

Половое влечение ослаблено (усилено)

Отмечается гинекомастия, малые размеры мошонки (полового члена, яичек), крипторхизм

Кожа сухая (влажная, морщинистая, бледная, атрофичная, толстая, грубая, пастозная, землистого (желтого) оттенка, с повышенной функцией сальных желез)

Тургор кожи снижен

Волосы редкие (отсутствуют)

Подкожно-жировой слой выражен слабо (полностью утрачен)

Does your pubic (underarm) hair fall out intensively?

Do you have choking attacks (a dry cough), difficulty in swallowing food? Do you suffer from hoarseness?

Does the pain become acute (when you swallow, turn your head, cough)?

Does the pain extend into the lower jaw, ears, back of the head?

Bend your head slightly forward.

Do you have a sensation of a lump (pressure, thickening) at the front of the neck?

Cut down sharply on the amount of meat you eat

Cut out peas, beans, nuts, bananas, baked potatoes, cocoa and other foodstuffs from your diet with a high potassium content

Is your stool formed (loose, unstable)?

▲ Sex[ual development] is normal, (somewhat) delayed

The sexual system is underdeveloped

Secondary sexual signs are absent

Sexual desire is diminished (increased)

There is gynecomastia, [a] small scrotum (penis, testes), cryptorchism

The skin is dry (moist, wrinkled, pale, atrophic, thick, rough, pasty, earth (yellow)-coloured with excessive activity of the sebaceous glands)

Turgor of the skin is diminished

The hair is thin (absent)

Subcutaneous fat is poorly developed (completely used up)

Отмечается резкое истощение (преждевременное старение)	There is marked cachexia (premature ageing)
Отмечается недоразвитие молочных желез (матки, яичников), гипертрофия клитора, отсутствие менструации	There is atresia of the mammary glands (uterus, ovaries), a hypertrophic clitoris, amenorrhea
Рост волос на лобке по мужскому типу	Growth of pubic hair as in men
Для установления генетического пола исследуйте половой хроматин	To establish genetic sex, have the sex chromatin tested
Половой хроматин положительный (отсутствует)	The sex chromatin is positive (is absent)
Телосложение мужское (женское)	Male (female) constitution
Телосложение пропорционально	The body is well-proportioned
Созревание скелета отстает от «паспортного возраста»	The skeletal development lags behind the actual age
Отмечается непропорциональная задержка роста	There is a non-proportional delay of growth
Наблюдается увеличение надбровных дуг (скуловых костей, ушных раковин, носа, губ, языка, кистей, стоп, пяточных костей)	There are (is) enlarged superciliary arches (zygomatic bones, ear auricles, nose, lips, tongue, wrists, feet, heel bones)
Больной(ая) жалуется на снижение памяти, апатию, сонливость	The patient complains of a bad memory, apathy, drowsiness
Жалобы на прибавку в весе (похудание)	The complaints include weight gain (loss)
Умственное и физическое развитие задержано	Mental and physical development is retarded
Функция щитовидной железы не нарушена (повышена, понижена)	Thyroid gland function is not disturbed (excessive, diminished)
Щитовидная железа мягкой (умеренно плотной) консистенции, подвижная, не спаянная с подлежащими тканями)	The thyroid is of soft (moderately compact) consistency, mobile, not fused with underlying tissue
В щитовидной железе определяются плотные узлы	There are compact nodes in the thyroid gland
Щитовидная железа резко болезненная при пальпации (увеличена в размере)	The thyroid is markedly tender on palpation (enlarged in size)
Щитовидная железа каменной плотности с гладкой поверхностью	The thyroid is of fibrous density with a smooth surface
Основной обмен повышен (понижен)	The **BMR/Basal Metabolism Rate** is raised (lowered)

Поглощение радиоактивного йода щитовидной железой уменьшено (повышено, в пределах нормы)	Radioactive iodine uptake is decreased (increased, within the normal limits)
Содержание сахара в крови натощак в пределах нормы (ниже нормы, повышено)	**FBS/Fasting Blood Sugar** is within normal limits (below normal limits, above normal limits)
Лицо гиперемировано. Кожа влажная	The face is reddened. The skin is moist
Тонус мышц повышен	Muscular tone is heightened
Наблюдаются судороги, обильное потоотделение	There are cramps, profuse sweating
Сухожильные и периостальные рефлексы повышены	Tendon and periosteal reflexes are hyperactive
Симптом Бабинского положительный	Babynsky's symptom is positive
Больной потерял сознание	The patient lost consciousness
Отмечается арефлексия, понижение температуры тела, брадикардия, поверхностное дыхание	There is areflexia, low body temperature, bradycardia, shallow breathing
У больного(ой) приступ гипогликемии	The patient has an attack of hypoglycemia
Введите внутривенно 20-200 мл 40% глюкозы	Administer 20-200 ml of 40 per cent glucose intravenously
После введения глюкозы приступ купировался	After the administration of glucose, the attack stopped
Содержание свободного (связанного) инсулина в крови нормальное (повышено)	The content of free (combined) insulin in the blood is normal (excessive)
Определите содержание сахара в суточном количестве мочи	Determine the sugar content in the daily urine
Произведена инсулиномэктомия	Insulomectomy has been performed
Отмечается: широкие багровые стрии на коже живота (плеч, бедер), высокие показатели артериального давления, нарушение углеводного обмена	There are: broad crimson striae on the skin of the abdomen (shoulders, thighs), high arterial pressure, disturbance of the carbohydrate metabolism
Развитие подкожно-жировой клетчатки по женскому типу	Development of subcutaneous fat as in women
Лицо округлое (лунообразное, безжизненное, маскообразное)	The face is round (moonlike, lifeless, masklike)
Жалобы на утомляемость, сонливость, резкую прибавку в весе, снижение работоспособности	Complaints include fatigue, drowsiness, considerable weight gain, reduced capacity for work

Уровень йода, связанного с белками плазмы, на нижней границе нормы (ниже нормы)	**PBI/Protein-Bound-Iodine** is at the lower limit of normal (below normal)
Основной обмен понижен (повышен)	The **BMR/Basal Metabolism Rate** is low (high)
Турецкое седло уменьшено (нормальное, увеличено)	Turkish saddle is diminished (normal, enlarged)
Отмечается деструкция стенок турецкого седла (изменение формы турецкого седла)	There is destruction of the Turkish saddle walls (some change in the form of the Turkish saddle)
Интеллект сохранен (снижен)	Intellect is retained (diminished)
Жалобы на расстройство менструального цикла, выделение молока из молочных желез, не связанное с беременностью и кормлением ребенка, снижение остроты зрения	Complaints include an irregular menstrual cycle, production of milk from the mammary glands not related to pregnancy and nursing, diminished vision
Содержание сахара в крови на нижней границе нормы	Blood sugar content is at the lower limit of normal
Экскреция с мочой 17-КС и 17-ОКС снижена (нормальная)	Excretion of 17-corticosteroids and 17-oxycorticosteroids in the urine is diminished (normal)
Отмечается гиперплазия небных миндалин, лимфатических узлов, слюнотечение	There is hyperplasia of the palatine tonsils, lymph nodes, hypersalivation
Жевание и глотание затруднено	Mastication and swallowing are difficult
Наблюдается изъязвление слизистых оболочек желудочно-кишечного тракта, хронический гастрит	There is mucosal ulceration of the gastrointestinal tract, chronic gastritis
Внутриглазное давление понижено	Intraocular pressure is reduced
Отмечаются клонические судороги	There are clonic cramps
Сознание сохранено (отсутствует)	Consciousness is retained (absent)
Отмечается запах ацетона изо рта	There is a smell of acetone on the breath
Проба Торна отрицательная (положительная)	Thorn's test is negative (positive)
Индекс водной пробы меньше 25 (выше 30)	The water test index is below 25 (above 30)
Содержание АКТГ в плазме крови повышено (понижено)	The ACTH content in the blood plasma is high (low)
У больного(ой) аддисонический криз	The patient is suffering an addisonic crisis

Введите внутривенно капельно 2-3 л 5% раствора глюкозы на изотоническом растворе хлорида натрия с добавлением 100-300 мг гидрокортизона	Administer 2-3 l of 5 per cent glucose solution containing isotonic sodium chloride solution with the addition of 100-300 mg of hydrocortisone, intravenously drop by drop
Артериальное давление резко снижено. Добавьте в капельницу 1-3 мл адреналина (норадреналина, мезатона)	Arterial pressure is markedly lowered. Add 1-3 ml of adrenalin (norepinephrine, phenylephrine hydrochloride) to the dropper
Больной жалуется на головную боль, одышку, сильные боли в животе, рвоту, понос	The patient complains of headaches, dyspnea, severe abdominal pains, vomiting, diarrhea
Отмечается резкое нервное возбуждение, судороги, озноб, цианоз, высокая температура, обширные кожные петехиальные кровоизлияния	There is marked nervous excitement, cramps, chills, cyanosis, a high temperature, extensive dermal petechial hemorrhage
Жалобы на приступы мышечной слабости, судороги, обильное и частое мочеиспускание, одышку, сердцебиение	The complaints include attacks of muscular weakness, cramps, profuse and frequent micturition, dyspnea, palpitations
Симптомы Хвостека и Труссо положительные	The Chvostek and Trousseau symptoms are positive
Содержание альдостерона в крови повышено	The aldosterone content in the blood is increased
Активность ренина плазмы снижена	The activity of plasma renin is diminished
Проведите пробу с введением альдактона	Carry out the test with the administration of spironolactone
Альдостерома удалена	Aldosteroma has been removed
Назначьте заместительную терапию	Order substitution therapy
Уровень в крови тестостерона повышен, эстрогенов снижен	The testosterone level in the blood is high, that of estrogens is low
Облысение по мужскому типу	Alopecia develops as in men
Психика женская	The psyche is female
Яичники отсутствуют	There are no ovaries
На пневмогинекограммах обнаружена гипоплазия полового аппарата	Pneumogynecograms show hypoplasia of the apparatus genitalis
Содержание катехоламинов в моче повышено	The catecholamine content in the urine is increased
Жалобы на расстройство менструального цикла, бесплодие,	The complaints include an irregular menstrual

| повышенный аппетит, наклонность к запорам, апатию сонливость, вялость, выраженную прибавку в весе | cycle, sterility, excessive appetite, a tendency to constipation, apathy, drowsiness, flaccidity, a pronounced weight gain |

ПРИЛОЖЕНИЕ
APPENDIX

ИЛЛЮСТРАЦИИ
ILLUSTRATIONS

РИС. 1
FIG. 1

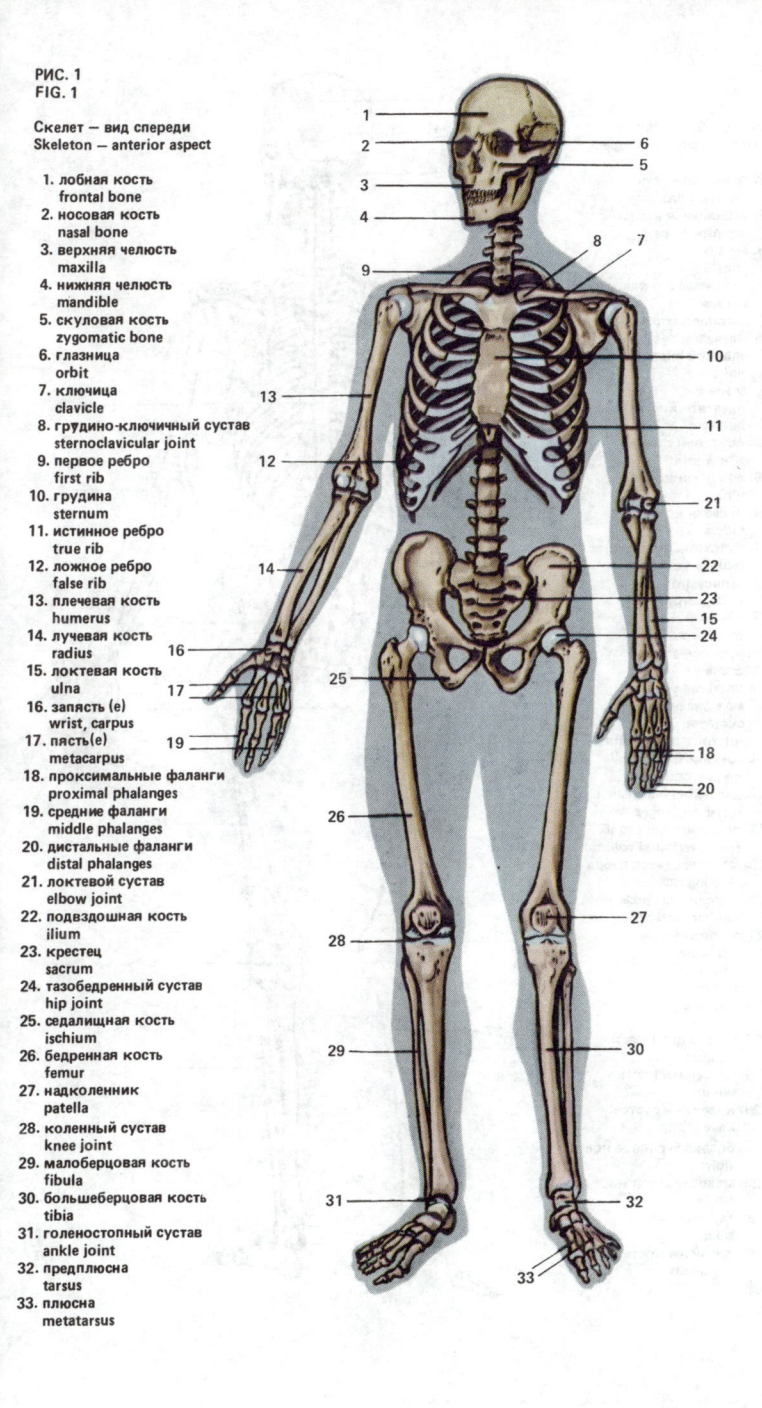

Скелет — вид спереди
Skeleton — anterior aspect

1. лобная кость
   frontal bone
2. носовая кость
   nasal bone
3. верхняя челюсть
   maxilla
4. нижняя челюсть
   mandible
5. скуловая кость
   zygomatic bone
6. глазница
   orbit
7. ключица
   clavicle
8. грудино-ключичный сустав
   sternoclavicular joint
9. первое ребро
   first rib
10. грудина
    sternum
11. истинное ребро
    true rib
12. ложное ребро
    false rib
13. плечевая кость
    humerus
14. лучевая кость
    radius
15. локтевая кость
    ulna
16. запясть (е)
    wrist, carpus
17. пясть (е)
    metacarpus
18. проксимальные фаланги
    proximal phalanges
19. средние фаланги
    middle phalanges
20. дистальные фаланги
    distal phalanges
21. локтевой сустав
    elbow joint
22. подвздошная кость
    ilium
23. крестец
    sacrum
24. тазобедренный сустав
    hip joint
25. седалищная кость
    ischium
26. бедренная кость
    femur
27. надколенник
    patella
28. коленный сустав
    knee joint
29. малоберцовая кость
    fibula
30. большеберцовая кость
    tibia
31. голеностопный сустав
    ankle joint
32. предплюсна
    tarsus
33. плюсна
    metatarsus

РИС. 2
FIG. 2

Скелет — вид сзади
Skeleton — posterior aspect

1. теменная кость
   parietal bone
2. затылочная кость
   occipital bone
3. атлант
   atlas
4. акромиально-ключичный сустав
   acromioclavicular joint
5. плечевой сустав
   shoulder joint
6. лопатка
   scapula
7. плечевая кость
   humerus
8. локтевой сустав
   elbow joint
9. локтевая кость
   ulna
10. лучевая кость
    radius
11. лучезапястный сустав
    radiocarpal joint
12. запясть(е)
    wrist, carpus
13. пясть(е)
    metacarpus
14. проксимальные фаланги
    proximal phalanges
15. межфаланговые суставы
    interphalangeal joints
16. средние фаланги
    middle phalanges
17. дистальные фаланги
    distal phalanges
18. позвоночный столб
    spine, vertebral column
19. колеблющиеся рёбра
    floating ribs
20. поясничные позвонки
    lumbar vertebrae
21. тазовая кость
    hip bone
22. крестец
    sacrum
23. копчик
    coccyx
24. седалищная кость
    ischium
25. бедренная кость
    femur
26. коленный сустав
    knee joint
27. большеберцовая кость
    tibia
28. малоберцовая кость
    fibula
29. таранная кость
    talus
30. пяточная кость
    calcaneus

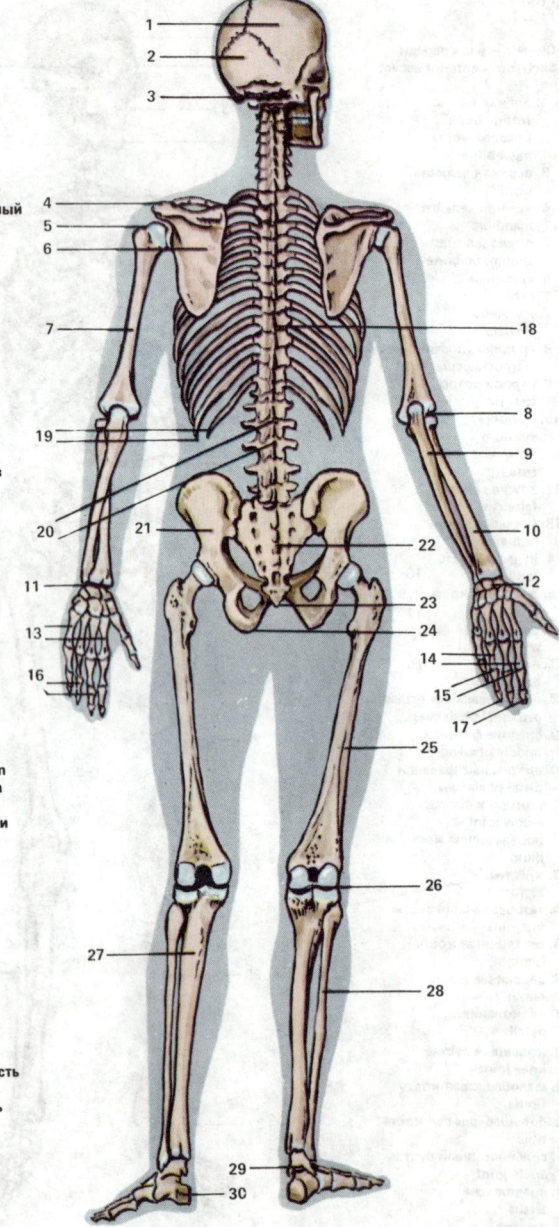

РИС. 3
FIG. 3

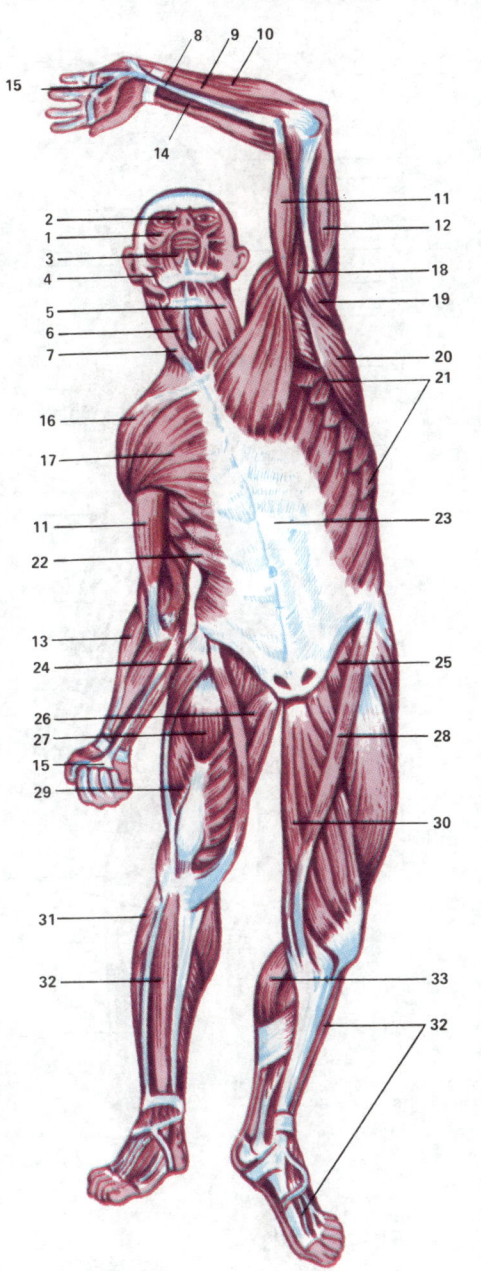

Мышцы — вид спереди
Muscles — anterior aspect

1. круговая мышца глаза
   orbicularis oculi
2. мышца гордецов
   procerus
3. круговая мышца рта
   orbicularis oris
4. жевательная мышца
   masseter
5. подкожная мышца шеи
   platysma
6. грудино-подъязычная мышца
   sternohyoid
7. грудино-ключично-сосцевидная мышца
   sternocleidomastoid
8. длинная ладонная мышца
   palmaris longus
9. поверхностный сгибатель пальцев
   flexor digitorum superficialis
10. локтевой сгибатель запястья
    flexor carpi ulnaris
11. двуглавая мышца плеча
    biceps
12. трехглавая мышца плеча
    triceps
13. плечелучевая мышца
    brachioradialis
14. лучевой сгибатель запястья
    flexor carpi radialis
15. ладонный апоневроз
    palmar aponeurosis
16. дельтовидная мышца
    deltoid
17. большая грудная мышца
    pectoralis major
18. клювовидно-плечевая мышца
    coracobrachialis
19. большая круглая мышца
    teres major
20. широчайшая мышца спины
    latissimus dorsi
21. передняя зубчатая мышца
    serratus anterior
22. наружная косая мышца живота
    external oblique of abdomen
23. прямая мышца живота
    rectus abdominis
24. напрягатель широкой фасции
    tensor fascial latae
25. подвздошно-поясничная мышца
    iliopsoas
26. медиальная широкая мышца бедра
    vastus mediales
27. прямая мышца бедра
    rectus femoris
28. портняжная мышца
    sartorius
29. латеральная широкая мышца бедра
    vastus lateralis
30. тонкая мышца
    gracilis
31. длинная малоберцовая мышца
    peroneus longus
32. передняя большеберцовая мышца
    tibialis anterior
33. икроножная мышца
    gastrocnemius

РИС. 4
FIG. 4

Мышцы — вид сзади
Muscles — posterior aspect

1. затылочное брюшко затылочно-лобной мышцы
   occipitalis
2. ременная мышца головы
   splenius capitis
3. грудино-ключично-сосцевидная мышца
   sternocleidomastoid
4. удерживатель разгибателей
   extensor retinaculum
5. двуглавая мышца плеча
   biceps
6. трехглавая мышца плеча
   triceps
7. дельтовидная мышца
   deltoid
8. длинный лучевой разгибатель запястья
   extensor carpi radialis longus
9. разгибатель пальцев
   extensor digitorum
10. большая круглая мышца
    teres major
11. малая круглая мышца
    teres minor
12. большая ромбовидная мышца
    rhomboid major
13. широчайшая мышца спины
    latissimus dorsi
14. напрягатель широкой фасции
    tensor fascial latae
15. большая ягодичная мышца
    gluteus maximus
16. двуглавая мышца бедра
    biceps femoris
17. полуперепончатая мышца
    semimembranosus
18. длинная малоберцовая мышца
    peroneus longus
19. икроножная мышца
    gastrocnemius
20. камбаловидная мышца
    soleus
21. пяточное (ахиллово) сухожилие
    tendo calcaneus
22. длинный разгибатель пальцев
    extensor digitorum longus

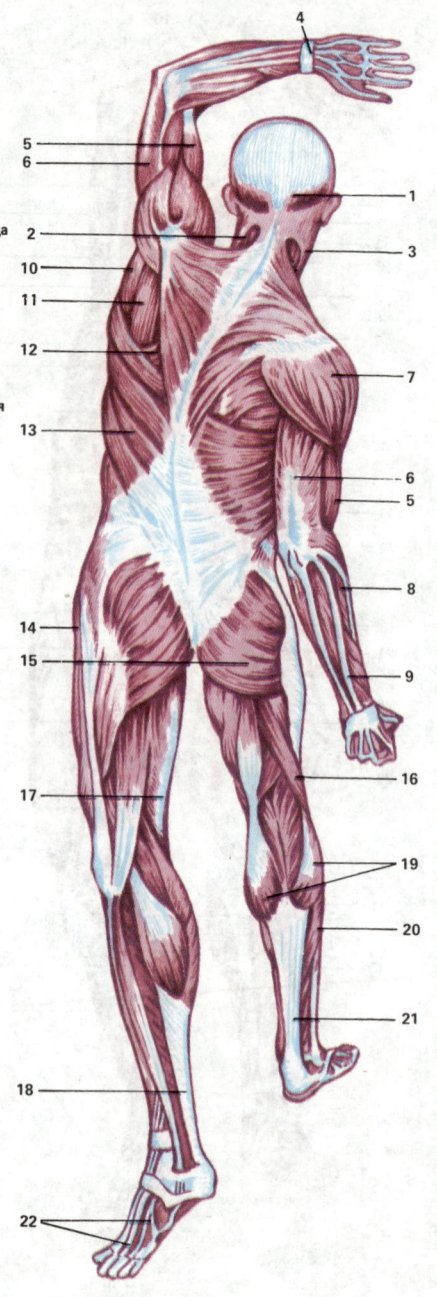

РИС. 5
FIG. 5

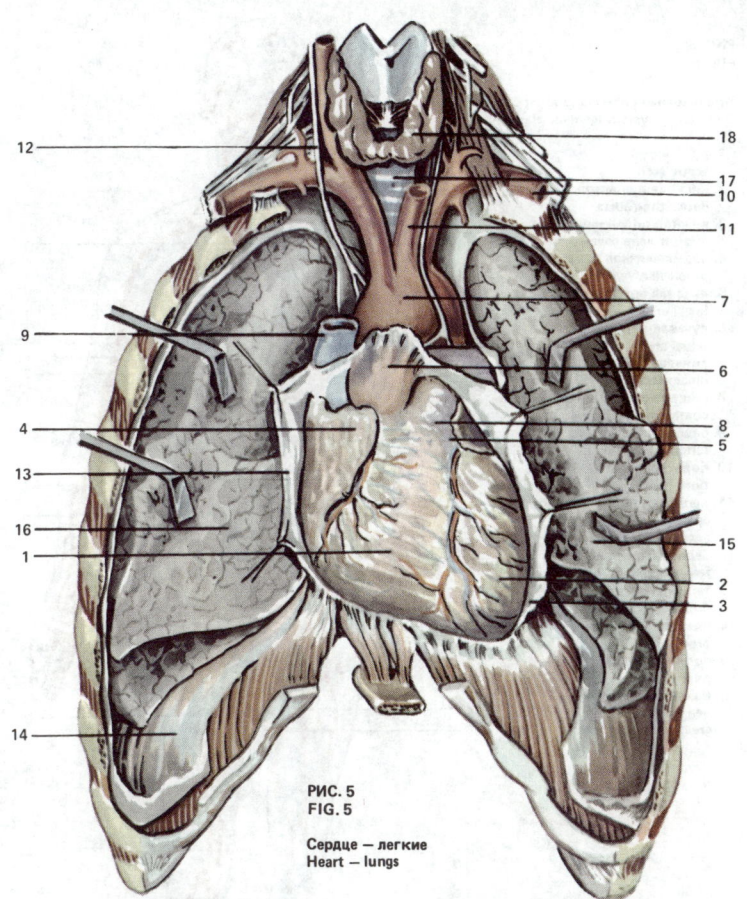

Сердце — легкие
Heart — lungs

1. правый желудочек
   right ventricle
2. левый желудочек
   left ventricle
3. верхушка сердца
   apex of the heart
4. правое ушко сердца
   right auricle
5. левое ушко сердца
   left auricle
6. восходящая аорта
   ascending aorta
7. дуга аорты
   aortic arch
8. легочный ствол
   pulmonary trunk
9. верхняя полая вена
   superior vena cava
10. левая подключичная артерия
    left subclavian artery
11. левая общая сонная артерия
    left common carotid artery
12. блуждающий нерв
    nervus vagus
13. перикард
    pericardium
14. диафрагмальная плевра
    diaphragmal pleura
15. левое легкое
    left lung
16. правое легкое
    right lung
17. трахея
    trachea
18. щитовидная железа
    thyroid gland

РИС. 6
FIG. 6

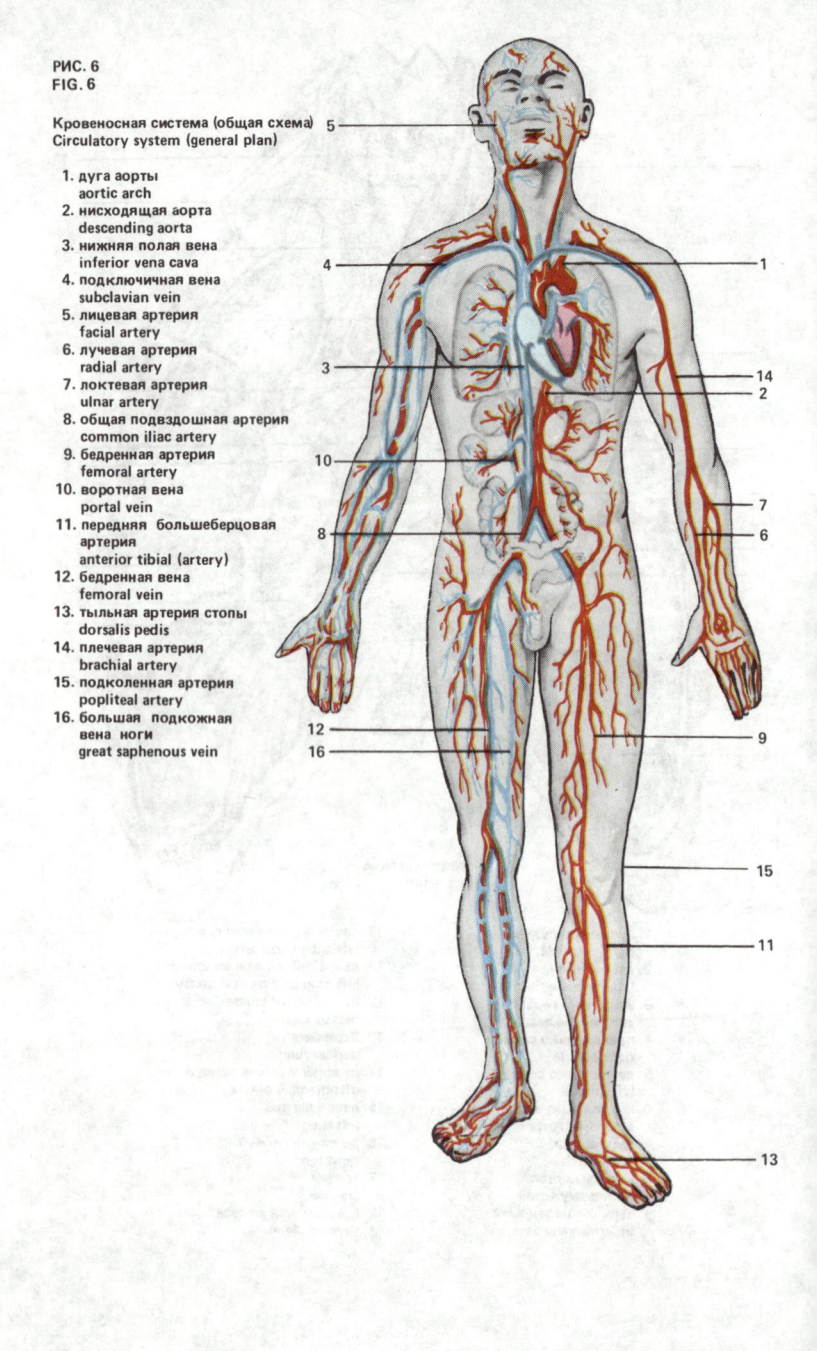

Кровеносная система (общая схема)
Circulatory system (general plan)

1. дуга аорты
   aortic arch
2. нисходящая аорта
   descending aorta
3. нижняя полая вена
   inferior vena cava
4. подключичная вена
   subclavian vein
5. лицевая артерия
   facial artery
6. лучевая артерия
   radial artery
7. локтевая артерия
   ulnar artery
8. общая подвздошная артерия
   common iliac artery
9. бедренная артерия
   femoral artery
10. воротная вена
    portal vein
11. передняя большеберцовая артерия
    anterior tibial (artery)
12. бедренная вена
    femoral vein
13. тыльная артерия стопы
    dorsalis pedis
14. плечевая артерия
    brachial artery
15. подколенная артерия
    popliteal artery
16. большая подкожная вена ноги
    great saphenous vein

РИС. 7
FIG. 7

Нервная система
Nervous system

1. головной мозг
   cerebrum
2. мозжечок
   cerebellum
3. лобная доля
   frontal lobe
4. теменная доля
   parietal lobe
5. затылочная доля
   occipital lobe
6. височная доля
   temporal lobe
7. спинной мозг
   spinal cord
8. мост
   pons
9. шейное сплетение
   cervical plexus
10. плечевое сплетение
    brachial plexus
11. поясничное сплетение
    lumbar plexus
12. крестцовое сплетение
    sacral plexus
13. межреберные нервы
    intercostal nerves
14. симпатический ствол
    sympathetic trunk
15. срединный нерв
    median nerve
16. локтевой нерв
    ulnar nerve
17. лучевой нерв
    radial nerve
18. бедренный нерв
    femoral nerve
19. седалищный нерв
    sciatic nerve
20. подкожный нерв
    saphenous nerve
21. большеберцовый нерв
    tibial nerve
22. общий малоберцовый нерв
    common peroneal nerve

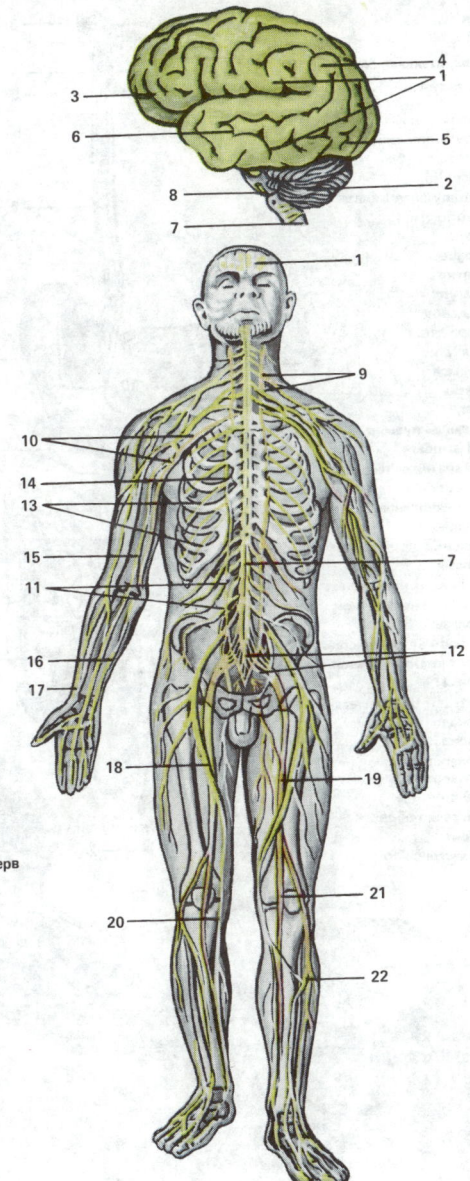

РИС. 8
FIG. 8

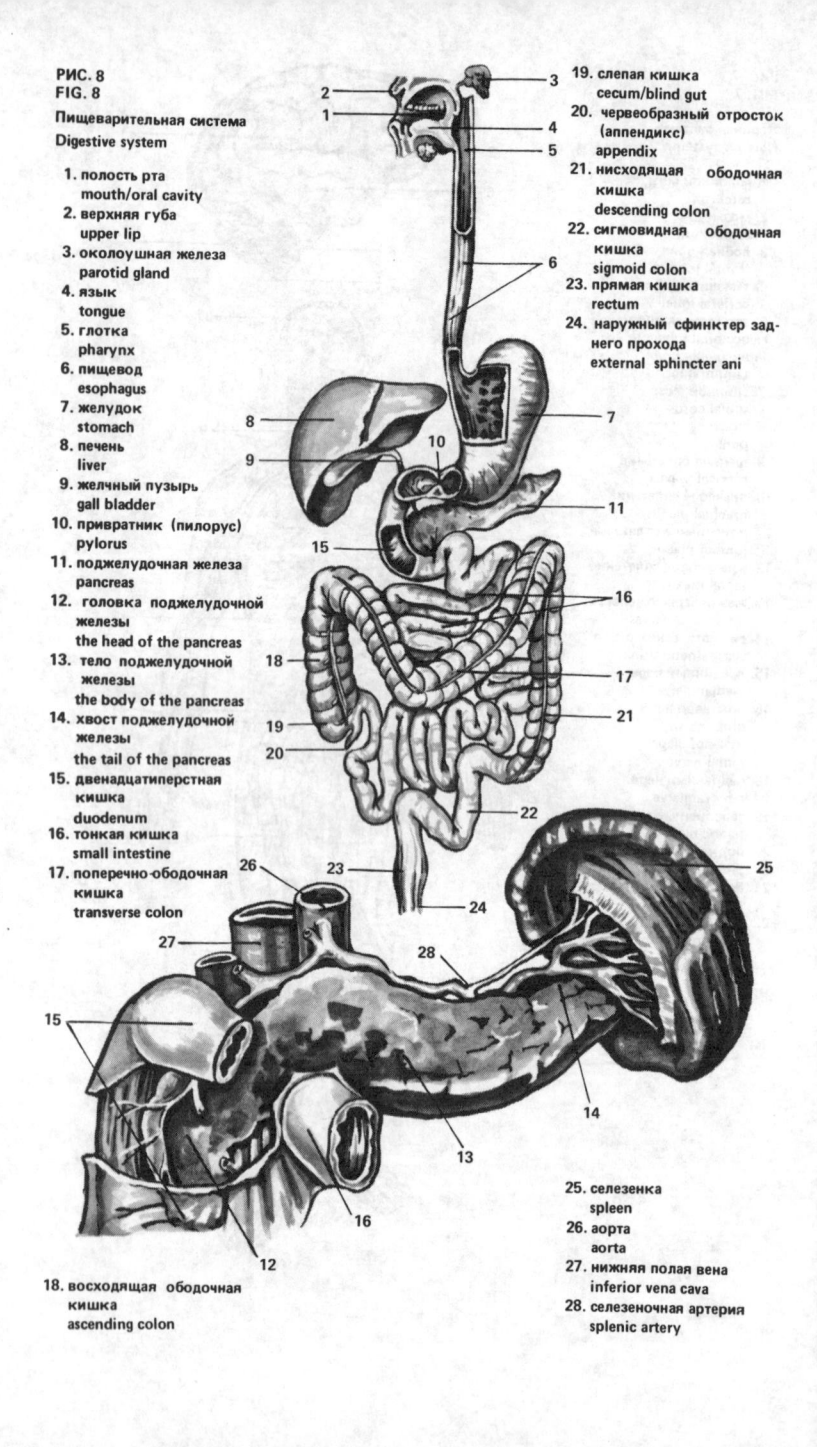

Пищеварительная система
Digestive system

1. полость рта
   mouth/oral cavity
2. верхняя губа
   upper lip
3. околоушная железа
   parotid gland
4. язык
   tongue
5. глотка
   pharynx
6. пищевод
   esophagus
7. желудок
   stomach
8. печень
   liver
9. желчный пузырь
   gall bladder
10. привратник (пилорус)
    pylorus
11. поджелудочная железа
    pancreas
12. головка поджелудочной железы
    the head of the pancreas
13. тело поджелудочной железы
    the body of the pancreas
14. хвост поджелудочной железы
    the tail of the pancreas
15. двенадцатиперстная кишка
    duodenum
16. тонкая кишка
    small intestine
17. поперечно-ободочная кишка
    transverse colon
18. восходящая ободочная кишка
    ascending colon
19. слепая кишка
    cecum/blind gut
20. червеобразный отросток (аппендикс)
    appendix
21. нисходящая ободочная кишка
    descending colon
22. сигмовидная ободочная кишка
    sigmoid colon
23. прямая кишка
    rectum
24. наружный сфинктер заднего прохода
    external sphincter ani
25. селезенка
    spleen
26. аорта
    aorta
27. нижняя полая вена
    inferior vena cava
28. селезеночная артерия
    splenic artery

РИС. 9
FIG. 9

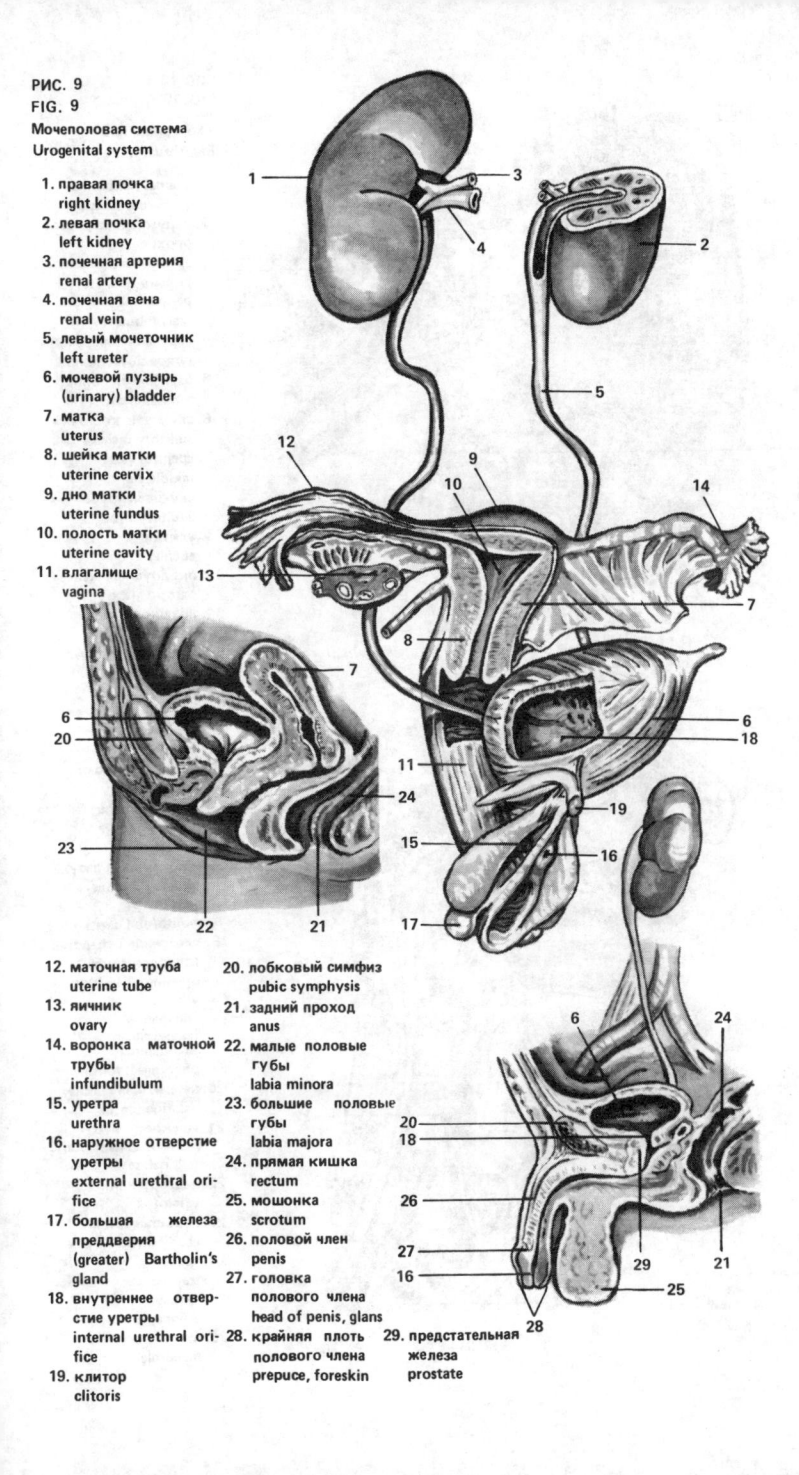

Мочеполовая система
Urogenital system

1. правая почка
   right kidney
2. левая почка
   left kidney
3. почечная артерия
   renal artery
4. почечная вена
   renal vein
5. левый мочеточник
   left ureter
6. мочевой пузырь
   (urinary) bladder
7. матка
   uterus
8. шейка матки
   uterine cervix
9. дно матки
   uterine fundus
10. полость матки
    uterine cavity
11. влагалище
    vagina

12. маточная труба
    uterine tube
13. яичник
    ovary
14. воронка маточной трубы
    infundibulum
15. уретра
    urethra
16. наружное отверстие уретры
    external urethral orifice
17. большая железа преддверия
    (greater) Bartholin's gland
18. внутреннее отверстие уретры
    internal urethral orifice
19. клитор
    clitoris
20. лобковый симфиз
    pubic symphysis
21. задний проход
    anus
22. малые половые губы
    labia minora
23. большие половые губы
    labia majora
24. прямая кишка
    rectum
25. мошонка
    scrotum
26. половой член
    penis
27. головка полового члена
    head of penis, glans
28. крайняя плоть полового члена
    prepuce, foreskin
29. предстательная железа
    prostate

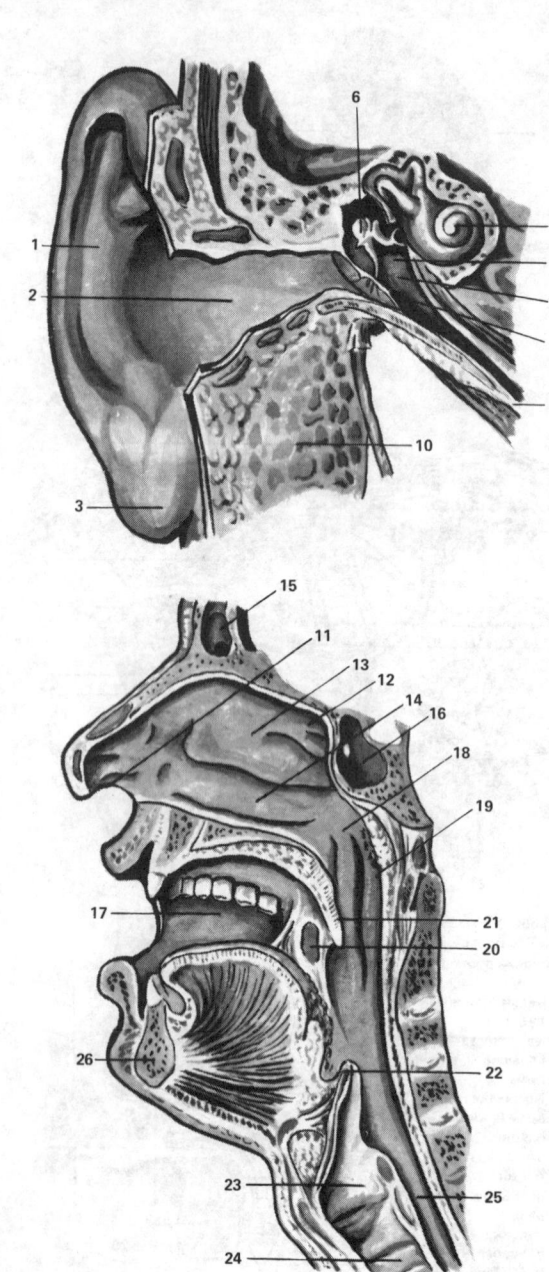

РИС. 10
FIG. 10

Ухо, горло, нос
Ear, throat, nose

1. ушная раковина
   pinna/ear auricle
2. наружный слуховой проход
   external acoustic meatus
3. долька ушной раковины (мочка)
   (ear) lobule
4. барабанная перепонка
   tympanic membrane
5. барабанная полость
   tympanic cavity
6. слуховые косточки
   auditory ossicles
7. среднее ухо
   middle ear
8. слуховая труба
   auditory tube
9. улитка
   cochlea
10. околоушная железа
    parotid gland
11. ноздри
    nostrils
12. верхняя носовая раковина
    superior concha
13. средняя носовая раковина
    middle concha
14. нижняя носовая раковина
    inferior concha
15. лобная пазуха
    frontal sinus
16. клиновидная пазуха
    sphenoidal sinus
17. полость рта
    mouth/oral cavity
18. глоточное отверстие слуховой трубы
    opening of auditory tube
19. глоточная (аденоидная) миндалина
    pharyngeal tonsil
20. небная миндалина
    palatine tonsil
21. мягкое небо (небная занавеска)
    soft palate
22. надгортанник
    epiglottis
23. полость гортани
    cavity of the larynx
24. трахея
    trachea
25. пищевод
    esophagus
26. нижняя челюсть
    mandible

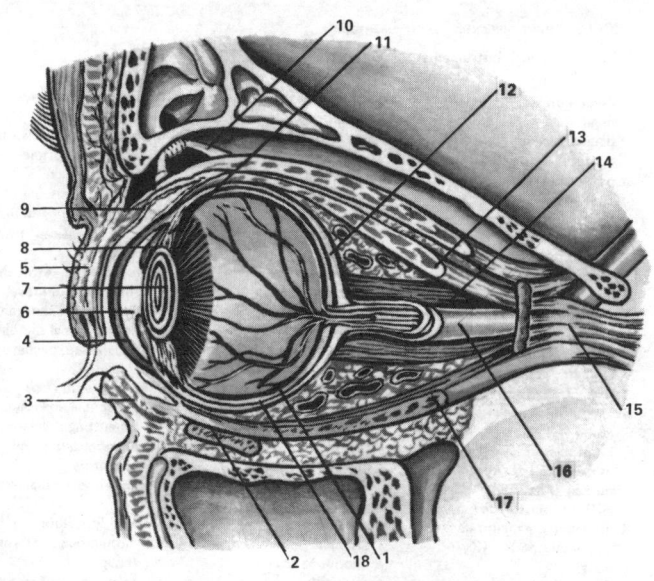

РИС. 11
FIG. 11
Глаз
Eye

1. сетчатка
   retina
2. нижняя косая мышца
   inferior oblique
3. нижнее веко
   lower lid
4. роговица
   cornea
5. верхнее веко
   upper lid
6. передняя камера глазного яблока
   anterior chamber
7. хрусталик
   (crystalline) lens
8. радужка
   iris
9. конъюнктива
   conjunctiva
10. верхняя косая мышца
    superior oblique
11. ресничное тело
    ciliary body
12. сосудистая оболочка глазного яблока
    choroid
13. верхняя прямая мышца
    superior rectus
14. медиальная прямая мышца
    medial rectus
15. латеральная прямая мышца
    lateral rectus
16. зрительный нерв
    optic nerve
17. нижняя прямая мышца
    inferior rectus
18. склера
    sclera

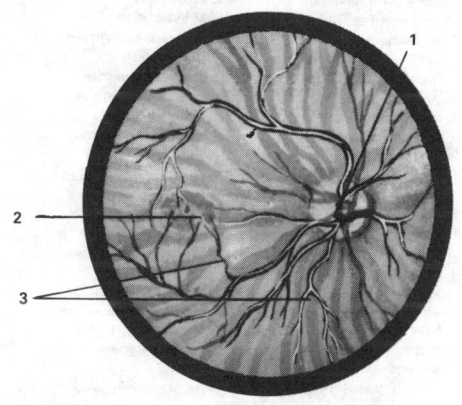

РИС. 11ᵃ
FIG. 11ᵃ
Глазное дно
Fundus of the eye

1. диск зрительного нерва
   optic disc
2. пятно
   macula
3. сосуды
   vessels

РИС. 12 Хирургический инструментарий

FIG. 12 Surgical instruments

1. брюшистый скальпель
   bellied scalpel, general operating knife
2. остроконечный скальпель
   sharp-pointed scalpel
3. ампутационный нож
   amputating knife
4. брюшистый резекционный нож
   bellied excision knife
5. прямые остроконечные ножницы
   straight pointed scissors
6. тупоконечные ножницы
   blunt scissors
7. ножницы изогнутые по оси (Рихтера)
   Richter's scissors
8. ножницы изогнутые по плоскости (Купера)
   Cooper's scissors
9. сосудистые ножницы
   blood vessel scissors
10. хирургический пинцет
    (dressing) thumb forceps
11. лапчатый пинцет
    tenaculum forceps
12. анатомический пинцет
    surgical forceps
13. прямой зажим с длинными губками без зубцов, прямой зажим Бильрота
    straight Billroth's hemostatic forceps
14. изогнутый зажим с длинными губками без зубцов, изогнутый зажим Бильрота
    curved Billroth's hemostatic forceps
15. прямой зубчатый зажим, прямой зажим Кохера
    straight Kocher's clamp
16. изогнутый зубчатый зажим, изогнутый зажим Кохера
    curved Kocher's clamp
17. прямой зажим типа „москит"
    straight hemostatic „mosquito" forceps
18. изогнутый зажим типа „москит"
    curved hemostatic „mosquito" forceps
19. пуговчатые зонды
    bulbous-end probes
20. желобоватый зонд
    grooved probe
21. пластинчатый хирургический крючок (Фарабефа)
    S-shaped laminar surgical hook by Farabef; plate surgical retractor
22. острый четырехзубый крючок
    sharp four-toothed retractor
23. зажимы для операционного белья
    towel clips
24. зажим Микулича
    Mikulicz clamp
25. кожные хирургические иглы
    skin suture needles
26. кишечные хирургические иглы
    intestinal suture needles
27. лигатурная игла Дешана
    Deschamp's needle
28. иглодержатель с изогнутыми ручками (Матье)
    Matye's needle-holder
29. иглодержатель с прямыми кольцевыми ручками (Гегара)
    Hegar's needle-holder
30. ручной трепан с набором фрез
    manual/hand trepan with cutters
31. кусачки Дальгрена
    Dalgren's forceps
32. автоматический ранорасширитель Адсона
    automatic dila(ta)tor by Adson
33. проволочная пила
    wire file
34. нейрохирургические ножницы
    neurosurgical scissors
35. нейрохирургический пинцет
    brain forceps
36. окончатый пинцет для удаления опухоли
    fenestrated forceps for tumour removal
37. мозговой шпатель
    neurosurgical spatula
38. реберный распатор Дуайена
    Duaen's rib rasp
39. реберные ножницы
    rib-cutting shears
40. ранорасширители
    retractors
41. проволочное зеркало
    wire speculum
42. окончатый зажим Люэра
    Luer's clamp/forceps
43. зеркало для брюшной стенки
    abdominal retractor
44. зеркало для отведения печени
    liver retractor
45. эластический кишечный зажим
    non-crushing clamp, spring intestinal clamp
46. жесткий кишечный зажим
    stiff intestinal clamp
47. раздавливающий кишечный жом, жом Пайра
    Payer clamp
48. зажим для желчного пузыря
    gall-bladder forceps
49. ложки для удаления желчных камней
    gall stone scoops
50. троакары
    troc(h)ars
51. ректальное зеркало
    rectal speculum
52. геморроидальные окончатые щипцы
    fenestrated hemorrhoidal forceps

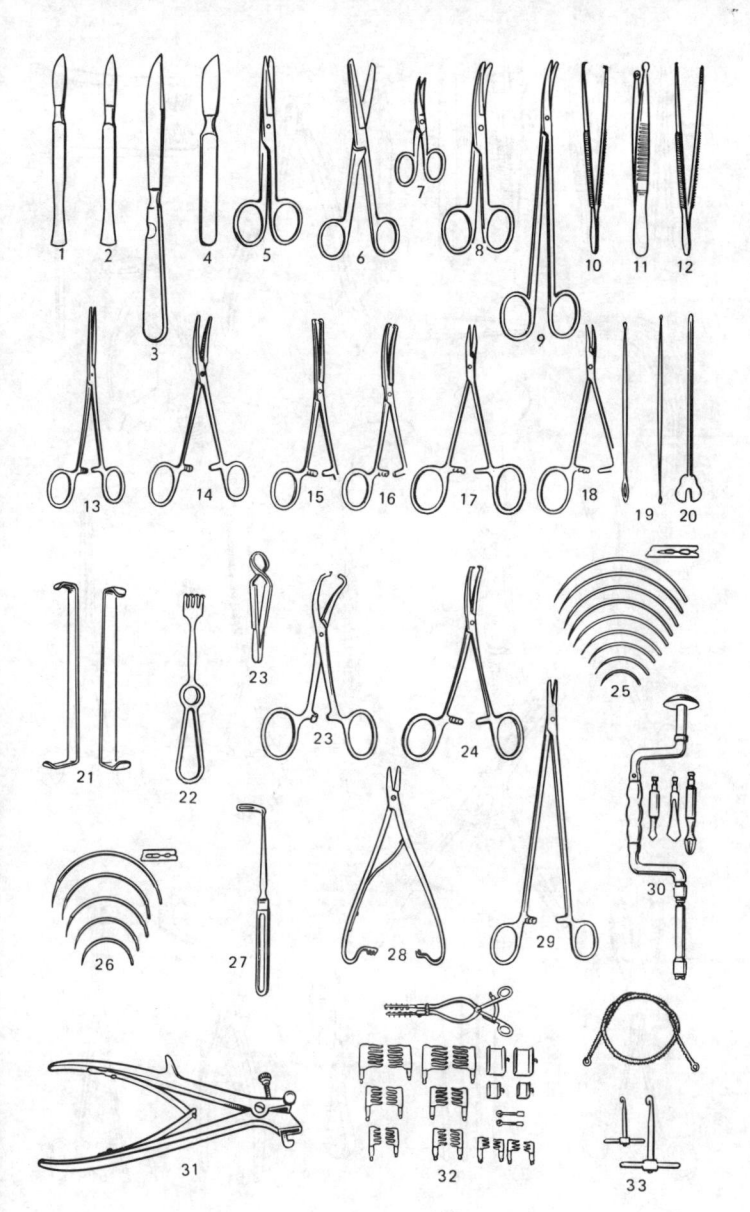

РИС. 12

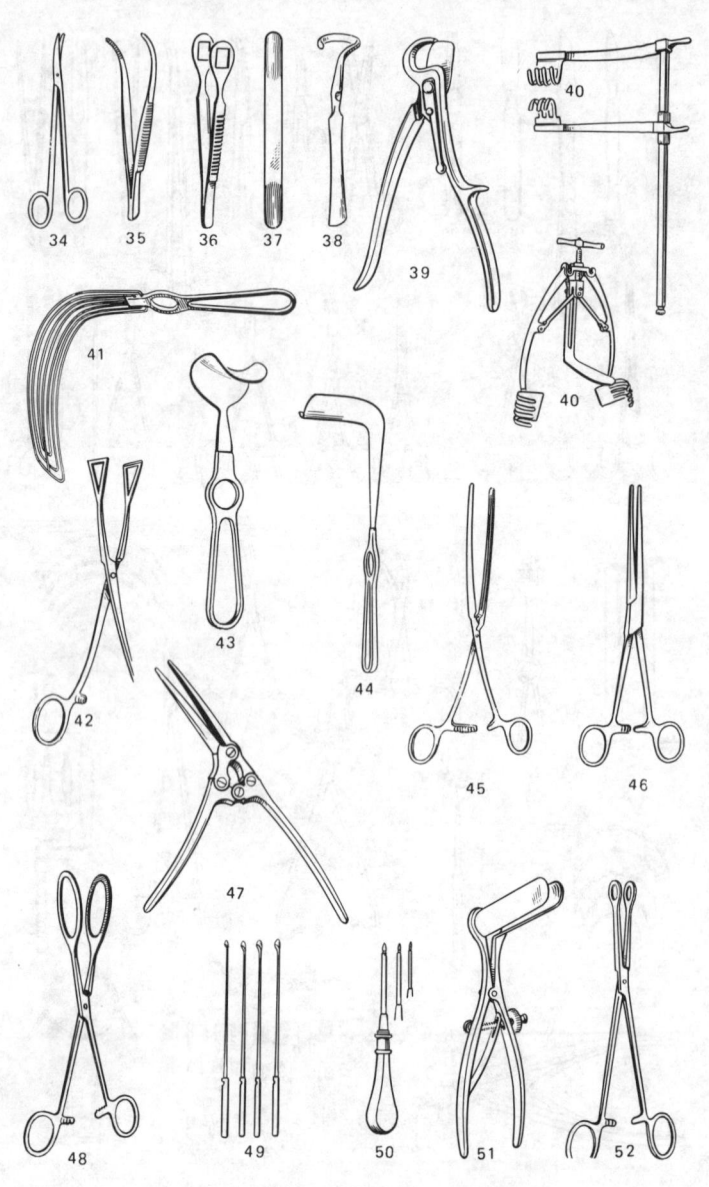

РИС. 12

РИС. 13 Повязки
FIG. 13 Bandages

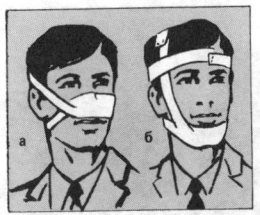

Рис. 1. Пращевидная повязка
Fig. 1. Four tailed bandage

а. на нос
б. на подбородок
в. на затылок
г. на темя

a. for nose
б. for chin
в. for occiput
г. for vertex

Рис. 2. Возвращающаяся повязка головы
Fig. 2. Recurrent bandage for head

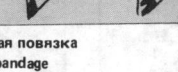

Рис. 3. Повязка-чепец
Fig. 3. Capeline bandage, head bandage

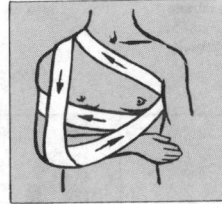

Рис. 4. Повязка Дезо
Fig. 4. Desault's bandage

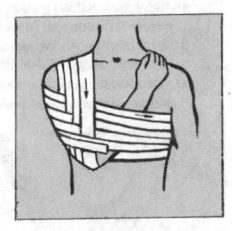

Рис. 5. Повязка Вельпо
Fig. 5. Velpeau's bandage

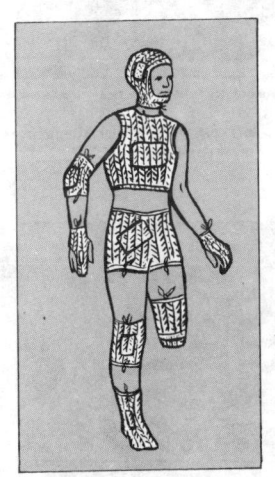

Рис. 6. Трикотажные сетчатые повязки
Fig. 6. Knitted net bandages

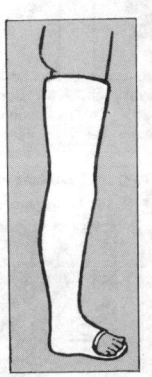

Рис. 7. Циркулярная гипсовая повязка
Fig. 7. Circular plaster bandage

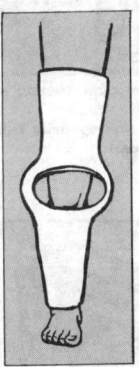

Рис. 8. Мостовидная гипсовая повязка
Fig. 8. Bridged plaster bandage

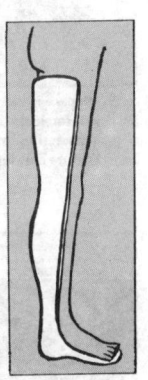

Рис. 9. Шинная открытая гипсовая повязка
Fig. 9. Open plaster splint bandage

РИС. 14 Аппендэктомия
FIG. 14 Appendectomy

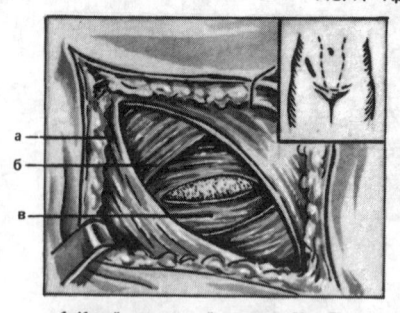

1. Косой переменный разрез по Мак Бурнею
   Mac Burney's oblique alternating incision
   а) наружная косая мышца живота
      external oblique abdominal muscle
   б) внутренняя косая мышца живота
      internal oblique abdominal muscle
   в) поперечная мышца живота
      transverse abdominal muscle

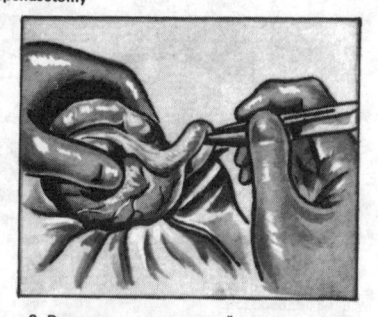

2. Выведение в рану слепой кишки с червеобразным отростком
   Delivery (of) the cecum with the appendix into the wound

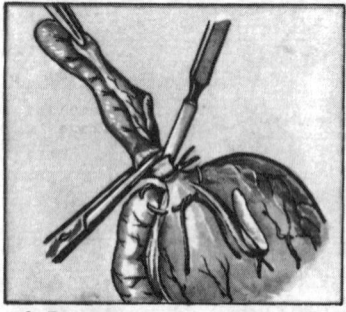

3. Пересечение отростка между лигатурой и зажимом
   Transection of the appendix between the ligature and forceps

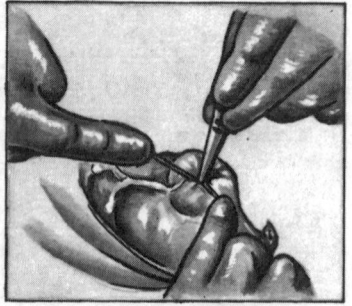

4. Погружение культи отростка кисетным швом
   Plunging (of) the appendicular stump by applying a purse-string suture

РИС. 15 Трахеостомия
FIG. 15 Tracheostomy

1. Рассечение колец трахеи
   Dissection of tracheal rings

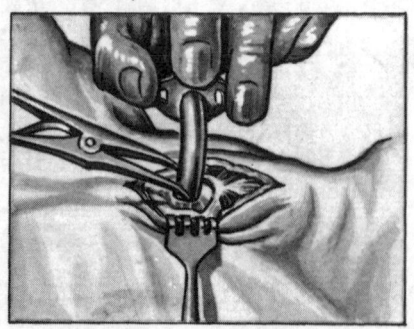

2. Введение трахеостомической трубки
   Introduction of a tracheotomy tube

УКАЗАТЕЛЬ НА РУССКОМ ЯЗЫКЕ

А

абазия 447
абластика 240
аборт 418, 419
абстиненция 479
абсцесс 141, 308
агглютинация 111, 110
агенезия 253
агнозия 453
агония 99
агорафобия 473
аграмматизм 453
аграфия 453
агрипния 479
адамантобластома 235
аденоиды 353
аденокарцинома 235, 374
аденолимфоцеле 348
аденома 235, 407, 551, 544
аденофиброма 237
адиадохокинез 447
адинамия 496
аднексит 433, 440
азигография 71
азооспермия 408
азотурия 65
айнгум 341, 342
акалькулия 453
акне 334
акропарестезия 459
акрофобия 472
актиномикоз 305, 487, 493, 330
акузофобия 494
акуметрия 364
алалия 453
алгофобия 472
алексия 453
алкалоз 62
алкоголизм 477, 467, 478
аллантиазис 494
алопеция 323, 338
альбинизм 326
альвеококкоз 256
альвеола 527
альвеолит 258
альгодисменорея 435
альгоменорея 435
амальгамы 525
амбулатория 19, 24
амебиаз 487, 494
амелия 226
амелобластома 235
аменорея 433, 436, 545
аменция 476
амилаза 312
аминокислота
амнезия 29, 32, 466, 474
ампутация 137, 146
~ матки 439
амфодонтит 524
амфодонтоз 527
аналгезия 86, 91, 456
анализ 51, 52
анамнез 29, 39
анастомоз 143, 147, 137
ангина 351, 353
ангиография 69, 71, 73
ангиоретикулез 236
ангиотрофоневроз 459
аневризма 245, 269
анемия 110, 114, 308
анестезия 86, 91
анизокория 494
аниридия 382
анкилоблефарон 375
анорхия 408
аносмия 357
антибиотик 412
антибластика 240
антиметаболиты 240
антракоз 256
антропометрия 174
анурия 392, 395
анус 302
аньюм 342
аорта 245, 268
аортография 71
аплазия 544
апноэ 93
апоплексия мозга 458
~ яичника 441
аппарат 110
~ дистракционно-компрессионный 211
~ слуховой 363
аппараты ортодонтические 512, 531
аппендицит 286
аппендэктомия 138, 148
аппетит 285, 287, 313
апраксия 446, 447
аптека 159, 166
арахноидит 447, 457
арахноменингит 456
ареолит 248
аритмия 245, 272
аритмомания 472
арренобластома 235, 441
арренома 235
артикуляция 453
артрит 495, 337
аскомикоз 345
асомния 454
аспергиллез 254
аспирация 93
астазия 447
астигматизм 367, 372
астма бронхиальная 255, 44, 263
астрофобия 473
асфиксия 93, 422
асцит 285, 291, 314
ателектаз 244, 258
атерокоронаросклероз 273
атеросклероз 273
атетоз 449
атрихоз 323
аудиометрия 364
аура 467, 481
аускультация 30, 45
аутогемотрансфузия 113
ауторeинфузия 113
афазия 446, 453
афакия 383
афония 452, 494
афты 507
ахалазия 305
ахейлия 515
ацидоз 62
аэрофобия 494

Б

базалиома 235
базофил 63
базофилизм 545
бак промывочный 74
бак проявочный 74
бактерионоситель 492
бактериофаг 490
бактерия 491
баланит 403
баланопостит 403
баланс водно-электролитный 64
баляш 347
бандаж 320
банки 175
барокамера 188
баротравма 190
бароцентр 188
бартолинит 438
батиэстезия 455
бациллоноситель 492
беджель 341, 346, 347
безоар 294
бели 433, 434
бельмо 379
беременность 418, 420
бесплодие 433, 434
бессонница 479
бешенство 487, 494
билирубин 51, 62, 63
бильгарциоз 349
бинт 194, 196
биомикроскопия 373
биопсия 233
бисексуализм 544
бластома 234
бластомикоз 341, 345
блефарит 367, 374, 375
блефароспазм 367, 375
блефарофимоз 376
блефарохалазис 375
близорукость 367, 372
блок операционный 120
блок родовой 419
блокада сердца 245, 272
бляшка 324
болезнь 29, 30
~ Аддисона 549
~ алкогольная 478
~ Банга 495
~ беджеля 346
~ Берманна 346
~ Боткина 497
~ Боровского 501
~ бронзовая 549
~ Брюса 495
~ Вестфаля-Вильсона-Коновалова 457
~ Галла 555
~ геморрагических пузырей 344
~ Грейвса 556
~ Дарлинга 346
~ Дауна 472
~ Деркума 549
~ индийская 346
~ Иценко-Кушинга 549
~ Каррионе 344
~ кьясанурского леса 498
~ Лобо 345
~ лучисто-грибковая 493
~ Лютцера-Сплендера-Альмейда 345
~ мадуры 346
~ марбург-вирусная 497
~ Миньера 361
~ Паркинсона 457
~ Парри 556
~ Педрозо-Гомеза 345
~ попугайная 503
~ Посады-Вернике 346
~ Пфейффера 499
~ Рейно 459
~ Реклингаузена 551
~ Рота 460
~ сахарная 552
~ Симмондса 547
~ Симмондса-Глинского 547
~ Фагге 555
~ Флаяни 556
~ Фонсека 345
~ Энгеля-Реклингаузена 551
~ Эрба-Гольдфлама 544
боль 29, 34
больница 19
бормашина 512
бородавка 321, 328
~ перуанская 341, 344
ботулизм 487, 494
брадикардия 275
брадикинезия 448
брадипноэ 251
брахихейлия 516
бред 466, 467
бронх 244, 253
бронхаденит 244, 255, 254
бронхоблокатор 86, 87, 88
бронхография 71
бронходержатель 129
бронхолит 254
бронхолитиаз 254
бронхомаляция 254
бронхоскопия 253
бронхоспазм 254
бронхоспирография 253
бронхофония 45
бронхоэктаз 244, 254, 255
бруцеллез 487, 495
брюшина 285, 289
бубон 507
бугорок 325
буж 121, 131, 129
бужирование 174, 286
булимия 287
булла 325
бурсит 495

В

вагинит 437
ваготомия 138, 149
вазография 71
вазопрессин 542
вакуум-экстракция 428
вакцина 490
вакцинация 490
вакцинопрофилактика 490
валики ватные 512
ванна 159, 171
варикоцеле 407
вариометр 188
вегетации 325, 336
~ аденоидные 353
везикула 325
везикулит 407
везикулография 71
везикулопустулез 332
веко 367, 374
векторкардиография 267
вена 144
венепункция 174, 137, 144
венография 71
венокавография 71

вентиляция 87
~ легких искусственная 87
~ приточно-вытяжная 189
вентрикулография 71
вертиго 447
веснушки 326
взвешивание 174
вирус 491
вирусоноситель 492
витамин(ы) 180, 184
витилиго 326
витропрессия 327
влагалище 241, 433, 437
власоглав 60
влечение 466, 469
вмешательство оперативное 139
внимание 466, 468
вода грыжевая 317
водобоязнь 494
водянка 408
воздуховод 87
волдырь 325
волновод 134
волос(ы) 321, 322
волчанка красная 322, 330
воля 469
воронка 54
воспаление 407, 412
~ легких 257
восторг глубинный 190
впадина глазная 386
вправление 198, 201
впрыскивание 175
врач 19, 22
вскрытие
~ абсцесса 137, 141
вульва 433
вульвит 438
вульвовагинит 433, 438
вухериоз 348
вывих 200
выделения 339
~ больного 493
выздоровление 162, 163
выкидыш 419, 431
высыпание 324, 335
вытяжение 198, 208

Г

газоотведение 174
гайморит 351, 358

галлюцинации 466, 470
гамма-глобулин 490
гамма-терапия 543
гангоза 347
гангрена 350, 342
гансениаз 343
гансеноз 343
гастрит 285, 295
гастродуоденостомия 150
гастропексия 148
гастростомия 148
гашишизм 479
гельминты 60
гемангиосаркома 235
гематокрит 62
гематома 102, 104
гематомезис 103
гематофобия 473
гематурия 392, 395, 344
гемибаллизм 449
гемиколэктомия 138, 149
гемикрания 459
гемиплегия 451
гемодиализ 407
гемодинамика 264
гемометр Сали 54
гемоперикард 103
гемоперитонеум 103
геморрои 286, 301
гемосорбция 407
гемоспермия 408
гемоторакс 103
гемотрансфузия 110
гемофтальм 383
гепатикостомия 147
гепатит 286, 304
гепатомегалия 495, 500, 501, 502
гермафродитизм 539, 544
герниотомия 317
герпес
~ Мансона 345
гестоз 347
гетеротропия 377
гибернация искусственная 91
гибернома 235
гидраденит 332
гидрокаликоз 406
гидромания 472
гидромиелия 456
гидронефроз 393, 406
гидросальпинкс 441
гидротубация 436
гидрофобия 494

гидроцеле 393, 408
гидроцефалия 456
гимен 438
гимнастика 161, 212
гингивит 511, 517
гинекомастия 247, 545
гиперазотурия 65
гипералгезия 455
гипербулия 468
гипергидроз 545
гиперемия 324
гиперестезия 455
гиперинсулинемия 551
гиперинсулинизм 550
гиперкалиемия 549
гиперкератоз 342
гиперкинез 449
гиперкортицизм 539, 549
гипермастия 247
гиперменорея 434, 436
гипермнезия 474
гипернатриемия 546
гиперосмия 357
гиперостоз 548
гиперпаратиреоз 539, 550
гиперпаратиреоидизм 550
гиперплазия 543
гиперрефлексия 452
гиперсексуализм 470
гипертензия 245, 246, 265
гипертония
~ артериальная 245, 265, 392, 545
~ мышечная 450
~ нефрогенная 402
гипертрихоз 548, 545
гипертропия 378
гиперфосфатемия 551
гиперхлоремия 546
гиперхолестеринемия 546
гиперцементоз 526
гипнотерапия 478
гипоалгезия 455
гипобулия 468
гипогликемия 552
гипогонадизм 550
гипокортицизм 549
гипомастия 247
гипоменорея 436
гипомнезия 474
гипонатриемия 549
гипопион 377
гипорефлексия 452

гипосексуализм 469
гипосмия 357
гипостенурия 550
гипоталамус 539, 546
гипотензия 86, 91
гипотермия
~ искусственная 86
гипотиреоз 555
гипотиреоидизм 555
гипотония
~ артериальная 549
~ искусственная управляемая 91
~ мышечная 450
гипофиз 539, 546
гипофизэктомия 547
гирсутизм 545
гистеросальпингография 71
гистероскопия 436
гистоплазмоз 341, 346
гифема 377
гладилка 512
глаз Рис. 11—11а, 367, 374
глазница 368, 386
глаукома 368, 378
гленоспороз 345
гликозурия 65, 553
глисты 60
глоссит 530
глотание 352
глотка 351, 352
глухой 363
глухонемота 459
глюкагон 541, 551
глюкозурия 65, 553
глюкостерома 549
гной 416, 360
гнойничок 325
голова
~ медузы 291
головокружение 186, 187
голос 241
гомосексуализм 469
гомоэротизм 469
гонадотропин 540
гонады 544
гонорея 322, 337
горелка газовая 54
горло 10
гормон(ы) 539, 540
гормонотерапия 543
гортань 351, 355
горчичники 175
горячка белая 477

госпитализация 19, 20
госпиталь 19, 24
гранулема 523, 343
грелка 160, 175
грибы
~ дрожжевые 59
грипп 488, 498
грудница 247
группа крови 110, 115, 111
грыжа 316
грыжесечение 317
губа заячья 516
губка гемостатическая 106
губка желатиновая 106
губы рта 511, 515
гунду 347

Д

давление 180, 245
давление внутриглазное 387
дакриоаденит 385
дакриоцистит 368, 386
дакриоцистография 71
дактилолизис спонтанный 342
дальнозоркость 366, 371
дальтонизм 369
дарсонвализация 173
двоение 368
двуполость 544
дебильность 472
дегенерация гепатолентикулярная 457
дезинсекция 487, 489
дезинфекция 487, 489
дезодорация 489
делирий 479, 466, 477
деменция 471
дентин 511, 521
депрессия 473
дерматит 321, 329
дерматобиаз 345
дерматоз 321, 328
дерматозооноз 321, 329
дерматомикоз 321, 330
дерматоскопия 327
дермографизм 321, 327, 328, 337
дермоскопия 327
десна 511, 516

дефекация 288
деферентит 407
деятельность родовая 418, 426
диабет
~ сахарный 540, 552
диагноз 29, 33
диарея 288
диастаза 65
диастема 520
диафаноскопия 373
диафрагма 76
дивертикул 286
диетотерапия 164
дизартрия 453
дизентерия 488, 498
дизестезия 455
дилататор 121, 129
динамокардиография
диплопия 368
дипсомания 469
дискалькулия 453
дисменорея 495, 435
дисморфофобия 468
диспансер 19, 24
диспитуитаризм
диспноэ 252
диссектор 128
диссомния 454
дистиллятор 54
дистрофия
~ адипозогенитальная 549
дисфория 473
диурез 65
дифтерия 488, 499
долото 129
дом родильный 19
донованоз 341, 343
донор 110
донорство 110
драконтиаз 343
дракункулез 341, 343
дрель 130
~ для проведения спицы 209
дренаж 138
дренирование 139
дрожание 449
дромомания 469
дуга
~ зубная 520
~ Купидона 516
~ реберная 246
дужки небные 353
душ 171
дыхание 244, 250

Е

евстахеит 361

Ж

жаба грудная 273
жажда 552
жалоба 29, 40, 42
жгут
~ кровоостанавливающий 102, 105
железа
~ бартолинева 438
~ вилочковая 539, 543
~ грудная 244, 246, 247, 248
~ зобная 543
~ молочная 244, 246, 247, 248
~ надпочечная 548
~ питуитарная 546
~ поджелудочная 286, 306, 551
~ потовая 327
~ предстательная 393, 407
~ шишковидная 540, 553
железы
~ околощитовидные 539, 550
~ паратиреоидные 550
~ паращитовидные 550
~ рта 526
желтуха 286, 304
желудок 286
желудочек сердца 271
желчь 51, 56
живот 285, 290

З

заболевание 30
заворот 297
заеда микотическая 330
зажим 123
заикание 453, 459
запой 479
запор 288
затемнение
~ пазухи 358
зев 352
зеркало

~ гортанное 364
зоб 540, 555
зонд 513
зондирование
~ дуоденальное 175
зоофилия 469
зрачок 368, 382
зрение 367, 368
зуб(ы) 511, 517
зуд 336
зухрия 347

И

игла 120, 124
игла-скарификатор 54
иглодержатель 120, 125
идиотия 472
изжога 278
икота 285, 287
илеит 286, 301
илеус 298
иллюзии 466, 470
иммобилизация 198, 210
иммунитет 487, 489
иммуноглобулины 490
импетиго 332
импотенция 470
инвагинация 290
индуктометрия 173
индуктотерапия 173
инкарнация 327
инсомния 454
инструмент 120
инструментарий 86, 87
инсулома 551
инсульт 458
интеллект 471, 555
интермедин 541
интернат
~ психоневрологический 475
интерсексуализм 544
интоксикация 496
~ азотная 190
инфаркт 245, 273
инфекция
~ газовая анаэробная 189
инфлюэнца 498
инъекция 175
ипсация 470
иридоциклит 368, 381
иридошизис 382
испражнения 60
исследование 51

~ бимануальное влагалищное 436
истерия 459
история болезни 29, 39
история жизни 39
ихтиизм 494
ишурия 392, 396

К

каверна 257
кайма красная 516
какоксмия 357
кал 51, 61
кала-азар 501
камера 188
~ газобаллонная 189
~ дезинфекционная 489
~ счетная 55
камертон 366
камнедробитель 131
камнедробление 401
кампиметрия 373
канал
~ мочеиспускательный 392, 399
каналец слезный 368, 386
канальцы
~ дентинные 521
~ зубные 521
канатик семенной 393, 407
кандидоз 321, 330
кандидомикоз 330
канцерофобия 473
капилляроскопия 327
капли 170
капсула 170
карате 347
карбункул 332
кардиография 267
кардиосклероз 273
кардиоспазм 305
кариес 511, 522
карликовость 547
карта стационарного больного 29
кассета 74
катетер 132, 175
катетеризация 267
катехоломины 563
кахексия 544
кашель 244, 252
кератит 368, 379
кератоглобус 379

кератоконус 379
кератопластика 379
кинезотерапия 198, 210
кинорексия 287
киста 235
кистома 441
кисть
~ когтистая 460
кифосколиоз 228
кишка 285
кладотрихоз 493
кламмеры зубные 530
клаустрофобия 472
клейдотомия 429
клептомания 472
клетка 51, 53
~ грудная 137, 145
клетчатка подкожная жировая 30, 46
клизма 175
климакс 433, 435
клипсодержатель 105
клитор 438
клонус 452
кожа 138
кокаинизм 479
кокцидиоидомикоз 346
колика
~ аппендикулярная 286
~ почечная 394
колит 303
коллапс 97
колобома 374
кольпит 433, 438
кольпорексис 437
кольпоскопия 437
кольцо
~ бедренное 319
~ лимфаденоидное глоточное 319
~ Пирогова-Вальдейера 352
~ пупочное 319
кома 97
комплекс
~ хромосомный 542
~ Эйзенменгера 274
компресс 175, 176
конституция 48
консультация женская 419
конфабуляция 474
конъюнктива 368, 384
конъюнктивит 368, 385
корка 325
кормление больного 174

кормление грудью 248
корнцанг 120, 126
коронарография 72
кортикостероиды 540
кортикостерома 549
кортикостерон 542
кортикотропин 540
кортикотрофин 540
корь 500
косоглазие 367, 377
косточка слуховая 362
краниоклазия 429
краниокласт 128
краниотомия 429
крапивница 322, 331
кривошея 225, 229
криз
~ отторжения 152
криптококкоз 345
криптомнезия 474
крипторхизм 408
кровоизлияние 102, 104
кровообращение 245, 264
кровотечение 102, 125, 103
кровоток 264
кровохарканье 103
кровь 51, 61
круп 500
крючок 126
ксантелазма 374
кульдоскопия 437

Л

лабиринтит 351, 362
лаборант 55
лаборатория 51, 54
лагофтальм 376
лактостаз 248
лапароскопия 293
лапаротомия 147
лапароцентез 293
ларингит 351, 355
ларингоскопия 364
ларингоспазм 355, 551
лейкодерма 326, 339
лейкоплакия 440, 401
лейкоцит(ы) 64
леймиосаркома 235
лейомиома 235
лейшманиоз 488, 501
легкое рис. 5, 244, 256
лекарство 43, 167
лентец широкий 60
лентиго 326

лепра 341, 343
лепрозорий 341
лептоменингит 456
лечение 159, 163
либидо 545
лимфангиома 235
лимфогрануломатоз 236
лимфопатия
~ венерическая 341, 342
лимфоцит 63
линза 367, 370
линимент 170
липалгия 549
липогранулема
липоматоз 549
литотомия 401
литотрипсия 401
лихенизация 327
лихорадка
~ возвратная 497
~ волынская 487, 497
~ геморрагическая 497, 488
~ гибралтарская 495
~ горная 503
~ Денге 488, 502
~ дум-дум 501
~ железистая 499
~ жирафов 502
~ кедани 503
~ клещевая восточноафриканская 503
~ клещевая кенийская 503
~ костоломная 502
~ [от] кошачьих царапин 494
~ кроличья 506
~ Ку-лихорадка 503
~ мальтийская 495
~ марсельская 503
~ окопная 497
~ оленьей мухи 506
~ Паппатачи 488, 502
~ пароксизмальная пятидневная 497
~ пятнистая Скалистых гор 503
~ средиземноморская 503
~ суставная 502
~ ундулирующая 495
~ флеботомная 502

~ чёрная 503
лишай
~ узловой волос 346
лобэктомия 145
логоневроз 453
ложе
~ ногтевое 327
~ протезное 530
ложечка зубная 512
~ стоматологическая 513
лонгета 209
лордоз 228
лоток 513

М

мазок 51, 55
мазь 181
макрогенитосомия 554
макропсия 476
макрохейлия 515
максиллит 358
макула 325
малигнизация 235
малярия 488, 502
мандрен 87
мания 473
марля 155, 107
маска для наркоза 86, 88
маскулинома 441
массаж 159, 161, 184
~ сердца 87, 99
масталгия 249
мастерская протезная 211
мастерские лечебно-производственные 475
мастит 244, 248
мастопатия 244, 248
мастоптоз 247
мастурбация 396
мастэктомия 137, 145
матка 433, 439
мацерация 336
мегабульбус 300
мегадолихоколон 303
мегадуоденум 300
мегаколон 286, 304
мегаломания 467
мегауретер 401
мегаэзофагус 305
мезотелиома 236
мезофарингит 354
меланома 236
меланоцитома 236

мелена 61
мелитококкоз 495
менингизм 457
менингит 456, 337
менингомиелит 456
мениск суставной 220
менисцит 221
менопауза 435
меноррагия 434
менструация 433, 435
мерказолил 543
мерцание предсердий 272
метаморфопсия 476
метастаз 233, 234
метеоризм 290
метилтестостерон 543
метилтиоурацил 543
метод стереотоксический 465
метод Хагидорна-Иенсена (Нильсона-Самоджи) 542
метрейриз 428
метропатия 434
метроррагия 434
миастения 461
мигрень 459
мидриаз 382, 495
миелит 457
миелома 236
микоз 341
микроанализатор кислотнощелочного состояния 54
микропсия 476
микроскоп 51, 55
микроцистис 397
микстура 170
миндалина 351, 353
миоз 382
миозит 461, 495
~ тропический 346
миокардит 271
миоклония 449
миосаркома 236
миотония 461
мицетома 346
многопалость 226
мозг
~ головной 456
~ спинной 456
мозоль
~ костная 78
мокрота 52, 64
моллюск контагиозный 328

молочница 330
мононуклеоз
~ инфекционный 488, 499
монорхизм 408
моноцит 63
морфинизм 479
моча 52, 65
мочевина 62
мочевыделение 241
мочеизнурение 547
мочеиспускание 241
мошонка 392, 402
мурлыканье кошачье 274
мутизм 459
мышление 466, 471
мышца Рис. 3—4

Н

надгортанник 355
наддесневик 517
надколенник 220
надпочечник 539, 548
надчревье 292
нанизм 547
наркогипноз 478
наркоз 86, 88, 92
наркомания 43, 186
наследственность 40
насморк 351, 356
настойка 170
натоптыш 227
невралгия 447, 459
неврастения 459
неврит 460
невус 236
недержание мочи 547
недостаточность
~ кислородная 93
~ почечная 406
~ сердечно-сосудистая 245, 275
незидиобластома 551
нейрогипофиз 546
нейрогормон 541
нейродермит 322, 332
нейролептанальгезия 93
нейрофиброма 236
неоплазма 234
непроходимость
~ кишечная 286, 298
нерв
~ зрительный 368, 387

нерв-экзерез 465
нефрит 404
нефропатия беременных 421
нефропексия 147
нефроптоз 404
нефротомия 147
нефрэктомия 147
низкорослость 554
никтурия 394
новообразование 234
новорожденный 340
ноготь 321, 327
нож 120, 127
ножницы 120, 124
нос 262
носитель возбудителя инфекции 487, 492
носоглотка 352
ньювера 347

О

обезболивание 86, 91
обезвоживание 506
обмен основной 562
обморок 97
обнубиляция 476
оболочка Нейманна 521
обоняние 351, 357
обход 185
оварэктомия 442
оволосение 323
овуляция 442
оглушение 476
одышка 252, 277
ожирение 539, 549
ожог 198, 201
озена 357
ознобление 117, 329
окостенение 225
оксигенация гипербарическая 188
оксигенотерапия 160, 176
окситоцин 542
олигоменорея 436
олигофрения 471
олигурия 394, 546
оментит 308
омозолелость 227
онанизм 396
онкоцерк 348
онкоцеркоз 348
оньялаи 341, 344
операционная 121
операция 121, 137

опистотонус 505, 551
опистохейлия 515
опсоменорея 436
опсоолигоменорея 436
оптотип 373
опухоль 233, 234
опьянение 479
~ азотное 190
орбита 386
орнитоз 503
ортопедия 225
ортопноэ 252
ортохейлия 515
орхипексия 147
орхит 408, 337, 495
осанка 30
оспа 487, 488, 496, 503
оссификация 225
остановка
~ кровотечения 102, 105
~ сердца 271
остеоартроз 219
остеобластокластома 236
остеодисплазия 230
остеодистрофия 225, 230, 550
остеоид-остеома 236
остеома 236
остеомаляция 230
остеопороз 550, 545
остеосинтез 198, 211
остеохондроз 225, 229
остеохондропатия 225, 230
острица 60
осциллография 267
отек 30, 546, 332
отит 351, 361, 363
отморожение 198, 201
отомикоз 362
оторея 361
отоскопия 364
отравление 87
отрыжка 285, 287
офтальмоскопия 373
офтальмотонус 387
офтальмохромоскопия 373
очки 367, 371
ощупывание 30, 45

П

пазуха придаточная 357

палата 177, 160
палатка ожоговая 201
пальпация 30, 45
память 466, 474
пангипопитуитаризм 547
пандемия 493
панкреатикография 72
панкреатит 286, 307
паннус 388
папиллит 387
папиллосфинктеротомия 148
папула 325
параграфия 453
паразитоноситель 492
паралексия 453
паралич 450
паранефрит 405
парапроктит 286, 302
паратгормон 541
паратиреоидин 543
парафазия 453
парафимоз 403
парафинолечение 160, 172
парацентез 293
парез 451
парестезия 455
париетография 72
пародонт 527
пародонтограмма 527
пародонтоз 527
пародонтоклазия 527
паротит
~ инфекционный 507
педикулез 329
педофилия 469
пелада 323
пелоидолечение 172
пемфигус 385
пентада Фалло 275
пенсин 59
перевязка
~ артерии 105
~ пуповины 424
перегородка носовая 351, 357
перегородка сердца 271
переливание крови 110
перелом 201
перепонка барабанная 361, 362
пересадка 138, 151
перикардит 245, 270
периодонт 524

перистальтика 285, 292
перитонит 285, 289, 337
перицемент 524
перкуссия 30, 46
петехии 325
печень 286, 304
пианома 347
пигментация 321, 325
пиелография 72
пиелэктазия 406
пилоропластика 138, 150
пилоростеноз 295
пилоротомия 148
пинцет 120, 126
пиодермит 322
пиодермия 322
пиоз 332
~ Мансона 341, 345
пиомиозит
~ тропический 346
пиорея 528
пиосальпинкс 441
пиромания 469
питание 174
питуитрин 543
пищеварение Рис. 8
пищевод 305
плазма 110, 114
плазмоцитома 236
плантография 232
пластинка накусочная 531
пластинка ногтевая 327
пластинки дентинные 521
платиспондилия 230
плева девственная 436
плева крыловидная 385
плевра 244, 259
плексит 461
плешивость 323
пломба 524
плоскостопие 225, 227
пневмомиелография 72
пневмония 244, 258
пневмонэктомия 145
пневмопельвиография 72
пневморен 72
пневморетроперитонеум 72
пневмоторакс 245, 260
пневмотиф 496
пневмоцистография 72
поворот акушерский 428

повязка 194, 195
~ гипсовая 198, 209
подбугорье 546
подвывих 200
подкладка гигиеническая 443
подреберье 278, 292
подчревье 292
позвоночник 225, 228
показатель цветной 62
поле легочное 70, 78
~ окклюзионное 524
полиальвеолиз 528
полидипсия 552
поликлиника 19, 24
полименорея 436
полип 236
полипоз 236
полиурия 394
поллакиурия 394
понос 288
пориомания 469
порок сердца 245, 274
посев 51, 56
поседение 323
послед 423
поступки импульсивные 469
потертость 329
потливость 327, 435
потница 321, 329
потуги родовые 426
походка 227
почесуха 331, 332
почка 121
~ искусственная 406
предсердие 272
презерватив 422
препарат лекарственный 86
претрахома 387
привратник 286, 295
придаток мозга 546
придаток яичка 408
прикус 528
приливы 187
проба 51, 56
пробка серная 565
пробки Диттриха 64
прогения 528
прогестерон 542
прогнатия 529
прогонобластома 235
пройменорея 436
проктальгия 301
проктит 301

пролактин 542
пролан 541
прорезывание зуба 511, 525
просвечивание 70
простатит 407
простатография 72
простейшие 491
прострел 460
пространства интерглобулярные 521
протезирование 198, 211
протезы зубные 93
проток
~ носослезный 385
~ мочевой 397
протромбин 62
прохейлия 515
проход задний 286, 302
проход наружный слуховой 362
процедурная 22
процедуры водные 159, 171
псевдогипопаратиреоз 551
пситтакоз 503
психастения 467, 479
психиатрия 466
психика 551
психоз 467, 479
психопатия 467, 480
псориаз 332
птеригий 385
птиализм 421
пузырек семенной 407
пузырчатка 385
пузырь
~ для льда 175
~ желчный 296
~ мочевой 397
~ ожоговый 201
~ плодный 422, 423
пульпит 525
пульпоэкстрактор 513
пульс 245, 266
пульсация 279
пункт
~ акушерско-фельдшерский 419
~ пастеровский 507
~ травматологический 200
пуповина 422, 424
пупок 291

591

пурпура
~ геморрагическая 103
пути дыхательные 351
пути родовые 426
пучение 290
пьедра 341, 346
пятно 325, 335
~ желтое 380
~ родимое 236

Р

рабдомиома 236
радикулит 460
радиография 239
радужка 382
разращения аденоидные 353
разрез 137, 142
разрыв 198, 203
рак 237
раковина
~ носовая 356
~ ушная 362, 363
рама балканская 209
рана 198, 203
ранение 206, 198, 204
распатор 121, 127
рвота 285, 287
реанимация 86, 97
ревизия органов брюшной полости 155
регулы 435
режим 160, 178
~ питания 174
~ труда 40
режимы ГБО 188, 190
резектоскоп 131
резекция 138, 150
резец 518
рези при мочеиспускании 394
резонерство 471
резус-фактор 111, 115
релаксанты мышечные 86, 89
рентгенограмма 69, 76
рентгенография 71
рентгеноскопия 71
рентгенотерапия 233, 239
реография 239
реокардиография 267
реоэнцефалография 477

реприз 500
ретикулоцит 64
ретинопатия 380
рефлекс 451
рефлектор лобный 364
рефракция 367, 371
рецепт 159, 166
реципиент 151
речь 446, 452
риккетсиоз 503
рилизинг-гормоны 541
рилизинг-факторы 541
ринит 356
риноскопия 364
ришта 341, 343
рог кожный 375
роговица 368, 379
родничок 422
родовозбуждение 426
родоразрешение 426
родостимуляция 426
роды 418, 425
рожа 488, 504
роженица 418, 426
розацеа 333
розеола 325, 339
рот 526
ротоглотка 352
рубец 325
руброфития 321, 330
рукоблудие 396

С

саловыделение 333
сальмонеллез 488, 504
сальник 287, 308
сальпингит 441
саркоидоз 254
саркома 237, 407
свертываемость крови 62
светолечение 159, 171
светоощущение 369
свинка 507
свищ 244, 255, 342
связка 220
себорея 322, 333
седло турецкое 562, 545
селезенка 287, 308
семинома 408
сердце 279, Рис. 5—6
сердцебиение 246, 275, 279
серотерапия 491

сестра медицинская 19, 24
сетчатка 380
сечение кесарево 428
сигмоидит 299
симпатэктомия 282
симптом 29, 34
~ Говорова-Годелье
~ Киари-Авцина 505
~ Падалки 496
~ Пила 502
~ Стефанского 505
~ студневидного дрожания 505
~ Таусига 502
~ «темных очков» 506
~ Труссо 551
~ «удара хлыста» 498
~ Хвостека 551
~ Эрба 551
синдактилия 225, 227, 553
синдром
~ гидропексический 546
~ гипергидропексический 546
~ Клайнфельтера 553, 472
~ Мари-Лери 545
~ Морганьи-Стюарта-Мореля 548
~ Пархона 546
~ Пехкранца-Бабинского-Фрелиха 544
~ тестикулярной феминизации 553
~ Фрелиха 544
~ Чиари-Фроммеля 548
~ Шерешевского-Тернера 553
~ Штейна-Левенталя 557
синестрол 543
синовиома 246
синхейлия 516
сирингомиелия 457
система 69, 70
~ гипоталамо-гипофизарная 539, 544
~ костно-суставная 46
~ лимфатическая 46
~ мочеполовая Рис. 9, 46

~ мышечная Рис. 3—4
~ нервная Рис. 7, 46
~ переливания крови 110
~ сердечно-сосудистая Рис. 6, 46
сити 347
сифилид 338
сифилис 44
~ арабский 347
~ бытовой 347
~ тропический 347
~ эндемический 347
скальпель 120, 124
сканирование 293
скарлатина 488, 504
скелет Рис. 1—2
скиаскопия 373
склера 368,
склероз рассеянный 457
сколиоз 225, 228
скотоложство 469
скотома 370
слабоумие 471
слезовыделение 386
слезотечение 386
слепота 367, 370
~ словесная 453
слоновость 348
слух 351, 363
слюнотечение 494, 344
снимок рентгеновский 69, 76
снохождение 454
сношение половое 410
содомия 469
сознание 205
сок желудочный 51, 60
солитер
~ овечий 60
~ рыбий 60
~ свиной 60
сомнамбулизм 454
сон 446, 454
сонливость 498
сопор 476
сосок зрительного нерва 387
сосок молочный железы 244, 249
сосочек слезный 386
состояние кислотнощелочное 62
состояние больного 30, 47

состояние критическое 97
состояние навязчивое 472
состояние похмельное 479
спадение легкого 257
спазм
~ писчий 459
спациокардиография 267
спектрофотометр 55
сперма 408, 413
спирография 244, 253
спирометрия 175
спирохета 492
спленомегалия 495
спленопортография 72
спленэктомия 148
спондилит 228
спондилолистез 228
спондилотомия 429
споротрихоз 341, 346
средство
~ лекарственное 186
ссадина 325, 342
станция пастеровская 507
статус тимико-лимфатический 543
статус эпилептический 481
стеаторея 60
стенка брюшная 285, 291
стенка грудная 246
стенокардия 245, 273
стереогноз 456
стетоскоп 45
стол диетический 164
стол лечебного питания 164
стол операционный 121, 133
столбняк 488, 505
столик предметный 55
столик прикроватный 177
стоматит 512, 527
стопа
~ когтистая 460
~ мадурская 346
страбизм 377, 495
стрептотрихоз 493
струма 555
стул 285, 288

ступор 476
судорога 117
судорога писчая 459
супинаторы 231
сурдомутизм 459
сустав 70, 199
сфеноидит 357
сферофакия 383
схватки 427
~ родовые 427
сыворотка 43
сыпь 186, 336, 344

Т

табопаралич 338
таз 427
таир 347
тампон 513
тампонада
~ сердца 271
~ раны 105, 107
танатофобия 473
тахикардия 275
тахипноэ 251
телеангиоэктазия 325
тело
~ ресничное 381
~ стекловидное 383
~ цилиарное 381
~ шишковидное 553
телосложение 48
температура 179, 181
тенезмы 499
теплолечение 159, 171
терапия 159, 163
термометр 176
термопенетрация 173
термоэстезия 455
тестостерон 543
тетания 551
тетраплегия 451
тики 459
тимома 543
тимпания 290
тимус 543
тиреоидин 543
тиреоидит 556
тиреоидэктомия 556
тиреотрофин 541
тироксин 542
тиф
~ брюшной 495
~ возвратный 497
~ вшивый сыпной 505

593

~ европейский сыпной 505
~ кустарниковый 503
~ сибирский клещевой 503
~ сыпной 505
~ эндемический блошиный 501
~ эндемический сыпной 501
~ эпидемический сыпной 505
токсикоз беременных 421
токсикоинфекция пищевая 503
токсикомания 478
томография 71
тонзиллит 354
тонография 473
тонометрия 473
тоноскопия 473
торакопластика 145
торакоцентез 145
тошнота 285, 289
травма 198, 199
травматизм 200
травматология 198, 199, 215
трансплантат 138, 152
транссексуализм 469
трахеит 261
трахеобронхомаляция 261
трахеобронхопатия 261
трахеостомия 121, 133
трахея 245, 261
трахома 387
тремор 446, 449
трепан 121, 129
трепанация 137, 145
трепанематоз тропический 341, 346
триада Фалло 275
тризм 551
трихомикоз узловатый 346
трихоспория узловая 346
трихофития 330
трихофитоз 330
троакар 121, 131
тромбангиит 270
тромбартрит 269
тромбопластин 106
тромбоцит 64
тромбоэластометр 55
тромбоэмболия 269
тропафен 542
труба
~ слуховая 361
~ маточная 441
трубка
~ газоотводная 174
~ интубационная 87
~ трахеостомическая 87
~ эндотрахеальная 87, 88
туберкулез 407
тугоухость 361
туляремия 506
турникет 102, 105
турниоль 332
турунда 366, 513

У

увеит 381
угорь 334
удар 198
~ апоплексический 458
удушье 93
уздечка губы 516
узел 137, 143, 325
~ геморроидальный 286, 301
~ лимфатический 30, 46
узелок 325
узлообразование 299
улитка 362
ультразвук 134
уратурия 401
урахус 397
уремия 417
уретерит 392, 402
уретеропластика 147
уретероцеле 402
уретра 399
уретрит 392, 400
уретрография 69, 73
уретропластика 147
урикурия 401
уровни газово-жидкостные 77
урографин 75
урография 69, 73
урокимография 397
урокинематография 72
уролитиаз 401
урология 392
уронефроз 406
установка стоматологическая универсальная 513
установка компрессионная 189
установка холодильная 189
ухо 351, 361
ушиб 198, 205
ущемление 319

Ф

фавус 330
фагопрофилактика 490
фарингит 351, 354
фарингомикоз 355
фарингоскопия 364
фациес пестика 507
фекалии 60
фельдшер 19, 25
феминизация 546
феномен
~ печеночных ладоней 496
~ «подсыпания» 495
~ «сосудистых звездочек» 496
феохромоцитома 549
ферменты 62, 63
фиброаденома 237
фиброаденоматоз 248
фибросаркома 237
физиотерапия 159, 170
физкультура лечебная 159, 161, 543
филяриатоз 348
филяриоз 348
филярия 348
фимоз 404
фистула 244, 255
фистулография 72
фитодерматоз тропический 347
флюорография 71
фобофобия 473
фолликулин 542
фолликулит 335
фонендоскоп 45
формула лейкоцитарная 63
формула зубная 521
формула белой крови 63

фрамбезия 341, 347
франклинизация 173
фригидность 470
фронтит 357
фуникулит 407
фуникулоцеле 407

Х

халазион 375
хейлит 516
хемоз 384
хилурия 348
химиотерапия 240
хоана 356
ход
~ носовой 356
холевид 75
холеграфия 69, 72, 74
холедохостомия 147
холедохотомия 147
холера 506
холестеатома 361
холецистография 69, 74
холецистостомия 147
холецистэктомия 151
хондробластома 237
хондродистрофия 230
хондроматоз 230
хореатетоз 449
хорея 449
хориокарцинома 237
хорионэпителиома 237
хрипы 244, 253
хрусталик 368, 383

Ц

цветоощущение 369
цекостомия 151
целиакография 73
центр
~ ожоговый 201
центрифуга 55
цепень вооруженный 60
цепень невооруженный 60
цикл менструальный 435
циклит 381
циркумцизия 403
цирроз 304
цистография 73
цистоноситель 492

цистоскоп 132
цитоплазма 53
цуцугамуши 503

Ч

чаши Клойбера 77
челюсть 529
червь гвинейский 343
чесотка 349
член половой 393, 403
чревосечение 147
чувствительность 446, 455
чума 506

Ш

шанкр 322, 337, 342
шелушение 321, 324
шизофрения 480
шинирование 198, 211
шистозомоз 342, 349
шов 137, 143
~ стреловидный 422
шок 87, 98
шприц 120, 126
шум(ы)
~ дыхательные 251
~ кишечный 314
~ сердца 246, 276

Щ

щека 526
щель
~ глазная 375
~ голосовая 355
~ ротовая 526
~ суставная 78

Э

эвисцерация 429
эзофагит 306
эйфория 473
экзартикуляция 145
экзема 335
экзофтальм 374
эксгибиционизм 469
экскориация 325
экскременты 60
экссудат 366

экстравазат 104
эксцеребрация 429
эктима 333, 338
эктропион 375
электрокардиография 267
электрокоагуляция 105, 440
электролечение 172
электромиография 477
электроофтальмоскоп 373
электрорентгенография 71
электросон 477
электроэнцефалография 477
элефантиаз 403, 402
эмболия 423
эмбриотомия 429
эмметропия 371
эмпиема 260
эмфизема 257
эндокардит 337
эндометрий 439
энофтальм 374
энурез 459
энцефалит 338, 550
энцефаломиелит 456
эозинофил 63
эпидемия 493
эпидермис 336
эпидермомикоз Центральной Америки 347
эпидидимит 408
эпидурит 457
эпикантус 375
эпилепсия 481
эписпадия 399
эпителиома 537
эпифиз 553
эпицистостомия 146
эпулис 517
эрейтофобия 473
эрекция 417
эризипелоид 335, 488, 507
эритема 335, 325
эритромелалгия 459
эритроплазия 403
эритроцит 64
эрозия 440, 325
эспундия 501
этилизм 478
этмоидит 357
эхинококкоз 263
эхмнезия 474

595

эхоофтальмометрия 373
эхоэнцефалография 477
эякуляция 417

Я

язва
~ джунглевая 347
~ кастеллани 348
~ коралловая 341, 348
~ мадагаскарская 347
~ мицетомная пустынь 348
~ оазисов 348
~ песчаная 348
~ септическая 348
~ сибирская 488, 505
~ степная 348
~ тропикалоидная 342, 348
~ тропическая 341, 347
~ тропическая фагеденическая 347
~ цейлонская 347
язык 280, 309
яичко 393, 408
яичник 433, 441
яйцеклетка 442
ячмень 375
ящур 488, 507

СЛОВАРЬ-РАЗГОВОРНИК

ВЛАДИМИР ИВАНОВИЧ ПЕТРОВ,
ВАЛЕНТИНА СЕРГЕЕВНА ЧУПЯТОВА,
СВЕТЛАНА ИОСИФОВНА КОРН

РУССКО-АНГЛИЙСКИЙ МЕДИЦИНСКИЙ СЛОВАРЬ-РАЗГОВОРНИК

Зав. редакцией Т. М. Никитина
Редакторы Е.В. Сидорова, Е. Е. Тихомирова, М. Ю. Килосанидзе
Художник А.А. Корнеев (графика)
Художественный редактор И.В. Тыртычный
Технический редактор Н.Н. Лещенко
Корректор Л. А. Набатова

ИБ № 5301

Сдано в набор 29.09.86. Подписано в печать 24.06.87. Формат 84 × 108/32. Бумага офс. № 1. Гарнитура таймс. Печать офсетная. Усл.печ.л. 31,5. Усл. кр.-отт. 69,72. Уч.-изд.л. 37,23. Тираж 44 000 экз. Заказ № 989. Цена 4 р. 10 к.

Издательство «Русский язык». 103012, Москва, Старопанский пер., 1/5. Отпечатано на Можайском полиграфкомбинате Союзполиграфпрома при Государственном комитете СССР по делам издательств, полиграфии и книжной торговли. 143200, г. Можайск, ул. Мира, 93.

ДЛЯ ЗАМЕТОК

ДЛЯ ЗАМЕТОК

ДЛЯ ЗАМЕТОК

Tretment of Herpes.
Acyclovir - 200 mg x 5 times a day x 7
or